קהלת
סדק של אור

"והשכל הישר אומר לנו כי קיומנו אינו אלא סדק צר של אור בין שני נצחים של אפלה. אף על פי ששניים אלה תאומים זהים, ישקיף אדם על התהום שלפני הלידה ביתר שלווה מאשר זו שלקראתה הוא מתקדם".

(נאבוקוב, דַבֵּר, זיכרון, עמ' 15)

יונתן גרוסמן   עשהאל אבלמן

קהלת

סדק של אור

מגיד

Jonathan Grossman & Asael Abelman
Ecclesiastes: A Crack of Light

יונתן גרוסמן ועשהאל אבלמן
קהלת: סדק של אור

עורך אחראי: ראובן ציגלר
עורכת ראשית: אוריה מבורך
עורכת משנה: אפרת גרוס
עריכה לשונית: שרה המר
הגהה: אביחי גמדני
עימוד: תמי מגר
עיצוב עטיפה: תני בייער

ספרי מגיד, הוצאת קורן
ת״ד 4044 ירושלים 9104001
טל׳: 02-6330530 פקס: 02-6330534
www.korenpub.co.il

מסת״ב ISBN 978-965-526-349-7

נדפס בישראל 2023 Printed in Israel

ספר זה מוקדש באהבה לחותנינו היקרים

שלמה ז״ל ואסתר הלר
אליה ואורה כהנא

אנשי מעשה שרוח בקרבם

תוכן העניינים

פתח דבר

הספר שלפניכם מצטרף לרשימה ארוכה של פירושים שהוצעו במשך הדורות למגילת קהלת, מהיצירות האמיתיות והנוקבות בספרי העולם, ומספרי המקרא החידתיים ביותר. בדרך עבודתנו ניסינו לשלב בין הפרשנות המסורתית לבין תובנות שאליהן הגיע חקר המקרא החדש. עוד ניסינו לשפוך אור על דברי קהלת מעולמות הספרות והמחשבה העולמיים והיהודיים שבכל הדורות.

הקוראים בספר קהלת יודעים כי יש בו פרקים רבי הוד ובהירות – מהגדולים שנכתבו בספרות העברית. חלקים אחרים ביצירה מעורפלים יותר ודורשים ביאור מדוקדק. ניסינו לפרש את אלו ואלו, ולהנחות את הקוראים בנושאים הרבים שבהם עוסק קהלת ובתמונה הגדולה שאותה ניסה לצייר, ולעמוד על תמצית השקפת עולמו.

בסיסו של ספר זה בשיעורים שהועברו בעל פה והדבר משפיע על אופי הדיון שבספר. כדי לא להטריח את הקוראים בדיונים מרובים, אימצנו לעיתים קריאה שנראתה לנו הסבירה ביותר, מבלי לפתוח לדיון רחב את כל האפשרויות האחרות שהוצעו לפסוקים הנידונים. בסופו של דבר, למרות הסגנון של קהלת שמדלג מנושא לנושא, וחוזר לעיתים לנושאים שכבר דן בהם, אפשר לחשוף חוט מחשבה

מלכד ששוזר יחדיו את הדיונים כולם ומציע תובנות על חיי היחיד והחברה, ועל האופן שבו אפשר גם ליהנות בחיים אלו; בסדק הצר שבין שתי האפלות הגדולות.

קהלת עשוי להותיר רושם מפוכח, נוקב וקר על קוראיו. אין להכחיש תחושה זו, ועם זאת יש בספר גם בשורה חומלת ומלטפת. לנגד עינינו עמדו דברי המשוררת, שגם אם ביקשה להתפלמס עם הספר, חשפה תובנת יסוד שעולה גם מתוך הספר עצמו:

אָמַרְתָּ: יוֹם רוֹדֵף יוֹם וְלַיְלָה – לַיְלָה.
הִנֵּה יָמִים בָּאִים – בִּלְבָבְךָ אָמַרְתָּ.
וַתִּרְאֶה עֲרָבִים וּבְקָרִים פּוֹקְדִים חַלּוֹנֶיךָ,
וַתֹּאמַר: הֲלֹא אֵין חָדָשׁ תַּחַת הַשֶּׁמֶשׁ.

וְהִנֵּה אַתָּה בָּא בַּיָּמִים, זָקַנְתָּ וְשַׂבְתָּ,
וְיָמֶיךָ סְפוּרִים וְיָקָר מִנְיָנָם שִׁבְעָתַיִם,
וַתֵּדַע: כָּל יוֹם אַחֲרוֹן תַּחַת הַשֶּׁמֶשׁ,
וַתֵּדַע: חָדָשׁ כָּל יוֹם תַּחַת הַשֶּׁמֶשׁ.
(לאה גולדברג, שירי סוף הדרך)

אנו מבקשים להודות לשותפים שהושיטו יד בשלבים שונים של כתיבת הספר והוצאתו לאור. למכללת הרצוג שבגוש עציון, שלה שמורה זכות הראשונים בזיהוי האפשרות להפוך את סדרת השיעורים שלימד יונתן גרוסמן בשנת תשע״ו לספר של ממש. תודתנו שלוחה להם על תמיכתם.

הוצאת קורן־מגיד הפכה זה מכבר לספינת דגל של פרשנות המקרא המתחדשת בדורנו, ואנו שמחים שספרנו משתלב בסדרת הפירושים למקרא שיוצאת תחת ידיה. תודתנו שלוחה למר מאיר מילר העומד בראש ההוצאה, ליהושע מילר – מנהל ההוצאה, לעורכי סדרות הפירוש למקרא: הרב ראובן ציגלר, גב׳ אוריה מבורך וגב׳ אפרת גרוס. הערכתנו ותודתנו שלוחות לגב׳ שרה המר, שעמלה על

עריכת לשון הספר במקצועיות ובשימת לב לכל פרט ופרט, וכן למגיה הדייקן הרב אביחי גמדני. תודה שלוחה גם לגב' תני בייער שעיצבה את כריכת הספר. ישלח ה' לכולם אך טוב וחסד תמיד.

עשהאל ויונתן
אלון שבות תשפ"ג

מבוא

מגילת קהלת נכתבה על ידי אחד הסופרים הכנים והנוקבים ביותר בתולדות ספרות העולם. יצירתו היא פרי של התבוננות בחיי האדם והחברה, וכל כולה התמודדות כואבת ומלאת תסכול נוכח העוולות, חוסר הצדק וחוסר הפשר שבחיים, ועם חוסר האונים והמוגבלויות של בני האדם.

האם ביקש מחבר המגילה לתת מענה למחשבות המענות שהטרידו אותו? האם הציע לקוראי דבריו מוצא מהמצוקה שתיאר? האם מתחת לפני השטח הוא גם מתווה דרך שבה אפשר ואולי אף כדאי לחיות חיים טובים? ואם כן, מה הם תוכנם ומשמעותם של המענה, המוצא והדרך? האם ניתן לראות במגילת קהלת יצירה אופטימית? לשאלות אלו ניתנו תשובות רבות על ידי פרשנים קדומים וחדשים, וגם אנו ננסה לפלס בהן נתיב בספר זה.

המחבר וזמן חיבור קהלת

המגילה פותחת בהכרזה על זהות המחבר, או ליתר דיוק – זהות זה שדבריו מובאים בספר: "דִּבְרֵי קֹהֶלֶת בֶּן דָּוִד מֶלֶךְ בִּירוּשָׁלִָם" (א', א),

וכמה פסוקים אחר כך באה פתיחה נוספת שגם בה חוזרת הצהרה דומה, הפעם מפי המחבר על עצמו: "אֲנִי קֹהֶלֶת הָיִיתִי מֶלֶךְ עַל יִשְׂרָאֵל בִּירוּשָׁלִָם" (א׳, יב). ובכן, לפי פתיחות אלו 'קהלת' איננו אלא שלמה המלך, שהרי אין עוד "בן דוד" שהיה "מלך על ישראל בִּירוּשָׁלִָם".[1] זאת ועוד, על שלמה באמת נאמר: "וַיִּקָּהֲלוּ אֶל הַמֶּלֶךְ שְׁלֹמֹה כָּל אִישׁ יִשְׂרָאֵל בְּיֶרַח הָאֵתָנִים בֶּחָג הוּא הַחֹדֶשׁ הַשְּׁבִיעִי" (מל"א ח׳, ב), ואם 'נקהלו' כל איש ישראל אל המלך שלמה, מתאים שהוא 'קהלת', ואולי לפנינו גם הסיבה שבעטיה נוהגים לקרוא את דברי קהלת דווקא "בְּיֶרַח הָאֵתָנִים בֶּחָג".

זיהוי קהלת עם שלמה מותאם במידה כזו או אחרת גם לתוכן המגילה. בראשית דבריו מתאר המחבר את עצמו כמי שהצטיין בחוכמתו והעמיק בחוכמות העולם כדי להבינו. למעשה הוא טוען שמעולם לא היה בירושלים אדם שהחכים כמוהו: "דִּבַּרְתִּי אֲנִי עִם לִבִּי לֵאמֹר אֲנִי הִנֵּה הִגְדַּלְתִּי וְהוֹסַפְתִּי חָכְמָה עַל כָּל אֲשֶׁר הָיָה לְפָנַי עַל יְרוּשָׁלִָם וְלִבִּי רָאָה הַרְבֵּה חָכְמָה וָדָעַת" (א׳, טז).

הצטיינות זו הולמת את דמותו של שלמה המלך, המתואר בספר מלכים כאדם בעל השכלה רחבה ביותר, העוסק במשל (=פתגמי חוכמה) ובשירה, ששמו הולך לפניו ברחבי תבל:

> וַיִּתֵּן אֱלֹהִים חָכְמָה לִשְׁלֹמֹה וּתְבוּנָה הַרְבֵּה מְאֹד וְרֹחַב לֵב כַּחוֹל אֲשֶׁר עַל שְׂפַת הַיָּם וַתֵּרֶב חָכְמַת שְׁלֹמֹה מֵחָכְמַת כָּל בְּנֵי קֶדֶם וּמִכֹּל חָכְמַת מִצְרָיִם וַיֶּחְכַּם מִכָּל הָאָדָם מֵאֵיתָן הָאֶזְרָחִי וְהֵימָן וְכַלְכֹּל וְדַרְדַּע בְּנֵי מָחוֹל וַיְהִי שְׁמוֹ בְכָל הַגּוֹיִם סָבִיב וַיְדַבֵּר

1. הכינוי 'קהלת' כשלעצמו זכה לביאורים מגוונים וקשה להכריע ביניהם. סביר שהוא נגזר מלשון 'קהל', ומייצג שם תפקיד, שמשמש גם כשם פרטי (בדומה ל'סופרת' – עזרא ב׳, נה; נחמיה ז׳, נו; או: 'פֹּכֶרֶת הַצְּבָיִים' – עזרא ב׳, נז; נחמיה ז׳, נט). ראו עוד אצל פוקס, קהלת, עמ׳ 71. יש לציין שלמונח 'קהל' בספרות החוכמה יש את אותן ההוראות שיש למונח בספרות המקרא בכלל (הוספלד, קהל, עמ׳ 558). ככל הנראה משמעותו של הכינוי היא 'המקהיל', זה שדבריו נשמעים בקרב חבורות גדולות.

שְׁלֹשֶׁת אֲלָפִים מָשָׁל וַיְהִי שִׁירוֹ חֲמִשָּׁה וָאָלֶף וַיְדַבֵּר עַל הָעֵצִים מִן הָאֶרֶז אֲשֶׁר בַּלְּבָנוֹן וְעַד הָאֵזוֹב אֲשֶׁר יֹצֵא בַּקִּיר וַיְדַבֵּר עַל הַבְּהֵמָה וְעַל הָעוֹף וְעַל הָרֶמֶשׂ וְעַל הַדָּגִים וַיָּבֹאוּ מִכָּל הָעַמִּים לִשְׁמֹעַ אֵת חָכְמַת שְׁלֹמֹה מֵאֵת כָּל מַלְכֵי הָאָרֶץ אֲשֶׁר שָׁמְעוּ אֶת חָכְמָתוֹ (מל"א ה', ט-יד).

פסוקים אלו מתארים את שלמה כבקי בספרות החוכמה, וכבעל קשרים אינטלקטואליים עם חכמים בעולם הקדום. בעקבות חפירות שנעשו בבבל ובאשור, במצרים ובסוריה, אנו יודעים היום שספרות החוכמה רווחה בעולם הקדום גם בתקופת שלמה, ויש גם זיקות בין פתגמי החוכמה שנמצאו שם לבין ספרות החוכמה המקראית (כמו 'תורת אמנמופי' שהתגלתה במצרים שהיא בעלת זיקה מרשימה למשלי כ"ב, יז-כ"ג, יח, ועוד דוגמאות רבות),[2] כך שתיאור שלמה העוסק בחכמה משתלב בקלות בתקופתו.

קשה להעלות על הדעת שדברי חוכמתו הרבים של שלמה המלך לא נשמרו במסורת עם ישראל, ואם כך הדבר, ברורה עמדתם של חכמי המדרש שמשלי, שיר השירים וקהלת הינם יצירותיו של המלך שלמה. מעבר לכך, זיהוי זה מקנה עומק ומשמעות לכמה וכמה מהאמירות בספר. לדוגמה, כשקהלת מעיד על כך שלא בָעושר האדם מוצא את סיפוקו, הריהו מדבר כבעל ניסיון. אם אדם מן היישוב אומר דבר כזה, אפשר להגיב לדבריו בביטול, לא כן כששלמה המלך – מעשירי מלכי ישראל – אומר זאת.

דא עקא: ממצאי המחקר המודרני מאתגרים את הזיהוי שבין מחבר מגילת קהלת לבין שלמה המלך, בעיקר נוכח לשון הספר: העברית של קהלת מאוחרת בהרבה לימיו של בן דוד, הן בסגנון, הן באוצר המילים הן במבנים התחבירים. שלמה המלך, לפחות

2. ראו בסקירתם של סקוט, מחקר החוכמה; הורביץ, שקיעי חכמה, עמ' 11–13; הולמסטדט, אשר; קוק, הפועל בקהלת.

לפי הידוע לנו כיום, היה אמור לכתוב אחרת.[3] כך למשל מוצאן של המילים ׳פרדס׳ ו׳פתגם׳ – הנזכרות בספר (ב׳, ה; ח׳, יא) – הוא בפרס, שאליה הגיעו יהודים רק לאחר חורבן הבית הראשון. לאלו יש להוסיף מילים רבות שמושפעות מהארמית ולא נזכרות בספרי המקרא המוקדמים, כמו: ׳בטלו׳ (י״ב, ג), ׳גומץ׳ (י׳, ח); ׳זמן׳ (ג׳, א), ׳עבדיהם׳ (במשמעות ׳מעשיהם׳ – ט׳, א), המילה החוזרת בספר – ׳ענין׳, ועוד רבות.[4]

מעבר למילה זו או אחרת, יש נושאים שעולים בספר שמעוררים גם הם את שאלת זמן חיבור הספר. כך למשל העיסוק המרובה בספר קהלת ב׳כסף׳. אם אין כוונת קהלת לחומר כסף (silver) אלא למטבעות כסף (money) – דבר שאומנם יש מקום להתלבט בו – יש בדבר זה ללמד על זמן חיבור הספר, מפני שבתקופת שלמה טרם נכנסו לשוק הכלכלי מטבעות הכסף (הדבר אירע כנראה בשלהי המאה השמינית לפנה״ס).[5]

יש גם תכנים בספר שמקשים על זיהוי של מחברו עם שלמה, כמו: ״קָנִיתִי עֲבָדִים וּשְׁפָחוֹת וּבְנֵי בַיִת הָיָה לִי גַּם מִקְנֶה בָקָר וָצֹאן הַרְבֵּה הָיָה לִי מִכֹּל שֶׁהָיוּ לְפָנַי בִּירוּשָׁלָ‍ִם... וְגָדַלְתִּי וְהוֹסַפְתִּי מִכֹּל שֶׁהָיָה לְפָנַי בִּירוּשָׁלָ‍ִם״ (ב׳, ז-ט). אם מדובר בשלמה, ׳כל שהיו לפניו בירושלים׳ אינם אלא דוד אביו וחבריו, וקשה להניח שזו כוונתו הפשוטה של הפסוק.

בשל הסיבות הנזכרות, ובמיוחד בשל ההיבט הלשוני, מקובל היום לומר שמגילת קהלת נכתבה בימי הבית השני (יש מן החוקרים שמצביעים על התקופה הפרסית ויש המאחרים את חיבורה לתקופה

3. ראו סיכום של הדבר אצל וילדבאור, קהלת, עמ׳ 114; בנדויד, לשון מקרא, עמ׳ 77-80; סאו, נתונים לשוניים; ואת הדיון הרחב של לונגמן, קהלת, עמ׳ 2-9.
4. גינזברג, קהלת, עמ׳ 50-54; קליין, קהלת, עמ׳ 167; בן־נון, אני קהלת, עמ׳ 40.
5. אבי־יונה, מטבע, עמ׳ 816. לסקירה היסטורית של המעבר משימוש במשקל כסף למטבעות כסף במזרח הקדום ראו: בטליון, מטבע.

ההלניסטית),[6] ולשונה מצויה בתווך, בין העברית המקראית הקלאסית ל'עברית המשנאית' של תקופת חז"ל.[7]

אך אם כך, מה פשר ההצגה הפותחת את הספר שמחברו הוא בן דוד שהיה מלך בירושלים? שתי אפשרויות עומדות לפנינו. אפשרות אחת היא לראות בכך קישור בעל מגמות ספרותיות. מאחר שיש לאורך המגילה ראיות ניסיוניות רבות, שנשענות על חוויית הכותב, יש ערך לתליית הדברים בשלמה.[8] אין ספק שאם שלמה המלך עומד מאחורי דיווחים אלו הם מקבלים משנה תוקף. הרי אין מי שכשלמה יכול לתאר את תחושותיו נוכח עושר רב ונוכח חוכמה ידועה. רבים אוחזים בעמדה זו, אולם גם היא אינה חפה מקושי בסיסי. האומנם סביר שבוקר בהיר הוציא אדם תחת ידו חיבור שבפתיחתו נאמר שמלך ירושלים כתבו, והדבר מתקבל ללא עוררין בקרב חכמי ישראל ולאורך הדורות? במקרים אחרים (כמו למשל הזיהוי של מחבר מגילת איכה עם ירמיהו הנביא), מדובר בקישור חוץ-טקסטואלי שאפשר לקבלו

6. חוקרי המקרא במאה התשע עשרה נטו לאחר את הספר לתקופה ההלניסטית, אך היום רבים טוענים שהוא נכתב – או לפחות נערך – בתקופה הפרסית (ראו ראיות לכך אצל ויינברג, מחברות, עמ' 175; קוגל, קהלת וכסף; סאו, נתונים לשוניים. עם זאת, לאחרונה ביקשה נילי סמט לחזור לתיאוריה ההלניסטית – סמט, תיארוך). פה ושם יש ניסיונות לזהות את מחבר קהלת עם דמות ספציפית. קלוזנר הציע שזהו הורקנוס בן יוסף מהמאה השלישית לפנה"ס (קלוזנר, מחבר); לדעת בקון המחבר הוא אליהו בן ברכאל הבוזי, הנזכר בספר איוב (בקון, אליהו); ולדעתו של ויינברג המחבר הוא זרובבל בן שאלתיאל, שהוא "בן דוד" – נכדו של יהויכין שמבית דוד (ויינברג, מחברות). מעניינת גם הצעתו של פוקס, שקהלת הוא דמות ספרותית שמחבר הספר יצר, ואין לראות בה דמות היסטורית-ריאלית (פוקס, מסגרת ספרותית, עמ' 94-96).

7. בנדויד, לשון מקרא, עמ' 79: "לשונו הטבעית של קוהלת קרובה יותר ללשון המשנה, ולכך אין צורך בהוכחות רבות", ובכל זאת, ראו את הדוגמאות המפורטות שהוא מביא בהמשך דבריו. בשל כך, הפכה מגילת קהלת לאוצר של ממש בקרב חוקרי לשון שהרי היא "חוליית ביניים חשובה ביותר בין לשון המקרא ובין לשון חכמים, ומכאן חשיבותו המיוחדת לחקר תולדות העברית" (הורביץ, לשונו, עמ' 167).

8. ראו בהרחבה על עמדה זו במבוא שכתב לונגמן לפירושו לספר (לונגמן, קהלת).

או לדחותו, אך כאן הזיהוי נעשה בכתוב עצמו. הדבר עדיין אפשרי, אך מוטל בספק.

לפיכך, אפשרות אחרת תבקש לקשור את שלמה למגילה, גם אם לא כמחברה. כבר הברייתא המובאת בבבא בתרא, לא מגדירה את שלמה כמחבר החיבור שלפנינו: "חזקיה וסיעתו כתבו ישעיה, משלי, שיר השירים וקהלת" (דף טו ע"א). לא נראה שברייתא זו חולקת על ההנחה המקובלת על חז"ל, שעל פיה שלמה הוא שכתב את משלי, שיר השירים וקהלת, אלא שהיא רואה מול עיניה עריכה סופית של ספרים אלו שהתרחשה בקרב חזקיה וסיעתו.[9]

כהרחבה של עמדה זו, אפשר להעלות על הדעת שהמלך שלמה הניח את היסודות ליצירה שלפנינו, כמסורת חז"ל (וכן לספר משלי ולמגילת שיר השירים), אך מכיוון שדבריו נלמדו בבתי מדרש של חכמים לאורך דורות רבים ובעל פה, לפנינו גרסה סופית של רעיונותיו המרכזיים שהועברו בעל פה משך דורות. ברבות הימים נתגלגלו בהם שינויים שונים, ומשעה שהועלו על הכתב קיבלה הגרסה האחרונה את הצורה הלשונית של הכותב המאוחר.[10]

כלל גדול הוא בהיסטוריה האנושית: למסורת הדתית יש יכולת לשמר עבור הדורות הבאים חומר עתיק מאוד, ואף על פי שהמסורת ניתנת להשתנות בפרטיה במשך הזמן, כמה וכמה עניינים חשובים מהעבר הרחוק ובהם סיפורים, שירים, פתגמים ומשלים נשמרים בתוכה גם בחלוף שנים רבות.[11]

9. ייתכן שברוח עריכה מאוחרת לדברי שלמה יש לבאר גם את הנאמר באבות דר' נתן: "בראשונה היו אומרים משלי ושיר השירים וקהלת גנוזים היו, שהם היו אומרים משלות ואינן מן הכתובים, ועמדו וגנזו אותם, עד שבאו אנשי כנסת הגדולה ופירשו אותם" (אבות דר' נתן, פרק א). ייתכן שהמונח "פירשו" בהקשר זה רחב יותר מאשר אקט תמים של פרשנות, אלא שהוא כולל בתוכו את האמירה שאנשי כנסת הגדולה, "הסופרים", גם ערכו את הספר, פירשו אותו, והביאוהו לצורה שלפנינו.
10. בן־נון, אני קהלת, עמ' 39–42, וראו גם ניסוח דומה אצל קויפמן, תולדות האמונה, כרך ב, עמ' 646: "חומר עתיק נתגבש כאן בצורה מאוחרת".
11. קאסוטו, ספרות מקראית, כרך א, עמ' 7.

יש גם לשים לב לכך שבמהלך המגילה עולה הרושם שהמחבר מחליף את זהותו ואת נקודת המבט שלו על החיים. בשלב כלשהו נראה שהוא 'מפסיק' להיות מלך רב־חוכמה, ולובש את דמותו של 'חכם' שמשיא לבריות עצות כיצד להימנע מלחצים שונים הכרוכים בקשר עם המלך, ואף מאשים את מוסד המלוכה באי־צדק. כאשר נגיע למקומות אלו במגילה נעמוד על החלפת נקודת המבט ועל היחס המסתייג שיש במגילה מהשלטון.

יהא מחבר הספר אשר יהא, מעניין שהמחבר שמציג עצמו כשלמה אינו אומר בפירוש 'אני שלמה', אלא רק 'אֲנִי קֹהֶלֶת הָיִיתִי מֶלֶךְ עַל יִשְׂרָאֵל בִּירוּשָׁלָם'. הקורא יודע שהוא 'בנו של דוד' ונמסר לו שהמחבר היה 'מלך בירושלים', אך שמו הפרטי נעדר. דבר זה חריג גם ביחס לשני הספרים האחרים המיוחסים לשלמה. שיר השירים נפתח בזיהוי מפורש: "שִׁיר הַשִּׁירִים אֲשֶׁר לִשְׁלֹמֹה" (שה"ש א', א), וספר משלי נפתח גם הוא: "מִשְׁלֵי שְׁלֹמֹה בֶן דָּוִד מֶלֶךְ יִשְׂרָאֵל" (משלי א', א).

היעדרות שמו המפורש של שלמה בקהלת מעניינת במיוחד דווקא בגלל שמגילה זו נשענת רבות על חוויותיו האישיות של הכותב, על תובנותיו ועל נקודת המבט שלו. הגוף הראשון מלווה את הספר ומניח כנקודת מוצא לדיונים השונים את הפרספקטיבה של הדובר, את האינדיבידואליות שלו. דווקא במגילה זו היה מתאים למצוא את שמו של הדובר ולא רק את כינוייו המשפחתיים והמלכותיים.[12]

אולי ההצעה שהוזכרה לעיל היא שהובילה להימנעות מאזכור שמו הפרטי של הכותב. אם אומנם מדובר במסורות שעברו בעל פה מאז תקופת שלמה ובשמו, אך בסופו של דבר אין הוא מחבר הספר שלפנינו, ברור מדוע יש מקום לרמוז אליו, אך יש גם מקום להימנע מלכתוב את שמו כמחבר הממשי של הפסוקים שבמגילה. זאת ועוד: מצד אחד, חשוב שהקורא יידע שקהלת הוא בעל פרספקטיבה של עושר ושל חוכמה כשל שלמה המלך, אולם מצד שני, כתיבה בעלת אופי פרטי שכזה עלולה להיתפס כספר זיכרונות אישי וכמסקנות

12. מי ששם לב לדבר זה במיוחד הוא אליעזר שביד, חוכמתה, עמ' 132-137.

שנוגעות לאינדיבידואל ספציפי שבמקרה חווה דבר זה או אחר. קהלת מבקש להציג חוויית חיים אינדיבידואלית שהיא גם אוניברסאלית, שתקפה ביחס לכל אדם, ועל כן אין הוא אלא 'קהלת' – מקהיל הקהילות שיש באמתחתו חוכמה ללמד את כולם.[13]

דבר אחד ברור אפשר לומר על מחבר ספרנו, שהוא ניחן ברגישות יוצאת דופן לתופעות החיים. כוונתנו לומר, שיש בספר דיונים ברכיבי מציאות שעבור רבים נדמים כבנליים, או לפחות לא ככאלו המעוררים תשומת לב מיוחדת ומצדיקים עיון פילוסופי. דבר זה נכון לשני ההיבטים של הקיום, הן זה הפסימי, הן זה האופטימי. המוות למשל נתפס אצל קהלת כמרכיב הדרמטי במציאות שמאיין את חייו של אדם ולאורו מוצגים דיונים רבים לאורך הספר. אך לא רק האימה הקיומית מפני החידלון הסופי מלווה את הספר, אלא הצגתו כדבר־מה לא צודק. קהלת חובש משקפיים מוסריים ומשתומם כיצד ייתכן שגם הצדיק וגם הרשע מתים. היכולת לשאול שאלה בניסוח כזה דורשת יכולת אינטלקטואלית ויכולת נפשית של חתירה תחת ההתנהלות הטבעית שבדרך כלל ברורה מאליה. קהלת אינו מקבל את רכיבי המציאות כהנחת יסוד, אלא מעז לדמיין מציאות אחרת. אחרי שקהלת מדובב שאלה זו, היא אכן נראית מתבקשת, וכך, גם המוות הופך ליסוד שיש לבאר אותו, או לבאר לאורו את היעדר הגמול המוסרי שמתגלה בהתנהלות חיינו, או בסופם.

אך קהלת גם מתפעל מהמציאות הבנלית, כמו למשל מהאור שיש בעולם: "וּמָתוֹק הָאוֹר וְטוֹב לַעֵינַיִם לִרְאוֹת אֶת הַשָּׁמֶשׁ" (קהלת י"א, ז). הדבר המתוק הוא לא רק דבר מועיל, אלא דבר שנובעים ממנו ערבות ועונג, שהוא ערב לחיך כדבש וסוכר. ההתענגות על האור כשלעצמו דורשת גם היא יכולת הזרה – בחינה של רכיבים

13. כאמור לעיל, משמעות השם 'קהלת' זכתה לדיונים ארוכים, אך רבים ביקשו לגזור אותו מהפועל 'להקהיל' ולראות בקהלת את מנהיג אספת העם (למשל: גאלינג, קהלת, עמ' 75; אייספלדט, מבוא, עמ' 492, וראו גם אצל זר־כבוד, משמעות; מרגלית, קהלת). לעמדות נוספות ראו בסקירתו של פברי, קהל, עמ' 548–547.

בנליים במציאות והערכתם מתוך עמדה שגם שוללת אותם וכך עומדת על טיבם. לאורך הספר מתגלה קהלת כבעל פתיחות נפשית ואינטלקטואלית יוצאת דופן, והדברים עוד יתבהרו להלן.

קהלת ורוח המקרא

על פניו, נקודת המוצא של מגילת קהלת אפופה פסימיות, בדידות ומרירות, ואיננה אופיינית לרוח הכללית הנושבת מן המקרא. גם העובדה שמבטו של קהלת על הקיום האנושי נע כל העת בין האוניברסלי שבחוויית הקיום האנושי לבין האינדיבידואלי שבקיום האדם מעניקה למגילה מקום מיוחד במקרא. זוהי יצירה עברית ועם זאת, מעבר לזיהוי המחבר כמלך ירושלים ובנו של דוד אין במגילה כל התייחסות ישירה להיסטוריה הלאומית של עם ישראל.[14] אבות האומה הישראלית, גורל עם ישראל, תורת ישראל, ארץ ישראל, הנביאים וחזון אחרית הימים – כל אלו נעדרים מהמגילה. קהלת הוא יצירה כלל אנושית העוסקת בחוויית החיים של היחיד – כל יחיד באשר הוא.[15] נכון הדבר שמאפיינים אלו נכונים לספרות החוכמה המקראית בכלל, אך הם מתממשים באופן בולט בספר קהלת.

בכל זאת, מחבר המגילה היה ללא ספק עברי מאמין המקבל ללא סייג השקפה מרכזית של אמונת ישראל כפי שהיא מופיעה במקרא: שלטונו המוחלט של האל בעולם. אולם, שלטון זה אינו מביא את קהלת לתודעה דתית שיש בה דבקות או אהבת ה', אלא יראת אלוהים, ובמידת־מה, דווקא שלטונו המוחלט של אלוהים

14. ג'ניפר ברבור אתגרה הנחה זו וטענה שלאורך הספר פזורים רמזים שיש בהם תגובה לשקיעתה ולנפילתה של האומה עם חורבן בית ראשון ולגלות בבל (ברבור, סיפור ישראלי). הצעתה מציעה קריאה חדשה ומפתיעה לספר, אך התזה נותרת מסופקת.

15. לוונסון, אופק אוניברסלי, עמ' 149. יחזקאל קויפמן העיר, שלדיון בשאלות מוסריות המנותקות מגורלו של עם ישראל יש תמיד "רקע לא ישראלי" (תולדות האמונה, כרך ב, עמ' 440), והוא כולל בכך גם את ספר קהלת.

על המציאות מקעקע את אפשרות האדם למצוא בהתנהלות החיים סדר שיש בו היגיון. הכול תלוי ברצונו של אלוהים, ובשל כך אין זה משנה כל כך מה יעשה האדם. בכך, קהלת מאמץ חלק מהנחות היסוד המקראיות, אך מגיע לאורך למסקנות אחרות מהמקובל. יחסו המורכב של קהלת למסורות ישראל, בולט במיוחד בבחינת רעיונותיו על רקע ספרות החוכמה המקראית.

קהלת ויחסו (המהפכני) לספרות החוכמה בישראל

מגילת קהלת שייכת לסוגה של ספרות החוכמה במקרא. מלבד קהלת נמנים בסוגה זו גם ספרי איוב ומשלי וחלק ממזמורי תהלים. תחת סוגה זו יש לראות גם את ספר בן סירא וחכמת שלמה, מן הספרים החיצוניים.[16] לאחרונה אומנם קמו מערערים על הגדרתה של ספרות זו כסוגה עצמאית ונפרדת,[17] וגם אם אפשר להזדהות עם כמה מהטענות שהם העלו,[18] קשה שלא לקבל את הרושם שיש מאפיינים ייחודיים

16. ל'ספרי אמ"ת' – איוב, משלי ותהלים – יש חלוקת טעמים שונה משאר ספרי המקרא (ראו על כך: פרלמן, כללי הטעמים), אך ספר קהלת לא נמנה עימהם. הכללת ספר תהלים בתוך ספרי החוכמה המקראיים איננה פשוטה כלל (הורביץ, שקיעי חכמה, עמ' 17-31). לצד זאת, אם ירצה הקורא הוא מוזמן לכלול גם את משלי אחיקר בסוגה הספרותית הנידונה.
17. ראו במיוחד את ספרו של וויל קיינס שהוקדש לטענה זו (קיינס, הספר). הוא המשיך לדון בכך בספר מאמרים שערך, שגם אותו מלווה שאלת הגדרת ספרות החוכמה כסוגה עצמאית, וגם אם במאמרים המובאים בתחילת הספר יש נטייה לפקפק בהגדרה זו, בהמשך הספר יש אימוץ שלה (קיינס, חוכמה ומקרא). ראו במיוחד בחלק הרביעי המוקדש ל"קטגוריה של ספרות החוכמה".
18. במיוחד חשובה טענתו של קיינס שאנחנו מוצאים היגדים חוכמתיים בכל הסוגות של המקרא, כמו גם את עצם היומרה להבין את התנהלות העולם ושאלות נוספות שעולות לרוב בספרות החוכמה. זאת ועוד, גם בספרות החוכמה המסופוטמית יש 'תובנות חוכמתיות' שהן תוצאת התגלות אלוהית או קשורות לטקסים דתיים, וגם בכך מתערער במשהו הגבול החד שנוהגים להציב בין הספרות הדתית הקלאסית לספרות החוכמה. ראו במיוחד בפרק שכתב, הפותח את הספר שערך (קיינס, חוכמה ומקרא, עמ' 1-14).

שקושרים ספרים אלו תחת אותה סוגה – חלקם צורניים (כמו הכתיבה בתקבולת), חלקם תוכניים.[19]

נתחיל את מסענו בהפניית המבט אל הכתובים בכלל, ואל מקור קדושתם. באופן מפתיע, הגמרא מחפשת ראיות לכך שגם מגילת אסתר נכתבה ברוח הקודש,[20] דבר שכמובן לא ייאמר ביחס לחומשי התורה וספרי הנביאים. השאלה מה היחס בין היצירה האנושית ובין רוח הקודש היא שאלה מורכבת למדי, אבל החשוב לענייננו הוא שבספרי הכתובים שבמקרא ניכרת עמדת הכותב שבכתיבתו מביע תנועה נפשית ואינטלקטואלית של אדם העומד מול ה' ומול העולם. הוא זה המחולל את המחשבות ואת המסרים, שלא כבחלקים האחרים של המקרא, שבהם שלוח דבר ה' אל האדם. כך כמובן בתורה, אבל גם בנביאים. בספרות הנבואית, הדברים מתוארים לרוב מנקודת מבט נבואית, כלומר ה' מפרש ומפענח את המציאות עבור האדם, מוכיח אותו ומנבא לו.

בספר תהלים מצב יסודי זה מתהפך: כאן יש אדם שהוא העומד מול קונו והוא המתפלל, המבקש ומביע את עצמו, כלומר תנועת התקשורת היסודית מתהפכת, עד כדי כך שמדרש תהלים פענח את חלוקת ספר תהלים לחמישה ספרים בהקבלה לחמשת חומשי תורה, ובכך ביקש ליצור דיאלוג משלים בין שתי התנועות: "משה נתן להם חמשה חומשי תורה, וכנגדם נתן להם דוד ספר תהלים שיש בו חמשה ספרים" (מדרש תהלים א'); כנגד דבר ה' הבא בחמישה ספרים, באים משוררי תהלים ועונים לה' במזמוריהם הערוכים בחמישה ספרים: "אם חומרי סיפורי המקרא קשורים במה שעשה אלוהים; והספרות הנבואית מדווחת על מה שאלוהים אמר, מזמורי תהלים מציגים את תגובת האנשים לפעולת האל ולמילותיו".[21]

19. ראו למשל אצל הופמן, ספרות החוכמה. הוא עומד הן על הקשיים בהגדרת סוגה זו, הן על הפרמטרים שבכל זאת מגדירים את הטקסטים האלו תחת קורת גג אחת.
20. בבלי, מגילה ז ע"א.
21. לימברג, תהלים, עמ' 522.

ספרות החוכמה, באופן בולט אף יותר מאשר ספר תהלים, מתאפיינת בהתפלספות ובהתבוננות המבקשת לעמוד על פשר הדברים, מתוך ניסיון לעמוד על ההתנהגות הרצויה ולהציע איזוהי דרך ישרה שיבור לו האדם. ספר קהלת נכלל בקטגוריה זו כבר בקריאה ראשונה, ונקודת המוצא הזו מובלטת ביותר באמצעות השימוש התכוף (שמונה עשרה פעמים) במילה 'ראיתי', כלומר, הרעיונות המבוטאים בספר אינם פרי התגלות, והם אינם מסקנות מעיון בדברי התורה, אלא הם תוצאה של התבוננות ומחשבה.[22] קהלת 'מדבר אל לבו' שוב ושוב לאורך הספר. לא רק בצירופים לשוניים כמו: "ונתתי את לבי לדרוש ולתור בחכמה" (א', יג); "כי את כל זה נתתי אל לבי" (ט', א), שמשמעותם 'החלטתי לחשוב על', 'להתבונן בדבר מה',[23] אלא גם בצירופים המביעים דיאלוג של אדם עם עצמו: "דברתי אני עם לבי לאמר" (א', טז).[24] צירוף לשון זה מביע מעין פיצול בין האדם הדובר, לבין 'לבו' – מחשבותיו, וזהו תיאור של האדם המתפלסף, המנסה להגיע לחקר האמת מתוך שיג ושיח שלו עם עצמו; ללא התגלות וללא אוטוריטה חיצונית שתוכל לנתב אותו בדרכו.

לא ייפלא אפוא שהיו בין התַּנאים שסברו שאין קדושה בספר מפני שמדובר בחוכמתו האנושית של שלמה ותו לא: "תניא רבי שמעון בן מנסיא אומר: קהלת אינו מטמא את הידים מפני שחכמתו של שלמה היא" (בבלי, מגילה ז ע"א).[25]

22. ברטלר, כיצד לקרוא, עמ' 239.
23. מחוץ לקהלת, ראו גם: דניאל י', יב; עזרא ז', כז; נחמיה ב', יב; דה"א כ"ב, יט; דה"ב י"א, טז. סאו כתב שצירוף זה מופיע דווקא בעברית המקראית המאוחרת (סאו, קהלת, עמ' 120).
24. צירוף זה נזכר גם לאחר תפילת-ניחוש עבד אברהם בחרן: "אני טרם אכלה לדבר אל לבי" (בראשית כ"ד, מה), וגם שם משמעותו מחשבות שהאדם חושב עם עצמו, אלא ששם מחשבות אלו הופנו כלפי ה'. 'לדבר על לב' מביע לעיתים פיוס של הזולת (למשל שופטים י"ט, ג), אך אצלנו קהלת מדבר עם ליבו שלו, ולא עם ליבו של הזולת. יש מקום גם לבחון אם יש הבדל של ממש בין 'לדבר אל לב' לבין 'לדבר על לב'.
25. ראו להלן, בדיון בקריאת קהלת בחג הסוכות, את הדברים שהביא הרב יעקב

יש הטוענים שהיו שני סוגים של מקצוע ה'חכמים' בישראל הקדומה. הסוג האחד הוא חוכמה חצרנית פורמלית, המגולמת למשל באיש כאחיתופל, חכם חצר המשתלב בתוך מוסד המלוכה, והסוג השני לעומתם היה הוגים עממיים שישבו, הגו ולימדו מחוץ להקשר פוליטי־מדיני.[26] קשה להכריע אם יש ממש בחלוקה גסה זו, וגם היו שיצאו נגדה,[27] אך אם עלינו לסווג את קהלת באחת מן הקבוצות הללו, נראה שלמרות הגדרתו כמלך בירושלים, הוא כותב כאיש חוכמה עממי, הפונה אל חווית הקיום האוניברסלית־אינדיבידואלית, ואף מעביר ביקורת על שלטון באשר הוא.

מעבר להעמדת האדם ורעיונותיו במרכז היצירה, אפשר לחלק את ספרות החוכמה בין ניסיונות 'תיאולוגיים' לעמוד על התנהלותו של העולם ופשר החיים – זו היא 'החוכמה הפילוסופית', כדוגמת ספר איוב; וניסיונות 'חינוכיים' לעמוד על המידות הטובות וההתנהגות הראויה לאדם – זו היא 'החוכמה הדידקטית', שספר משלי הוא נציגה המקראי המובהק (כמו גם בן־סירא ופרקי אבות המאוחרים העונים באופן מלא על הגדרה זו).[28]

לאיזה משני הסוגים שייך ספר קהלת? האם אופיו דידקטי, או שהוא עוסק בפילוסופיה מופשטת? נראה שיש בו משני הסוגים גם יחד. מבע כגון "כִּי הָאֱלֹהִים בַּשָּׁמַיִם וְאַתָּה עַל הָאָרֶץ עַל כֵּן יִהְיוּ

מדן, שהיה מי שחשב שבשל כך אין לברך לפני שקוראים את מגילת קהלת, כי אלו דברי חוכמה שאמר שלמה מדעתו!

26. רופא, מבוא, עמ' 390. על הכתיבה הספרותית שליוותה את חצרות המלכים בישראל הקדום (קובצי שירה דתית, אמרי חוכמה, היסטוריוגרפיה ממלכתית, וביוגרפיות), ראו: מזר, היסטוריוגרפיה, עמ' 82–88; דמסקי, ידיעת ספר, עמ' 160-164.

27. ראו במיוחד אצל שניים מראשי המדברים בתחום מחקר זה: קרנשאו, פרולגומנון, עמ' 22; הורביץ, שקיעי חוכמה, עמ' 35-36.

28. באופן כללי נכון לומר ביחס לשתי גישות אלו – התיאולוגית והחינוכית – שעיקרה של ספרות החוכמה המקראית איננה ידיעת הדברים לעצמם, אלא הבנת התועלת של החוכמה לעמידה על רצון האל ועיצוב התנהגותו של האדם בחיים (בדומה: טור־סיני, חוכמה, עמ' 128).

דְבָרֶיךָ מְעַטִּים" (ה', א); "טוֹב לָלֶכֶת אֶל בֵּית אֵבֶל מִלֶּכֶת אֶל בֵּית מִשְׁתֶּה" (ז', ב) – הוא דידקטי באופיו; אך, במקביל, ישנם כמובן קטעים פילוסופיים לרוב, כדוגמת תמיהתו הנועזת של קהלת: "כִּי מִקְרֶה בְנֵי הָאָדָם וּמִקְרֶה הַבְּהֵמָה וּמִקְרֶה אֶחָד לָהֶם כְּמוֹת זֶה כֵּן מוֹת זֶה וְרוּחַ אֶחָד לַכֹּל וּמוֹתַר הָאָדָם מִן הַבְּהֵמָה אָיִן כִּי הַכֹּל הָבֶל. הַכֹּל הוֹלֵךְ אֶל מָקוֹם אֶחָד הַכֹּל הָיָה מִן הֶעָפָר וְהַכֹּל שָׁב אֶל הֶעָפָר. מִי יוֹדֵעַ רוּחַ בְּנֵי הָאָדָם הָעֹלָה הִיא לְמָעְלָה וְרוּחַ הַבְּהֵמָה הַיֹּרֶדֶת הִיא לְמַטָּה לָאָרֶץ" (ג', יט–כא). שילוב זה חשוב לצורך הבנת מגמתו של הספר, כפי שעוד יתבאר, אך כבר כעת יש להצביע על כך, שבאופן כללי הדיונים הפילוסופיים התיאורטיים שבאים בספר משועבדים למסקנה הנורמטיבית שנגזרת מהם. קהלת אכן שואל את השאלות הגדולות, אך הוא מבקש להסיק מהן את אופן החיים הראוי.

אך בעוד שילובו של קהלת בספרות החוכמה ברור מצד סגנון כתיבתו ונושאיו, בכל הקשור להערכת ספרות חוכמה זו עצמה נטוע ספר קהלת במקום חדש ושונה מן המקובל. יש בספר כנות אותנטית, אשר חושפת מצוקות קיומיות ושאלות שלא פעם נוטים אנשים להדחיק. כנות זו הביאה את מחבר הספר לפקפק גם בתוקף ספרות החוכמה עצמה ובמעלותיה.

אפשר לחוש בכך לאורך הספר כולו, כפי שעוד יתבהר. דוגמה בולטת היא: "טוֹב לִשְׁמֹעַ גַּעֲרַת חָכָם מֵאִישׁ שֹׁמֵעַ שִׁיר כְּסִילִים כִּי כְקוֹל הַסִּירִים תַּחַת הַסִּיר כֵּן שְׂחֹק הַכְּסִיל וְגַם זֶה הָבֶל" (ז', ו). בהתחלה נדמה שהיגד זה משתלב בנקל עם תפיסת החוכמה באשר היא, שהרי קהלת מגנה בו את הכסילים: צחוקם איננו אלא כקוצים המתפוצצים באש ומפיקים רעש רב ללא תכלית. אבל לפתע מוסיף קהלת, שגם טענה מקובלת זו היא הבל – "כִּי הָעֹשֶׁק יְהוֹלֵל חָכָם וִיאַבֵּד אֶת לֵב מַתָּנָה" (ז', ז). החכם הגדול ביותר, כשייפול בידיו שוחד גדול, "העושק יהולל" אותו (מלשון הוללות), חוכמתו תסתלק ממנו. כלומר, קהלת יוצא כאן בריש גלי נגד העדיפות שנטלו לעצמם החכמים: אתם בטוחים שיש לבטוח בחכם – אני יודע לומר שגם בו אין לבטוח ללא סייג, גם הוא עלול ליפול כאחד האדם. מבחינה זו לפנינו חיבור ייחודי,

אשר שייך לז'אנר החוכמה אך למעשה מקעקע את יסודותיו: "כִּי בְּרֹב חָכְמָה רָב כָּעַס וְיוֹסִיף דַּעַת יוֹסִיף מַכְאוֹב" (א', יח).

דבר זה קשור לתפנית דרמטית עוד יותר שיש בספר קהלת ביחס לספרות החוכמה. אם היה עלינו לסכם את ספר משלי במשפט אחד היינו אומרים שהעמדה היסודית שהספר מבקש להטיף אליה היא שיש תוצאות טבעיות הכרחיות למעשה האדם, ועל כן, הבוחר בטוב – יזכה לרוב טובה, ואילו הבוחר ברע – ייפול. בספר משלי אין מדובר בענישת הרשעים, אלא בסדר מופתי שקיים במציאות, שמיטיב עם עושי הטובה ועם הפועלים בחוכמה. החרוץ יזכה לגמול כי חייו יהיו רווחיים, ואילו העצל יישאר רעב.[29] מתברר שזוהי עמדה יסודית של ספרות החוכמה הקדומה בכלל, במיוחד זו המצרית. הדברים סוכמו יפה על ידי מיכאל פוקס:

> מושג סדר העולם מהווה את ההנחה היסודית של החכמה המצרית... בספירת הפרט אותו סדר עולם מתגלה כמוסר וכגמול. בתפיסה המצרית ובתפיסה החכמתית בכללותה הסדר הקוסמי והסדר הפרטי, דהיינו המוסה, אינן אלא שתי בחינות של עיקרון אחד... לפיכך אין אבחנה בין הטוב המוסרי ובין הטוב התועלתני מעשים שהם בהתאם למאעת' הנם לכתחילה מוסריים וצודקים ויביאו את עושיהם לידי שכר כסיבה את המסובב כמו חוק טבע...
>
> ההנחה של סדר העולם בחכמה הישראלית מתגלית בעיקר באפיסטימולוגיה החכמתית ובתורת הגמול החכמתית הקשורה לשיטה זו המושתתת על הנחת סדר העולם. משמעות מושג סדר העולם לגבי עובדות פרטיות היא קיום קשר סיבתי מוחלט בין כל אירועי העולם. אירועים מקריים ממש אינם קיימים. את הכל ניתן להבין ולהסביר באמצעות עובדות קדומות. בגלל קשר

29. יאיר הופמן כינה זאת "משוואת הגמול בספר משלי" (הופמן, ספרות החוכמה, עמ' 334–337).

סיבתי זה אפשר להבין את העולם ללא הזדקקות לאמצעים על טבעיים כדי לגלות את רצון האלוקות...

רוב רובם של פתגמי ספר משלי באים לגלות תיאום בין פעולה מסוימת לבין תוצאותיה. פסקה המראה בעליל על ההנחה של קשר סיבתי זהו משלי ו׳: ׳היחתה איש אש בחיקו... כן הבא אל אשת רעהו׳.[30]

בספרות החוכמה שגורים ואהובים פתגמים כגון ״לֵךְ אֶל נְמָלָה עָצֵל רְאֵה דְרָכֶיהָ וַחֲכָם״. אלו היו משלי טבע הגוזרים, בדרך של התבוננות בבעלי חיים, מסקנות או תובנות מסוימות לגבי חיי האדם. לדעת גרהרד פון ראד, גם משלי טבע אלו משקפים את תפיסת המאעת׳ המצרית הקדומה שהזכיר פוקס, על פיה יש במציאות סדר טבעי־פנימי, והנוהג באופן מושכל מתאים עצמו לטבע העולם ויבוא על שכרו. רצון האלוהים מתגלה בתוך סדר העולם, אופן ההתנהלות של העולם מגלם את החוכמה האלוהית. הדוגמה שבה פוקס חותם את דיונו אכן מבהירה דבר זה היטב: ״הֲיַחְתֶּה אִישׁ אֵשׁ בְּחֵיקוֹ וּבְגָדָיו לֹא תִשָּׂרַפְנָה אִם יְהַלֵּךְ אִישׁ עַל הַגֶּחָלִים וְרַגְלָיו לֹא תִכָּוֶינָה. כֵּן הַבָּא אֶל אֵשֶׁת רֵעֵהוּ לֹא יִנָּקֶה כׇּל הַנֹּגֵעַ בָּהּ״ (משלי ו׳, כז-כט). ספר משלי מושתת על ההנחה הזו, עד שבמידה מסוימת אפשר לראות זאת כהבניה חדשה של עמידת האדם מול האל, שהרי הגמול היסודי בספר משלי – גם אם ספר משלי שונה מהחוכמה המצרית – מתרחש מאליו: האל לא צריך להתערב כל פעם ולהעניש את החוטא ולגמול לצדיק רוב טובה; מנגנון הגמול הטבעי מוטמע בתוך רקמת העולם. מי שעושה עוולה דרכו לא תצלח, כי העולם לא יאיר פנים לעושי עוולה.

עיקרון זה הוא עקרון יסוד בספרות החוכמה – הן זו המקראית והן זו שמחוצה לה – והנה בא ספר קהלת ומפורר את הקשר שבין המעשה לתוצאה,[31] כמו: ״שַׁבְתִּי וְרָאֹה תַחַת הַשֶּׁמֶשׁ כִּי לֹא לַקַּלִּים

30. פוקס, ספרות החוכמה, עמ׳ 163-165. ראו גם: פוקס, החוכמה במשלי.
31. ראו במיוחד להלן, בדיון בקהלת פרק ט׳, אך הדבר מוצף לאורך הספר כולו.

הַמֵּרוֹץ וְלֹא לַגִּבּוֹרִים הַמִּלְחָמָה וְגַם לֹא לַחֲכָמִים לֶחֶם וְגַם לֹא לַנְּבֹנִים עֹשֶׁר וְגַם לֹא לַיֹּדְעִים חֵן כִּי עֵת וָפֶגַע יִקְרֶה אֶת כֻּלָּם" (ט׳, יא). בעוד ספר משלי מטיף לעמל ולחריצות, טוען קהלת: "חֹפֵר גּוּמָּץ [=שוחה] בּוֹ יִפּוֹל וּפֹרֵץ גָּדֵר יִשְּׁכֶנּוּ נָחָשׁ. מַסִּיעַ אֲבָנִים יֵעָצֵב בָּהֶם בּוֹקֵעַ עֵצִים יִסָּכֶן בָּם" (י׳, ח-ט). עוד נדון בפסוקים אלו במקומם, אך הרוח החדשה העולה מספר קהלת בולטת,[32] ובעוד הוא חלק אינטגרלי מספרות החוכמה הוא גם מקעקע את הנחות היסוד הבסיסיות ביותר שלה.[33]

עצמאותו של קהלת ביחס למסורת החוכמה המקובלת באה לידי ביטוי גם בריבוי הלשונות שיש בספר בגוף ראשון: 'נתתי את לבי לדרוש ולתור בחכמה', 'ראיתי', 'דיברתי אני עם לבי', 'אמרתי', ועוד רבים. לשם ההשוואה די לציין שבכל ספר משלי אומר החכם 'ראיתי' רק פעם אחת (כ"ד, לב), ואילו בספר קהלת הפועל 'ראיתי' משולב שמונה-עשרה פעמים! הדבר נובע מכך שקהלת בונה את טיעוניו על ניסיונו האישי – הן ניסיון חייו, הן מחשבותיו – אבל יש לדבר זה משמעות רבה בכל הקשור להישענות על מסורת החוכמה. החכם של ספר משלי בכוונה לא מציג את מסקנותיו כפרי מחשבתו האישית, אלא אדרבה, לפניו היו חכמים רבים ויש מסורת של דברי חוכמה שראוי לדבוק בה. התפיסה השמרנית מהותית לעולם החוכמה, וחוכמה רבת שנים זו היא הניצבת בבסיס המוטיבציה לשמוע לחכם ולדורות הקודמים, בחינת "שְׁמַע בְּנִי מוּסַר אָבִיךָ וְאַל

32. בשנים האחרונות נעשו ניסיונות להראות שלמרות הכול יש שיתוף רב בין קהלת למשלי בעניינים שונים (ראו למשל: סאטרווייט, עושר ועוני). אכן, יש גם זיקות בין הספרים, אך בכל הקשור להנחות היסוד הבסיסיות ביותר של ספרות החוכמה נותרים שני ספרים אלו חלוקים.

33. באופן חריג, טענה דל שספר קהלת קרוב יותר ברוחו לספר משלי מאשר לספר איוב ויש לראות בשני ספרים אלו את הקנון החוכמתי המרכזי של ישראל (דל, קהלת). אך קשה לתמוך בטענתה. קהלת חולק על הנחות היסוד הבסיסיות ביותר של ספר משלי, ואדרבה, ייתכן שמתחת לפני השטח, ספר איוב מזדהה בסופו של דבר עם חוסר הסדר שיש בעולם (כהצעת הופמן, ספרות החוכמה, עמ׳ 344-345).

תִּטֹּשׁ תּוֹרַת אִמֶּךָ" (משלי א', ח).[34] לעומת זאת, קהלת חותר תחת הנחות היסוד של עולם החוכמה המקובל, ומבסס את דיוניו על פרי מחשבתו האישית וניסיון חייו.[35] קהלת אינו שותף להנחה הנוסטלגית שהדורות הקודמים ידעו דבר־מה שאנו איננו יודעים – "אַל תֹּאמַר מֶה הָיָה שֶׁהַיָּמִים הָרִאשֹׁנִים הָיוּ טוֹבִים מֵאֵלֶּה כִּי לֹא מֵחָכְמָה שָׁאַלְתָּ עַל זֶה" (קהלת ז', י), ומבחינה זו, יצירתו היא יצירה חדשה, החורגת ממוסכמות חוכמתיות בסיסיות.

"הבל"

על רקע עמדה ייחודית זו יש לבחון גם את המונח הדרמטי ביותר בספר קהלת – 'הבל'. הרוצה לעמוד על משמעות הספר ועל מגמתו חייב לפענח את משמעות המונח האניגמטי הזה, החורז את הספר מתחילתו עד לסופו. אולם האתגר גדול, מפני שלאורך הספר יש למילה 'הבל' משמעויות שונות, בראשן 'ארעיות', 'שרירותיות', 'פעילות בלתי פוסקת'. תופעה זו בולטת במעקב אחר תרגומים שונים של קהלת, שנאלצו לתרגם את המונח 'הבל' בפסוקים שונים באופנים אחרים, כך שהקורא את הספר בשפה המתורגמת כלל אינו יודע שמדובר באותו המונח. הוא פוגש באוצר מילים מגוון: "vanity/vain", "emptiness/empty", "futility/futile", "absurdity/absurd", "meaningless", "incomprehensible", "zero".[36]

בשל רב־משמעות זו יש משהו חמקמק בניסיון להגדיר מונח זה בספר קהלת, אך מאחר שרבים הבינו שלפנינו מפתח להבנת

34. ראו עוד להלן, בדיון בפסוק "דִּבְרֵי חֲכָמִים כַּדָּרְבֹנוֹת וּכְמַשְׂמְרוֹת נְטוּעִים בַּעֲלֵי אֲסֻפּוֹת נִתְּנוּ מֵרֹעֶה אֶחָד" (י"ב, יא).
35. ראו על כך עוד בהשוואה שערך פרידריך בין שני ספרי חוכמה אלו (פרידריך, תחת השמש).
36. לביקורת על שיטה זו, שמתרגמת את המילה באופנים שונים לאורך הספר, ראו: מילר, הבל. יפה כתב גבריאל חיים כהן, שדווקא החזרה על אותו מונח, גם אם בהוראות משתנות, מעניק תחושה מחזורית (כהן, מגילות, עמ' 241).

סודו של הספר, נעשו גם ניסיונות למצוא שורש אחד המלכד את המשמעויות כולן.[37]

יש פיתוי גדול באימוץ העמדה הרואה במונח זה משמעות של 'חולף', 'ארעי'.[38] פרשנות זו קרובה להוראת ההבל היוצא מן הפה שאין בו ממש והוא חולף מייד, ויש בכוחה לבאר פסוקים רבים בקהלת. אך גם עמדה (מקובלת) זו נתקלת בקשיים, כמו למשל הפסוק הבא: "כִּי יֵשׁ דְּבָרִים הַרְבֵּה מַרְבִּים הָבֶל מַה יֹּתֵר לָאָדָם" (ו', יא). אפשר בדוחק לפרש את הפסוק כמביע שיש דברים רבים שמרבים הבל = מרבים דברים חולפים וארעיים, אך יש להודות שזו קריאה קשה. הקושי בתפיסה זו בולט עוד יותר במקומות שבהם קהלת מצביע על עוולות או על אבסורדים שיש במציאות, וגם אותם הוא מכנה 'הבל', כמו: "וְשַׁבְתִּי אֲנִי וָאֶרְאֶה הֶבֶל תַּחַת הַשָּׁמֶשׁ. יֵשׁ אֶחָד וְאֵין שֵׁנִי גַּם בֵּן וָאָח אֵין לוֹ וְאֵין קֵץ לְכָל עֲמָלוֹ גַּם עיניו [קרי: עֵינוֹ] לֹא תִשְׂבַּע עֹשֶׁר וּלְמִי אֲנִי עָמֵל וּמְחַסֵּר אֶת נַפְשִׁי מִטּוֹבָה גַּם זֶה הֶבֶל וְעִנְיַן רָע הוּא" (ד', ז-ח). כאן קהלת מתאר את המתמכר לצבירת רכוש מתוך בדידותו, והביקורת שיש לו על מצב זה אינה קשורה בעובדה שלפנינו מצב ארעי וחולף.[39]

היו שהציעו שבסופו של דבר חוסר היכולת להבין דבר־מה ניצב בתשתית המונח: "'הבל' הוא דבר שלא ניתן לתפוס אותו או לשלוט

37. על אפשרות שיחה מכוונת בין מונח מפתח זה בספר לבין הבל המקראי – בנו של אדם שנרצח בידי קין אחיו – ראו אצל אבן תיבון, קהלת, עמ' 112-113; פייסלר, קהלת הפילוסוף; והשוו גם: ברזל, פרשנות חדשה, עמ' 107; דור־שב, קהלת, עמ' 96-99. נשמעת לנו מוגזמת הצעתו של אנתיק, שבראשית ד' הוא רקע סיפורי שמלווה את ספר קהלת כולו. לצד המונח 'הבל' אשר נזכר לאורך המגילה כולה, הוא הצביע גם על הפועל 'קניתי' אשר משולב בספר ומבקש לדעתו להזכיר את 'קין'. מסקנתו היא שגם קין בסופו של דבר הוא כמו אחיו – 'הבל'. רק שת, שהוא "הילד השני" (קהלת ד', טו) נותן לאנושות תקווה (אנתיק, קין והבל).

38. זו למשל עמדתם של פרדריקס ופרמר, קהלת.

39. במקומות אלו הם באמת נאלצו לתרגם את המונח 'הבל' באופן אחר, בהוראת 'חסר תוחלת', אך אם כך, שוב לפנינו משמעויות שונות למונח ולא שורש אחד שכולל הכול.

בו. הוא יכול להתייחס למשהו שפוגשים או חווים לרגע, ואי אפשר לתפוס אותו – לא פיזית ולא אינטלקטואלית".[40] פרשנות זו מייצגת לאשורה את האווירה שמלווה מילה זו, אך דומה בעינינו שאפשר לדייק את משמעותה עוד יותר.

למגוון המשמעויות שעולות בספר יש בסיס אחד שמעניק לכולן את בית הקיבול שלהן, והוא 'חוסר היגיון', או 'כאוס'.[41] גם אם לא מדובר במשמעות **לשונית** של המונח 'הבל', זוהי המשמעות **הסמנטית** שיש לקחת בחשבון לשם הבנת קהלת. כפי שיובהר לאורך הספר, התצפית המרכזית של קהלת בעולם מובילה לתחושת חוסר סדר מהותי, ועל רקע זה מבקש קהלת לסלול דרך של קיום, גם אם שברירי. נקודה זו חשובה להבנת מבנה הספר וקפיצותיו בין נושאים שונים. חוסר הסדר שקהלת מאתר בעולם נותן את אותותיו במגוון תחומים, הן כאלו שההשגחה העליונה אחראית עליהם, והן כאלו שהאדם אחראי עליהם. כל עוד קהלת מבקש לשכנע את קוראיו שאין סדר בעולם, אין זה משנה כל כך ממה הוא נגרם ומה יסודו. בסופו של דבר אדם אינו יכול להבין את תבנית העולם ואת תפקודו.

אין צורך לומר עד כמה שונה תפיסה זו מתפיסת המאעת' המצרית, ומגישת ספר משלי. לפנינו מחלוקת גלויה ועקרונית, שאיננה רק מחלוקת פילוסופית־לוגית, אלא היא גם מחלוקת הנוגעת בחוויית קיום.

האם השקפת קהלת היא דטרמיניסטית?

אחת השאלות הסבוכות שמלוות את פרשנות ספר קהלת, שיש לה השלכה על הבנת פסוקים רבים בספר, היא אם קהלת מציג השקפת עולם דטרמיניסטית.[42] מאחר שהמונח 'דטרמיניזם' כולל בתוכו מגוון

40. סאו, קהלת, עמ' 47. ראו בהרחבה במאמרו: סאו, מעבר למוות.
41. דברים דומים הציע גם רודמן, הבל.
42. ראו דיון רחב בעניין בספר שהוקדש כולו לשאלה זו: רודמן, דטרמיניזם. יש

ניואנסים, לעיתים קרובות אפשר למצוא חוקרים שונים שמגדירים את קהלת ככזה, אך בעצם מציגים השקפות מעט שונות של קהלת. היו שכתבו שקהלת אינו סבור שגורלו של האדם נתון בידיו ושהוא קבוע מראש,[43] והיו שהתנסחו בחריפות גדולה עוד יותר, שלפי קהלת אין לאדם בחירה חופשית, ולדעתו הכול בידי שמיים, אפילו יראת שמיים.[44] לעומת עמדות אלו, היו שטענו שדטרמיניזם כלל אינו משתקף בספר, ויחידות רבות מניחות רצון חופשי של האדם שפועל מתוך בחירותיו.[45] במבוא קצר זה קשה להקיף שאלה זו מכל צדדיה, אך בשל חשיבותה אנו מבקשים לפתוח אשנב הצצה לדיון זה.[46]

המקום הראשון בספר שבו שאלה זו עולה לדיון רחב היא בשיר העיתים (קהלת ג׳). קהלת מפרט בשיר זה כיצד לַכֹּל זְמָן וְעֵת לְכָל חֵפֶץ תַּחַת הַשָּׁמָיִם, אך העיתים הללו נסתרות מעיני האדם (ג׳, יא). בין ה׳עיתים׳ הנזכרות בשיר יש הקשורות במציאות הטבעית אך בעיקר משולבות בו ׳עיתים׳ המתארות פעילות אנושית. רבים בקרב המפרשים המודרניים הבינו את השיר כמביע השקפת עולם

לציין, שיש כנראה טקסטים מקראיים שעולה מהם נימה דטרמיניסטית, כפי שהראה פון ראד (חוכמה בישראל, עמ׳ 263-283), אם כי, גם חלק מדוגמאות אלו ראויות לעיון מחודש.

43. דליטש, קהלת, עמ׳ 254-255; 365-367.

44. סמט, דטרמיניסטי.

45. פודצ׳ארד, קהלת, עמ׳ 192.

46. יש לדעת שהשקפת עולם דטרמיניסטית או פטליסטית התקיימה כבר משחר הפילוסופיה האנושית, והדים להתלבטות זו מצויים כבר אצל בן־סירא (ט״ו, יא; ט״ו, כא) ואצל יוסף בן מתתיהו (בספר מלחמות היהודים הוא מחלק בין שלוש גישות בקרב היהודים), וברור שגם חז״ל היו מודעים לה. בתוך חז״ל אפשר לעקוב אחר בתי מדרש שונים שהגיבו לעניין זה באופנים אחרים. ראו על כך אצל אורבך, אמונות ודעות, עמ׳ 227-253 (בסיכום הדיון הוא כותב: ״ניתן לומר שמצאנו היאבקות רבת גוונים במשך דורות של חכמים... התנאים והאמוראים נבדלו בדעותיהם... גם אלה מבין החכמים – במיוחד האמוראים – אשר נטו להסיק מסקנות קיצוניות בכיוון אחד, לא זנחו לגמרי את העיקרון השני״ (עמ׳ 253. שני הכיוונים שהוא מתייחס אליהם הם בחירה חופשית מול גזירה אלוהית).

דטרמיניסטית, או מדויק יותר לומר – השקפה פטליסטית:[47] "הכול נקבע מראש, כמו גם הזמן שבו הוא יתרחש. אם כן, למה עלינו לעמול ולדאוג? דברים יקרו בכל מקרה בזמן שנקבע";[48] "הכול קורה כאשר וכפי שאלוהים רוצה, על פי תוכנית עולמית. האדם לא יכול להבין את כל האירועים, ולא לשנותם בשום צורה... כל מה שנעשה כאן למטה, נקבע כבר על ידי אלוהים, והוא מתרחש ללא כל תלות בהסכמת האדם".[49]

יש אחרים שחלקו על קריאות אלו,[50] ואכן נדמה, שיש מן הפזיזות הלוגית לקפוץ למסקנה דטרמיניסטית רק על סמך שיר זה. כפי שניווכח להלן בניתוח השיר, עיקר מגמתו להורות על כך שבהסתכלות רחבה מתברר שדבר והיפוכו נעשים בעולם, ולכן, גם אם מתרחש דבר־מה מלבב בעת מן העיתים, ברבות השנים יקרה גם היפוכו, וגם אם נוטע האדם עצים, עוד יבוא היום והם ייעקרו. גם ההיפך הוא הנכון: בעת מלחמות עולם נדמה שהעולם הולך לאבדון, אך כעבור כמה שנים המלחמה פוסקת ונעלמת כלא הייתה. אין בשיר זה טענה שהאדם כפוי על נטיעת העצים כי כך החליט האלוהים או שכך נגזר עליו מראש, ואין בשיר זה טענה שהאדם מוכרח לרחוק מחבק, גם לאחר שהוא קירב אותו אל חיקו. קהלת מתאר את המציאות האנושית ואת המציאות החברתית, ורואה בה מעגל שחוזר על עצמו, גם אם הדברים נעשים מתוך בחירה אנושית.

הדברים יתבהרו עוד במקומם, אך רק לאור שיר זה – שנחשב לטקסט המרכזי שבו קהלת מביע את השקפתו הדטרמיניסטית – קשה להגיע למסקנה שאכן זו השקפתו.

המקום השני שדורש תשומת לב מיוחדת בהקשר הנידון, הוא כמה פסוקים לאחר שיר העיתים (שייתכן גם שהוא חלק ממסקנת

47. ראו למשל: גינזברג, קהלת, עמ׳ 73–74; סקוט, קהלת, עמ׳ 221; מורפי, קהלת, עמ׳ 33.
48. יאסטרוב, ציניקן עדין, עמ׳ 210, הערה 41.
49. דליטש, קהלת, עמ׳ 254–255.
50. פודצ׳ארד, קהלת, עמ׳ 192, וראו גם דיונו של רודמן, דטרמיניזם, עמ׳ 43–44.

השיר) שבו אומר קהלת: "יָדַעְתִּי כִּי כָּל אֲשֶׁר יַעֲשֶׂה הָאֱלֹהִים הוּא יִהְיֶה לְעוֹלָם עָלָיו אֵין לְהוֹסִיף וּמִמֶּנּוּ אֵין לִגְרֹעַ וְהָאֱלֹהִים עָשָׂה שֶׁיִּרְאוּ מִלְּפָנָיו. מַה שֶּׁהָיָה כְּבָר הוּא וַאֲשֶׁר לִהְיוֹת כְּבָר הָיָה וְהָאֱלֹהִים יְבַקֵּשׁ אֶת נִרְדָּף" (ג׳, יד-טו). כמה חוקרים הציעו לראות גם בפסוקים אלו ביטוי להשקפתו הדטרמיניסטית של קהלת. נילי סמט טענה שמפסוקים אלו מתברר שלא רק שקהלת סבור שהעולם מסור כולו בידי האלוהים והאדם אינו פועל מתוך בחירה חופשית, אלא שגם יראת שמיים עצמה מסורה בידי האל – "וְהָאֱלֹהִים עָשָׂה שֶׁיִּרְאוּ מִלְּפָנָיו".[51]

היא הציעה לקרוא את שני הפסוקים הנזכרים בתקבולת:

"יָדַעְתִּי כִּי כָּל אֲשֶׁר יַעֲשֶׂה הָאֱלֹהִים הוּא יִהְיֶה לְעוֹלָם...
וְהָאֱלֹהִים עָשָׂה שֶׁיִּרְאוּ מִלְּפָנָיו".
"מַה שֶּׁהָיָה כְּבָר הוּא וַאֲשֶׁר לִהְיוֹת כְּבָר הָיָה
וְהָאֱלֹהִים יְבַקֵּשׁ אֶת נִרְדָּף".

לטענתה, בשני הפסוקים האלו טוען קהלת שרק ביד האלוהים לעשות דבר־מה במציאות – האל הוא הגורם ליראת שמיים והוא גם זה שרודף אחר הנרדפים האומללים. בידו הדבר, ורק בידו.[52]

בהמשך הספר נציע את פירושנו (השונה) לפסוקים אלו, אך טענתה של סמט בדבר שליטת האל המוחלטת המובעת בפסוקים אלו, כמו גם ברגשותיו הדתיים של האדם, ובמעשיו הדתיים, מאתגרת ודורשת תשומת לב.

האם משמעות "וְהָאֱלֹהִים עָשָׂה שֶׁיִּרְאוּ מִלְּפָנָיו" היא שהאלוהים הוא הקובע למי תהיה יראת שמיים ולמי לא? אכן, זו קריאה אפשרית לפסוק אך לא קריאה הכרחית. נדמה, שעל רקע הספר כולו, עדיף לאחוז באלטרנטיבה פרשנית: האלוהים הוא האחראי על המתרחש וכך הוא גורם לבני האדם לירוא מלפניו. האל הוא האחראי על התפרצות

51. סמט, דטרמיניסטי.
52. סמט, דטרמיניסטי, עמ׳ 587.

הר געש, ועל כן אלו הגרים בשיפולי הר זה יראים מלפניו; הוא המוריד גשם ומביא פרנסה, ועל כן כל אדם שזקוק לפרנסה ירא ממנו ועומד לפניו בראש מורכן. כל זה לא אומר שאין ביד האדם בחירה לפעול כך או אחרת, ואין זה אומר שלא האדם הוא הבוחר להיות ירא מלפני האלוהים או כזה שאיננו ירא מלפניו. זה אכן אומר, שאלוהים בשליטתו המוחלטת במציאות מוביל ליראת אלוהים.[53]

יש פסוקים נוספים שלאורם עולה ההתלבטות אם קהלת היה בעל השקפה דטרמיניסטית, ודיון בהם יבוא במקומם, אך לאור שתי הדוגמאות שהוזכרו אנו מבקשים לשרטט את דרכנו במהלך פירוש הספר.

דומה שהגדרה מדויקת של השאלה תעזור להכריע בה. בהגות הפילוסופית, התוצאה של השקפה דטרמיניסטית היא שלילת הבחירה החופשית במובן המקובל שלה. זו אכן עוצמת הטיעון הדטרמיניסטי, גם זה הדתי.[54] אך מסקנה זו קשה בספר קהלת. מאחר שקהלת קובל על כך שגמול הרשעים והצדיקים דומה, ברור שהוא מניח שיש צדיקים בחברה האנושית ויש רשעים. יש כאלו שראוי היה שיקבלו שכר טוב על עמלם ואחרים שראוי היה שייענשו – ודווקא משום שזו הציפייה המוסרית־הדתית של קהלת הוא מתאכזב לגלות שהגמול אינו תואם את מעשי האדם. הנחת היסוד של דיון כזה היא שלאדם יש בחירה חופשית והוא המחליט אם להיות צדיק או רשע. הטפות רבות לאורך הספר מניחות שבידי האדם לקבוע את מעשיו – גם אם לא את גורלו – כדוגמת: "אַל תְּהִי צַדִּיק הַרְבֵּה וְאַל תִּתְחַכַּם יוֹתֵר לָמָּה תִּשּׁוֹמֵם. אַל תִּרְשַׁע הַרְבֵּה וְאַל תְּהִי סָכָל לָמָּה תָמוּת בְּלֹא עִתֶּךָ.

53. כלומר 'עשה' בפסוק זה הוא 'גרם לדבר לקרות' (כפי שפירשו כאן רבים). להוראות המשתנות של הפועל 'עשה' בספר, ראו אצל פוקס, קהלת, עמ' xviii–xix.

54. שתי דוגמאות מעניינות להגות דתית־יהודית דטרמיניסטית הן ר' חסדאי קרשקש ור' מרדכי יוסף ליינר (בעל מי השילוח). יש לא מעט זיקות רעיוניות בין שני הוגים אלו, שנאלצו להתמודד עם אותם האתגרים שהגות דטרמיניסטית דתית מביאה בכנפיה.

טוב אֲשֶׁר תֶּאֱחֹז בָּזֶה וְגַם מִזֶּה אַל תַּנַּח אֶת יָדֶךָ כִּי יְרֵא אֱלֹהִים יֵצֵא אֶת כֻּלָּם" (קהלת ז', טז-יח). הנחת היסוד של פסוקים אלו – ורבים אחרים הדומים להם – היא שאדם יכול לקבוע כיצד הוא מתנהג במציאות, ועד כמה הוא רוצה להתאמץ ולהיות צדיק.

באמת, עצם השימוש החוזר של קהלת בלשון ציווי או המלצה (כמו: "אַל תְּבַהֵל עַל פִּיךָ וְלִבְּךָ אַל יְמַהֵר לְהוֹצִיא דָבָר לִפְנֵי הָאֱלֹהִים... כַּאֲשֶׁר תִּדֹּר נֶדֶר לֵאלֹהִים אַל תְּאַחֵר לְשַׁלְּמוֹ... טוֹב אֲשֶׁר לֹא תִדֹּר מִשֶּׁתִּדּוֹר וְלֹא תְשַׁלֵּם" – ה', א-ד), מסגיר שלדעתו כל אדם יכול להישמע לעצותיו או להימנע מהן.

לפיכך, שאלת הדטרמיניזם שאכן עולה בספר איננה עוסקת בשאלת הבחירה החופשית, אלא יש לראות בה סעיף של השליטה המוחלטת של אלוהים במציאות ובכל מה שמתרחש בה. לשון אחר, קהלת לא האמין בדטרמיניזם אלא קרוב במשנתו אל הפטליזם הרך – האדם חופשי לפעול כרצונו, אך אין הוא שולט בתוצאות מעשיו ובמה שמתרחש סביבו. אין בכוח פעולותיו של האדם להשפיע על גורלו, והאתגר שניצב בפניו הוא לקבל זאת. זו אכן השקפה שעולה לאורך הספר לעיתים קרובות, אך לא מוצדק לגזור משליטתו המוחלטת של האל במציאות גם מסקנה דטרמיניסטית. כידוע, שילוב הבחירה החופשית לצד אמונה בשליטה אלוהית מוחלטת היא מהשאלות היסודיות של מחשבת הדת, אך נדמה שקהלת שותף לחלוקה שעולה גם במקומות אחרים, בין הקורות במציאות (ובאדם), לבין החופש שנותר לאדם לפעול כך או אחרת. הניתוק בין רצון האדם ומעשיו לבין קורותיו ועתידו הוא אבן יסוד במשנתו של קהלת, ודבר זה עוד ישוב ויפרוץ בדיונים שונים לאורך הספר.

פתגמים וציטוטי פתגמים

צורת הביטוי הברורה ביותר המסמנת ומאפיינת את ספרות החוכמה היא הפתגמים. דרכם הטיפוסית של החכמים להתבטא הייתה באמצעות משלי חוכמה קצרים, סיפורים קצרצרים, חידות המביעות

רעיון מתוחכם ופתגמים. אך בראשיתם לא היו הפתגמים רק מנת חלקם של חכמים, ולאורך המקרא אכן ניתן לזהות שני סוגים של פתגמים. סוג ראשון מקורו ברובד עממי, מעין 'חוכמת סבתא' של זקני השבט שהמציאו פתגמים והמוצלחים שבהם נקלטו ונפוצו. זהו מנגנון פולקלוריסטי רווח הנוצר ופועל מאליו. אבל כשהתפתחה ספרות חוכמה ממוסדת – סופרים היו עשויים ליטול פתגם קיים, שמקורו ברובד העממי, ולעבדו לצורכיהם תוך שימוש בקונוונציות ספרותיות מתוחכמות. זהו כבר הסוג שני: פתגם שמעובד על ידי חכמים 'מקצוענים'. ההבדל בין השניים ניכר כאשר בוחנים את טכניקת התקבולת: בחוכמה העממית לא היו תקבולות, והפתגמים משולבים לרוב בתוך נרטיבים ולא עומדים בפני עצמם, ואילו בחוכמה המקצועית הופיעו הדברים בתקבולת – עדות לכך שעברו עידון וליטוש.[55]

הנה כמה דוגמאות לפתגמים עממיים שנאמרו ללא תקבולת:

1. שמ"א י', יא-יב: "וַיֹּאמֶר הָעָם אִישׁ אֶל רֵעֵהוּ מַה זֶּה הָיָה לְבֶן קִישׁ הֲגַם שָׁאוּל בַּנְּבִיאִם. וַיַּעַן אִישׁ מִשָּׁם וַיֹּאמֶר וּמִי אֲבִיהֶם עַל כֵּן הָיְתָה לְמָשָׁל **הֲגַם שָׁאוּל בַּנְּבִאִים**".

המשל המבואר בפסוקים אלו הוא תגובת אנשים נוכח אדם המשמש במעמד או תפקיד מפתיע ובלתי מצופה: "הגם שאול בנביאים?!", גם אם לאותו אדם לא קראו שאול, והסיפור מציע ביאור נרטיבי ליצירת פתגם עממי זה.

2. שמ"א כ"ד, יג: "כַּאֲשֶׁר יֹאמַר מְשַׁל הַקַּדְמֹנִי **מֵרְשָׁעִים יֵצֵא רֶשַׁע** וְיָדִי לֹא תִהְיֶה בָּךְ".

לאחר קריעת מעיל שאול במערה, אמר דוד לשאול: אני לא אפגע בך – "וידי לא תהיה בך"; רק תחת יד הרשעים יוצאים דברי רשע

55. רופא, מבוא, עמ' 390-395.

כדוגמת הרג מלך. כאן, ציטוט הפתגם מוגדר על ידי דוד בפירוש כפתגם עתיק ומוכר: "משל הקדמני". מעניין לשים לב להקבלת שני המשפטים הבאים בנאום דוד, שמציעים שתי אפשרויות היפותטיות בנוגע למי שינקום את נקמתו משאול (שמ"א כ"ה, יב-יג):

"יִשְׁפֹּט ה׳ בֵּינִי וּבֵינֶךָ וּנְקָמַנִי ה׳ מִמֶּךָּ
וְיָדִי לֹא תִהְיֶה בָּךְ".
"כַּאֲשֶׁר יֹאמַר מְשַׁל הַקַּדְמֹנִי מֵרְשָׁעִים יֵצֵא רֶשַׁע
וְיָדִי לֹא תִהְיֶה בָּךְ".

האפיפורה החותמת את שני המשפטים הסמוכים האלו, כפזמון חוזר, מלמדת שיש להעמידם זה לצד זה. במשפט הראשון מעביר דוד את האחריות על הנקמה בשאול לידי ה׳, אך שילוב הפתגם במשפט השני רומז לאפשרות אחרת – רשעים יבואו ויפגעו בשאול. בהשקפה המקראית, ובוודאי בזו של דוד, אין סתירה בין שני המשפטים, כי שלוחים רבים למקום, אך העמדת שני המשפטים זה לצד זה מציפה שני מוקדים שונים.

3. יחזקאל ט"ז, מד: "הִנֵּה כָּל הַמֹּשֵׁל עָלַיִךְ יִמְשֹׁל לֵאמֹר **כְּאִמָּה בִּתָּהּ**".

׳המשל׳ המקראי הוא בדרך כלל פתגם חוכמה נפוץ, וגם כאן הנוסח ׳כאמה – בתה׳ מוגדר ככזה. נראה שזו הגרסה הקדומה לפתגם המודרני "התפוח לא נופל רחוק מהעץ".

לעיתים, הקורא מוצא עצמו מתלבט אם מדובר בפתגם של ממש, ולא תמיד אפשר להכריע בדבר. כך למשל בשתי הדוגמאות הבאות:

4. מל"א כ׳, יא: "וַיַּעַן מֶלֶךְ יִשְׂרָאֵל וַיֹּאמֶר דַּבְּרוּ **אַל יִתְהַלֵּל חֹגֵר כִּמְפַתֵּחַ**".

לא מצוין בגלוי שמדובר בפתגם רווח, אך יש לאמירה זו ניחוח מורגש של פתגם, ואכן, היה מי שהתנסח ללא התלבטות: "גם הפתגמים: ׳אל

יתהלל חגר כמפתח׳ (מל״א כ׳, יא); ׳כל ימי עני רעים׳ (משלי ט״ו, טו); ׳אבות אכלו בסר ושני בנים תקהינה׳ (יחזקאל י״ח, א), הם כולם פתגמים עממיים״.[56]

5. ירמיה כ״ג, כח: ״הַנָּבִיא אֲשֶׁר אִתּוֹ חֲלוֹם יְסַפֵּר חֲלוֹם וַאֲשֶׁר דְּבָרִי אִתּוֹ יְדַבֵּר דְּבָרִי אֱמֶת **מַה לַתֶּבֶן אֶת הַבָּר** נְאֻם ה׳״.

גם כאן, ייתכן שמדובר ברטוריקה אישית של הנביא, אבל בהחלט ייתכן שלפנינו גרסה קדומה של מה שהפך לפתגם מודרני בעקבות שאלת מדרש ההלכה – מה עניין שמיטה אצל הר סיני.

לעומת פתגמים אלו, חסרי התקבולת, פתגמים שלוטשו בבית המדרש המקצועי של החכמים כתובים בתקבולות. משום כך אפשר גם לחוש, שלא נמנעו חכמים מאימוץ חלקי פתגם והרחבתם באופן יצירתי. בדוגמאות הבאות ניכר שחכמים הסתמכו על היגד בסיסי, ראשוני, שיצרו לו וריאציות ופרפראזות, וניתבו אותו לכיוונים רעיוניים שונים, כפי שעולה מהצלע המקבילה המשתנה שעומדת מול הפתגם הבסיסי:

1. משלי ט״ו, ח: ״**זֶבַח רְשָׁעִים תּוֹעֲבַת ה׳** וּתְפִלַּת יְשָׁרִים רְצוֹנוֹ״.
משלי כ״א, כז: ״**זֶבַח רְשָׁעִים תּוֹעֵבָה** אַף כִּי בְזִמָּה יְבִיאֶנּוּ״.
2. משלי י׳, טו: ״**הוֹן עָשִׁיר קִרְיַת עֻזּוֹ** מְחִתַּת דַּלִּים רֵישָׁם״.
משלי י״ח, יא: ״**הוֹן עָשִׁיר קִרְיַת עֻזּוֹ** וּכְחוֹמָה נִשְׂגָּבָה בְּמַשְׂכִּתוֹ״.
3. משלי י׳, א: ״**בֵּן חָכָם יְשַׂמַּח אָב** וּבֵן כְּסִיל תּוּגַת אִמּוֹ״.
משלי ט״ו, כ: ״**בֵּן חָכָם יְשַׂמַּח אָב** וּכְסִיל אָדָם בּוֹזֶה אִמּוֹ״.
4. משלי י״ט, יג: ״הַוֹּת לְאָבִיו בֵּן כְּסִיל **וְדֶלֶף טֹרֵד** מִדְיְנֵי אִשָּׁה״.
משלי כ״ז, טו: ״**דֶּלֶף טוֹרֵד** בְּיוֹם סַגְרִיר וְאֵשֶׁת מדונים [מִדְיָנִים] נִשְׁתָּוָה״.[57]

56. רבינוביץ, המשל והחידה, עמ׳ 70.
57. לפי משלי י״ט, יג נורא ואיום לאבא שיש לו בן כסיל, ובאותו אופן קשה באופן

5.

משלי ו', ו–יא	משלי כ"ד, ל–לד
לֵךְ אֶל נְמָלָה עָצֵל רְאֵה דְרָכֶיהָ וַחֲכָם. אֲשֶׁר אֵין לָהּ קָצִין שֹׁטֵר וּמֹשֵׁל. תָּכִין בַּקַּיִץ לַחְמָהּ אָגְרָה בַקָּצִיר מַאֲכָלָהּ. עַד מָתַי עָצֵל תִּשְׁכָּב מָתַי תָּקוּם מִשְּׁנָתֶךָ.	עַל שְׂדֵה אִישׁ עָצֵל עָבַרְתִּי וְעַל כֶּרֶם אָדָם חֲסַר לֵב. וְהִנֵּה עָלָה כֻלּוֹ קִמְּשֹׂנִים כָּסּוּ פָנָיו חֲרֻלִּים וְגֶדֶר אֲבָנָיו נֶהֱרָסָה. וָאֶחֱזֶה אָנֹכִי אָשִׁית לִבִּי רָאִיתִי לָקַחְתִּי מוּסָר.
מְעַט שֵׁנוֹת מְעַט תְּנוּמוֹת מְעַט חִבֻּק יָדַיִם לִשְׁכָּב. וּבָא כִמְהַלֵּךְ רֵאשֶׁךָ וּמַחְסֹרְךָ כְּאִישׁ מָגֵן.	מְעַט שֵׁנוֹת מְעַט תְּנוּמוֹת מְעַט חִבֻּק יָדַיִם לִשְׁכָּב. וּבָא מִתְהַלֵּךְ רֵישֶׁךָ וּמַחְסֹרֶיךָ כְּאִישׁ מָגֵן.

הדוגמה האחרונה מציגה יפה את דרכי הקליטה והפיתוח השונות של הפתגם הראשוני על בקשותיו הקטנות של העצל, שמתוכן נעשה עני ורש. בשני המקרים הוצב הפתגם ("מְעַט שֵׁנוֹת מְעַט תְּנוּמוֹת" וכו') בסופו של סיפור קצרצר. במשלי ו' ההקשר הוא דבר תוכחה לבן – הנמלה עדיפה עליך! קח מוסר ממנה והטב דרכיך. במשלי כ"ד מוצגים הדברים כמסקנה של האיש החכם, המתאר תובנה שנבטה בו בעקבות חוויה אישית, כשראה איך נראה שדהו של איש עצל וחסר תבונה ("חֲסַר לֵב"). הסיפור נטול הנמען יוצר קצב ואווירה אחרים, נינוחים יותר, שכן אין כאן תוכחה ישירה אלא אמירה כללית.

הארכנו בעניין זה כי יש לו השלכה דרמטית על שאלת הסתירות שיש בספר קהלת, נושא שיש לדון בו בכובד ראש. אך לשם כניסה לנושא סבוך זה, יש להזכיר שבשל הסתירות שבספר, קהלת כמעט שנגנז.

מתמיד שאישה כועסת. במשלי כ"ז, טו הבן אינו מופיע כלל. גם כאן הורחבו שתי צלעות התקבולת של אותו פתגם אחד רווח.

כניסתו של קהלת לקנון המקראי והסתירות שבספר

אחד האתגרים הגדולים העומדים נוכח הבא בשעריו של ספר קהלת הוא שאלת הסתירות שיש בו. לאורך הספר עולות סתירות בנושאים מהותיים בהם הוא דן, כולל עצם היחס לחוכמה. זוהי תופעה משונה, אך אפשר לפצח את סודה כאשר מבינים שבספרות החוכמה משולבים פתגמים קיימים, לעיתים תוך מתח בין כוונתו המקורית של הפתגם לבין יחסו של החכם בעל היצירה שבחר לשלבו. בדרך זו ניתן לעמוד על הייחודיות שבדרך הכתיבה של ספר קהלת.

אולם, כדי להציג פתרון זה, מוטב ראשית לבחון היטב את הבעיה. צוהר נאות לעניין זה הוא גישתם של חז״ל לספר קהלת. חכמים היו מודעים כמובן לחומר הנפץ הטמון בטקסט זה, ובכלל זה התייחסו גם לסתירות שיש בו.

ההחלטה איזה ספר ישתייך לכתבי הקודש לא תמיד התקבלה על בסיס שיקולים שקופים ונהירים לגמרי. ספר משלי וספר בן סירא למשל דומים מאוד.[58] מדוע הראשון נכנס לקנון והשני לא? לעיתים, חז״ל גם מצטטים משפטים-פסוקים מתוך בן סירא, כחלק מהשקלא והטריא התלמודית (למשל: בבלי, חגיגה יג ע״א; ירושלמי ברכות פרק ז, הל׳ ב; בראשית רבה פר׳ ח; תנחומא, וישלח, ח).[59] מעמדו של הספר איננו מחייב כמו פסוק מכתבי הקודש הרשמיים, אבל יש מן החכמים שראו בו מקור סמכות ללימוד.[60] ההכרעה בשאלה איזה ספר

58. היו שעמדו גם על זיקות מעניינות בין בן סירא לקהלת (ראו במיוחד את הטבלה אצל הרצברג, קהלת, עמ׳ 47–48, ואת דיונו המקיף של וייטלי, קהלת, עמ׳ 122–131), אולם ברוח דבריו בן סירא שונה לחלוטין מקהלת, כפי שהובהר לעיל.

59. לדיון בתופעה זו ובמשמעותה ראו אצל סגל, בן סירא, עמ׳ 37–40. הוא גם העיר שבמקומות רבים בספרות חז״ל אפשר לשמוע ״הד וזכר לרעיונותיו של בן סירא, או ללשונו ומליצותיו״, גם אם לא נזכרו בפירוש (שם, עמ׳ 41–42). מצד שני, דיון שלם מוקדש בבבלי לשאלה אם מותר לקרוא בספר בן סירא (סנהדרין, דף ק ע״ב).

60. לדעת סגל, בן סירא לא נכנס לקאנון כי הכירו בו שנתחבר ״בדור מאוחר אחרי

נכנס להיכל הקודש של המקרא ואיזה נותר בחוץ לא הייתה אם כן מובנת מאליה, וכך גם ביחס לספר קהלת, נשתמרו בידינו מחלוקות מרתקות לגבי שילובו בכתבי הקודש וביחס למעמדו.

הנה למשל דיון שהתפתח אגב הניסיון ההלכתי למנוע מהבריות להניח את כתבי הקודש שברשותם ליד מזונם, כדי שהללו לא ייהרסו (בבלי, שבת ל ע״ב). כדי לוודא את שמירתם של כתבי הקודש נקבע ש״כָּל כִּתְבֵי הַקֹּדֶשׁ מְטַמְּאִין אֶת הַיָּדַיִם״. מכיוון שאנשים נמנעים מלגעת במזון כשידיהם טמאות, ומכיוון שחז״ל הכריעו שכתבי הקודש מטמאים את הידיים, ירחיקו בני האדם את הכתבים מהמזון, וכך יישמרו הכתבים. בנקודה זו בדיון עולה השאלה – מה נכלל בכתבי הקודש. הדעה המובאת ראשונה במשנה גורסת ש״שִׁיר הַשִּׁירִים וְקֹהֶלֶת מְטַמְּאִין אֶת הַיָּדַיִם״. אין צורך לומר שספרי בראשית וויקרא מטמאים את הידיים – היינו, ברור שיש לפנינו התלבטות בדבר־מה שאיננו מובן מאליו. מכל מקום, ההכרעה היא ששתי מגילות אלו נכנסות לקנון. ואולם מייד באות דעות נוספות:

> רַבִּי יְהוּדָה אוֹמֵר: שִׁיר הַשִּׁירִים מְטַמֵּא אֶת הַיָּדַיִם וְקֹהֶלֶת מַחֲלֹקֶת. רַבִּי יוֹסֵי אוֹמֵר: קֹהֶלֶת אֵינוֹ מְטַמֵּא אֶת הַיָּדַיִם וְשִׁיר הַשִּׁירִים מַחֲלֹקֶת.

היינו: הכול מסכימים שקהלת במדרגה נמוכה משיר השירים. השאלה שמצויה במחלוקת התנאים היא אם קהלת הוא כתב קודש או לא.

> רַבִּי שִׁמְעוֹן אוֹמֵר: קֹהֶלֶת מִקַּלֵּי בֵית שַׁמַּאי וּמֵחֻמְרֵי בֵית הִלֵּל. אָמַר רַבִּי שִׁמְעוֹן בֶּן עַזַּאי: מְקֻבָּל אֲנִי מִפִּי שִׁבְעִים וּשְׁנַיִם זָקֵן בְּיוֹם שֶׁהוֹשִׁיבוּ אֶת רַבִּי אֶלְעָזָר בֶּן עֲזַרְיָה בַּיְשִׁיבָה, שֶׁשִּׁיר הַשִּׁירִים וְקֹהֶלֶת מְטַמְּאִים אֶת הַיָּדַיִם.

חתום חזון ונביא״ (סגל, בן סירא, עמ׳ 45–46).

> אָמַר רַבִּי עֲקִיבָא: חַס וְשָׁלוֹם, לֹא נֶחֱלַק אָדָם מִיִּשְׂרָאֵל עַל שִׁיר הַשִּׁירִים שֶׁלֹּא תְטַמֵּא אֶת הַיָּדַיִם, שֶׁאֵין כָּל הָעוֹלָם כֻּלּוֹ כְּדַאי כְּיוֹם שֶׁנִּתַּן בּוֹ שִׁיר הַשִּׁירִים לְיִשְׂרָאֵל, שֶׁכָּל הַכְּתוּבִים קֹדֶשׁ, וְשִׁיר הַשִּׁירִים קֹדֶשׁ קָדָשִׁים. וְאִם נֶחְלְקוּ, לֹא נֶחְלְקוּ אֶלָּא עַל קֹהֶלֶת.

טון הדברים מגלה אהדה גדולה כלפי שיר השירים, יותר מאשר כלפי קהלת. אפשר לחוש מתוך המחלוקת ועירוב הדעות בקרב חכמים, שביחס לקהלת הייתה רתיעה או לפחות היסוס מלהחשיבו כחלק מכתבי הקודש. ואולם – "אָמַר רַבִּי יוֹחָנָן בֶּן יְהוֹשֻׁעַ בֶּן חָמִיו שֶׁל רַבִּי עֲקִיבָא, כְּדִבְרֵי בֶּן עַזַּאי כָּךְ נֶחְלְקוּ וְכֵן גָּמְרוּ", כלומר, הדין נפסק כדעתו של בן עזאי, ששני הספרים מטמאים את הידיים, שניהם כתבי קודש.

ריבוי הדעות בשאלה הזו מלמד שאף על פי שחכמי ישראל הניחו ששלמה המלך הוא זה שכתב את המגילה, הם התלבטו לגבי מעמדה. בהמשך הסוגיה נחשף שורש נוסף שליווה התלבטות זו, והוא מהווה אתגר פרשני של ממש:

> אמר רב יהודה בריה דרב שמואל בר שילת משמיה דרב: בקשו חכמים לגנוז ספר קהלת מפני שדבריו סותרין זה את זה (בבלי, שבת ל ע"ב).

הרצון לגנוז את הספר איננו עניין של מה בכך. גניזה פירושה שהספר כבר מוכר ובעל מעמד (ואולי אפילו כבר נתפס ככתב קודש), וכעת מבקשים להוציאו מהקנון. דבר זה דורש תעוזה רבה. במקרה של קהלת, הרעיון לגונזו נומק בכך שדבריו סותרים זה את זה, ומדוע בסופו של דבר לא גנזוהו? –

> מפני שתחילתו דברי תורה וסופו דברי תורה. תחילתו דברי תורה, דכתיב 'מה יתרון לאדם בכל עמלו שיעמול תחת השמש', ואמרי דבי רבי ינאי תחת השמש הוא דאין לו קודם שמש יש

לו. סופו דברי תורה דכתיב 'סוף דבר הכל נשמע את האלהים ירא ואת מצותיו שמור כי זה כל האדם'.

לפי נוסח זה חכמים התנגדו לגניזה בטענה שבתחילתו ובסופו של הספר מופיעות אמירות שניתן לראותן כ'דברי תורה'. מה פשר הנימוק הזה? כיצד העובדה שבספר יש גם דברי תורה, גורעת מהקושי בכך שהוא מכיל סתירות? יש לשים לב שחכמים אינם מציעים כאן פתרון לסתירות שבקהלת, אלא הסתפקות בכך שמסגרתו מטיפה ללימוד תורה. אולי אף ניתן לראות בדבריהם מעין הודאה שפתרון סתירות אלו אינו אפשרי?

מסתבר, שמה שהטריד את החכמים אינו בעיה פרשנית טקסטואלית, אלא בעיה תיאולוגית. אם יש סתירות, אך המסקנה העולה היא "את האלוהים ירא ואת מצוותיו שמור" – אפשר להכיל זאת בספרי הקודש. אם רק במה שתחת השמש יש סתירות, אין בכך פסול כל עוד מה שאדם עמֵל בֶעמל שמעל השמש – דהיינו, בתורת ה' ובמצוות, בקשר עם ה' – ושם הוא מוצא יתרון וסדר. לא הסתירות כשלעצמן הרתיעו את חז"ל, כמו משמעויותיהן האפשריות כשהן מובילות לניהיליזם מוחלט, להוויה של סתירה. אם יש עוגן יציב הנוטע את הערכים הדתיים על כנם, האמירות הנוגעות לערכים הארציים אינן כה מאיימות. ניתן להכילן.

הרצון לגנוז את ספר קהלת עולה גם בניסוח אחר, שחושף את חשש חכמים מפני תכניו של הספר. העולה מספר קהלת הוא שאין לחיי האדם משמעות, ובכך הוא מערער על יסודות אמונת ישראל – חשיבותם של התורה, המצוות, והקשר של האדם עם ריבונו של עולם. כך מוצאים אנו בויקרא רבה (מובא גם בקהלת רבה). יושם לב לשני הקטעים הדומים המשולבים במדרש:

"מַה יִּתְרוֹן לָאָדָם בְּכָל עֲמָלוֹ שֶׁיַּעֲמֹל תַּחַת הַשָּׁמֶשׁ" – אמר ר' בנימן בר לוי: בקשו חכמים לגנוז ספר קהלת שמצאו בו דברים שנוטין לצד מינות. אמרו, הא כל חכמתו של שלמה שבא לומר:

'מה יתרון לאדם בכל עמלו שיעמול תחת השמש', יכול אפילו בעמילו של תורה?! חזרו ואמרו לא אמר 'בכל עמל' אלא 'בכל עמלו' – בעמלו אינו מועיל אבל מועיל הוא בעמילה של תורה. אמר רבי שמואל בר רב יצחק: בקשו חכמים לגנוז ספר קהלת שמצאו בו דברים שנוטין לצד מינות. אמרו, הא כל חכמתו של שלמה שבא לומר: 'שמח בחור בילדותך ויטיבך לבך בימי בחורותיך והלך בדרכי לבך ובמראה עיניך'?! משה אמר: 'ולא תתורו אחרי לבבכם ואחרי עיניכם', והוא אמר 'והלך בדרכי לבך ובמראה עיניך' – לא דין ולא דיין! הותרה הרצועה! כיון שאמר 'ודע כי על כל אלה יביאך האלהים במשפט', אמרו יפה אמר שלמה (ויקרא רבה, פר' כח, א).[61]

על פי ניסוח השאלה ("שמצאו בו דברים שנוטין לצד מינות"), אין לפנינו רק שאלה מתודית הנוגעת בקושי הבנת מגמת הספר בשל סתירותיו. אדרבה – הסכנה הרוחנית אורבת למי שיצליח להבין את הספר ואת מגמתו שהרי יש בו דברי מינות.

הקושיות הנזכרות במדרש אינן נקודתיות, אלא נוקבות ומקיפות, שהרי הן נוגעות בעצם מגמתו של ספר קהלת – החיפוש אחר משמעות לאדם בעולמו; אחר דבר־מה שמתקף את חייו וקיומו. הטענה העולה במדרש צריכה להישמע כזעקה: איך יכול אדם מאמין לשאול שאלה כזו; האומנם אין לדעתו משמעות למצוות, לתורה, לברית עם ה'? כלומר, אין כאן רק הטיה לצד מינות, אלא כל מגמת הספר חותרת לכיוון אחר המנוגד לרוח המוכרת העולה מן המקרא.

אך ראוי לשים לב לניסוח השונה של הדיאלוג המובא בחלק השני, זה של רבי שמואל בר רב יצחק, 'דברי המינות' מתמקדים בנתון ספציפי שמובא בספר קהלת – עידודו את העלם הצעיר

61. יש למדרש זה חילופי נוסחאות. למעלה מובאת הכרעתו של מרדכי מרגלית (מדרש ויקרא רבה, ניו יורק תשנ"ג, חלק ב, עמ' תרמח-תרמט).

לשמוח בילדותו וללכת אחר ליבו ועיניו. אמירה בלתי־חינוכית זו סותרת את הכתוב בתורה, ועל כן מעמת הדרשן את קהלת עם 'דברי משה' – "ולא תתורו אחרי לבבכם ואחרי עיניכם". להלן, בניתוח פסוקים אלו, נעמוד על זיקה זו שאכן נראית מכוונת. לעת עתה די בהצבת מודל שאלה זו מול המודל שאומץ בחלק הראשון, זה שבשם רבי בנימין בר לוי. שם, הדרשן לא התמקד באמירה מסוימת של קהלת, ולא עימת אותה מול העולה במקום אחר במקרא, אלא תקף את הטיעון המרכזי של הספר. ההכרזה "מה יתרון לאדם" היא באמת מוטיב מרכזי של הספר כולו, והיא אכן מתעלמת מעמלה של תורה. בסופו של דבר, אכן אפשר לעקוב אחר היגדים נקודתיים של קהלת שנראים זרים לרוח המקראית, אך גם האווירה הכללית של הספר נראית בקריאה ראשונה 'נוטה לצד מינות'.

מסקנת המדרש היא, שניתוח מדויק יותר של הכתובים חושף שגם ספר קהלת לא בא לשלול 'עמל של תורה' אלא רק את 'עמלו'; מאחר שגם קהלת מוסיף 'ודע כי על כל אלה יביאך האלהים במשפט', אפשר להכשירו. מדיון זה עולה, שאכן בקריאה ראשונה של ספר קהלת עולה ניחוח אנטי־תורני מובהק, שמביא את הדרשן לזעוק שנראה מהספר שאין דין ואין דיין; שהותרה הרצועה! אלא שלפי מדרש זה, זו איננה המסקנה הסופית העולה מתוך הספר, ולדעת חכמים אלו, גם קהלת לא התכוון לבטל עמלה של תורה, וגם הוא, בסופו של דבר, נותן מקום למשפט האלוהי.

באופן נדיר, לפנינו דיאלוג מרתק שמתרקם בין המדרש הקדום למחקר המודרני, גם אם הדברים מוגשים בקטגוריות חשיבה אחרות. רבים מהחוקרים סבורים שאפשר לחוש לאורך ספר קהלת בשתי טביעות ידיים של מחברים (ואולי אף יותר משתיים). המחבר העיקרי של הספר היה ספקן ופסימי, אך יד מאוחרת הוסיפה משפטי אמונה שמאזנים את טענותיו של הספקן, והיא שאפשרה את הכנסת המגילה לכתבי הקודש. הדוגמה שמביאים לרוב במחקר להוכחת טענה זו היא בדיוק הפסוקים שנדרשו בויקרא רבה, לצד פסוקים נוספים:

משפטים דומים למה שנאמר בב׳, כו (״כִּי לְאָדָם שֶׁטּוֹב לְפָנָיו נָתַן חָכְמָה וְדַעַת וְשִׂמְחָה וְלַחוֹטֶא נָתַן עִנְיָן לֶאֱסוֹף וְלִכְנוֹס לָתֵת לְטוֹב לִפְנֵי הָאֱלֹהִים״) מצויים בג׳, יז; ז׳, יח, כו, כט; ח׳, ב, ג, ה, ו, יא–יג; י״א, ט; י״ב, יג–יד. כל אלו מעבירים את אותן התחושות – או שהם מפריעים לטענה העיקרית של הספר או שהם סותרים אותה, ולרוב הם עושים את שניהם. מאחר שהתוספת האחרונה ברוח זו מופיעה כמסקנת הספר, והיא באה לאחר דברי הסיום של העורך, אפשר להסיק כי המצהיר החסיד היה היד האחרונה שהוסיפה הערות לתוך קהלת, כפי שהספר עומד כעת בקנון.[62]

חז״ל הנזכרים במדרש רבה, וחלק מן החוקרים, עמדו על אותו הנתון הטקסטואלי, גם אם פענחו אותו באופנים אחרים. יש בספר נימה פסימית־ספקנית שמלווה את הקורא לכל אורך קריאתו, אך לצידה משולבות גם אמירות שרוחן מותאמת לעולה מספרי מקרא אחרים, והן מטיפות ליראת אלוהים. לפי חז״ל, אמירות אלו מסגירות את כוונתו האמיתית של הספר, ולפי חלק מהחוקרים, אמירות אלו נוספו בשלב מאוחר לספר שבמקורו העלה תהיות וספקות בלבד.

גם אם בדיונים שהובאו לעיל הצליחו חכמים להכשיר את הספר כך שייכלל באסופת ספרי הקודש, הם לא הציעו דרך לפתור את הסתירות הרבות המתגלות במגילה. העובדה שתחילתו של הספר דברי תורה וסופו דברי תורה אינה מועילה לטשטוש הסתירות שבמגילה. שתיקתם של חכמים בנושא זה רועמת, משום שהסתירות בספר עמוקות ודורשות התייחסות. כאמור לעיל, נראה שמה שבאמת הטריד את חז״ל הוא הרוח הכללית שמנשבת מקהלת, שממנה עולה שאין

62. ברטון, קהלת, עמ׳ 45. מרתק הדבר שגם בין החוקרים שסברו שהספר כולו יצא מתחת יד אחת (מלבד חתימת הספר – י״ב, ט–יד), היו שהודו שסופו של י״א, ט (״וְדָע כִּי עַל כָּל אֵלֶּה יְבִיאֲךָ הָאֱלֹהִים בַּמִּשְׁפָּט״) הוא תוספת של עורך מאוחר. היחידה לאורך הספר! (גינזברג, קהלת, עמ׳ 19). יש לציין שלדעתו של גינזברג ספר קהלת נכתב בארמית ובידינו רק התרגום שלו לעברית.

יתרון בדבר – וגם העולם הדתי לא מוצג כפתרון לסבך. הסתירות אינן טורדות כל כך את רוחם מן הבחינה הפרשנית. מכל מקום, מזווית הסתכלות של הבנת הפשט תופעת הסתירות בספר קהלת בהחלט מצריכה ביאור. גם בספר משלי אפשר למצוא פסוק אוהד יותר כלפי צבירת רכוש, ואחר המסתייג ממנה, אך אצל קהלת אין כמעט נושא שיחסו של הספר אליו נותר יציב לכל אורכו. כמעט כל תחום זוכה לשבח במקום אחד בספר, וללעג ולבוז במקום אחר. נראה אפוא שיסוד הסתירה מהותי לכתיבתו של הספר.

מבין פרשני ימי הביניים ראב"ע היה רגיש במיוחד לשאלה זו. בפירושו לפסוק "טוֹב כַּעַס מִשְּׂחוֹק כִּי בְרֹעַ פָּנִים יִיטַב לֵב" (ז', ג) הוא ערך הבחנה בין 'שלוש נפשות' שיש באדם, ואגב כך התייחס לבעיית הסתירות בספר, תוך שהוא עורך רשימה מרשימה של סתירות מגוונות:

ולולא שהוצרכתי להזכיר חלקי הנפשות בעבור פירושי הפסוקים לא רמזתי לכלל, אף כי לפרט. ועיקר הצורך הוא, שיראו בדברי שלמה בספר הזה דברים קשים, מהם שיאמר במקומות רבים דבר, ויאמר הפך הדבר. ובעבור זה אמרו חכמי ישראל ז"ל בקשו חכמים לגנוז ספר קהלת, מפני שדבריו סותרין זה את זה. אמר "טוב כעס משחוק", והפך זה: "כי כעס בחיק כסילים ינוח". וכן "כי ברוב חכמה רוב כעס", והפך זה: "והסר כעס מלבך". וכן "טוב אשר יפה לאכול ולשתות", והפך זה: "טוב ללכת אל בית אבל". וכן "ושבחתי אני את השמחה", והפך זה: "ולשמחה מה זו עושה". וכן "כי מה יותר לחכם מן הכסיל", והפך: "שיש יתרון לחכמה מן הסכלות". וכן "ושבח אני את המתים", והפך זה: "כי לכלב חי הוא טוב". וכן "כי אין מעשה וחשבון ודעת וחכמה בשאול", והפך: "כי עת לכל חפץ". וכן "וטוב לא יהיה לרשע ולא יאריך ימים", והפך: "יש רשע מאריך ברעתו". וכן "אשר יהיה טוב ליראי האלהים", והפך: "יש רשעים שמגיע אליהם כמעשה הצדיקים".

והמחפש היטב ימצא עוד כאלה בספר הזה. וידוע כי הקל שבחכמים לא יחבר ספר ויסתור דבריו בספרו... ואחר שהעיד הכתוב על שלמה שאחריו לא יקום חכם כמוהו, ידענו שאין בדבריו הפך, רק הם "כלם נכוחים למבין וישרים למוצאי דעת".

מסקנת ראב"ע מרתקת בשל הנחת היסוד המובלעת בה: גם אם לאורך הספר הוא ינסה להציע ביאורים לסתירות שהזכיר, כבר בהתחלה הוא מצהיר, שמאחר שבמסורת ישראל שלמה הוא החכם מכל אדם, ומאחר שלא ייתכן שאדם חכם יסתור את עצמו, אין ספק שכוונת מחבר עומדת מאחורי הסתירות הרבות, ודבריו כולם נכוחים למבין.

בדיונים אחרים המצויים בתלמוד, בפרשנות הקלסית, ולבסוף במחקר המודרני, הוצעו כמה דרכים ליישב את הסתירות הקיימות בקהלת. אפשר לעמוד על ארבע גישות מרכזיות, ואנו מבקשים לאמץ במיוחד את הרביעית.

הרמוניה: דרך אחת היא לטעון שבשעה שיש שתי הערכות סותרות בנוגע לעניין מסוים, יש לראות את שתיהן כנכונות וכתקפות, אך יש לעשות 'אוקימתא', ולהגדיר מהו ההקשר שלגביו כל אמירה בפני עצמה נכונה, או לבאר מחדש את אחד הפסוקים כך שיתאים לרעהו. מעין זה כבר ראינו בדברי בית רבי ינאי: פסוק אחד עוסק בדברים שתחת השמש, האחר – מעל השמש. זוהי הגישה הקלאסית המצויה לרוב במדרשי חז"ל.

הרי דוגמה מייצגת לפתרון האוחז בגישה זו. בספר יש סתירה גלויה בהערכת הגמול שיבוא לצדיקים. מצד אחד נאמר: "כִּי גַּם יוֹדֵעַ אָנִי אֲשֶׁר יִהְיֶה טּוֹב לְיִרְאֵי הָאֱלֹהִים אֲשֶׁר יִירְאוּ מִלְּפָנָיו. וְטוֹב לֹא יִהְיֶה לָרָשָׁע וְלֹא יַאֲרִיךְ יָמִים כַּצֵּל אֲשֶׁר אֵינֶנּוּ יָרֵא מִלִּפְנֵי אֱלֹהִים" (ח, יב-יג). מצד שני, אומר קהלת בסמיכות: "יֶשׁ הֶבֶל אֲשֶׁר נַעֲשָׂה עַל הָאָרֶץ אֲשֶׁר יֵשׁ צַדִּיקִים אֲשֶׁר מַגִּיעַ אֲלֵהֶם כְּמַעֲשֵׂה הָרְשָׁעִים וְיֵשׁ רְשָׁעִים שֶׁמַּגִּיעַ אֲלֵהֶם כְּמַעֲשֵׂה הַצַּדִּיקִים אָמַרְתִּי שֶׁגַּם זֶה הָבֶל" (ח, יד).

הפסוק הראשון מציע תובנה אופיינית לספרות החוכמה: ליראי אלוהים יהיה טוב, ואילו לרשעים יהיה רע. ובמילים אחרות: יש דין

ויש דיין – אלוהי העולם פועל על פי צדק וגומל טוב לצדיקים. אך בפסוק העוקב מביע קהלת עמדה הפוכה: לצדיקים ולרשעים נכון אותו הגורל בדיוק! אמירה זו מכה בלב ההשקפה הדתית בדבר מהות האלוהים כשופט כל הארץ, העושה משפט. זהו יסוד חשוב שעליו נשען שיח של אמונה, וקהלת מציע בפני הקורא שתי הערכות סותרות.

לסתירה זו התייחס רב נחמן בר חסדא:

> דרש רב נחמן בר רב חסדא מאי דכתיב 'יש הבל אשר נעשה על הארץ וגו''? אשריהם לצדיקים שמגיע אליהם כמעשה הרשעים של עולם הבא בעולם הזה, אוי להם לרשעים שמגיע אליהם כמעשה הצדיקים של עולם הבא בעולם הזה (בבלי, הוריות י ע"ב, וראו שם עמדות נוספות דומות).

במילים אחרות: הטוב המובטח לצדיקים יגיע בעולם הבא, ואם ראית צדיק סובל בעולם הזה, דע שהוא מקבל בעולם החולף מה שמחכה לרשע בעולם הבא הנצחי, ולהיפך: אם ראית רשע שטוב לו – דע שהוא נהנה כעת באופן זמני, כמו מה שעתידים הצדיקים ליהנות בעולם הבא, בנצח. זהו עיקרון המופיע בדברי חז"ל בכמה מקומות, ולפיו, המציאות שלנו איננה מותאמת לצדיקים. נגזר עליהם לחיות באיזה חספוס קבוע ומתמיד נוכח העולם; הם לא יהיו אנשי האושר הגדול, תהיה להם איזו מצוקה מתמשכת, ודווקא הרשעים מקבלים שכר על קצת מעשיהם בעולם הזה, כי הגמול האמיתי מתרחש מעבר לגבולות העולם, ושם הצדיקים יקבלו את הראוי להם והרשעים את הראוי להם. דרשה זו אינה הולמת כל כך את לשון הכתוב, כפי שכבר הבחין רש"י, אך יש בה התמודדות עם העמדות המתחלפות שבספר בנושא זה.

ריבוי קולות: דרך שנייה, קדומה אף היא, טוענת שיש בספר קהלת יותר מדובר אחד, ובמיוחד נוהגים להציג זאת כשיחה מתמשכת בין חכם זקן לצעיר ספקן, או בין 'חסיד' לבין ספקן. ראב"ע הכיר

שיטה זו ויצא נגדה בטענה שמהספר עולה שקהלת הוא אדם אחד והוא מחבר המגילה:

> והוצרך אחד מן המפרשים לפרש מלת "קהלת" כמו "קהלת יעקב", ואמר כי תלמידיו חברו הספר וכל אחד אמר כפי מחשבתו. וזה איננו נכון כלל בעבור "ויותר שהיה קהלת חכם", והנה הוא אדם אחד. ועוד "בקש קהלת למצוא דברי חפץ", והראיה הגמורה "אני קהלת הייתי מלך" (פירושו לקהלת ז', ג).

למרות דברים אלו, הרב יואל בן נון והרב יעקב מדן ביקשו לאחוז בגישה עקרונית זו, והציעו שמשולבים בספר ארבעה דוברים, שלכל אחד מהם יש השקפה שונה ותפיסת עולם משלו: הראשון הוא החכם; השני הוא העמל; השלישי הוא הנהנתן; הרביעי – אשר ניצב מול שלושת האחרים – הוא ירא האלוהים.[63] אולם לטעמם, אין מדובר באמת במחברים שונים (כשיטה שיצא נגדה ראב"ע), אלא בקולות שונים שהמחבר מציף ונותן להם מקום.

בעצם, מודל זה מזכיר במידה רבה את ספר איוב. כמו ששם משולבים דוברים שונים המציגים עמדות שונות, כך גם בקהלת. ראוי לציין, שדבר זה אופייני לספרות החוכמה – גם המצרית והמסופוטמית – המחבבת עד מאוד דיאלוגים. אנו מכירים זאת גם בספרות החוכמה המאוחרת יותר, בעיקר בפילוסופיה היוונית, ודי להיזכר בדיאלוגים של אפלטון כדי להתרשם מכך.[64] מתוך הסבר זה הציע הרב יואל בן־נון שיש לגזור גם את השם 'קהלת' מלשון "מקהלה

63. בן־נון, קהלת.
64. היו שטענו שאפשר למצוא זיקות רבות בין הגותו של קהלת לבין הפילוסופיה היוונית (ראו למשל אצל ברטון, קהלת, עמ' 32–43. לאור כך הוא גם ביקש לאחר את זמן חיבור הספר – עמ' 59). לטעמנו, זיקות אלו נובעות מעצם הניסיון לעסוק בשאלות של משמעות האדם. מעבר לכך קשה למצוא זיקות טקסטואליות של ממש.

של אישיות אחת, ובתוכה קולות שונים המתווכחים ביניהם, וכולם יחד הם 'אני קהלת'".[65]

קיומן של סתירות מתברר בדרך זו בקלות רבה. למעשה, לפי שיטה זו כמעט הכרח שיימצאו סתירות לאורך הספר: המשוחחים המדובבים במגילה אינם מסכימים זה עם זה בנושאים שונים וכל אחד מביע את עמדתו. ממילא, עיקר המלאכה הפרשנית של לומד הספר היא לבודד את הקטעים השייכים לכל 'דובר', ולבחון את התגובות של האחד למשנהו.

גישה זו איננה שונה באופן מהותי מהמקובל אצל חוקרים רבים, שיש ריבוי מחברים בספר קהלת ולא ניתן לדבר על מחבר אחד שמתחת קולמוסו יצאו הרעיונות כולם (גישה שמזכירה את דברי ראב"ע). זיגפריד אף הרהיב להציע שהמגילה מאגדת חומר של תשעה (!) מחברים שונים – חכמים, חסידים ואפיקורסים.[66] שיטתו איננה מקובלת, אך עצם העמדה שיש בספר יותר ממחבר אחד מקובלת על רבים, וכאמור לעיל, לרוב מציגים את הספר כחיבור בסיסי שיש עליו שני סוגי הוספות – האחד משל 'חכם' והשני משל 'חסיד'.[67] כבר הזכרנו לעיל, שאת הפסוקים המציגים את יראת האלוהים כערך שיש לשאוף אליו רואים חוקרים רבים כתוספת של 'החסיד' שביקש לאזן את ממצאיו המסוכנים של הספר.

65. בן־נון, קהלת, עמ' 11.
66. זיגפריד, קהלת.
67. ראו במיוחד אצל יאסטרוב, שטען לתוספות מרובות (יאסטרוב, ציניקן עדין, במיוחד עמ' 71–86), ואצל ברטון שטען לתוספות מצומצמות יותר (ברטון, קהלת, עמ' 45–46). יאסטרוב טען לתוספות שונות גם בלי קשר לסתירות המהותיות שיש בספר. כך, למשל, האמירה שקהלת ביקש לבחון גם "חכמה ודעת" ולא רק "הללות ושכלות" (א', יז) היא תוספת שנועדה להציג את שלמה החכם כבוחן גם דברי חוכמה ולא רק הוללות ושמחת נעורים (יאסטרוב, ציניקן עדין, עמ' 72). במיוחד הצביע יאסטרוב על הפסוקים הכתובים בסגנון ספר משלי, ככאלו שנוספו לספר קהלת בשלב מאוחר יותר (על כך ראו במיוחד אצלו, בעמ' 76–86).

הבעיה בשיטה מחקרית זו היא שהניתוח הספרותי אינו תומך במסקנות אלו. יש מקום לבחון את חתימת הספר שעוד נעסוק בה, אך יש לאורך הספר יחידות גדולות בעלות מבנה ספרותי מלכד, שנסמכות על רכיבים המיוחסים הן ל"מחבר המקורי" הן ל"עורך המאוחר", וגם סגנונן זהה.

התלבטות והיסוסים: אפשרות שלישית רואה במגילת קהלת דובר אחד בלבד, ואת הסתירות המשולבות בספר היא רואה כעדות להתלבטות המחבר ולהיסוסיו. דברים ברוח זו כתב משה צבי סגל:

> רעיונותיו של החכם המדבר במגילה אינם מסודרים באופן שיטתי ולפי תכנית קבועה ומחושבת, שתאפשר לנו לחלק את המגילה לפרשיות, פרשיות. הרעיונות הם על פי רוב רק הרהורים והגות לב של אדם המדבר כאילו בחד־שיחה לעצמו. הרעיונות זורמים להם מאליהם זה אחר זה כמו בשיחה, מדלגים מנקודה לנקודה, ולפעמים חוזרים להם לאחור וכופלים את הדבר שכבר נאמר, או סותרים את הנאמר וחולקים עליו, הכול לפי הלך רוחו ורגשותיו המתחלפים של המשוחח. כי החכם שלנו אינו רק חוקר המבקר את החיים, אלא הוא גם פייטן בעל לב רגיש המתפעל מנעימות החיים ומתעצב מחוסר יכולתו של האדם ליהנות מהם. הרגש שולט בו וגובר על ההיגיון, ולפיכך אין לחפש בחיבורו סדור הגיוני וחלוקה שיטתית של העניינים המדוברים בו.[68]

לפי הנחה זו, הכתיבה הספרותית שונה במהותה מהכתיבה הפילוסופית, ומאחר שספר קהלת מוצג בפני הקורא כתגובה רגשית של המחבר למציאות, יש לראותו כמבע פיוטי שאינו נתון בהכרח תחת סד ההיגיון הצרוף. בהנחות אלו, חולק סגל על ההנחה שהזכיר ראב"ע בדבריו,

68. סגל, מבוא, עמ' 703.

ולדעתו, יכול המחבר לסתור את עצמו, אם אין כוונתו להגיש תזה פילוסופית שלמה.[69]

בדומה, בספרו **חשבונו של קהלת** הציע המשורר זלי גורביץ' לראות בקהלת משורר ולא פילוסוף. את סוג הדקויות שעליהן נותן גורביץ' את דעתו אפשר להדגים בהבחנתו כי צמד המילים הפותחות את המגילה: "הַכֹּל הָבֶל" (א', ב) דומות בצורתן הגרפית, ובכך הצימוד מצטרף לאפקט החזרה שבפסוק; ועל כן – מציע גורביץ' – במילה הבל יש יסוד אונומטופאי.[70] על פי גורביץ' קהלת כלל אינו מתיימר לומר את 'האמת' – את מה שנכון ותקף לגבי כל הזמנים. כוונתו היא להביע את עצמו, להסתכל על המציאות במבט המתחדש בכל פעם, כפי שמשתקף אולי טוב מכול בשיר העיתים (פרק ג'). קהלת מביע חוויית נפש, ואינו בא לטעון טענות מוצקות, חד־משמעיות ונצחיות על העולם. הוא מבקש לבטא מבעים מדויקים, שיוכלו להדהד בנפשותיהם של רבים. דבריו יוצרים הזרה למציאות, וצריכים להיקרא כשירה ולאו דווקא כהצגה של משנה סדורה.

דיון זה נוגע בשורשי כתיבת המגילה ובאופייה, ולא פחות חשוב מכך – במשקפיים שעל הקורא להרכיב כדי לקרוא את המגילה נכון. כפי שיובהר לאורך ניתוח המגילה, אין ספק שמחברה היה בעל רגש פיוטי חריף ושנון, ובכל זאת, אפשר לעמוד על מבנה קוהרנטי של דיון ושל טיעון, ועל כן, גם אם צודק סגל שאיכותו הספרותית של הספר מסגירה שמחברו "פייטן בעל לב רגיש", וגם אם צודק גורביץ' שלפנינו משורר בעל נפש, יש מקום לעמוד גם על מגמותיו האידיאיות שמלוות את הספר כולו.

69. באופן גלוי חולק שם סגל על החוקרים הטוענים שהנימות השונות שעולות בספר הן עדות למחברים שונים או לתוספות שנוספו על השלד הבסיסי של הספר.

70. גורביץ', חשבונו, עמ' 82, וקדם לו בכך הלל ברזל, פרשנות חדשה, עמ' 98. מעניין לציין, שדמיון המילים נותן את אותותיו בתרגום השבעים, שהחליף לעיתים בין שתי המילים הללו, כמו תרגומו לפסוק: "גַּם אַהֲבָה גַּם שִׂנְאָה אֵין יוֹדֵעַ הָאָדָם הַכֹּל לִפְנֵיהֶם" (ט', א), המתורגם שם: 'הבל לפניהם'.

ציטוטי פתגמים: כיוון רביעי, ששורשיו מצויים כבר בדברי רשב"ם,[71] ופותח על ידי גורדיס, טוען שספר קהלת מרבה בציטוטים של פתגמים שרווחו בעם ישראל ובעולם, ולעיתים הוא מקבל אותם אך לעיתים קרובות יותר הוא דוחה אותם.[72] הקורא, שאיננו מודע לכך שמדובר בציטוט, סבור שזו עמדת קהלת, אך באמת קהלת משלב בספרו פתגמים רווחים אלו כדי לדחות אותם בהמשך.

מודל כתיבה זה בולט למשל במקומות שבהם אומר קהלת 'יודע גם אני', שכוונתו לומר שהוא מצטט את שמקובל לומר, הוא 'יודע' שכך אומרים, אך לא תמיד הוא עצמו מזדהה עם אמירה זו.

על פי השקפה זו התובנה שמנחה את קהלת היא שההוכחה האמפירית עדיפה על פני ההוכחה הלוגית. ובמילים אחרות: האמירות הנכונות לגבי החיים אינן אלו שההיגיון מחייב אותן, אלא אלו שהחיים עצמם תומכים באמתותן. כאמור לעיל, עצם מודל הכתיבה של ציטוט משלים ופתגמים הוא מודל רווח בספרות החוכמה העולמית הקדומה, וכפי שהראה גורדיס, גם בספר תהלים נעשה בו שימוש תכוף,[73] כך שבהחלט סביר שגם קהלת מנצל טכניקה ספרותית זו.

לפי זה יש לקרוא כך קטעים רבים בקהלת. הרי דוגמה מייצגת: "כִּי גַּם יוֹדֵעַ אָנִי" – את אשר נוהגים לומר כל החכמים (ובראשם ספר משלי) – "אֲשֶׁר יִהְיֶה טּוֹב לְיִרְאֵי הָאֱלֹהִים אֲשֶׁר יִירְאוּ מִלְּפָנָיו. וְטוֹב לֹא יִהְיֶה לָרָשָׁע וְלֹא יַאֲרִיךְ יָמִים כַּצֵּל אֲשֶׁר אֵינֶנּוּ יָרֵא מִלִּפְנֵי אֱלֹהִים" (ח', יב-יג). אולם, אי אפשר לאמץ גישה זו, שהרי: "יֶשׁ הֶבֶל אֲשֶׁר נַעֲשָׂה עַל הָאָרֶץ אֲשֶׁר יֵשׁ צַדִּיקִים אֲשֶׁר מַגִּיעַ אֲלֵהֶם כְּמַעֲשֵׂה הָרְשָׁעִים וְיֵשׁ רְשָׁעִים שֶׁמַּגִּיעַ אֲלֵהֶם כְּמַעֲשֵׂה הַצַּדִּיקִים" (שם, יד), ולכן, מסקנת

71. יפת, רשב"ם לקהלת, עמ' 82-83. כהן הראה שגם ר' מנחם המאירי אחז בדרך זו (כהן, מגילות, עמ' 254-255).
72. גורדיס, ציטוטים; גורדיס, מבוא. בדרך דומה אחז גם רופא, מבוא, עמ' 408-411 (ראו אצלו גם בעמ' 398-399).
73. גורדיס, מבוא. השוו גם להורביץ, שקיעי חוכמה, עמ' 40-47, שלא הסתפק בעצם הסגנון הפתגמי כדי להגדיר מזמור תהלים כמזמור חוכמתי, ונדרש לאמות מידה לשוניות מחמירות יותר.

הדברים היא שיש לדחות את האמירה המקובלת – "אָמַרְתִּי שֶׁגַּם זֶה הָבֶל" (שם).

יש לא מעט פסוקים שאפשר לבאר אותם כציטוט של הלכי רוח חוכמתיים מקובלים, אך אין זה אומר שקהלת מאמץ אותם למסקנה. מאחר שלטעמו של קהלת, ההוכחה האמפירית עדיפה על פני פתגמים תיאורטיים, הוא מדרבן את קוראיו לפקוח עיניים ולבחון האומנם יש לאמירות החוכמה יסוד מוצק במציאות החיים. מאחר שלא, אי אפשר להישען עליהן, והדבר רק יוביל לדאבון נפש. כיום מוסכם שאכן קהלת נוהג לצטט פתגמי חוכמה ולהתייחס אליהם, ואנו מבקשים לאמץ עמדת מוצא זו.[74] אומנם, הדבר יוצר בעיה פרשנית ראשונה במעלה: זיהוי ציטוטי הפתגמים וההכרעה היכן קהלת מתחיל להגיב עליהם,[75] ובאמת אתגר זה עומד ללוות אותנו לכל אורך הספר.

לצד הנחת היסוד שיש לאורך המגילה ציטוטים שקהלת מתייחס אליהם, אנו מבקשים להוסיף זווית הסתכלות נוספת, שהעלה מיכאל פוקס, ובדרכו צעדו גם אד גרינשטיין וטובה פורטי. לעיתים, ריבוי הקולות במגילת קהלת נובע מטכניקת כתיבה של שאלת שאלות, העלאת אפשרויות וספקות. מחבר המגילה לא ביקש לסתור את עצמו על ידי הערותיו הסותרות, אלא להצביע על הסתירות הקיימות בחיים עצמם. ניסיון להבין את ספר קהלת כספר לוגיקה הבנוי בצורת

74. גישה זו זכתה גם לביקורות ולא כולם אימצו אותה. כך כתב עליה למשל אד גרינשטיין: "אין כל בסיס טקסטואלי־לשוני לזיהוי הציטוטים המשוערים הללו ואין דרך להבחין בין מה ששייך למקור המשוער לבין מה שהולם את דעתו של קהלת" (גרינשטיין, חכמים, עמ' 103). אולם הביקורת איננה חד משמעית. אכן, כמעט אין סימנים טקסטואליים־לשוניים לזיהוי הציטטות, אך מבחינת תוכן הדברים ניכר מתי קהלת משלב בדבריו ציטוט ויוצא נגדו בסמוך, כפי שיובהר לאורך ניתוח הספר.

75. ראו על כך במיוחד אצל ספנגנברג, ציטוטים, שלאחר דיון יפה בעניין, מגיע למסקנה שקשה להצביע על קריטריונים מובהקים שעל־פיהם אפשר יהיה להכריע מתי קהלת מצטט מסורות אחרות.

האתיקה של שפינוזה, או ביקורת התבונה הטהורה של קאנט, הוא חוסר הבנה של הז׳אנר העומד מולנו ושל דרך הרצאת דבריו.[76]

כפי שכבר הערנו, לא פילוסוף יווני לפנינו, אלא חכם עברי 'מזרחי' השואל את עצמו שאלות על החיים, מעלה אפשרויות ודוחה אותן במהלך מעגלי, רצוא ושוב. קהלת בא לערער על 'היתרון' שאפשר להציע שיש בתחום מסוים, ולצורך כך מעלה טענות נגד, או 'חוויות נגד', אך לא בגלל שטענות הנגד תקפות תמיד. גם עליהן הוא יתהה בהמשך דבריו, תוך שהוא מעלה כטענות נגד, את הטענות שדחה קודם לכן כשהן עצמן עמדו לבירור.

כך, למשל, בשעה שעולה לדיון החוכמה ויכולתה להעניק משמעות לחיי האדם; האם יש משמעות של ממש בהשקעה נמרצת של המרץ האנושי בתבוניות ובלמידה, אומר קהלת: לא. אבל בהמשך דבריו, כשיבחן את אלו היושבים בבר המקומי ושותים בירה, הוא יעקם את אפו גם נוכח מעשיהם שאין בהם חוכמה ותבונה. משמעות טענה זו היא שישנו כשל בקריאה של קהלת כספר פילוסופי־אנליטי. דבריו יחסיים, לא פסקניים.

בסופו של דבר, טענו פוקס, גרינשטיין ופורטי, קהלת הגיע למסקנה שכל נקודות המבט אינן מועילות לניסוח של 'שורה תחתונה' לגבי החיים – מלבד התובנה שהם הבל. פרשנות זו הנחתה אותנו בפירושנו, גם אם במקומות מספר נציע דרך אחרת.

מעבר לדיון בסתירות נקודתיות שעולות לאורך המגילה ביחס לנושאים שונים, יש סתירה אחת מובנית שבמבט ראשון היא הקשה מכולן, אך במבט שני היא חושפת את סודו של הספר. מן העבר האחד חוט של פסימיות ושל ייאוש מלווה את כל דיוני הספר. המוות נוכח בספר זה יותר מאשר בכל ספרי המקרא, ולצידו עולות עוולות חברתיות מגוונות, עד למסקנה שעדיף למות מאשר לחיות

76. פוקס, סתירות בקהלת, עמ׳ 27–28; גרינשטיין, חכמים, עמ׳ 102–104; פורטי, סידור ועריכה. ראו ניסוחים דומים גם אצל הופמן, ספרות החוכמה, עמ׳ 351–352.

(ד׳, ב–ג), וקהלת אף מצהיר שהוא ׳שונא׳ את החיים (ב׳, יז). אך לצד זאת, חוזר קהלת שוב ושוב על ההטפה לשמוח בחיים, לאכול ולשתות ולראות טוב בעמל החיים, וכפי שנראה בסיכום הספר, זהו הפזמון החוזר החורז את הספר מתחילתו ועד לסופו. זו באמת הסתירה הגדולה מכולן, אך, כאמור, היא גם המפתח להבנת מגמת הספר. מתוך שלילת החיים מגיע קהלת גם לחיוב שלהם; על רקע הכאוס הכללי שיש במציאות על רבדיה השונים, מגיע קהלת למסקנה שעל האדם לשמוח בפשטות ובצניעות במה שיש לו. אמביוולנטיות זו מהותית להבנת הספר, והיא תלווה אותנו לאורך ניתוח הפסוקים ונשוב אליה בסיכום הספר.

קהלת וספרות החוכמה הקדומה

כבר הזכרנו שספרות חוכמה לא הופיעה בעת העתיקה בישראל בלבד, אלא במזרח הקדום כולו: הן במצרים והן במסופוטמיה. במקומות רבים, ולאורך דורות רבים – ובעצם עד ימינו – כתבו מלכים, שרים וחוגי חכמים אמרות חוכמה, משלים ושירים שעסקו, כמו במקרא, בפשר החיים ובדרך לחיות חיים טובים.

הנחת יסוד סבירה היא שעם ישראל, ובמיוחד אסכולות החכמים שבו, הכיר את עולם החוכמה שהתפתח סביבו, וכבר הזכרנו שבתיאור המקראי של חוכמת שלמה המלך נאמר: ״וַתֵּרֶב חָכְמַת שְׁלֹמֹה מֵחָכְמַת כָּל בְּנֵי קֶדֶם וּמִכֹּל חָכְמַת מִצְרָיִם״ (מל״א ה׳, י). אחד המאפיינים הבולטים של ספרות החוכמה הוא שהיא אוניברסאלית, ושואלת על קיומו של האדם באשר הוא. בכך, היא חורגת משאלות לאומיות, ועל כן, במיוחד בסוגה זו היה מקום לדיאלוגים בין תרבויות שונות, ״שהרי מעצם בירור החוקיות הכוללת בעולם מוותר החכם על מאפיינים המפרידים בין חברות שונות וחותר להגיע אל המשותף להן״.[77] זאת ועוד, החכם, לרוב, אינו טוען שמקור חוכמתו הוא בהתגלות האלוהית

77. הופמן, ספרות החוכמה, עמ׳ 330.

אלא במאמץ אינטלקטואלי, וגם בכך יש להזמין חכמים מעמים שונים לנהל דיאלוג.

באיזו מידה השפיעה חוכמת העמים על ספרי החוכמה העבריים? האם התפלמסו בעלי החוכמה העברית עם שכניהם החכמים? אלו שאלות גדולות שניתנו להן תשובות מגוונות. לאורך פירושנו נצביע על כמה מקומות שבהם ניכר שקהלת התמודד עם רעיונות שהושמעו בחוכמת מצרים והמזרח הקדום. דוגמה מפורסמת היא הזיקה שבין קהלת (ז׳, טז; ח׳, ב-ה; י׳, כ) לספר אחיקר, שתורגם לכמה שפות והיה מוכר גם בקרב קהילות ישראל.[78] כפי שיתברר להלן – במיוחד בדיון בד׳, יב ובט׳, ז-י – קהלת מנהל דיאלוג של ממש גם עם עלילות גלגמש המסופוטמי.

במבוא קצר זה לא נוכל לפתוח דיון ראוי בכך, אולם ברצוננו להעיר על הזהירות הנדרשת כשבאים לדון בזיקות אפשריות מעין אלו. כדי לסבר את האוזן, נפתח בדוגמה אחת מייצגת שדי בה כדי להבהיר את ההתלבטות היסודית שמלווה את הדיון. ביצירת חוכמה אכדית המכונה ׳חוכמת שופה-אמלי׳ (או ׳שמע את העצה׳), מובא דיאלוג-ויכוח בין אב לבנו. בין השאר אומר שם הבן (הספקן) לאביו:

> אבי – בנית בית, התקנת דלת. שישים אמות רוחב (ביתך). אבל מה השגת? עליית גג ביתך, כמו אסמך, מלאים הם בתבואה. ביום מותך רק תשעה כיכרות לחם לקרבן מנחה יימנו ויונחו למראשותיך. מתוך הונך המונה אלף כבשים, רק עז בודדת ובגד חמודות יהיו מנת חלקך. מן הכסף שצברת רק שלמונים או מסים למלך (יישארו) [נוסח אחר: מה יישאר מכספך? הוא יאבד!].[79]

78. ראו למשל בסקירתו הרחבה של יולינגר, קהלת וספרות החוכמה. הוא עומד במאמרו על זיקות אפשריות נוספות בין קהלת למשליו של אחיקר. על זיקת קהלת ח׳, ב-ה למשלי אחיקר ראו במיוחד אצל ג׳ונס, חוכמת חצר. רבים העירו על הדיאלוג שמתנהל בין ספר משלי לספר אחיקר (ראו במיוחד אצל וייגל, אחיקר).

79. לפי תרגומו של כהן, יצירת חוכמה, עמ׳ 212. ראו גם בספרו: כהן, חוכמה, עמ׳ 98-99.

בקטע זה טוען הבן בפני אביו שאין טעם של ממש בצבירת רכוש ונכסים. כל אלו אינם רלוונטיים ביום מותו של האדם. בצדק העירו כמה חוקרים שתפיסה זו זהה לתפיסת קהלת שעל פיה צבירת הרכוש היא דבר זמני וחסר תכלית, במיוחד נוכח מותו הצפוי של האדם.[80]

אכן, אין ספק שהרוח העולה מדברי הבן בטקסט חוכמתי זה מזכירה במידה רבה את רוחו של קהלת, אך האם אפשר להגיע למסקנה שקהלת הכיר יצירה זו, הושפע ממנה או הגיב לה? הדבר כלל אינו בטוח, שהרי היחס הספקני לרכוש יכול בקלות לנבוע באופן יצירתי ובלתי תלוי במרכזי תרבות שונים. לא מדובר בתפיסה כה מהפכנית או חריגה שיש מן ההפתעה למצוא את הדיה גם בתרבויות אחרות. התלבטות זו מלווה תדיר את העיון המשווה בין ספרות החוכמה המקראית לספרות הדומה בעולם הקדום בכלל. בשל כך, לאורך דיוננו לא נרבה בדיונים בזיקות אפשריות שנשענות רק על דמיון תוכני, מלבד מקרים שבהם מרקם המילים או סידור הדיון מצביע על זיקה של ממש.[81] במקרים כאלו – כפי שעוד ניווכח – אפשר להצביע על הישענות טקסטואלית של קהלת על טקסטים חוכמתיים מהמזרח הקדום וממצרים, ולעיתים יש בידיעת רקע זה כדי לפתור כמה בעיות פרשניות.

קהלת והפילוסופיה היוונית־הלניסטית

יש פער יסודי בין צורת החשיבה והדיון שבספר קהלת – איש החוכמה 'המזרחית' – לבין צורת החשיבה שעולה בזרמים מרכזיים בפילוסופיה היוונית וההלנית. הזכרנו לעיל את טענתו של משה צבי סגל, שטועים החוקרים שמחפשים בקהלת צורת דיון פילוסופית־מערבית, כאילו מה שנידון הוא "סוגיה פילוסופית מדעית של חושב לועזי, והם מבקשים

80. הורוויץ, משלי, עמ' 62; כהן, יצירת חוכמה, עמ' 217–218. על השוואה נוספת שבין קהלת ליצירה זו, ראו: עזיזה, קהלת; ג'יאנטו, גורל אנושי.
81. על הכרעה דומה ראו במחקרו המקיף של וייגל, אחיקר.

בה עקביות קפדנית לפי ההיגיון הלועזי". לדעת סגל אין טעם בגישה זו. מחבר קהלת לא היה פילוסוף נוסח יוון, אלא "בעל מזג חם ובעל נפש פיוטית שרגשותיה מתחלפים לפי מצב רוחו והשפעת סביבתו".[82]

ועם זאת, מגילת קהלת היא הנקודה שבה מתקרב המקרא בצורה הברורה ביותר לפילוסופיה היוונית, בעיקר במובנים של התבוננות במציאות ללא תלות בהתגלות אלוהית־נבואית, בתורה, או במסורת.[83] קהלת הוא בין הקולות הבולטים במקרא שיצא למסע חיפושים רעיוני, ונסמך על הגיונו בלבד. זוהי כמובן נקודת מוצא פילוסופית מובהקת.[84] גם הנחמה שמצא קהלת בחיי השעה ותענוגותיהם מקרבת אותו להרהוריהם של פילוסופים הלניסטיים שכמהו לחירות ואושר, במיוחד לאפיקוראים, שביקשו לגבור על אימת המוות באמצעות תענוג,[85] ובמידת־מה, גם לסטואים שחיפשו את האושר בהתגברות על תשוקות ותאוות והטיפו להשלמה עם המוות. במיוחד בולטת קרבתו של קהלת לסטואיות עם האמונה שהכול צפוי מראש, שהרצון החופשי מוגבל ושההיסטוריה נעה במעגלים ללא תכלית ופשר.[86] יש שאנו קוראים בהגיגיו של סנקה, הסטואיקן הרומאי, ויכולים להשוות את דבריו בקלות עם מנגינתו של קהלת: "זמן ההווה הנו קצר ביותר, אכן כה קצר, עד שיש הסבורים כי אינו קיים כלל, שהרי

82. סגל, מבוא, עמ' 708.
83. על דמיון ספר קהלת למסורות פילוסופיות יווניות ראו אצל ברטון, קהלת, עמ' 43-32; וינסטון, פילוסופיה הלניסטית; הורטון, קהלת.
84. בכותבו על ההבדלים בין ישראל ליוון, אפיין יחזקאל קויפמן את הרפלקטיביות היוונית, את "המחשבה חוקרת את עצמה", כמאפיין יווני מובהק (תולדות האמונה, כרך ח, עמ' 491).
85. הפרויקט הפילוסופי שהציב אפיקורוס סוכם יפה על ידי ארווין יאלום: "אפיקורוס סבר שהייעוד ההולם של הפילוסופיה הוא להקל את הסבל האנושי. והגורם הנמצא בשורש הסבל האנושי? לאפיקורוס לא היה שום ספק בנוגע לתשובה לשאלה זאת: הפחד המתמיד מפני המוות. המחשבה המבעיתה על המוות הבלתי נמנע, טען אפיקורוס, פוגמת בהנאת החיים שלנו ואינה מותירה לנו שום עונג צרוף" (יאלום, להביט בשמש, עמ' 65). השיח של קהלת פחות אקזיסטנציאלי מניסוחים אלו, אך האתגר הדומה בולט לעין.
86. על כך ראו בהרחבה אצל רודמן, דטרמיניזם.

הוא תמיד בתנועה, חומק-עובר וממהר לחלוף. טרם הגיע וכבר חדל להתקיים".[87]

אולם, גם בהקשר זה לא נראה שמדובר בתלות טקסטואלית או בהשפעה היסטורית שאפשר להצביע עליה. השיתוף והדמיון נותרים בקווים הכלליים, ודווקא כשיורדים לדקות הרעיונות ניכרים גם הבדלים בין קהלת לאפיקוראים ולסטואים. נראה שההבדל החשוב ביותר קשור לאמונה באלוהים. יוסף קלוזנר שהשווה בין קהלת לבין "בת קול של הפילוסופיה האפיקורסית" קבע ש"הפילוסוף היהודי הדתי" נבדל מ"הפילוסוף האפיקורסי היווני" בכך "שעם כל הפסימיסמוס הקיצוני והספקנות המדכדכת שבתפיסת עולמו של היהודי (הוא) אינו מגיע לכפירה באלוהים".[88] לקלוזנר קדם המלומד הצרפתי ארנסט רנאן, שקבע בתקיפות שאי אפשר להצביע על השפעה של הפילוסופיה היוונית על קהלת: "אין דבר רחוק מכך. כל דבר בספר מוסבר בצורה מלאה על ידי ההתפתחות הלוגית של ההגות היהודית".[89] על פי רנאן, מחבר המגילה לא זכה לחינוך הלניסטי, אין בלשונו מילה יוונית או מאפיין הלניסטי.

ובכן, בין קהלת לבין חכמי המזרח הקדום וחכמי יוון, יש נקודות השקה אך גם שוני וריחוק. ובכל זאת, יפים דבריו של שאול טשרניחובסקי הקושרים עמוקות בין שלוש יצירות מופת, האחת מזרחית, השנייה יוונית והשלישית עברית:

> שלוש אנחות נאנחה האנושות. אותה אנושות הנתונה בין מוראי הגְזֵרה מן העולם, שאין לשנותה, שאין מנוס ומפלט ממנה, ובין חבלי הבחירה החופשית כביכול, שבעטיה עליה לתת דין וחשבון על כל מעשיה. ואותן שלוש האנחות היו לשלוש מרגליות בספרות העולם – הלא הן: "עלילות גילגמש" של הבבלים,

87. סנקה, קוצר החיים, עמ' 39.
88. קלוזנר, היסטוריה, עמ' 233.
89. רנאן, אני קהלת, עמ' 48.

"קהלת" – אצלנו ו"אידיפוס המלך" של היוונים. כל אומה ואומה נתנה אותה מרגלית בתוך משבצת מקבילה ביותר לכל מהלך רוחה שלה ובצורה הולמת דרכה שלה.[90]

מבנה ספר קהלת

שאלת מבנהו של קהלת מטרידה ביותר, והצעות שונות עלו בהקשר זה. היו שפקפקו בעצם הרצון למצוא תבנית מסודרת לספר וטענו שמדובר בסדרה של אמירות ושל תצפיות המנותקות זו מזו, שדומה יותר ליומן אישי־אסוציאטיבי. לכן, למשל, אפשר למצוא את אותו הנושא שעולה במקומות שונים בספר ולא במקום אחד שמברר אותו עד תומו.[91] אחרים הציעו להסתמך על צורת הנאום ביוון הקלאסית, מתוך הנחה שגם קהלת היה נאום ציבורי שנאמר בפני קהל. לאור כך הציעו לחלק את הספר לשישה חלקים:[92]

1. כותרת אפיגרפית (א', א)
2. תזה (א', ב)
3. מבוא (א', ג-יא)
4. סיפור (א', יב-ב', כו)
5. הטיעון (ג', א-י"א, ח)
6. אפילוג (י"א, ט-י"ב, ז)
7. חזרה על התזה (י"ב, ח)
8. מסקנות (י"ב, ט-יד).

אולם, מלבד העובדה שאפשר לחלוק על עצם החלוקה המוצעת הזו, היא מתעלמת מהתכנים המתחלפים לאורך הספר, כמו גם מסימנים

90. טשרניחובסקי, "מבוא לאידיפוס המלך", בתוך: כתבים, עמ' 99.
91. כך טען אייספלדט. דיון בשיטתו ימצא המעיין אצל הרצברג, קהלת, עמ' 36-37. הוא עצמו נוטה יותר לעמדה הרואה בספר "קו מחשבה מסודר".
92. ג'אריק, מבנה רטורי.

ספרותיים של פתיחת יחידות וסיומן, כך שגם אם יש בכוחה לבאר את צורת הניסוח המשתנה, יש לתת את הדעת בעיקר למבנה שעוקב אחר תוכני הספר.

חלוקת המסורה מחלקת את הספר לשלושה חלקים (אומנם לא בכל כתבי היד), והיא מעניקה בסיס קריאה ראשון מוצק:

א׳, א–יא: פתיחה
א׳, יב–ו׳: חלק ראשון של הספר
ז׳–י״ב: חלק שני של הספר

מלבד שתי הפסקות אלו – בין הפתיחה לחלק הראשון, ובין שני חלקי הספר – אין עוד הפסקות מסורה לאורך הספר, וכבר בדבר זה משתקפת החלוקה הברורה ביותר שיש בספר לשני חלקים עיקריים (א׳–ו׳ / ז׳–י״ב).[93]

אך אי אפשר לעצור גם כאן. מתברר שיש לאורך הספר חתימה קבועה לחטיבות הדיון השונות, כדוגמת: ״אֵין טוֹב בָּאָדָם שֶׁיֹּאכַל וְשָׁתָה וְהֶרְאָה אֶת נַפְשׁוֹ טוֹב בַּעֲמָלוֹ״ (ב׳, כד). נתון זה חשוב ביותר להבנת מבנהו של הספר, ולאורו, ולצד נתונים נוספים, אפשר לעמוד על אחד ממסריו המרכזיים של הספר. נשוב לכך בסיכום הדברים. לעת עתה ברצוננו לשרטט לאור נתון זה את חלוקת הספר שתלווה אותנו בדיונים הבאים. שאלת תיחום היחידות אומנם מאתגרת ביותר בספר קהלת ולא תמיד ברור מתי עזב קהלת דיון אחד ופתח בדיון אחר. לצורך הצגת המבנה הכללי של הספר נציע כעת תיחום יחידות אחד, אך לאורך ניתוח המגילה תעלנה אפשרויות נוספות ונשוב לכך בסיכום הספר.

93. גם ר׳ שמואל אבן תיבון אימץ חלוקה זו. הכותרות שהוא הציע לשני חלקי הספר הן: פרשת החוכמה – ״מדבר בה במה שאפשר שישיג אליו האדם בעבורה״; פרשת המידות הטובות – ״מדבר בה במה שראוי להאמין שמגיע אליו האדם בעבורם״ (אבן תיבון, קהלת, עמ׳ 89). בניתוחנו נציע כותרות אחרות.

על רקע ההנחה שהספר נחלק לשני חלקים, כאמור לעיל (א׳-ו׳ / ז׳-י״ב), אפשר להציג את רציפות שני חלקי הספר באופן הבא:

א׳, א – יא	פרולוג: מחזוריות קבועה בטבע
א׳, יב – ב׳, כו	חוכמה ועמל
ג׳, א – טו	שיר העיתים: מחזוריות באדם
ג׳, טז – כב	עוולות במשפט
ד׳, א – ה׳, ו	עוולות חברתיות
ה׳, ז – ו׳, יב	איבוד ממון

ז׳, א – יב	מבוא לבעיית חוסר הצדק
ז׳, יג – כה	חוסר צדק אלוהי
ז׳, כו – ח׳, טו	חוסר צדק חברתי
ח׳, טז – ט׳, י	חוסר צדק מול המוות
ט׳, יא – י׳, כ	ניתוק הקשר בין חוכמה להצלחה
י״א, א – י״ב, ח	נגד המאגיה והחתימה
י״ב, ט-יד	אפילוג

נסתפק לעת עתה בשרטוט כללי זה, ובסיום ניתוח הספר נשוב למבנהו ולמסקנות העולות ממנו.

מגילת קהלת במסורת ישראל: מקומה בין חמש המגילות ועל פני מעגל השנה

במשך דורות רבים לא החשיבו חכמי ישראל את חמש המגילות שבמקרא לחטיבה אורגנית אחת. הברייתא הידועה המובאת בבבלי במסכת בבא בתרא, אשר מתארת את כתיבת ספרי המקרא, איננה מזכירה את המגילות יחד, אלא הן פזורות במקומות שונים במקרא.[94]

94. בבא בתרא, דף טו ע״א. שם מובאים כל הספרים שערכו ״חזקיהו וסיעתו״ ביחד – ״ישעיה, משלי, שיר השירים וקהלת״.

הפעם הראשונה שבה ניכרת התייחסות לחמש המגילות כחטיבה אחת היא רק במאה האחת עשרה, במחזור ויטרי, מבית מדרשו של רש"י.[95] כשנפלה ההחלטה לכנוס את חמש המגילות למקום אחד במקרא, עלתה השאלה כיצד לסדרן, שאלה שניתנו לה תשובות שונות. תשובה אחת הנחתה את מסדרי 'כתר ארם צובא' הידוע ו'כתב יד לנינגרד' – כתב היד הקדום ביותר של המקרא המצוי בידינו (נכתב בקהיר בשנת 1008 בראשית המאה ה־11). בנוסחים אלו של המקרא סודרו המגילות בסדר הבא:

רות
שיר השירים
קהלת
איכה
אסתר

סידור זה מותאם לסדר הכרונולוגי של האירועים במקרא המשתקפים במגילות. מגילת רות מתארת את תקופת השופטים. אחר כך באות שתי המגילות שכתב על פי המסורת שלמה המלך – שיר השירים וקהלת. בשלב הבא מובאת מגילת איכה שזמנה חורבן בית ראשון. בסוף משובצת מגילת אסתר המתארת את חוויית גלות היהודים באימפריה הפרסית – שלהי ימי המקרא. סידור זה הוא הפחות מקובל במקומותינו, אך הוא משקף את התפיסה ששלמה כתב את מגילת קהלת, ואולי גם את ההנחה שזו המגילה שהוא כתב בזקנתו, ואת שיר השירים – המוקדמת בעריכת המגילות – בצעירותו.

סידור אחר למגילות מצוי בכתבי יד אשכנזיים של התנ"ך. הוא

95. מחזור ויטרי, סימן שפ. בטעם הדבר מעלה מחזור ויטרי שתי אפשרויות: "וקורין כל הציבור ספר קהלת מיושב, ליתן חלק לשבעה וגם לשמונה, ואמרינן בפ' בכל מערבין: 'תן חלק לשבעה' – אילו ז' ימי החג, 'וגם לשמונה' – זהו שמיני של חג. דבר אחר: קהלת על שם 'ויקהלו אל המלך שלמה בירח האיתנים בחג' (מל"א ח', ב), ואז אמרו שלמה".

משתקף גם בדפוסים המאוחרים, הפחות אותנטיים, ואומץ במקרא המודפס הרווח בימינו. הסדר של המגילות כאן הוא:

שיר השירים
רות
איכה
קהלת
אסתר

זהו סדר ליטורגי המותאם לזמן קריאת המגילות בבית הכנסת, לפי מעגל השנה המתחיל בפסח. מגילת שיר השירים נקראת בבית הכנסת בשבת חול המועד פסח. מגילת רות נקראת בבוקרו של חג השבועות. מגילת איכה נקראת בלילה ובבוקר של תשעה באב. מגילת קהלת נקראת במהלך חג הסוכות ומגילת אסתר נקראת בלילה ובבוקר של חג פורים – חודש לפני פסח. סדר זה כנראה איננו הסדר המקורי, אך הוא המעיד יותר מכל מדוע מלכתחילה חמש המגילות הפכו ברבות השנים לקובץ אחד – היה זה צורך מעשי של נוחות הגישה לטקסטים הנקראים במועדים. מכל מקום, גם לאחר צירופן יחדיו, בדרך כלל המגילות אינן כתובות על אותה היריעה, כנבואות תרי עשר.

כיצד קשורות המגילות השונות לזמן קריאתן הציבורית? קשר מגילת אסתר לפורים, כמו גם קשריה של מגילת איכה לתשעה באב ברורים מאליהם. הקישור בין מגילת רות לבין חג השבועות הוזכר במדרשים רבים, והוא נראה סביר. היו שהזכירו את ההצטרפות של רות לעם ישראל כרקע לקריאתה בחג מתן תורה, אך נראה יותר שהקשר נובע מזמן התרחשות הסיפור – בימי קציר השעורים וקציר החיטים, והרי שבועות הוא חג ביכורי החיטים.[96] מגילת שיר השירים מתאימה לפסח לא רק "משום שבחג הזה מרבים לקרוא בשירות שבמקרא",[97]

96. ראו עוד: מלצר, רות, עמ' 20-21; ברט, חג השבועות.
97. חכם, שיר השירים, עמ' 15.

אלא גם בגלל שמגילה זו עמוסה בתיאורים ודימויים של אביב ופריחה, וחג המצות הוא חג האביב.

לעומת כל אלו, קשה למצוא את הקשר בין מגילת קהלת לבין החג שבו היא נקראת – חג סוכות. עצם המנהג לקרוא את מגילת קהלת בשבת חול המועד סוכות נזכר במסכת סופרים (פי"ד, הל' א'), והובא להלכה ברמ"א בשם המהרי"ל (שו"ע, או"ח, סימן ת"צ; סימן תרס"ג), אך יש קהילות בישראל שאינן נוהגות לקרוא את קהלת בחג הסוכות כלל: "ורוב הספרדים לא נהגו לקרוא קהלת בסוכות".[98]

עדות לעמידתה התלושה של מגילת קהלת לעומת יתר המגילות ניתן כנראה למצוא בדיון הלכתי במסכת סופרים, שנאמר בו כך: "ברות ובשיר השירים באיכה ובמגלת אסתר צריך לומר 'על מקרא מגילה' ואף על פי שכתובה בכתובים. הקורא בכתובים צריך לומר 'ברוך אתה ה' אלהינו מלך העולם אשר קדשנו במצותיו וציוונו לקרות בכתבי הקדש'".[99] הקורא במגילה צריך אם כן לומר ברכה אחרת מהקורא בכתבי קודש אחרים. היעדרה של מגילת קהלת מרשימת המגילות הנקראות בולט כאן – מעין ראיה לכך שמקומה בתפילת הציבור אינו ברור. מסכת סופרים נכתבה בתקופת הגאונים, ונראה אם כן שמגילת קהלת הייתה האחרונה להתווסף לסדר הקריאה הליטורגי, בשלהי תקופת הגאונים או אף אחריהם.[100] דבר זה מצביע על קישור רופף בין קריאת המגילה לבין החג, וייתכן שזו המגילה

98. מלמד, סוכות, עמ' 19.

99. מסכת סופרים, פרק יד, ג. הגר"א אומנם הוסיף כהגהה את המילה 'ובקהלת', וכתוצאה מכך גם פסק שיש לברך על קריאתה (שו"ע, או"ח, סימן תצ, סעיף ט, אות יד).

100. במאמרו על קריאת קהלת בחג הסוכות, הזכיר הרב יעקב מדן את דברי ר' אייזיק מטירנא, שאין מברכים על קהלת מפני שהיא לא נאמרה ברוח הקודש, אלא שלמה אמרה מדעתו (הגהות למנהגים, חג סוכות, אות א; מדן, הקהל וקהלת, עמ' 350, הערה 29). הקישור בין שאלת הברכה לשאלת מעמדה של המגילה, חריג בנוף ההלכתי, והרב מדן שם אף תהה "שמא תלמיד טועה כתבו".

שנותרה יתומה – ללא חג ספציפי שמתאים לה – ועל כן הוחלט לקוראה בחג שנותר פנוי – בסוכות.

ובכל זאת, כמה סברות וכמה דרשות הוצעו ביחס להכרעה לקרוא את קהלת במהלך חג הסוכות. נזכיר את העיקריות שבהן:[101]

א. דרשה של רבי יהושע קושרת בגלוי פסוק אחד מתוך קהלת לחג הסוכות: "'תֶּן חֵלֶק לְשִׁבְעָה וְגַם לִשְׁמוֹנָה' (קהלת י"א, ב) – רבי אליעזר אומר: 'שבעה' אלו שבעה ימי בראשית, 'שמונה' אלו שמונה ימי מילה. רבי יהושע אומר: 'שבעה' אלו שבעה ימי פסח, 'שמונה' אלו שמונה ימי החג" (בבלי, עירובין מ ע"ב). בעל מחזור ויטרי הציע שדרשה זו עומדת בבסיס ההכרעה לקרוא את קהלת בסוכות דווקא.[102]

ב. לפי שיטה אחרת, הפסוק "כַּאֲשֶׁר תִּדֹּר נֶדֶר לֵאלֹהִים אַל תְּאַחֵר לְשַׁלְּמוֹ" (ה', ג), מתאים במיוחד לחג הסוכות. נחלקו תנאים כמה זמן ישהה אדם קורבנות שהקדיש לגבוה ויעבור על איסור "לא תְאַחֵר לְשַׁלְּמוֹ" (דברים כ"ג, כב). לפי תנא קמא, אם אדם עיכב את נדריו במשך שלושה רגלים הוא עובר על האיסור; ר' שמעון סובר שרק אם עברו שלושת הרגלים על מקדיש הקורבנות לפי סדרם – חג המצות תחילה, שבועות וסוכות – רק אז הוא עובר על איסור בל תאחר. יש עמדות נוספות, ובמיוחד יש להזכיר את דעת ר' אלעזר בר' שמעון, שטוען שברגע שמגיע חג הסוכות, אדם חייב להביא את קורבנותיו, בין אם זה הרגל הראשון מאז הקדשתו, בין אם הוא השני או השלישי.[103] לפיכך, בקריאת מגילת קהלת בחג הסוכות, יש אזכור של דרישת הבאת הקורבנות למקדש ושלא לאחרם. ראוי לציין, שאכן ניכרת הזיקה הספרותית בין דברי קהלת לחוק האוסר לעכב נדרים ונדבות שבדברים:

101. ראו דיון בגישות שונות אצל צפור, טללי ורדים, עמ' 291-296.
102. מחזור ויטרי, סימן שפ; סידור רש"י, סימן רכב.
103. בבלי, ראש השנה ד ע"ב.

דברים כ"ג, כב-כד	קהלת ה', ג-ה
כִּי תִדֹּר נֶדֶר לַה' אֱלֹהֶיךָ לֹא תְאַחֵר לְשַׁלְּמוֹ כִּי דָרֹשׁ יִדְרְשֶׁנּוּ ה' אֱלֹהֶיךָ מֵעִמָּךְ וְהָיָה בְךָ חֵטְא.	כַּאֲשֶׁר תִּדֹּר נֶדֶר לֵאלֹהִים אַל תְּאַחֵר לְשַׁלְּמוֹ כִּי אֵין חֵפֶץ בַּכְּסִילִים אֵת אֲשֶׁר תִּדֹּר שַׁלֵּם.
וְכִי תֶחְדַּל לִנְדֹּר לֹא יִהְיֶה בְךָ חֵטְא.	טוֹב אֲשֶׁר לֹא תִדֹּר מִשֶּׁתִּדּוֹר וְלֹא תְשַׁלֵּם.
מוֹצָא שְׂפָתֶיךָ תִּשְׁמֹר וְעָשִׂיתָ כַּאֲשֶׁר נָדַרְתָּ לַה' אֱלֹהֶיךָ נְדָבָה אֲשֶׁר דִּבַּרְתָּ בְּפִיךָ.	אַל תִּתֵּן אֶת פִּיךָ לַחֲטִיא אֶת בְּשָׂרֶךָ.

עוד נדון בפשרה של זיקה זו, אך בהחלט סביר שכששומעי המגילה פגשו בפסוקים המעודדים את הנודר לשלם את חובו בזמן, הם נזכרו בציווי התורה שלא לאחר לשלם את נדריהם.

ג. המילה 'קהלת' עצמה מורה על התקהלות העם בירושלים, לשם שמיעת דברי תורה בכלל, ובמיוחד לשם קיום מצוות 'הקהל' – הקראת התורה בירושלים בחג הסוכות שבמוצאי שנת השמיטה. כפי שכבר נזכר, גם בשעה שהעלה שלמה את ארון ה' לירושלים, בסוכות, נאמר "וַיִּקָּהֲלוּ אֶל הַמֶּלֶךְ שְׁלֹמֹה כָּל אִישׁ יִשְׂרָאֵל בְּיֶרַח הָאֵתָנִים בֶּחָג הוּא הַחֹדֶשׁ הַשְּׁבִיעִי" (מל"א א', ח). לזכר היקהלות זו, נקראת מגילת קהלת.[104]

ד. סיבה אפשרית נוספת, המובאת במחזור ויטרי, היא שמגילת קהלת מציגה חוויה דתית ואינטלקטואלית המנוגדת לרוח החג, ויש בה כדי למתן ולאזן את השפעותיו הנפשיות. סוכות, חג האסיף, הוא חג של שמחה והתרוממות רוח וכאשר אדם אוסף

104. ראו במיוחד: מרגלית, קהלת; מדן, הקהל וקהלת. מרגלית גם הציע שעצם כינוי שלמה בכינוי 'קהלת' קשור בעובדה ששלמה הוא שקיים מצוות הקהל לראשונה ומאז היה זה כינויו בפי העם (מרגלית, שם).

את יבולו הוא אף יכול לחוש גאווה על הישגיו, בעולם העתיק הייתה זו שעה של שמחה מלאת יצרים, שלעיתים גם הגיעה לשיכרון ולאובדן גבולות, בדומה לבכחנליות הרומאיות.[105] לעומת אווירה רווחת זו, המקרא ריסן את שמחת האסיף ותיעל אותה לחגיגות לפני ה׳. אפשר אפוא לומר שקריאת מגילת קהלת בחג הסוכות נועדה להוסיף ריסון על ריסון ולהציע לחקלאי השמח, מרומם הנפש והגאה, נקודת מבט מפוכחת, כואבת ומשביתת שמחה על המציאות.[106]

ה. הביאור המתבקש ביותר לקריאת קהלת בחג הסוכות קשור בזמן המיוחד של חתימת שנה ופתיחת אחרת, כלומר, בזמן הרגיש שמשקף את המחזוריות הטבעית, את השנים החוזרות חלילה ללא הפסק. לא סתם עוד שלב במחזוריות לפנינו, אלא שלב שבו פנינו נשואות כבר אל החורף הממתין מעבר לחג הסוכות. הולכים ובאים הימים הקרים, האור מתמעט, "זוֹחֲלִים וְעוֹלִים מִן הָאָרֶץ מַחֲשַׁכִּים" – בלשונה של דליה רביקוביץ – והאדם מתכנס אל תוך עצמו. אולי החורף הוא הזמן המתאים להרהורים על חיי האדם והחברה, להתמודדות כואבת ומתוסכלת עם העוולות, חוסר הצדק וחוסר הפשר שבחיים, ועם חוסר האונים והמוגבלויות של בני האדם כולם: "ובבוא חג האסיף, שהעלים נושרים מן העצים והתבואה נאספת הגורנה, כשזוהר הקיץ כבה ורוחות הסתיו מנשבות באויר,

105. ליכט, סוכות.

106. יהיה מי שיציע את הניסוח ההפוך: ביקשו ישראל לקרוא את ספר קהלת, וזמן חג הסוכות שבו אנשים מצויים במלוא תחושת החיים, השמחה והטוב הוא הזמן המאפשר להכיל גם את חוויית המודעות למוות מבלי לקרוס; לבחור בחיים, למרות הכול. יפה העיר הרב יעקב מדן, שסיבה זו הפוכה לסיבה הנוספת שהובאה במחזור ויטרי ושהוזכרה לעיל, שיש לקרוא את קהלת בשל הפסוק "תן חלק לשבעה וגם לשמונה". פסוק זה מורה על חוסר הוודאות שכל חקלאי חווה בזמן חג הסוכות, ערב עונת הגשמים. בעת חוסר ביטחון בעתיד "בא קהלת ומבקש לנטוע ביטחון ואמונה בלב הקורא הנואש והספקן" (מדן, הקהל וקהלת, עמ׳ 353).

מתייחד לו היהודי עם ספר זה, קוהלת, להתרוות מיגונו הזך ומחכמתו הצרופה".[107]

ו. בזהירות צריך להוסיף אפשרות נוספת, שבמבט ראשון נראית אולי מוזרה, אבל לאחר ניתוח הספר גם היא תקבל את מקומה. בניגוד לאפשרות הרביעית שהוזכרה לעיל – על פיה אווירת קהלת מנוגדת לאווירת השמחה של החג – בסופו של דבר נדמה שספר קהלת מטיף גם לשמחה. אומנם לא שמחת ההוללות, אך מתוך הכאוס שרואה קהלת סביבו, הוא חוזר שוב ושוב על כך שאין לו לאדם אלא לשמוח, מתוך צניעות ופשטות, ללא יומרות ומתוך מודעות לזמניות חייו החולפים. נשוב לנקודה זו בסוף דברינו, אך לאורה, בהחלט ייתכן שיש לקרוא את קהלת דווקא בחג הסוכות שהוא זמן שמחתנו.[108]

יש במגילת קהלת פנים רבות ואפשר למצוא קישורים מגוונים לחג הסוכות. סוף דבר, יש במגילה ייחודית זו חשיפה של הנפש המיוסרת נוכח המציאות הכאוטית שנגלית שוב ושוב, ולצד זאת, יש בה הטפה לחיות את החיים בפשטות וללא יומרות.

השתקפות ספר קהלת בהגות ובספרות העולמית

ספר קהלת ניצב מזה שנים רבות כעמוד תמך שאין ספור כותבים נשענים עליו, מתוך אימוץ דבריו או מתוך הסתייגות והצעת אלטרנטיבות. בשל יושרו האינטלקטואלי של הספר, האמירה הנוקבת שבו והאומץ לפקפק בהנחות יסוד מקובלות, הפך ספר קהלת לאבן שואבת לכותבים רבים שביקשו להשתלב במסע החיפוש האנושי אחר משמעות ותהו אם יש איזה סדר עולמי שחומק מאיתנו.

המחקר האקדמי עמד על השפעת ספר קהלת על שלל הוגים

107. ריבולוב, קהלת, עמ' 231.

108. אפשרות זו עלתה אצל גורדיס, קהלת, עמ' 121; יורה, שמחה, עמ' 369.

מאבות הכנסייה הנוצרית ועד הפילוסופיה המודרנית – כל אחד על פי דרכו ועניינו ובדרך כלל בהקשרים כבדי ראש ונוגים.[109] גם בקרב גדולי היוצרים של העידן המודרני ניכר חותמו של קהלת, וחלקם הצהירו על כך בגלוי. מדרך הטבע, רבות מן היצירות שנשענו על הספר מציגות עולם פסימי וקודר, והיה אף מי שראה דווקא בפסימיות זו את האמת הגדולה המסתתרת בספר: "לכן אפוא אותו בן־תמותה אשר השמחה בו מרובה מן הצער, אותו בן־תמותה אינו יכול להיות אמיתי – כוזב הוא, או בלתי מפותח. הוא הדין בספרים. האמיתי בכל בני האדם היה איש המכאובים, והאמיתי בכל הספרים הוא ספרו של שלמה, וספר קהלת הוא פלדת העצבון המחושלת והמשובחה. 'הכל הבל'. 'ה כ ל'".[110]

אולם יש גם יצירות שקלטו את ספר קהלת באופן מורכב יותר. מאחר שניתוח הספר שיבוא להלן מבקש להציג שיטה דומה, שעל פיה לצד ההבל שראה קהלת בעולם הוא גם הציע חיי שלווה ונחת, אנו מבקשים לפתוח חלונות הצצה לכמה מן היצירות האלו.

ארנסט רנאן למשל, בן המאה ה־19, שכבר הוזכר לעיל, הקדיש ספר לקהלת וכתב על הרלוונטיות שלו לזמנו, ועמד הן על העצב המשוך כרקע מתמיד על יצירה זו, אך גם על השמחה הפזורה בין השורות:

> ספר קהלת הוא ספר כה מודרני. הפסימיות של תקופתנו מוצאת בו את ביטויה האמתי... קהלת, כמונו, מוהל עצב בשמחה ושמחה בעצב. הוא אינו מסיק מסקנות אלא עורך דיון בין הבעד לבין הנגד. הוא אוהב את החיים, ובה בעת רואה את הבלותם. מעל לכל, הוא אינו מעמיד פנים. הוא אינו חש שהוא מקלל את החיים. הוא כן לחלוטין באומרו כי הכול בעיניו אווילי וריק מתוכן.[111]

109. ראו על כך במאמרים שכונסו במונוגרפיה שערכה דל, אינטרטקסטואליות.
110. מלוויל, מובי דיק, עמ' 411.
111. רנאן, אני קהלת, עמ' 65.

דוגמה מפורסמת נוספת היא מתוך ה"ווידוי" שכתב לב טולסטוי. בכותבו על לבטי האמונה שלו הוא מנה את קהלת ביחד עם סוקרטס, בודהא ושופנהאואר, כחכמים שנתנו את התשובות הישירות ביותר ל"שאלת החיים". טולסטוי ציטט את קהלת באריכות בווידוי – למעשה זהו הטקסט הארוך ביותר שהוא מעתיק בכל יצירתו – וסיכם:

> הכול בעולם – האיוולת והחכמה, העושר והדלות, השמחה והצער – הכול הבל הבלים. האדם ימות ודבר לא יישאר. זאת איוולת, אומר שלמה... הדברים שאמרו המוחות הכבירים האלה, אמרו חשבו והרגישו מיליונים על גבי מיליונים של בני אדם כמוהם. אף אני חושב ומרגיש כך.[112]

אחת הסגולות של ספר קהלת, המוזכרת שוב ושוב בדיונים מגוונים, היא, כדברי טולסטוי – ש'מיליונים על גבי מיליונים של בני אדם' מרגישים בקרבם – ברובד זה או אחר של התודעה – הרהורים דומים לאלו של קהלת, והנה מגיע חיבור עתיק שנכתב לפני אלפי שנים, ונותן לתחושות קודרות אלו במה.

אך גם כאן, נדמה שלא רק קדרות מצא טולסטוי בקהלת. לאה גולדברג עמדה על הקשר העמוק שבין טולסטוי לבין קהלת, ובמאמר שכתבה על **אנה קארנינה**, היא ייחסה לטולסטוי הבנה של מורכבות המגילה. מצד אחד הוא הבין היטב שעולה מן המגילה שהכול "הבל הבלים", ומצד שני, ולצד זאת, גם מתוק האור, וטוב לעיניים לראות את השמש.[113] הפרישה המודעת ממציאות ההבל אל הטבע המוצף בשמש מאפיינת לאשורם את יצירתו של טולסטוי ואת חייו האישיים, ואין זה פלא שהוא ראה בקהלת מקור להשראה.

מורכבות דומה מצויה בהסתמכות הגלויה של ארנסט המינגווי על קהלת. פסוקים מתוך פתיחת המגילה נבחרו על ידו כמוטו לאחת

112. טולסטוי, וידוי.
113. בר־יוסף, גולדברג, עמ' 304.

מיצירותיו החשובות ביותר, בה תיאר את 'הדור האבוד' אחוז החרדה, האומללות ואובדן האשליות שלאחר מלחמת העולם הראשונה. היצירה היא **וזרח השמש** (The Sun Also Rises), שכבר שמה מעיד על קשריה עם המגילה.[114] אולם היו חוקרים שהעירו שלצד הייאוש שמצא המינגווי במגילה, הוא ראה בה גם הערצה לקיום הפיזי כשלעצמו: "במקום לחגוג את השאיפה הרוחנית, קהלת טוען שכל הקיים הוא הבל וחתירה אחרי רוח... אולם במקביל, קהלת חוגג את היקום הפיזי". לטענת חוקרים אלו, המינגווי מצא בספר קהלת גם שיר הלל לטבע, ולהמשכיות שלו: "קהלת, במילים אחרות, מציג את הפוטנציאל של היקום עצמו להישרדות עשירה ומדהימה, את הפוטנציאל להתחדשות אינסופית, בתוך הנסיבות המצומצמות של יקום מוגבל ומגביל".[115]

אפשר לחלוק על קריאתו של המינגווי את קהלת, אך ניכר שהוא פיתח עם הספר דיאלוג מורכב, ולא מצא בספר רק קדרות פסימית.

***

מכיוון שבעינינו בולטת בספר קהלת גם הנימה הפיוטית שדרכה ביקש המחבר לחשוף משהו מחוויית הקיום של האדם, נזכיר בקצרה כמה יוצרים בעלי נפש פיוטית שדבריהם מזכירים אותו באופן עקיף או ישיר.

זמניות האדם בעולם, שהיא מהרעיונות הבולטים בקהלת, מהדהדת בדבריו של המלט, גיבורו של שייקספיר. הנה הוא עומד בבית הקברות, המקום בו כולם שבים אל העפר, מחזיק בידו גולגולת ותוהה אם הייתה של פרקליט: "איה עתה כל פלפוליו ודקדוקיו, כל משפטיו וחזקותיו, עם כל להטוטיו...".[116] בדומה לכך, גם פוצו,

114. על ההישענות המאסיבית של יצירה זו על קהלת ראו: ריינולדס, ניתוח ראשוני, עמ' 116–117.
115. בודיק, השמש, עמ' 327.
116. שייקספיר, המלט, עמ' 150. וראו: מק, המלט, עמ' 192.

במחזה 'מחכים לגודו' מאת סמואל בקט אומר: "יום אחד אנחנו נולדים, יום אחד אנחנו נמות, אותו יום, אותו רגע, זה לא מספיק לך? הן יולדות בפישוק על קבר, אור היום מהבהב לרגע, ואז שוב לילה".[117] משפטים כגון אלו – שיש כמותם לאלפים בספרות המודרנית – יכולים להיות כפירוש לפסוקים שונים בקהלת, כפי שעוד יתבהר לאורך הספר.

נושא מובהק ממנגינת חייו של קהלת הוא תחושת **חוסר הפשר של המציאות**. רוח זו בוודאי נחה על ספרו של יעקב שבתאי 'זיכרון דברים', שם נאמר על הגיבור ש"מזה ימים לא מעטים, מילאה אותו בהרגשת האפסות וחוסר המשמעות של הקיום נוכח הסופיות האין סופית והסתמיות של החלל והזמן... שהחיים הם תוהו ובוהו, ושהוא עצמו אבוד".[118] לשבתאי הייתה גם יומרה להמחיז להצגה את ספר קהלת, גם אם הדבר לא יצא אל הפועל.[119]

חוסר הפשר של ההיסטוריה והעדר חשיבות העבר – רעיון נוסף שבולט אצל קהלת – עולים בשירו של יהודה עמיחי "באוניברסיטה של ניו אורליאנס":

בַּמָּקוֹם הַיָּפֶה הַזֶּה בֵּין עֲרוּגוֹת הַבֹּשֶׂם
בִּנְיַן הַסִּפְרִיָּה הַמְהֻדָּר הוּא לְלֹא מַשְׁמָעוּת.
סִפְרִיּוֹת הֵן כְּמוֹ בָּתֵּי יְתוֹמִים,
הַסְּפָרִים עוֹמְדִים בָּהֶן שְׁקֵטִים וּבְשׁוּרוֹת יְשָׁרוֹת,
הוֹרֵי הַמִּלִּים מֵתוּ מִזְּמַן.
וְכָל אֲשֶׁר קָרָה, כְּאִלּוּ לֹא קָרָה מֵעוֹלָם.
הִסְטוֹרְיָה הִיא הַעֲבָרַת עֲיֵפוּת גְּדוֹלָה
לִבְנֵי אָדָם חֲדָשִׁים וְרַעֲנַנִּים, כְּגוֹן הַנְּעָרוֹת

117. בקט, מחכים לגודו, עמ' 118.
118. שבתאי, זיכרון דברים, עמ' 274.
119. הורוביץ, ללא אשמים, עמ' 62. יצירתו האחרונה של שבתאי מכונה "סוף דבר", וייתכן שגם בזה ביקש שבתאי להישען על פסוקי החתימה של קהלת (י"ב, יג).

הָאֵלֶּה הַמִּשְׁתַּזְּפוֹת כִּמְעַט עֵירֻמּוֹת בַּדֶּשֶׁא
וּמְחַכּוֹת לִשְׁקִיעַת הַשֶּׁמֶשׁ
שֶׁתְּיַפֶּה אוֹתָן עוֹד יוֹתֵר.[120]

אפשר כמובן להאריך רשימה זו – של יצירות מופת שתוכנן מהדהד את קהלת – עוד הרבה. במידת־מה חוסר הסיפוק של האדם בקיומו נותן את אותותיו בכל היצירה האנושית מאז ומעולם, וקהלת הוא מראשוני הדוברים שביטאו בקול צלול תחושות אלו.

עם זאת, אנו מוצאים גם יוצרים המתפלמסים עם דברי קהלת. הנה למשל לאה גולדברג, שאהבה מאוד את קהלת, הציעה ב"שירי סוף הדרך" שלה להעריך כל יום בחיים משום שיש בו חידוש:

אָמַרְתָּ יוֹם רוֹדֵף יוֹם וְלַיְלָה – לַיְלָה
הִנֵּה יָמִים בָּאִים בְּלִבְּךָ אָמַרְתָּ.
וַתִּרְאֶה עֲרָבִים וּבְקָרִים פּוֹקְדִים חַלּוֹנֶיךָ,
וַתֹּאמַר: הֲלֹא אֵין חָדָשׁ תַּחַת הַשֶּׁמֶשׁ
וְהִנֵּה אַתָּה בָּא בַּיָּמִים, זָקַנְתָּ וְשַׂבְתָּ,
וְיָמֶיךָ סְפוּרִים וְיָקָר מִנְיָנָם שִׁבְעָתַיִם,
וַתֵּדַע: כָּל יוֹם אַחֲרוֹן תַּחַת הַשֶּׁמֶשׁ,
וַתֵּדַע: חָדָשׁ כָּל יוֹם תַּחַת הַשֶּׁמֶשׁ.[121]

גולדברג אינה מתפלמסת כאן רק עם עצם טענת קהלת שאין חדש תחת השמש, אלא במרומז, גם עם טענת חז"ל הידועה שאת קהלת כתב שלמה לעת זקנתו. בשירה של גולדברג, דווקא הזקן הוא היודע שיש חדש כל יום תחת השמש, דווקא הוא המתקן את 'הצעיר' שסבור היה שקצב החיים המונוטוני מוביל למסקנה שאין חדש תחת השמש.

120. עמיחי, "באוניברסיטה של ניו אורליאנס", בתוך: שירים, כרך רביעי, עמ' 232.
121. גולדברג, "שירי סוף הדרך", בתוך: שירים, עמ' 152.

בכך, מציע שיר זה גם הסתכלות אחרת על תודעת הזקנה ומה שהיא יכולה להביא באמתחתה.

משוררים נוספים התפלמסו עם קהלת ועם מסקנותיו, ונסתפק רק באזכורם של כמה שירים נוספים כדוגמה לכך.

יהודה עמיחי כתב בשירו "אדם בחייו" כך:[122]

אָדָם בְּחַיָּיו אֵין לוֹ זְמַן שֶׁיִּהְיֶה לוֹ
זְמַן לַכֹּל.
וְאֵין לוֹ עֵת שֶׁתִּהְיֶה לוֹ עֵת
לְכָל חֵפֶץ. קֹהֶלֶת לֹא צָדַק כְּשֶׁאָמַר כָּךְ.
אָדָם צָרִיךְ לִשְׂנֹא וְלֶאֱהֹב בְּבַת אַחַת,
בְּאוֹתָן עֵינַיִם לִבְכּוֹת וּבְאוֹתָן עֵינַיִם לִצְחֹק
בְּאוֹתָן יָדַיִם לִזְרֹק אֲבָנִים
וּבְאוֹתָן יָדַיִם לֶאֱסֹף אוֹתָן,
לַעֲשׂוֹת אַהֲבָה בַּמִּלְחָמָה וּמִלְחָמָה בָּאַהֲבָה.
וְלִשְׂנֹא וְלִסְלֹחַ וְלִזְכֹּר וְלִשְׁכֹּחַ
וּלְסַדֵּר וּלְבַלְבֵּל וְלֶאֱכֹל וּלְעַכֵּל
אֶת מַה שֶּׁהִיסְטוֹרְיָה אֲרֻכָּה
עוֹשָׂה בְּשָׁנִים רַבּוֹת מְאֹד...

השיר ממשיך ומתגלגל ברוח זו והרוח הפולמוסית בולטת בו. שיר העיתים של קהלת (פרק ג') מניח שאדם יוכל לעשות פעולות מנוגדות, כל אחת בזמנה: יש עת שבה הוא יכנוס אבנים ועוד יבוא היום והוא גם ישליך אבנים. עמיחי פותח את שירו בהצהרה על הארעיות של האדם – "אָדָם בְּחַיָּיו אֵין לוֹ זְמַן שֶׁיִּהְיֶה לוֹ זְמַן לַכֹּל" – הצהרה שגם קהלת שותף לה, אך דווקא משום כך הופך עמיחי את מסקנתו של קהלת על פניה. הפילוסוף יכול להתבונן במציאות כולה ולראות בה פעולות מנוגדות שנעשות על ידי האנושות, אך המשורר בוחן את

122. עמיחי, "אדם בחייו", בתוך: שירים, כרך ד, עמ' 50.

קיומו של האדם הפרטי וטוען שלא את הכול הוא, כאדם פרטי, עתיד להספיק בחייו החולפים.

יציאה גלויה דומה נגד מסקנת קהלת אפשר למצוא גם בשירה של רחלי איתן־אברהם:[123]

אוֹר יוֹרֵד וְשׁוֹקֵעַ כְּנָהָר גּוֹאֶה וְנָסוֹג
אֶל עַצְמוֹ בְּדֶצִיבֶּלִים מִשְׁתַּנִּים.
לְעוֹלָם לֹא נֶחֱצֶה אוֹתוֹ נָהָר
אַף לֹא פַּעַם אַחַת כִּי שְׂפַת־הַיְּקוּם
לוֹבֶשֶׁת וּפוֹשֶׁטֶת כַּמַּיִם.
מִכְחוֹל אֱלֹהִי צוֹבֵעַ שָׁמַיִם וָאָרֶץ
כָּל רֶגַע מֵחָדָשׁ. זוֹרֵעַ נְגֹהוֹת
שֶׁל אוֹר וָמַיִם בָּעֲצָמוֹת מִשְׁתַּנּוֹת
בַּדּוֹמֵם, בַּצּוֹמֵחַ וּבַחַי
צוֹבֵעַ בְּגָאשׁ, בְּגַעַשׁ אֵינְסוֹפִי
וְחָדָשׁ תַּחַת שֶׁמֶשׁ בְּכָל עֵת.

לא צריך להזכיר בפירוש את שמו של קהלת, כדי שכל קורא יחוש שסיום שיר בהכרזה "וחדש תחת השמש בכל עת", כמוה כהכרזה: קהלת לא צדק. העולם מצוי בתנועה מתמדת וּבְגַעַשׁ אֵינְסוֹפִי.

ובהקשר אחר לגמרי – את יצירתו המורכבת מימי מלחמת העולם השנייה – שמחת עניים – פתח נתן אלתרמן ב'שיר לאשת נעורים':

לֹא הַכֹּל הֲבָלִים, בִּתִּי
לֹא הַכֹּל הֲבָלִים וָהֶבֶל.[124]

123. "התחדשות", בתוך: שירת השחרור, הקיבוץ המאוחד 2017, עמ' 66.
124. 'שיר לאשת נעורים', בתוך: אלתרמן, שמחת עניים, עמ' 11.

והמת שבשיר ממשיך ומדבר אל בתו החיה גם בשיר האחרון שבספר, וחותם באותן מילים בדיוק:

לֹא הַכֹּל הֲבָלִים, בִּתִּי
לֹא הַכֹּל הֲבָלִים וָהֶבֶל.[125]

כלומר, יש בחיי האדם דברים אציליים ונשגבים – כדוגמת "שבועת האמונים, הזיכרון, התקווה, ההמשך",[126] כעדותו של חיים גורי שכך ביאר את הדבר אלתרמן עצמו – ולא הכול בטל ומבוטל.[127] יפה העיר על כך צור ארליך: "לֹא הַכֹּל הֲבָלִים וָהֶבֶל ורעות רוח – זהו העיקרון המכונן של שירת אלתרמן על כל אגפיה ופניה הרבים. זוהי שירה של חמדת חיים, של השתוקקות לתבל, של התגברות הרוח על המוות, האמת על השקר, התשוקה על הדיכאון, התקומה על השואה, ההומניזם על הניהיליזם, הצדק על הרודנות".[128]

מעניין הדבר שאלתרמן לא משוחח רק עם מילות קהלת ומשמעותו, אלא גם עם מבנהו, שהרי הפזמון "הבל הבלים אמר קהלת הבל הבלים הכל הבל", פותח את קהלת ואף חותם אותו, והנה אלתרמן שאב מסגרת ספרותית זו, גם אם מבקש לשלול אותה.[129]

דורות רבים עמדו משתאים ונפעמים נוכח מגילה זו, גם אם התנועה הנפשית שהיא עוררה בהם היא תנועה שונה. נצא אם כן לדרך וננסה לסלול דרך בין שביליה המאתגרים של המגילה.

125. "סיום", בתוך אלתרמן, שמחת עניים, עמ' 32. ראו גם אצל שביט, לא הכל הבל, עמ' 43. על ההבדל שבין הפתיחה והחתימה ראו בהערות של בן־אהרן ואלון, בתוך: שמחת עניים, עמ' 273.
126. גורי, שיחה, עמ' 54–55.
127. יש מקום להתלבט אם גם הדיאלוג שמנהל אלתרמן בהמשך השיר עם הפיוט 'ונתנה תוקף' הוא פולמוסי: "לֹא לַכֹּחַ יֵשׁ קֵץ, בִּתִּי, רַק לַגּוּף הַנִּשְׁבָּר כַּחֶרֶס".
128. ארליך, שיר על רעות.
129. ראו עוד אצל ריבלין, שמחת עניים, עמ' 11–19.

פרולוג – מבט על העולם (א׳, א–יא)

דִּבְרֵי קֹהֶלֶת בֶּן דָּוִד מֶלֶךְ בִּירוּשָׁלָם.
הֲבֵל הֲבָלִים אָמַר קֹהֶלֶת הֲבֵל הֲבָלִים הַכֹּל הָבֶל.
מַה יִּתְרוֹן לָאָדָם בְּכָל עֲמָלוֹ שֶׁיַּעֲמֹל תַּחַת הַשָּׁמֶשׁ.
דּוֹר הֹלֵךְ וְדוֹר בָּא וְהָאָרֶץ לְעוֹלָם עֹמָדֶת.
וְזָרַח הַשֶּׁמֶשׁ וּבָא הַשָּׁמֶשׁ וְאֶל מְקוֹמוֹ שׁוֹאֵף זוֹרֵחַ הוּא שָׁם.
הוֹלֵךְ אֶל דָּרוֹם וְסוֹבֵב אֶל צָפוֹן סוֹבֵב סֹבֵב הוֹלֵךְ הָרוּחַ וְעַל
סְבִיבֹתָיו שָׁב הָרוּחַ.
כָּל הַנְּחָלִים הֹלְכִים אֶל הַיָּם וְהַיָּם אֵינֶנּוּ מָלֵא אֶל מְקוֹם שֶׁהַנְּחָלִים
הֹלְכִים שָׁם הֵם שָׁבִים לָלָכֶת.
כָּל הַדְּבָרִים יְגֵעִים לֹא יוּכַל אִישׁ לְדַבֵּר לֹא תִשְׂבַּע עַיִן לִרְאוֹת וְלֹא
תִמָּלֵא אֹזֶן מִשְּׁמֹעַ.
מַה שֶּׁהָיָה הוּא שֶׁיִּהְיֶה וּמַה שֶּׁנַּעֲשָׂה הוּא שֶׁיֵּעָשֶׂה וְאֵין כָּל חָדָשׁ
תַּחַת הַשָּׁמֶשׁ.
יֵשׁ דָּבָר שֶׁיֹּאמַר רְאֵה זֶה חָדָשׁ הוּא כְּבָר הָיָה לְעֹלָמִים אֲשֶׁר הָיָה
מִלְּפָנֵנוּ.
אֵין זִכְרוֹן לָרִאשֹׁנִים וְגַם לָאַחֲרֹנִים שֶׁיִּהְיוּ לֹא יִהְיֶה לָהֶם זִכָּרוֹן עִם
שֶׁיִּהְיוּ לָאַחֲרֹנָה.

תופעה ספרותית מפתיעה מלווה את הקורא עם פתיחת ספר קהלת: לספר יש שתי פתיחות. הראשונה בפסוק א: "דִּבְרֵי קֹהֶלֶת בֶּן דָּוִד מֶלֶךְ בִּירוּשָׁלָם", והשנייה, הדומה לה למדי, בפסוק יב: "אֲנִי קֹהֶלֶת הָיִיתִי מֶלֶךְ עַל יִשְׂרָאֵל בִּירוּשָׁלָם". אך בעוד פסוק א לא נאמר מפי הדובר בספר אלא מפי המספר, פסוק יב פותח את הדיווח של האני הדובר בספר עצמו – "אני קהלת...", ומכאן, מתחיל המחבר את נקודת מבטו האישית שתאפיין את מסעו הרעיוני, בגוף ראשון, עד (כמעט) סוף המגילה. כבר בדבר זה ניכר שאחד עשר הפסוקים הראשונים של המגילה מהווים מעין מבוא כללי למסע הארוך שעומד קהלת להעביר את הקורא, שהוא מתחיל רק בפסוק יב.

היחידה הפותחת את הספר מסמנת אם כן נקודת משען שעליה נשען הספר, אך היא ניצבת כאקספוזיציה לו. יחידה זו מציגה את המציאות כבעלת מחזוריות אינסופית. לפרספקטיבה זו יש אומנם השלכה על חיי האדם, ולאורה בוקעת השאלה מה יתרון לאדם בכל עמלו בשיאה, אבל פסוקים אלו אינם ממוקדים באדם אלא ביסוד ההתמדה של הטבע. נושא זה אינו מפותח בהמשך הספר, ועולה אפוא השאלה מה תפקידה הספרותי של החטיבה ומה זיקתה לגוף היצירה.

הצעה מעניינת העלה הרב יואל בן־נון. לדעתו, מאחר שהמשך הספר עוסק כולו באדם, קשה להניח שפתיחתו תעסוק בטבע – בשמש, ברוח ובמים – כשלעצמם. לא אלו הם הדברים שמטרידים את קהלת בהמשך ספרו. לפיכך הוא הציע לראות בכל הרכיבים הללו – בשמש הקבועה, ברוח הסובבת ובמים הזורמים תמיד – מטאפורות, משלים, לרבדים שונים **בחיי האדם**. השמש מסמלת את האור, כלומר את החוכמה: "וְרָאִיתִי אָנִי שֶׁיֵּשׁ יִתְרוֹן לַחָכְמָה מִן הַסִּכְלוּת כִּיתְרוֹן הָאוֹר מִן הַחֹשֶׁךְ. הֶחָכָם עֵינָיו בְּרֹאשׁוֹ וְהַכְּסִיל בַּחֹשֶׁךְ הוֹלֵךְ" (ב׳, יג–יד); "טוֹבָה חָכְמָה עִם נַחֲלָה וְיֹתֵר לְרֹאֵי הַשָּׁמֶשׁ" (ז׳, יא). כלומר, קהלת מציג בפתיחה את החוכמה כפעולה מונוטונית שאינה מצליחה לפרוץ מעבר לגבולותיה, להוסיף יתרון. לצד זאת, השמש היא גם משל לתקופת חייו של האדם, שגם הם – דור אחר דור – חוזרים חלילה ללא תכלית.

גם את המים הוא הציע לראות כדימוי, לאור: "הֲלֹא אֶל מָקוֹם אֶחָד הַכֹּל הוֹלֵךְ. כָּל עֲמַל הָאָדָם לְפִיהוּ וְגַם הַנֶּפֶשׁ לֹא תִמָּלֵא" (ו', ו–ז). המים אינם אלא "עמל האדם, שאין לו קץ כזרימת הנחלים ולעולם אינו משביע אותו, כפי שהים איננו מתמלא. הים הוא אם כך הנפש התאווה וכל נחלי העמל לא ימלאוה לעולם". הרוח מסמלת לדעתו את 'רוח האדם', וגם היא רוח שווא, כהבל היוצא מן הפה.[1]

אם נאמץ קריאה זו, האקספוזיציה כולה נוגעת לחיי האדם. המציאות הטבעית משקפת רבדים שונים בחיי האדם שמשתקפים במציאות שסביבו. האדם מסתכל על המציאות ורואה בה את עצמו; החיים כמשל. אנו מבקשים ללכת בדרך אחרת, אך גם לפיה הטבע המחזורי מותאם למצבו של האדם, כפי שיובהר להלן.

שילוב הפסוק הפותח מפי 'המספר', ולא מפי 'האני הדובר' שרווח לאורך הספר, הביא את רשב"ם למסקנה שהכותרת הפותחת את המגילה לא נכתבה על ידי מחבר המגילה עצמו: "שתי מקראות הללו – 'דברי קהלת', 'הבל הבלים' – לא אמרן קהלת, כי אם אותו שסידר הדברים כמות שהן" (פירושו לקהלת א', ב). גישה זו הורחבה במחקר המודרני, ויש הטוענים שאפשר לעקוב לאורך הספר אחר דברי 'קהלת' עצמו ואחר דברי העורך 'שסידר הדברים' כפי שהם לפנינו.[2]

בסיום הספר מתרחשת בדיוק אותה תופעה. פרק י"ב מתאר את מות האדם, והוא מסתיים בהכרזה – הדומה לפתיחת הספר – "הֲבֵל הֲבָלִים אָמַר הַקּוֹהֶלֶת הַכֹּל הָבֶל" (י"ב, ח). בכך נסגר מעגל הספר עצמו, אך לאחר סגירה זו משולבים פסוקים המדברים על המחבר בגוף שלישי ולאחריהם עוד הוראה דידקטית. גם שם כתב רשב"ם על המילים "הבל הבלים": "עכשיו נשלם הספר. ואותן אשר סידרוהו אמרו מיכאן ולהבא" (פירושו לקהלת י"ב, ח). כלומר, רשב"ם רואה

1. בן־נון, קהלת, עמ' 35–37.
2. על הפועל 'לסדר' בדברי פרשני ימה"ב במשמעות של 'עורך', ראו: ויזל, דעתם, עמ' 115–119.

את פתיחת המגילה ואת חתימתה כמסגרת שכתב עורך הספר, והם אינם חלק מגוף הספר שנכתב על ידי מחבר אחר.[3]

אולם, כמו במקרים רבים אחרים, יש להיזהר מקפיצה לא הכרחית מן הנתונים הספרותיים למסקנות ההיסטוריות. אכן, מבחינה ספרותית ניכר היטב שהספר נטוע בתוך מסגרת שנמסרת מפי מספר: פסוקי הפתיחה מהווים פרולוג, ובפסוקי החתימה יש מבע שהוא חיצוני לגוף היצירה. אף על פי כן, מוטב לבחון ביתר זהירות שמא ישנה מגמה ספרותית פנימית לעיצוב זה. המחבר עצמו עשוי לכתוב בסוף היצירה, בנימה אירונית, על "קהלת" המחבר, והמחבר עצמו יכול לפתוח את ספרו בפסוקי אקספוזיציה שמהווים מעין מבוא למסע עצמו שמתואר בגוף הספר.[4]

בדברים הבאים נבקש לעמוד על תרומת פסוקי הפתיחה לאווירה הכללית של הספר ולתנועה שהוא יוצר. נתקדם בזהירות תוך התייחסות לפסוקים בודדים, ומתוך כך ננסה להבין את המשמעות של הפתיחה הראשונה ואת הקשרה לכלל היצירה.

"דִּבְרֵי קֹהֶלֶת בֶּן דָּוִד מֶלֶךְ בִּירוּשָׁלִָם" (א)

עצם הפתיחה 'דברי...' נשמעת מוכרת למדי לקוראי המקרא, שהרי כך נפתחים ספרים נוספים, כמו ספר ירמיה: "דִּבְרֵי יִרְמְיָהוּ בֶּן חִלְקִיָּהוּ מִן הַכֹּהֲנִים אֲשֶׁר בַּעֲנָתוֹת בְּאֶרֶץ בִּנְיָמִן" (א', א), וספר עמוס: "דִּבְרֵי

3. ראו עוד: ויזל, דעתם, עמ' 153-154. יש לציין, שרשב"ם אינו מרבה בהערות הנוגעות לעריכת ספרי המקרא, אך בספר תהלים הוא נחשב כמפרש בעל מודעות מפותחת לסוגיות של זמן כתיבתו של מזמור, ואין הוא נמנע מלטעון שיש מזמורים שנכתבו בימי בית שני.

4. ראו עוד בפירושו של פוקס לפסוקי החתימה; שארפ, אירוניה, ובדיוננו להלן בפסוקים אלו. ראוי לציין שגם בין החוקרים שנטו לאמץ את העמדה שלפנינו עורך מאוחר שסידר את הכתובים, היו שהצהירו גלויות שהדבר נותר מסופק, ובהחלט ייתכן שמחבר אחד כתב גם את פסוקי המסגרת וגם את לב הספר (לונגמן, קהלת, עמ' 57).

עָמוֹס אֲשֶׁר הָיָה בַנֹּקְדִים מִתְּקוֹעַ״ (עמוס א׳, א).[5] מודל הפתיחה השגור, כבר נותן טעם לשילוב ׳מקצועו׳ ומקום פעילותו של קהלת – ״מֶלֶךְ בִּירוּשָׁלָם״ – שהרי כך הוא המשך הפורמולה הלשונית גם בשתי הפתיחות האחרות: ״מִן הַכֹּהֲנִים אֲשֶׁר בַּעֲנָתוֹת״ / ״בַנֹּקְדִים מִתְּקוֹעַ״.

ובכל זאת, למרות הפתיחה המוכרת, יש בה משהו אחר. דבריו של ירמיהו בן חלקיהו מתבארים מיד בהמשך הפתיחה כדבר ה׳: ״אֲשֶׁר הָיָה דְבַר ה׳ אֵלָיו״ (ירמיה א׳, ב), כמו גם דברי עמוס, שבהמשך הפסוק מתבררים כדברי נבואה: ״אֲשֶׁר חָזָה עַל יִשְׂרָאֵל״. לעומת זאת, דברי קהלת אינם דברי נבואה אלא דברי חוכמה שחצב החכם מליבו; אלו הם באמת ׳דברי קהלת׳ שבוקעים ועולים ממחשבותיו ומניסיון חייו.

בהקשר זה מקבלים מקום פעילות הדובר (ירושלים) ומעמדו (מלך) את משמעותם המלאה.[6] מאחר שטיעוני הספר מתבססים במידה רבה על ניסיונו האמפירי של המחבר, יש תרומה מכרעת להצגתו בתחילה כאדם רב מעללים וכבעל ניסיון. במהלך דבריו עתיד המחבר לבטל את ערכם של החוכמה ושל העושר. לו היה אדם טיפש או עני מדבר כך, בוודאי לא היו דבריו אמינים. אולם בפיו של החכם באדם, שגם היה מלך גדול שיושב בירושלים – הטענות מקבלות בוודאי משנה חשיבות וראוי להטות אליהן אוזן.

״הֲבֵל הֲבָלִים אָמַר קֹהֶלֶת הֲבֵל הֲבָלִים הַכֹּל הָבֶל״ (ב)

זהו כנראה אחד הפסוקים המוכרים ביותר במקרא ואולי בספרות העולם – העתיקה והחדשה. קשה למצוא אח ורע למשפט שכולו אומר

5. אם נאמץ את העמדה שספר נחמיה נפרד מעזרא שלפניו, הרי שגם הוא פותח באופן דומה: ״דִּבְרֵי נְחֶמְיָה בֶּן חֲכַלְיָה וַיְהִי בְחֹדֶשׁ כסלו (קרי: כִּסְלֵיו) שְׁנַת עֶשְׂרִים וַאֲנִי הָיִיתִי בְּשׁוּשַׁן הַבִּירָה״ (נחמיה א׳, א).

6. מעניין שספר משלי שנפתח באופן דומה – ״מִשְׁלֵי שְׁלֹמֹה בֶן דָּוִד מֶלֶךְ יִשְׂרָאֵל״ (משלי א׳, א) – משמיט את אזכור העיר שבה פעל החכם. גינזברג טען שהתוספת ״בן דוד״ היא משל עורך מאוחר, ושהמחבר אינו מציג עצמו לאורך הספר כשלמה המלך (גינזברג, קהלת, עמ׳ 59). אך אין שום ראיה להשערה זו.

דבר אחד – ודבר כה בוטה ונוקב ביחס לעולם כולו – ואשר מנוסח בצורה כה מופלאה ומתנגנת: הכול הבל. פתיחתה של המגילה במשפט קצבי, נוקב ומטלטל, משאירה רושם מיוחד. זאת ועוד: הלל ברזל וזלי גורביץ' העירו שגם המילה 'הכל' דומה בצורתה להבל, ובכך ההבל משתלט על המשפט כולו, כמייצג את המציאות כולה.[7]

גם המבנה התחבירי הלוליני של הפסוק משתלב בתחושת כוליות ההבל. מתאים היה לשלב את זהות הדובר – קהלת – בתחילת המשפט (או להשמיטו כליל), אולם פסוקנו פותח בהצהרה "הֲבֵל הֲבָלִים", ורק כעת משולב שם דובר – "אָמַר קֹהֶלֶת" – ושוב חוזר הפסוק לנאמר בתחילה לשם השלמת המשפט כולו: "הֲבֵל הֲבָלִים, הַכֹּל הָבֶל". ההיגיון התחבירי משועבד לרצון המחבר להעצים ככל הניתן את ההֶבֶל הנידון, הן באמצעות מיקום המונח בפתיחת המשפט, הן באמצעות מיקומו החוזר בחתימת המשפט, והן באמצעות חזרות.

רש"י (בעקבות מדרש קהלת רבה) ספר ומצא: "שבעה הבלים – כנגד מעשה שבעת ימי בראשית" (המילה 'הבל' מופיעה שלוש פעמים, והמילה 'הבלים' – שמייצגת שני הבלים – מופיעה פעמיים; בסך הכול שבע פעמים). ובכך ההוויה כולה, כל מה שברא אלוהים בשבעת ימי בראשית – אינו אלא הבל: "קהלת קורא תגר ואומר על כל יצירת שבעת ימי בראשית: הבל הבלים הוא" (רש"י שם).

המילה "הבל" – אולי המילה הדרמטית ביותר בספר קהלת – ביסודה היא ככל הנראה 'משב רוח עובר', ובהשאלה: שווא, דבר שאין בו ממש,[8] דבר חסר משמעות ומתפוגג. כאמור במבוא, בהקשר ספר קהלת יש למילה 'הבל' משמעויות שונות, אך אפשר להצביע על שורש אחד להן, והוא 'חוסר ההיגיון', או 'כאוס'.[9] כפי שיובהר לאורך ניתוח המגילה, התצפית המרכזית של קהלת בעולם

7. ברזל, פרשנות חדשה, עמ' 98; גורביץ', חשבונו, עמ' 82.

8. קדרי, מילון, עמ' 201. מתוך שבעים ושלושה אזכורי 'הבל' במקרא, שלושים ושמונה בקהלת!

9. כך במיוחד: רודמן, הבל.

מובילה לתחושת חוסר סדר מהותי, ועל רקע זה מבקש קהלת לסלול דרך של קיום.

אך מה משמעות המילים ״הבל הבלים״? אם נלך בעקבות סגנון מגילה אחרת שמיוחסת לשלמה המלך, נוכל להיזכר שכבר נעשה שימוש במשחק מילים דומה בשיר השירים, שנפתחת בשיר: ״שִׁיר הַשִּׁירִים אֲשֶׁר לִשְׁלֹמֹה״ (שה״ש א׳, א). ובכן, אם ׳שיר השירים׳ מציג לפנינו את ה׳שיר של השירים׳ – השיר הגדול והמובחר מכל השירים (בדומה ל׳קודש קודשים׳; ׳אדוני האדונים׳, ׳שמי השמים׳; ׳עבד עבדים׳),[10] הרי שלפנינו, במגילת קהלת, מוצג ׳ההבל הגדול מכל ההבלים׳ – שאינו אלא ההוויה כולה.[11]

אולם, ההיזכרות בצימוד ׳שיר השירים׳ מעלה גם אפשרות אחרת. היו שהציעו ש׳שיר השירים׳ הוא לקט של שירים אותם הפך המחבר לשיר אחד מתמשך – ׳שיר של שירים׳.[12] ואם כך הדבר, הרי ׳הבל הבלים׳ הוא לקט של הבלים: הבל החוכמה, הבל צבירת רכוש, הבל עינוגי הגוף, ואפילו הבל ההליכה לשמוע דברי טעם מפי החכמים. ובמילים אחרות, קהלת הוא ספר ליקוט הבלים.

לו היה נכתב קהלת בעידן המודרני, יכול היה להיקרא **יריד ההבלים**, כשמה של אותה יצירת ענקים של הסופר האנגלי ויליאם מייקפיס ת׳קרי משנת 1848. ת׳קרי פתח את ספרו במילים הבאות:

> בעוד הבמאי יושב על הבמה לפני עלות המסך וסוקר את היריד, הוא מתמלא רגשי תוגה עמוקים למראה המקום השוקק חיים. פה זוללים וסובאים לרוב, מתנים אהבים וזונחים לאנחות, צוחקים ובוכים, מעשנים, מרמים, מתקוטטים, מרקדים ומכַנרים; פה בריונים הודפים בצד ובכתף, טרזנים קורצים לריבות, כייסים

10. כך למשל: לונגמן, קהלת, עמ׳ 61; זקוביץ, שיר השירים, עמ׳ 45; עסיס, אהבת עולם, עמ׳ 31.
11. לאפשרויות אחרות ראו: גינזברג, קהלת, עמ׳ 59.
12. ראו בפירושו הנצי״ב בפירושו לשיר השירים א׳, א; פלק, שירי אהבה, עמ׳ 107-108.

מכייסים, שוטרים על משמרתם, מאחזי עיניים (מאחזי עיניים אחרים, תיפח רוחם!) קוראים בגרון בפתח ביתניהם... אכן זה **יריד ההבלים**...

את ספרו הוא סיים כך:

אה! **הבל הבלים!** וכי מי בנו מאושר בעולם הזה? מי בנו יוצא ממנו וחצי תאוותו בידו? או בהיותה בידו, מסתפק בה? הבה, ילדים, נחזיר את הבובות לתיבה ונסגרנה, כי תם המחזה.[13]

המבט על פתיחתה וסיומה של היצירה האנגלית מהווה אפשרות אחת להבין את משמעותו של הפסוק הדרמטי הזה. במידה רבה, כשם שהסופר האנגלי בן המאה התשע עשרה, תיאר את ספרו כמחזה המוצג על במה, מחזה שמתואר בראשיתו כהבל ובסופו כהבל, כך גם במגילה שלפנינו. המחבר עומד לצאת למסע להבנת חיי האדם, אך כבר בראשית החקירה, בדברי הפתיחה שלו, יודע הוא את אחריתה: הבל הבלים! מדוע אין המחבר מניח לקורא להתוודע לאט לאט, דרך החקירה בספר עצמו, כיצד מתרקמת מסקנה זו בדעתו?

כדי לענות על שאלה זו, עלינו לאמץ ניסוח מעט שונה של התופעה הספרותית שלפנינו. נראה שאין כאן מסקנה סופית המוצגת כבר בתחילה, אלא הבעת תחושה אינטואיטיבית ראשונית, שממנה יוצאים למסע והיא תלך ותתעצב עם התקדמות הספר. כביכול אומר המחבר: אני חש שהכול הבל הבלים, הכול שרוי בחידלון ובחוסר אונים, הכול חולף ונטול משמעות, וליתר דיוק: הכול מחזורי ובשל כך חסר תכלית. הבה אצא ואבדוק את העולם ואת החיים על היבטיהם השונים, ואנסה להבין מדוע אני חש כפי שאני חש. האם בכל זאת יש דבר שבכוחו לדלות אותי מתחושת החידלון העמוק של חיי? האם בכל זאת אפשר למצוא דבר־מה שנותן יתרון לחיי האדם, שמשאיר

13. תקרי, יריד ההבלים, עמ' 1, 669.

חותם בעל ערך? תחילת הספר מכניסה את הקורא לתוך אינטואיציה של היעדר המשמעות, ומתוך נקודת מוצא זאת הספר יוצא לבחון את המציאות כולה.

כבר בדבר זה ניכרת ייחודיותו של ספר קהלת על פני ספרים פילוסופיים מאוחרים יותר המושפעים מהחשיבה היוונית. אין מדובר רק בלוגיקה מופשטת שמבקשת לפענח את תכלית החיים ומגמתם, אלא בשאלה קיומית שהשואל מעורב בה בכל רמ״ח איבריו. במידה רבה, לפנינו ספרות ולא פילוסופיה, ובמידת־מה לפנינו ספרות ביוגרפית, הכתובה כמסע חיפוש אישי. קהלת בוחן את הדברים מתוך מצוקה, ועל כן גם דרך חיפושו לא תתמקד רק בהבניות לוגיות של חשיבה, שהרי התשובה שהוא מחפש לשאלתו איננה תשובה מופשטת, אלא תשובה שנוגעת בחיים עצמם; כזו שיכולה לתת מענה לאינטואיציה מטרידה של חוסר תכלית.

"מַה יִּתְרוֹן לָאָדָם בְּכָל עֲמָלוֹ שֶׁיַּעֲמֹל תַּחַת הַשָּׁמֶשׁ" (ג)

הספר עצמו נפתח בשאלה – "מַה יִּתְרוֹן לָאָדָם בְּכָל עֲמָלוֹ שֶׁיַּעֲמֹל תַּחַת הַשָּׁמֶשׁ?". לפנינו שאלה שמנחה את המסע להבנת חיי האדם, או את בירור תחושת החידלון שבהם, ובבסיסה ניצבת מחשבה נוגעת ללב: האם יש רווח ותועלת למאמצי האדם הכבירים שהוא משקיע, דור אחרי דור? מובן ששאלה זו נוקבת במיוחד אם מעמידים אותה לנוכח עמלו הבלתי פוסק של האדם, כל זמן שהוא נמצא בעולם: אותה פעלתנות אינטנסיבית, קדחתנית, חוזרת ונשנית, שאינה פוסקת לרגע. בהמשך הספר קהלת יצהיר שיש דברים שיש להם 'יתרון' על פני דברים אחרים (ב׳, יא; י׳, י), אולם שאלתו היסודית היא אם יש תועלת כלשהי ב'עמל', במאמצים האנושיים הכבירים שמושקעים ללא הרף.[14]

המילה 'עמל' עשויה להתפרש גם כעבודה, עיסוק, פעולה,[15]

14. השווה: סאו, קהלת, עמ׳ 104.

15. איננו מזדהים עם טענתו של גינזברג (שלטענתו כבר רשב״ם סלל אותה),

אבל במקרא כרוך בה לבלי הפרד מטען אסוציאטיבי נלווה של סבל או אפילו של עינוי. הנה כך בספר דברים: "וַיָּרֵעוּ אֹתָנוּ הַמִּצְרִים וַיְעַנּוּנוּ וַיִּתְּנוּ עָלֵינוּ עֲבֹדָה קָשָׁה... וַיִּשְׁמַע ה׳ אֶת קֹלֵנוּ וַיַּרְא אֶת עָנְיֵנוּ וְאֶת **עֲמָלֵנוּ** וְאֶת לַחֲצֵנוּ" (כ"ו, ו). בדומה גם דברי המצוקה של הנביא ירמיהו האחוז בייאוש: "לָמָּה זֶּה מֵרֶחֶם יָצָאתִי לִרְאוֹת **עָמָל** וְיָגוֹן וַיִּכְלוּ בְּבֹשֶׁת יָמָי" (כ׳, יח), ובולט מכול הפסוק: "לָמָּה יִתֵּן לְעָמֵל אוֹר וְחַיִּים לְמָרֵי נָפֶשׁ" (איוב ג׳, כ), שהעמל ניצב בו בהקבלה למרי נפש.[16] לפיכך, כאשר קהלת מדבר על האדם ועל עֲמָלוֹ שֶׁיַּעֲמֹל, הוא קושר את האינטנסיביות של הפעילות האנושית השוקקת עם סבל.

אסוציאציות אלו מחדדות עוד את השאלה: מה תכלית העמל והטורח, שמביאים בכנפיהם סבל רב לאדם, אם בסופו של דבר לא מתקבל או מושג דבר־מה בעל ערך? עמדה זו מזכירה במידה רבה את הדוקהה (*duḥkha*) הבודהיסטית – אחת מ"ארבע האמיתות הנאצלות" שעל האדם להפנים ולפעול לאורן. אמת זו היא הראשונה מהארבע, ועל פיה על האדם להכיר שקיומו מושתת על סבל ועל מצוקה, בראשם הזקנה והמוות. אולם קהלת מציב במיוחד מול 'עמל' זה את חוסר היתרון שיש בכך, ובדבר זה הופך העמל גם לעמל סיזיפי.

ובכן, האם ניתן להצדיק את פעילותו של האדם כפרט, את עמלו, לנוכח העובדה שבסופה של כל אותה פעילות ממתינה השינה הגדולה, ללא חלומות, המוות? קהלת עוד יציע בהמשך ניסיונות לענות על השאלה הקשה הזו.

"דּוֹר הֹלֵךְ וְדוֹר בָּא וְהָאָרֶץ לְעוֹלָם עֹמָדֶת" (א׳, ד)

בפסוקי האקספוזיציה קהלת לא עוסק עדיין בחוויותיו של האדם הפרטי, אלא בהתבוננות באנושות כולה. דווקא התבוננות זו מובילה

שהשאלה מוסבת רק על רווח כלכלי, ממוני (קהלת, עמ׳ 13–14). גם דהוד כלל את המילה 'יתרון' ברשימת 'המילים הכלכליות' של קהלת (דהוד, השפעה, עמ׳ 221). אולם ההקשרים שבהם מונח זה נזכר לאורך הספר מגוונים הרבה יותר.

16. ראו גם אצל אריאל, ארבע סתומות, עמ׳ 15.

לתמיהת־יאוש גדולה עוד יותר. כל דור מוליד את הדור הבא, ונדמה הדבר כפעלתנות בלתי פוסקת, אולם מאומה לא משתנה. דור הולך ודור בא מלא באקטיביות של תנועה, מזה אלפים רבים של שנים, אך לצידם ניצבת ׳הארץ׳ (= המציאות) שעומדת באופן נצחי וללא שינוי.[17]

ראוי לציין, שאת חלופת הדורות אפשר תיאורטית להציג גם ברוח אחרת. כך למשל כתב הומרוס:

> נמשלו שבטי בני אדם לשבטי העלים ביער. עלים הרוח תטלטלם על־פני האדמה, והיער שב ומוציאם מחדש ומלבלב, כי בא תור הזמיר. שבט האדם גם הוא: הללו בו צצים, וזה נובל.[18]

רוח הנחמה שמלווה את הומרוס נעדרת כליל בדברי קהלת. הדור הבא לא מביא בכנפיו בשורת נחמה אלא בשורת חוסר תכלית, שהרי גם דור חדש זה עתיד ללכת ותחתיו יבוא דור חדש, שגם לו יקרה אותו הדבר עצמו.

העובדה שהפעילות הבלתי פוסקת של הבריות מהווה המשך לפעילות בלתי פוסקת של עוד ועוד בריות שחיו קודם לכן על פני כדור הארץ, רק מגבירה את תחושת ההבל. כמה דורות לאחור במשפחתו מכיר אדם? רבים מבני האדם קשורים אל הוריהם לאורך תקופה ארוכה משנות חייהם, רבים גם חיו לאורך תקופה כלשהי לצד סבים וסבתות, ואף יש נינים שהכירו את ההורים של סבא וסבתא. אולם מה מעבר לכך? בהכרח יש לכל אדם שייכות משפחתית לדורות

17. רשב״ם וראב״ע פירשו את ׳הארץ׳ בפסוקנו כעפר שהדורות כולם שבים אליו, אך הוא לא משתנה. נילי סמט ביקשה לאמץ פירוש זה, כי דווקא כך נשמרת ההקבלה לרכיבים האחרים בפסוקים אלו. היא פסעה צעד נוסף וטענה שלהשקפת קהלת כל הדורות שבים אל העפר ונבראים ממנו, כך שאין למעשה דורות חדשים בעולם אלא מחזוריות של עפר שהפך לאדם ושב להיות עפר (סמט, פרולוג).
18. הומרוס, איליאדה, שיר שישי, שורות 146-149.

רבים שקדמו לו, אך בדרך כלל (אלא אם כן נהנית דמות כלשהי מהעבר מייחוס ומפרסום מיוחדים) הוא אינו יודע מאומה על חייהם הממשיים של הדורות הרחוקים. אבות אבותיו, ואימות אימותיו לפני עשרה דורות, לפני עשרים דורות – מה נותר בתודעת ההווה מכל עמלם בעולם? הארץ לבדה – שעל פניה עמלו הדורות שקדמו לנו ונשכחו מלב – רק היא עומדת, כבדה, אדישה ושותקת.

קהלת מנצל את הפעלים 'הולך' ו'בא' לתיאור הדור שחולף מן העולם ולתיאור הדור החדש שמאכלס את העולם במקומו. פעלים אלו שייכים לשדה הסמנטי של פעילות אקטיבית, אך אין בכוחה של אקטיביות זו לשנות משהו בעולם. המציאות נותרת כפי שהיא ורק מקבלת את פני הדור החדש שמגיע אליה לתקופת זמן מוגבלת. הפעלים האלו ילכו ויבואו וילוו אותנו גם בפסוקים הבאים.

פתיחת ההתבוננות בדורות ההולכים והבאים מסמנת את עיקר תכלית האקספוזיציה, וכפי שנראה, קהלת ישוב לדבר זה בסיום יחידה זו. אך לשם התמונה המלאה ממשיך קהלת ומתאר מודל זהה גם בשלושה רכיבים נוספים במציאות הטבעית.

וְזָרַח הַשֶּׁמֶשׁ וּבָא הַשָּׁמֶשׁ וְאֶל מְקוֹמוֹ שׁוֹאֵף זוֹרֵחַ הוּא שָׁם. הוֹלֵךְ אֶל דָּרוֹם וְסוֹבֵב אֶל צָפוֹן סוֹבֵב סֹבֵב הוֹלֵךְ הָרוּחַ וְעַל סְבִיבֹתָיו שָׁב הָרוּחַ. כָּל הַנְּחָלִים הֹלְכִים אֶל הַיָּם וְהַיָּם אֵינֶנּוּ מָלֵא אֶל מְקוֹם שֶׁהַנְּחָלִים הֹלְכִים שָׁם הֵם שָׁבִים לָלָכֶת (א', ה-ז).

השמש הזורחת גבוה מעל פני האדמה היא המוזכרת ראשונה, שנייה לה הרוח המנשבת באוויר, ובאחרונה קהלת מתאר את זרימת המים שסוללים את דרכם אל הים.

עוד לפני שניגש לתוכן הפסוקים יש להעיר, ששני הפסוקים הראשונים אוצרים תחבולה ספרותית. קשה לקבוע באופן חד־משמעי מיהו זה שהוֹלֵךְ אֶל דָּרוֹם וְסוֹבֵב אֶל צָפוֹן? השמש – כהמשך תיאורה מהפסוק הקודם, או שכבר עובר קהלת לתאר את הרוח? רש"י ורשב"ם טענו שנושא ההליכה הוא השמש (ולדעתם אין כלל תיאור של רוח

בכתוב); אך מקובל יותר לייחס את הפעולות כולן לרוח.[19] אך אם כך, מדוע לא מבהיר המחבר שהוא עבר לדון ברוח בתחילת המשפט, כשם שעשה ברכיבים האחרים? מרוב מבוכה, היו גם שפיצלו את הפסוק לשניים: הולך אל דרום וסובב אל צפון – השמש, סובב סובב – הרוח.

דומה, שעמימות הפסוק מכוונת.[20] הקורא נוטה בתחילה לייחס את "הולך אל דרום וסובב אל צפון" אל השמש, כהמשך לתיאור הנושא שהוא אוחז בו, אך עם המשך הקריאה מתברר שבעצם מתוארת כאן כבר הרוח.[21] מי אם כן הולך ומי סובב? – הקריאה מייצרת תחושה של הליכת הכול ובאופן לא מוגדר עד תום. כמו לומר שגם הרוח גם השמש הכול בעצם הולך ושב, מסתובב ומסתובב, ללא סוף, ללא תכלית. זוהי הצהרה נחרצת על טבע היקום.

רצונו של קהלת לטעת בקורא תחושה שהמונוטוניות הטבעית מתרחשת מכל עבר בא בפסוקים אלו לידי ביטוי בהקשר נוסף. בארץ ישראל הרוחות הן בעיקר מערביות, ומיעוטן רוחות מזרחיות או דרום־מזרחיות. מדוע קהלת מזכיר אם כן כיוונים לא רווחים של הרוח: "הוֹלֵךְ אֶל דָּרוֹם וְסוֹבֵב אֶל צָפוֹן"? לשיטת רש"י ורשב"ם שפסוק זה ממשיך ומתאר את השמש אין כל קושי, אך לקריאה המקובלת, אפשר היה לצפות שקהלת יזכיר את תנועת הרוח ממערב למזרח.

אומנם נכון שיש במקרא חיבה מיוחדת לרוח צפונית, כנאמר בשיר השירים: "עוּרִי צָפוֹן וּבוֹאִי תֵימָן הָפִיחִי גַנִּי יִזְּלוּ בְשָׂמָיו" (שה"ש ד׳, טז),[22] וגם נכון הדבר שקהלת עצמו מחבב כיווני רוח אלו (י"א, ג). אך נדמה שבמקום זה יש תרומה ייחודית לשילוב כיווני הצפון

19. כדוגמת דברי ראב"ע בפירושו לפסוק: "יש אומרים כי גם הפסוק על השמש ידבר, שפעם נוטה אל צפון ואל דרום, ויפרש 'הרוח' – פאה. וזה איננו נכון ויורה עליו 'ועל סביבותיו שב הרוח'. וכל הפסוק הוא בעניין הרוח".

20. ויילדבאור הציע שדחיית 'הרוח' להמשך המשפט מדגישה את 'סובב סובב', ונותנת את התחושה של תנועה שחוזרת על עצמה – "אין דבר יותר חסר מנוחה מאשר הרוח" (ויילדבאור, קהלת, עמ׳ 124).

21. ניצול מבע רב־משמעי לשם הפתעת הקורא מקובל במקרא. לדוגמאות נוספות ראו: גרוסמן, גלוי ומוצפן, עמ׳ 163–181.

22. ראו גם: משלי כ"ה, כג; כ"ז, טז.

והדרום דווקא. בפסוק הקודם דובר בשמש אשר זורחת במזרח ושוקעת במערב – "וְזָרַח הַשֶּׁמֶשׁ וּבָא הַשָּׁמֶשׁ" – כך ששילוב הצפון והדרום בפסוקנו, משלים את כל ארבע רוחות השמיים. אם כן, הדברים יגעים בכל זמן וגם מכל עבר.

נדון במגמת פסוקים אלו אחרי שנבחן גם את הפסוקים הבאים שמסכמים את תחושות המחבר.

> כָּל הַדְּבָרִים יְגֵעִים לֹא יוּכַל אִישׁ לְדַבֵּר לֹא תִשְׂבַּע עַיִן לִרְאוֹת וְלֹא תִמָּלֵא אֹזֶן מִשְּׁמֹעַ.
> מַה שֶּׁהָיָה הוּא שֶׁיִּהְיֶה וּמַה שֶּׁנַּעֲשָׂה הוּא שֶׁיֵּעָשֶׂה וְאֵין כָּל חָדָשׁ תַּחַת הַשָּׁמֶשׁ.
> יֵשׁ דָּבָר שֶׁיֹּאמַר רְאֵה זֶה חָדָשׁ הוּא כְּבָר הָיָה לְעֹלָמִים אֲשֶׁר הָיָה מִלְּפָנֵנוּ.
> אֵין זִכְרוֹן לָרִאשֹׁנִים וְגַם לָאַחֲרֹנִים שֶׁיִּהְיוּ לֹא יִהְיֶה לָהֶם זִכָּרוֹן עִם שֶׁיִּהְיוּ לָאַחֲרֹנָה (א', ח-יא).

קהלת אינו בא 'להוכיח' מאומה, כי אם להעביר את הרושם העמוק שלו, שכל דבר שקיים הוא בסך הכול ניסוח קצת שונה, או מקרה פרטי, של דבר שכבר היה תמיד. המציאות מצויה בתזזית מתמדת, ברעש בלתי פוסק – "כָּל הַדְּבָרִים יְגֵעִים" – ובכל זאת, בשורשם של דברים: "מַה שֶּׁהָיָה הוּא שֶׁיִּהְיֶה וּמַה שֶּׁנַּעֲשָׂה הוּא שֶׁיֵּעָשֶׂה וְאֵין כָּל חָדָשׁ תַּחַת הַשָּׁמֶשׁ".

אפשר לנסח זאת גם קצת אחרת: קהלת מתאר את איתני הטבע הגוועים ופורצים שוב מחדש: השמש שוקעת וזורחת למוחרת שוב, והנחלים נשפכים אל הים אך מתמלאים שוב וממשיכים לזרום אל הים שאי אפשר להשביע את רעבונו.[23] המחזוריות מניחה חידלון

23. דברים דומים כתב על פסוקנו פרי – שהציע פירוש פילוסופי לספר קהלת: "כל הדברים נעים בהתאם לזמנים שנקבעו להם (certis temporibus); הם נועדו להיוולד, לגדול ולהיהרס. כל מה שקיים יפסיק להיות, ובכל זאת לא יתכלה,

ותקומה אין־סופיים, ובדבר זה משתלבת גם ׳האנושות׳ – דור הולך ודור בא. נשוב לעיקרון זה בהמשך דברינו.

בניסוחינו עד כאן הנחנו שמשמעות הַדְּבָרִים הַיְגֵעִים שקהלת דן בהם היא רכיבי המציאות כולה, כלומר ׳דברים׳ במשמעות של things. זו הקריאה המיידית בשל אזכורי מרכיבי המציאות בפסוקים שהוזכרו לפני כן. אולם, בשל שתי סיבות מרכזיות יש להביא בחשבון גם את אפשרות הקריאה שהציע רש״י, שעל פיה כוונת קהלת לדיבורי פה. ראשית, כלל לא ברור שיש בספר קהלת ׳דברים׳ בהוראת things. יש אומנם כמה פסוקים שיש מקום להתלבט בהם,[24] אך ברור שרוב מוחלט של אזכורי המינוח מכוון לדיבורי פה. שנית, הפסוק כולו עוקב אחר חושי האדם שמתווכחים בינו לבין המציאות: ״כָּל הַדְּבָרִים יְגֵעִים לֹא יוּכַל אִישׁ **לְדַבֵּר** לֹא תִשְׂבַּע עַיִן **לִרְאוֹת** וְלֹא תִמָּלֵא אֹזֶן **מִשְּׁמֹעַ**״. בהקשר זה, מתאים במיוחד לדון בדיבורים הלא פוסקים שנשמעים בעולם, לדיונים הארוכים, לניסיונות השכנוע, לדיבורי הסרק ופטפוטי החולין.[25]

לפי הצעה זו, קהלת יוצא כאן באופן גלוי נגד אוהבי הנאומים שאוהבים להביע את עמדתם המלומדת בכל מאורעות החיים: ״מַה שֶּׁהָיָה הוּא שֶׁיִּהְיֶה וּמַה שֶּׁנַּעֲשָׂה הוּא שֶׁיֵּעָשֶׂה וְאֵין כָּל חָדָשׁ תַּחַת הַשָּׁמֶשׁ״. וגם אם נדמה שמישהו אומר דבר־מה חדש – ״יֵשׁ דָּבָר שֶׁיֹּאמַר רְאֵה זֶה חָדָשׁ הוּא״ – בבדיקה נוקבת יותר יתברר שגם הוא ״כְּבָר הָיָה לְעֹלָמִים אֲשֶׁר הָיָה מִלְּפָנֵנוּ״. מצד שני, אם צודק רש״י והכוונה כאן לדיבורים המייגעים את השומע, קשה להלום את משמעות המשך הפסוק – ״לֹא יוּכַל אִישׁ לְדַבֵּר לֹא תִשְׂבַּע עַיִן לִרְאוֹת וְלֹא תִמָּלֵא אֹזֶן מִשְּׁמֹעַ״. הסיפא של הפסוק העוסקת בשמיעה מתאימה לגמרי, אבל מה המשמעות של ההיגד ׳לא יוכל איש

אלא יתחלק ליסודותיו. בעינינו, תהליך זה פירושו גסיסה, שכן אנו רואים רק את הקרוב ביותר״ (פרי, קהלת, עמ׳ 69).

24. ראו להלן, את דיוננו בפסוקים: ״כִּי יֵשׁ דְּבָרִים הַרְבֵּה מַרְבִּים הָבֶל״ (ו׳, יא); ״שׁוֹמֵר מִצְוָה לֹא יֵדַע דָּבָר רָע״ (ח׳, ה).

25. בדרך זו הלך גם סאו, קהלת, עמ׳ 109.

לדבר' – את הדיבורים הרבים שאומרים בעולם? ועוד יותר מוזר תיאור העין שלא שבעה מלראות – את הדיבורים? ידי הספק לא יצאנו, ועוד נשוב ליחס קהלת אל הדיבור האנושי המזמזם והלא־פוסק גם בהמשך הספר.

בתיאור 'יגיעתם' של 'הדברים', עוקב קהלת אחר שלוש דרכי קליטה והבעה ואומר שאין די בהן להביע ולקלוט את היגיעה הגדולה: "לֹא יוּכַל אִישׁ לְדַבֵּר" / "לֹא תִשְׂבַּע עַיִן לִרְאוֹת" / "וְלֹא תִמָּלֵא אֹזֶן מִשְּׁמֹעַ". השוואת שלושת ההיגדים האלו מעוררת בעיה קלה. העין לא שבעה מלראות; האוזן אינה מתמלאת מלשמוע; ולפי זה, גם ביחס לדיבור היה צריך קהלת לומר שהדיבור לא מספיק כדי להביע את כל הדברים, אך הוא אומר "לֹא יוּכַל", שלא מביע את **כמות** הדברים אלא יכולת אנושית.[26] חריגה זו הטרידה את גאלינג, עד שהוא הציע לשנות את הנוסח ולגרוס כאן: "לא יְכַלֶּה לשון לדבר" (השוו: ישעיה י', יח).[27] אך כפי שקורה לעיתים קרובות, השינוי מצורת הכתיבה הצפויה מכוון, ויש לראותו כחלק מטכניקת הכתיבה הספרותית.

יש הבדל בין חוסר היכולת 'לדבר' לבין חוסר היכולת 'לראות', ו'לשמוע'; הדיבור הוא הניסיון להביע, למלל את המציאות, ואילו הרואה והשומע הם הקולטים את המציאות. לפיכך אומר קהלת, מי שינסה להביע את עמל המציאות הלא פוסק לא יוכל לעשות זאת בשל מגבלותיו. לצד זאת, בשל כמותו של עמל אינטנסיבי זה, האוזן לא תתמלא לעולם והעין לא תשבע; תמיד ייוותר עמל נוסף שהאדם לא קלט אותו. בכך מצליח קהלת להסגיר את חדלונו של האדם, לא רק בשל כמות היגיעות שיש בעולם, אלא גם בשל מוגבלותו, הוא

26. מעין פתרון הציע לוהפינק בהצעת פיסוק לפסוק באופן הבא: "כָּל הַדְּבָרִים יְגֵעִים לֹא יוּכַל אִישׁ לְדַבֵּר: לֹא תִשְׂבַּע עַיִן לִרְאוֹת וְלֹא תִמָּלֵא אֹזֶן מִשְּׁמֹעַ" (לוהפינק, קהלת, עמ' 19). לדעתו, חוסר האפשרות לדבר הוא כותרת שמתבארת בשני ההיגדים הבאים שעוקבים אחרי העין והאוזן שאינם יכולים לקלוט הכול וממילא אי אפשר גם לדבר על אודותם.

27. גאלינג, קהלת, עמ' 85.

זה שאינו יכול. אין ביכולת האנושית להקיף את כל עמל המציאות, הן בשל אינסופיותה, הן בשל מגבלותיו.

ייתכן שיש במבע זה דבר־מה נוגע ללב עוד יותר. וויט וברטון טענו שהפסוק "כָּל הַדְּבָרִים יְגֵעִים לֹא יוּכַל אִישׁ לְדַבֵּר לֹא תִשְׂבַּע עַיִן לִרְאוֹת וְלֹא תִמָּלֵא אֹזֶן מִשְּׁמֹעַ" ממחיש את הקשר שבין האדם לטבע. כמו שהים מקבל עוד מים ועוד מים, אך לעולם אינו מתמלא, כך האדם מקבל עוד ועוד מילים, אך אינו מתמלא. העין לא פוסקת ואומרת – ראיתי די! כשם שאיתני הטבע הולכים וסובבים – זורחים, שוקעים, זורמים, כך גם האדם והמילים הסובבות אותו: עוד מילים ועוד מילים נאמרות ונכתבות כבר אלפי שנים (ובדורות שלנו, שבשליטת האינטרנט – הוגבר הקצב לאין שיעור), אך האדם אינו מתמלא! האדם לעולם אינו אומר: 'ראיתי די'! 'איני צריך לשמוע עוד שיר, לקרוא עוד סיפור, לראות נוף חדש'! וכך, כמו הטבע בתנועתו, כך האדם והמילים: מתמיד ללא הפסקה, ללא שובע, ללא די. לפי קריאה זו, אין מדובר רק בהתרחשות שחוזרת חלילה ובשל כך מתסכלת, אלא גם בתשוקה שאינה יכולה לבוא על סיפוקה; על צורך אנושי שמתמלא אך מייד חש האדם שוב בחסרונו.

גם המשפט החותם קטע זה נוגע ללב במיוחד: "אֵין זִכְרוֹן לָרִאשֹׁנִים וְגַם לָאַחֲרֹנִים שֶׁיִּהְיוּ לֹא יִהְיֶה לָהֶם זִכָּרוֹן עִם שֶׁיִּהְיוּ לָאַחֲרֹנָה".

האם מישהו מכיר היום את שמעון בן אברהם, מנכבדי קהילת קראקוב בתחילת המאה ה־14, איש צדיק וירא שמיים שתרם רבות לאחזקת בית הכנסת הסמוך לביתו, ונודע במאור פניו ובכישרונו כחזן? איש לא שמע עליו – כולל מחברי שורות אלו. אולי היה איש כזה, אשר בזמן שחי היה בעל משמעות רבה עבור האנשים בקהילתו ובעירו, אך זיכרונו התפוגג ונעלם. אולי היה ואולי לא היה, ואין לשאלה זו שום נפקא מינה.

אנשים כה רבים היו לאורך ההיסטוריה. זכר רובם כבר נָמַר. אכן, יש כמה יחידי סגולה שצרובים בזיכרון הקולקטיבי – משה רבנו, קהלת, או בודהה, הורדוס, מוצרט ונפוליאון – אך האומנם אפשר

להסתפק בתשובה שכזו, ולומר שמבין מיליארדי אדם בהיסטוריה רק חייהם של כמה יחידי סגולה אלו היו בעלי משמעות?! למעשה, גם מהם נותרו קווי מתאר כלליים בלבד, הדים רחוקים מתווכים דרך דף ואבן.[28]

אם לא די בכך, מוסיף קהלת: גם לאחרונים שיהיו, לא יהיה להם זיכרון. האחרונים הם האנשים החיים עתה – מה יהיה עליהם עוד כמה דורות? ובאומץ מבעית מצליח קהלת להפיק גם את המשפט הבא: "עם שיהיו לאחרונה" – כלומר גם ילדיי, נכדיי, אני יודע שברבות השנים גם הם יהיו כלא היו. טבעו של היקום – מחזוריות הטבע שאינה חדלה – משרה על קהלת תחושה קשה.

בתיאור השמש, הרוח והמים מזדקר פועל ההליכה – כולם הולכים, פשוט הולכים והולכים. כזכור, גם הדורות 'הולכים ובאים'. אפשר לראות את הפועל 'ללכת' כמילה מנחה ביחידה זו, אשר חוזרת שש פעמים. לכאורה יש במציאות תנועה רבה, אך באמת אין התקדמות של ממש, הכול נשאר כשהיה, הכול חוזר למקומו

28. היטיב לתאר זאת המשורר האנגלי פרסי ביש־שלי בשירו אוזימַנדיאָס שעוסק בפרעה רעמסס השני (פורסם בשנת 1818):

פגשתי נוסע מארץ עתיקה,
שסיפר: שתי רגלי אבן עצומות חסרות גזע
עומדות בישימון... לצדם, קבור חלקית
פרצוף נתוץ נח, בו מבט נוקב,
שפה קפוצה ובוז קר של שליט
יעידו מה היטיב לקרוא יוצרם
בלהט לב שהאריך ימים
מיד פוסלו ומן הלב הרם.
על הבסיס חקוק בכתב ברור:
'שמי אוזימנדיאס, מלך המלכים,
הביטו על פעולותיי, אתם אדירים, וגורו!
כלום לא נותר עוד. סביב שרידי הענק,
חֲרֵב ורחב־מידות לאין שיעור
מישור החולות הבודדים פרוש אל המרחק

(מבוסס על תרגומו של צור, גזת זה"ב, עמ' 64, עם שינויים).

הראשון. הארץ לעולם עומדת. הפעלים ׳הליכה׳ ו׳עמידה׳ במקרא הם פעלים הפכים,[29] ועל כן המילים השנונות שכאן קובעות כי הטבע הולך – מצוי בתנועה מתמדת, אך בעצם הוא עומד – מקובע לחלוטין. במילים אחרות: הכול הולך, אך בעצם הכול עומד. מאומה לא משתנה.

גם אופן כתיבת הפסוקים, עם החזרות המרובות שבהם, תורם לתחושה הרוטינית. מילים משולבות באינטנסיביות בפסוקים בודדים אלו, כדוגמת: הולך, שוב וסובב. הפסוקים חוזרים פעמיים על ׳שמש׳; פעמיים על ׳דור׳; פעמיים על ׳רוח׳. בקלות אפשר היה לכתוב באופן מגוון יותר. הנקיבה החוזרת באותן מילים מקנה תחושה שאף על פי שהטבע כולו הוא בעל תנועה לא פוסקת – הכול בעצם נשאר על עמדו, מעין שיבה נצחית.

מעניין הדבר שהפועל ׳ללכת׳ מתאר בפסוקים אלו את כל יסודות המציאות, אך בתיאור השמש בחר המחבר פועל אחר:

האנושות: ״דּוֹר **הֹלֵךְ** וְדוֹר בָּא״ (ד).

השמש: ״וְזָרַח הַשֶּׁמֶשׁ וּבָא הַשָּׁמֶשׁ וְאֶל מְקוֹמוֹ **שׁוֹאֵף** זוֹרֵחַ הוּא שָׁם״ (ה).

הרוח: ״**הוֹלֵךְ** אֶל דָּרוֹם וְסוֹבֵב אֶל צָפוֹן סוֹבֵב סֹבֵב **הוֹלֵךְ** הָרוּחַ״ (ו).

הנחלים: ״כָּל הַנְּחָלִים **הֹלְכִים** אֶל הַיָּם וְהַיָּם אֵינֶנּוּ מָלֵא / אֶל מְקוֹם שֶׁהַנְּחָלִים **הֹלְכִים** שָׁם הֵם שָׁבִים **לָלָכֶת**״ (ז).

גם השמש (בספרנו בלשון זכר) מצוי בתנועה מתמדת לפי קהלת – הוא זורח; הוא בא; הוא שואף; וזורח שוב. אך משום־מה נמנע המחבר מלשלב את הפועל ׳ללכת׳ גם ביחס לשמש. חריגת השמש בולטת

29. על ׳עמידה׳ שמפסיקה ׳הליכה׳ ומנוגדת לה, ראו למשל: ״פְּלֵטִים מֵחֶרֶב הִלְכוּ אַל תַּעֲמֹדוּ״ (ירמיה נ״א, נ); ״וְנָתַתִּי לְךָ מַהְלְכִים בֵּין הָעֹמְדִים הָאֵלֶּה״ (זכריה ג׳, ז); ובספר קהלת עצמו: ״רָאִיתִי אֶת כָּל הַחַיִּים הַמְהַלְּכִים תַּחַת הַשָּׁמֶשׁ עִם הַיֶּלֶד הַשֵּׁנִי אֲשֶׁר יַעֲמֹד תַּחְתָּיו״ (ד׳, טו).

במיוחד נוכח הפועל הנדיר שמחליף את הפועל 'ללכת': "וְאֶל מְקוֹמוֹ **שׁוֹאֵף** זוֹרֵחַ הוּא שָׁם". בקלות יתירה יכול קהלת לומר 'ואל מקומו הולך', ובכך תיאור השמש היה משתלב ביחידה כולה. מדוע אם כן בתיאור השמש הוחלף הפועל 'הולך' בפועל 'שואף'? באמת, חסרון ההליכה בתיאור השמש גורר הבדל נוסף – חסרון הפועל 'לשוב'. הן בתיאור הרוח, הן בתיאור הנחלים, עושה קהלת שימוש בצימוד 'הולך ושב': "סוֹבֵב סֹבֵב **הוֹלֵךְ** הָרוּחַ וְעַל סְבִיבֹתָיו **שָׁב** הָרוּחַ" / "אֶל מְקוֹם שֶׁהַנְּחָלִים **הֹלְכִים** שָׁם הֵם **שָׁבִים** לָלָכֶת". צימוד פעלים זה מוכר לנו מהמקרא ("וַיָּשֻׁבוּ הַמַּיִם מֵעַל הָאָרֶץ הָלוֹךְ וָשׁוֹב" – בראשית ח', ג; "וְדָוִד הֹלֵךְ וָשָׁב מֵעַל שָׁאוּל" – שמ"א י"ז, טו), וקהלת מנצל אותו בפסוקים אלו היטב. אך מאחר שהשמש לא 'הולך', הוא גם לא 'שב'.

אפשר היה להציע שחשוב היה לקהלת לשלב את הפועל 'ללכת' דווקא שש פעמים, כמייצג תנועה חוזרת, הרמונית וסגורה.[30] גם נכון הדבר שהשמש חריגה בתודעת קהלת מכל שאר רכיבי המציאות. לא בגלל שכמדען מודרני הוא סבר שהשמש איננה מקיפה את כדור הארץ (בפירוש הוא מסגיר את תודעתו שהשמש חוזרת למקום זריחתה), אלא מפני שהשמש מייצגת עבור קהלת את גבול העולם שאותו יכול האדם לחקור ("תַּחַת הַשָּׁמֶשׁ" שנזכר בפסוק ג חוזר עשרים ותשע פעמים בספר).[31] אך גם אם כך, קשה להסתפק במקום החשוב שהעניק קהלת לשמש לביאור החלפת הפועל 'ללכת' הצפוי.

נראה יותר שבכוונה ביקש קהלת לשלב את הפועל – הנדיר – 'שׁוֹאֵף'. התלבטות גדולה מלווה את פרשנות פועל זה.[32] יש שראו

30. זו הסמליות שנלווית אל המספר שש במקרא, ועוד יותר מזה במזרח הקדום (להרחבה, ראו: גרוסמן, התחלות, עמ' 53-55).

31. צירוף דומה נזכר גם בפיניקית, והיו שהציעו שהדבר מלמד על זיקות בין ספרנו לבין הספרות הפיניקית. ראו אצל סאו, קהלת, עמ' 15-16.

32. ז'ואון טען שבכל מקרה לא סביר שמילה זו שובצה כאן כי היא לירית מדי לאופי הפרוזאי של היחידה כולה. לפיכך הוא הציע לתקן את הפסוק, ובמקום 'שואף' לגרוס 'שב אף' (ז'ואון, הערות, עמ' 419). לטעמנו, היחידה שלפנינו לירית ביותר, ואין כל קושי בשילוב פועל יחידאי בפסוק, במיוחד נוכח האפקט המיוחד שהוא תורם, כמוצע למעלה.

במשמעות הפועל חלק מההוראה הכללית של שאף = ׳נשם בכבדות׳, והבינו שהשמש מתואר כאן בדימוי הרץ המתחרה ועל כן נושם מתוך מאמץ:[33] ״בגלל שלשמש יש דרך ארוכה ללכת, הוא מתנשף במהירותו למקום שבו הוא זורח״.[34] אחרים טענו שמשמעות ׳שואף׳ בפסוקנו היא ׳מתאווה׳ להגיע למקום זריחתו.[35] במיוחד יש להביא בחשבון את ההצעה ששואף בפסוק הוא ׳רומס כל שבדרכו׳, כדי להגיע במהירות למקום זריחתו (על שא״ף בהוראת ׳רמס׳ ראו עמוס ב׳, ז; ח׳, ד; תהלים נ״ו, ב-ג, ועוד).[36] הקונוטציות המקראיות שנלוות למשמעות זו הן קונוטציות של לחץ ושל בהילות, כמו: ״חָנֵּנִי אֱלֹהִים כִּי **שְׁאָפַנִי** אֱנוֹשׁ / כָּל הַיּוֹם לֹחֵם **יִלְחָצֵנִי**״ (תהלים נ״ו, ב). בשילוב פועל זה מצליח קהלת לתת את תחושת התנועה הבהולה, כאילו השמש מצוי בתחרות מתמדת ועליו להגיע ליעד מסוים, אך לחץ זה מתברר כפתטי, שהרי השמש חוזר בדיוק לאותו המקום שבו זרח גם ביום האתמול.

בהמשך הספר עוד ניווכח ביחסו המורכב של קהלת אל השמש, אך כבר כעת אפשר להעיר, שאפילו את זריחת השמש ושקיעתו – שיוצרים ואומנים לאורך כל הדורות עמדו נפעמים מול מראה צבעוני זה של ׳אוֹר שְׁקִיעָה חִוֵּר וַאֲדַמְדַּם׳ (בלשונה של לאה גולדברג) – קהלת מפענח כמחזוריות שאין לה כל תכלית. הזריחה והשקיעה, שזוגות רומנטיים רבים מקשרים עם עדינות ואהבה, הופכים אצל קהלת לביטוי של תהליך בנאלי שחוזר על עצמו שוב ושוב, יום אחר יום. מאמץ השמש לזרוח קורס תמיד בסופו של היום, ועל השמש לפרוץ את דרכו ולזרוח מחדש, אך ללא הועיל.

האתגר הגדול בפירוש מגמת פסוקים אלו מונח בהבנת יחס האדם לשאר רכיבי המציאות שקהלת עוסק בהם. שתי קריאות הפוכות

33. ראב״ע במקום; קדרי, מילון, עמ׳ 1042.
34. מאייברגר, שאף, עמ׳ 269.
35. מצודות ציון על אתר. ואולי: ׳מחליק והולך׳ (גינזברג, קהלת, עמ׳ 60).
36. דיון באפשרות זו ראו אצל סאו, קהלת, עמ׳ 107. מונטגומרי הציע לקרוא כאן ׳שאף׳ במקום ׳שואף׳ ומשמעות המשפט: ׳אל מקומו שאף זרח בו׳ (מונטגומרי, הערות, עמ׳ 242).

הוצגו בהקשר זה. קריאה אחת הציעו רשב״ם ורבי יוסף קרא, אשר ראו את תיאור הטבע המחזורי כמנוגד למצבו של האדם, וכך מתחזקת לדעתם השאלה ׳מה יתרון לאדם בכל עמלו׳:

> וזרח השמש – לבוקר הוא זורח במקומו במזרח, ולעת ערב בא ושוקע במערב, והולך כל הלילה מחמת שהוא שואף ומהיר עד שהוא מגיע לעת בוקר במקומו אשר זרח היום... **אבל אדם, היום כאן ומחר בקבר ומעשיו נפסקין שלא יזכר עוד, על כן נאמר ׳מה יתרון לאדם׳.**
>
> והים איננו מלא – שאם יתמלא לא יהו הנחלים הולכים עוד אליו. אל מקום שהנחלים הולכים שם היום, שם הם שבים ללכת – גם למחר הם שבים והולכים אל הים, שלא יניחו הנחלים מנהגן ומרוצתן. **אבל אדם מניח מנהגו ווסתו, להיות בטל מעולמו. הכל מוסב על ׳מה יתרון׳.**
>
> כל הדברים – כל מעשה עולם יגעים הם, שאין איש יכול לספר ולדבר כולם... **ומה ׳יתרון לאדם׳ בכל אלה?** מה שהיה כבר הוא שיהיה עוד להבא, ומה שנעשה כבר הוא שיעשה עוד להבא, שאין דבר חדש תחת השמש...
>
> אין זכרון לראשונים – **מוסב על ׳מה יתרון לאדם׳**... כי כולם ימותו ולא ייזכרו עוד. שאם ימות אדם אחד היום, לא יוולד לעולם אדם כמוהו, שאין בני אדם דומין זה לזה. אבל שאר בריות מתות יש להם זכרון, שאם ימותו אילו היום ייוולדו למחר דוגמתן בעולם. ועל כן יאמרו הרואים: ברייה זו דומה לברייה פלונית שעברה מן העולם, נמצא שיש להם זכרון, לשאר בריות, מה שאין כן באדם. **על כן נאמר ׳מה יתרון לאדם׳** (פירוש רשב״ם לקהלת א׳).

רשב״ם מציע שלפנינו ניגוד בין המציאות הטבעית שיש לה קיום נצחי לבין האדם החולף. המציאות הטבעית נצחית ולא פוסקת ובזה חוזקה וגדולתה. הנחלים הולכים באופן קבוע ובכל עת אל הים, אך

אין מה לחשוש, הם לא יפסיקו את מרוצתם. לפי רשב"ם, קהלת מקנא בשמש: היא לא ׳מסתיימת׳ לעולם ויכולה להמשיך בפעולה יום אחר יום ללא חשש. האדם, לעומת זאת, ניצב בהקשר זה בניגוד לטבע שסביבו, בשל מותו; בגלל שדור הולך ודור בא. לפי הצעה זו יש מתח בין האדם הארעי לבין הטבע היציב והמתמיד, ובתחרות זו ידו של הטבע על העליונה.

קריאה זו אפשרית, אך צודק פוקס שהפסוק ׳דור הולך ודור בא׳ לא מתאר את האדם היחיד החולף אלא את תחלופת הדורות.[37] לפיכך אנו מבקשים להצטרף לקריאה המקובלת יותר, שרואה בפסוקים אלו השוואה בין מצב הטבע למצבו של האדם. אומנם כל הנחלים רצים בשטף, אבל זה חסר תכלית, זה חסר ערך כי הים אינו מתמלא, דבר אינו נותר. גם אם השמש יוצא כגיבור עלי אורח הוא עתיד לשוב על עקבותיו. היציאה החגיגית עתידה להסתיים בערבו של יום, ובדיוק אותו דבר יקרה גם מחר. אז בשביל מה? איך זה מקדם את המציאות? גם האדם, כחלק מטבע העולם כולו, אינו יכול לשנות מאומה; "הכול הופך למעגל נצחי – מהלך שמש, רוחות השמיים ומהלך חיי האדם: אותו המחזה בכל מקום, ושום מטרה לא מושגת".[38]

הנתון הטקסטואלי התומך בקריאה השנייה הוא שיתוף השדה הסמנטי לתיאור האנושות ולתיאור הטבע כולו. כבר הזכרנו את הפועל ׳ללכת׳ שמאפיין את הרכיבים השונים ביחידה זו ובכללם את האנושות – "דור **הולך** ודור בא". גם הפועל ׳בא׳ אשר מתאר את תחלופת האנושות הקבועה, משולב בתיאור מסע השמש הקבוע: "וזרח השמש ו**בא** השמש". בכך, מוצג גם האדם כחלק מאותו משחק אינסופי וחסר תכלית.[39]

בכל מקרה ברור שתיאור הטבע המחזורי איננו אלא רקע

37. פוקס, קהלת, עמ׳ 5.
38. ויילדבאור, קהלת, עמ׳ 122.
39. אומנם, לפועל "בא" משמעות קצת שונה ביחס לדור וביחס לשמש: הדור הבא מתחיל מחדש, הוא דור אחר, ולעומת זאת השמש הבאה היא היעלמות השמש – קיצה כביכול.

למחזוריות המטרידה מכול – המחזוריות האנושית, הדור שהולך ותמורתו בא דור אחר, שגם הוא ילך ויבוא אחר במקומו. קהלת פתח את דבריו בתיאור האנושות המתחלפת תמיד, וגם חתם בדבר זה ("אֵין זִכְרוֹן לָרִאשֹׁנִים").

הרצון של קהלת להתמקד בקורות האדם בא לידי ביטוי בסדר המפתיע של רכיבי המציאות הנזכרים כאן. כבר ראב"ע העיר שבפסוקים אלו רמוזים ארבעת היסודות הנצחיים של הטבע: ה'ארץ' היא האדמה; ה'שמש' היא אש; ה'רוח' היא אוויר וה'מים' הם כמובן מים.

זוהי גם פילוסופיית הטבע של הפילוסוף היווני אמפדוקלס (מאה חמישית לפנה"ס), שכעבור מאה וחמישים שנה אימץ גם אריסטו, והורישה לחכמי ימי הביניים, וגם להגות היהודית. התפיסה של ארבעת היסודות קובעת שכל דבר מושתת על מיזוגים שונים של ארבעת היסודות הללו. היסודות עצמם ימשיכו ויתמידו לנצח. כל השאר לא. קשה להעריך קשר אפשרי בין קהלת לבין תפיסות אלו, אך יש לזכור את האפשרות שעצם התפיסה קיימת כבר לפני התיעוד שהגיע לידינו.[40]

אם אכן קהלת נשען על מסורת ארבעת היסודות, לפנינו כתיבה שנונה. היסודות מוצגים תמיד לפי היררכיה קבועה: אדמה, מים, רוח, אש, או בסדר הפוך – אש, רוח, מים ואדמה. תחילה נראה שקהלת מאמץ סדר זה: הוא פותח בשמש – באש; עובר לרוח – אוויר; מכאן ממשיך למים הזורמים, ועד כאן הסדר מופתי. אולם לפי זה היינו מצפים כעת לשמוע על הארץ שלעולם עומדת – אדמה. אולם, כזכור, הארץ העומדת פתחה את הרשימה כולה!

יהיה מי שיאמר שיש לראות בכך אמירה כללית, 'הארץ' במשמעות המציאות כולה (או בכיוון רשב"ם), אבל נראה ששינוי הסדר קשור ברצון קהלת לפתוח בדורות המתחלפים שלא משפיעים

40. אם ראב"ע צודק שקהלת נשען במכוון על יסודות אלו, הדבר מצטרף לקריאת רשב"ם שהוזכרה לעיל: קהלת עומד על המים הנצחיים, על הארץ העומדת, על הרוח הנושבת, אך לאור כל אלו, מתלונן שהאדם לא זכה להיות בעל יסוד נצחי וקבוע.

על הארץ, זהו הנושא שקהלת מעוניין בו – האדם. כמו מאליה עולה השאלה: היכן ניצב האדם מול ההתמדה הנצחית הזו של הטבע?

התשובה היא שהאדם מובס. לעומת הטבע שאינו מביע צער על המחזוריות העיקשת שלו, האדם כן חש אותה והיא מטילה עליו צער או אימה. אך בדיוק כמו הטבע, או בהיותו חלק מהטבע, אין לאדם כל דרך לעצור את המחזוריות או להשתחרר ממנה. כשם שהשמש שואף וחוזר למקומו הראשון, וכשם שהנחלים הולכים ללא הפסק, כך גם דורות האדם – הולכים והולכים; הולכים ומתהלכים; הולכים והולכים ומסתבכים. הנה כי כן, האדם הוא למעשה אסיר בתוך תנועת הגלגל הבלתי פוסקת. ומכאן גם ברור: כמו הטבע, גם מעשיו של האדם אינם משאירים כל יתרון.

ברתולומיו אף הציע שלפנינו מבנה קונצנטרי, שגם דרכו ניכר שתכלית הרצאתו של קהלת היא האדם:[41]

א. ״דּוֹר הֹלֵךְ וְדוֹר בָּא וְהָאָרֶץ לְעוֹלָם עֹמָדֶת״ (ד).

ב. המעגל החוזר בטבע – השמש והרוח (ה-ו).

ג. כשם שהנחלים אינם ממלאים את הים – כך לא תִמָּלֵא אֹזֶן האדם מִשְּׁמֹעַ (ז-ח).

ב1. אֵין כָּל חָדָשׁ בעולם הטבע אשר תַּחַת הַשָּׁמֶשׁ (ט-י).

א1. ״אֵין זִכְרוֹן לָרִאשֹׁנִים וְגַם לָאַחֲרֹנִים שֶׁיִּהְיוּ לֹא יִהְיֶה לָהֶם זִכָּרוֹן עִם שֶׁיִּהְיוּ לָאַחֲרֹנָה״ (יא).

יש מקום להתלבט בהצעה זו (במיוחד בהצדקת צירוף הנחלים הזורמים אל הים בפסוק ז, לתיאור האנושות בפסוק ח), אך המסגרת שברתולומיו הצביע עליה בוודאי בולטת, וביחד עם הציר המרכזי מדגישה במיוחד את חוסר התוחלת שמלווה את האנושות המתחלפת כל העת, אך אינה מותירה כל זיכרון של ממש.

***

41. ברתולומיו, קהלת, עמ׳ 110.

הפתיחה הבועטת של ספר קהלת, עשויה, ובצדק, להשרות ייאוש על הקוראים בה. אך האם זוהי המסקנה האפשרית היחידה של ההתבוננות בטבע ובמחזוריותו? התשובה היא כמובן שלילית.

ראשית, אין הכרח שתפיסת המחזוריות הטבעית תוביל לייאוש. אדרבה, נראה שמיליונים רבים של בני אדם זקוקים למחזוריות קבועה לשם הרגשת ביטחון ויציבות. כבר המדרש עמד על כך שעם השקיעה הראשונה של השמש שראה אדם הראשון לנגד עיניו, הוא נקלע למצוקה קשה משום שלא היה לו כל ניסיון שיורה לו שהיא עתידה לשוב ולזרוח. למוחרת בבוקר, עם זריחת השמש, נרגע אדם הראשון ופרץ בהלל ובהודיה.[42] מדרש זה משקף את העוגן שמעניקה המחזוריות הקבועה של הטבע. בני אדם הם הרי על פי רוב שמרנים מטבעם. הם אוהבים לגור במקום מסוים וקבוע, אוהבים קשר קבוע עם בני אדם מסוימים, אוהבים לעשות דברים מסוימים שוב ושוב. עבור רבים כל אלו הם ערובה לשפיות, ליציבות ולביטחון.

היציבות והביטחון הללו אינם רק קיומיים, אלא נכונים גם בהקשרים חברתיים ותרבותיים. אחד המאפיינים המובהקים של חיי החברה והתרבות האנושיים הוא הנאת המוכר והחוזר תמיד: במפגש חוזר ונשנה עם בני אדם אהובים, בביקור קבוע באותם מקומות נעימים, באכילת מאכלים מסוימים, בדבקות במשחקים ובטקסים. השמיעה החוזרת של אותם סיפורים ושירים, הציפייה למנגינה האהובה, לשורה ידועה ולאותו פזמון חוזר, מלמדים כי הנאת המוכר היא תכונה המשותפת לילדים ומבוגרים כאחד. הדפוסים החוזרים בקיומנו מקנים לנו תחושת אשליה של סדר, של יציבות – אולי אפילו אשליה של נצח.

גם מנקודת מבט דתית, ההתבוננות בטבע ובפועלו של האדם בתוכו, וההכרה במחזוריות של שניהם, לא תמיד מובילים בהכרח לייאוש. ההיפך הגמור יכול להיות נכון באותה המידה: הטבע מבטא

42. מדרש תהלים, מזמור צב. מעניין שבבראשית רבה, פתרון מצוקת האדם הוא ביצירת האש שיש בכוחה להאיר גם את הלילה (בראשית רבה, פר׳ יא, ב (מהד׳ תיאודור-אלבק, עמ׳ 89).

ביופיו והדרו את גדולת האל וחוכמתו, ואת חינם ואף שלמותם של חיי האדם. בעוד קהלת רואה בזריחת השמש ובשקיעתה שיקוף של מונוטוניות חסרת תוחלת, משורר תהלים מתפעם מהשמש ואומר: ״וְהוּא כְּחָתָן יֹצֵא מֵחֻפָּתוֹ יָשִׂישׂ כְּגִבּוֹר לָרוּץ אֹרַח. מִקְצֵה הַשָּׁמַיִם מוֹצָאוֹ וּתְקוּפָתוֹ עַל קְצוֹתָם וְאֵין נִסְתָּר מֵחַמָּתוֹ״ (תהלים י״ט, ו-ז); בעוד קהלת חש עייפות וחוסר תכלית לנוכח מחזוריות הרוח והמים, איוב רואה בכך את גדולת הבורא: ״כִּי הוּא לִקְצוֹת הָאָרֶץ יַבִּיט תַּחַת כָּל הַשָּׁמַיִם יִרְאֶה. לַעֲשׂוֹת לָרוּחַ מִשְׁקָל וּמַיִם תִּכֵּן בְּמִדָּה. בַּעֲשֹׂתוֹ לַמָּטָר חֹק וְדֶרֶךְ לַחֲזִיז קֹלוֹת״ (איוב כ״ח, כד-כו).

העימות בין קהלת לבין הגישות האלטרנטיביות, בולט במיוחד נוכח מזמור ק״ד בתהילים:[43]

בָּרְכִי נַפְשִׁי אֶת ה׳.
ה׳ אֱלֹהַי גָּדַלְתָּ מְּאֹד / הוֹד וְהָדָר לָבָשְׁתָּ.
עֹטֶה אוֹר כַּשַּׂלְמָה / נוֹטֶה שָׁמַיִם כַּיְרִיעָה.
הַמְקָרֶה בַמַּיִם עֲלִיּוֹתָיו / הַשָּׂם עָבִים רְכוּבוֹ /
הַמְהַלֵּךְ עַל כַּנְפֵי רוּחַ.
עֹשֶׂה מַלְאָכָיו רוּחוֹת / מְשָׁרְתָיו אֵשׁ לֹהֵט.
יָסַד אֶרֶץ עַל מְכוֹנֶיהָ / בַּל תִּמּוֹט עוֹלָם וָעֶד.
תְּהוֹם כַּלְּבוּשׁ כִּסִּיתוֹ / עַל הָרִים יַעַמְדוּ מָיִם.
מִן גַּעֲרָתְךָ יְנוּסוּן / מִן קוֹל רַעַמְךָ יֵחָפֵזוּן.
יַעֲלוּ הָרִים יֵרְדוּ בְקָעוֹת / אֶל מְקוֹם זֶה יָסַדְתָּ לָהֶם.
גְּבוּל שַׂמְתָּ בַּל יַעֲבֹרוּן / בַּל יְשׁוּבוּן לְכַסּוֹת הָאָרֶץ.
הַמְשַׁלֵּחַ מַעְיָנִים בַּנְּחָלִים / בֵּין הָרִים יְהַלֵּכוּן.
יַשְׁקוּ כָּל חַיְתוֹ שָׂדָי / יִשְׁבְּרוּ פְרָאִים צְמָאָם.
עֲלֵיהֶם עוֹף הַשָּׁמַיִם יִשְׁכּוֹן / מִבֵּין עֳפָאיִם יִתְּנוּ קוֹל.

43. בראון טען שרגש הפליאה וההשתאות מול סדר העולם הוא הבסיס המקראי לקשר עם אלוהים מבעד למציאות. בין שאר הכתובים שהוא ניתח להוכחת תזה זו מצויים גם תהלים ק״ד וספר קהלת (בראון, חוש קודש). אין ספק שזו הרוח העולה ממזמור תהלים ק״ד, אך ביחס לקהלת הדברים מורכבים יותר.

מַשְׁקֶה הָרִים מֵעֲלִיּוֹתָיו / מִפְּרִי מַעֲשֶׂיךָ תִּשְׂבַּע הָאָרֶץ.
מַצְמִיחַ חָצִיר לַבְּהֵמָה / וְעֵשֶׂב לַעֲבֹדַת הָאָדָם /
לְהוֹצִיא לֶחֶם מִן הָאָרֶץ.
וְיַיִן יְשַׂמַּח לְבַב אֱנוֹשׁ / לְהַצְהִיל פָּנִים מִשָּׁמֶן /
וְלֶחֶם לְבַב אֱנוֹשׁ יִסְעָד.[44]
יִשְׂבְּעוּ עֲצֵי ה׳ / אַרְזֵי לְבָנוֹן אֲשֶׁר נָטָע.
אֲשֶׁר שָׁם צִפֳּרִים יְקַנֵּנוּ / חֲסִידָה בְּרוֹשִׁים בֵּיתָהּ.
הָרִים הַגְּבֹהִים לַיְּעֵלִים / סְלָעִים מַחְסֶה לַשְׁפַנִּים.
עָשָׂה יָרֵחַ לְמוֹעֲדִים / שֶׁמֶשׁ יָדַע מְבוֹאוֹ.
תָּשֶׁת חֹשֶׁךְ וִיהִי לָיְלָה / בּוֹ תִרְמֹשׂ כָּל חַיְתוֹ יָעַר.
הַכְּפִירִים שֹׁאֲגִים לַטָּרֶף / וּלְבַקֵּשׁ מֵאֵל אָכְלָם.
תִּזְרַח הַשֶּׁמֶשׁ יֵאָסֵפוּן / וְאֶל מְעוֹנֹתָם יִרְבָּצוּן.
יֵצֵא אָדָם לְפָעֳלוֹ / וְלַעֲבֹדָתוֹ עֲדֵי עָרֶב.
מָה רַבּוּ מַעֲשֶׂיךָ ה׳ / כֻּלָּם בְּחָכְמָה עָשִׂיתָ / מָלְאָה הָאָרֶץ קִנְיָנֶךָ.
זֶה הַיָּם גָּדוֹל וּרְחַב יָדָיִם / שָׁם רֶמֶשׂ וְאֵין מִסְפָּר /
חַיּוֹת קְטַנּוֹת עִם גְּדֹלוֹת.
שָׁם אֳנִיּוֹת יְהַלֵּכוּן / לִוְיָתָן זֶה יָצַרְתָּ לְשַׂחֶק בּוֹ.
כֻּלָּם אֵלֶיךָ יְשַׂבֵּרוּן / לָתֵת אָכְלָם בְּעִתּוֹ.
תִּתֵּן לָהֶם יִלְקֹטוּן / תִּפְתַּח יָדְךָ יִשְׂבְּעוּן טוֹב.
תַּסְתִּיר פָּנֶיךָ יִבָּהֵלוּן / תֹּסֵף רוּחָם יִגְוָעוּן / וְאֶל עֲפָרָם יְשׁוּבוּן.
תְּשַׁלַּח רוּחֲךָ יִבָּרֵאוּן / וּתְחַדֵּשׁ פְּנֵי אֲדָמָה.
יְהִי כְבוֹד ה׳ לְעוֹלָם / יִשְׂמַח ה׳ בְּמַעֲשָׂיו.
הַמַּבִּיט לָאָרֶץ וַתִּרְעָד / יִגַּע בֶּהָרִים וְיֶעֱשָׁנוּ.
אָשִׁירָה לַה׳ בְּחַיָּי / אֲזַמְּרָה לֵאלֹהַי בְּעוֹדִי.

44. ההכרעה לכלול את ״לחם לבב אנוש יסעד״ כצלע שלישית של משפט זה אינה פשוטה כל עיקר. היו אף שטענו ששתי הצלעות הראשונות של פסוק זה הן ציר מרכזי במבנה קונצנטרי שיש במזמור בפסוקים י-יח, והציבו את ״לחם לבב אנוש יסעד״ כהיגד שניצב לבדו ומקביל להיגד ״מַצְמִיחַ חָצִיר לַבְּהֵמָה... לְהוֹצִיא לֶחֶם מִן הָאָרֶץ״ (קלאוס, תהלים קד).

יֶעֱרַב עָלָיו שִׂיחִי / אָנֹכִי אֶשְׂמַח בַּה׳.
יִתַּמּוּ חַטָּאִים מִן הָאָרֶץ / וּרְשָׁעִים עוֹד אֵינָם
בָּרְכִי נַפְשִׁי אֶת ה׳ הַלְלוּיָהּ.

בפרק זה, שנכתב על ידי אביו של קֹהֶלֶת בֶּן דָּוִד, מתוארת הבריאה המחזורית במבע של לא פחות מאהבה. תנועת השמש וגרמי השמיים מאפשרת ידיעה ומבטיחה את סדרי הקיום: ״עָשָׂה יָרֵחַ לְמוֹעֲדִים שֶׁמֶשׁ יָדַע מְבוֹאוֹ. תָּשֶׁת חֹשֶׁךְ וִיהִי לָיְלָה בּוֹ תִרְמֹשׂ כָּל חַיְתוֹ יָעַר. הַכְּפִירִים שֹׁאֲגִים לַטָּרֶף... תִּזְרַח הַשֶּׁמֶשׁ יֵאָסֵפוּן וְאֶל מְעוֹנֹתָם יִרְבָּצוּן״. קביעת מסלולם ותחומם של המים (״הַמְשַׁלֵּחַ מַעְיָנִים בַּנְּחָלִים בֵּין הָרִים יְהַלֵּכוּן״) מובאת כאן כביטוי ליופי ולהענקת חיים, שכן הם מהווים מקור של שפע וברכה לבעלי החיים ולאדם כאחד. אפשר להישען עליהם דווקא בגלל שהם מוסיפים לזרום במסלולם, דווקא בגלל שהם אינם ממלאים את הים ולא יפסקו לעולם.

ביחס לאדמה (שנזכרת במזמור מייד לאחר המים, הרוח והאש) מופיע במזמור תיאור הקרוב מאוד לדברי קהלת: ״יָסַד אֶרֶץ עַל מְכוֹנֶיהָ בַּל תִּמּוֹט עוֹלָם וָעֶד״ (פסוק ה) – אלא שבמזמור זה נצחיות הארץ משרה ביטחון, מוצקות מרגיעה. בעלי החיים והאדם עושים את שלהם בהרמוניה ובאיזון יום אחר יום, עד שלבסוף: ״תַּסְתִּיר פָּנֶיךָ יִבָּהֵלוּן תֹּסֵף רוּחָם יִגְוָעוּן וְאֶל עֲפָרָם יְשׁוּבוּן. תְּשַׁלַּח רוּחֲךָ יִבָּרֵאוּן וּתְחַדֵּשׁ פְּנֵי אֲדָמָה״, והלא זו גרסה אוהבת ומלטפת ל״דּוֹר הֹלֵךְ וְדוֹר בָּא וְהָאָרֶץ לְעוֹלָם עֹמָדֶת״, שבה חליפת הדורות אינה סתם עוד מאותו דבר – היא מתוארת כהתחדשות מתמדת, רעננה, אביבית: ״וּתְחַדֵּשׁ פְּנֵי אֲדָמָה״. המשורר מסיים בשבח הפורץ מהלב: ״יְהִי כְבוֹד ה׳ לְעוֹלָם יִשְׂמַח ה׳ בְּמַעֲשָׂיו... אָשִׁירָה לַה׳ בְּחַיָּי אֲזַמְּרָה לֵאלֹהַי בְּעוֹדִי. יֶעֱרַב עָלָיו שִׂיחִי אָנֹכִי אֶשְׂמַח בַּה׳... בָּרְכִי נַפְשִׁי אֶת ה׳, הַלְלוּיָהּ!״.

לנוכח כל אלו, המשורר שבוודאי מבין לא פחות מקהלת שזמנו בתבל קצוב, בוחר דווקא להלל את אלוהיו כל זמן שניתן לו לראות את פלאיה של הבריאה.

לפנינו אפוא שתי נקודות מבט ושתי תגובות שונות לחלוטין ביחס לעולם הטבע המסודר. מכאן – קושי קיומי, מכאן – שיר הלל מאושר. מה יכולה להיות הסיבה להבדל מהותי זה?

אפשרות אחת היא שלפנינו משתקף אופי שונה של שני כותבים, ויש מי שחווה כך את המציאות ויש מי שאחרת. אם נאמץ את הביוגרפיה של שני החתומים על טקסטים אלו אפשר יהיה לעשות צעד נוסף. זהו ההבדל שבין דוד (או אבטיפוס של 'דוד'), שחייו היו כרוכים מגיל צעיר בשלל מאבקים ומשום כך הוא מעריך את יופיים של החיים בעולם שסדריו מקנים יציבות וביטחון. נְעִים זְמִרוֹת יִשְׂרָאֵל, המכרכר לפני ארון ה', כותב שיר הלל לה'. לעומתו שלמה (או אבטיפוס של 'שלמה'), בן התפנוקים שכסאו נכון לו, מגיע לידי תחושת חידלון וראיית העולם כמין כאוס נטול פשר. משפט רווח בקרב יהודים יוצאי גרמניה הוא ש'השרוולים של בני הדור השני תמיד חפותים' – כלומר הם אינם צריכים להתאמץ כמו הדור הקודם כדי לקנות להם מקום בעולם, ומתוך כך הם אינם מעריכים כדור שלפניהם את הטוב המונח לפניהם. אומנם, יש להיזהר באבחנות פסיכולוגיות מעין אלו, שכן את אותו הדבר אפשר היה להציג גם הפוך: מי שנאלץ להיאבק כל חייו יהיה ממורמר ומיואש, ודווקא מי שזכה לחיים שלווים ובטוחים יביט בעולם בעיניים אוהבות.

הבדל אחר שרלוונטי להערכת הרוח השונה של טקסטים אלו נעוץ בסוגה הספרותית שהם משתייכים אליה. תהלים קד הוא מזמור, הוא שיר. קהלת מנוסח אומנם באופן פיוטי, אך סוף כל סוף הוא מבקש להביע אמירות 'חוכמתיות', פילוסופיות, ויש מקום לתהות אם המדיה השונה מזמינה גם תגובות שונות למציאות. השיר המקראי נוטה להתלהבות ולאופטימיות ואילו על החוכמה משוך קו של הסתייגות ופסימיות. כמובן, ייתכן מאוד שהבחירה באחת משתי הסוגות הספרותית הללו נובעת מהמבנה הנפשי של היוצר, וממילא גם מאפשרת לו לבטא את תחושותיו המסוימות. ישנו כותב השירים, וישנו המתפלסף, כותב המסות, ואם הוא נמנה עם האקזיסטנציאליסטים, הוא יכתוב מסה על כובד העולם.

אך דומה שיש אפשרות נוספת המקדמת את הדיון גם בהיבטים תוכניים שלו. בתהלים קד מורגשת התערבות מתמדת של האל בעולם. המזמור מתאר עולם שנברא מתוך רצון אלוהי, תוכו רצוף חוכמה עמוקה ומתוך כך הוא גם נע קדימה עם מגמה, מטרה ותכלית. זוהי תפיסה ההולמת מאוד את רוח המקרא.

לעומת זאת, אצל קהלת אין כל זכר לרעיון בריאת העולם. נקודת מבטו הבסיסית היא, כלשונו של קאמי, של אדם "הנדהם לחיות": מי שהושלך לעולם חתום שאינו מסגיר מעורבות מכוונת של האל. לא חייבים להגיע למסקנה שקהלת מכחיש את בריאת העולם, אלא שהוא מתאר חוויה של אדם שנברא ביום השישי, שבא לעולם מוכן שכבר נברא לפניו. הוא אינו יכול לחשוף את הרגע שלפני היות העולם, את הרצון שעומד כמבוא לבריאתו. מה שנגלה לפניו הוא המנגנון הקוסמי בתפקודו, הטבעיות שהייתה לפניו ושתהיה אחריו, ומבחינתו תיאור הטבע המונוטוני שה׳ לא מעורב בו, מציץ על נקודת זמן מסוימת וגוזר ממנה חוויה נפשית מיואשת.

נראה שהעובדה שהאדם לא נכח בבריאה היא מקור למצוקה ההולכת ומתפתחת לאורך המגילה. בנקודת הזמן המקראי הרגילה הזמן הוא ליניארי, לא מעגלי – למרות חודשי השנה המעצבים חוויית חיים מעגלית, התפיסה היא שיש היסטוריה, העולם נברא ומתקדם דרך שלל אירועים, על רצף היסטורי, וחותר אל תכליתו. עולם נברא לא מעיד רק על התחלתו בזמן אלא על מחשבה שקדמה לו, על רצון ועל ייעוד. אצל קהלת אין ראשית וממילא גם אין אחרית, הוא אינו רואה את המניע הקודם לעולם אלא רואה רק מחזוריות אין־סופית.

***

לאור כל מה שנאמר עד כה נוכל לשוב לשאלה שבה נפתח הדיון: מהו בעצם הקשר בין פסוקי הפתיחה של המגילה לבין יתר חלקיה ובאיזה מובן הם מהווים מבוא למגילת קהלת? בפסוקי הפתיחה מציב קהלת את המסגרת לחקירתו, ויש בהם גילוי של מה שמניע את האדם

לתהות על משמעות קיומו שלו. עצם ההתבוננות במחזוריות הטבע, היא זו שמעוררת אצל האדם הרהורים על קיומו. הנימוק הפשוט ביותר לקריאת מגילת קהלת בסוכות, כפי שנידון לעיל, הוא העובדה שזהו חג האסיף המסמל את צאת השנה. הנה מסתיים פרק זמן ומחזור חדש של זמן נפתח, כפי שהיה בעבר וכפי שיהיה בעתיד. ובלב חילופי הזמן ניצב האדם וחושב על פשר חייו. האם גם הוא רק פיסה חסרת משמעות בקצב מתמיד וסיזיפי שאינו מותיר אחריו מאומה? ייתכן שאם הספר היה נכתב בימינו הוא היה נפתח בתיאור מרחבי הקוסמוס שאיננו יכולים לתפוס. הבנת האדם המודרני את מרחבי החלל ומערכות השמש, מובילה לא־פעם לתהיות על משמעותו של האדם היחיד, הקטן כל כך לעומת גודל זה. מתוך הסתכלות החוצה פונה קהלת מעתה להתבונן פנימה, על חיי האדם.

חוכמה ועמל – אוטוביוגרפיה של מלך רב מעללים (א׳, יב – ב׳, כו)

הכינוי המקובל לחטיבה הפותחת את גוף הספר עצמו הוא ׳היחידה הביוגרפית׳, באשר קהלת מתאר בה את ניסיון חייו ואת המסקנות שנגזרות ממנו. תיחומה הספרותי קל יחסית – דבר שאינו מאפיין את ספר קהלת ככלל, שהרי הספר נקרא בנשימה אחת, וקשה להכריע היכן נדרש הקורא לעצור והיכן מתחילה יחידה חדשה. כאן יש (כמעט) תמימות דעים בנוגע לתיחומה של היחידה: ראשיתה בהכרזת הזהות החוזרת של הדובר, הפעם בגוף ראשון – ״אֲנִי קֹהֶלֶת הָיִיתִי מֶלֶךְ עַל יִשְׂרָאֵל בִּירוּשָׁלָם. וְנָתַתִּי אֶת לִבִּי לִדְרוֹשׁ וְלָתוּר בַּחָכְמָה״ (א׳, יב), וסופה באמירה: ״כִּי לְאָדָם שֶׁטּוֹב לְפָנָיו נָתַן חָכְמָה וְדַעַת וְשִׂמְחָה וְלַחוֹטֶא נָתַן עִנְיָן לֶאֱסוֹף וְלִכְנוֹס לָתֵת לְטוֹב לִפְנֵי הָאֱלֹהִים גַּם זֶה הֶבֶל וּרְעוּת רוּחַ״ (ב׳, כו).

הסיבה הפשוטה ביותר לקביעת סוף היחידה במקום זה היא שיר העיתים, המשולב מייד אחריה – בפרק ג׳ – וניחן במאפיינים צורניים מובהקים שמעידים עליו שיש לראות בו יחידה חדשה ונפרדת. ברור אפוא שבו מתחיל דבר-מה אחר.[1]

1. עם זאת, לוהפינק ראה את שיר העיתים כחתימת יחידה זו (עד ג׳, טו) וראה את

אך נוסף למסקנה עקיפה זו, יש גם סימנים שמלכדים את היחידה כולה להיות אחת. ראש וראשון לסימנים אלו הוא הדיבור האינטנסיבי בגוף ראשון יחיד – לא פחות מתשעים ושש פעמים. המילה 'אני' לבדה מופיעה יותר מתריסר פעמים. כבר נתון זה פותח צוהר אל החוויה האישית של קהלת שניצבת כאן כבסיס שעליו הוא מבקש לומר לקורא את אשר עם ליבו,[2] ומן הצד הספרותי, נתון זה מאגד ומלכד את החטיבה כולה.

זאת ועוד, יש לחטיבה זו מסגרת ספרותית, הנפתחת ונחתמת בלשון 'נתינת עניין':

א', יג: "וְנָתַתִּי אֶת לִבִּי לִדְרוֹשׁ וְלָתוּר בַּחָכְמָה עַל כָּל אֲשֶׁר נַעֲשָׂה תַּחַת הַשָּׁמָיִם הוּא **עִנְיַן** רָע **נָתַן אֱלֹהִים לִבְנֵי הָאָדָם** לַעֲנוֹת בּוֹ".

ב', כו: "כִּי **לְאָדָם** שֶׁטּוֹב לְפָנָיו **נָתַן** חָכְמָה וְדַעַת וְשִׂמְחָה וְלַחוֹטֶא **נָתַן עִנְיָן** לֶאֱסֹף וְלִכְנוֹס לָתֵת לְטוֹב לִפְנֵי הָאֱלֹהִים גַּם זֶה הֶבֶל וּרְעוּת רוּחַ".

לפנינו מסגרת שנונה, מפני שאין מדובר באותה "נתינת עניין" בפתיחה ובחתימה.[3] עקרונית, משמעותו של 'עניין' (מילה מיוחדת לקהלת) היא 'נושא', 'עיסוק', או 'מקרה', וחשובה הערתו של סאו: "לפעמים למילה יש ניואנס של משהו שגורם לחרדה. בקהלת, 'עניין' קשור בחוסר שקט, באובססיה, בדאגה ובחוסר יכולת אנושית למצוא הנאה".[4]

היחידה כולה כ'מבוא נרטיבי לתזה האנתרופולוגית המרכזית' (לוהפינק, קהלת, עמ' 8).

2. שארפ הצביעה בצדק על כך שבדבר זה ניכר ייחודו של ספר קהלת גם ביחס לספרי מקרא אחרים (שארפ, אירוניה, עמ' 48-49).

3. על המשמעויות השונות שנלוות ל"עניין" בספר קהלת ראו את דיונו של צימר, בין מוות לאושר, עמ' 96-99. על חשיבות המונח בספר, ראו גם אצל גורביץ', חשבונו, עמ' 97-115.

4. סאו, קהלת, עמ' 121.

אך יש לשים לב, שהעניין הרע הנזכר בראשונה (א׳, יג) הוא המוטיבציה האנושית לפקוח את העיניים ולתהות על מה שנעשה תחת השמיים, אך לעניין זה מצטרף ׳עניין׳ חדש שנזכר בסוף היחידה (ב׳, כו) – שגם הוא מיותר וחסר חשיבות – העניין לצבור רכוש.[5] שני מוקדים אלו עתידים ללוות את הקורא לאורך הספר כולו.

***

יחידה זו מאתגרת במיוחד מבחינת רצף הטיעונים שעולים בה. ישנם שני נושאים עיקריים שנבחנים במהלכה, ונדמה שקהלת קופץ מהאחד למשנהו. נעקוב תחילה אחר רציפות הפרק, ולאחר מכן נציע את מבנהו שחושף את ליכודו ואת טענותיו הבנויות אריח על גבי לבנה.

פתיחה (א׳, יב-יד)

אֲנִי קֹהֶלֶת הָיִיתִי מֶלֶךְ עַל יִשְׂרָאֵל בִּירוּשָׁלָם.

וְנָתַתִּי אֶת לִבִּי לִדְרוֹשׁ וְלָתוּר בַּחָכְמָה עַל כָּל אֲשֶׁר נַעֲשָׂה תַּחַת הַשָּׁמָיִם הוּא עִנְיַן רָע נָתַן אֱלֹהִים לִבְנֵי הָאָדָם לַעֲנוֹת בּוֹ. רָאִיתִי אֶת כָּל הַמַּעֲשִׂים שֶׁנַּעֲשׂוּ תַּחַת הַשָּׁמֶשׁ וְהִנֵּה הַכֹּל הֶבֶל וּרְעוּת רוּחַ מְעֻוָּת לֹא יוּכַל לִתְקֹן וְחֶסְרוֹן לֹא יוּכַל לְהִמָּנוֹת.

כפי שכבר נאמר לעיל, העובדה שקהלת היה מלך תורמת לרצינות טענותיו ומעניקה להן תוקף מיוחד. אך דבר זה נכון במיוחד ביחידה שלפנינו שנשענת כולה על הניסיון האמפירי של הדובר. כמלך יכול קהלת להכריז: לא היה אדם חכם ועשיר ממני! אם אני הוא המתבטא בעניין החוכמה והעושר ומבטל את ערכם – האמינו לבעל

5. שטנדבך כתב שלכל אזכורי ״עניין״ בספר קהלת יש קונוטציות שליליות, כמו בפסוקנו – ״עִנְיַן רָע״ (שטנדבך, ענה, עמ׳ 228). צימר חלק עליו והצביע על שני אזכורים של ׳עניין׳ בספר שאין להם כל הקשר שלילי – קהלת ג׳, י; ח׳, טז (צימר, בין מוות לאושר, עמ׳ 96). בין אם כך ובין אם כך, שניהם מסכימים ששני אזכורי ׳העניין׳ בפסוקים שלפנינו הם בעלי מטען ביקורתי ושלילי.

ניסיון. במידה מסוימת, הכתיבה האוטוביוגרפית משחררת את קהלת מצורך הנימוק וההוכחה. הוא מדווח על אשר הוא רואה, ומאחר שמדובר באדם חכם ובעל ניסיון, יש בהסתכלותו על המציאות בבחינת פקיחת עיניים עבור אחרים. לא הטיעון הלוגי הוא המוגש לקורא בקדמת הבמה של הספר, אלא ניסיון חייו של הדובר. מזכירים דברים אלו את תגובתו של זרתוסטרה של ניטשה לאחד מתלמידיו, לאחר שזה האחרון שאל אותו מדוע הוא טען שהמשוררים משקרים יותר מדי:

> "מדוע?" ענה לו זרתוסטרה. "אתה שואל אותי מדוע? אינני אחד מאלה שמותר לשאול אותם על ה'מדוע' שלהם. הלוא התנסותי לא מאתמול היא. מזמן התנסיתי בדברים שדעותי מבוססות עליהם! אילו ביקשתי לשמור אצלי גם את טעמי ונימוקי, הלוא היה עלי להיות חבית זיכרון! די לי שאני שומר את דעותי עצמן, יותר מדי; ולא ציפור אחת בלבד פורחת לה".[6]

הניסוח של זרתוסטרה מניח שיש לדובר גם טעמים ונימוקים, אך חבל לו לזכור אותם, ודי לו לזכור את מסקנותיו. אצל קהלת הטיעון נוקב עוד יותר: הוא לא מתיימר לטעון שיש באמתחתו נימוקים נסתרים, אלא מחפש את אישור הטענות ברובד האמפירי, ולשם נימוק טענותיו די בכך שהוא, כבעל ניסיון, מעיד שדברים מסוימים הם הבל (ליתר דיוק, המציאות כולה).

כבר ביחידה פותחת זו מצביע קהלת על מסקנתו – "וְהִנֵּה הַכֹּל הֶבֶל וּרְעוּת רוּחַ" – ומכאן ואילך הראיות שיביא לדבריו אינן בגדר חקירה מדעית אלא ראיות שיתמכו במסקנה שהיא גם נקודת המוצא.[7]

6. ניטשה, זרתוסטרה, עמ' 206-207.
7. 'רעיית רוח' היא מעשה שאין לו פשר. לוהפינק טען שיש לקרוא מונח זה בהקבלה לרעיון רוח (א', יז; ב', טז), ולכן הציע שמשמעות המונח היא 'מחשבה סוערת ואוורירית', 'כמיהה ללא תכלית' (לוהפינק, קהלת, עמ' 48). יש שביארו

שתי מסקנות פסימיות עולות בפתיחה זו, וכפי שיובהר להלן כבר בהן יש שני מוקדים שעומדים להתפתח בהמשך הפרק. ראשית מצהיר קהלת שעצם תשוקת החיפוש והתהייה האנושית על משמעות הדברים, היא ״עִנְיַן רָע נָתַן אֱלֹהִים לִבְנֵי הָאָדָם לַעֲנוֹת בּוֹ״. קשה להאמין שכך קהלת החכם פותח את הרצאתו, אך לצד זאת, הדברים הרי מוכרים לנו היטב. צורך האדם להרהר במה שסובב אותו ובמשמעות חייו הוא עצמו עניין רע, שאינו גורם נחת לאדם, אלא דווקא מוביל אותו למצוקות, לכובד לב, ולעיתים אף לייאוש. כידוע, ׳אין שכל – אין דאגות׳, ואם פתגם זה תקף בעולם הפרגמטי, הוא נכון שבעתיים בעולם הפילוסופי. יכול אדם לחיות כל חייו מבלי להיפתח לשאלות קיומיות מעין אלו, והוא זה – טוען קהלת – שלפחות מנע מעצמו ייסורי לב.

פתיחה זו חריפה שבעתיים אם נאמץ את עמדת הטוענים שחתימת הפסוק – ״לַעֲנוֹת בּוֹ״ – אינה אומרת רק ׳להתנהג בו׳ (רש״י), ׳לעסוק בו׳ או ׳להתעניין בו׳,[8] אלא ׳להתענות בו׳![9] לפי הצעה זו, האל מוצג כמעט כמי שמתעלל בברואיו – טבע בהם את התשוקה לחשוב על עצמם ועל משמעות חייהם, אך הדבר מביא אותם לעינוי ולסבל.[10]

במשפט השני משלב קהלת את מסקנת חקירתו. הוא בחן את ״אֶת כָּל הַמַּעֲשִׂים״ – כלומר כל ההתנהגויות האנושיות שעתידות

את התיבה ׳רעות׳ שבצימוד זה מלשון שבר, תרועה, ואז משמעות הצירוף היא שברון רוח. לשיטתם, תהא זו אמירה על תוחלתו הנכזבת של האדם הפונה לעניין המתואר.

8. כך רס״ג, וכן: גינזברג, קהלת, עמ׳ 63; לתמיכה בעמדה זו, ראו במיוחד אצל: וייטלי, קהלת, עמ׳ 12.

9. כך עולה מתרגום יונתן, וכן, למשל: גורדיס, קהלת, עמ׳ 200; ברתולומיו, קהלת, עמ׳ 121. על התלבטות זו ראו גם בפירוש ראב״ע על אתר.

10. כמה רחוק אלוהיו של קהלת המוצג בפסוק זה, מתיאורו בבריאת העולם, שראה שכל הנברא הוא כי טוב.

להיפרט לאורך הספר – "וְהִנֵּה הַכֹּל הֶבֶל וּרְעוּת רוּחַ מְעֻוָּת לֹא יוּכַל לִתְקֹן וְחֶסְרוֹן לֹא יוּכַל לְהִמָּנוֹת".

"הכל" (!) הוא הבל ורעות רוח, ומאומה לא מתקדם. המעוות לא יוכל לעולם להגיע לידי תיקון, והחיסרון מרובה כל כך עד שאי אפשר אפילו למנותו.[11] כבר קריאה זו פסימית למדי, אך אפשר לקרוא את הפסוק באופן מזעזע עוד יותר. אפשר ש"מְעֻוָּת לֹא יוּכַל לִתְקֹן וְחֶסְרוֹן לֹא יוּכַל לְהִמָּנוֹת" נסוב על המילה הַכֹּל שבתחילת הפסוק. כלומר לפנינו כמה היגדים שמתארים את 'הַכֹּל', את המציאות כולה: ראשית, היא הבל ורעות רוח; שנית, היא דבר מְעֻוָּת שלא ניתן לתקנו; שלישית, היא חֶסְרוֹן גדול ורב. לפי קריאה זו, לפנינו קביעה גורפת שהעולם כולו הוא עיוות וחיסרון מתמשך.

מכאן עובר קהלת לבחון שני אלמנטים שבמידת־מה מציעים שני מוקדים שונים בקיומו של האדם – עולמו הפנימי שיש בו חוכמה מזה, והוללות מזה; ועולם חיצוני לו שקשור במיוחד בצבירת נכסים ורכוש. בדיון זה קופץ קהלת מנושא לנושא, ואחרי שנדמה שכבר הגיע למסקנה בנוגע לאחד מהם, הוא חוזר אליו בהמשך דיונו. כפי שהוזכר במבוא, היו שטענו שאין לחפש קוהרנטיות מבנית בדיוניו של קהלת, ומדובר ברצף מחשבות אסוציאטיבי. אולם, עיון נוסף חושף שקהלת בוחן את שני המוקדים הנזכרים בשני שלבים. לאחר קומה ראשונה חוזר קהלת ומעיין באותם הנושאים בקומה נוספת.

כפתיחה להצגת מבנה היחידה ברצוננו לחזור לפסוקי פתיחת היחידה שדנו בהם זה עתה. פירשנו, כמקובל, שמשמעות דברי

11. יש פיתוי לאמץ כאן את הנוסח שמשתקף בתרגום הפסוק ליוונית של סומכוס: "להִמָּלוֹת", שהרי זה הפועל המתאים לעמוד מול 'חיסרון' (כמו "המקום ימלא חסרונך" – בבלי, ברכות טז ע"ב). ראו עוד בדיונם של גרץ, קהלת, עמ' 57–58; ויילדבאור, קהלת, עמ' 126; גורדיס, קהלת, עמ' 201. הרצברג (קהלת, עמ' 78) הסתייג מאימוץ נוסח זה. גרץ (שם) העיר בצדק ששילוב 'מעוות' עם 'לתקון' נזכר גם בהמשך הספר – ז', יג.

קהלת ״וְנָתַתִּי אֶת לִבִּי לִדְרוֹשׁ וְלָתוּר בַּחָכְמָה״ איננה הצהרה על חקירת החוכמה עצמה, אלא חקירה על ידי חוכמה. גם את ההיגד השני – ״רָאִיתִי אֶת כָּל הַמַּעֲשִׂים שֶׁנַּעֲשׂוּ תַּחַת הַשָּׁמֶשׁ״ – נטינו לראות כאמירה כללית הנוגעת באירועי האדם כולם. אולם, מייד בפירוט שבא בהמשך הפרק, קהלת עוסק במיוחד בשני אלמנטים אלו ובאופן ספציפי יותר – הוא בוחן את ה׳חוכמה׳ מצד אחד ואת ׳המעשים׳ במשמעות של קניינים ורכוש מצד שני. קשה להאמין שבמקרה בדיוק שני מינוחים אלו נזכרים בפתיחה. ואכן, הרצברג טען שכבר בפסוק הפותח התכוון קהלת לומר שהוא בחן את החוכמה שיש במציאות.[12] החוכמה לפי זה היא מושא מחקרו כבר בפסוק הפותח ולא רק הכלי שבעזרתו הוא בא לבחון את המציאות. קריאה זו כשלעצמה קשה, ואפשר להבין מדוע היא לא התקבלה על ידי אחרים,[13] אולם הדבר משקף את המשחק הספרותי שאכן נעשה כאן. דומה שהצדק עם הרצברג בקריאה הרמוזה הנלווית לפתיחה זו, שכבר מצביעה על שני מושאי המחקר שיבואו ביחידה זו, ובלשונו – גם אם ביקש קהלת לבחון את המציאות בעזרת החוכמה, ״בו זמנית עולה שאלת ערך החוכמה כשלעצמה״. יש לראות בפתיחה הכללית גם תמרור שמכוון את הקורא לשתי הבחינות שעומדות לבוא בהמשך היחידה – חוכמה מזה וצבירת רכוש מזה.

דבר זה חשוב להבנת מבנֵה היחידה, כפי שיובהר מייד, אך כמבוא לדיון זה ברצוננו להזכיר תעלומה נוספת שמלווה את הספר ואשר נוגעת בשני ביטויי מפתח של הספר: ״תחת השמש״ / ״תחת השמים״. על פניו שני ביטויים אלו אומרים את אותו הדבר – המציאות הנראית לעינינו; כל מה שהווה בעולמנו. אך אם כך, מדוע לעיתים משלב קהלת ביטוי זה ולעיתים ביטוי זה? האם יש בדבר סדר ברור? ראוי לציין שהצירוף ״תחת השמש״ הוא צירוף ייחודי לקהלת ולא

12. הרצברג, קהלת, עמ׳ 82.
13. ראו למשל אצל גורדיס, קהלת, עמ׳ 199; סאו, קהלת, עמ׳ 120.

נזכר עוד במקרא, שלא כמו "תחת השמים", שמופיע במקרא (כבר בבראשית א', ט, ועוד), ובמשמעות דומה של 'כל המציאות'. עם זאת, יש הד לצירוף 'תחת השמש' מחוץ למקרא. בסרקופג של אשמונעזר השני – מלך פיניקי של צידון מהמאה החמישית לפנה"ס – משולבת קללה על מי שיפתחו את ארון הקבורה של המלך, ובתוכה גם נאמר: "אל יכונן להם שורש למטה, ופרי למעלה, ותואר בחיים תחת השמש" (שורות 11-12).[14] משמעות 'תחת השמש' בכתובת זו זהה להוראתה בקהלת – בעולם כולו. הדבר אינו צריך להפתיענו, כי, כאמור במבוא, יש בספרות החוכמה קשרים ענפים בין תרבויות שונות, ועוד נראה גם בהמשך הספר שקהלת לא נמנע מלהסתמך על פתגמי חוכמה רווחים בעולם.

האם יש, אם כן, הבדל בין שני הצירופים שקהלת מביא לפנינו בסמיכות? השוואה מהירה בין שני המוקדים שעלו בפתיחת היחידה תעלה את החלוקה שיצר המחבר בין שני צירופי הלשון: כשמדבר קהלת על החוכמה הוא מזכיר את מה שנעשה תחת השמיים: "וְנָתַתִּי אֶת לִבִּי לִדְרוֹשׁ וְלָתוּר **בַּחָכְמָה** עַל כָּל אֲשֶׁר נַעֲשָׂה **תַּחַת הַשָּׁמָיִם**", ואילו כשהוא מדבר על המעשים הוא מתאר את מה שראה תחת השמש: "רָאִיתִי אֶת כָּל **הַמַּעֲשִׂים** שֶׁנַּעֲשׂוּ **תַּחַת הַשָּׁמֶשׁ**". כך נהג קהלת כבר בפתח הספר כולו: "מַה יִּתְרוֹן לָאָדָם בְּכָל **עֲמָלוֹ** שֶׁיַּעֲמֹל **תַּחַת הַשָּׁמֶשׁ**" (א', ג).

להלן נציע ביאור אפשרי לפֶשֶר בחירת המונחים השונה, אך תהא משמעות ההבדל בין שני התיאורים הללו אשר תהא, הוא מהווה 'מפתח סודי' לפתיחת שערי המבנה הסבוך של היחידה שלפנינו, כפי שיתבאר להלן.

אם נראה בפתיחת היחידה שלפנינו את הכותרת הכפולה שנידונה לעיל, יתגלה המבנה השלם של היחידה:[15]

14. ראו עוד על כתובת זו: אבישור, כתובות, עמ' 179-202.
15. בכיוון דומה הלכה גם נאוה כהן, אך חלוקת המקטעים שהיא מציעה שונה מהאמור למעלה. ראו: כהן, מבנה ומשמעות.

חוכמה ועמל (א׳, יב – ב׳, כו)

א׳, יב: אֲנִי קֹהֶלֶת הָיִיתִי מֶלֶךְ עַל יִשְׂרָאֵל בִּירוּשָׁלָם.

א׳, יג:	א׳, יד-טו:
(יג) וְנָתַתִּי אֶת לִבִּי לִדְרוֹשׁ וְלָתוּר בַּחָכְמָה עַל כָּל אֲשֶׁר נַעֲשָׂה תַּחַת הַשָּׁמָיִם הוּא עִנְיַן רָע נָתַן אֱלֹהִים לִבְנֵי הָאָדָם לַעֲנוֹת בּוֹ.	(יד) רָאִיתִי אֶת כָּל הַמַּעֲשִׂים שֶׁנַּעֲשׂוּ תַּחַת הַשָּׁמֶשׁ וְהִנֵּה הַכֹּל הֶבֶל וּרְעוּת רוּחַ. מְעֻוָּת לֹא יוּכַל לִתְקֹן וְחֶסְרוֹן לֹא יוּכַל לְהִמָּנוֹת.
א׳, טז - ב׳, ג: (טז) דִּבַּרְתִּי אֲנִי עִם לִבִּי לֵאמֹר אֲנִי הִנֵּה הִגְדַּלְתִּי וְהוֹסַפְתִּי חָכְמָה עַל כָּל אֲשֶׁר הָיָה לְפָנַי עַל יְרוּשָׁלָם **וְלִבִּי** רָאָה הַרְבֵּה חָכְמָה וָדָעַת. וָאֶתְּנָה **לִבִּי** לָדַעַת חָכְמָה וְדַעַת הֹלֵלוֹת וְשִׂכְלוּת יָדַעְתִּי שֶׁגַּם זֶה הוּא רַעְיוֹן רוּחַ. כִּי בְּרֹב חָכְמָה רָב כָּעַס וְיוֹסִיף דַּעַת יוֹסִיף מַכְאוֹב. - - - אָמַרְתִּי אֲנִי **בְּלִבִּי** לְכָה נָּא אֲנַסְּכָה בְשִׂמְחָה וּרְאֵה בְטוֹב וְהִנֵּה גַם הוּא הָבֶל. לִשְׂחוֹק אָמַרְתִּי מְהוֹלָל וּלְשִׂמְחָה מַה זֹּה עֹשָׂה. תַּרְתִּי **בְלִבִּי** לִמְשׁוֹךְ בַּיַּיִן אֶת בְּשָׂרִי **וְלִבִּי** נֹהֵג בַּחָכְמָה וְלֶאֱחֹז בְּסִכְלוּת עַד אֲשֶׁר אֶרְאֶה אֵי זֶה טוֹב לִבְנֵי הָאָדָם אֲשֶׁר יַעֲשׂוּ תַּחַת הַשָּׁמַיִם מִסְפַּר יְמֵי חַיֵּיהֶם.	ב׳, ד - ב׳, יא: הִגְדַּלְתִּי מַעֲשָׂי בָּנִיתִי לִי בָּתִּים נָטַעְתִּי לִי כְּרָמִים. עָשִׂיתִי לִי גַּנּוֹת וּפַרְדֵּסִים וְנָטַעְתִּי בָהֶם עֵץ כָּל פֶּרִי. עָשִׂיתִי לִי בְּרֵכוֹת מָיִם לְהַשְׁקוֹת מֵהֶם יַעַר צוֹמֵחַ עֵצִים. קָנִיתִי עֲבָדִים וּשְׁפָחוֹת וּבְנֵי בַיִת הָיָה לִי גַּם מִקְנֶה בָקָר וָצֹאן הַרְבֵּה הָיָה לִי מִכֹּל שֶׁהָיוּ לְפָנַי בִּירוּשָׁלָם. כָּנַסְתִּי לִי גַּם כֶּסֶף וְזָהָב וּסְגֻלַּת מְלָכִים וְהַמְּדִינוֹת עָשִׂיתִי לִי שָׁרִים וְשָׁרוֹת וְתַעֲנֻגוֹת בְּנֵי הָאָדָם שִׁדָּה וְשִׁדּוֹת. וְגָדַלְתִּי וְהוֹסַפְתִּי מִכֹּל שֶׁהָיָה לְפָנַי בִּירוּשָׁלָם אַף חָכְמָתִי עָמְדָה לִּי. וְכֹל אֲשֶׁר שָׁאֲלוּ עֵינַי לֹא אָצַלְתִּי מֵהֶם לֹא מָנַעְתִּי אֶת לִבִּי מִכָּל שִׂמְחָה כִּי לִבִּי שָׂמֵחַ מִכָּל עֲמָלִי וְזֶה הָיָה חֶלְקִי מִכָּל עֲמָלִי. וּפָנִיתִי אֲנִי בְּכָל מַעֲשַׂי שֶׁעָשׂוּ יָדַי וּבֶעָמָל שֶׁעָמַלְתִּי לַעֲשׂוֹת וְהִנֵּה הַכֹּל הֶבֶל וּרְעוּת רוּחַ וְאֵין יִתְרוֹן תַּחַת הַשָּׁמֶשׁ.

ב׳, יב - ב׳, טז:	ב׳, יז - ב׳, כו:
וּפָנִיתִי אֲנִי לִרְאוֹת חָכְמָה וְהוֹלֵלוֹת וְסִכְלוּת כִּי מֶה הָאָדָם שֶׁיָּבוֹא אַחֲרֵי הַמֶּלֶךְ אֵת אֲשֶׁר כְּבָר עָשׂוּהוּ. וְרָאִיתִי אָנִי שֶׁיֵּשׁ יִתְרוֹן לַחָכְמָה מִן הַסִּכְלוּת כִּיתְרוֹן הָאוֹר מִן הַחֹשֶׁךְ. הֶחָכָם עֵינָיו בְּרֹאשׁוֹ וְהַכְּסִיל בַּחֹשֶׁךְ הוֹלֵךְ וְיָדַעְתִּי גַם אָנִי שֶׁמִּקְרֶה אֶחָד יִקְרֶה אֶת כֻּלָּם. וְאָמַרְתִּי אֲנִי בְּלִבִּי כְּמִקְרֵה הַכְּסִיל גַּם אֲנִי יִקְרֵנִי וְלָמָּה חָכַמְתִּי אֲנִי אָז יֹתֵר וְדִבַּרְתִּי בְלִבִּי שֶׁגַּם זֶה הָבֶל. כִּי אֵין זִכְרוֹן לֶחָכָם עִם הַכְּסִיל לְעוֹלָם בְּשֶׁכְּבָר הַיָּמִים הַבָּאִים הַכֹּל נִשְׁכָּח וְאֵיךְ יָמוּת הֶחָכָם עִם הַכְּסִיל.	וְשָׂנֵאתִי אֶת הַחַיִּים כִּי רַע עָלַי הַמַּעֲשֶׂה שֶׁנַּעֲשָׂה תַּחַת הַשָּׁמֶשׁ כִּי הַכֹּל הֶבֶל וּרְעוּת רוּחַ. וְשָׂנֵאתִי אֲנִי אֶת כָּל עֲמָלִי שֶׁאֲנִי עָמֵל תַּחַת הַשָּׁמֶשׁ שֶׁאַנִּיחֶנּוּ לָאָדָם שֶׁיִּהְיֶה אַחֲרָי. וּמִי יוֹדֵעַ הֶחָכָם יִהְיֶה אוֹ סָכָל וְיִשְׁלַט בְּכָל עֲמָלִי שֶׁעָמַלְתִּי וְשֶׁחָכַמְתִּי תַּחַת הַשָּׁמֶשׁ גַּם זֶה הָבֶל. וְסַבּוֹתִי אֲנִי לְיַאֵשׁ אֶת לִבִּי עַל כָּל הֶעָמָל שֶׁעָמַלְתִּי תַּחַת הַשָּׁמֶשׁ. כִּי יֵשׁ אָדָם שֶׁעֲמָלוֹ בְּחָכְמָה וּבְדַעַת וּבְכִשְׁרוֹן וּלְאָדָם שֶׁלֹּא עָמַל בּוֹ יִתְּנֶנּוּ חֶלְקוֹ גַּם זֶה הֶבֶל וְרָעָה רַבָּה. כִּי מֶה הֹוֶה לָאָדָם בְּכָל עֲמָלוֹ וּבְרַעְיוֹן לִבּוֹ שֶׁהוּא עָמֵל תַּחַת הַשָּׁמֶשׁ. כִּי כָל יָמָיו מַכְאֹבִים וָכַעַס עִנְיָנוֹ גַּם בַּלַּיְלָה לֹא שָׁכַב לִבּוֹ גַּם זֶה הֶבֶל הוּא. כִּי לְאָדָם שֶׁטּוֹב לְפָנָיו נָתַן חָכְמָה וְדַעַת וְשִׂמְחָה וְלַחוֹטֶא נָתַן עִנְיָן לֶאֱסוֹף וְלִכְנוֹס לָתֵת לְטוֹב לִפְנֵי הָאֱלֹהִים גַּם זֶה הֶבֶל וּרְעוּת רוּחַ.

ב׳, כד-כו: אֵין טוֹב בָּאָדָם שֶׁיֹּאכַל וְשָׁתָה וְהֶרְאָה אֶת נַפְשׁוֹ טוֹב בַּעֲמָלוֹ גַּם זֹה רָאִיתִי אָנִי כִּי מִיַּד הָאֱלֹהִים הִיא. כִּי מִי יֹאכַל וּמִי יָחוּשׁ חוּץ מִמֶּנִּי.

לאחר הפתיחה הכפולה שכבר דנו בה לעיל, מתחיל קהלת לפרט את מושא מחקרו. מבט אל פסוק טז מגלה שהוא מהווה המשך לפתיחה שנאמרה בפסוק יג, המעוגן גם במרקם הלשוני של הפסוק. כאן וכאן קהלת מתייחס אל ה׳חָכְמָה׳, ומזכיר שוב את ׳לִבִּי׳ – מילה שבהקשרה יש להבינה במשמעות של חוויה או תודעה. בהקשר זה מזכיר קהלת גם את ההוללות והשכלות שהן ניגודו של החכם בעל שיקול הדעת.

החשוב ביותר מבחינת דיון זה הוא חתימת חלק זה במינוח ״תַּחַת הַשָּׁמָיִם״, אשר מסגיר את שייכותו לפתיחה שעסקה גם היא בחוכמה.

מנגד, ב׳, ד – ב׳, יא עובר לדון במעשים הארציים, בעמל הפיזי שבצבירת קניינים. כאן שב קהלת ומתאר ״הִגְדַּלְתִּי מַעֲשָׂי... עָשִׂיתִי לִי גַּנּוֹת וּפַרְדֵּסִים... עָשִׂיתִי לִי בְּרֵכוֹת מָיִם...״, ושוב ושוב חוזר קהלת על הפועל ׳לעשות׳ או פעלים קרובים לו. ניכר שיחידה זו חוזרת למה שנאמר בפתיחה: ״רָאִיתִי אֶת כָּל **הַמַּעֲשִׂים** שֶׁנַּעֲשׂוּ תַּחַת הַשָּׁמֶשׁ״. לא ייפלא, שביחידה זו קהלת לא מדבר על ׳תחת השמיים׳ אלא על ׳תחת השמש׳, בהתאמה למוקד העשייה וצבירת הרכוש.

אף על פי שקהלת עוסק כאן בשני דיונים שונים, הוא משלב אותם יחד. הכותרת חורזת את החוכמה עם עמל המעשה, ואחריה, כל נושא זוכה לדיון בפני עצמו.[16] עוד נראה שגם בהמשך הדיון, חוזר קהלת ומלבן את שני המוקדים תוך קפיצה מהאחד למשנהו.

על הקבלת שני קטעי טקסט אלו מצביעים גם כמה סימנים לשוניים ותוכניים. כך, למשל, ניכרת ׳התעקשותו׳ של קהלת לנקוט באותם הפעלים ביחס לחוכמה וביחס לעמל המעשה: ״אֲנִי הִנֵּה הִגְדַּלְתִּי **וְהוֹסַפְתִּי** חָכְמָה עַל כָּל אֲשֶׁר **הָיָה לְפָנַי עַל יְרוּשָׁלָם**״ (א׳, טז); ״וְגָדַלְתִּי **וְהוֹסַפְתִּי** מִכֹּל **שֶׁהָיָה לְפָנַי בִּירוּשָׁלָם**״ (ב׳, ט). בהמשך א׳, טז נוקט קהלת לשון ראייה: ״וְלִבִּי **רָאָה** הַרְבֵּה חָכְמָה וָדָעַת״. במקביל, גם בהמשך ב׳, ט קהלת מנצל שדה סמנטי זה: ״וְכֹל אֲשֶׁר **שָׁאֲלוּ עֵינַי** לֹא אָצַלְתִּי מֵהֶם״.

כאמור, בקטעים המתייחסים לעיסוק בחוכמה מופיע רק הביטוי ״תחת השמיים״, ואילו בקטעים המתייחסים למעשים, לעמל, מופיע רק הביטוי ״תחת השמש״. גם אם מבחינה סמנטית הוראת הצירוף זהה, מבחינה ספרותית יש לעמוד על ההבדל ביניהם ועל הסיבה שקהלת אימץ אחד לבחינת עולם התודעה הפנימי של האדם – חוכמה ושמחה, ואת השני לבחינת ההישגים שמחוץ לנפשו – לצבירת הרכוש.

16. מודל כתיבה זה מתרחש במקומות נוספים במקרא. כך למשל מצוות הדשן פותחת בחובה לפנות את המזבח מהדשן מדי בוקר ובחובה לקיים אש תמידית במזבח, ואחרי כותרת זו יש פירוט של דין הדשן בפני עצמו ושל דין אש התמיד בפני עצמו (ראו על כך: גרוסמן, תורת הקורבנות, עמ׳ 383-400).

קשה לומר בהקשר זה דברים ברורים, אך בזהירות אנו מבקשים להציע שבכתיבתו של קהלת נלוות לשמש ולשמיים אסוציאציות שונות במעט. השמש היא גבול עולמו של קהלת, אך היא ניצבת בצד שלנו של הגבול. היא פועלת במציאות המוכרת לנו – מאירה, מחממת, מצמיחה, וגם קופחת על ראשי המוציאים בזיעת אפיהם לחם. בביטוי "המעשים הנעשים תחת השמש" משתקף העמל המיוזע של הפועל לאור השמש, לחומה: נוכחותה מורגשת, מפעפעת במציאות הזאת. מבחינה זו, אפשר לראות בה ייצוג של הדבר הרחוק ביותר שעדיין כלול במציאות האנושית.

לעומת זאת, השמיים הם מסגרת חיצונית, האסוציאציות הנלוות אליהם כרוכות בתחושה של יציאה מעבר לעולם, הן דבר שמחוץ להישג ידנו. השמיים הם מקום משכנו של האל, ומהם הוא מביט על עולמו: "עַד יַשְׁקִיף וְיֵרֶא ה' מִשָּׁמָיִם" (איכה ג', ג), וכדברי קהלת: "כִּי הָאֱלֹהִים בַּשָּׁמַיִם וְאַתָּה עַל הָאָרֶץ" (ה', א). אסוציאציות אלו הופכות את השמיים למתאימים במיוחד לקישור עם התודעה הפנימית של האדם שמתבוננת על המציאות ויש בכוחה לבחון אותה מן הצד, שהרי העיון המופשט פורץ מגבולות העולם ומבקש לומר דברים עקרוניים ונצחיים. הנגיעה הסמלית בשמיים אינה מתאימה כמובן למרחב הדיון בצבירת רכוש – גם אם נאמץ הצגה פסיכולוגית חודרת של תחושת היתרון בעולם הנחווית בידי אדם המתענג מראיית חשבון הבנק שלו תופח. גם איש זה אינו חושב לרגע, שבזכות ממונו הרב הוא נוגע בנצח. יתרונו נשאר בתוך גבולות העולם; תחת השמש.

פיצול זה בא לידי ביטוי באסוציאציה נוספת. אל השמש נקשרים גם האור ויכולת הראייה: "וּמָתוֹק הָאוֹר וְטוֹב לַעֵינַיִם לִרְאוֹת אֶת הַשָּׁמֶשׁ" (י"א, ז); היא הכוח העיקרי שהופך את מעשי האדם במציאות הזאת לפומביים. לעומת זאת, ענייניו של החכם מופשטים, דקים, רחוקים וסמויים מעין, והוא חווה את חוכמתו כבעלת ערך גם אם אינה גלויה לעיני כול. לא לחינם זיהו פילוסופים ומשוררים אחדים את החוכמה עם הלילה האפל והשקט דווקא, להבדיל משעות היום המוארות, הפומביות, השוקקות. הנה כך שורר פעם ניטשה:

חצות לילה עמוק מה מדבר?
נרדמתי רדום, מחלום עמוק אני מתעורר
העולם תהום, עמוק ממה שהיום סובר.[17]

מחשבותיו ורעיונותיו של אדם הם נכסים אישיים שמתרחשים בתוכו, בהיחבא. לעומת זאת, צבירת רכוש היא פעילות שמתרחשת במציאות הגלויה, במשא ומתן עם אנשים נוספים. אדרבה, חלק ניכר מההנאה ששואב האדם מרכוש וקניינים נובע מההתגדלות לעיני כול, מהשגת המעמד החברתי הנלווה להיותו עשיר. יש גם חכמים הזוכים לכבוד, אך לרוב – אליבא קהלת – "חָכְמַת הַמִּסְכֵּן בְּזוּיָה וּדְבָרָיו אֵינָם נִשְׁמָעִים" (ט', טז).

אם כך ואם כך, הדבר החשוב לדיוננו הוא שקהלת מאמץ את המונח "תחת השמש" לתיאור עמלו של האדם במציאות – ודבר זה תקף גם בהמשך הספר, בעוד המונח "תחת השמיים" מתאר את פעילותו הפנימית של האדם, את תודעתו וחוכמתו.

מבחינת תוכן הדברים ואופן הרצאתם, יש זיקה מתודית בין הדיון בחוכמה והשמחה בא', טז – ב', ג לבין הדיון בעמל המעשה בב', ד – ב', יא. לא רק בשל המסקנה, אלא בשל הזהות בדרך הטיעון. בשני המקרים אין לפנינו שכנוע בטענות לוגיות, אלא 'ראיות' אמפיריות שנשענות על ניסיונו של קהלת, שהרי 'אין חכם כבעל ניסיון'.

חוכמה ועמל – סבב ראשון (א', טז – ב', יא)

חָכְמָה וְדַעַת הֹלֵלוֹת וְשִׂכְלוּת

נפנה אם כן לרצף הטיעונים. התהייה הראשונה נוגעת לשאלה אם בחוכמה נעוץ יתרון כלשהו:

17. ניטשה, זרתוסטרה, עמ' 220.

דִּבַּרְתִּי אֲנִי עִם לִבִּי לֵאמֹר אֲנִי הִנֵּה הִגְדַּלְתִּי וְהוֹסַפְתִּי חָכְמָה עַל כָּל אֲשֶׁר הָיָה לְפָנַי עַל יְרוּשָׁלָם וְלִבִּי רָאָה הַרְבֵּה חָכְמָה וָדָעַת. וָאֶתְּנָה לִבִּי לָדַעַת חָכְמָה וְדַעַת הֹלֵלוֹת וְשִׂכְלוּת יָדַעְתִּי שֶׁגַּם זֶה הוּא רַעְיוֹן רוּחַ. כִּי בְּרֹב חָכְמָה רָב כָּעַס וְיוֹסִיף דַּעַת יוֹסִיף מַכְאוֹב (א׳, טז-יח).

לא פלא שקהלת מתחיל את מסעו בבחינת החוכמה, שהרי הוא עצמו חלק מהאסכולה שמטפחת את החוכמה, ואפשר היה לצפות, שכדרכם של חכמים, הוא יטיף לאהבת חוכמה ולהבטחת ההצלחה לאלו האוחזים בה, כדברי ספר משלי למשל: ״אַשְׁרֵי אָדָם מָצָא חָכְמָה / וְאָדָם יָפִיק תְּבוּנָה״ (ג׳, יג).[18] אולם, למרבה ההפתעה, לא די בזאת שקהלת אינו מתאר את אושרו של מי שקנה חוכמה, אלא אדרבה: ״כִּי בְּרֹב חָכְמָה רָב כָּעַס / וְיוֹסִיף דַּעַת יוֹסִיף מַכְאוֹב״ (א׳, יח).

הכעס שהחוכמה מביאה בכנפיה ללומדיה הוא, בראש ובראשונה, ׳עצבות׳ ו׳דאגה׳, כפי שעולה מהתקבולת שבפסוק. להוראה זו של ׳כעס׳ יש דוגמאות נוספות במקרא, כמו בדברי חנה לעלי: ״כִּי מֵרֹב שִׂיחִי וְכַעְסִי דִּבַּרְתִּי עַד הֵנָּה״ (שמ״א א׳, טז).[19] לצד זאת, ייתכן שגם ההוראה הרגילה של כעס (= ׳רוגז׳, ׳קצף׳), נותנת כאן את אותותיה. בהמשך הספר זו תהיה הוראת המילה (ז׳, ג), ונראה שלא במקרה בחר בה קהלת גם בפסוקנו.

יש להודות, שמטיף ספר משלי משרה עלינו לא פעם תחושה של אדם כעוס. החכם הרואה את העוולות סביבו מגיע לידי צער, אך הוא גם נטען בעוינות ובמרמור על העולם – ואולי אף כלפי עצמו, שהרי ממד של כאב וסבל נלווה מן הסתם גם לבחינה עצמית נוקבת,

18. גם ספר משלי מודע לאהבת הממון של בני האדם, ועל כן דורש שחיפוש החוכמה לא ייפול מדרכם של האנשים אחר חיפוש הממון: ״בְּנִי אִם תִּקַּח אֲמָרָי / וּמִצְוֹתַי תִּצְפֹּן אִתָּךְ. לְהַקְשִׁיב לַחָכְמָה אָזְנֶךָ / תַּטֶּה לִבְּךָ לַתְּבוּנָה. כִּי אִם לַבִּינָה תִקְרָא / לַתְּבוּנָה תִּתֵּן קוֹלֶךָ. אִם תְּבַקְשֶׁנָּה כַכָּסֶף / וְכַמַּטְמוֹנִים תַּחְפְּשֶׂנָּה. אָז תָּבִין יִרְאַת ה׳ / וְדַעַת אֱלֹהִים תִּמְצָא״ (משלי ב׳, א-ה).

19. על הוראה זו של ׳כעס׳ ראו: דהוד, אוגריתית, עמ׳ 330.

המאפיינת את החכם. כך, אם כן, החוכמה מביאה בכנפיה עצבות, ואולי גם כעס של החכם הרואה את העולם על מגרעותיו.

הבנה זו מוצאת את ביטוייה אצל פילוסופים שונים, ודי להזכיר בהקשר זה את קאנט שכתב שלאור מצבו הנפשי העגום של אוהב החוכמה, ברור שאי־אפשר לראות באושר את מטרתה של התבונה:

> ובאמת אנו מוצאים, כי יותר שתבונה מפותחת נותנת את דעתה על הנאת החיים ועל האושר, יותר הולך האדם ומתרחק מקורת־הרוח האמתית. ומזה נולדת אצל רבים, ודווקא במנוסים ביותר בשימוש התבונה – ובלבד שיהיו גלויי לב כדי להודות בכך – מידת־מה של מיסולוגיה, כלומר שנאת התבונה. משום שלאחר הערכת כל היתרונות שהם מפיקים... – הריהם מוצאים כי באמת מרובה הדאגה שהעמיסו על עצמם מן הטובה שהרוויחו. וסופם שהם נוטים לקנא יותר מאשר לזלזל בסוג הפשוט של בני האדם, שהוא קרוב מהם להנהגת האינסטינקט הטבעי ואינו נותן לתבונתו להשפיע הרבה על התנהגותו.[20]

קאנט אומנם לא הזכיר בדבריו את קהלת בפירוש, אך בלי שהיה מודע לכך הוא הציע קריאה שהולמת גם את קהלת. בדומה לקאנט, גם קהלת נוטה בסופו של דבר לשנאת החוכמה בשל ׳הדאגה׳ שהיא גורמת, המרובה על הטובה שהיא מביאה בכנפיה.

כהמשך רציף להכרזה שהחוכמה מוסיפה כעס ומכאובים, קהלת דן גם ׳בשמחה׳ ו׳בטוב׳ (ב׳, א–ב). אין מדובר כאן בטוב מוסרי, אלא בעונג שיש לכאורה לאלו השמחים בעודם יושבים בפאב השכונתי עם חבריהם. העמדה המשולבת כאן היא עמדה הפוכה לעמדת החכם המכלכל את צעדיו בתבונה: ״אחר שהקצה הראשון התבאר שהוא

20. קאנט, הנחת יסוד, עמ׳ 23. ייתכן שבדברים אלו הושפע קאנט מבן דורו ז׳אן ז׳ק רוסו, שהעדיף גם הוא את האינסטינקט הטבעי על פני חינוך שבו המורה החכם מעביר ידע לחניכיו. בהקשר אחר קאנט העיד על עצמו בפירוש שהוא הושפע מרוסו, בהערות שכתב על חיבורו ״השקפות על תחושת היפה והנשגב״.

מחשבת רוח והבל, אם כן נהפוך עצמנו אל הקצה האחרון, אשר עקרו הגדול הוא נסוך היין בשמחה, דרך שחוק וקלות ראש, וטוב הלב בהתהוללות והשתכרות, והסתלק כל התחשבות והשתדלות בעסקים" (ר"י כספי, בפירושו במקום). אולם, גם טיפוס זה אינו מרשים את קהלת: "לִשְׂחוֹק אָמַרְתִּי מְהוֹלָל / וּלְשִׂמְחָה מַה זֹּה עֹשָׂה".

את הטענה "וּלְשִׂמְחָה מַה זֹּה עֹשָׂה" אפשר לפרש כביטול בנחרת בוז – מה הטעם בישיבה בטלה בפאבים, או בשמיעת מוזיקה ונענועי גוף? (והיו שתרגמו באופן זה: "Of revelry I said – It's mad! Of merriment – What good is that?" [JPS]). אפשר גם להבין את דברי קהלת כנאמרים ברצינות ובכובד ראש: איזו תכלית משרתת השמחה, מה התועלת שבה? במה היא יכולה לקדם את המציאות או לתת יתרון לאדם (והיו שתרגמו באופן זה: "and of pleasure – What does it accomplish?" [NAU]).[21] בכל מקרה, גם כאן אין טענה לוגית המבטלת את יתרונה של שמחת ההוללים, אלא דיבור הנובע מתחושתו האישית של קהלת – לא ייתכן שאדם בא לעולם כדי לשתות עוד כוס בירה.

הערה קטנה לגבי הפועל "לִשְׂחוֹק אָמַרְתִּי **מְהוֹלָל**". כדרכו, עושה קהלת בפועַל שימוש שנון. ההוראה הרווחת של 'מהולל' היא 'משובח', כמו: "וַיִּרְאוּ אֹתָהּ שָׂרֵי פַרְעֹה וַיְהַלְלוּ אֹתָהּ אֶל פַּרְעֹה" (בראשית י"ב, טו), או: "לְפִי שִׂכְלוֹ יְהֻלַּל אִישׁ / וְנַעֲוֵה לֵב יִהְיֶה לָבוּז" (משלי י"ב, ח), ועוד הרבה. אולם, יש במקרא גם 'הלל' במשמעות 'התנהג בסכלות' (כמו: איוב י"ב, יז), וזו ההוראה שקהלת מנצל בפסוקנו (כמו גם בז', ז).[22] מאחר שלמילה זו שתי הוראות הפוכות,

21. השווה: "גַּם בִּשְׂחֹק יִכְאַב לֵב וְאַחֲרִיתָהּ שִׂמְחָה תוּגָה" (משלי י"ד, יג). על זיקת פסוק זה לקהלת העיר כבר זר־כבוד, קהלת, עמ' 23.

22. קדרי, מילון, עמ' 217–218. מקורה של הוראה זו לשורש הל"ל אינו ברור ועמדות שונות יש בדבר זה. מעניינת הצעתו של מנסור שהוראת המילה כלל אינה 'טיפשות' אלא 'הונאה' או 'הטעיה'. גם יש לציין שיש שראו בהוראת הפועל 'הד' שנגזר ממשמעות ההלל הרווחת = שבח (ראו על אפשרויות אלו ונוספות: סזל, הלל, עמ' 411–412). רש"י פירש את 'מהולל' מלשון

מתבלבל הקורא בקריאה ראשונה וסבור שהנה קהלת עומד לשבח את הצחוק ואת השמחה. הרי ׳שחוק׳ צמוד פעמים רבות לשירי שבח והלל, עד שנראה לעיתים שזה חלק מתפקידו העיקרי, כמו: ״וַתַּעֲנֶינָה הַנָּשִׁים **הַמְשַׂחֲקוֹת** וַתֹּאמַרְןָ הִכָּה שָׁאוּל באלפו [קרי: בַּאֲלָפָיו] וְדָוִד בְּרִבְבֹתָיו״ (שמ״א י״ח, ז), או: ״וְדָוִד וְכָל בֵּית יִשְׂרָאֵל **מְשַׂחֲקִים** לִפְנֵי ה׳ בְּכֹל עֲצֵי בְרוֹשִׁים וּבְכִנֹּרוֹת וּבִנְבָלִים וּבְתֻפִּים וּבִמְנַעַנְעִים וּבְצֶלְצֱלִים״ (שמ״ב ו׳, ה), וירמיהו אף מנבא שכך יהיה בעת גאולתם של ישראל: ״וְיָצָא מֵהֶם תּוֹדָה וְקוֹל **מְשַׂחֲקִים** וְהִרְבִּתִים וְלֹא יִמְעָטוּ וְהִכְבַּדְתִּים וְלֹא יִצְעָרוּ״ (ל׳, יט, וראו גם ל״א, ג). אך לאור התקבולת מתבררת לקורא טעותו, ונחשף שלמעשה קהלת בז לצחוק זה ורואה בו סכלות.

כאמור, קהלת משלב בין הדיון בחוכמה לדיון בהוללות באשר מדובר בשתי אלטרנטיבות שניצבות כהפכיות זו לזו ומתארות את עמדתו הנפשית של האדם. הצבתן ביחד בולטת במיוחד בחתימת חלק זה: ״תַּרְתִּי בְלִבִּי לִמְשׁוֹךְ בַּיַּיִן אֶת בְּשָׂרִי וְלִבִּי נֹהֵג בַּחָכְמָה וְלֶאֱחֹז בְּסִכְלוּת עַד אֲשֶׁר אֶרְאֶה אֵי זֶה טוֹב לִבְנֵי הָאָדָם אֲשֶׁר יַעֲשׂוּ תַּחַת הַשָּׁמַיִם מִסְפַּר יְמֵי חַיֵּיהֶם״ (ב׳, ג). הקריאה הפשוטה ביותר של פסוק זה היא שקהלת לא הצליח להכריע באיזה קצה של חוכמה-תענוגות הגוף כדאי לאחוז, מפני שבשניהם אין יתרון לאדם ושניהם הבל. לפיכך, לעת עתה הוא בוחר לאמץ את שתי העמדות גם יחד: ״**תַּרְתִּי בְלִבִּי** לִמְשׁוֹךְ בַּיַּיִן אֶת בְּשָׂרִי״ וגם: ״**וְלִבִּי** נֹהֵג בַּחָכְמָה וְלֶאֱחֹז בְּסִכְלוּת״. ׳ליבו׳ של קהלת נתון לשני אדונים ואיש חכם זה אינו מצליח לקבוע שיש עדיפות לחכם על פני הכסיל שמטפח את גופו, לפחות לא לעת עתה – ״עַד אֲשֶׁר אֶרְאֶה אֵי זֶה טוֹב לִבְנֵי הָאָדָם אֲשֶׁר יַעֲשׂוּ תַּחַת הַשָּׁמַיִם מִסְפַּר יְמֵי חַיֵּיהֶם״.

הבחירה של קהלת בצירוף ׳למשוך ביין את בשרו׳ מרתקת. מה משמעותו של ביטוי זה? כיצד אפשר למשוך בשר על ידי יין? היו שהציעו שטעות מעתיק לפנינו, ויש לתקן ולגרוס: ׳לשמח ביין את

׳מהול׳ – מעורבב. גם בפירושו לישעיה א׳, כב מזכיר רש״י פירוש זה לפסוקנו, ושם הוא מביא זאת בשם מדרש אגדה, כפי שאכן נזכר בתנחומא.

בשרי׳, בדומה למה שנאמר בתהלים: ״וְיַיִן יְשַׂמַּח לְבַב אֱנוֹשׁ לְהַצְהִיל פָּנִים מִשָּׁמֶן״ (תהלים ק״ד, טו).[23] אך גם כאן ייתכן שלפנינו משחק לשון מכוון. צורת הפסוק – ׳למשוך ביין את בשרי׳ – מזכירה כמובן את פעולת **משיחת** הגוף **בשמן** לשם ריפויו ורעננותו: ״בִּרְכַּי כָּשְׁלוּ מִצּוֹם / וּבְשָׂרִי כָּחַשׁ מִשָּׁמֶן״ (תהלים ק״ט, כד). קהלת אומנם מדבר על **׳משיכת** בשר׳ ולא על **׳משיחתו׳**, אך הדבר מכוון לשם בלבול הקורא שחושב בתחילה שלפניו הצימוד השכיח של ׳משיחת בשר׳. אכן, קהלת מדבר על יין ולא על שמן – ובכך ברור שאין מדובר במשיחה, שהרי לא מושחים גוף ביין – אך הצירוף של ׳משיכת בשר׳ כה דומה בצליליו לצירוף הרגיל של ׳משיחת בשר׳, שאפשרות משיחת הבשר כבר עולה בתודעת הקורא, ובכך ׳מרוויח׳ קהלת באותו מבע הלשון גם את תענוגות הגוף הנרמזים באסוציאציות הקורא.

כיצד אפשר למשוך אדם? אפשר כמובן לקשור אותו בחבל ולמשוך אותו להיכן שבעל החבל חפץ, אך אפשר למשוך את האדם (או את בשרו של האדם, כלשון הפסוק), גם על ידי השקאתו ביין. החשיבות של פועל זה דווקא מתבררת לאור הצלע השנייה העוסקת בחכמה: ״תַּרְתִּי בְלִבִּי לִמְשׁוֹךְ בַּיַּיִן אֶת בְּשָׂרִי / וְלִבִּי נֹהֵג בַּחָכְמָה וְלֶאֱחֹז בְּסִכְלוּת״. קהלת מתמסר כאן ליין, ומניח לו ׳למשוך׳ אותו להיכן שהיין חפץ, אך במקביל הוא גם נֹהֵג בחכמה. כמקובל בספרות החכמה – זה הפועֵל בחכמה ׳מנהיג׳ עצמו, אך זה השותה יין נמשך לכל עבר. קהלת אוחז בזה וגם מזה לא מניח את ידיו, עד שתתברר לו התמונה במלואה.

כפי שעולה ממבנה היחידה, קהלת עוד עתיד לשוב לבחינת החוכמה בהמשך דבריו, אך תחילה הוא עובר ודן בצבירת רכוש ועושר. אולי בזה יוכל למצוא אדם יתרון?

וּבְעָמָל שֶׁעָמַלְתִּי

בבחינת הרכוש בולט עוד יותר סגנונו האישי־אמפירי של קהלת. הוא אינו מעלה בשלב זה של הדיון כל טיעון נגד תופעה זו, מלבד העובדה

23. ז׳ואון, הערות, עמ׳ 419. נגד הצעת התיקון יצא גם הרצברג, קהלת, עמ׳ 86.

שהוא חווה זאת בעצמו ומבקש משומעיו שיאמינו לו ולמסקנתו ש״הַכֹּל הֶבֶל וּרְעוּת רוּחַ וְאֵין יִתְרוֹן תַּחַת הַשָּׁמֶשׁ״. יש לדעת שספרות החוכמה המקראית לא הטיפה לחיי מחסור, ואדרבה, עצות שונות ניתנות כיצד להיות אמידים: ״בדרך כלל אין העוני שבח גדול בספרות החכמה... בדרך כלל האידיאל הוא של חיי אמידות״.[24] קהלת פונה כאן לתחום זה מנקודת מבט אחרת: האם יש בחומרנות ובהשגת רכוש יתרון שאדם יכול להשיג בחייו?

פירוט רכושו של הדובר נחלק לשלושה חלקים: שני החלקים הראשונים נחתמים בנוסחה דומה: ״מִכֹּל שֶׁהָיוּ/שֶׁהָיָה לְפָנַי בִּירוּשָׁלִָם״, והשלישי נחתם בחתימה הכללית: ״וְהִנֵּה הַכֹּל הֶבֶל וּרְעוּת רוּחַ וְאֵין יִתְרוֹן תַּחַת הַשָּׁמֶשׁ״. לפי זה יש לפנינו שלוש קטגוריות של צבירת רכוש:

הִגְדַּלְתִּי מַעֲשָׂי
בָּנִיתִי לִי בָּתִּים
נָטַעְתִּי לִי כְּרָמִים.
עָשִׂיתִי לִי גַּנּוֹת וּפַרְדֵּסִים וְנָטַעְתִּי בָהֶם עֵץ כָּל פֶּרִי.
עָשִׂיתִי לִי בְּרֵכוֹת מָיִם לְהַשְׁקוֹת מֵהֶם יַעַר צוֹמֵחַ עֵצִים.
קָנִיתִי עֲבָדִים וּשְׁפָחוֹת וּבְנֵי בַיִת הָיָה לִי
גַּם מִקְנֶה בָקָר וָצֹאן הַרְבֵּה הָיָה לִי מִכֹּל שֶׁהָיוּ לְפָנַי בִּירוּשָׁלִָם.

כָּנַסְתִּי לִי גַּם כֶּסֶף וְזָהָב וּסְגֻלַּת מְלָכִים וְהַמְּדִינוֹת
עָשִׂיתִי לִי שָׁרִים וְשָׁרוֹת וְתַעֲנוּגוֹת בְּנֵי הָאָדָם שִׁדָּה וְשִׁדּוֹת.
וְגָדַלְתִּי וְהוֹסַפְתִּי מִכֹּל שֶׁהָיָה לְפָנַי בִּירוּשָׁלִָם אַף חָכְמָתִי עָמְדָה לִּי.

וְכֹל אֲשֶׁר שָׁאֲלוּ עֵינַי לֹא אָצַלְתִּי מֵהֶם
לֹא מָנַעְתִּי אֶת לִבִּי מִכָּל שִׂמְחָה כִּי לִבִּי שָׂמֵחַ מִכָּל עֲמָלִי וְזֶה הָיָה
חֶלְקִי מִכָּל עֲמָלִי.

24. רופא, מבוא, עמ׳ 384.

וּפָנִיתִי אֲנִי בְּכָל מַעֲשַׂי שֶׁעָשׂוּ יָדַי וּבֶעָמָל שֶׁעָמַלְתִּי לַעֲשׂוֹת וְהִנֵּה הַכֹּל הֶבֶל וּרְעוּת רוּחַ וְאֵין יִתְרוֹן תַּחַת הַשָּׁמֶשׁ

קל להבין את מעמדו המיוחד של הקטע השלישי, המהווה סיכום כללי ומרחיב את כל מה שנאמר לפני כן – "וְכֹל אֲשֶׁר שָׁאֲלוּ עֵינַי לֹא אָצַלְתִּי מֵהֶם". יש בו התקדמות ניכרת לעין, שהרי קהלת מתאר בו גם את ההנהנתנות החומרית שחורגת מרכיב כזה או אחר שהוא רכש – "לֹא מָנַעְתִּי אֶת לִבִּי מִכָּל שִׂמְחָה". אין לטעות בדבר: קהלת איננו מתאר כאן שמחה פנימית שנובעת מהלכי נפש, אלא שמחת קניין – "כִּי לִבִּי שָׂמֵחַ מִכָּל עֲמָלִי".[25]

אך האם אפשר להצביע על התפתחות המתרחשת גם בין שני הבתים הראשונים? נדמה שהתשובה לכך חיובית. בבית הראשון מתאר קהלת אדם עשיר מאוד, שיש לו בתים וגנים, עבדים וצאן. אך אחרי הכול מדובר עדיין באדם מן היישוב, שיש לו כל צורכי חייו בצורה מופלגת. אכן, הוא הצליח כלכלית בחייו באופן יוצא דופן, אך אנשים כאלו מתהלכים בינינו גם היום. בבית השני יש תיאור של אדם שכבר חי למעלה מעשירות נורמטיבית, אין מדובר כאן בצורכי חיים כדוגמת בתים ועצי פרי, אלא קהלת מתמקד במותרות. במובן מסוים מתואר שם **מלך** שיש לו "סְגֻלַּת מְלָכִים וְהַמְּדִינוֹת" (= דברים נדירים ויקרי ערך, גם כאלו המצויים במדינות רחוקות);[26] שעומדות לפניו מקהלות של שָׁרִים וְשָׁרוֹת המנעימות את שעותיו. אף "שִׁדָּה וְשִׁדּוֹת" יש לו, ואף על פי שלא ברור דיו מה כוונת צירוף זה (פילגשים ופילגשות? מוזגי יין? אמבטיות? מרכבות סוסים?),[27] עצם אימוץ המונח היחידאי (שנזכר

25. יש שרצו לקרוא את סיום הפסוק: "וְזֶה הָיָה חֶלְקִי מִכָּל עֲמָלִי" כביטוי של זלזול, במשמעות 'לא יצא לי מזה כלום' (ראו כבר בבבלי, סנהדרין כ ע"ב), אך הקריאה הפשוטה יותר היא שאכן הייתה לקהלת שמחה וקורת רוח. כל אלו הביאו לקהלת שמחה, אך עד מהרה הוא שב ומסיק, מתוך התבוננות בדברים, שגם עושר ורכוש זה שצבר, שבתחילה הביאו אותו לנחת, גם הם הבל.

26. זר־כבוד, קהלת, עמ' ט.

27. בשבעים תורגם הצירוף כשרי משקים; רוב הפרשנים ראו במונחים אלו פילגשים

בתנ״ך רק כאן) – מלבד תפקידו במשחק הצלילים עם מה שנזכר לפניו: ״שָׁרִים וְשָׁרוֹת״,[28] נותן תחושה של דבר־מה שאינו רווח בציבור.

הצגת עושרו של קהלת בשני שלבים חשובה לעצם טענתו: אנשים רבים נושאים עיניים כלות אל עשירי הארץ ואל אופן חייהם. קהלת מבקש לבטל את האשליה שאנשים אלו הצליחו להגיע לאיזו מטרת־על ושהם זוכים ליתרון כלשהו, כל עוד פרספקטיבת הדיון היא הניסיון למצוא יתרון של ממש שאדם מותיר בחייו. מאחר שבשלב זה קהלת לא משלב טיעון לוגי שמוביל למסקנתו שהַכֹּל הֶבֶל וּרְעוּת רוּחַ, אלא רק מסתמך על חוויותיו האישיות, עליו להגיע עד לקצה של מימוש צבירת הרכוש, ורק ממקום כזה הוא יוכל להעיד באוזני שומעיו: הייתי שם – ואני אומר לכם, שזהו הבל, ואין בדבר זה כל יתרון תחת השמש.

ברקע טקסט זה ניצבים ככל הנראה שני מקראות אחרים מן התורה. שילוב בניית הבית לצד נטיעת כרם – ״בָּנִיתִי לִי בָּתִּים נָטַעְתִּי לִי כְּרָמִים״ – מזכיר את דין השבים מהמלחמה (דברים כ׳, ה-ז):

וְדִבְּרוּ הַשֹּׁטְרִים אֶל הָעָם לֵאמֹר מִי הָאִישׁ אֲשֶׁר **בָּנָה בַיִת** חָדָשׁ וְלֹא חֲנָכוֹ יֵלֵךְ וְיָשֹׁב לְבֵיתוֹ פֶּן יָמוּת בַּמִּלְחָמָה וְאִישׁ אַחֵר יַחְנְכֶנּוּ. וּמִי הָאִישׁ אֲשֶׁר **נָטַע כֶּרֶם** וְלֹא חִלְּלוֹ יֵלֵךְ וְיָשֹׁב לְבֵיתוֹ פֶּן יָמוּת בַּמִּלְחָמָה וְאִישׁ אַחֵר יְחַלְּלֶנּוּ.

וּמִי הָאִישׁ אֲשֶׁר אֵרַשׂ אִשָּׁה וְלֹא לְקָחָהּ יֵלֵךְ וְיָשֹׁב לְבֵיתוֹ פֶּן יָמוּת בַּמִּלְחָמָה וְאִישׁ אַחֵר יִקָּחֶנָּה.

ופילגשות (לאור האשורית – šadâdu = אהבה [דליטש]; או נגזרת משד אישה [גורדיס]; ואולי נשים שנשבו במלחמה – כשוד [ראב״ע]); רש״י במקום וכן זר־כבוד העדיפו את הפירוש של מרכבות (זר־כבוד, קהלת, עמ׳ ט). ראו סקירה של אפשרויות נוספות אצל וייטלי, קהלת, עמ׳ 21-23.

28. גינזברג אף חשב שמדובר בטעות מעתיק שהכפיל את שני הצירופים בשל דמיון המילים (קהלת, עמ׳ 68), אך אין שום סיבה להניח שטעות כזו הייתה נשמרת. אדרבה – אזכור שני הצמדים באותו הפסוק מוכיח את מקוריות שני הצימודים. אין זה אלא משחק מילים, שקהלת מרבה בו.

אם אכן לפנינו ארמז מכוון לדין זה, יש לדבר חשיבות כפולה מבחינה פרשנית. ראשית, ברור מדוע קהלת אינו מזכיר גם אישה לצד הבית והכרם, אף שהיא נזכרת בדיני השבים מהמלחמה, שהרי אשתו של אדם אינה רכושו. כאן קהלת מתמקד בעושרו של אדם הצובר רכוש. לשאלת הזוגיות עוד יחזור קהלת בהמשך הספר, אך יש לשים לב לכך שאין לפנינו תיאור של אדם שלקח אלף נשים כחלק מתיאור עושרו.

שנית, הדבר המטריד את חוק השבים מהמלחמה הוא שאדם אחד השקיע מאמצים רבים בדבר־מה, אך אדם אחר ייהנה מפירות אלו: "וְאִישׁ אַחֵר יַחְנְכֶנּוּ"; "וְאִישׁ אַחֵר יְחַלְּלֶנּוּ". בשלב זה קהלת אינו מזכיר דבר זה בפירוש, אך בשלב השני שמפרט שוב סוגיות אלו, עתיד קהלת לקבול בדיוק על דבר זה: "וְשָׂנֵאתִי אֲנִי אֶת כָּל עֲמָלִי שֶׁאֲנִי עָמֵל תַּחַת הַשָּׁמֶשׁ שֶׁאַנִּיחֶנּוּ לָאָדָם שֶׁיִּהְיֶה אַחֲרָי" (ב׳, יח). עוד נדון בטיעון זה להלן, אך כבר ברורה תרומת ההיזכרות באיש שבנה בית ואיש אחר חנכו, או אדם שנטע כרם ואיש אחר מחלל אותו. לטענת קהלת, זה מצבו של כל אדם באשר הוא, שהרי גם אם הוא זוכה לשנים שבהן הוא יושב בביתו ותחת תאנתו וכרמו, בסופו של דבר 'איש אחר ייקחם'.

הארמז השני – אם הוא מכוון – מטריד עוד יותר. התיאור השופע של גנים ופרדסים ובריכות מים מעלה אסוציאציה לנטיעת הגן שבעדן, ומעצב את האיש הדובר כמי שברא לו עולם.[29] יושם לב לפעלים ולשמות העצם שבהם קהלת נעזר. ראש לכולם 'הִגְדַּלְתִּי מַעֲשָׂי', וכפועל – 'עָשִׂיתִי' – החוזר ונשנה כאן, במקביל לתיאור אלוהים שברא את עולמו, כמו: "וַיַּעַשׂ אֱלֹהִים אֶת שְׁנֵי הַמְּאֹרֹת הַגְּדֹלִים" (בראשית א׳, טז; ועוד הרבה לאורך הבריאה). אך ברורה יותר הישענות קהלת על סיפור גן עדן.[30] קהלת אומר על עצמו: "נָטַעְתִּי לִי כְּרָמִים; עָשִׂיתִי לִי גַּנּוֹת וּפַרְדֵּסִים וְנָטַעְתִּי בָהֶם עֵץ כָּל פֶּרִי".

29. על קריאת פסוקים אלו על רקע בראשית א׳-ב׳, ראו במיוחד: ורהיי, גן עדן; ברתולומיו, קהלת, עמ׳ 133-134; רוזנסון, מגילות, עמ׳ 145.

30. בהמשך קהלת יש דיאלוגים ברורים עוד יותר עם סיפור גן עדן (ראו בדיונינו בהמשך, ובמיוחד אצל הרצברג, קהלת, עמ׳ 227-230, שעמד על זיקות מגוונות

הראשון שנטע ׳גנות׳ הוא הרי ה׳: ״וַיִּטַּע ה׳ אֱלֹהִים גַּן בְּעֵדֶן מִקֶּדֶם״ (בראשית ב׳, ח), ואף ה׳ הצמיח בגנו עצים: ״וַיַּצְמַח ה׳ אֱלֹהִים מִן הָאֲדָמָה כָּל עֵץ נֶחְמָד לְמַרְאֶה וְטוֹב לְמַאֲכָל״ (בראשית ב׳, ט). בכך גם נוכל להבין את הצימוד המיוחד של קהלת ״יַעַר צוֹמֵחַ עֵצִים״, שמבקש כנראה לשלב דווקא את הפועל ׳לצמוח׳, ולהזכיר בכך את פעולת ה׳ בבראשית: ״וַיַּצְמַח ה׳ אֱלֹהִים מִן הָאֲדָמָה כָּל עֵץ נֶחְמָד לְמַרְאֶה״ (בראשית ב׳, ט).

קהלת גם דאג שיהיה לגנו מקור מים קבוע: ״עָשִׂיתִי לִי בְּרֵכוֹת מָיִם **לְהַשְׁקוֹת** מֵהֶם יַעַר צוֹמֵחַ עֵצִים״, וגם בזה הוא הלך בדרכי ה׳: ״וְנָהָר יֹצֵא מֵעֵדֶן **לְהַשְׁקוֹת** אֶת הַגָּן״ (בראשית ב׳, י). הישענות קהלת על סיפורי בריאת העולם בולטת גם בתיאור העצים שנטע – ״וְנָטַעְתִּי בָהֶם עֵץ כָּל פֶּרִי״, בדומה לנאמר על האל הבורא: ״עֵץ פְּרִי עֹשֶׂה פְּרִי לְמִינוֹ״ (בראשית א׳, יא).

אכן, כל מונח לשוני בפני עצמו אינו מוכיח שלפנינו מערך השוואה מכוון, אך צירוף התמונה כולה על שלל ההיבטים הלשוניים, מגדיל את הסבירות שקטע זה נשען במכוון על פעולת בריאת העולם ונטיעת גן עדן כמתואר בבראשית א׳-ב׳.

אנלוגיה זו מעצימה כמובן את הדובר – הוא מדמה עצמו לאל הבורא! גם הוא עשה לעצמו גן עדן פרטי, עם עצי פרי ונחלים משקים. אך שלא כמו בורא עולם שהסתכל בעולמו שברא וראה אותו כי טוב, קהלת בוחן את מעשיו ורואה אותם כהבל ורעות רוח. בסופו של דבר כנראה יש הבדל גדול בין האל הבורא לאדם שיכול רק לשחק כאילו הוא בורא, וההבדל נעוץ כמובן בסופיותו של האדם ובזמניות של שליטתו בגן. דבר זה יפרוץ באופן מפורש בשלב השני של הדיון שעוד נכון לנו.

לאור כך אפשר לפענח את האנלוגיה המוצעת באופן מדויק עוד יותר: אין כמו סיפור גן עדן כדי להדגיש את מוגבלות החוכמה

ורחבות). הדבר מחזק את הסבירות שגם הרקע לפסוקים שלפנינו הוא נטיעת הגן בעדן המתואר בבראשית.

ואת סכנתה. ביאורים רבים הוצעו במשך הדורות לאיסור האכילה מעץ הדעת טוב ורע, אך בהחלט ייתכן שקהלת ראה בסיפור זה מודל המתריע מפני רצון האדם להבין את העולם בכוח חוכמתו; לאכול מ'עץ הדעת טוב ורע', כלומר להיות חכם.[31] לא די בזה שבסיפור גן עדן לא נראה ש"עֵץ חַיִּים הִיא לַמַּחֲזִיקִים" – בחוכמה – "וְתֹמְכֶיהָ מְאֻשָּׁר" (משלי ג', יח), אלא שבסיפור זה תשוקת האדם לחוכמה מובילה למוות.[32] שילוב שני מוטיבים אלו – חוכמה ומוות – הוא מבוא מצוין לשלב השני של הדיון שאנו עומדים בפתחו.[33]

חוכמה ועמל – סבב שני (ב', יב – ב', כו)

קהלת שב לבחון את החוכמה מול הסכלות, אך אין מדובר בכתיבה קופצנית־אסוציאטיבית אלא במבנה ערוך ומוקפד. לאחר הדיון הנוסף בחוכמה ישוב קהלת גם לבחון את צבירת הרכוש, ומכאן שלפנינו קומה שנייה בתהליך בחינת הדברים. היו שראו את החידוש הפורץ בבחינת החוכמה כאן בהיעדר המילה 'דעת', המשולבת בפתח הדיון הראשון שבפרק א': "וָאֶתְּנָה לִבִּי לָדַעַת חָכְמָה וְדַעַת הֹלֵלוֹת וְשִׂכְלוּת" (א', טז-יז). באמת בולט שקהלת חוזר על כל רכיבי החוכמה וההוללות

31. גם בפרשנות המודרנית היו שטענו שיש לראות את סיפור גן עדן כסיפור פולמוסי היוצא נגד ספרות החוכמה (ראו למשל אצל פורטי, יראת אלוהים; קאר, גן עדן).

32. בספרות המזרח הקדום יש נטייה לקשור את החוכמה עם אלמוות, ובמובן זה סיפור גן עדן אכן מציע אלטרנטיבה מהותית שמתארת את התבגרות האדם וקניית חוכמתו, כהבנה שהוא גם בר מיתה. ראו עוד על כך: ואגנר, תמותה טבעית; גרוסמן, התחלות, עמ' 80-107.

33. לפני יותר ממאה שנה כתב שטאדה על סיפור גן עדן, שבניגוד לסיפורים מסופוטמיים מקבילים (מיתוס אדפה במיוחד), בסיפור גן עדן הנצחיות חומקת מידיו של האדם בד בבד עם סילוקו מאפשרות ההנאה של האכילה מעץ החיים (שטאדה, גן עדן, עמ' 174). אנו מודעים לכך ששטאדה לא התכוון לכך, אבל אם גם קהלת חש שסיפור גן עדן מעלה את שאלת החוכמה-הנצחיות-וההנאה, הרי שסיפור זה הופך להיות רקע כמעט הכרחי לספר קהלת שמלבן נושאים אלו בדיוק.

תוך השמטת הדעת: ״וּפָנִיתִי אֲנִי לִרְאוֹת חָכְמָה וְהוֹלֵלוֹת וְסִכְלוּת״ (ב׳, יב). השמטה זו יכולה להוות ראיה לטוענים שבתחילה בחן קהלת פילוסופיה עיונית ואילו כאן עובר קהלת לבחון חוכמה מעשית שיכולה להביא לאדם רווח כלכלי.[34] אך נראה יותר לומר שלפנינו מסע הבנוי בשתי קומות, בשתי מערכות, והפעם קהלת חוזר אל החוכמה מתוך פרספקטיבה שונה.[35] כפי שיובהר להלן, בשלב השני של העיסוק בחוכמה (ב׳, יב – ב׳, טז) ובצבירת הרכוש (ב׳, יז – ב׳, כו) עובר קהלת לטיעונים תוכניים ולא מסתפק בניסיונו לשם הוכחת טיעונו. נפנה אם כן לבחון מה מתחדש בשלב זה.

חָכְמָה וְהוֹלֵלוֹת וְסִכְלוּת

וּפָנִיתִי אֲנִי לִרְאוֹת חָכְמָה וְהוֹלֵלוֹת וְסִכְלוּת כִּי מֶה הָאָדָם שֶׁיָּבוֹא אַחֲרֵי הַמֶּלֶךְ אֵת אֲשֶׁר כְּבָר עָשׂוּהוּ. וְרָאִיתִי אָנִי שֶׁיֵּשׁ יִתְרוֹן לַחָכְמָה מִן הַסִּכְלוּת כִּיתְרוֹן הָאוֹר מִן הַחֹשֶׁךְ. הֶחָכָם עֵינָיו בְּרֹאשׁוֹ וְהַכְּסִיל בַּחֹשֶׁךְ הוֹלֵךְ וְיָדַעְתִּי גַם אָנִי שֶׁמִּקְרֶה אֶחָד יִקְרֶה אֶת כֻּלָּם. וְאָמַרְתִּי אֲנִי בְּלִבִּי כְּמִקְרֵה הַכְּסִיל גַּם אֲנִי יִקְרֵנִי וְלָמָּה חָכַמְתִּי אֲנִי אָז יֹתֵר וְדִבַּרְתִּי בְלִבִּי שֶׁגַּם זֶה הָבֶל. כִּי אֵין זִכְרוֹן לֶחָכָם עִם הַכְּסִיל לְעוֹלָם בְּשֶׁכְּבָר הַיָּמִים הַבָּאִים הַכֹּל נִשְׁכָּח וְאֵיךְ יָמוּת הֶחָכָם עִם הַכְּסִיל (ב׳, יב – ב׳, טז).

ההיגד הפותח מאתגר לפרשנות: ״כִּי מֶה הָאָדָם שֶׁיָּבוֹא אַחֲרֵי הַמֶּלֶךְ אֵת אֲשֶׁר כְּבָר עָשׂוּהוּ״. המשפט קשה הן מבחינה תחבירית הן מבחינת משמעותו, והביא את מיכאל פוקס להתנסח בחריפות: ״אין לקהלת ב׳, יב שום הגיון בצורתו״.[36] ייתכן שסרבולו נובע ממאמץ מיוחד שהשקיע

34. בניסוח דומה: קרוגר, קהלת, עמ׳ 68.
35. כך גם למשל קרוגר, קהלת, עמ׳ 67. בעקבות הייציג, הציע גורדיס לראות את ׳הוללות וסכלות׳ כמסקנה של הערכת החוכמה, כלומר הוא הציע לקרוא כך: ״וּפָנִיתִי אֲנִי לִרְאוֹת חָכְמָה – [וְ] הוֹלֵלוֹת וְסִכְלוּת!״ (גורדיס, קהלת, עמ׳ 210).
36. פוקס, סתירות בקהלת, עמ׳ 183.

קהלת בשילוב לשונות אלו דווקא. כוונתנו לומר, שגם בשלב השני של הדיון ניכרת השאיפה ליצור איזו האחדה או לפחות זיקה בין בחינת החוכמה לבחינת צבירת הרכוש. במקביל לצירוף הלשוני הקשה שלנו ניצב בחלק הדן בצבירת הרכוש הפסוק הבא: "שֶׁאַנִּיחֶנּוּ לָאָדָם שֶׁיִּהְיֶה אַחֲרָי" (ב', יח). בשני הפסוקים מדבר קהלת על 'האדם שיבוא אחריו', אלא שבחלק השני הצירוף הלשוני הגיוני וקריאתו חלקה. הדמיון הרב שבין שני הפסוקים מעיד שקהלת טרח לעצב את "מֶה הָאָדָם שֶׁיָּבוֹא אַחֲרֵי הַמֶּלֶךְ", המצדיק את שלילת החוכמה, בהקבלה לנימוק השולל את ערך הרכוש.

מכל מקום פטור בלא כלום אי אפשר, ויש לתת את הדעת על כוונת הפסוק הקשה. שלל הצעות הועלו, אך קשה למצוא בהן אחת המניחה את הדעת עד תום. העובדה שקהלת אינו נוקב כאן בגוף יחיד כהרגלו בחטיבה ספרותית זו, אלא בוחר במילה "המלך", מעלה הרהורים אחדים. אפשר להעלות על הדעת שהביטוי "מֶה הָאָדָם שֶׁיָּבוֹא אַחֲרֵי הַמֶּלֶךְ" היה פתגם רווח – המבטא אולי את חוסר התוחלת בניסיון לשפר הישג של בר סמכא ידוע. כך, למשל, אדם שהיה מבקש לכתוב חיבור הלכתי מקיף אחרי "היד החזקה" לרמב"ם, היו מפטירים לו: "מֶה הָאָדָם שֶׁיָּבוֹא אַחֲרֵי הַמֶּלֶךְ!" כל שנותר לאדם שמנסה לפעול אחרי מלכים הוא לחזור על מעשיהם – לעשות "אֵת אֲשֶׁר כְּבָר עָשׂוּהוּ".[37] זו אומנם הצעה ספקולטיבית למדי, אך היא הולמת את המערכה שמבקש קהלת לנהל נגד אסכולת החוכמה. אנשי החוכמה משבחים לרוב את האדם המכלכל צעדיו מראש; קהלת

37. למעלה אימצנו את העמדה של לונגמן (קהלת, עמ' 96), מורפי (קהלת, עמ' 20), קרוגר (קהלת, עמ' 58), ברתולומיו (קהלת, עמ' 138), ועוד, שראו את ההיגד "אֵת אֲשֶׁר כְּבָר עָשׂוּהוּ" כחוזר לאדם הפועל אחרי המלך ומתאר את חוסר תוחלת מעשיו (ראו גם בדיון של גרץ, קהלת, עמ' 62-63). אפשר לקרוא היגד זה כממשיך ומתאר את מעשי המלך עצמו – מה נותר לעשות לאחר שהמלך עשה כבר את הכול. בכל מקרה, המשמעות הכללית של הפסוק לא משתנה בכך. אולם אם נאמץ את הצעת זר־כבוד, לפנינו משמעות אחרת לגמרי לפסוק: "וכן רצה לחקור 'את אשר כבר עשוהו' – המעשים שנעשו על ידי בני אדם בימים קדמונים" (זר־כבוד, קהלת, עמ' יא).

גודע יומרה זו באיבה באמצעות ״תחמושת״ חוכמתית, באמצעות פתגם נפוץ.[38]

בכל מקרה, בדיון זה של קהלת בולטת דרך כתיבתו הייחודית, שיש בה ציטוט של מה שמקובל לומר, והדבר אף עולה כאפשרות ריאלית שגם קהלת נטה אחריה, אך הטיעון מתבטל בהמשך הרצאת הדברים. תחילה סבור היה קהלת שיש ׳יתרון׳ לחוכמה: ״וְרָאִיתִי אָנִי שֶׁיֵּשׁ יִתְרוֹן לַחָכְמָה מִן הַסִּכְלוּת כִּיתְרוֹן הָאוֹר מִן הַחֹשֶׁךְ. הֶחָכָם עֵינָיו בְּרֹאשׁוֹ וְהַכְּסִיל בַּחֹשֶׁךְ הוֹלֵךְ״. יתרון – הוא הרי הדבר שיצא קהלת לחפש (א׳, ג) – ובתחילה נדמה שהנה מְצָאוֹ קהלת בדמות החוכמה המנוגדת לסכלות. החכם יודע לכלכל את צעדיו בתבונה, הוא לא ייפול בפח שהכסיל ייפול בו; הוא יודע לאגור בקיץ בשביל החורף ולמנוע רגליו מבית אישה נוכרייה. זוהי החוכמה שספר משלי מטיף לה מראש ועד סוף, וזו הנחת יסוד שעליה נשענת ספרות החוכמה בכלל: אם תהיה חכם, תינצל ממוקשים ותצליח בחייך: ״נֹצֵר תְּאֵנָה יֹאכַל פִּרְיָהּ״ (משלי כ״ז, יח). באופן מיוחד דימוי דרך החכם להולך באור בעוד הכסילים הולכים בחשיכה, הוא דימוי מקובל בספרות החוכמה: ״וְאֹרַח צַדִּיקִים כְּאוֹר נֹגַהּ הוֹלֵךְ וָאוֹר עַד נְכוֹן הַיּוֹם. דֶּרֶךְ רְשָׁעִים כָּאֲפֵלָה לֹא יָדְעוּ בַּמֶּה יִכָּשֵׁלוּ״ (משלי ד׳, יח-יט).

אבל כבר במשפט הבא מבטל קהלת אפשרות זו, בשל המוות המצפה גם לאדם החכם: ״וְיָדַעְתִּי גַם אָנִי שֶׁמִּקְרֶה אֶחָד יִקְרֶה אֶת כֻּלָּם.

38. צימרלי הציע, שמאחר שקהלת מזוהה בספר עם שלמה, הרי שבנו אחריו הוא רחבעם, ובכך, הפסוק רומז לדוגמה היסטורית ידועה על בן שלא היה חכם כאביו (צימרלי, קהלת, עמ׳ 156). ההנחה שרחבעם עומד כרקע ספרותי לבנו של החכם שבמגילה מלווה גם את פירושו של ויילדבאור לספר. כך הוא כתב בפירושו לפרקנו: ״כאבו העמוק ביותר של המחבר הוא שאלוהים דוחף אותו תמיד להשגת חוכמה, אבל האם יש ׳יתרון׳? הוא מוצא, אבל יש משהו אחר בכאב הזה... אבוי, אחרי שלמה בא רחבעם!... נראה כאילו המחבר הוסח לפתע מקו המחשבה שלו. כאילו בנו רחבעם הופיע לפתע לנגד עיניו כשדיבר על חוכמה ואיוולת. מאומה מהחוכמה – שהפכה את שלמה למפורסם כל כך ואת עמו לעשיר כל כך – לא המשיך עם יורשיו של שלמה״ (ויילדבאור, קהלת, עמ׳ 128).

וְאָמַרְתִּי אֲנִי בְּלִבִּי כְּמִקְרֵה הַכְּסִיל גַּם אֲנִי יִקְרֵנִי וְלָמָּה חָכַמְתִּי אֲנִי אָז יֹתֵר וְדִבַּרְתִּי בְלִבִּי שֶׁגַּם זֶה הָבֶל". האומנם יש הבדל מהותי בין מת המוטל לפנינו שקרא ספרים הרבה לבין מת המוטל לפנינו שלא קרא מאומה? קהלת אינו מחפש יתרון יחסי וזמני, אלא יתרון קבוע ונצחי; דבר־מה שניכר בו רישומו של האדם לנצח. אותו המקרה בדיוק אורב הן לפתחו של החכם והן לפתחו של הכסיל – בראש המקרים כולם עומד המוות שחל על חכמים ועל סכלים באותו האופן בדיוק. אין מדובר רק בעצם המוות, אלא 'במקרי המוות', כלומר, הזקנה והחידלון המלווה אותה; איבוד יכולת החשיבה ופעולות הגוף. כל אלו תקפים על בני האדם כולם, גם אם בשנים שקדמו לכך היו ביניהם שהשקיעו עמל רב בלימוד החוכמה. מבחינה זו, המוות הניצב בסוף דרכו של אדם מבטל את הטיעון שהזכיר קהלת לפני כן. גם אם הכסיל בחושך הולך (הנחה שקהלת עוד עתיד לחלוק גם עליה), מתברר בסוף שגם החכם עתיד להגיע אל 'החושך' הגדול מכולם ("כִּי אִם שָׁנִים הַרְבֵּה יִחְיֶה הָאָדָם בְּכֻלָּם יִשְׂמָח וְיִזְכֹּר אֶת יְמֵי הַחֹשֶׁךְ כִּי הַרְבֵּה יִהְיוּ" – י"א, ח), והדבר מרוקן מתוכן את יתרון החכמה.[39]

קהלת חותם את דבריו באמירה נוקבת: "כִּי אֵין זִכְרוֹן לֶחָכָם עִם הַכְּסִיל לְעוֹלָם בְּשֶׁכְּבָר הַיָּמִים הַבָּאִים הַכֹּל נִשְׁכָּח וְאֵיךְ יָמוּת הֶחָכָם עִם הַכְּסִיל". בנצח נשכחים כולם, גם מי שקנה חוכמה וגם מי שניהל את חייו בסכלות. אפשר לשמוע בפסוק זה הד לעצב של ממש המלווה את קהלת נוכח תופעה זו. המילה 'וְאֵיךְ' הנזכרת כאן מהדהדת את מילת המפתח של הקינות: 'איכה'. לפנינו קינה של החכם מכל אדם אשר קובע שהמוות מאפס את ההבדל היחסי שיש בין החיים עלי אדמות. המוות הוא המאיין הגדול. כל מוח, ולו החכם ביותר, מגיע בסופו של דבר לאותו מקום מתחת לאדמה, ובתוך רגע אין עוד חשיבות לכך שהבין היטב את המגמות הנסתרות של המחזה "המלט", שידע

39. לעצם קישור המוות והחושך ראו גם ישעיהו נ"ט, י-יא; איוב י', כא. השוו גם לתהלים נ"ו, יד, שם מזוהים החיים עם האור, לעומת המוות. ראו על כך גם אצל סאו, קהלת, עמ' 153.

להוכיח את מודל בוהר לאטום המימן, או שזכר על פה את בבא קמא או את האיליאדה של הומרוס.

כָּל עֲמָלִי שֶׁאֲנִי עָמֵל

העלאת המוות כיסוד המבטל את משמעות החוכמה, עולה גם בבחינת צבירת הרכוש של קהלת בשלב השני. אולם בהקשר זה האתגר הרובץ לפתחו של קהלת גדול עוד יותר, שהרי הנכסים שצבר אדם בחייו נותרים אחריו גם אחרי מותו. שלא כמו החוכמה או השמחה הקשורים בתודעת האדם ובהלכי נפשו, קנייניו מצויים מעבר לו וקיומם אינו נובע מהאדם החי. לפיכך, קהלת מתמקד בקטע זה בשאלת העברת הרכוש מיד ליד – בעיקר נוכח יורשיו של האדם, אך לבסוף הוא מתרה בפני עצם צבירת הרכוש שצובעת גם אותו באור לא יציב.

בשלב הראשון בדיון בצבירת הרכוש המילה החוזרת הייתה ׳עשיתי׳; כאן המילה החוזרת היא ׳עמל׳, שנזכרת ביחידה קצרה זו עשר פעמים. הדבר אינו מקרי והוא משקף דבר מרכזי שקהלת מתמקד בו בשלב השני – צובר הרכוש מתאמץ מאוד בחייו. האם הדבר כדאי? האומנם הוא מרוויח דבר־מה בעל ערך קבוע?

וְשָׂנֵאתִי אֶת הַחַיִּים כִּי רַע עָלַי הַמַּעֲשֶׂה שֶׁנַּעֲשָׂה תַּחַת הַשָּׁמֶשׁ כִּי הַכֹּל הֶבֶל וּרְעוּת רוּחַ.
וְשָׂנֵאתִי אֲנִי אֶת כָּל עֲמָלִי שֶׁאֲנִי עָמֵל תַּחַת הַשָּׁמֶשׁ שֶׁאַנִּיחֶנּוּ לָאָדָם שֶׁיִּהְיֶה אַחֲרָי. וּמִי יוֹדֵעַ הֶחָכָם יִהְיֶה אוֹ סָכָל וְיִשְׁלַט בְּכָל עֲמָלִי שֶׁעָמַלְתִּי וְשֶׁחָכַמְתִּי תַּחַת הַשָּׁמֶשׁ גַּם זֶה הָבֶל.
וְסַבּוֹתִי אֲנִי לְיַאֵשׁ אֶת לִבִּי עַל כָּל הֶעָמָל שֶׁעָמַלְתִּי תַּחַת הַשָּׁמֶשׁ. כִּי יֵשׁ אָדָם שֶׁעֲמָלוֹ בְּחָכְמָה וּבְדַעַת וּבְכִשְׁרוֹן וּלְאָדָם שֶׁלֹּא עָמַל בּוֹ יִתְּנֶנּוּ חֶלְקוֹ גַּם זֶה הֶבֶל וְרָעָה רַבָּה.
כִּי מֶה הֹוֶה לָאָדָם בְּכָל עֲמָלוֹ וּבְרַעְיוֹן לִבּוֹ שֶׁהוּא עָמֵל תַּחַת הַשָּׁמֶשׁ. כִּי כָל יָמָיו מַכְאֹבִים וָכַעַס עִנְיָנוֹ גַּם בַּלַּיְלָה לֹא שָׁכַב לִבּוֹ גַּם זֶה הֶבֶל הוּא.
אֵין טוֹב בָּאָדָם שֶׁיֹּאכַל וְשָׁתָה וְהֶרְאָה אֶת נַפְשׁוֹ טוֹב בַּעֲמָלוֹ גַּם

זֶה רָאִיתִי אָנִי כִּי מִיַּד הָאֱלֹהִים הִיא. כִּי מִי יֹאכַל וּמִי יָחוּשׁ חוּץ מִמֶּנִּי. כִּי לְאָדָם שֶׁטּוֹב לְפָנָיו נָתַן חָכְמָה וְדַעַת וְשִׂמְחָה וְלַחוֹטֶא נָתַן עִנְיָן לֶאֱסוֹף וְלִכְנוֹס לָתֵת לְטוֹב לִפְנֵי הָאֱלֹהִים גַּם זֶה הֶבֶל וּרְעוּת רוּחַ (ב׳, יז-כו).

קטע זה נפתח בשתי 'שנאות' שחש קהלת ביחס לעמל המעשה, כלומר לריבוי הנכסים והרכוש:

- "וְשָׂנֵאתִי אֶת הַחַיִּים כִּי רַע עָלַי הַמַּעֲשֶׂה שֶׁנַּעֲשָׂה תַּחַת הַשָּׁמֶשׁ כִּי הַכֹּל הֶבֶל וּרְעוּת רוּחַ".
- "וְשָׂנֵאתִי אֲנִי אֶת כָּל עֲמָלִי שֶׁאֲנִי עָמֵל תַּחַת הַשָּׁמֶשׁ... גַּם זֶה הֶבֶל וְרָעָה רַבָּה".

הקשר הדברים מלמד שגם "המעשה שנעשה תחת השמש" עוסק בצבירת רכוש, אך יש הבדל של ממש בין שני המוקדים העולים כאן. תחילה 'שונא' קהלת את עצם תנועת העולם האינטנסיבית, הנתונה כולה ליעד שנדמה לעיתים כגולת הכותרת של הפעילות האנושית – ריבוי נכסים. קהלת מרגיש מנוכר לחיים האנושיים. המוקד השני נגזר מהמוקד הראשון, אך בו עובר קהלת – כדרכו ביחידה זו – לדבר על עצמו, כחוויה אינדיבידואלית של יחיד: "שָׂנֵאתִי אֲנִי אֶת כָּל עֲמָלִי שֶׁאֲנִי עָמֵל תַּחַת הַשָּׁמֶשׁ". כאן אין מדובר במחשבה תיאורטית על אודות הכלכלה העולמית ועל תשוקת האנשים לריבוי ממון, אלא על חוויית האדם הפרטי המתבונן על רכושו ושואל את עצמו האומנם בכך הוא משיג 'יתרון' כלשהו ויכול למצוא בכך את משמעות קיומו.

קהלת מבטל דבר זה בטענה שגם אם נכסים אלו נותרים לנצח, הם הרי יעברו לידי יורשו, וּמִי יוֹדֵעַ הֶחָכָם יִהְיֶה אוֹ סָכָל, כך שאין לראות בעצם הישארות נכסיו של האדם לאחר מותו דבר בעל ערך סגולי. ייתכן שבנו, או נכדו, או ניניו, יהיו סכלים ויאבדו את הנכסים שנצברו בעמל כה רב.

קהלת מסתייג כאן אפילו מבנו, יורשו. אלו דברים מפתיעים,

ויהיה מי שיאמר שהם מזועזעים. עמדת המקרא (ומן הסתם עמדת מרבית האנושות) היא שהעברת ירושה לילדים מהווה הישג אנושי שיש להתגאות בו, כמו מענה למוות ונגיעה בנצחיות. קהלת לא רואה את הדברים כך. את בנו־יורשו הוא מכנה ה׳אָדָם שֶׁיִּהְיֶה אַחֲרָי׳, ומתוך כך ברור שהוא מחפש אחר משמעות לקיומו של האדם היחידי כפרט, אף במנותק ממשפחתו.

דבר זה כה מפתיע עד שהיו שטענו כי המקור לקדרותו של קהלת הוא ביוגרפי: מחבר הספר חי בבדידות ולא היו לו ילדים, וזה בעצם המקור לנוכחות החריפה כל כך של המוות בחייו.[40] אך קשה להסתפק בביאור זה, שהרי הספר מתיימר לעסוק בחיי כל אדם. הוא פונה לכל אדם ולרובם יש ילדים, ומה טעם לחלוק תובנה שתקפה רק למעטים ערירים? נראה יותר שלפנינו פולמוס מודע עם השקפה מקראית רחבה שעל־פיה אדם ממשיך לחיות דרך צאצאיו,[41] וגם אם הוא נפטר בלא בנים, אחיו מייבם את אשתו ובכך מקים את שמו על נחלתו. האלטרנטיבה שמציב כאן קהלת עולה, כאמור, בבירור, מבעד להזרה ולניכור שיש בכינוי ׳האדם שיהיה אחרי׳, ולא בכינוי הרגיל – ׳בני׳, או ׳ילדי׳.[42]

מכאן עובר קהלת לשלב הבא בטיעון, שממשיך ומתמקד בנדידת הרכוש ליורשים, אך הפעם הוא מבליט את עצם חוסר הצדק או חוסר ההיגיון שיש בדבר זה: ״וְסַבּוֹתִי אֲנִי לְיַאֵשׁ אֶת לִבִּי עַל כָּל הֶעָמָל שֶׁעָמַלְתִּי תַּחַת הַשָּׁמֶשׁ. כִּי יֵשׁ אָדָם שֶׁעֲמָלוֹ בְּחָכְמָה וּבְדַעַת וּבְכִשְׁרוֹן וּלְאָדָם שֶׁלֹּא עָמַל בּוֹ יִתְּנֶנּוּ חֶלְקוֹ גַּם זֶה הֶבֶל וְרָעָה רַבָּה״. הפתיחה – ״וְסַבּוֹתִי אֲנִי לְיַאֵשׁ אֶת לִבִּי״ משאירה את הרושם שקהלת בחר, במודע, להתייאש ולשכנע את עצמו שאין כל טעם בכל עמלו שעמל תחת השמש. אנו נוטים לראות בהיגד ״וּלְאָדָם שֶׁלֹּא עָמַל בּוֹ

40. גרדון, קהלת, עמ׳ iv (ששיער שחיי נישואיו לא עלו יפה ועל כן עברו עליו ״חיים בבדידות עגומה״); כסלו, קהלת (ששיער שלקהלת לא היו ילדים).
41. כך עולה כבר מסיפור גן עדן. להרחבה בכך ראו: מרזל, עץ הדעת; גרוסמן, התחלות, עמ׳ 105–107.
42. כפי שהעיר פריש, יגיע כפיך, עמ׳ 127.

יִתְּנֶנּוּ חֶלְקוֹ" את המשך דיונו של קהלת ביורשו של האדם אחר מותו, ומכאן שקהלת יוצא נגד תופעה זו גם בגלל חוסר הצדק שבה. אדם שלא עמל ולא התאמץ זוכה לרכוש רב.

אך ייתכן שקהלת אינו רואה רק ירושה מול עיניו, אלא השתלטות של אדם אחד על רכוש חברו בעודם חיים. עוד ניווכח בפסוקים הבאים שאכן גם דבר זה הטריד את קהלת, ואפשר לטעון שכבר כאן דבר זה עולה. בין כך ובין כך, יש לשים לב לנקודת המבט המתחדשת כאן. מעבר לחוסר היכולת להצביע על הרכוש כיתרון של האדם העמל, יש בדבר זה גם "הֶבֶל **וְרָעָה רַבָּה**" המובילים לייאוש – כלומר יש בדבר זה גם עוול וחוסר סדר. כיצד ייתכן שדור אחד משקיע את כל מרצו בהשגת רכוש, שעובר אחר כך לידי הדור הבא שלא עמל למענו כלל?!

בתחילת דבריו חשש קהלת שהדור הבא יהיה סכל כך שהממון יאבד; כאן קהלת טוען שבין אם הדור הבא יהיה חכם וישמור על ממונו ובין אם יהיה סכל, יש חוסר היגיון בעצם העברת הרכוש לידיים שלא עבדו למענו. קהלת עתיד לחזור לנקודה זו, מפרספקטיבה נוספת, אך לפני כן הוא מעלה טיעון נוסף נגד תפיסת צבירת הרכוש כערך שנותן פשר לקיום האנושי, בעצם חוויית צובר הנכסים: "כִּי מֶה הֹוֶה לָאָדָם בְּכָל עֲמָלוֹ וּבְרַעְיוֹן לִבּוֹ שֶׁהוּא עָמֵל תַּחַת הַשָּׁמֶשׁ. כִּי כָל יָמָיו מַכְאֹבִים וָכַעַס עִנְיָנוֹ גַּם בַּלַּיְלָה לֹא שָׁכַב לִבּוֹ גַּם זֶה הֶבֶל הוּא" (ב', כב). מאחר שבשלב זה קהלת לא מסתפק בעצם הבעת חווייתו האישית המתוסכלת אלא מציע גם לוגיקה של טיעון רציונלי, הוא משלב כאן טיעון מרתק – בעיקר בהנחות היסוד שלו – נגד תפיסת צבירת הרכוש כמעניקה 'יתרון'. קהלת מציג את איש העמל העובד לשם צבירת רכוש וקניינים כאדם המצוי בדאגה מתמדת (מַכְאֹבִים וָכַעַס), גם במשך היום, ואפילו בשעת המנוחה הלילית.[43]

43. לצד "כל עמלו" מזכיר קהלת גם את "רַעְיוֹן לִבּוֹ", שגם הוא גורם לחיי מכאוב. 'רעיון' בקהלת הוא 'השתוקקות', או 'שאיפה' (קדרי, מילון, עמ' 1021), ובמשמעות פסוקנו – מחשבותיו (=שאיפות ליבו) של האדם הנוגעות להגדלת רכושו, הן חלק ממכאוביו ואינן מאפשרות לו לנוח בנחת על מיטתו.

רצונו של קהלת להביע את האינטנסיביות שבה מצוי העמל הדואב, בא לידי ביטוי במשחק מילים עדין המתרחש בפסוק זה: ״כִּי כָל יָמָיו מַכְאֹבִים וָכַעַס עִנְיָנוֹ / גַּם בַּלַּיְלָה לֹא שָׁכַב לִבּוֹ״. הוראת הצירוף ״כל ימיו״ נדמית תחילה – בהתאמה למשמעות המונח בכל המקרא – ככל שנות חייו של אדם (כמו: ״לֹא יוּכַל לְשַׁלְּחָהּ כָּל יָמָיו״ – דברים כ״ב, יט; או: ״רַק לְבַב אָסָא הָיָה שָׁלֵם עִם ה׳ כָּל יָמָיו״ – מל״א ט״ו, יד, ועוד). אך המשך המשפט מעמת בין ׳ימיו׳ לבין ׳לילותיו׳ – ״גַּם בַּלַּיְלָה לֹא שָׁכַב לִבּוֹ״. מכאן, שמה שנאמר בתחילה ׳כל ימיו׳ התייחס לשעות היום. כתיבה כזו מצליחה לתת תחושה של טוטליות – כל ימי חייו של האדם העובד לשם צבירת רכוש, שהם יום ולילה, יום ולילה שחוזרים חלילה, מלאים במכאובים ובדאגה.[44]

הערנו קודם שהנחת היסוד של טיעון זה מרתקת, שהרי יכול הקורא לטעון שמה בכך שאדם זה מלא צער ומכאובים? אם בכך הוא משיג יתרון ונכסיו ייוותרו לנצח, זו יכולה להיות משמעות קיומו, גם אם אין היא מביאה לשמחה ולנחת. כאן נחשפת הנחת יסוד של קהלת, שעוד תחזור הרבה לאורך הספר, על פיה היתרון המבוקש אמור גם להביא בכנפיו מזור ונחת לנפש המיוסרת. לא ייתכן שמשמעות קיומו של האדם תהיה דבר שגורם לו לייסורי נפש, למכאובים ולחוסר שינה בלילות. מבחינה זו, באופן אבסורדי, חיפושו של קהלת נגוע בעמדה אופטימית, המניחה שיש לתור אחר משמעות משמחת, המובילה את האדם לתחושת אושר ושלמות. לפחות יש לצפות לכך ולחפש דבר זה. לולא היה באמירה זו אנכרוניזם ברור, היינו מציעים שמבחינה זו קהלת הוא הוגה מודרני. לא רק אמת מופשטת מכתיבה את סדר הדיון ותוצאותיו, אלא אושרו של האדם היחיד הוא מדד שיש להתחשב בו לשם קביעת אמיתות הנוגעות לקיום האנושי.

44. יושם לב לצירוף ׳מכאובים וכעס׳ שגם בסבב הדיון הקודם תיארו את גורלו של המבקש לעצמו חוכמה: ״כִּי בְּרֹב חָכְמָה רָב כָּעַס / וְיוֹסִיף דַּעַת יוֹסִיף מַכְאוֹב״ (א׳, יח).

ולאחר כל זאת מוסיף קהלת מהלומה נוספת: "כִּי לְאָדָם שֶׁטּוֹב לְפָנָיו נָתַן חָכְמָה וְדַעַת וְשִׂמְחָה וְלַחוֹטֶא נָתַן עִנְיָן לֶאֱסוֹף וְלִכְנוֹס לָתֵת לְטוֹב לִפְנֵי הָאֱלֹהִים". כאן קהלת מאמץ לצורך הטיעון הנחת יסוד דתית־חוכמתית של השגחה פרטית הנשענת על גמול. מי שיימצא ראוי לפני האלוהים יקבל את חלקו, ואילו החוטא – כמה שישתדל לאסוף ולכנוס – פועל לחינם, כנאמר למשל במשלי: "טוֹב – יַנְחִיל בְּנֵי בָנִים / וְצָפוּן לַצַּדִּיק – חֵיל (=עושרו של) חוֹטֶא" (משלי י"ג, כא-כב). אם האלוהים לא יהיה חפץ בטובתו, כל עמלו לריק, שהרי הכול בידי שמיים: "אִם יִצְבֹּר כֶּעָפָר כָּסֶף וְכַחֹמֶר יָכִין מַלְבּוּשׁ. יָכִין וְצַדִּיק יִלְבָּשׁ וְכֶסֶף נָקִי יַחֲלֹק" (איוב כ"ז, טז-יז).

עוצמת הטיעון של קהלת עולה בכך שהוא מתאר את אותו הממון שעתיד לעבור מיד ליד, ומעניק אפילו פשר לתשוקה האנושית הידועה של איסוף הממון. אכן, האלוהים נטע בלב החוטאים מוטיבציה לאסוף ולכנוס, כדי שיהיה מי שפועל למען הרבות קניין, ואז יוכל האלוהים להעביר קניינים אלו לטובים בעיניו (הצדיקים?). הם עצמם אינם צריכים לטרוח ולעמול בצבירת רכוש, כי הרכוש עתיד להגיע לידיהם בזכות עבודתם הקשה של החוטאים. די להם שהם נמצאו טובים בעיני האלוהים כדי להתעשר. מרדכי הרי לא היה משקיע רבות כדי לזכות באחוזה גדולה בשושן הבירה, זו מוטיבציה של המן, אך בסופו של דבר אסתר שמה את מרדכי על בית המן, ומתברר מה צורך יש ב'המניות' בעולמנו (בבלי, מגילה י ע"ב).

חשוב להבין את דרך הרצאת הדברים של קהלת. אי־אפשר להסיק מפסוק זה שעמדת המחבר היא שיש סדר של צדק וגמול בעולם, ואלוהים נותן לכל אדם כראוי לו. עוד נראה שקהלת יטען את ההיפך הגמור. כאן מובאת הנחה דתית זו כדי לסתור את עמדת הטוענים שיש מקום לעמול בצבירת רכוש. קהלת מנצל את השפה המקובלת של שומעי לקחו ואת תפיסותיהם, ולאורן בונה את טיעונו; מה שהגמרא מכנה 'לטעמיך'. אך אין מדובר ברטוריקה דמגוגית. כפי שהערנו במבוא, טיעונים מעגליים אלו מתאימים לדרך חשיבתו של

קהלת, שבכל שלב כשעולה מרכיב אחר במציאות משתדל קהלת להעלות טיעונים שישללו את היותו המסדרון שמביא את האדם לחיי משמעות ואת המציאות להיותה מסודרת. לשם כך יכול קהלת לאחוז בעמדות משתנות, שהאפשרות שהן תקפות שוללת את תקפות הטיעון הנגדי. כאן, מניח קהלת שהשגחה פרטית של ה׳ היא עיקרון שהוא בהחלט אפשרי, ועל כן אין טעם ברדיפה אחרי הממון. אומנם, כשיגיע תורה של ההשגחה הפרטית לנמק את הסדר בעולם, יעלה קהלת טענות אחרות שיראו שגם תפיסה זו איננה הכרחית.

לפני שילוב ׳הטיעון הדתי׳ שנידון זה עתה, שילב קהלת פסוק שנראה כתחילת מסקנה: ״אֵין טוֹב בָּאָדָם שֶׁיֹּאכַל וְשָׁתָה וְהֶרְאָה אֶת נַפְשׁוֹ טוֹב בַּעֲמָלוֹ״. כלומר, אין לו לאדם אלא ליהנות ממה שיש תחת ידיו, שיאכל ושישתה ושישמח בנכסים שיש לו, ללא התזזית המאפיינת אנשים כה רבים להגדיל רכוש עוד ועוד. עוד ניווכח שמסקנה זו חוזרת שוב ושוב לאורך הספר, ונדון בה בהרחבה להלן. כאן מוסיף קהלת הצהרה, שגם הסתפקות במועט זו אינה דבר מובן מאליו – ״גַּם זֹה רָאִיתִי אָנִי כִּי מִיַּד הָאֱלֹהִים הִיא״ – כלומר, לא בא קהלת להצביע על אפיון זה כעל פתרון מוחלט של מסעו, שהרי גם הוא תלוי ועומד ברצונו של אלוהים, ולא כל אדם זוכה לכך.

***

לסיכום שלב הטיעון השני יש לומר שקהלת מאמץ סוג דומה של טיעון הן בעניין החוכמה הן בעניין צבירת הרכוש. הגורם המעקר מתוכן את שניהם כאחד הוא המוות. בנקודה הזו מגיע קהלת לשיא פיתוח הטענה. הבניית דיון מקביל ביחס לחכמה וביחס לרכוש מאפשרת לו לרתום את העיסוק בחוכמה לפתרון בעיה בשלב הטיעון, בהתייחס לרכוש. ביחס לעניין החוכמה אומר קהלת בפשטות – החוכמה נפסדת עם מות האדם. הוא ידע והחכים, ולפתע כל זה נהיה כלא היה. מוחו טמון באדמה שאליה הוא שב אחר מותו, אם מוחו היה

מפותח במיוחד ואם לאו. נכסי האדם אומנם אינם כלים אחר מותו, אך גם הם יכולים לעזוב את בעליהם אם סכלים יהיו ולא ידעו לשמור עליהם כראוי. אולם זוהי רק אפשרות אחת, ואולי אינה חייבת להדאיג כל כך. שמא יהיה הבן דווקא נבון ומיושב בדעתו? ואולי גם בנו אחריו יאחז בדרך אבותיו וישמור בתבונה על רכושו? הלא הדבר גם תלוי בחינוכו הטוב, שהוריו אחראים עליו במידה רבה. לפיכך פנה קהלת לנימוק נוסף: אפילו אם הבן יהיה חכם, אין היגיון ואין צדק ברעיון שאדם יזכה בדברים שלא עמל בהם בחוכמה, שלא טרח כלל להשיגם!

כאמור לעיל, טענה זו מנוגדת לא רק לתפיסה הרווחת אצל בני אדם מן היישוב, אלא ביתר שאת לתפיסה המקראית. העברת הנחלה לבן נתפסת בדרך כלל כהמשכיות מבורכת, כנגיעה בנצח, כתשובה למוות. אך קהלת טוען שבמבט מפוכח, כשאדם מחפש משמעות לו עצמו כאינדיבידואל, ולא בהקשר לאומי או אוניברסלי, הוא גם מנתק את עצמו מהוריו מצד אחד, ומצאצאיו מצד שני. קהלת מודע לכך שהילד הזה יצא מהוריו, שהוא נושא בקרבו גם את עולמם – אבל אין בכוח תובנה זו להעניק משמעות למאמץ הכביר שהם השקיעו בצבירת רכוש. כשם שהחוכמה מתפוגגת עם המוות, גם הרכוש עובר לידיים אחרות ואי אפשר לראות בו את תכלית קיומו של האדם.

נתן אלתרמן ביטא במילים מהפנטות את הניגוד העמוק שבין עמלנותו הבלתי פוסקת של האדם – של כל אדם עשיר או עני, רם או דל, ידוע או אלמוני – לבין השקט המוחלט המשתרר עם מותו, שקט אותו דימה המשורר לשינה. ואכן, גם הוא השתמש – חייב היה להשתמש – במילה 'הבלים'. כך כתב בשירו "שיר ערש":

אוּמְנָם רָדַפְנוּ הֲבָלִים
אֲבָל הִנֵּה הָרֹאשׁ הִרְכַּנּוּ
אִם כֶּתֶר הוּא נוֹשֵׂא אוֹ דְּלִי
אֵין שׁוּם הֶבְדֵּל בַּסּוֹף יִישַׁן הוּא.

ובהמשך הוא מוסיף:

כָּל רוֹגֶז וְחֵמוֹת וְטֹרַח
וְתַאֲווֹת וְחֵרוּק־שֵׁן
עָבְרוּ חָלְפוּ כְּעוֹבְרֵי אֹרַח
– שֶׁיַּעַבְרוּ אֲנִי יָשֵׁן! –
גַּם שְׁאֵלוֹת לִשְׁאוֹל אֵין צֹרֶךְ
וְאֵין תּוֹעֶלֶת אֵין.

אם ננסה לחשוף את הצירים המרכזיים שעליהם נסובה החקירה הנוכחית של קהלת נוכל לומר כי בתוך שני צירים אלו מצויים שלושה רכיבים שאותם קהלת בוחן: הניסיון לבחון את יתרונה של החוכמה, הניסיון לבחון את יתרונה של השמחה (שניהם כלולים בציר משותף), והניסיון לבחון את יתרונו של הרכוש. כל השלושה מובילים לאותה המסקנה: גם אם יגדיל האדם את חוכמתו, את שמחתו ואת רכושו לא ימצא מנוח ומרגוע ולא ישפר את חייו.

העוצמה הגדולה של הפרק היא בשזירה של ציר החוכמה והשמחה עם ציר הרכוש בשני השלבים המקבילים הללו. המבנה מסגיר יותר מכול את המסר של הפרק – בשלב הראשון הוא מוסר עדות אישית מניסיונו, שבצבירת חוכמה ובצבירת רכוש אין טעם. בשלב השני הוא מציג ראיה לדבריו מיחסם של מושאי הכיסופים הללו של האדם אל יום המוות. הקפיצה מחוכמה לעמל מאפשרת לקהלת להתנגח בתפיסה של ספרות החוכמה, המבחינה הבחן היטב בין שני העניינים הללו ומציגה בעיקר את החוכמה כרבת ערך. קהלת מציג את החוכמה כ׳צבירה׳ – כמו שמציגים אנשי החוכמה את שאיפת הקניינים. הבה נחשוב עליך – קורא או קוראת ספר זה – שטרחת ורכשת אותו כדי לעיין בו. האם לא מונחים לצד ספר זה עוד ספרים רבים נוספים, האם אין הוא מונח על מדף עמוס ספרים שליקטת לאורך השנים? האם אין מן המשותף בין השתוקקות החכם ללימוד

ולחוכמה ולצבירת עוד ועוד דעת, לתשוקת אנשי עסקים המבקשים להעצים רכושם? עצם הקבלת החוכמה לצבירת רכוש היא פולמוס נוקב של קהלת נגד חבריו החכמים.

כאמור, מסקנת הביניים העולה מיחידה זו היא שכל מה שנותר לאדם הוא שיאכל וישתה: "אֵין טוֹב בָּאָדָם שֶׁיֹּאכַל וְשָׁתָה וְהֶרְאָה אֶת נַפְשׁוֹ טוֹב בַּעֲמָלוֹ". אמירה זו וכדוגמתה חוזרת לאורך הספר שבע פעמים (אם נכלול ביטויים אחרים דומים הספירה תעלה לעשר, כטענת ר' יוסף כספי בפירושו לפסוקנו), ודומה שהיא חורזת את היצירה כולה. מצד אחד ברור שאף 'לאכול ולשתות' וליהנות מהחיים איננו אלא הבל נוסף, וכבר קדם לקהלת ישעיהו הנביא שביקר את האומרים: "אָכוֹל וְשָׁתוֹ כִּי מָחָר נָמוּת" (כ"ב, יג). ועם זאת, ניתן למצוא בדברים אלו גם אמירה חיובית, שעל פיה, מתוך חוסר האונים של חיפוש המשמעות, ניתן למצוא את המשמעות דווקא בזמניות ובארעיות שניתנה לאדם. על פי קהלת, ובניגוד ומתוך ויכוח עם ספרות החוכמה, האדם מוזמן לשמוח בדברים הקטנים שניתנו לו. לא החוכמה ולא העמל תקפים באמת, אלא דברים צנועים בהרבה.

***

לסיום הדיון בחלק זה יש לציין שהטענות העולות ביחידה זו ממחישות שוב ושוב כיצד יוצא קהלת נגד המקובל בספרות החוכמה המקראית. בראש הפולמוס ניצב כמובן יחסו של קהלת לחוכמה. בעוד קהלת טוען "כִּי בְּרֹב חָכְמָה רָב כָּעַס וְיוֹסִיף דַּעַת יוֹסִיף מַכְאוֹב" (א', יח), נאמר בספר משלי ההיפך הגמור: "כִּי תָבוֹא חָכְמָה בְלִבֶּךָ וְדַעַת לְנַפְשְׁךָ יִנְעָם" (ב', י). פסוק זה במשלי אינו מקרי, אלא יש בו ייצוג לאחד מ'עיקרי האמונה' של ההשקפה החוכמתית – החוכמה מעניקה לאדם נועם, עדנה. קהלת אומר את ההיפך בדיוק – החוכמה מביאה לעצב ולמרמור, וגם היתרון היחסי שהיא מקנה במהלך החיים נחשף ככלי ריק ביום פקודה. גם מי שניצל מפגעים משך כל חייו, איננו יכול להינצל מפגע

אחד דרמטי שמחכה לו, ממש כמו לסכל: "כְּמִקְרֵה הַכְּסִיל גַּם אֲנִי יִקְרֵנִי וְלָמָּה חָכַמְתִּי אֲנִי אָז יֹתֵר" (ב', טו).

קהלת גם טען שאין זיכרון לחכם יותר מאשר לכסיל, ומעשיו של החכם ושל הכסיל נשכחים מלב: "אֵין זִכְרוֹן לֶחָכָם עִם הַכְּסִיל לְעוֹלָם בְּשֶׁכְּבָר הַיָּמִים הַבָּאִים הַכֹּל נִשְׁכָּח" (ב', טז), וגם טיעון זה סותר את המקובל להניח בספרות החוכמה: "כִּי יְשָׁרִים יִשְׁכְּנוּ אָרֶץ וּתְמִימִים יִוָּתְרוּ בָהּ. וּרְשָׁעִים מֵאֶרֶץ יִכָּרֵתוּ וּבוֹגְדִים יִסְּחוּ מִמֶּנָּה" (משלי ב, כא-כב); "זֵכֶר צַדִּיק לִבְרָכָה וְשֵׁם רְשָׁעִים יִרְקָב" (משלי י', ז).

ייחודיות ספר קהלת במרחב ספרות החוכמה כבר נידונה לעיל במבוא, ואנו עתידים לפגוש אותה בצמתים נוספים.

שיר העיתים (ג׳, א—ט)

לַכֹּל זְמָן וְעֵת לְכָל חֵפֶץ תַּחַת הַשָּׁמָיִם.
עֵת לָלֶדֶת   וְעֵת לָמוּת
עֵת לָטַעַת   וְעֵת לַעֲקוֹר נָטוּעַ.
עֵת לַהֲרוֹג   וְעֵת לִרְפּוֹא
עֵת לִפְרוֹץ   וְעֵת לִבְנוֹת.
עֵת לִבְכּוֹת   וְעֵת לִשְׂחוֹק
עֵת סְפוֹד   וְעֵת רְקוֹד.
עֵת לְהַשְׁלִיךְ אֲבָנִים   וְעֵת כְּנוֹס אֲבָנִים
עֵת לַחֲבוֹק   וְעֵת לִרְחֹק מֵחַבֵּק.
עֵת לְבַקֵּשׁ   וְעֵת לְאַבֵּד
עֵת לִשְׁמוֹר   וְעֵת לְהַשְׁלִיךְ.
עֵת לִקְרוֹעַ   וְעֵת לִתְפּוֹר
עֵת לַחֲשׁוֹת   וְעֵת לְדַבֵּר.
עֵת לֶאֱהֹב   וְעֵת לִשְׂנֹא
עֵת מִלְחָמָה   וְעֵת שָׁלוֹם.
מַה יִּתְרוֹן הָעוֹשֶׂה בַּאֲשֶׁר הוּא עָמֵל.

לפני שניכנס בעובי הקורה של ניתוח שיר מופלא זה, ברצוננו להסב את תשומת הלב לפירוש רשב״ם לשיר, אשר סולל דרך לקריאה ייחודית ושונה לחלוטין מזו המקובלת. שתי נקודות חידש רשב״ם ביחס לשיר זה:

א. לדעתו, כל ׳העיתים׳ הנזכרות בשיר קשורות לזמן מלחמה או זמן שלום, כפי שנזכר בגלוי בסוף השיר – ״עֵת מִלְחָמָה וְעֵת שָׁלוֹם״ (מלבד ׳עת ללדת׳, ׳עת לחשות׳ ו׳עת לדבר׳). כך כתב ביחס לעת הנטיעה והעקירה: ״עת לטעת – בעת שלום, ועת לעקור נטוע – בעת מלחמה. וכן כל העתים הללו כלולים בעת מלחמה ועת שלום״.

ב. מהפכנית עוד יותר הערתו השנייה של רשב״ם, שהשיר מובא כאן כהמשך לעיסוק בשאלה אם נכון לצבור ממון או לא. הרי בב׳, כו טען קהלת שהרכוש יעבור לידי מי שנמצא ראוי לכך בעיני אלוהים, ולטענתו של רשב״ם, עמדה זו קשורה במהותה בתפיסת העיתים המוזמנות לכל דבר:

״מה יתרון העושה באשר הוא עמל״ – מוסב על ׳ולחוטא נתן ענין לאסוף׳ (ב׳, כו), לומר, אחרי שעתות לטובה ועתים לרעה, וגם חוטא זה עת שהוא אוסף ממון ועת שהוא יוצא מידו לתת אותו לאדם שהוא טוב – מה יתרון האוסף וטורח בממון זה, אחרי שהוא יוצא מידו (פירושו לקהלת ג׳, ט; מהד׳ הכתה, עמ׳ 142-143).

כלומר, רשב״ם רואה את הפסוק החותם המשולב אחרי השיר כמסקנת השיר, או לפחות מסקנת קהלת לאור השיר – הנחה שעוד נאמץ להלן – אך מתוך כך מגיע גם למסקנה שהשיר מגיב לטיעון שעלה בפרק ב׳, שאין כל טעם באגירת רכוש שהרי ממון זה עתיד לעזוב את המתאמץ בהשגתו: ״עֵת לְבַקֵּשׁ וְעֵת לְאַבֵּד / עֵת לִשְׁמוֹר וְעֵת לְהַשְׁלִיךְ״.

לשיטתו, השיר משולב במסגרת הטיעון כראיה לכך שאל לו

לאדם להשקיע מרץ רב מדי באיסוף ממון, שהרי עת לאסוף ממון אך גם עת לאבד אותו, עת לאגור תבואה, ובסופו של דבר היא תצא מתחת יד בעליה, אז בשביל מה אתה עמל כל כך? לפי זה, שיר העיתים כולו הוא עדיין חלק מהיחידה הקודמת, המתנגדת לאיסוף הממון.[1] מסקנת רשב"ם בהחלט סבירה, אך מקובל יותר להניח ששיר העיתים פותח עניין חדש, עד כדי כך שאפשר להציבו כהקבלה לפתיחת הספר כולו, וכמציע פתיחה חדשה. המחזוריות הקבועה של הטבע שיוצגה בתחילת הספר, מתוארת כאן ביחס לאדם. הדברים מתרחשים ומתבטלים, מתרחשים שוב ומתבטלים וחוזר חלילה.

את שיר העיתים יש לבחון בהתבוננות כפולה: הן כשיר העומד בפני עצמו והן על שילובו במסגרת הרצאת מגילת קהלת. לשון אחר, ייתכן שקהלת נטל שיר מקובל, עיבד אותו או אולי אפילו השאירו כפי שהוא,[2] אך בתוך ההקשר החדש של קהלת הוא קיבל משמעות חדשה. ייתכן גם כמובן שקהלת עצמו חיבר את השיר מלכתחילה ואז משמעותו נגזרת מראש לאור ההקשר הכללי שבו הוא מונח. בין כך ובין כך, עלינו לדלות את משמעות השיר בהקשרו הנוכחי, כפרק השלישי שבספר קהלת.

האם לפנינו שיר אופטימי או פסימי? קשה להאמין איזו השלכה דרמטית יש על שאלה זו, לשאלה אחרת הנוגעת לתיחומו של השיר. האם פסוק ט – "מַה יִּתְרוֹן הָעוֹשֶׂה בַּאֲשֶׁר הוּא עָמֵל" – מוגש כמסקנת השיר או שיש לראות בו פתיחת דיון חדש?

רבים בעולם בתי המדרש נוהגים, או לפחות פעם נהגו, לשיר את שיר העיתים בסעודה שלישית בדבקות שרק שעותיה האחרונות של השבת יכולות להעניק, וזמרים שונים, כמו שימי תבורי או יעקב שוואקי, הציעו לחנים נעימים המלווים את מילות השיר.[3] הנחת היסוד

1. גם ויקס טען שיש לראות בשיר העיתים ובמסקנות הנלוות אליו את המשך הדיון הקודם. הוא ביסס זאת בעיקר על ביטויי הלשון שנזכרים בפרק ג׳, ט-יב שמהדהדים את א׳, ג; ב׳, כד (ויקס, סקפטיות, עמ׳ 68).
2. כך טען למשל בלנקינסופ, קהלת ג.
3. את השיר שמבצע שימי תבורי הלחין נועם קניאל; את השיר שמבצע יעקב

המונחת בבסיס גישה זו משותפת גם לאבן עזרא, והיא – שלפנינו שיר אופטימי, או לכל הפחות שיר המבטא את היופי שבעולם: לכל דבר יש את הזמן המיועד לו, ואין לך דבר שאין לו מקום. המציאות הרמונית ומסודרת.

עקרונית אפשר לקרוא כך את השיר, וייתכן שבבסיסם של דברים השיר אכן נכתב ברקע דומה, אבל אין צורך לומר שלא במקרה שירים מולחנים אלו מסתיימים לפני ההיגד ״מַה יִּתְרוֹן הָעוֹשֶׂה בַּאֲשֶׁר הוּא עָמֵל״. מאחר שנדמה שפסוק זה עומד כמסקנת השיר, קשה עוד להמשיך ולקרוא אותו כשיר אופטימי המשבח את הסדר המופתי שיש בעולם. עם תוספת משפט זה נצבע השיר בבת אחת בצבעים קודרים. רש״י ביקש להמעיט בייאוש שנלווה למסקנה זו והוסיף מילה אחת לפסוק: ״מה יתרונו של עושה **רע** בכל אשר הוא עמל? גם הוא עתו יבא והכל אבד״ (פירושו לקהלת ג׳, ט). אכן, אם מסקנת השיר היא שאין כל יתרון בעשיית ׳רע׳, נותר השיר אופטימי. אולם, לא במקרה נאלץ רש״י להוסיף על הפסוק מה שאין בו. על פניו, מסקנת השיר אליבא דקהלת היא שאין יתרון בשום עשייה ובשום עמל.

מה ראה קהלת לשלב דווקא כאן שיר, בשונה מדרך כתיבתו לאורך הספר כולו? החזרה על עשרים ושמונה עיתים – קצב הקריאה בשביעיות – מותאם למה שקהלת מבקש להדגיש: את המחזוריות בחיי האדם.[4] הקצב הקבוע קשור גם במבנה היציב של השיר.

השיר עשוי כמובן בצמדים הופכיים: ״עת ללדת ועת למות״, אך עיון נוסף מגלה שהשיר בנוי בסדרות של שני צמדים רצופים, כלומר ארבע ׳עיתים׳ יוצרות בית אחד. תחילה אומר קהלת:

שוואקי הלחין יצחק ולדנר.

4. ייתכן שצודקים הטוענים שקהלת ביקש לשלב עשרים ושמונה היגדים המחולקים לארבעה בתים בגלל מבנה החודש המחזורי שיש בו ארבעה שבועות של שבעה ימים, ובגלל שמספר זה ״מילא תפקיד באסטרולוגיה של ימי קדם״ (לוי, קהלת, עמ׳ 80). הסתייגות מעמדה זו ראו אצל גורדיס, קהלת, עמ׳ 219.

עֵת לָלֶדֶת וְעֵת לָמוּת
עֵת לָטַעַת וְעֵת לַעֲקוֹר נָטוּעַ.

הזיקה בין שתי שורות אלו ברורה, שהרי שתיהן עוסקות בפריון (אדם ואדמה) ובכיליון (אדם ואדמה). גם שני הצמדים הבאים קשורים זה בזה, בתנועה שהם מביעים:

עֵת לַהֲרוֹג וְעֵת לִרְפּוֹא
עֵת לִפְרוֹץ וְעֵת לִבְנוֹת.

גם כאן יוצר קהלת זיקה בין קורותיו של האדם לקורות סביבתו: כשם שאפשר להרוג אדם או לרפא אותו, כך אפשר לפרוץ (להרוס) את הבניין ואפשר לבנות אותו.

אין צורך לומר, שגם בבית השלישי שני הביטויים הבאים מקבילים:

עֵת לִבְכּוֹת וְעֵת לִשְׂחוֹק
עֵת סְפוֹד וְעֵת רְקוֹד.

הבכי והמספד שלובים זה בזה לא פעם, כמו: "וַיָּבֹא אַבְרָהָם לִסְפֹּד לְשָׂרָה וְלִבְכֹּתָהּ" (בראשית כ"ג, ב); "וַיִּקְרָא אֲדֹנָי ה' צְבָאוֹת בַּיּוֹם הַהוּא לִבְכִי וּלְמִסְפֵּד" (ישעיה כ"ב, יב), או: "שֻׁבוּ עָדַי בְּכָל לְבַבְכֶם וּבְצוֹם וּבִבְכִי וּבְמִסְפֵּד" (יואל ב', יב), ועוד. כך גם השחוק והריקוד נזכרים בסמיכות, כמו בתיאור דויד: "וַתֵּרֶא אֶת הַמֶּלֶךְ דָּוִיד מְרַקֵּד וּמְשַׂחֵק" (דה"א ט"ו, כט).

ראוי לציין שהניגוד בין המספד לריקוד גדול יותר ממה שנדמה במבט ראשון, מפני שההספד המקראי איננו רק דיבור או יללות, אלא כנראה גם תהלוכה מסביב למת תוך כדי בכי ושאר ביטויי אבלות – תיפוף על החזה,[5] ומחוץ לעם ישראל גם שריטת שרטת.

5. גם באכדית, הפועל sapādu הוא 'לקונן', וגם 'הכה על ליבו' (ובדומה גם בארמית

הריקוד מציע מעגל דומה, רק באווירה הפוכה לחלוטין. בשל כך, הניגוד בין השניים עולה גם במקומות אחרים, כמו: ״הָפַכְתָּ מִסְפְּדִי לְמָחוֹל לִי״ (תהלים ל׳, יב).[6]

עוד ניווכח שהזיקות בין שני הצמדים ממשיכות הלאה לאורך השיר, ומשום כך האתגר בהכרעה אם חבויה זיקה גם בין שני הצמדים שבפסוק ה הוא גדול:

עֵת לְהַשְׁלִיךְ אֲבָנִים וְעֵת כְּנוֹס אֲבָנִים
עֵת לַחֲבוֹק וְעֵת לִרְחֹק מֵחַבֵּק.

הקצב בשני הצמדים משתנה, שהרי משולבים בהם גם מושא ישיר – ״עת להשליך/כנוס **אבנים**״, או ״לרחק **מחבק**״. דבר זה אינו מופיע ב׳עיתים׳ אחרות שבשיר (לא נאמר למשל ׳עֵת לִתְפּוֹר **בגדים**׳), והופך בית זה לחריג. מאתגר עוד יותר להבין אם יש קשר בין היחס לאבנים והיחס לחיבוק.

דומה, שאכן אפשר לעמוד על קשר כזה, אם קוראים את הפסוק בהקבלה כיאסטית: במקביל להשלכת האבנים מצוי ריחוק המחבק, ובהקבלה לכינוס האבנים מצוי החיבוק. שוב קהלת יוצר קשר בין יחס האדם לזולתו ויחסו לסביבתו החומרית – בשני תחומים אלו הוא יכול לאמץ אל ליבו דבר־מה (אדם או אבן), ובשניהם הוא יכול להתנכר ולהרחיק דבר זה מעליו. על המשמעות שבשילוב הקבלה כיאסטית דווקא כאן נעמוד להלן, בדיוננו במבנה השלם של השיר.

גם ויילדבאור הציע שלפנינו הקבלה כיאסטית, אך הוא טען שיש לראות את השלכת האבנים כהשלכה שעושה אדם לתוך שדהו הטוב של רעהו ובכך הורס אותו (לאור מל״ב ג׳, יט, כה), ואת כינוס האבנים הוא ראה כסיקול אבנים משדה חברו (לאור ישעיה ה׳, ב), וממילא לדעתו, גם היגדים אלו עוסקים ביחסי אדם וחברו, ״ומחשבה

ובסורית). באוגריתית הפועל מיוחד לנשים מקוננות בילְלות.

6. מלול, תהלים ל, עמ׳ 141–142.

זו היא כנראה המעבר לחיבוק האוהב".[7] הדבר אפשרי, אך קשה להניח שקהלת מתאר את יחסו של אדם לשדה רעהו, מבלי שהדבר נאמר בפירוש. קריאה פשוטה יותר תראה בפסוק זה את תיאור האדם מול אבני שדהו שלו. כאמור לעיל, גם ביחס האדם אל האבן עצמה ההקבלה ברורה.

מרתקת גישת חז"ל שראו בהשלכת האבנים או כינוסן לשון נקייה למיניות, ולאור כך הקשר לחיבוק הנזכר בסמיכות מובן מאליו:

> "עת להשליך אבנים" – בשעה שאשתך טהורה; "ועת כנוס אבנים" – בשעה שאשתך טמאה. "עת לחבוק" – אם ראית כת של צדיקים עומדים, עמוד וחבק ונשק וגפפם; "ועת לרחוק מחבק" – אם ראית כת של רשעים, רחק מהם ומכיוצא בהן (קהלת רבה, פר' ג, ז).

ייתכן שהדרשן ראה בלשון 'אבנים' רמז ל'בנים', כלומר להולדת צאצאים, וייתכן גם שהאבנים הזכירו לו את האובניים שעליהן נשים יולדות: "וּרְאִיתֶן עַל הָאָבְנָיִם אִם בֵּן הוּא וַהֲמִתֶּן אֹתוֹ" (שמות א', טז), וגם בפרשנות המודרנית היו שביקשו לאמץ קריאה זו.[8] בכל מקרה, יושם לב, שלפי מדרש זה, השלכת האבנים היא הפעולה המחברת והקרובה – בהקבלה רגילה למשפט השני: "עת לחבוק" (ולא הקבלה כיאסטית), ורגליים לדבר שהמדרש קרא את הצימוד הפותח העוסק בהשלכת אבנים, על רקע הצימוד החותם, העוסק בחיבוק.[9]

מכאן ממשיך קהלת בעוד שלושה בתים של שני צמדים כל אחד. הראשון הוא:

7. ויילדבאור, קהלת, עמ' 132.
8. לוי, קהלת, עמ' 81. בנספח לפירושו הוא הביא דוגמאות נוספות מספרות העולם לשימוש לשוני-סמלי זה (שם, עמ' 144–152). ראו גם אצל גורדיס, קהלת, עמ' 220.
9. לדיון נוסף באפשרות שהמדרש העלה ראו: הרצברג, קהלת, עמ' 104.

עֵת לְבַקֵּשׁ וְעֵת לְאַבֵּד
עֵת לִשְׁמוֹר וְעֵת לְהַשְׁלִיךְ.

הקשר בין שני צמדים אלו מובן מאליו: לעיתים יש זיקה בין האדם לחפץ מסוים – הוא מבקש אחריו או שומר אותו, ולעיתים זיקה זו נפרמת: מאבדים את החפץ או משליכים אותו במכוון. יושם לב ששוב נזכר בשיר הפועל ׳להשליך׳ שנזכר זה עתה בתיאור השלכת האבנים. מאחר שאין עוד חזרה על פעלים לאורך השיר הדבר בולט בחריגותו.

שאלת היחס בין שני הצמדים המובאים בפסוק ז היא שאלה מאתגרת:

עֵת לִקְרוֹעַ וְעֵת לִתְפּוֹר
עֵת לַחֲשׁוֹת וְעֵת לְדַבֵּר.

האם יש קשר בין פעולות קריעת הבגד ותפירתו לפעולת השתיקה והדיבור? סתם כך לא היה מקום לטעון לזיקה ביניהן, אך מאחר שהשיר בנוי מצמדים, יש מקום להעלות על הדעת זיקה גם בין שני משפטים אלו. היה אפשר לומר שמפני שקריעה מרעישה, קהלת קושר זאת עם דיבור ושתיקה, אך זה נראה קשר מקרי מדי. מן הסתם אפשר לחשוב על דברים נוספים שמקימים רעש כלשהו ולא הם הוזכרו כאן.

גם כאן הצעה שעולה כבר אצל חז״ל – ורבים בפרשנות המודרנית אימצו אותה – יכולה לקדם את הדיון. לפי הצעה זו, הקריעה שהשיר מתייחס אליה היא קריעת בגד על מת, כחלק מאבלות. כידוע, הלכות אבלות אינן מפורטות בתורה, אך אפשר ללמוד אותן מסיפורים שונים שבהם יש מתאבלים. אחד הרכיבים החוזרים שוב ושוב הוא קריעת הבגד – בין כביטוי לאבלות על מת (כמו: בראשית ל״ז, לד) ובין כביטוי לצער גדול שמקורו אחר (כמו בראשית מ״ד,

יג).[10] מרכיב זה נתפס כמנהג האבל במקרא,[11] ובשונה מכמה טקסי אבלות אחרים, הוא נותר על כנו עד ימינו אנו. אם אומנם זוהי הקריעה שקהלת מתייחס אליה בשיר הנידון, ברור מדוע יש קשר בין אבלות זו לשתיקה שמלווה אדם שמצוי באֵבֶל, ושחרב עליו עולמו. כך למשל רעי איוב, שלאורך הספר מפגינים יכולות רטוריות מרשימות, פותחים את מסעם בישיבה שותקת של שבעה ימים עם איוב המתאבל: "וַיִּשְׂאוּ קוֹלָם וַיִּבְכּוּ וַיִּקְרְעוּ אִישׁ מְעִלוֹ וַיִּזְרְקוּ עָפָר עַל רָאשֵׁיהֶם הַשָּׁמָיְמָה. וַיֵּשְׁבוּ אִתּוֹ לָאָרֶץ שִׁבְעַת יָמִים וְשִׁבְעַת לֵילוֹת וְאֵין דֹּבֵר אֵלָיו דָּבָר" (איוב ב׳, יב-יג).[12]

אך לאחר שהתנחם האדם, הוא חוזר ותופר את בגדיו, כלומר הולך שוב בבגדים שלמים, וחוזר שוב לדבר שיח של חולין עם חבריו ומכריו.[13]

הבית האחרון החותם את השיר מעוצב בהקבלה כיאסטית:

עֵת לֶאֱהֹב וְעֵת לִשְׂנֹא
עֵת מִלְחָמָה וְעֵת שָׁלוֹם.

10. ראו אצל שמש, אבלות, עמ׳ 102–104. בצדק היא כותבת שאת הבגד הקרוע החליף לעיתים קרובות שק.

11. קלאוס, קריעת הבגד.

12. הקשר בין קריעת הבגד לשתיקת האבל עולה גם בציווי שקיבל יחזקאל שלא להתאבל על אשתו העומדת למות: "הֵאָנֵק דֹּם מֵתִים אֵבֶל לֹא תַעֲשֶׂה פְּאֵרְךָ חֲבוֹשׁ עָלֶיךָ וּנְעָלֶיךָ תָּשִׂים בְּרַגְלֶיךָ וְלֹא תַעְטֶה עַל שָׂפָם וְלֶחֶם אֲנָשִׁים לֹא תֹאכֵל" (יחזקאל כ״ד, יז), אולם לא מספיק ברור בפסוק זה מה משמעות הדממה שהצטווה בה יחזקאל, ונראה יותר שהדבר קשור לאיסור להספיד ולדבר בקול על הנפטר.

13. ראו אצל גורדיס, קהלת, עמ׳ 221. הרצברג יצא נגד רעיון זה בטענה שלא מצאנו שאבלים שותקים (קהלת, עמ׳ 105). הצדק איתו שאין ריטואל של שתיקה באבלות המקראית, אך סביר להניח שאבלים לא היו משתתפים בשיחות חולין באבלותם הגדולה. לפנינו תיאור ריאלי של חיים ולאו דווקא תיאור שנשען על החוק הנדרש (יש לציין שהרצברג עצמו מודע לכך שבאופן ריאלי סביר שאבלים שתקו, כמו מי שחש שהחיים הרועשים אינם נוגעים לו. ראו למשל את דברי ידותון בתהלים ל״ט, ג).

מתאים הדבר שבבית החותם את השיר ההקבלה תהיה כיאסטית, ותופעה ספרותית זו חוזרת ברשימות מקראיות נוספות. ההקבלה מציעה זיקה בין ההתרחשות בממד האישי־החברתי (אהבה ושנאה) לבין ההתרחשות בממד הלאומי (מלחמה ושלום). סיומו של השיר בא לידי ביטוי גם בשינוי הפעלים לשמות עצם. עד הניגוד האחרון היו לפנינו שלושה עשר ניגודים של פעלים (׳ללדת׳, ׳להרוג׳, לבכות׳ וכו׳), אך בניגוד האחרון לא כתוב עת ׳להילחם׳ אלא עת ׳מלחמה׳ ועת ׳שלום׳; ״בכך הקורא מבין שהוא הגיע לסוף השיר״.[14]

כבר הזכרנו את שיטת רשב״ם שהשיר כולו הוא פיתוח של הבית החותם את השיר וכולו עוסק במלחמה ושלום. אנו מבקשים להעלות השערה דומה לזו שהציע רשב״ם, אך לא לראות בפסוק החותם את הכותרת העיקרית של השיר אלא את הפסוק הפותח. כלומר, אפשר לראות את השיר כמנהל דיאלוג במיוחד עם לידה ועם מוות, כנזכר בפתיחת השיר – ״עת ללדת ועת למות״. פריון האדמה (פס׳ ב) קשור כמובן גם הוא לשאלת פריון האדם; גם ההריגה והריפוי (ג) קשורים בדבר זה. הבכי והשחוק שמקבילים למספד ולריקוד (ד) קשורים כמובן גם הם במרחב של לידה ואבלות, ואם צודקים חז״ל שהשלכת האבנים רומזת להתעברות וללידה, גם פסוק ה ממשיך הקשר זה. כאמור לעיל, היו שהציעו לראות גם את קריעת הבגד ואת השתיקה המוזכרות בשיר בהקשרי אבלות דווקא, וגם המלחמה והשלום מביאים בכנפיהם מוות או חיים. לא באנו לקבוע מסמרות בדבר זה, במיוחד נוכח העובדה שטענה זו נשענת על פרשנויות מסוימות לשיר, שאינן הכרחיות. אולם מתאים הדבר לקהלת, שבשעה שיציג את העיתים המתחלפות הנכונות לו לאדם, יראה במיוחד בלידה ובמוות את היסוד לפיצול הדואלי שבמציאות.

לשיר קצב מונוטוני קבוע, בזכות החזרה על ׳עֵת ל... וְעֵת ל...׳, ובזכות שבעת הבתים, שבכל אחד מהם שתי צלעות של ארבע ׳עיתים׳. אך מאחר שניכר שהשיר בנוי לתלפיות, מפתיעה העובדה

14. רנדסבורג, כיצד, עמ׳ 298.

שלעיתים פותח קהלת בפועל 'החיובי', הקונסטרוקטיבי (כמו: "**עֵת לָלֶדֶת** וְעֵת לָמוּת / **עֵת לָטַעַת** וְעֵת לַעֲקוֹר נָטוּעַ"), ולעיתים פותח קהלת בפועל 'השלילי' (כמו: "**עֵת לִבְכּוֹת** וְעֵת לִשְׂחוֹק / **עֵת סְפוֹד** וְעֵת רְקוֹד"). קשה להכריע במגמת כתיבה זו, אך ייתכן שבלבול זה מכוון ונותן את התחושה של חוסר יכולת האדם לדעת מהי העת הנכונה לעשות את הדבר הנכון, מתי הזמן לכך ומתי הזמן לכך. דבר זה נוגע בתכלית השיר ובמגמתו.

שלוש עמדות עיקריות הועלו ביחס למטרת שילוב שיר העיתים בספר, ולטעמנו, העמדה השלישית היא המשכנעת מכול, ואותה נבקש לפתח. הנחת היסוד לפענוח מגמת השיר נשענת מדרך הטבע על המסקנה המשולבת בסיומו: "מַה יִּתְרוֹן הָעוֹשֶׂה בַּאֲשֶׁר הוּא עָמֵל" (ג', ט). כיצד מסקנה זו עולה מקריאת השיר?

העמדה הראשונה טוענת שלפנינו שיר דטרמיניסטי, ועולה ממנו שיש זמן מוכתב מראש לכל דבר והאדם איננו יכול להשפיע על כך: "לַכֹּל זְמָן וְעֵת לְכָל חֵפֶץ תַּחַת הַשָּׁמָיִם". יש זמן נכון לנטיעת עצים, ולו האדם ייטע בזמן המותאם לעקירת נטוע, מלאכתו לא תצלח בידו, בין יהיה חרוץ ובין יהיה בטלן; אם יברר אילו עצים מתאימים לאדמה שבשדהו ואם לאו. לפיכך ברור, שאין יתרון לעושה העמל בעבודתו; הצלחתו אינה תלויה בו:

> אין האדם שליט על גורלו, שכן גורלו נתון בידי האל הקובע מראש את כל מהלך חייו... כשם שאין אפשרות לבחור את הזמן "המתאים" ליום ההולדת או ליום המוות, כך אין אפשרות לבחור את הזמן המתאים לפעולות אחרות התלויות לכאורה ברצונו של האדם... קהלת דוגל בדטרמיניזם ומאמין, שכל אירועי החיים נקבעים על פי רצונו הבלתי מובן והשרירותי לכאורה של האל. לאדם לא נותר אלא לקבל עליו ללא עוררין את כל הבא עליו במשך ימי חייו.[15]

15. פוקס, לכל זמן. ראו גם אצל סמט, דטרמיניסטי. ויקס העיר, שלפי קריאה זו

העמדה השנייה מציעה ניסוח מעט שונה של גישה עקרונית זו, ומתמקדת בחוסר התוחלת של האדם לפעול במציאות בגלל שהוא איננו יודע מתי כדאי לעשות דבר אחד ומתי כדאי לעשות דבר אחר. לפי שיטה זו, דווקא לאדם יש חופש בחירה לפעול כאוות נפשו, אך השיר מלמד שאין כל ערך בחופש זה שאינו יכול להביא את האדם לתוצאות הרצויות לו.

אכן, פתיחת השיר בלידה (בעיקר אם הכוונה ללידת האדם עצמו ולא להולדת ילדיו) ובמוות, משרה תחושה חזקה של אירועים שאינם בשליטתו של האדם, ואם לאור צמד זה יש לקרוא את השיר כולו, אכן עולה התחושה של אירועים שאין בכוחו של האדם הפרטי להשפיע עליהם.[16]

עוד ניווכח בהמשך המגילה שקהלת באמת מפורר את הזיקה – האהובה על ספרות החוכמה הקלאסית – בין המאמץ המושקע בעבודה לבין הצלחתה, אך דומה שכאן קשה לאמץ עמדה זו. לפי קריאה זו מוקד התסכול האנושי טמון בחוסר הידיעה מהי העת הנכונה לכל דבר. לו היה יודע האדם מתי נכון להשליך אבנים ומתי נכון לכנוס אותן, היה יכול לעמול ולהצליח. אך מוקד מרכזי זה לא נרמז בשיר. קהלת לא אומר ׳מה יתרון האדם שאיננו יודע עתיד׳, אלא ׳אשר הוא עמל׳. מוקד דבריו איננו בחוסר ידיעתו אלא בחוסר התכלית שבמאמץ; אי ידיעת האדם איננה נזכרת כלל. קריאה זו מוכחת גם מהשוואת פסוקנו לפסוקים דומים אחרים במגילה:

א׳, ג: ״מַה יִּתְרוֹן **לָאָדָם** בְּכָל עֲמָלוֹ שֶׁיַּעֲמֹל תַּחַת הַשָּׁמֶשׁ״.

ב׳, כב: ״כִּי מֶה הֹוֶה **לָאָדָם** בְּכָל עֲמָלוֹ וּבְרַעְיוֹן לִבּוֹ שֶׁהוּא עָמֵל תַּחַת הַשָּׁמֶשׁ״.

צריך להגיע למסקנה, שקהלת סבור שגם למעשים הנפשעים בעולם יש את ׳העת׳ שלהם ושגם הם מתרחשים תחת חסות אלוהית (ויקס, סקפטיות, עמ׳ 71).

16. ג׳וסף בלנקינסופ, שלא קיבל קריאה זו, הציע שהמוות המתואר בפסוק מכוון להתאבדות, שהיא מסורה בידיו של כל אדם (בלנקינסופ, קהלת ג). אך קשה להניח שקהלת מתייחס בדבריו לאקט כה חריג וכה קיצוני כמו התאבדות, ועוד מגדיר זאת כ״עת״ המוכן לכך.

ו׳, יא: ״כִּי יֵשׁ דְּבָרִים הַרְבֵּה מַרְבִּים הָבֶל מַה יֹּתֵר **לָאָדָם**״.

בכל הפסוקים האלו קהלת מזכיר את ׳האדם׳, אולם בפסוקנו קהלת עוסק בעמל העושה: ״מַה יִּתְרוֹן הָעוֹשֶׂה בַּאֲשֶׁר הוּא עָמֵל״ (ג׳, ט). מיקוד חריג זה חושף את הנושא שאותו מלבן כאן קהלת: פעילותו של האדם נדמית כחסרת פשר ותכלית.[17]

לפיכך נראה שיש להבין את משמעות השיר באופן אחר, וזו היא העמדה השלישית ביחס להבנת מגמת שיר העיתים. מלבד השורה הפותחת שבאמת איננה קשורה בהכרעה אנושית, כל שאר הפעלים מסורים לרשותו של האדם – הוא נוטע במועד שרוצה בכך; הוא משליך אבנים או כונס אותן על פי הכרעותיו. יותר מכך, נטיעת העצים אכן תועיל – תיתן לו פירות; ואם הוא יסקל את שדהו מאבנים יקל עליו לזרוע ולחרוש, אולם נראה שקהלת מדבר על אותם עצים עצמם שבתחילה נוטעים אותם, אך לבסוף גם עוקרים אותם. כמו שחיי האדם פותחים בלידתו ומסתיימים במותו, כך גם שאר הפעלים המובאים בשיר מתארים התרחשות שנוגעת לאותו הדבר עצמו.

מוקד דבריו של קהלת הוא אם כן המחזוריות שמאפיינת את פעילות האדם, ומאחר שיש עת לטעת ויש גם עת לעקור את הנטוע, מדוע בכלל לטעת מלכתחילה? בתים שנבנו בעמל רב, עתידים להיהרס בחלוף השנים, אז מה טעם עמלו בוניהם? קהלת חותם את שירו בהכרזה ש״עת מלחמה ועת שלום״, ואכן, לוחמים שנלחמים בחירוף נפש למען המטרה שהציב להם מפקדם, יאבדו עניין במלחמה אם ייוודע להם שעוד מעט עתידה להיכנס לתוקפה הפסקת האש. לאור כך מקבל המשפט הפותח את משמעותו הדרמטית – מאחר שבסופו של דבר האדם מת, לשם מה בכלל להיוולד. הכול חולף והכול זמני וכל יצירה והתקדמות מתבטלות בהמשך.

גם קצב השיר המונוטוני תורם את חלקו להבנה זו: הצורה מתאחדת בשיר זה עם התוכן, באשר היא מביעה פעולה שמתבטלת,

17. ראו על כך גם אצל סאו, קהלת, עמ׳ 171.

שוב ושוב, אם מדובר בפעולה יצרנית ואם מדובר בפעולה הרסנית, עוד יגיע בן זוגה הניגודי ויבטל את פעילותה ואת תוצאותיה. מסקנת השיר מפותחת עוד ביחידה הבאה ונדון בכך להלן.

נמצאנו למדים ששיר זה מנהל דיאלוג של ממש עם פתיחת הספר, שעסקה גם היא במחזוריות הסיזיפית של הטבע. אך בעוד פתיחת הספר תיארה חוויה זו מול הטבע, שיר העיתים מתאר חוויה זו נוכח פעולות האדם. בכך מסמן קהלת מעין פתיחה חדשה, שחוזרת על עקרון המחזוריות אך הפעם מתוך התמקדות בפעולות האנושיות ולא בכוחות הטבע העצומים.

מסקנת שיר העיתים: עָלָיו אֵין לְהוֹסִיף וּמִמֶּנּוּ אֵין לִגְרֹעַ (ג', י—טו)

רָאִיתִי אֶת הָעִנְיָן אֲשֶׁר נָתַן אֱלֹהִים לִבְנֵי הָאָדָם לַעֲנוֹת בּוֹ. אֶת הַכֹּל עָשָׂה יָפֶה בְעִתּוֹ גַּם אֶת הָעֹלָם נָתַן בְּלִבָּם מִבְּלִי אֲשֶׁר לֹא יִמְצָא הָאָדָם אֶת הַמַּעֲשֶׂה אֲשֶׁר עָשָׂה הָאֱלֹהִים מֵרֹאשׁ וְעַד סוֹף. יָדַעְתִּי כִּי אֵין טוֹב בָּם כִּי אִם לִשְׂמוֹחַ וְלַעֲשׂוֹת טוֹב בְּחַיָּיו.
וְגַם כָּל הָאָדָם שֶׁיֹּאכַל וְשָׁתָה וְרָאָה טוֹב בְּכָל עֲמָלוֹ מַתַּת אֱלֹהִים הִיא. יָדַעְתִּי כִּי כָּל אֲשֶׁר יַעֲשֶׂה הָאֱלֹהִים הוּא יִהְיֶה לְעוֹלָם עָלָיו אֵין לְהוֹסִיף וּמִמֶּנּוּ אֵין לִגְרֹעַ וְהָאֱלֹהִים עָשָׂה שֶׁיִּרְאוּ מִלְּפָנָיו. מַה שֶּׁהָיָה כְּבָר הוּא וַאֲשֶׁר לִהְיוֹת כְּבָר הָיָה וְהָאֱלֹהִים יְבַקֵּשׁ אֶת נִרְדָּף.

פסקה זו מובאת כמסקנה העולה משיר העיתים, ולכן גם בה משלב קהלת את האמירה: "אֶת הַכֹּל עָשָׂה יָפֶה בְעִתּוֹ", אולם מייד יתברר שהיופי שמזכיר כאן קהלת נאמר בציניות יתירה.

כמעט שלושת אלפי שנים לפני פרויד, בפסוקים אלו גלומה כמדומה הכרה יחידה במינה בספרות המקראית, ואולי גם בספרות המזרח הקדום בכלל, ברעיון של קיום תת־מודע שמדרבן את האדם לפעול. לא די בזה שהאדם אינו מודע למציאות המורכבת שמפעילה

אותו, אלא שיש לכך תפקיד. בהקשר המסוים של פסוק זה, הצד הנסתר המניע את האדם הוא הדחקת עובדת המוות.

בלשון חכמים ׳העולם׳ הוא היקום, ובהתאם לכך פירשו כמה מהפרשנים, שהאל נטע בלב האדם את התשוקה לכבוש או להבין את העולם: ״גם כל דרכי העולם ותועלותיו נתן בלב בני אדם להבינם עד תכליתו אם יעמיקו בהשכל רב״ (מצודות דוד לקהלת ג׳, יא). קריאה זו משתקפת כבר בתרגום השבעים, אך בעברית המקראית העולם איננו ׳המציאות׳, הוא איננו מסמן מקום, אלא הוא תיאור זמן ומקביל אל הנצח, וכמו שקהלת אומר בהמשך הפסוקים שלפנינו: ״הוּא יִהְיֶה לְעוֹלָם״.[1]

אך גם אם נסכים שההיגד ״אֶת הָעֹלָם נָתַן בְּלִבָּם״ נוגע לתיאור זמן, יש אפשרויות פירוש שונות: האם הכוונה לתחושת עבר ועתיד? תודעת משך הזמן? תודעת הזמן הרחוק?[2] מתוך שלל העמדות נראית ביותר קריאתו של ראב״ע שכתב על פסוקנו:

> ומלת עולם בכל המקרא לא מצאונה כי אם על זמן... וענין ׳גם את העולם נתן בלבם׳ – שבני אדם מתעסקים כאילו יחיו לעולם ובעבור התעסקם לא יבינו מעשה האלהים מראש ועד סוף (פירושו לקהלת ג׳, יא).

ביאור זה מקובל על ידי רבים בפרשנות המודרנית,[3] ועל פיו, מחבר המגילה רומז כאן לאשליית הנצח הנטועה בליבותיהם של בני האדם, אף

1. למרות זאת, גורדיס העדיף פירוש זה, מתוך טענה שגם בבן סירא כבר נזכר ׳עולם׳ בהוראת ׳המציאות׳ (ג, יח), ולדעתו זהו הפירוש המתאים ביותר לפסוקנו (גורדיס, קהלת, עמ׳ 221–222). תרגום המקרא לאנגלית של JPS עבר שינוי בהקשר זה. במהדורה הראשונה (משנת 1917) תורגם הפסוק כמו בשבעים: ״He hath set the world in their heart״, אך במהדורה החדשה (משנת 1985), תורגם הפסוק כמביע תיאור זמן: ״He also puts eternity in their mind״.
2. הפניות רלוונטיות לכל העמדות האלו ראו אצל ברתולומיו, קהלת, עמ׳ 166.
3. ראו למשל את דיוניהם של צימר, בין מוות לאושר, עמ׳ 77–82 (ושם סקירה של עמדות נוספות); אוגדן, קהלת, עמ׳ 55 (אך את הצעתו ש״יראו מלפניו״ שחותם את הפסוק יש להבין מלשון ראייה, ולא מלשון יראה, קשה לאמץ).

על פי שהם יודעים בשכלם שסופם הוא מוות.[4] זוהי הדחקה קיומית יום־יומית 'הנתונה בְּלִבָּם',[5] שמעלימה מהאדם את תודעת מותו שלו, ויחד עם זאת מאפשרת לאדם לחשוב ולהרגיש שהמעשה האנושי אינו חסר משמעות. הוא נוטע עצים, והוא לא חי בתודעה שהם עתידים להיעקר. הוא הולך להילחם, והוא לא חי בתודעה שתהיה הפסקת אש, אלא נכון להשליך עכשיו את חייו מנגד. אדם ברגע נתון כלשהו שונא את השכן ממול, שהקים רעש בבניין, אף על פי שברור שהם עתידים להשלים, אבל עכשיו הוא לא מדבר איתו. ולהיפך: אדם שמאוד אוהב בזמן מסוים אדם אחר, יודע שכלל לא בטוח שהדבר יימשך לעד. בפרספקטיבה של הנצח, הן הטוב הן הרע בחיי האדם אינם עתידים להתמיד. כפי שהאדם עצמו כלה במוות, כך גם מעשי האדם, רגשותיו, ענייניו, נוצרים ונפסדים. אכן, כל אדם 'יודע' שהוא עתיד למות, אך תודעה זו איננה מתורגמת לחוויה קיומית, אלא אדרבה – אדם חווה את חייו כדבר קיים ומתמיד.[6]

ביושרה מרשימה מעניק קהלת תפקיד להדחקת המוות. יש להדחקה זו תפקיד בחיי האדם – היא המאפשרת את חיי היום־יום הנורמליים, את הדרבון לעשות. במאמר שכתב הפסיכולוג מתן הולנד – שבו הוא ביקש לעודד מטפלים לדון גם בפחד המוות ובקיומו – הוא התנסח: "עובדת המוות האישי היא הנושא המודחק, המודר והממודר ביותר בחוויה האנושית".[7] קהלת מצביע גם על

4. גינזברג חשב שהכוונה ל"סיכום העתים, וכאילו רצה לומר, נתן האלהים לאדם עניין לבקש לעמוד על סוד העתים, לידע בכל עת ועת". אך גם הוא הרגיש שלפי פירוש זה, הלשון דחוק, ולכן הציע לגרוס "העמל" במקום "העלם" (גינזברג, קהלת, עמ' 74). הצעה זו עלתה כבר אצל מקדונלד, הערות, עמ' 212. אך אין בכך צורך. המשמעות הפשוטה היא שהאדם חי באשליה שהוא נצחי.
5. אנו נוטים לפרש את 'לבם' בפסוק כלב של בני האדם שמייצג את התודעה והמחשבות. לדיון באפשרות שהכוונה ל'מרכז' (כמו למשל בשמות ט"ו, ח; יונה ב', ד) ראו אצל צימר, בין מוות לאושר, עמ' 79.
6. בכיוון זה פירש גם גרץ, קהלת, עמ' 70. מעניין שרש"י מצא בפסוקים אלו קריאה הפוכה בדיוק: "... כדי שיתן לב לשוב שידאג ויאמר היום או מחר אמות" (פירושו לג', יא).
7. הולנד, עין הסערה.

הצורך שבהדחקה זו: אדם שיחווה באופן ממשי את עובדת מותו הקרב והולך בכל רגע ורגע, יתקשה לפעול במציאות, יתקשה לקום בבוקר ממיטתו.

ראוי לציין, שתיאורטית, אפשר להציג את הדברים באופן שונה, ולטעון שהדברים מקבלים ערך דווקא בגלל שהם חולפים. במידה מסוימת, גם קהלת פתח את ספרו בטענה שהטבע האין־סופי, החוזר על עצמו שאינו מתכלה, נראה כחסר תכלית ומשמעות. ארווין יאלום מצטט את פרויד שכתב: ״דווקא ארעיותם של הדברים, היותם בני חלוף, מגבילה את אפשרותנו ליהנות מהם, ולפיכך מעלה את ערכם״.[8] מכך הסיק גם יאלום:

> זכרו את היתרון שבמודעות למוות, שבאימוץ צלו אל לבכם. מודעות כזאת יכולה למזג את החשכה עם ניצוץ החיים שלכם ולהעצים את חייכם כל עוד הם שלכם. הדרך להעריך את החיים, הדרך להשתתף בצערם של אחרים, הדרך לאהוב כל דבר בעומק הרב ביותר, היא להיות מודע לכך שחוויות אלה נועדו לכליה.[9]

באופן מפתיע, עוד ניווכח בהמשך הספר שבסופו של דבר קהלת אינו רחוק כל־כך מעמדה זו, גם אם בשפה שונה.

קהלת מציג אם כן את האדם הפעלתן כמי שמדחיק את מותו, כמי שפועל מתוך אשליה שהוא יחיה לנצח, וכך יכול להעניק יתרון אשלייתי למעשיו. לאור כך יש להבין את משמעות הפסוק השלם. אכן, אומר קהלת, הצדק עם אנשי החוכמה הטוענים שאֶת הַכֹּל עָשָׂה אלוהים יָפֶה בְעִתּוֹ (כך למשל נאמר בספר משלי: ״וְדָבָר בְּעִתּוֹ מַה טּוֹב״ – ט״ו, כג). אך מאחר שלכל פעולה יש את הזמן הנכון לה, כל פעולה גם מתבטלת לאחר זמן, כאשר מגיע זמנה של הפעולה

8. כותרת המסה של פרויד היא: ״על דברים בני חלוף״ (פורסם בכתב העת שיחות ח, 1994). הדברים נידונים אצל יאלום, להביט בשמש, עמ׳ 74.
9. יאלום, להביט בשמש, עמ׳ 117.

ההופכית לה. וכך הנטוע נעקר, והשדה שסוקל חוזר להיות אדמת טרשים שוממה. אלא שהאדם המכחיש את מותו, אשר חי באשליית הנצח, אינו מודע לכך שמעשיו עתידים להתבטל, גם אם לאחר מותו. האדם העמל סבור שהוא נוגע בנצח ושספריו שהוא כותב אינם בני חלוף, אך באמת "לֹא יִמְצָא הָאָדָם אֶת הַמַּעֲשֶׂה אֲשֶׁר עָשָׂה הָאֱלֹהִים מֵרֹאשׁ וְעַד סוֹף", ועל כן, לעולם אין האדם רואה את התמונה המלאה אלא רק מקטעים שלה. לו היה רואה את מעשה האלוהים מתחילה ועד סוף, היה גם רואה כיצד כל פעילות אנושית מתבטלת עם המשך ההיסטוריה.

לאור זאת פורצת מפי קהלת מסקנה המתאימה ברוחה למסקנות האחרות המשולבות לאורך הספר: "יָדַעְתִּי כִּי אֵין טוֹב בָּם כִּי אִם לִשְׂמוֹחַ וְלַעֲשׂוֹת טוֹב בְּחַיָּיו". אין טוב בחיים, כי אם לשמוח ולהשתדל לעשות את הטוב: "לחיות פירושו ליהנות מהחיים".[10] מי ששומע בפסוק זה הד קול של הרמת ידיים, אכן שומע היטב. זו מסקנה שהיא היעתרות לשאלה יותר מאשר פתרון, וכפי שעוד ניווכח להלן, בהיעתרות זו מציע קהלת אופי קיום ייחודי.

גם הטפת קהלת לשמוח במה שיש איננה סוף פסוק, ומייד מתברר שגם דבר זה אינו ביד האדם: "וְגַם כָּל הָאָדָם שֶׁיֹּאכַל וְשָׁתָה וְרָאָה טוֹב בְּכָל עֲמָלוֹ מַתַּת אֱלֹהִים הִיא". זהו עיקרון יסודי אצל קהלת, שעולה שוב ושוב לאורך הספר (השוו במיוחד ה׳, יח, ושם נדון בכך). קהלת יטיף לאדם להסתפק במה שיש לו, ללא אשליה שמשמעות קיומו נתונה בצבירת הרכוש הרב או בצבירת החוכמה הרבה. אך קהלת יתמיד בהסתייגות המשולבת כאן – גם דבר זה איננו באמת ביד האדם. גם על הסתפקות במועט זו צריך להתפלל ולקוות.

שני הפסוקים החותמים יחידה זו מלווים בהתלבטות גדולה: האומנם יש לראות בהם חתימה של מה שנאמר עד כאן או שיש בהם פתיחה לעיון חדש? יש לדעת שבכמה מקומות לאורך הספר, משובץ ביטוי בחתימת דיון אחד שכבר פותח פתח הצצה לדיון הבא בתור.

10. לוינס, כוליות, עמ׳ 89.

היו חוקרים שהצביעו על תופעה זו והציעו לראות אותה כהרחבה של מה שמקובל לכנות ׳תקבולת יאנוסיתית׳ – על שם האל הרומאי בעל שתי הפנים לשני צדדים שונים.[11] דומה שיש להוסיף את הפסוקים שלפנינו לדוגמאות שנידונו במאמרם. גם כאן, ההיגד ״מַה שֶּׁהָיָה כְּבָר הוּא וַאֲשֶׁר לִהְיוֹת כְּבָר הָיָה וְהָאֱלֹהִים יְבַקֵּשׁ אֶת נִרְדָּף״ חותם מצד אחד את הדיון שהיה עד כאן, אך יש בו גם פתיחה לחלק הבא.

מן העבר האחד, קהלת חותם את מסקנותיו משיר העיתים באמירה שמזכירה מאוד את תחילת המסע כולו – ״יָדַעְתִּי כִּי כָּל אֲשֶׁר יַעֲשֶׂה הָאֱלֹהִים הוּא יִהְיֶה לְעוֹלָם עָלָיו אֵין לְהוֹסִיף וּמִמֶּנּוּ אֵין לִגְרֹעַ״ (ג׳, יד). הרי כך אמר קהלת כבר בפתח ספרו, אולם תחושה זו משולבת כאן בשנית, שהרי חוויית המחזוריות המונוטונית עלתה גם היא שוב. כאמור לעיל, הפעם היא מוזכרת לא בהקשרי הטבע הכללי אלא בהקשרי פעולות האדם ומאורעותיו. גם הם נתונים תחת ׳עיתים׳ שחוזרות חלילה ומבטלים בכך את משמעות הפעולה הראשונה. הבריאה הראשונה – מעשה האלוהים – היא היציבה והיא נותרת לנצח (אם כי גם בה יש שמש שזורחת בגאון בבוקר, ועתידה לשקוע בערב). קיום האנושות משתלב בטבע הנצחי הבלתי משתנה, אך פעולות האדם הפרטי זמניות וארעיות, כמו גם חייו.[12] אלא שלפתע מוסיף קהלת היגד שנראה לקוח מעולם דתי וקשה לראות את קשרו לתחילת המשפט: ״וְהָאֱלֹהִים עָשָׂה שֶׁיִּרְאוּ מִלְּפָנָיו״. בהנחה שיש להבין את ׳יראו׳ מלשון יראה (ולא כטענת כמה פרשנים כפועל ׳לראות׳) – כפי שמתאים למילה המשולבת לאחר הפועל: ״מלפניו״, קשה להבין כיצד היגד זה מתקשר לתודעת העולם הקבוע שאיננו בר שינוי.

11. דל ופורטי, אמצעי קישור.
12. הצירוף ״עליו אין להוסיף וממנו אין לגרע״ (ג׳, יד) יכול להזכיר את דברי משה בספר דברים: ״לֹא תֹסִפוּ עַל הַדָּבָר אֲשֶׁר אָנֹכִי מְצַוֶּה אֶתְכֶם וְלֹא תִגְרְעוּ מִמֶּנּוּ לִשְׁמֹר אֶת מִצְוֹת ה׳ אֱלֹהֵיכֶם אֲשֶׁר אָנֹכִי מְצַוֶּה אֶתְכֶם״ (דברים ד׳, ב). בעוד משה מדבר על מצוות ה׳ שניתנו בהתגלות, קהלת עוסק במעשי האלוהים שבהתנהלות העולם. כדרכו של קהלת, הוא ממיר את ההתגלות בבריאה.

בין אלו שטענו שיש במגילה קולות שונים המשוחחים זה עם זה, היו שאכן ראו בהיגד זה פריצה ראשונה בספר של קולו של ירא האלוהים:

> כאן מופיעה לראשונה הדמות הרביעית, החבויה, קולו של ירא האלוהים, ופורץ לראשונה הוויכוח בינו לבין החכם... ירא האלוהים פותח ברעיון ידוע מפתיחת המגילה, אולם הוא מעגן אותו לא במחזוריות הטבע הקבועה, אלא במעשה האלוהים (ג׳, יד)... וכאן הוא מוסיף את עיקר ידיעתו אשר משנה לגמרי את משמעות הרעיון הראשוני – ׳והאלהים עשה שיראו מלפניו׳ – יראת האלוהים היא חלק מן העולם, מן האדם, והדבר קשור בוודאי ב׳פחד המוות׳.[13]

העיקרון שעליו עמד הרב יואל בן־נון, שגם יראת האלוהים מוצגת בפסוקים אלו כחלק מתבנית העולם, אכן חשובה להבנת הקטע שלפנינו, אך דומה בעינינו שאין צורך לראות כאן דוברים שונים, אלא עיצוב מכוון המבקש להכניס לתוך חוסר הפשר של מעשי האדם גם את המעשה הדתי. מבט נוסף על פסוקים אלו חושף שלפנינו תבנית מכוונת וכפולה, שבתחילה מצביע קהלת על יציבות העולם שנברא, ובהמשך המשפט משלב קהלת גם את יחסו של האלוהים אל ברואיו:

> יָדַעְתִּי כִּי כָּל אֲשֶׁר יַעֲשֶׂה הָאֱלֹהִים הוּא יִהְיֶה לְעוֹלָם עָלָיו אֵין לְהוֹסִיף וּמִמֶּנּוּ אֵין לִגְרֹעַ – וְהָאֱלֹהִים עָשָׂה שֶׁיִּרְאוּ מִלְּפָנָיו.
> מַה שֶּׁהָיָה כְּבָר הוּא וַאֲשֶׁר לִהְיוֹת כְּבָר הָיָה – וְהָאֱלֹהִים יְבַקֵּשׁ אֶת נִרְדָּף.

בפסוק הראשון אומר קהלת שכל מעשי האלוהים יהיו לנצח, ללא שינוי – ״עָלָיו אֵין לְהוֹסִיף וּמִמֶּנּוּ אֵין לִגְרֹעַ״ – ובמילים אחרות הוא

13. בן־נון, קהלת, עמ׳ 28.

חוזר על עיקרון זה בפסוק השני: ״מַה שֶּׁהָיָה כְּבָר הוּא וַאֲשֶׁר לִהְיוֹת כְּבָר הָיָה״, כלומר אין יכולת בפעולות האדם לפעול באופן חדש בעולם; מה שהיה בעבר – כבר נעשה והוא חתום וגמור, ואשר עתיד להתרחש בעתיד – קרה גם הוא כבר פעם, ורק יחזרו עליו בשנית. והנה, שני ההיגדים מסתיימים באותו האופן: ׳וְהָאֱלֹהִים׳ + פועל (עָשָׂה / יְבַקֵּשׁ).[14]

עיצוב מקביל זה מלמד שיש לראות בשני הפסוקים האלו יחידה אחת (בניגוד לטענת כמה פרשנים),[15] וגם בתוכנם יש דמיון רב. בדרך כלל נוטים לראות את יראת האלוהים, כלומר את הקיום הדתי של האדם, כקשורה בטבורה לבחירה החופשית שיש לאדם: ״הכל בידי שמים חוץ מיראת שמים״ (ברכות דף לג ע״ב). כפי שכבר הערנו במבוא, היו חוקרים שטענו שבפסוקים שלפנינו קהלת מערער על עקרון הבחירה החופשית. בתוך הפעולות חסרות התכלית של האדם הוא מזכיר גם את יראת האלוהים: גם היא אינה נובעת מבחירה שקולה של האדם, אלא האלוהים הוא שעשה שיראו מלפניו. לדעתנו, לא מדובר בפסוק זה בשלילת הבחירה החופשית, אך בהחלט יש כאן צמצום דרמטי של הערכתנו את בחירתו של האדם לירוא מפני אלוהיו. האל הוא שמטה את בחירת האדם לכיוון יראת האלוהים. לא ברור למה בדיוק מכוון קהלת – האם לעצם נטיעת התשוקה הדתית באדם על ידי אלוהים? האם לחשש האדם מפגעי הטבע שיוצר תלות באלוהיו? בין כך ובין כך, ברגע שיראת האלוהים נבראת גם היא כחלק מטבעו של האדם, כלולה גם יראה זו במה שעליו אין להוסיף וממנו אין לגרוע.

דבר דומה אומר קהלת במשפט השני, המקביל: אין שינוי בעולם, כל דבר שמתרחש, כבר קרה כדוגמתו, וגם כאן מוסיף קהלת: האלוהים הוא שמבקש את הנרדפים. במשפט תמים זה מבטל קהלת

14. ראו על כך אצל סמט, דטרמיניסטי.
15. ראו למשל אצל פז, קהלת, עמ׳ 51. היא טוענת שאי אפשר להתעלם מהקשרי הצדק והגמול שנלווים אל הצימוד ׳לבקש נרדף׳, ולכן טענה שיש לפתוח בהיגד זה את הפסקה הבאה. כפי שיובהר להלן, גם היא צודקת, אך בבסיסם של הדברים פסקה זו חותמת את היחידה הקודמת.

את ההשתדלות המוסרית האנושית, ומוסר גם את תיקון העוולות לידיו של האל. האדם איננו מצליח לשנות מאומה, גם לא את גורלם של הנרדפים ושל העשוקים. בפסקה זו מאמץ קהלת פרדיגמות דתיות מקובלות, אך טוען שגם הן חושפות את חוסר יכולתו של האדם לשנות בפעולותיו את המציאות שסביבו.

לאור האמור לעיל ברור מדוע שני פסוקים אלו חותמים את הדיון בשיר העיתים ואת המסקנה שעולה ממנו. אולם ההיגד שאלוהים הוא שמבקש את הנרדפים, מוביל את הקורא אל היחידה הבאה, המוקדשת כולה לשאלת הצדק החברתי. לפיכך, יש לראות בפסוק זה מעין גשר ספרותי, ובעודו חותם את היחידה הקודמת, הוא כבר מהווה פתיחה ראשונה למה שקהלת עומד לדון בו.

אי־צדק: עוול במשפט (ג', טז—כב)

כהקדמה לדיון שיבוא להלן יש להעיר על הפרספקטיבה החדשה שפורצת בספר, ומעתה היא תשמש בערבוביה עם עמדת המוצא שאפיינה את הספר עד כה. השאלה הבסיסית שפתחה את הספר הייתה מה יתרון לאדם, כלומר מה התוספת שאדם יכול להוסיף בחייו שהוא בעל ערך ושאפשר להצביע עליו ולהעריך לאורו את משמעות החיים. מכאן עובר קהלת לעמדת מוצא שונה המתארת חוסר סדר וחוסר היגיון שיש בעולם. כלומר, לא רק השאלה מה היתרון שיכול להיות בחיי האדם מטרידה את קהלת, אלא חוסר הפשר שיש בחיים האנושיים, חוסר ההיגיון והכאוס שיש במיוחד בחיים החברתיים.

שני הדברים קשורים כמובן זה בזה, ובאמת קהלת שוזר את שניהם יחדיו, אך מדובר בניסוח אחר של שאלה, ועל כן גם טענותיו משתנות. את חוסר הסדר וההיגיון שיש בחיים החברתיים פותח קהלת במצוקה מוסרית.

וְעוֹד רָאִיתִי תַּחַת הַשָּׁמֶשׁ מְקוֹם הַמִּשְׁפָּט שָׁמָּה הָרֶשַׁע וּמְקוֹם הַצֶּדֶק שָׁמָּה הָרָשַׁע.

אָמַרְתִּי אֲנִי בְּלִבִּי אֶת הַצַּדִּיק וְאֶת הָרָשָׁע יִשְׁפֹּט הָאֱלֹהִים כִּי עֵת לְכָל חֵפֶץ וְעַל כָּל הַמַּעֲשֶׂה שָׁם.

אָמַרְתִּי אֲנִי בְּלִבִּי עַל דִּבְרַת בְּנֵי הָאָדָם לְבָרָם הָאֱלֹהִים וְלִרְאוֹת שְׁהֶם בְּהֵמָה הֵמָּה לָהֶם. כִּי מִקְרֶה בְנֵי הָאָדָם וּמִקְרֶה הַבְּהֵמָה וּמִקְרֶה אֶחָד לָהֶם כְּמוֹת זֶה כֵּן מוֹת זֶה וְרוּחַ אֶחָד לַכֹּל וּמוֹתַר הָאָדָם מִן הַבְּהֵמָה אָיִן כִּי הַכֹּל הָבֶל. הַכֹּל הוֹלֵךְ אֶל מָקוֹם אֶחָד הַכֹּל הָיָה מִן הֶעָפָר וְהַכֹּל שָׁב אֶל הֶעָפָר. מִי יוֹדֵעַ רוּחַ בְּנֵי הָאָדָם הָעֹלָה הִיא לְמָעְלָה וְרוּחַ הַבְּהֵמָה הַיֹּרֶדֶת הִיא לְמַטָּה לָאָרֶץ. וְרָאִיתִי כִּי אֵין טוֹב מֵאֲשֶׁר יִשְׂמַח הָאָדָם בְּמַעֲשָׂיו כִּי הוּא חֶלְקוֹ כִּי מִי יְבִיאֶנּוּ לִרְאוֹת בְּמֶה שֶׁיִּהְיֶה אַחֲרָיו.

לפנינו מבנה קלאסי של דיון בספר קהלת: תחילה נטענת טענה עקרונית שמצביעה על תקלה שיש במציאות. אחריה מצטט קהלת את המקובל לומר בהקשרים אלו, אך בשלב השלישי דוחה קהלת את הטיעון שנזכר בשלב השני, שאותו אפשר היה לטעון נגד הכרזתו הראשונה.

ההכרזה הראשונה של קהלת היא זעקה שבוקעת מליבו של איש מוסר המתאכזב לגלות שיש עוול בעולם בכלל, וגם בזה המשפטי שאמון לכאורה על סידור עוולות אלו. אם במקום המשפט נעשה רשע, החברה נתונה בפשיטת רגל מוסרית. יושם לב, שחוסר הסדר שקהלת מאתר כאן איננו חוסר סדר שנובע מבריאת העולם ומרכיביו. אדרבה – בכל הקשור לעולם הטבעי דווקא היות הטבע מסודר ומאורגן עד לכדי מונוטוניות הביא את קהלת לתהות על משמעות החיים (א׳, א-יא). כאן, לאחר ׳שיר העיתים׳ קהלת מאוכזב מחוסר הסדר החברתי, מזה הנובע ממעשי האדם.

תשובה ׳דתית׳ מקובלת לחוסר צדק זה היא שהצדק מסור ביד מי שאמר והיה העולם, וגם אם לאורך החיים נעשות עוולות מרובות, בסופו של דבר ישלם ה׳ לאיש כפרי מעלליו. באופן מיוחד נשמעת הטענה ש״שכר בהאי עלמא ליכא״ (בבלי, קידושין לט ע״ב), כלומר, הצדק השלם עתיד להתממש בעולם הבא, לאחר המוות. שם ישלם ה׳ לאיש כמעשיו, ייתן לרשע רע כרשעתו, ויזכה את הצדיק בשכר טוב המחכה לו. כך כנראה יש להבין את מה שקהלת מעלה כאפשרות בהיגד השני: ״אָמַרְתִּי אֲנִי בְּלִבִּי אֶת הַצַּדִּיק וְאֶת הָרָשָׁע יִשְׁפֹּט הָאֱלֹהִים כִּי עֵת לְכָל חֵפֶץ וְעַל כָּל הַמַּעֲשֶׂה שָׁם״.

באמת קשה להכריע להיכן מכוון קהלת בכינוי הרומז שָׁם. ייתכן שכוונתו למקום המשפט, והוא המחליף את השופטים עושי העוולה (כהצעת זר־כבוד), אך מתוך המשך דברי קהלת נראה שכוונתו לעולם שלאחר מותו של האדם, לעולם הבא (כך כבר בקהלת רבה, וכך פירש גם ראב״ע). בפסוקים הבאים יעלה קהלת את אפשרות החיים לאחר המוות ומתוך דיון זה נראה שהוא מגיב למה שאמר בפסוקנו ש׳שם׳ אמור להתממש הצדק באופן הגון. לפיכך, הצדק עם הטוענים ש״עת זו מתקיימת לאחר מות האדם״.[1]

בהצעה זו יש גם משחק מילים שנון. בתחילת שיר העיתים אמר קהלת: ״וְעֵת לְכָל חֵפֶץ תַּחַת הַשָּׁמָיִם״ (ג׳, א). בשינוי קל, מציע כאן קהלת: ״עֵת לְכָל חֵפֶץ... שָׁם״. ׳תחת השמיים׳ הוא ביטוי לחיים הארציים, ואילו ׳שם׳ רומז למה שמעבר למציאות הנראית והנגלית. יבוא יום והאל ישלם לצדיק כגמולו ולרשע כרעתו.

אולם, מתברר מייד שקהלת יוצא נגד תקווה מקובלת זו. יש לשים לב היטב לאופן שבו קהלת חולק על ההנחה המוסכמת על אודות עשיית הצדק בעולם הבא:

> אָמַרְתִּי אֲנִי בְּלִבִּי עַל דִּבְרַת בְּנֵי הָאָדָם לְבָרָם הָאֱלֹהִים וְלִרְאוֹת שְׁהֶם בְּהֵמָה הֵמָּה לָהֶם. כִּי מִקְרֶה בְנֵי הָאָדָם וּמִקְרֶה הַבְּהֵמָה וּמִקְרֶה אֶחָד לָהֶם כְּמוֹת זֶה כֵּן מוֹת זֶה וְרוּחַ אֶחָד לַכֹּל וּמוֹתַר הָאָדָם מִן הַבְּהֵמָה אָיִן כִּי הַכֹּל הָבֶל. הַכֹּל הוֹלֵךְ אֶל מָקוֹם אֶחָד הַכֹּל הָיָה מִן הֶעָפָר וְהַכֹּל שָׁב אֶל הֶעָפָר. מִי יוֹדֵעַ רוּחַ בְּנֵי הָאָדָם הָעֹלָה הִיא לְמָעְלָה וְרוּחַ הַבְּהֵמָה הַיֹּרֶדֶת הִיא לְמַטָּה לָאָרֶץ (ג׳, יח–כא).

קהלת משווה בין קורות האדם לקורות הבהמה, במיוחד בכל מה שקשור ל׳מקרה׳ המשותף הנכון להם – המוות. יש בכוחם של

1. למשל: פז, קהלת, עמ׳ 53. לעמדות נוספות שאחזו בקריאה דומה (ולשיטות אחרות), ראו בסקירתו של סאו, קהלת, עמ׳ 175.

הטקסים האנושיים שמלווים את הפטירה ואת הקבורה לטשטש את האמת הפשוטה והמזוויעה: קורותיו של הגוף המת דומות למדי לקורות גופי בעלי חיים שמתו. סיומם של חיי האדם דומה לסיום חייה של כל בהמה – "הַכֹּל הָיָה מִן הֶעָפָר וְהַכֹּל שָׁב אֶל הֶעָפָר".

שיתוף האדם והבהמות בא לידי ביטוי בפסוקים אלו גם במרחב הלשוני: "שְׁהֶם בְּהֵמָה הֵמָּה לָהֶם". האליטרציה שמלווה פסוק זה אינה אלא המהומים של בהמות, ואפשר לחוש כיצד האדם נוהם גם הוא, ומקרה אחד לכול. דמיון האדם לחיות עולה ברמז גם בצירוף "הַכֹּל הָיָה מִן הֶעָפָר וְהַכֹּל שָׁב אֶל הֶעָפָר" שכנראה מהדהד את סיפור גן עדן ותוצאותיו: "כִּי עָפָר אַתָּה וְאֶל עָפָר תָּשׁוּב" (בראשית ג׳, יט).[2] הדגש של קהלת בפסוקים אלו איננו עצם המוות, אלא המוות הדומה של בני האדם ושל שאר בעלי החיים. מבחינה זו, ההישענות על סיפור גן עדן מקבלת את מקומה השלם. זהו סיפור נדיר שמוצגת בו שותפות (שאינה עולה יפה) בין האדם לחיות שמתהלכות סביבו. תחילה, חשב ה׳ שמבין בעלי החיים יימצא עזר כנגד האדם, והאדם אף העניק לבעלי החיים את שמותיהם הנאים להם (בראשית ב׳, יח–כ). אומנם ניסיון זה לא צלח, אך גם לאחר בריאת האישה מתברר שנותר קשר של ממש עם בעלי החיים, ולפחות עם הערום שבהם – עם הנחש. כלומר, כרקע לשיבת האדם אל העפר מתוארת בסיפור גן עדן תקשורת עם חיות שיש בה תשוקה לדעת ורצון להיות כאלוהים (בראשית ג׳, ה).

אם אומנם מותו של האדם מקביל למותן של שאר הבהמות, האם אנו יכולים להיות בטוחים שמה שקורה לאחר המוות שונה כל כך? זהו תורף טענתו של קהלת: "מִי יוֹדֵעַ רוּחַ בְּנֵי הָאָדָם הָעֹלָה הִיא לְמָעְלָה וְרוּחַ הַבְּהֵמָה הַיֹּרֶדֶת הִיא לְמַטָּה לָאָרֶץ". פסוק זה ערוך בתקבולת המציבה את רוח בני האדם מול רוח הבהמה, אך התקבולת נשברת במילה האחרונה:

2. ראו בהרחבה אצל הרצברג, קהלת, עמ׳ 228–229.

אי־צדק: עוול במשפט (ג׳, טז–כב)

מִי יוֹדֵעַ
רוּחַ בְּנֵי הָאָדָם הָעֹלָה הִיא לְמָעְלָה
וְרוּחַ הַבְּהֵמָה הַיֹּרֶדֶת הִיא לְמַטָּה לָאָרֶץ.

התוספת "לָאָרֶץ" בחתימת תיאור רוח הבהמה מוסיפה דגש מיוחד על כיוון זה. קהלת מתלבט בין שתי אפשרויות, אך מבקש שהקורא ישמע במיוחד את אחת מהן. אין לנו כל ודאות שרוח בני האדם עולה למעלה, ושמא – כפי שקורה עם הבהמות – גם היא יורדת לארץ. חוסר הוודאות מלווה את חוויית חוסר האונים של האדם, הנזקק לקפיצת אמונה כדי להגיד שלא נורא שיש עוולות בעולם כי עת לכל חפץ, ובתוך העת הזו צריך להוסיף גם את העולם הבא – קהלת אינו מסוגל להסתפק בזה כי מי יודע אם זה נכון. סוף כל סוף, העוולות שיש במציאות שסביבו נוכחות וזועקות עד לב השמיים, והפתרון שאולי הצדק פורץ לאחר המוות, אינו יכול להעניק תשובה שיש בה נחת רוח באשר היא מסופקת.

יש להדגיש נקודה זו: עמדת קהלת איננה שאין עולם הבא, אלא שאיננו יודעים אם יש חיים אחרי המוות שבהם הצדק נעשה. מאחר שמול הנחה זו ניצב חוסר סדר קיצוני במציאות, לא ניתן לבנות כה הרבה על הנחה מסופקת שדורשת אמונה. עיקרון זה עוד יחזור בהמשך הספר: הדבר הלא ודאי, שאין חוויה אנושית שתומכת בו, איננו יכול להילקח כנתון לוגי בבניית השיח שקהלת מעורר.

כפי שכבר ראינו ביחידות הקודמות, גם דיון זה נחתם במסקנה הקבועה שקהלת מוליך אליה: "וְרָאִיתִי כִּי אֵין טוֹב מֵאֲשֶׁר יִשְׂמַח הָאָדָם בְּמַעֲשָׂיו כִּי הוּא חֶלְקוֹ כִּי מִי יְבִיאֶנּוּ לִרְאוֹת בְּמֶה שֶׁיִּהְיֶה אַחֲרָיו" (ג׳, כב). האדם אינו יכול לראות מה שיהיה אחרי מותו, ועל כן אין לו לאדם אלא לשמוח במעשיו, ׳בחלק שלו׳ הנכון לו, גם אם אין בכך פתרון לשאלות שקהלת מציג באופן כה נוקב. חיים שכאלו אינם הכחשה של המצוקה אלא היעתרות למצב התלישות.

אי־צדק: עושק חברתי (ד׳, א – ה׳, ו)

ביחידה הנפתחת בפרק ד׳ קהלת ממשיך ומלבן את חוסר הסדר שבעולם כפי שמשתקף בעוולות החברתיות. במידה רבה לפנינו המשך של הדיון הקודם. שם בחן קהלת את העוול שנעשה במערכת המשפט, על כן גם הייתה ציפייה שאולי האל הוא שישלים את הצדק שחסר אצל שופטים בשר ודם. ביחידה שלפנינו שב קהלת לברר עוולות חברתיות החורגות מתחומי המשפט ומלוות את החברה על שלל פעולותיה.

לקטע המרכזי (ד׳, א-ח) מתלווים שני נספחים (ד׳, ט-טז / ד׳, יז-ה׳, ו), ונדון בכתובים על פי סדרם.

וְשַׁבְתִּי אֲנִי וָאֶרְאֶה אֶת כָּל הָעֲשֻׁקִים אֲשֶׁר נַעֲשִׂים תַּחַת הַשָּׁמֶשׁ וְהִנֵּה דִּמְעַת הָעֲשֻׁקִים וְאֵין לָהֶם מְנַחֵם וּמִיַּד עֹשְׁקֵיהֶם כֹּחַ וְאֵין לָהֶם מְנַחֵם. וְשַׁבֵּחַ אֲנִי אֶת הַמֵּתִים שֶׁכְּבָר מֵתוּ מִן הַחַיִּים אֲשֶׁר הֵמָּה חַיִּים עֲדֶנָה. וְטוֹב מִשְּׁנֵיהֶם אֵת אֲשֶׁר עֲדֶן לֹא הָיָה אֲשֶׁר לֹא רָאָה אֶת הַמַּעֲשֶׂה הָרָע אֲשֶׁר נַעֲשָׂה תַּחַת הַשָּׁמֶשׁ.

וְרָאִיתִי אֲנִי אֶת כָּל עָמָל וְאֵת כָּל כִּשְׁרוֹן הַמַּעֲשֶׂה כִּי הִיא קִנְאַת אִישׁ מֵרֵעֵהוּ גַּם זֶה הֶבֶל וּרְעוּת רוּחַ. הַכְּסִיל חֹבֵק אֶת יָדָיו וְאֹכֵל אֶת בְּשָׂרוֹ. טוֹב מְלֹא כַף נָחַת מִמְּלֹא חָפְנַיִם עָמָל וּרְעוּת רוּחַ.

וְשַׁבְתִּי אֲנִי וָאֶרְאֶה הֶבֶל, תַּחַת הַשָּׁמֶשׁ. יֵשׁ אֶחָד וְאֵין שֵׁנִי גַּם בֵּן וָאָח אֵין לוֹ וְאֵין קֵץ לְכָל עֲמָלוֹ גַּם עֵינוֹ לֹא תִשְׂבַּע עֹשֶׁר וּלְמִי אֲנִי עָמֵל וּמְחַסֵּר אֶת נַפְשִׁי מִטּוֹבָה גַּם זֶה הֶבֶל וְעִנְיַן רָע הוּא.

בקטע מרכזי זה, מעלה קהלת שלושה מוקדים ("וְשַׁבְתִּי אֲנִי וָאֶרְאֶה" / "וְרָאִיתִי אָנִי" / "וְשַׁבְתִּי אֲנִי וָאֶרְאֶה") הקשורים זה בזה ונובעים זה מזה. נראה שהעוולות המוסריות המתרחשות בעולם מביאות את תחושתו הקשה של קהלת לשיא. הוא לא מדבר על "עושק" אלא על "דמעת עשוקים" וכבר בכך ניכרת הזדהותו של קהלת עם כאבם. גם האפיפורה החוזרת של "וְאֵין לָהֶם מְנַחֵם" מדגישה ביתר שאת את תסכולם של העשוקים. יותר מכך, המעבר החד מההיווכחות בעוולות להעדפת המוות על החיים יוצר רושם של מטען רגשי בלתי נסבל. טוב לו לאדם שלא היה נולד, ובלבד שלא יראה את העשוקים הכואבים שאין להם מנחם. רושם זה מתעצם לאור מה שלמד הקורא זה עתה על השקפת קהלת בעניין מוות – ועוד לאחרונה בעניין חיים שלאחר המוות. הגם שהוא מסופק אם ישנם בכלל חיים כאלה, דמעת העשוקים והיעדר הנחמה גוברים על החשש ואי־הוודאות.

אכן, גם מצבו של המת אינו מן המשובחים, שכן גם הוא נאלץ לחוות תקופת חיים נוראה שבה ייווכח בעוולות שתחת השמש, אך עדיף מצבו על פני זה שחי עדיין ופוגש בעוולות אלו. פסוקים אלו מבטאים תפיסה פסימית ביותר, הגורסת שמוטב לאדם שלא ייוולד מאשר שייוולד.[1] מובן שכוונת הכותב לזעזע את הקורא. דורות רבים אחר כך דנו בסוגיה בית הלל ובית שמאי, אך מחלוקתם נראית כהתלבטות פילוסופית ולא כמצוקה של אדם ששואל את נפשו למות נוכח העושק שרואה סביבו:

1. הסופר הרוסי הדגול ולאדימיר נאבוקוב פתח את האוטוביוגרפיה שלו כך: "על פני התהום מתנדנד הערש, והשכל הישר שלנו אומר לנו כי קיומנו אינו אלא סדק צר של אור בין שני נצחים של אפלה. אף על פי ששניים אלה תאומים זהים, ישקיף האדם תמיד על התהום שלפני הלידה ביתר שלווה מאשר על זו שלקראתה הוא מתקדם" (נאבוקוב, זיכרון, עמ׳ 15).

תנו רבנן: שתי שנים ומחצה נחלקו בית שמאי ובית הלל. הללו אומרים נוח לו לאדם שלא נברא יותר משנברא, והללו אומרים נוח לו לאדם שנברא יותר משלא נברא. נמנו וגמרו נוח לו לאדם שלא נברא יותר משנברא, עכשיו שנברא יפשפש במעשיו ואמרי לה ימשמש במעשיו (בבלי, עירובין יג ע"ב).

מכאן עובר קהלת לחלק השני בדבריו, ובו הוא בז למוטיבציה האנושית הכלכלית: "וְרָאִיתִי אֲנִי אֶת כָּל עָמָל וְאֵת כָּל כִּשְׁרוֹן הַמַּעֲשֶׂה כִּי הִיא קִנְאַת אִישׁ מֵרֵעֵהוּ גַּם זֶה הֶבֶל וּרְעוּת רוּחַ. הַכְּסִיל חֹבֵק אֶת יָדָיו וְאֹכֵל אֶת בְּשָׂרוֹ. טוֹב מְלֹא כַף נָחַת מִמְּלֹא חָפְנַיִם עָמָל וּרְעוּת רוּחַ".
קהלת כבר יצא נגד רדיפת הממון בטענה שאין בכוחה לתת משמעות או 'יתרון' לחיי האדם. כעת הוא מתמקד בשורש הפסיכולוגי של השאפתנות החומרית. האדם המודרני חי ונושם את עקרונות הקפיטליזם, ובראשם: התחרות היא דבר בריא לשוק. קהלת מציע מבט אחר, המתעכב על הסיבות המניעות את האדם ליזום ולפעול כדי להגדיל את קנייניו. לדעתו, המניע העיקרי הוא מעמדו החברתי־כלכלי של האדם, לפי ראות עיניו, ביחס לאחרים. אדם רואה שלאחר יש, והוא רוצה שיהיה לו יותר, או לכל הפחות שווה בשווה עימו, ובשל כך הוא מתאמץ להשיג ממון. אם יש חברה שהנורמה בה היא שמי שיש לו ארבע הוא עשיר ומאושר, מי שיש לו שלוש חש חיסרון עצום כי הוא פחות מהנורמה. אבל אם הנורמה הפכה להיות שמונה, מי שיש לו חמש יחוש מתוסכל. תפיסתו החברתית של קהלת היא שהקנאה והתחרות משבשות את דעתו של האדם ומניעות אותו לכלות את בשרו וכוחותיו ברדיפה של הבל. עצם הזיקה ההדוקה שיוצר קהלת בין עמל המעשה לבין רגש הקנאה כבר צובעת את רצונו של האדם להרבות את רכושו כדבר שלילי. אין מדובר לפי קהלת בתודעה אותנטית שעל פיה אדם משקיע את מרצו במה שחשוב לו או שטוב עבורו, אלא כדי שיהיה גם לו כמו שיש לסביבתו. קנאה כזו הובילה כזכור את קין לרצח, ואם זו

המוטיבציה לשאון הכלכלי שממלא את העולם, העמל האינטנסיבי בנוי על אדנים פסולים ומסוכנים.[2]

הדיון במוטיבציה הכלכלית נגרר אצל קהלת מהדיון בעושק החברתי מפני שלדעתו לשניהם שורש אחד. העושק החברתי נובע מרצון אנושי, כמעט בלתי נשלט, להשיג ממון, גם על חשבון אחרים וגם במחיר מוסר טבעי פשוט. לפיכך, נוח לקהלת לצאת לדיון העקרוני ששולל את מניעי הרדיפה אחר ממון מתוך דיון בעושק הנורא. עם עוול העושק כל קורא יזדהה, ובקישור שני הנושאים מצליח קהלת לחשוף את השורש המעוות שניצב בבסיס שניהם.

הפסוק החותם את האמירה השנייה דורש תשומת לב מיוחדת: "הַכְּסִיל חֹבֵק אֶת יָדָיו וְאֹכֵל אֶת בְּשָׂרוֹ. טוֹב מְלֹא כַף נָחַת מִמְּלֹא חָפְנַיִם עָמָל וּרְעוּת רוּחַ". הצעות קריאה מגוונות הוצעו לפסוקים אלו, וחלקן נשענות על חוסר הבנה של סגנון הציטוטים של קהלת.

נדמה שיש לראות בפסוק הראשון ציטוט מקובל של ספרות החוכמה, המגנה את הכסיל העצלן, שאינו טורח כראוי לפרנסתו. אמרות שפר מעין אלו מצויות לרוב בספר משלי, כמו: "עַד מָתַי עָצֵל תִּשְׁכָּב מָתַי תָּקוּם מִשְּׁנָתֶךָ. מְעַט שֵׁנוֹת מְעַט תְּנוּמוֹת מְעַט חִבֻּק יָדַיִם לִשְׁכָּב. וּבָא כִמְהַלֵּךְ רֵאשֶׁךָ וּמַחְסֹרְךָ כְּאִישׁ מָגֵן" (משלי ו׳, ט–יא).[3] לפי הציטוט שמביא קהלת, הכסיל יושב באפס מעשה, מרוצה ממנוחתו

2. נילי ואזנה הציעה שבקטע זה משתקפת אמונת ההמון שעין הרע יכולה להזיק, והיא שגרמה לאיבוד ממונו של המתואר בפסוק ח ("גם עיניו [קרי: עינו] לא תשבע עשר"). בהפעלת העין הרעה יש מקום רחב לקנאה, שניצבת בבסיס רצונו של האחד להזיק לחברו. היא אף מציעה שבשל כך בחתימת קטע זה נאמר "וענין רע הוא" (ד׳, ח) כמשחק מילים עם ׳עין הרע׳. ראו: ואזנה, עין הרע. לדיון רחב באפשרות שיש במקרא התייחסויות לנזק שיש בכוח עין הרע לעשות, ראו: אליוט, עין הרע. נדמה שהמחבר הרחיק לכת וראה גם פסוקים שאינם קשורים לעניין כמבטאים היזק שנגרם בשל עין הרע, אך דיונו מקיף וחשוב.

3. רופא מנה אחד־עשר פתגמים בספר משלי המוקדשים לגנות העצלות, נוסף על תכנים נוספים שיוצאים במשלי נגד העצלות (רופא, מבוא, עמ׳ 383).

בחיבוק ידיים, אך לאט לאט מתרושש והולך – ממש כתיאור העצלן במשלי – עד שמגיע לבסוף לחרפת רעב, ונאלץ 'לאכול את בשרו' שלו כדי לחיות. זו הטפה קלאסית לא להיות עצל, כי המחיר שישלם העצלן עוד יגיע לפתחו בהמשך חייו. בניגוד לנמלה שאוגרת בקיץ את לחמה וכך יש לה מה לאכול בעיתות חורף (משלי ו', ו-ח), הכסיל העצלן ייוותר בחוסר כול.

אולם קהלת אינו מביא עמדה זו מתוך אימוצה, אלא מייד מוסיף פסוק נוסף המבטל את העיקרון החוכמתי המפורסם הזה: "טוֹב מְלֹא כַף נָחַת מִמְּלֹא חָפְנַיִם עָמָל וּרְעוּת רוּחַ".[4] כלומר, עדיף לחיות בנחת מבלי להתאמץ יותר מדי, מאשר להגדיל קניינים לריק בעמל עד אין קץ וברגשי קנאה ותחרות.[5] אפשר שיש כאן גם משחק סמנטי: הכף הפתוחה־קמעה של מי שיש לו מעט משדרת רפיון של נינוחות ושלווה, ולעומת זאת החופניים המאוגרפים, המתאמצים לשמור ולאחוז בריבוי, משרים רושם של קמיצות, מתח ועוינות.

ברור שקהלת לא יאמר שטוב להיות 'כסיל', אך בהקשר של הפעלתנות הכלכלית הבלתי פוסקת, רומז קהלת שההטפה לפעול עוד ועוד ולהימנע מעצלנות איננה מקדמת את חיי האושר של האדם, ואדרבה: גורמת לו לעמול לריק, רק למען רעות רוח. יש לשים לב לאומץ של קהלת באמירות מעין אלו (הפזורות לאורך הספר): התזה שהמגילה מציעה, יוצאת בגלוי נגד המקובל בסביבתו החוכמתית של קהלת ונגד מנהג רוב ההורים לחנך את בניהם באינטואיציה פשוטה.

4. לקריאה זו נטה גם פריש, יגיע כפיך, עמ' 124, ודברים דומים הציע גם גינזברג, אך באופן שונה מעט. הוא לא ראה זאת כציטוט של פתגם מקובל, אלא חלק מהשקלא והטריא של המחבר: "ואם תמצי לומר 'הכסיל חבק את ידיו ואכל בשרו', ויש לומר 'טוב מלא כף נחת ממלא חפנים עמל'" (קהלת, עמ' 80).

5. זהו מקום קלאסי שבו ההנחה שמדובר בציטוט שקהלת אינו מאמץ משנה כמובן את תפיסתנו לגבי עמדתו. פרשנים שלא ראו זאת כציטוט, באמת הביאו את פסוקנו כהוכחה שקהלת סבור שיש טעם בעבודה מאומצת, כמו: "קוהלת תומך בערכה של העבודה – הוא מצהיר שרק כסילים משלבים את ידיהם בחוסר מעש לרעתם (ד', ה; ראו גם י', יח). אבל הוא גם מכיר את הנטייה האנושית לעבוד יותר על המידה בניסיון המוטעה להבטיח איזשהו רווח או יתרון" (לי, הנאה, עמ' 60).

האמירה השלישית המשולבת בקטע זה ממשיכה ודנה באבסורד המלווה את התשוקה הכלכלית של האדם, אך הדיון מקבל כאן עידון נוסף. כעת כבר לא מדובר בעושק, וכבר אין מדובר בקנאה שיש בכוחה להרוס חיי חברה תקינים, אלא נחשפת כאן זיקה מפתיעה בין צבירת ההון לבין בדידות:

> וְשַׁבְתִּי אֲנִי וָאֶרְאֶה הֶבֶל תַּחַת הַשָּׁמֶשׁ: יֵשׁ אֶחָד וְאֵין שֵׁנִי גַּם בֵּן וָאָח אֵין לוֹ וְאֵין קֵץ לְכָל עֲמָלוֹ גַּם עֵינוֹ לֹא תִשְׂבַּע עֹשֶׁר וּלְמִי אֲנִי עָמֵל וּמְחַסֵּר אֶת נַפְשִׁי מִטּוֹבָה גַּם זֶה הֶבֶל וְעִנְיַן רָע הוּא.

יש לשקול בזהירות היכן מסתיים ׳סיפור המעשה׳ שקהלת מוסר בפסוק זה. אפשר לנקוט כאן עמדות שונות, אך נדמה לנו שהקריאה הפשוטה ביותר של הפסוק היא שקהלת מתאר אדם שאין קץ לעמלו, בגלל שהוא בודד. כלומר: ״יֵשׁ אֶחָד – וְאֵין שֵׁנִי, גַּם בֵּן וָאָח אֵין לוֹ״ – אדם בודד שאין אדם שני המלווה אותו בחייו, אין לו בת זוג וגם אין לו משפחה, ודווקא משום כך – ״אֵין קֵץ לְכָל עֲמָלוֹ, גַּם עֵינוֹ לֹא תִשְׂבַּע עֹשֶׁר״. הוא מפנה את כל מרצו לצבירת רכוש כפיצוי לחברה שחסרה לו. אם כנים דברינו, קהלת מתגלה כאן כבעל חוש פסיכולוגי עדין ומרשים. בתחילה תיאר קהלת את הקנאה באחרים כמוטיבציה של צבירת רכוש, ואילו כאן הוא מתאר אדם ׳שמקנא׳ במצב היפותטי שלו עצמו; הוא מנתב את כוחות פעולתו לצבירת רכוש, כפיצוי על מה שבאמת היה רוצה ואין לו.

דווקא משום כך, עֵינוֹ לֹא תִשְׂבַּע עֹשֶׁר, שהרי לא בנכסים כשלעצמם מעוניין אותו אדם בודד, ולעולם ממונו לא ייתן לו תחושת שובע. גם פסקה זו נחתמת במחיר היקר שמשלם האדם בעל תאוות הממון – ״וּלְמִי אֲנִי עָמֵל וּמְחַסֵּר אֶת נַפְשִׁי מִטּוֹבָה״.[6] פסוק זה הוא ככל הנראה ציטוט של אותו אדם בודד, ברגעים של הכרה צלולה. האדם התמכר להשגת הממון, בלי שום מתאם בין צרכיו לבין הממון

6. גינזברג הציע שהנפש הנזכרת כאן (כמו גם בב׳, כד; ו׳, א-ט) פירושה ׳בית הבליעה׳, ומשמעות הדברים שהאדם מונע עצמו ממאכלים טובים כדי לאגור עוד ממון (גינזברג, קהלת, עמ׳ 81).

שהוא חומד; הוא לבד – יכול היה לרכוב להנאתו על סוס, או לשבת ולקרוא ספר טוב!

גרדון, וביתר הרחבה גם איתמר כסלו, הציעו כי מילים אלו מסגירות פרט ביוגרפי על קהלת עצמו: מחבר המגילה היה אדם ערירי.[7] לדבריהם, הנחה זו תבאר את עניינו הרב במחשבות על המוות. אכן, המעבר לגוף ראשון כאן מספק ראיה מסוימת לקריאה זו, אבל קשה לחתום עליה בביטחון. עדות המוגבלת למחבר לבדו איננה מתאימה לרוח הכללית העולה מן הספר, שיש בו אמירות הנוגעות למצב האנושי בכלל. יש פסוקים נוספים שבהם קהלת מדבר על מצבים קונקרטיים, כגון, אדם שהיה לו עושר רב ואיבד אותו (ה', יב-יג) – האם נסיק מכך שהמחבר היה איש עשיר שאיבד את ממונו? והאם כשאומר קהלת "רְאֵה חַיִּים עִם אִשָּׁה אֲשֶׁר אָהַבְתָּ" (ט', ט), הוא מעיד על עצמו שזכה לאישה אהובה? והרי בפסוקים שלפנינו הוא מתאר את חוויית האדם הבודד. הרעיון הביוגרפי נראה אפוא מרחיק לכת במקצת. נראה יותר, שדרך ציטוטו של האדם הבודד מצליח קהלת להציג את שברון הלב של צובר הממון המנסה לפצות על צורך חברתי אחר, ועל כן נגזר עליו שלא יחוש שבע מעושרו ולחינם הוא מחסר נפשו מטובה.

'חסרון הטובה' מזכיר את שאמר קהלת בסוף החלק הקודם, כשתיאר את הקנאה החברתית כבסיס רדיפת הממון: "טוֹב מְלֹא כַף נָחַת מִמְּלֹא חָפְנַיִם עָמָל וּרְעוּת רוּחַ". בשני היגדים אלו רומז קהלת למחיר שרודף הממון משלם, בחוסר נחת ובנפש עצבנית תמיד.

שבח החברה (ד', ט-יב)

לפתע עובר קהלת להיגדים המשבחים את החיים החברתיים. עצם שילובם של ביטויים חיוביים בקהלת יש בו כדי להפתיע,[8] אך בעיון

7. גרדון, קהלת, עמ' iv; כסלו, קהלת, עמ' 42-45.
8. גינזברג באמת חשב שמדובר בקשר אסוציאטיבי בלבד אך למעשה "אין לד', ח המשך המניח את הדעת אלא ה', ט ואילך" (קהלת, עמ' 81). כפי שיובהר

נוסף מתברר שגם כאן קהלת ממשיך בביקורת רמוזה. גורדיס מצא בפסוקים אלו ביקורת מפני שלטעמו קהלת מצטט בהתחלה פתגם חוכמתי מקובל – "טוֹבִים הַשְּׁנַיִם מִן הָאֶחָד" – אך מייד מפענח את הטובה של השניים באופן פרגמטי בלבד, ללא רומנטיקה מתאימה, ובכך בעצם לועג גם לעמדה זו.[9] אכן, התמקדות קהלת ברבדים פרגמטיים בלבד אומרת דרשני, אך נדמה שהביקורת הטמונה בפסוקים אלו פשוטה עוד יותר. יש לזכור את הקשר דבריו. אך לפני רגע תיאר קהלת בציניות את האדם הבודד החושב שיוכל לספק את הצורך החברתי שלו בריבוי נכסים, וכתגובה לכך מציג קהלת את יתרונות החברה הממשית. בכך גדלה הביקורת על מי שהעדיף להשקיע את זמנו ומרצו בצבירת רכוש ולא בבניית משפחה וליכוד חברי; לפנינו "תוכחה נגד ההתמכרות לבדידות".[10] לשאלה מדוע בחר קהלת להתמקד במישור הפרגמטי גרידא נתייחס להלן.[11]

טוֹבִים הַשְּׁנַיִם מִן הָאֶחָד אֲשֶׁר יֵשׁ לָהֶם שָׂכָר טוֹב בַּעֲמָלָם.
כִּי אִם יִפֹּלוּ הָאֶחָד יָקִים אֶת חֲבֵרוֹ וְאִילוֹ הָאֶחָד שֶׁיִּפּוֹל וְאֵין שֵׁנִי לַהֲקִימוֹ.
גַּם אִם יִשְׁכְּבוּ שְׁנַיִם וְחַם לָהֶם וּלְאֶחָד אֵיךְ יֵחָם.
וְאִם יִתְקְפוֹ הָאֶחָד הַשְּׁנַיִם יַעַמְדוּ נֶגְדּוֹ
וְהַחוּט הַמְשֻׁלָּשׁ לֹא בִמְהֵרָה יִנָּתֵק (ד׳, ט–יב).

הניגוד בין החיים החברתיים להצגת העמל הבודד בולט כבר בתחילת הפסוקים שלפנינו. כאן נאמר שעדיף להיות בשניים מאשר באחד, כי

למעלה, לקשר אסוציאטיבי זה יש גם משמעות בעלת תוכן בחיזוק טענת קהלת.

9. גורדיס, קהלת, עמ׳ 232.
10. גרין, קהלת, עמ׳ 76.
11. יש עדיין מקום להתלבט אם פסוקים אלו הם ציטוט פתגמים ידועים (דבר שסגנון הכתיבה שלהם תומך בו), או שמא הם יצירה עצמאית של קהלת. למגמת פסוקים אלו אין זה משנה, שהרי כאן נדמה שקהלת אכן מאמץ את העולה מהם.

"יֵשׁ לָהֶם שָׂכָר טוֹב בַּעֲמָלָם", שלא כמו הבודד שנאלץ להודות – "וּלְמִי אֲנִי עָמֵל". עם זאת, כאמור לעיל, היתרונות שמוצא קהלת בחברה האנושית מעשיים באופן מחשיד. אם אחד ייפול – השני יוכל לעזור לו לקום;[12] הם יוכלו לחמם איש את רעהו בלילות קרים, ואף מבחינה ביטחונית – שניים יוכלו להתנגד לתוקף שיקום עליהם, בעוד המהלך בדרך יחידי חשוף לסכנות. אדם מן השורה שהיה נשאל למה 'כיף להיות בזוג', כמאמר שירו של אביתר בנאי, היה ודאי משיב שהשניים טובים מן האחד מעצם תחושת הרעות, השותפות, ההזדהות והבנייה המשותפת. יש לו לאדם עם מי לחלוק את חייו, ויש הרי לאהבה ערך פסיכולוגי ואפילו רוחני – אדם מצליח לצאת מעצמו אל עבר זולתו. אין מדובר רק בהשקפה מודרנית על אודות ערך הרעות. אריסטו למשל הקדיש שני פרקים באתיקה שלו לערך הידידות, ואף על פי שגם הוא פתח את דבריו ביתרונות המעשיים שיש לצורת חיים זו, הוא לא הסתפק בכך, ואף כתב בפירוש:

> המחבבים זה את זה בשל התועלת שבהם, אינם מחבבים איש את רעהו בשל עצמו, אלא מבחינת אותה טובה שכל אחד מהם מפיק מחברו. בדומה לכך גם המחבבים בשל הנאתם; שלא מכיוון שהינם כמות שהינם אוהבים הם אנשים חריפי לשון, אלא משום שהם נהנים מהם... מיני ידידות אלו קיימים, אפוא דרך אקראי, שלא מצד עצמו נאהב הנאהב, אלא מאותו צד שבו מפיקים טובה או הנאה. מכאן שמיני ידידות אלו מתבטלים על נקלה כשחל שינוי בבעליה; כשאחד מהם שוב אינו מועיל או מהנה, פוסק חברו מלחבבו.[13]

12. "וְאִילוֹ הָאֶחָד שֶׁיִּפּוֹל וְאֵין שֵׁנִי לַהֲקִימוֹ" – "ואילו" כנראה איננו ואילו, כי אם קריאת רחמים על הנופל – ואוי לו! (כהצעת רש"י, רשב"ם ואחרים, הכותבים בפשטות אי לו). בדומה אומר קהלת: "אִי לָךְ אֶרֶץ שֶׁמַּלְכֵּךְ נָעַר וְשָׂרַיִךְ בַּבֹּקֶר יֹאכֵלוּ" (י', טז).
13. אריסטו, אתיקה, עמ' 191.

קשה שלא להיזכר בדברי המשנה באבות נוכח דברים אלו: ״כל אהבה שהיא תלויה בדבר, בטל דבר, בטלה אהבה. ושאינה תלויה בדבר, אינה בטלה לעולם. איזו היא אהבה התלויה בדבר, זו אהבת אמנון ותמר. ושאינה תלויה בדבר, זו אהבת דויד ויהונתן״ (אבות פ״ה, מט״ז).

מה אם כן פשר התמקדות קהלת בתועלת המעשית גרידא שיש לחברה האנושית? האומנם צודק גורדיס, ויש לקרוא פסוקים אלו באור אירוני? נדמה שעמידה על הרקע הטקסטואלי של דברי קהלת מציעה פשר אחר לבחירת דוגמאות אלו. רקע זה עולה במיוחד נוכח הצירוף ״החוט המשולש לא במהרה ינתק״.

לאורך כל הקטע מדבר קהלת על ׳שניים׳ דווקא – ״טוֹבִים הַשְּׁנַיִם מִן הָאֶחָד... וְאֵין שֵׁנִי לַהֲקִימוֹ. גַּם אִם יִשְׁכְּבוּ שְׁנַיִם... הַשְּׁנַיִם יַעַמְדוּ נֶגְדּוֹ״, ולפי פסוקים אלו היה אפשר להעלות על הדעת שקהלת נמנע במכוון מלדון בחיי חברה בכלל, ומבליט רק חיים חברתיים של שניים, כניגוד לחיי בדידות. אך ׳השניים׳ מקבלים תפנית בהיגד החותם: ״וְהַחוּט **הַמְשֻׁלָּשׁ** לֹא בִמְהֵרָה יִנָּתֵק״, שהרי בהיגד זה רומז קהלת שיש עדיפות לשלושה על פני השניים. לפנינו קישוט ספרותי בדמות רצף אריתמטי באזכור ׳הָאֶחָד׳, ׳הַשְּׁנַיִם׳, ׳הַמְשֻׁלָּשׁ׳. אולם מה פשר צירוף אחרון זה?

במסורת הפרשנית לדורותיה טענו שהכוונה לחוט השזור משלושה פתילים, חבל חזק. כל פתיל בפני עצמו צפוי להיקרע בקלות, אך מעשה המשזר הוא עמיד ואיתן: ״חוט כפול שלושה אינו ניתק ונקרע מהר. רצונו לומר: אם חבורה של שנים טובה – של שלושה טובה עוד יותר״.[14]

אולם בדורות האחרונים זוהה כנראה מקור הפתגם, וזיהוי זה עשוי לשפוך אור חדש על כוונת הכתוב. פתגם זה נזכר גם בעלילת ״גלגמש וחומבבה״ (אחד המקורות העומדים בבסיס ״עלילות גלגמש״). שם מתואר כיצד גילגמש וחברו הטוב אנכידו רצו לקנות

14. זר־כבוד, קהלת, עמ׳ כה. בלשונו של בעל מצודות דוד: ״חוט השזור בשלשה כפולות לא במהרה הוא נקרע ולמשל נאמר, ורוצה לומר אם שלשה הם שנשתתפו יחד אין למעלה מהם״ (פירושו לקהלת ד׳, יב).

להם תהילת עולם, ולשם כך גמרו אומר להביס את היצור המפלצתי חומבבה, שומר היער המקודש. גילגמש הוא מלך ארך ואנכידו הוא חברו הטוב. השניים הולכים ומתקרבים ליער, ובשלב כלשהו מתחיל אנכידו לחשוש מפני המאבק שנכון להם, וגילגמש מנסה לעודד אותו:

הרף אנכידו! שני אנשים (יחדיו) לא יהרוג!
ספינה אשר צוות (ינהיגנה) לא תטבע,
בגד נארג בחוט משולש – איש לא יקרע,
האיש על החומה – מים לא ישטפוהו,
בסוכת קנים – אש לא תכבה!
אתה תהיה בעזרי, אני אהיה בעזרך – מה יוכל 'האיש' לעולל לנו?.[15]

כך על פי הצעת התרגום של שפרה וקליין, אשר מניחה שהחוט המשולש הוא החוט שבו נארג הבגד. אולם אהרן שפר הציע תרגום שונה מעט לשורות אלו, שבהקשר הפסקה נראה מתאים יותר:

עצוה, אנקידו! לא ימות השני,
הספינה הנגררת לא תטבע!
את החוט המשולש איש לא ינתק (éš.3.tab.ba lú nu.kud.dè)
בחסות החומה איש לא יישטף!
בסוכה הקלועה לא תכבה המדורה,
עזור לי אתה, ואעזור לך אני – ומי יוכל להטרידנו.[16]

לפי הצעתו, המשפטים כולם קשורים בהתגברות מפני סכנה, והוא מציע לקרוא את החוט המשולש כמתייחס לספינה שהוזכרה לפני כן, כלומר: ספינה שתיקשר בחוט משולש – לא תינתק:

15. שורות 110-106; שפרה וקליין, בימים הרחוקים, עמ' 301.
16. שפר, רקע, עמ' 247.

הספינה הנגררת לא תטבע, כי איש לא ינתק את החוט המשולש. כלומר, הספינה לא תיסחף לתוך זרם הנהר, למים העמוקים והגועשים. משמעותו של הניב "החוט המשולש" פשוטה היא וברורה: הוא החבל שבו היו גוררים ספינות ואניות בנהרות בבל ובתעלותיה, כעדות הטכסטים הרבים שבידינו, בין לכסיקוגראפיים ובין כלכליים וספרותיים.[17]

יש לציין, שיש זיקות נוספות בין קהלת לסיפורו של גלגמש, ודי להזכיר בהקשר זה את עידוד גלגמש לחברו אנכידו החושש לצאת איתו ליער: "האדם – קצובים ימיו; כל אשר יעשה (או ישיג) – רק רוח" (עלילות גלגמש, לוח שני, שורות 343-342).[18]

סיפור "גלגמש וחומבבה" קודם כמובן לזמנו של קהלת – גם למזהים את המחבר עם שלמה המלך – כך שייתכן שהביטוי הנידון כבר היה שגור וקבוע בצורתו בחוגי החוכמה במזרח הקדום, וכבר הפך לביטוי מאובן, ועל כן אין הכרח לראות את עלילת גלגמש כרקע ספרותי מיידי שממנו שאב קהלת ביטוי זה. עם זאת, מאחר שגם בעלילות גלגמש השיר פותח בסגולות השניים לעמוד יחדיו כנגד האויב – כמו אצל קהלת – נראה יותר שקהלת נשען טקסטואלית על עלילות גלגמש.[19]

נקודה זו מציעה פשר חדש ליתרונות שהעלה קהלת לחיי חברה, שכולם עוסקים בנסיבות של יציאה למסע. "אם יפולו" עשוי אומנם להיות גם מטאפורה לנפילה כלכלית או אחרת, כגון "כִּי שֶׁבַע יִפּוֹל צַדִּיק וָקָם" (משלי כ״ד, טז),[20] אבל המובן המיידי והפשוט ביותר הוא שמדובר באדם שמועד בדרכו וחברו יכול לתמוך בו.

17. שפר, רקע, עמ׳ 248.
18. על זיקה זו העירו רבים. ראו למשל אצל: דאלי, מסופוטמיה, עמ׳ 152, הערה 17. ראו דוגמאות נוספות אצל שפר, רקע, ועוד נראה להלן בדיוננו בקהלת ט׳, ז–ט, דיאלוג נוסף שיש בספר עם עלילות גלגמש, ושם הפניות למחקרים נוספים.
19. כך טען גם שפר, רקע.
20. כך פירש למשל גינזברג, קהלת, עמ׳ 82.

כך גם ביחס ליתרון החברתי שמצא קהלת בשינה המשותפת שיש בכוחה לחמם: "אִם יִשְׁכְּבוּ שְׁנַיִם וְחַם לָהֶם וּלְאֶחָד אֵיךְ יֵחָם". כוחו של יתרון זה יפה במיוחד להולכים בדרך שנאלצים לישון במחנה. אם האיש בביתו הוא יכול להתחמם בדרכים מגוונות אחרות. אין צורך לומר שגם האמירה "וְאִם יִתְקְפוֹ הָאֶחָד – הַשְּׁנַיִם יַעַמְדוּ נֶגְדּוֹ" לקוח מעולם של היוצאים למסע או לקרב וחוששים מפני ליסטים ואויבים, בדומה לדברי גלגמש: "עזור לי אתה, ואעזור לך אני".

אם אומנם עלילות גילגמש וחומבבה הן המקור הסמנטי לביטויים הללו (גם אם לא מקור ספרותי של ממש), אפשר להבין מהו הרקע הריאלי לבחירה הספרותית המסוימת הזו. לאור כך גם מתברר, מדוע קהלת מתמקד כאן ביתרונות הפרגמטיים שיש לחיי חברה, ולא ביתרונות פסיכולוגיים או רוחניים.

בכל מקרה יש להעיר, שדווקא בהסתפקות ביתרונות המעשיים, אוחז קהלת בחבל בשני צדדיו: אילו ערך הרעות היה מוצג כאן באור יקרות, היה נדמה שקהלת הצליח להפנות את האצבע למרכיב חיוני בחיים שיכול אולי לתת פשר לחיינו, או לפחות להצביע על מקורות האושר שאפשר לגעת בהם. קהלת לא מעוניין במסקנות אלו, אלא רק לומר עד כמה הבודד הסבור שבצבירת רכושו יגיע אל האושר טועה ומגוחך. לשם הצגה זו, די לו לקהלת בהצגה של היתרונות המעשיים של החברה האנושית, מבלי להציגה כתכלית העליונה של החיים בכלל.

המלך עירום (ד', יג-טז)

לפתע פונה קהלת למה שנראה במבט ראשון כנושא אחר לגמרי. נבחן פסוקים אלו וננסה להציע את הקשרם:

טוֹב יֶלֶד מִסְכֵּן וְחָכָם מִמֶּלֶךְ זָקֵן וּכְסִיל אֲשֶׁר לֹא יָדַע לְהִזָּהֵר עוֹד.
כִּי מִבֵּית הָסוּרִים יָצָא לִמְלֹךְ כִּי גַּם בְּמַלְכוּתוֹ נוֹלַד רָשׁ.
רָאִיתִי אֶת כָּל הַחַיִּים הַמְהַלְּכִים תַּחַת הַשָּׁמֶשׁ עִם הַיֶּלֶד הַשֵּׁנִי

אֲשֶׁר יַעֲמֹד תַּחְתָּיו. אֵין קֵץ לְכָל הָעָם לְכֹל אֲשֶׁר הָיָה לִפְנֵיהֶם גַּם הָאַחֲרוֹנִים לֹא יִשְׂמְחוּ בוֹ כִּי גַם זֶה הֶבֶל וְרַעְיוֹן רוּחַ.

קהלת נותן עדיפות לילד המסכן אבל חכם, מאשר למלך שכבר זקן וכסיל. המילה ׳מסכן׳ מהדהדת את המונח האכדי – muškēnum – שמתאר את המעמד החברתי הנמוך של אזרח שאין לו נחלה משל עצמו. הוא אומנם איננו עבד, אך מעמדו נמוך מזה של אזרח רגיל – awīlum. כלומר, לפנינו הנגדה בין הילד ששייך למעמד הנמוך, אולם הוא חכם, לבין המלך ששייך כמובן למעמד הגבוה ביותר, אך הוא זקן וכסיל. הפתגם מעדיף את חוכמתו של הילד למרות מעמדו הנמוך בהיררכיה החברתית.

המשך התיאור קשה להבנה: ״כִּי מִבֵּית הָסוּרִים יָצָא לִמְלֹךְ כִּי גַּם בְּמַלְכוּתוֹ נוֹלַד רָשׁ״. האם קהלת מתאר כאן את המלך הזקן והכסיל שנדמה כאילו איננו אלא אסיר ״שהרי אין בידו הכלים הדרושים להנהיג ממלכה״,[21] או שמא הוא מתאר את הילד החכם שהצליח לעשות מהפך בחייו, והגיע אל המלוכה אף על פי שהתחיל את דרכו בבית האסורים? אם נאמץ את ההצעה השנייה, האסוציאציה לסיפור יוסף תעלה מאליה (כך כבר ראב״ע). יוסף הוא הנער, העבד המצוי בתחתית המדרגה, שמתגלה כחכם ביותר, ״אִישׁ אֲשֶׁר רוּחַ אֱלֹהִים בּוֹ״ (בראשית מ״א, לח). גם המלך הזקן מעיד על נער עברי זה: ״אֵין נָבוֹן וְחָכָם כָּמוֹךָ״ (שם, לט). יוסף הוא הנער שיצא ׳מבית האסורים׳ (= ״מבית הסורים״) למלוך,[22] ובכך מתקבלת התאמה לסיפור יוסף.

יותר מזה, גם אם נאמץ את העמדה הרואה בהיגד השני תיאור של הילד המסכן שעלה לגדולה, יש עדיין מקום להתלבטות אם הביטוי ״כִּי גַּם בְּמַלְכוּתוֹ נוֹלַד רָשׁ״ – מתאר את המלך עצמו, הישן,

21. שטיינזלץ, מגילות, עמ׳ 130.
22. חסרון האלף אינו צריך להטריד יתר על המידה. בדומה: ׳הרמים׳ (דה״ב כ״ב, ה) = ׳הארמים׳ (מל״ב ח׳, כח). זו העמדה הרווחת גם בפרשנות המודרנית, ראו למשל: גורדיס, קהלת, עמ׳ 234; גאלינג, קהלת, עמ׳ 99; הרצברג, קהלת, עמ׳ 103.

שאיבד את מלכותו, שגם הוא נולד חסר כול לפני שהפך למלך – ובכך אפשר לשמוע הצדקה לכך שהילד המסכן נטל את המלוכה. או שמא היגד זה מתאר את אזרחי המדינה ההופכים לעניים בשל המלך החדש שפורץ עם גזירות חדשות; הם אלו ההופכים לרשים. כזכור, גם במלכות יוסף נולדו רשים רבים – המצרים כולם איבדו את נחלתם בגלל יוסף, הכלכלה המצרית השתנתה מן הקצה אל הקצה, כל האדמות הולאמו – ויוסף, הילד המסכן והחכם, הוא החתום על מהפכה מצרית קדומה זו.

אף על פי שרבים מאמצים כיוון זה,[23] נראה יותר שההיגד השני שבפסוק מתאר את המלך הזקן והכסיל; עליו אומר קהלת שהוא יצא למלוך מִבֵּית הָסוּרִים, ועליו אומר קהלת שגם הוא, עם תחילת חייו, נוֹלַד רָשׁ – ללא תפארת מלוכה.

לפי קריאה זו, כלל לא ברור ש'בית הסורים' הוא 'בית האסורים' (והאות א' נעלמה). יש מקום לפרשנות של רש"י ורשב"ם, שלפנינו מטאפורה לבטן האם, לרחם, או למקום שממנו תינוק יוצא: "ממקום הטנופת וסירחון" (רש"י על אתר). דהוד ביקש לתמוך הצעה זו על בסיס הדמיון לשורש האוגריתי סר"ר שקשור בקרבי העוף,[24] אך למעשה, גם אם הכוונה 'לבית אסורים' ייתכן שכוונת קהלת לרחם שהוא כבית כלא לעובר שבתוכו. יתרונה של קריאה זו בשמירה על אותו הנושא לאורך המשפט כולו (המלך הזקן), והיא אף שומרת באופן מלא על התקבולת: "כִּי מִבֵּית הָסוּרִים יָצָא לִמְלֹךְ / כִּי גַּם בְּמַלְכוּתוֹ נוֹלַד רָשׁ". הפועל 'לצאת' קשור במקומות נוספים במקרא בלידה (למשל: בראשית ט"ו, ד; שמ"ב ז', יב), וקהלת מבקש לרגע

23. אצל המאמצים פרשנות זו, רבים טוענים שחתימת הפסוק מתפצלת לשני נושאים שונים – "כִּי מִבֵּית הָסוּרִים יָצָא לִמְלֹךְ" – זהו הילד המסכן והחכם; "כִּי גַּם בְּמַלְכוּתוֹ נוֹלַד רָשׁ" – זהו המלך הזקן והכסיל (ראו למשל אצל גינזברג, קהלת, עמ' 83).

24. דהוד, קהלת, עמ' 356–357. לתמיכה נוספת בהצעה זו ראו וייטלי, קהלת, עמ' 45–46.

להסיר את זקנותו של המלך הכסיל ולהיזכר כיצד נולד. תינוק קטן ועירום, בוכה ורוצה לינוק.

לפי הצעה זו, יובן הפסוק היטב: ילד פשוט וחכם, מתחתית המעמד החברתי, עדיף על פני מלך כסיל, שהרי מלכותו איננה יתרון מהותי אלא רק יחסי. גם המלך עצמו, מתחת לבגדיו, הוא ככל האדם, בשר ועצמות. גם המלך נולד רש, ואפילו אם נולד למלוכה, היה חסר אונים ועלוב בצאתו מרחם אימו. הוא לא יכול היה לדבר או ללכת, קל וחומר לאחוז בשרביט המלוכה. כל אדם החל כך את מסעו, ולפי קריאת רשב״ם זהו העוקץ המרכזי בדברי קהלת: גם המלך חלש ככל בשר ודם, עירום יצא מבטן אימו, כמאמר איוב (א׳, כא). המלוכה מאבדת בבת אחת מתפארתה ויקרהּ, כשמדמיינים כך את המלך, כשמתברר שגם המלך, מתחת לבגדיו, עירום.

קהלת לא מסתפק בכך ומוסיף: ״רָאִיתִי אֶת כָּל הַחַיִּים הַמְהַלְּכִים תַּחַת הַשָּׁמֶשׁ עִם הַיֶּלֶד הַשֵּׁנִי אֲשֶׁר יַעֲמֹד תַּחְתָּיו. אֵין קֵץ לְכָל הָעָם לְכֹל אֲשֶׁר הָיָה לִפְנֵיהֶם גַּם הָאַחֲרוֹנִים לֹא יִשְׂמְחוּ בוֹ כִּי גַם זֶה הֶבֶל וְרַעְיוֹן רוּחַ״ (ד׳, טו-טז). גלגל חוזר בעולם: גם ׳הילד השני׳ – כינוי נוקב ואירוני למלך שזה עתה נולד,[25] נסיך צעיר ומבטיח אשר עולה לגדולה וכל העם שמחים ותולים תקוות בהנהגתו, יזקין וייעשה כקודמו. תמיד העם חש שהשלטון לא ראוי ושכדאי להחליפו, אך לאט לאט המלך החדש מחליק אל תוך אותן נורמות, הולך ומסתאב ונופל אל אותן שחיתויות, וגם בו מואסים. גַּם זֶה הֶבֶל וְרַעְיוֹן רוּחַ.

ובכן, האם אפשר לאתר חוט מקשר בין העניינים השונים שמעלה כאן קהלת? ובמיוחד – כיצד נקשרת מאיסת העם במלכות בשאלת החברה והבדידות שעלתה קודם לכן? גישות רבות הוצעו ביחס לשאלה זו ובאמת קשה לקבוע מסמרות בדבר. אולם יש רמז חשוב לליכוד היחידות כולן זו בזו, השילוב החוזר של המילה ׳שניים׳.

25. ראו במיוחד צימרמן, ארמית, עמ׳ 34-35. לדעתו, אחת ההוראות בארמית ל׳שני׳ היא ׳השני בפיקוד׳, או ׳משנה למלך׳, ובהקשר שלנו – ׳נסיך העצר׳ שעתיד לרשת את המלך.

כזכור, 'השניים' ליוו את היחידה הראשונה שעסקה באופן גלוי באיש הבודד שאין לו אלא עמל: "יֵשׁ אֶחָד וְאֵין **שֵׁנִי**" (ח). קהלת המשיך לבקר את זה המעדיף צבירת הון על פני חברה והטיף "טוֹבִים **הַשְּׁנַיִם** מִן הָאֶחָד" (ט), ועמד על יתרונות שונים שיש לחיים בצוותא: "וְאִילוֹ הָאֶחָד שֶׁיִּפּוֹל וְאֵין **שֵׁנִי** לַהֲקִימוֹ. גַּם אִם יִשְׁכְּבוּ **שְׁנַיִם** וְחַם לָהֶם וּלְאֶחָד אֵיךְ יֵחָם. וְאִם יִתְקְפוֹ הָאֶחָד **הַשְּׁנַיִם** יַעַמְדוּ נֶגְדּוֹ" (י–יב). והנה, גם בהשלת בגדי הפאר מהמלך מדבר קהלת על המלך 'השני' שיקום אחריו: "רָאִיתִי אֶת כָּל הַחַיִּים הַמְהַלְּכִים תַּחַת הַשָּׁמֶשׁ עִם הַיֶּלֶד **הַשֵּׁנִי** אֲשֶׁר יַעֲמֹד תַּחְתָּיו" (טו).

הופעה אחרונה זו של המילה מוזרה ביותר ומסגירה במיוחד את רצונו של המחבר לשלב את המספר 'שניים' בדבריו. רבים התלבטו מה פשר המונח 'הילד השני' ומדוע לא בחר קהלת בחלופה ההולמת יותר את ההקשר, כגון "הקטן", או "החכם", וחלק מהפרשנים גם הרימו ידיים והציעו הצעות מגוונות, כמו לשנות את סדר הפסוקים, כך ש'הילד השני אשר יעמד תחתיו' יעמוד בסמיכות לפסוקים י–יב שתיארו את עמידת השניים נגד האחד התוקף אותם;[26] להגיה את הפסוק ולגרוס 'העני' או 'השבי' במקום 'השני', או למחוק אותו כליל.[27] אולם דווקא שילובה של מילה מפתיעה זו שוזר את היחידה האחרונה עם הקודמות לה, וחושף את תבנית המחשבה של קהלת.

הנושא שנידון כאן, מזוויות שונות, הוא השאלה החברתית. כאמור לעיל, בחטיבה זו קהלת מניח לדיון בערכים עצמם – האם טוב להיות חכם, עשיר, שמח וכדומה – וממקד את מבטו בכשלים שיש במציאות. בהקשר זה בוחן קהלת את החברה האנושית ותוקף – כהרגלו יש לומר – את שני צידי המתרס.

תחילה התברר שלא די בזה שהחברה האנושית איננה מסודרת כראוי אלא אף גורמת לעוולות חמורות. התשוקה לממון מניבה עושק ודמעות עשוקים שאין להם מנחם. יותר מזה – נורמות החברה הן

26. וייטלי, קהלת, עמ' 46.

27. ראו על הצעות אלו אצל גינזברג, קהלת, עמ' 83; גורדיס, קהלת, עמ' 235.

העומדות בבסיס העמל הרב שאנשים משקיעים בצבירת הון, ובכך מכלים ימיהם על רדיפת מעמד הנובעת מקנאת איש ברעהו.

נקודת הפתיחה היא המהלומה המוחצת ביותר באמתחתו של קהלת בהקשר זה: דמעת העשוקים. החזרה הכפולה על הצירוף הלשוני "וְאֵין לָהֶם מְנַחֵם" עוררה תמיהה בקרב חוקרים אחדים, עד כדי שהציעו לתקן את הנוסח. כך, יש שהציעו לקרוא בפעם השנייה "מְנקם"; דרייבר הציע לקרוא "מְנָחם" כמו מתנחם; דהוד הציע לקרוא מַנְחֵם – אין מי שיַנחה אותם. אך למעשה מדובר בטכניקה ספרותית רווחת – במיוחד בלשון השירה והחוכמה – אפיפורה (חזרה על מילה בסופי משפטים) לצורך הדגשה ויצירת פאתוס. בדרך זו צעד קהלת אך פסוקים ספורים קודם: "מְקוֹם הַמִּשְׁפָּט **שָׁמָּה הָרֶשַׁע** / וּמְקוֹם הַצֶּדֶק **שָׁמָּה הָרָשַׁע**" (ג׳, טז).

מה ביקש קהלת להדגיש באי־הנחמה של העשוקים? נראה שמשמעות המילה מְנַחֵם קצת קרובה להצעת דהוד, אך לא כתיקון נוסח אלא במטען האסוציאטיבי שנלווה למילה זו. כשרעי איוב באים ׳לנחמו׳ (איוב ב׳, יא), הם מנסים לתת פשר והסבר למערבולת הכאוטית שלתוכה הושלכו חייו. איוב לא מבין מה קורה לו, ורעיו מציעים דרכי הסתכלות שונות שיהלמו את המתרחש עם תמונת עולמו שנפרצה. כל אחד בדרכו ובלשונו, אומר לו בעצם את אותו דבר עצמו: העולם מסודר. אך איוב, כיעקב בשעתו, ׳ממאן להתנחם׳ – הוא מרגיש שלדבר שהתרחש אין פשר במסגרת תמונת העולם הקודמת שהייתה לו. תורף דברי איוב הוא שהעולם איננו מסודר, כלומר שאין נחמה; קבלת הניחומים היא ההצלחה להטמיע את הנסיבות המשתוללות, המערערות, אל תוך הבנת המציאות.[28]

העובדה שלעשוקים אין מנחם פירושה אפוא שמציאותם התודעתית שבורה, הם נותרים בודדים בתוך תחושה של חוסר צדק

28. עוד על קריאת חוסר הניחומים אצל קהלת על רקע מנחמי איוב, ראו: קרוגר, איוב וקהלת, עמ׳ 95–96. הוא מדגיש בצדק, שגם איוב מסביר למנחמיו שהוא ממאן לקבל את ניחומיהם כי הרעות שבאו עליו אינן מוצדקות, ממש כמו דמעת העשוקים בקהלת, שעושקיהם החזקים מתעללים בהם על לא עוול בכפיהם.

נורא, ושל חוסר פשר למציאות. ההגדרה של "עשוקים" כוללת כאן כנראה מנעד רחב ביותר של עוולות כלכליות הנעשות בעולם, שחלקן משוקעות ממש במרקם המציאות – תוצר של ביורוקרטיה עיוורת, חוסר מזל וכמובן רשעות מכוונת. "וּמִיַּד עֹשְׁקֵיהֶם כֹּחַ" רומז גם לאנשים המאבדים את חירותם, ביתם, ממונם – עד כדי שפיכות דמים, ויש תחושה של היעדר נוחם. אנשים כאלו, וגם הצופה במתרחש להם, נושאים את תחושת חוסר הסדר החברתי שבעולם בקיצוניות. קהלת אינו שואל פה את שאלת הצדק בעצמה (כפי שעלה בסוף פרק ג'). כאן הוא מביע תחושת מחאה עמוקה על המערבולת הכאוטית, שחוסר הצדק מהווה רכיב עיקרי בה, המתגוללת לפני מי שמתבונן במציאות.

לצד זאת, קהלת מתריס גם נגד הפונים אל צבירת הרכוש כאל תחליף לחברה אנושית בריאה; אל אלו הבוחרים להיות 'אחד' (= לבד) ללא שֵׁנִי לצידם. גם אלו חיים חיי אבסורד ומכלים את ימיהם ללא צורך בדבר שאותו הם מתאמצים להשיג.

כך, אם כן, עניין רדיפת הממון הבלתי נשלטת דוחף אל מרכז הבמה את השאלה החברתית בכלל, בשלושה מוקדים: העוול המוסרי – העשוקים שאין להם מנחם; הקנאה האנושית שניצבת בבסיס רדיפת הממון, המעבירה את האדם על דעתו ומביאה אותו לכדי פגיעה בזולת כדי להשיג ממון; והמרת קשרים חברתיים ומשפחתיים בריאים בעמל אין־סופי.

הקפיטליסט ישיב לקהלת שבזכות 'קנאת איש מרעהו', בזכות היוזמה והתחרות, יש כיום מטוסים ומחשבים, וספרים ללמוד. הרי בעולם של תחרות וקנאה אנשים מפיקים מעצמם יותר; ובאמת, קשה להתרשם מגורלן של חברות שבהן נוטרלו הקנאה והתחרות כי כולם קיבלו את אותו התוצר ללא תלות בהשקעת העבודה שלהם. קהלת לא בהכרח ידחה זאת, אבל יצביע על המחיר הנפשי הנורא שגובה תרבות כזו מחבריה. אי אפשר לנפנף בכך שהכסיל היושב בחיבוק ידיים עתיד לאכול את בשרו, או שהסוציאליזם הקומוניסטי כשל ביצירת חברת מופת כלכלית, כהוכחה לצורך בקנאה ותחרות; קהלת

אומר בפה מלא: מוטב "מְלֹא כַף נָחַת" "מִמְּלֹא חָפְנַיִם" קנאה ותחרות ועושק. גם אם הקנאה מובילה בסופו של דבר ׳לכישרון מעשה׳ ולשפע כלכלי, שלוות הרוח נפגעת באופן דרסטי.

זהו כמובן תיאור מאוד מסוים של חברה אנושית. כשאריסטו או אפלטון כותבים על המדינה או על הישות המדינית הם מציירים תמונה אחרת,[29] ובוודאי ישנם שירים רומנטיים הרואים בשותפות ובאחווה ערך אחר מזה שבו בוחר קהלת להתמקד ולהסתפק. בה בעת יש להודות, שאם שואלים על הסדר והמבנה הפנימי של המציאות, הקנאה והתחרות האנושית הן בין הדברים הבולטים והזועקים ביותר, ובעניינן נוקט קהלת בביטויים החריפים ביותר. נקודה זו מובילה אותו לפסקה הבאה, המתארת את קורבנות התחרות מן העבר השני – אותם רודפי ממון שהפכו את היוצרות ומתמקדים בכך ונשארים בבדידותם. בהקשר זה אפשר להבין מדוע פתאום משלב כאן קהלת, שלא כדרכו, הערכה חיובית של דבר מה; חיוב החברה ויתרונותיה – "טוֹבִים הַשְּׁנַיִם מִן הָאֶחָד" – איננו עומד בפני עצמו, אלא מחדד את מעמדו התלוש, המעורער, של האדם הבודד, ש"בֵּן וָאָח אֵין לוֹ".

החרוז האחרון שמניח קהלת בשרשרת הוא סוגיית המלך, ובמבט ראשון, זיקתה לפסוקים הקודמים נראית קלושה. אכן, בראייה מודרנית, דמות המלך או השליט מיתמרת הרחק ומעל להתנהלות היומיומית הממשית של הפרטים בחברה. לעומת זאת, בחשיבה הקדומה הסוגיה החברתית והסוגיה המדינית קשורות זו בזו לבלי הפרד. האומה אינה אלא המשך ההתאגדות המשותפת הטבעית המתרחבת מהמשפחה אל בית האב, ומשם אל השבט. הקפיצה לעיסוק במהפכות פוליטיות ושלילת ערכן מאפשרת לקהלת למתן

29. די להיזכר באופן שבו פתח אריסטו את חיבורו על הפוליטיקה: "מאחר שרואים אנו שכל מדינה שותפות היא, ושכל שותפות קיימת לשם השגת איזה טוב... ברור שאם כל השותפויות מכוונות לאיזה טוב, הרי השותפות שהיא עליונה על כולן ושהיא מקיפה את האחרות כולן, מכוונת, ובמידה יתירה, אל הטוב שהוא עליון על כל. שותפות זו היא הנקראת מדינה והשותפות המדינית" (אריסטו, הפוליטיקה, עמ׳ 3–4).

ולסייג את הוויתור "הטקטי" שביצע, בהודאתו ביתרונות שברעות ובחברה במובנן הבסיסי והראשוני ביותר. הרי אם "טוֹבִים הַשְּׁנַיִם מִן הָאֶחָד" ו"וְהַחוּט הַמְשֻׁלָּשׁ לֹא בִמְהֵרָה יִנָּתֵק", מייד עולה המחשבה: אם כך, אולי גם ארבעה וחמישה, אולי טובה גם ההתאגדות החברתית, אולי אפשר להשיג דרכה מציאות בעלת ערך לבני האדם? המלך בחברה הקדומה הוא נציגו הטיפוסי של המשטר, של ההתאגדות האזרחית, ועליו אומר קהלת – גדולתו מזויפת ודרכו להסתאב. לכן "גַּם הָאַחֲרוֹנִים לֹא יִשְׂמְחוּ בוֹ" – גם אותם אלה ששמחו במהפכה הפוליטית, בעליית המלך החדש, בחלוף שנתיים-שלוש יתאכזבו ממנו כמו מקודמו.

מה מרוויח קהלת מסקירה חטופה זו של המצב החברתי? דומה ששאיפתו העיקרית היא לבטא תחושה של תוהו ובוהו – המציאות אינה סובבת על שום ציר ברור. לא זאת בלבד שקשה למצוא בה משמעות; אפילו בהיבט היותר שטחי ופשוט שלה, היחסים בין איש לרעהו, אין סדר והיגיון. מהלך זה מערער את בסיסה של הפירמידה החברתית, ומתיז את קודקודה: הוא פותח בתסכולו של העשוק, או בדידותו ועליבותו של העושק – וחותם בכישלונו הצפוי מראש של העומד בראש הפירמידה החברתית לעצב חברה אחרת.

הָאֱלֹהִים בַּשָּׁמַיִם (ד', יז-ה', ו)

הנספח השני לדיון בעושק החברתי חורג מתחום המלכות הארצית אל תחום המלכות השמיימית; לא ארמון המלך נידון כאן אלא בית המקדש.[30] כאן קהלת נכנס לראשונה לדיון גלוי בחיים הדתיים. במבט ראשון נראית יחידה זו תלושה מהקשרה – ואכן היו שהציעו לראות בה תוספת מאוחרת,[31] אולם במבט שני נדמה שקהלת ממשיך ומביע

30. לוהפינק הציע מבנה קונצנטרי שלם לספר קהלת, ואת הציר המרכזי של הספר כולו הוא ראה בפסוקים אלו (לוהפינק, קהלת, עמ' 8).

31. ראו על גישות אלו אצל גורדיס, קהלת, עמ' 236. הוא עצמו דוחה אותן.

את הצורך הנפשי העמוק למצוא סדר וארגון במציאות, ואת אכזבתו נוכח הגילוי שדבר זה לא מתקיים גם מול המקדש. הקשר בין פסקה זו לקודמתה מבואר היטב על ידי ראב"ע: "כאשר הזכיר המלך, וש'לא ישמחו בו' הקרובים אליו בעבור שיפחדו ממנו, והבא אל ארמונו ושומר במלבושיו ודברי פיו, אמר: יותר מזה יש עליך להשמר כאשר תלך אל בית האלהים" (פירושו לקהלת ד׳, יז).

שְׁמֹר רגליך [קרי: רַגְלְךָ] כַּאֲשֶׁר תֵּלֵךְ אֶל בֵּית הָאֱלֹהִים וְקָרוֹב לִשְׁמֹעַ מִתֵּת הַכְּסִילִים זָבַח כִּי אֵינָם יוֹדְעִים לַעֲשׂוֹת רָע. אַל תְּבַהֵל עַל פִּיךָ וְלִבְּךָ אַל יְמַהֵר לְהוֹצִיא דָבָר לִפְנֵי הָאֱלֹהִים כִּי הָאֱלֹהִים בַּשָּׁמַיִם וְאַתָּה עַל הָאָרֶץ עַל כֵּן יִהְיוּ דְבָרֶיךָ מְעַטִּים. כִּי בָּא הַחֲלוֹם בְּרֹב עִנְיָן וְקוֹל כְּסִיל בְּרֹב דְּבָרִים. כַּאֲשֶׁר תִּדֹּר נֶדֶר לֵאלֹהִים אַל תְּאַחֵר לְשַׁלְּמוֹ כִּי אֵין חֵפֶץ בַּכְּסִילִים אֵת אֲשֶׁר תִּדֹּר שַׁלֵּם. טוֹב אֲשֶׁר לֹא תִדֹּר מִשֶּׁתִּדּוֹר וְלֹא תְשַׁלֵּם. אַל תִּתֵּן אֶת פִּיךָ לַחֲטִיא אֶת בְּשָׂרֶךָ וְאַל תֹּאמַר לִפְנֵי הַמַּלְאָךְ כִּי שְׁגָגָה הִיא לָמָּה יִקְצֹף הָאֱלֹהִים עַל קוֹלֶךָ וְחִבֵּל אֶת מַעֲשֵׂה יָדֶיךָ. כִּי בְרֹב חֲלֹמוֹת וַהֲבָלִים וּדְבָרִים הַרְבֵּה כִּי אֶת הָאֱלֹהִים יְרָא.

לאחר ששלל את החוכמה והעושר וביקר את החברה האנושית, מתעוררת סקרנות רבה לראות מה יאמר קהלת על העולם הדתי. האם בעיניו גם זה הבל, והוא עתיד לערער גם את העמידה של האדם מול קונו? האם גם פה ימשיך קהלת את הקו הכללי שלו, יאמץ את העמדות המסורתיות, או שמא יסלול דרך ביניים?

עד כה, גם אם האל נכח לאורך הספר, באופן די טיפוסי לספרות החכמה – ספֵירת הפעולה שלו נראתה נפרדת, ולא הייתה אמירה ברורה באשר לטיב יחסיו של האדם עימו. בפסקה שלפנינו נדון העניין לעומק לראשונה.

קהלת פותח את דיונו בהכרזה: "שְׁמֹר רַגְלְךָ כַּאֲשֶׁר תֵּלֵךְ אֶל בֵּית הָאֱלֹהִים וְקָרוֹב לִשְׁמֹעַ מִתֵּת הַכְּסִילִים זָבַח כִּי אֵינָם יוֹדְעִים לַעֲשׂוֹת רָע". יש בפסוק שלפנינו אמירה מובלעת מפתיעה, גם אם היא עולה ברמז.

אפשר להבין את דרישת קהלת 'לשמור את הרגליים' כשהולכים לבית אלוהים, כלשון נקייה שכוונתה להימנעות ממיניות מטמאה (אולי כך גם בדברי דוד לאוריה: "רֵד לְבֵיתְךָ וּרְחַץ רַגְלֶיךָ" – שמ"ב י"א, ח), ואפשר להבין זאת כלשון מטאפורית שמביעה זהירות וכובד ראש. אך בסופו של דבר קהלת לא פותח את דבריו בהכרזה על שמחת האדם כשהוזמן ללכת לבית ה' (כמו שמתרחש למשל בתהלים – "שָׂמַחְתִּי בְּאֹמְרִים לִי בֵּית ה' נֵלֵךְ" – קכ"ב, א). במובן מסוים יש באזהרה 'שמור רגליך' הסתייגות מעצם ההליכה, ובצדק השווה זאת גורדיס לדברי החכם: "הֹקַר רַגְלְךָ מִבֵּית רֵעֶךָ פֶּן יִשְׂבָּעֲךָ וּשְׂנֵאֶךָ" (משלי כ"ה, יז).[32]

הסתייגות זו חשופה עוד יותר בחלק השני של הפסוק: "וְקָרוֹב לִשְׁמֹעַ מִתֵּת הַכְּסִילִים זָבַח". כלומר, האל קרוב לשמוע את המתפללים אליו, ואין צורך לטרוח ולהביא קורבנות למקדש. אדרבה, בין אלו המביאים קורבנות מצויים גם כסילים, שאינם יודעים אלא לעשות רע (כפירוש ראב"ע במקום). הרי כשאדם יודע שיש באמתחתו אמצעי פשוט וטכני לכפרה על החטא, הוא מרשה לעצמו לחטוא ללא חשש, מתוך מחשבה שבהמשך יכפר על חטאו באמצעות קורבן. זוהי תוכחה נבואית מקובלת ופסוק זה מהדהד את דברי שמואל הנביא לשאול: "הִנֵּה שְׁמֹעַ מִזֶּבַח טוֹב / לְהַקְשִׁיב מֵחֵלֶב אֵילִים" (שמ"א ט"ו, כב). אולם שמואל לא התכוון שעדיף שלא להעלות זבחים בכלל, אלא רק שעיקר העמידה הדתית צריכה להתנהל בשמיעה בקול האל ולא די בזבחים. הרי שמואל עצמו הקריב עולות וזבחים. אצל קהלת נדמה שהוא מעלה הסתייגות שורשית יותר מעצם ההליכה לבית האלוהים.[33]

מאחר שבלשון המקרא 'הנדר' הוא בדרך כלל אדם שמקבל על עצמו להביא קורבן למקדש, ממשיך קהלת ומפתח את ההסתייגות שיש לו מעולם הנדרים ומעולם המקדש: "אַל תְּבַהֵל עַל פִּיךָ וְלִבְּךָ אַל יְמַהֵר לְהוֹצִיא דָבָר לִפְנֵי הָאֱלֹהִים". ניסוח המשפט הכללי מלמד

32. גורדיס, קהלת, עמ' 237.
33. כך גם גינזברג, קהלת, עמ' 84.

שקהלת רואה עצה זו כבעלת תוקף בנוגע לדיבור מול האלוהים בהקשרים מגוונים, אך מתוך המשך דבריו ניכר שהוא רואה מול עיניו במיוחד את נודרי הקורבנות. קהלת משווה את המרבה בדיבור לחלום שיש בו ערבובי דברים, ורואה בפטפטן את הכסיל: ״כִּי בָּא הַחֲלוֹם בְּרֹב עִנְיָן / וְקוֹל כְּסִיל בְּרֹב דְּבָרִים / עַל כֵּן יִהְיוּ דְבָרֶיךָ מְעַטִּים״. כמו שחלומות עשויים מערבוביה של דברים בלתי צפויים ללא קשר הגיוני, כך גם דברי הכסיל מבולבלים, דיסוציאטיביים ובלתי נהירים; לפיכך, טוב להמעיט בדיבור.

כאמור, הפסוק הבא מנתב את דרישת קהלת לנושא ספציפי: ״כַּאֲשֶׁר תִּדֹּר נֶדֶר לֵאלֹהִים אַל תְּאַחֵר לְשַׁלְּמוֹ כִּי אֵין חֵפֶץ בַּכְּסִילִים אֵת אֲשֶׁר תִּדֹּר שַׁלֵּם. טוֹב אֲשֶׁר לֹא תִדֹּר מִשֶּׁתִּדּוֹר וְלֹא תְשַׁלֵּם. אַל תִּתֵּן אֶת פִּיךָ לַחֲטִיא אֶת בְּשָׂרֶךָ וְאַל תֹּאמַר לִפְנֵי הַמַּלְאָךְ כִּי שְׁגָגָה הִיא״ (ה׳, ג-ה). הנה הפה העומד שוב להחטיא את האדם – זהו הנודר שלא משלם. הפה מוצג אם כן כגורם חטא לבשר שהוא האדם עצמו. לא ברור אם ״וְאַל תֹּאמַר לִפְנֵי הַמַּלְאָךְ״ מתייחס למלאך ה׳ (רשב״ם) או לשליח המקדש שבא לגבות את הנדרים (רש״י), אך בין כך ובין כך קהלת חושש מפני התירוצים שיצטרך האדם להעמיס על עצמו כשיצטדק מדוע לא שילם את נדרו. הסבריו השונים לא עתידים להתקבל והתוצאה עלולה להיות: ״וְחִבֵּל אֶת מַעֲשֵׂה יָדֶיךָ״.

תוצאה זו היא רב־משמעית – המובן הפשוט הוא השחתה, האלוהים ישחית את מעשה האדם ויפגע בו בכעסו על הפרת הנדר (כמו: ״שׁוּעָלִים קְטַנִּים מְחַבְּלִים כְּרָמִים״ – שה״ש ב׳, טו), אולם הקשר הדיון מזמין גם את ההוראה האלטרנטיבית של הפועל, בבניין קל – לחבול בהקשר מִלְוֶה, ובמשמעות של ׳לעקל׳, כמו ״אִם חָבֹל תַּחְבֹּל שַׂלְמַת רֵעֶךָ עַד בֹּא הַשֶּׁמֶשׁ תְּשִׁיבֶנּוּ לוֹ״ (שמות כ״ב, כה). לחבול פירושו לעקל חפץ (לרוב בגד) תמורת החוב.[34] אם כן, המרומז הוא

34. ׳חבל׳ מציין עיקול ולא לקיחת משכון על פי חוזה (כפי שטען בצדק ליונשטם [ביקורת, עמ׳ 48], בניגוד לדברי דה־וו), ובשל כך הפועל ״מציין קיפוח העני על ידי העשיר ומקביל לגזל״ (קדרי, מילון, עמ׳ 269).

שהאל יבוא לגבות את חובו, וייפרע מן הכסיל שלא שילם את נדרו באמצעות השחתת מעשי ידיו.

כך, אם כן, בתחילה הטיף קהלת לאדם לשמור את **רגליו** (ד׳, יז); לאחר מכן הזהיר מפני עידוד **הלב** לחשוב ולדבר (ה׳, א), וכעת אף הזכיר את **הפה** המחטיא את הבשר (ה׳, ה). איברי האדם – המייצגים כאן את פעילויותיו המגוונות – עלולים להחטיא אותו ולהביא את ה׳ לכעוס על קולו של האדם ולחבל במעשי ידיו (ה׳, ה). משורר תהלים אמר: ״כָּל עַצְמוֹתַי תֹּאמַרְנָה ה׳ מִי כָמוֹךָ״ (תהלים ל״ה, י), ואילו קהלת מציע להצניע את איברי האדם הפועלים בעמידה מול ה׳.

כמו בשיר טוב, חוזר קהלת לאלמנטים שכבר הוזכרו בדבריו, אך מעניק להם משמעות נוספת: ״כִּי בְרֹב חֲלֹמוֹת וַהֲבָלִים וּדְבָרִים הַרְבֵּה כִּי אֶת הָאֱלֹהִים יְרָא״ (ה׳, ו). כזכור, קהלת כבר הציע השוואה בין הדיבורים הרבים לבין החלומות, אלא שכאן נראה שהחלומות מתפקדים כמוטיבציה של הנודר לדבר, כלומר, בעקבות חלומותיו (המפחידים?) הוא נודר לה׳. ייתכן שלפנינו מבנה קונצנטרי מחושב שמציב בהקבלה את המפטפטים לצד החולמים:

א. כִּי הָאֱלֹהִים בַּשָּׁמַיִם וְאַתָּה עַל הָאָרֶץ

ב. עַל כֵּן יִהְיוּ דְבָרֶיךָ מְעַטִּים. כִּי בָּא הַחֲלוֹם בְּרֹב עִנְיָן וְקוֹל כְּסִיל בְּרֹב דְּבָרִים.

ג. כַּאֲשֶׁר תִּדֹּר נֶדֶר לֵאלֹהִים אַל תְּאַחֵר לְשַׁלְּמוֹ כִּי אֵין חֵפֶץ בַּכְּסִילִים אֵת אֲשֶׁר תִּדֹּר שַׁלֵּם.

ד. טוֹב אֲשֶׁר לֹא תִדֹּר מִשֶּׁתִּדּוֹר וְלֹא תְשַׁלֵּם!

ג1. אַל תִּתֵּן אֶת פִּיךָ לַחֲטִיא אֶת בְּשָׂרֶךָ וְאַל תֹּאמַר לִפְנֵי הַמַּלְאָךְ כִּי שְׁגָגָה הִיא

ב1. כִּי בְרֹב חֲלֹמוֹת וַהֲבָלִים וּדְבָרִים הַרְבֵּה

א1. כִּי אֶת הָאֱלֹהִים יְרָא.

מסגרת הדיון (א-א1) היא הפער היסודי הקיים בין האדם לבין אלוהים, ומתוך פער זה נגזרת דרישתו של קהלת להקפיד בענייני הנדר (ראו

על כך עוד להלן). לא את יראת הרוממות העדינה מעלה כאן קהלת על נס, אלא את היראה כפשוטה, את הפחד מפני האל כביר הכוח שעלול לחבל במעשה ידי האדם.[35]

בשני האיברים הבאים (ב-ב1) מדבר קהלת על חלומות ועל ריבוי הדיבורים. כאמור, תחילה היה נדמה שמדובר בדימוי תמים, אך ברכיב השני כבר נדמה שקהלת רומז שיש לחלומות האדם תפקיד ממשי בריבוי דבריו המבולבלים מול האלוהים. בשני הרכיבים הפנימיים יותר (ג-ג1) חושף קהלת את עיקר דיונו ביחידה זו: האפשרות לנדור לאל מקרבת את האדם אל הקודש ומזמינה אפשרות תיאורטית של מבע קרוב, אך קהלת מסתייג מכך ומדגיש את הסכנה שמתלווה למי שמתחייב להביא דבר־מה לאל ולא עומד בהתחייבותו. מדרך הטבע, הציר המרכזי של יחידה זו (ד) מבליט את האמירה המרכזית – ״טוֹב אֲשֶׁר לֹא תִדֹּר מִשֶּׁתִּדּוֹר וְלֹא תְשַׁלֵּם״.

מאחר שמסגרת דבריו של קהלת היא יראת האלוהים הנדרשת מכל אדם, נראה שקהלת ביחידה זו מזדהה עם ההשקפה המקראית הרגילה. מיכאל פוקס מדגיש שבניגוד למה שהורגלנו עד כאן, בהקשר הדתי קהלת לא שולל את התפיסה המקובלת ואת זו שעולה מרוח המקרא כולו.[36] עד כאן קהלת חתר תחת יסודותיה של החשיבה המסורתית במרבית העניינים, אך בעמידתו מול האלוהים הוא שב לקו המקובל. ראיה לכך היא הדהוד התוכחה הנבואית של שמואל שהוזכרה לעיל (״הִנֵּה שְׁמֹעַ מִזֶּבַח טוֹב״) בדברי קהלת: ״וְקָרוֹב לִשְׁמֹעַ מִתֵּת הַכְּסִילִים זָבַח״. אפשר שיש כאן זיקה טקסטואלית וקהלת נשען על דברי שמואל, ואפשר שאלו אמירות שרווחו בספרות החוכמה וקהלת מנצל אותן. גם אם קהלת הקצין את הפתגם הרווח, ניכר

35. פוקס, קהלת, עמ׳ 34. הצירוף ׳יראת אלוהים׳ נזכר בקהלת שבע פעמים, ומלבד בחתימתו – שבו הוא מתפרש כיראה רוחנית הנובעת מעמידה מול השגב האלוהי – בכל הופעות הביטוי כוונתו לפחד מפני האל שיכול לעשות באדם כרצונו (לונגמן, יראת האל). ראו עוד ובהרחבה אצל: כהן, מגילות, עמ׳ 262–259.

36. פוקס, קהלת, עמ׳ 32.

שהוא משתלב בטענה רחבה שיש במקרא ביחס לקורבנות ולעמידה מול ה׳.

אכן, אין בדברים שלפנינו איון של הערך הדתי, בניגוד לאיונם של ערכים אחרים; החוויה הדתית איננה מתוארת כ׳הבל׳. יש גם לציין את הברור מאליו: קהלת אינו תוהה בשום שלב בספר אם האל קיים. זוהי שאלה מודרנית לעילא, שלפחות בתרבויות המזרח הקדום התשובה עליה הייתה מידית ואקסיומטית. קהלת משוכנע לחלוטין בקיומו של האל, כמו גם בשליטתו בעולם. איומיו על מי שנוהג קלות ראש בעבודת הפולחן מוכיחים שהוא מתייחס לפעולה הדתית ברצינות. דיונו אינו נוגע באונטולוגיה, אלא בחוויה הדתית. בהקשר זה נעשה קהלת רציני מאוד, שלא כיחסו לחוכמה או לעושר או לרדיפת ממון, שאותם פסל בלעג ובוז. מהבחינה הזו צודק פוקס שיש כאן חריגה מהרוח הכללית של קהלת, והשתלבות נוחה ברוח המקראית הכללית.

עם זאת, קהלת צובע את העולם הדתי בגישה המיוחדת שלו. כאמור לעיל, הוא אינו מטיף לארגון עולם דתי ראוי אלא מסתייג מעצם ההליכה לבית האלוהים, ואף אומר בפירוש שעדיף כלל לא לנדור נדרים ולהסתבך עם אלוהים ומלאכו. אילו לצד דברים אלו היה גם נרמז האושר הרוחני שזוכה לו האדם הדתי, מביא הקורבנות הזוכה לעמוד לפני האל בביתו, היה אפשר לראות זאת כדרישה לכובד ראש ראוי. אך כל מה שקהלת אומר, לעת עתה, הוא שעדיף שלא לנדור נדרים, ולהישמר מפני דיבור רב מול האלוהים.

דבר זה קשור במה שכבר הוזכר לעיל בשם ראב״ע. הקשר הטבעי בין פסוקים אלו ליחידה הקודמת הוא בפחד שיש לאדם מפני הריבון – אם זה מלך בשר ודם ואם זה מלך מלכי המלכים: ״כאשר הזכיר המלך, וש׳לא ישמחו בו׳ הקרובים אליו בעבור שיפחדו ממנו, והבא אל ארמונו ושומר במלבושיו ודברי פיו, אמר: יותר מזה יש עליך להשמר כאשר תלך אל בית האלהים״ (ראב״ע הנזכר לעיל).

פסוקים יג-טז נוגעים לחוסר התוחלת שבריבון האנושי. קהלת מתאר את עלייתו של מלך חדש ונמרץ שנוטע תקווה בלב הבריות,

וחוזה בקדרות שגם זה הצעיר עוד יהפוך לזקן, יסתאב ויאכזב את העם. חוסר התוחלת שבשלטון האנושי מוביל את קהלת, לפי ראב״ע, אל השליט האמיתי של היקום – האלוהים. אם הבא אל המלך האנושי הכושל מקפיד מאוד במלבושו ובדיבורו, ונכנע חדור יראה מלפניו – קל וחומר במלכו של עולם! באופן זה יוצרת סמיכות הפרשיות תודעה של יראה ופחד. האווירה הדתית המתוארת כאן כבדת ראש וקודרת.

כאמור, בתחילת דבריו נטע קהלת תחושה שלא רק בהקשר הנדרים ראוי לאדם להמעיט בדברים, אלא שבעצם הבנת הפער בין האדם לאלוהים טמונה התובנה שאין מקום להרבות בדיבור מול האל. המוקד הדתי אינו בעולם הקורבנות, ובאמת, לפחות בתחילת הקריאה בפסקה זו אין עדיין התייחסות קונקרטית לנדרים, אלא לדיבור עם האל בכלל.

לאור זאת הרשה לעצמו ראב״ע בפירושו לפסוקים אלו לצאת בתקיפות נגד הפיוטים שרווחו בזמנו. לדעתו הפיוטים מייצגים דיבור פזיז, מקושט ולא אמין:

> על כן חייב אדם שיתפלל שישמור פתחי פיו ויחשוב בלבו שהוא עומד לפני מלך, בידו להחיות ולהמית על כן אסור שיתפלל אדם ויכניס בתוך תפלתו פיוטין לא ידע עיקר פירושם ולא יסמוך על המחבר ברצונו הראשון כי אין אדם אשר לא יחטא או המעתיקים חטאו (פירושו לקהלת ה׳, א).

מכאן ממשיך ראב״ע ומונה ארבעה מומים קשים, לדידו, בפיוטי ר׳ אלעזר הקליר: שדבריו ״חידות ומשלים״ ואינם מובנים לאומרם; שמעורבות בהם לשונות זרות; שיש בהם שיבושים; שהם מביאים ממדרשי אגדה שבחז״ל כאילו היו פשוטי הכתובים. כידוע, פיוטי הקליר נתפסו אצל רבים מחכמי ישראל בימי הביניים כטקסט מקודש, שאף דרשו בו דרשות והסיקו ממנו מסקנות הלכתיות, והנה בא ראב״ע, ותוך שהוא מסתמך על קהלת, יוצא נגד דיבורי פיוט אלו.

דומה שראב"ע מצא דווקא פה את המקום ההולם לומר את אשר עם ליבו, כי דבריו משקפים היטב את רוחו של קהלת. פתיחת היחידה בהצהרה: "כִּי הָאֱלֹהִים בַּשָּׁמַיִם וְאַתָּה עַל הָאָרֶץ" משקפת את החוויה הדתית הטרנסצנדנטלית – האל מרוחק. קהלת מודע היטב למוגבלות האנושית של האדם אשר על הארץ, לארעיות שבקיומו, לקנאה שבו, לקוטן הבנתו – ומתוך מודעות זו הוא קובע יחס של אימה ורטט שצריך בהכרח לעטות האדם הפונה לאלוהיו.

תחושה זו מתבלטת כשמשווים את דברי קהלת לכתובים המקבילים להם בספר דברים. יש מקומות נוספים בספר קהלת שאפשר לתהות האם הם רומזים במכוון לכתובים אחרים במקרא, אבל במקרה זה יש לפנינו מה שנראה כציטוט, ועל כן הדעת נוטה לראות זאת כהישענות מכוונת של קהלת על פסוקים אלו:

> כִּי תִדֹּר נֶדֶר לַה' אֱלֹהֶיךָ לֹא תְאַחֵר לְשַׁלְּמוֹ כִּי דָרֹשׁ יִדְרְשֶׁנּוּ ה' אֱלֹהֶיךָ מֵעִמָּךְ וְהָיָה בְךָ חֵטְא. וְכִי תֶחְדַּל לִנְדֹּר לֹא יִהְיֶה בְךָ חֵטְא. מוֹצָא שְׂפָתֶיךָ תִּשְׁמֹר וְעָשִׂיתָ כַּאֲשֶׁר נָדַרְתָּ לַה' אֱלֹהֶיךָ נְדָבָה אֲשֶׁר דִּבַּרְתָּ בְּפִיךָ (דברים כ"ג, כב-כג).

מן העבר האחד, ניכר כאמור שקהלת נסמך על ספר דברים, אך מן העבר השני, הוא מעבד את פסוקי דברים ומעניק להם גוון חדש ואחר. ספר דברים מניח שיש ערך לנדר אבל חשוב ביותר לשלם את הנדר, בעוד קהלת מבטא עמדה מסויגת יותר הקוראת לוותר לגמרי על הנדר. השוני ניכר עוד יותר בסגנון: בספר דברים משולב שם ה', ואילו קהלת ממיר את שם הוי"ה לשם אלוהים, כפי שהוא נוהג לאורך כל ספרו. דווקא בגלל שהישענות קהלת על ספר דברים ברורה, בולט לעין הבדל זה. משום מה, חשוב לקהלת לשנות את שם ה' שבפסוקים מדברים לשם אלוהים.

בשנינות רבה עמד על עניין זה ראב"ע, בפירושו את הפסוק האחרון שבמגילה (שרגע לפניו נאמר גם שם – בדומה לפסוקנו: "אֶת הָאֱלֹהִים יְרָא" – י"ב, יג). שם נאמר: "כִּי אֶת כָּל מַעֲשֶׂה הָאֱלֹהִים

יָבִא בְמִשְׁפָּט״ (י״ב, יד) ועל כך כתב ראב״ע: ״סוד שלא זכר בספר בראשית עד ״ויכלו״ לשם שֵׁם, רק ׳אלהים׳, הוא סוד ספר קהלת״ (פירושו על אתר).

ראב״ע רומז לאיזה סוד שמלווה את ספר קהלת, ואומר שסוד זה הוא כסודו של סיפור הבריאה בבראשית א׳. המשותף לשניהם הוא השימוש בשם אלוהים בלבד. על פי דבריו, ״אלוהים״ אינו שמו של ה׳ אלא פירושו הוא ׳האל׳; ׳האלוה׳, ׳בעל הכוחות׳ וכדומה. מדוע זהו ״סוד ספר קהלת״? קהלת מהדהד את סיפור הבריאה הראשון שאינו מגלה את שמו הפרטי של האל, אלא רק את כינויו – אלוהים. במילים אחרות: ספר קהלת מקביל לפרק א׳ בספר בראשית ולא לפרק ב׳ (בו מופיע האל בשמו – ה׳). ובכן, קהלת מתאים לפרק ׳הטבעי׳ של הבריאה, ולא לפרק שבו מוצג ׳דיאלוג׳ בין האדם לאלוהיו, ובו יש קשר דינמי בין האדם לקונו. בסיפור השני בבראשית (פרקים ב׳-ג׳), נזכר שם הוי״ה, שהרי ה׳ מוצג בו כאישיות, אפילו כזו ההולכת בגן לרוח היום, ומוצג בו הציווי לא לאכול מן העץ, החטא, הנפילה, הפנייה האישית של ה׳ אל האדם ״איכה?״, הסתתרות האדם מפני ה׳ ועונשו – מערכת יחסים של אהבה, געגוע, פחד ובריחה. לעומת כל אלו, בפרק הראשון בבראשית אין אפילו דיאלוג. גם כאשר האלוהים פונה אל האדם בפרק א׳, לא מדווח על שיח של ממש, אלא על מתן הוראה כללית, ייעוד, האצלת ברכה. בסיפור הבריאה אין מערכת יחסים אינטימית בין האדם לאלוהיו.

כמו ראב״ע, גם רמב״ן ראה בנקודה זו צוהר שדרכו אפשר להבין את עניינו של ספר קהלת:

> ודע כי שלמה בספר הזה לא הזכיר בו שם המיוחד כלל, אבל הזכיר תמיד שם אלוהים וכן במידת היראה שם אלוהים כאשר אמר ״והאלוהים עשה שייראו מלפניו״, וכלל בסוף: ״את האלוהים ירא״. אבל בספר משלי לא נהג כן אבל הזכיר שם המיוחד... והטעם כי בספר הזה ידבר כמנהגו של עולם, ״תחת

השמש", והיאך היא בריאתו והנהגתו במידת הדין הנוהגת בכל אדם.[37]

לפי דברי רמב"ן, קהלת מתאר בספרו את האלוהות האוניברסלית, הכללית, דבר שתקף לכל אדם באשר הוא, ללא הפנייה האישית האינטימית. גם רמב"ן מרגיש שהכרעתו של קהלת להזכיר את שם האלוהים ולא את השם המיוחד מהותית להבנת הספר כולו. אצל קהלת לא עומדים מול ה' בחוויית דבקות, אלא מול האל! מידת היראה פורשת את מצודתה על כל החיים, היא לעיתים משתקת – פשוטו כמשמעו – ומסקנתה היא שדיבוריו של האדם מול האל צריכים להיות מועטים ככל שניתן.[38]

נקודת מבט זו קובעת את יחסו של קהלת לעולם הנדרים. לשם הצבעה על הפער בין האדם שעל הארץ לבין האלוהים שבשמיים, אפשר להיעזר ברכיבים דתיים מגוונים. מדוע נזקק קהלת דווקא לעולם ההפלאה? בעולם הדתי המקום שהאדם מוזמן להביע את עצמו כפרט יחיד ומיוחד הוא עולם הנדרים והנדבות. כל אדם מוזמן להקריב סוגים שונים של קורבנות, המשקפים חוויות דתיות שונות: עולה, מנחה, זבח שלמים – כל אלו צורות דיבור פולחניות שונות, מעין מחוות דתיות שיש בהן הבעה של חוויה דתית של מי שבא לעמוד מול ה' בהיכלו.[39] האדם לבדו מכריע איזה קורבן לנדור, ומתוך כך בא לידי ביטוי עולמו הפרטי. אולם, לדעת קהלת, הפער בין האל לאדם אינו מאפשר לאדם לעמוד מולו בחוויה אינטימית, ובשל כך

37. "דרשה על דברי קהלת", בתוך: כתבי רמב"ן (מהדורת הרב שעוועל), ירושלים תשכ"ג, כרך א, עמ' קצא. ראו גם בהמשך דבריו, עמ' קצט.

38. ראו על כך עוד אצל כהן, מגילות, עמ' 259–262, ואת ההפניות שהביא שם ליעקבסון ולפיש.

39. למעלה אימצנו תפיסה מסוימת של קורבנות הנדבה (להרחבה נוספת בתפיסה זו ראו: גרוסמן, תורת הקורבנות, עמ' 16–25). גם אם קהלת לא שותף לתפיסה זו ביחס לקורבנות באופן כללי, סביר שגם הוא רואה זאת באופן דומה ביחס לנדרים, שכל כולם באים מתוך מוטיבציה דתית פרטית של הנודר.

מתאים במיוחד לתקוף דווקא את התחום הדתי הזה, המזמין את האדם להיות מיוחד בעמידתו מול ה׳.

לדעתו של קהלת אין מקום לכל אלו בעמידה מול האל, ולכן דווקא כאן באה ההכרזה: יהיו דבריך מעטים! הישמר לך מאוד, כי הפער בין האדם הארעי, המוגבל וחסר התוחלת לבין האל הנצחי והמושלם, ובמיוחד – זה שיכול לעשות בכל רגע ככל העולה על רוחו – הוא פער אינסופי ובלתי ניתן לגישור, והאדם בקושי יכול לעמוד בו. הדיבור, שמאפיין יותר מכול תקשורת בין־אישית, איננו מתאים בעמידת האדם מול אלוהים.

דברים אלו מזכירים את תפיסתו הדתית של ישעיהו לייבוביץ׳, שכתב ודיבר רבות על ההפקעה של היסודות האישיים והרגשיים בחוויה הדתית. באחת משיחותיו בעל־פה הוא סיפר שבשעה שבנו היה חולה, הציעו לו הגבאים בבית כנסת שיתפללו עבורו. השיב להם ישעיהו לייבוביץ׳: יש לאלוהים דברים יותר חשובים לעשות מלדאוג לשלומו של בני. כוונתו לא הייתה לצאת נגד תפיסת ההשגחה הפרטית; אין כאן ממד של ניכור, אלא תפיסה דתית שמנכיחה את הפער בין האל האין־סופי לבין האדם בקטנותו, ומתרחקת מכל ממד של הגשמה, עד הקצה הלוגי. על אלוהים אפשר לחשוב רק במושגים של הנצח הגדול, המושלם.

הצענו לעיל, כי המעבר מעיסוק במלוכה הארצית לענייני המקדש נעשה תוך ארמז לדברי שמואל שגער בשאול ואמר לו שטוב יותר להקשיב, מאשר להביא חלב אילים. במבט נוסף מתברר שיש זיקות קלות נוספות בין היחידה שלנו לדברי שמואל לשאול,[40] כמו דברי קהלת אצלנו: ״כִּי אֵין **חֵפֶץ** בַּכְּסִילִים״ (ה׳, ג),[41] שמזכירים את דברי שמואל: ״**הַחֵפֶץ** לַה׳ בְּעֹלוֹת וּזְבָחִים״ (שמ״א ט״ו, כב). הקשר בין הסתייגות קהלת מעולם הנדרים לדברי שמואל לשאול ברור מעצם

40. ראו גם: ברבור, שגגה.
41. גם הפסוק שמובא מייד לאחר ׳יחידת הנדרים׳ משלב את המונח ׳חפץ׳: ״אַל תִּתְמַהּ עַל הַחֵפֶץ״ (ה׳, ז).

הנושא המשותף. הלוא גם שאול הצטדק ואמר שהעם חמל על מיטב הצאן כדי להביא קורבנות: "וַיִּקַּח הָעָם מֵהַשָּׁלָל צֹאן וּבָקָר רֵאשִׁית הַחֵרֶם לִזְבֹּחַ לַה' אֱלֹהֶיךָ בַּגִּלְגָּל" (שמ"א ט"ו, כא). לא רחוק מן הדעת לשער ששאול מציג זאת כמילוי נדרי היוצאים לקרב (השוו: במדבר כ"א, ב; שופטים י"א, ל), שהרי המונח 'רֵאשִׁית הַחֵרֶם' מתאים במיוחד להקשר פולחני־מקדשי (ויקרא כ"ז, כח), ובמיוחד לנדרי לוחמים.[42] שמואל מצידו מדגיש בדבריו שאין לראות בהקרבת הקורבנות את עיקר המעשה הדתי, אלא את השמיעה בקול ה'. גישה זו מתאימה כמובן לגישת קהלת, לפחות חלקה הראשון – אין לראות בהקרבת קורבנות את עיקר המעשה הדתי.

אך ייתכן שלהישענות קהלת על דברי שמואל יש תרומה מקומית נוספת. המשך דברי שמואל שם עוסקים במאיסת ה' בשאול כמלך: "יַעַן מָאַסְתָּ אֶת דְּבַר ה' וַיִּמְאָסְךָ מִמֶּלֶךְ" (שמ"א ט"ו, כג). מאיסת ה' את מלכות שאול מתאימה לדברי קהלת בעניין העם העתיד למאוס במלך החדש, המתגלה במוקדם או במאוחר כאכזבה. קריאת שתי היחידות יחדו, חושפת את הרקע האחורי שלהן בדמות שאול, שבשעה שהומלך שמח העם שמחה גדולה, אך הנביא הסתייג מכך כבר בתחילה, והנה מתברר שלבסוף 'האחרונים לא שמחו בו', ממש כתיאור קהלת (ד', טז).

42. ראו עוד: ליונשטם, חרם.

עוד על צבירת הרכוש –
המשך וחתימה (ה', ז – ו', יב)

לשם נוחות הדיון אנו פותחים כאן פרק חדש, אך למעשה, כבר בקריאה ראשונה יתברר שקהלת שב לעסוק בצבירת רכוש וממון, ובאבסורדים החברתיים שנגזרים ממנו. הדיון נחלק לשני חלקים (ה', ז-יט / ו', א-יב), ונדון בכל אחד מהם בפני עצמו, אך גם ננסה לעמוד על היחס ביניהם.

חמדנות ואיבוד ממון (ה', ז-יט)

אִם עֹשֶׁק רָשׁ וְגֵזֶל מִשְׁפָּט וָצֶדֶק תִּרְאֶה בַמְּדִינָה אַל תִּתְמַהּ עַל הַחֵפֶץ כִּי גָבֹהַּ מֵעַל גָּבֹהַּ שֹׁמֵר וּגְבֹהִים עֲלֵיהֶם. וְיִתְרוֹן אֶרֶץ בַּכֹּל הִיא [קרי: הוּא] מֶלֶךְ לְשָׂדֶה נֶעֱבָד. אֹהֵב כֶּסֶף לֹא יִשְׂבַּע כֶּסֶף וּמִי אֹהֵב בֶּהָמוֹן לֹא תְבוּאָה גַּם זֶה הָבֶל. בִּרְבוֹת הַטּוֹבָה רַבּוּ אוֹכְלֶיהָ וּמַה כִּשְׁרוֹן לִבְעָלֶיהָ כִּי אִם ראית [קרי: רְאוּת] עֵינָיו. מְתוּקָה שְׁנַת הָעֹבֵד אִם מְעַט וְאִם הַרְבֵּה יֹאכֵל וְהַשָּׂבָע לֶעָשִׁיר אֵינֶנּוּ מַנִּיחַ לוֹ לִישׁוֹן.

יֵשׁ רָעָה חוֹלָה רָאִיתִי תַּחַת הַשָּׁמֶשׁ עֹשֶׁר שָׁמוּר לִבְעָלָיו לְרָעָתוֹ. וְאָבַד הָעֹשֶׁר הַהוּא בְּעִנְיַן רָע וְהוֹלִיד בֵּן וְאֵין בְּיָדוֹ מְאוּמָה. כַּאֲשֶׁר

יָצָא מִבֶּטֶן אִמּוֹ עָרוֹם יָשׁוּב לָלֶכֶת כְּשֶׁבָּא וּמְאוּמָה לֹא יִשָּׂא בַעֲמָלוֹ שֶׁיֹּלֵךְ בְּיָדוֹ. וְגַם זֹה רָעָה חוֹלָה כָּל עֻמַּת שֶׁבָּא כֵּן יֵלֵךְ וּמַה יִּתְרוֹן לוֹ שֶׁיַּעֲמֹל לָרוּחַ. גַּם כָּל יָמָיו בַּחֹשֶׁךְ יֹאכֵל וְכָעַס הַרְבֵּה וְחָלְיוֹ וָקָצֶף. הִנֵּה אֲשֶׁר רָאִיתִי אָנִי טוֹב אֲשֶׁר יָפֶה לֶאֱכוֹל וְלִשְׁתּוֹת וְלִרְאוֹת טוֹבָה בְּכָל עֲמָלוֹ שֶׁיַּעֲמֹל תַּחַת הַשֶּׁמֶשׁ מִסְפַּר יְמֵי חיו [קרי: חַיָּיו] אֲשֶׁר נָתַן לוֹ הָאֱלֹהִים כִּי הוּא חֶלְקוֹ. גַּם כָּל הָאָדָם אֲשֶׁר נָתַן לוֹ הָאֱלֹהִים עֹשֶׁר וּנְכָסִים וְהִשְׁלִיטוֹ לֶאֱכֹל מִמֶּנּוּ וְלָשֵׂאת אֶת חֶלְקוֹ וְלִשְׂמֹחַ בַּעֲמָלוֹ זֹה מַתַּת אֱלֹהִים הִיא. כִּי לֹא הַרְבֵּה יִזְכֹּר אֶת יְמֵי חַיָּיו כִּי הָאֱלֹהִים מַעֲנֶה בְּשִׂמְחַת לִבּוֹ.

לאחר שהשתהה במשך כמה פסוקים שבהם תיאר את העמידה מול האלוהים, שב קהלת לעסוק בנושא החברתי־הכלכלי, ושוב מציג בפנינו עולם מקולקל, שיש בו אי־סדר. גם כאן חוזר קהלת על הנחת היסוד שלו, שנאמרת מתוך מרמור עמוק, שהמוטיבציה הבסיסית שמניעה את הכלכלה האנושית היא הקנאה והתחרות: כולם אוספים ממון בחמדנות שאיננה מביאה בכנפיה אושר של ממש.

מסעו הנוכחי של קהלת פותח בתיאור הבירוקרטיה השלטונית והעוולות שהיא מביאה בכנפיה: "אִם עֹשֶׁק רָשׁ וְגֵזֶל מִשְׁפָּט וָצֶדֶק תִּרְאֶה בַמְּדִינָה – אַל תִּתְמַהּ עַל הַחֵפֶץ כִּי גָבֹהַּ מֵעַל גָּבֹהַּ שֹׁמֵר וּגְבֹהִים עֲלֵיהֶם" (ה', ז). הצעות מגוונות הוצעו לפסוק זה, אך נראה לנו שיש לבארו באופן הבא: 'המדינה' על מוסדות השלטון שבה, אחראים לעושק רש ולגזל תחת האצטלה של משפט וחוק. כלומר, יש לקרוא זאת כאילו כתוב: 'עושק רש וגזל במשפט וצדק' (או 'על ידי משפט וצדק'); כחלק מההליך החוקי הרשמי של המדינה.[1] קהלת אומר שאין להיות

1. כך הציע שמואל ליב גרדון בפירושו לפסוק. לפי פירוש זה ברור מדוע שילב קהלת בפסוק את 'המדינה' – כרומז למוסדות הארגוניים הרשמיים. בקרב הפרשנים מקובלת יותר הקריאה שעל פיה המשפט והצדק הם המושא הישיר שנגנב בפסוק (ראו למשל אצל רש"י, רשב"ם, וכן, למשל: צימרלי, קהלת, עמ' 186; פוקס, קהלת, עמ' 35). אחרים פירשו שקהלת מתאר מדינה שיש בה קולות סותרים – לצד הגזל יש גם משפט וצדק (למשל רלב"ג ור"י כספי).

מופתע מכך, מפני שבארגון הפוליטי המקובל יש מוסדות היררכיים, ובכך כל אדם צריך לתת דין וחשבון לזה שמעליו ו׳לספק לו את הסחורה׳. בירוקרטיה זו מזמינה עוולות שנעשות על גבו של האזרח הפשוט הנדרש לרצות מדרג שלם ומורכב של שליטים. אפשר לשער שקהלת רואה מול עיניו את פקודת הטלת המס התכופה, שיוצאת מפי השליט העליון, וכל שליט שמתחתיו דורש מאלו שמתחתיו להשיג את המס הנדרש, וכך הפקודה ממשיכה להתגלגל עד שאת תוצאותיה משלם האזרח הפשוט שצריך לתת מיבולו לשלטון. העושק לפי זה מובנה במערכת הפקידותית הבירוקרטית: ״פקידי המשנה לוחצים את שתחתיהם, בגלל שקודמיהם לחצו אותם״.[2] יותר מזה, אפשר גם שהצדק עם פוקס שהציע שלכל פקיד יש גיבוי מזה שמעליו, ועל כן הוא מרשה לעצמו לעשות עוולות מבלי לתת על כך את הדין.[3] המערכת שומרת על עצמה ואין לאזרח הפשוט בפני מי לקבול.

יש לשים לב לסגנון הפסוק שנותן תחושה שכלל אין לצפות לסדר מוסרי – ״אַל תִּתְמַהּ״.[4] כביכול, סדר החברה הפך את עושר הרש ואת הגזל להכרחיים; סדרי השלטון מטמיעים חוסר סדר מוסרי אימננטי. כך בהכרח נראית המציאות החברתית, בגלל המבנה הפקידותי־ההירכי.[5]

קהלת מוסיף לפתע משפט עמום, שטמון בו ׳יתרון׳ מסוים: ״וְיִתְרוֹן אֶרֶץ בַּכֹּל הוּא מֶלֶךְ לְשָׂדֶה נֶעֱבָד״ (ה׳, ח). נראה שלפנינו רמז להעדפת החיים החקלאיים הפשוטים, על פני המסחר וצבירת מיטלטלים. כלומר, יש יתרון ל׳עבודת הארץ׳, ואפילו המלך נזקק

2. בעקבות וילדבאור, קהלת, עמ׳ 139–140.
3. פוקס, קהלת, עמ׳ 35.
4. השוו: צימרלי, קהלת, עמ׳ 186.
5. לשון הפסוק היא ״אַל תִּתְמַהּ עַל הַחֵפֶץ״. בדרך כלל ׳חפץ׳ במקרא מורה על רצון או השתדלות, אך בקהלת הוראת המילה היא בדרך כלל ׳דבר׳ או ׳עניין׳ – כבלשון חז״ל. על ההתפתחות הסמנטית הזו (המתרחשת גם בארמית ובערבית) ראו: מונטגומרי, הערות, עמ׳ 241; גורדיס, תיאוריית התרגום, עמ׳ 108; סטפלס, חפץ; קופף, אטימולוגיות, עמ׳ 173.

להיות עובד אדמה – גם אם דרך משרתיו – כדי להוציא לחם מן הארץ ולאכול: "אורח חיים טבעי ויצרני זה עומד בניגוד לבירוקרטיה המשרתת את עצמה".[6] אפשר להניח שאברהם דוד גורדון היה מזדהה עם קריאת הפסוק ברוח זו של 'חזרה אל הטבעיות' דרך עבודת האדמה – כמו גם כמה ממייסדי הרפובליקניות האמריקאית – ואכן, רוח דומה תעלה להלן בדברי קהלת (פסוק יא).[7] אלא שגם כאן יש לזכור את דרך כתיבתו של קהלת: לא מדובר על מסקנה גורפת שתביא לאדם אושר, אלא עיקר כוונתו לשלול את האלטרנטיבה – לא צבירת הון ורכוש כדאית לאדם, אלא דווקא עבודת האדמה.

קריאה זו מסתברת במיוחד לאור הפסוק הבא, שבו ממשיך קהלת ומתאר את הרודפים אחר הגדלת חשבון הבנק שלהם שלעולם לא מרגישים שהם הגיעו אל היעד, שלעולם אינם מרשים לעצמם לנוח: "אֹהֵב כֶּסֶף לֹא יִשְׂבַּע כֶּסֶף / וּמִי אֹהֵב בֶּהָמוֹן לֹא תְבוּאָה / גַּם זֶה הָבֶל" (ה', ט). אוהב הכסף לא מרגיש שכבר יש לו מספיק והוא 'שבע'; מי שמעוניין 'בהמון' – "ואין המון אלא הון (תהלים ל"ז, טז; יחזקאל כ"ט, יט)"[8] – לא ירגיש שהכמות הנדרשת 'באה' אליו ("'תבואה' כמו 'תְּבוֹאָהּ'" – רשב"ם על אתר).[9] האנושות כולה רודפת אחרי ממון ונכסים, שהרי אֹהֵב כֶּסֶף לֹא יִשְׂבַּע כֶּסֶף.[10]

לא רק שבעל הנכסים אינו מגיע לעולם לידי סיפוק בגלל

6. פוקס, קהלת, עמ' 35. ראו גם בכיוון זה אצל: ויילדבאור, קהלת, עמ' 140; רוזנסון, מגילות, עמ' 144–145.
7. וייטלי (קהלת, עמ' 51) הציע לראות את "מלך לשדה נעבד" במשמעות של 'מלך משדה נעבד' – גם המלך מרוויח את הונו דווקא מעבודת האדמה (הוא מביא כמה פסוקים שבהם האות למ"ד משמשת בהוראת מ"ם, כמו "ה' למבול ישב" (תהלים כ"ט, י).
8. גינזברג, קהלת, עמ' 87.
9. או כאילו כתוב 'תבואהו' – תבוא אליו (וייטלי, קהלת, עמ' 51).
10. יש לשים לב למשחק הלשון העדין שמתקיים כאן: תְּבוּאָה מזכיר כמובן את יבול הדגן, וגם הפועל 'ישבע' שבצלע הקודמת המקבילה, קשור לשדה הסמנטי של מאכל. עם זאת, לא נראה שקהלת דן כאן דווקא בבטן מלאה ממזון, אלא מרדיפת ממון שאינה יודעת שובע.

תאוותו לעוד ועוד, אלא שגם מבחינה כלכלית גרידא, לא תמיד ריבוי הנכסים יוביל לריבוי הנאה מהם: ״בִּרְבוֹת הַטּוֹבָה רַבּוּ אוֹכְלֶיהָ וּמַה כִּשְׁרוֹן לִבְעָלֶיהָ כִּי אִם רְאוּת עֵינָיו״ (ה׳, י). כשיש שפע רב, יש גם ׳אוכלים׳ רבים לשפע זה, ולא כולו מגיע לידי הבעלים. אפשר להבין את דברי קהלת כמתייחסים לעצם מוגבלות האדם ביכולת לממש את הונו הרב: אם יש לו מיליארדים רבים, איך הוא אמור ליהנות מזה? בסופו של דבר בעליו ייהנה מעושר עצום זה רק עד קצה גבולות חווייתו – רק עד ״רְאוּת עֵינָיו״, וכל שאר הטובה ״רַבּוּ אוֹכְלֶיהָ״ – אחרים ייהנו ממנה. אפשר גם להבין את הפסוק כמתייחס לריבוי העבדים והעוזרים שצריך אדם עשיר להעסיק כדי להשתלט על כל נכסיו, כלומר, פיות רבים יש לו להאכיל: ״יצטרך להרבות עבדים ושפחות ובקר (כפי שהוא עצמו התנסה בזה), והם מכלים את התבואה״,[11] או בניסוח קצת שונה: ״בסופו של דבר, הבעלים צריך להתעסק בצרכים של אחרים״.[12] המסקנה היא אם כן שגם על החמדנות הטבועה כה עמוק בתודעה האנושית ראוי לומר – ״גַּם זֶה הָבֶל״.

כהמשך לנאמר לעיל ברמז, שעדיפה עבודת האדמה הפשוטה על פני צבירת הון, עובר קהלת לחוויית המציאות האחרת, האלטרנטיבית: ״מְתוּקָה שְׁנַת הָעֹבֵד אִם מְעַט וְאִם הַרְבֵּה יֹאכֵל וְהַשָּׂבָע לֶעָשִׁיר אֵינֶנּוּ מַנִּיחַ לוֹ לִישׁוֹן״ (ה׳, יא). ״מרבה נכסים מרבה דאגה״, כדברי משנת אבות (פ״ב מ״ז), אבל מי שאינו מהלך בגדולות – שאינו טרוד בגלל נפילות שערים בבורסה בטוקיו, אלא עוסק בכלכלתו המצומצמת ותו לא, הוא שיישן טוב בלילה, גם אם יחסר קצת.[13]

בשנינות רבה משלב קהלת בפסוק זה שני דימויים מעולם האכילה,

11. זר־כבוד, קהלת, עמ׳ לא.
12. הרצברג, קהלת, עמ׳ 131.
13. אין צורך לאמץ כאן את הצעת גינזברג שהכוונה דווקא לעבד: ״מתוקה שנת הָעֶבֶד״ (קהלת, עמ׳ 87; כמה תרגומים הלכו בעקבותיו). העובדים בכפיהם באדמה לא היו אנשים עשירים. אדרבה – הם הועסקו על ידי בעלי השדות העשירים, וקהלת מעדיף אותם על פני בעלי השדה עצמם.

אף על פי שהנושא הוא עבודת הכפיים. על שנת העובד אומר קהלת ששנתו 'מְתוּקָה' (השוו לדבריו על האור בי"א, ז); ואת השפע הכלכלי של העשיר שאיננו מניח לו לישון בנחת הוא מכנה 'הַשָּׂבָע'.[14] יכול אדם להיות שבע אך הוא לא נהנה ממה שאוכל. הוא מקיים את גופו, והוא איננו רעב, אך הדבר אינו מלמד מאומה על הנאתו מהאכילה. לעומת זאת, הטעם המתוק מגדיר את הנאת האדם. לא את השאלה אם הוא שבע או לא, אלא את השאלה אם המאכל ערב לחכו. חשבון הבנק של עובד האדמה הפשוט איננו מרשים, אך הוא זוכה להנאות פשוטות, ואילו בעל הנכסים זוכה להיות שבע מאוד, אך אין כל ערובה שהוא גם נהנה בחייו, שיש לו איזו מתיקות שמלווה אותו בפועלו.

רעיון זה בא לידי ביטוי גם בשילוב הכיאסטי של שני המוטיבים הנידונים – שובע ואכילה:[15]

א. "אֹהֵב כֶּסֶף לֹא **יִשְׂבַּע** כֶּסֶף"

ב. "בִּרְבוֹת הַטּוֹבָה רַבּוּ **אוֹכְלֶיהָ**"

ב1. "מְתוּקָה שְׁנַת הָעֹבֵד אִם מְעַט וְאִם הַרְבֵּה **יֹאכֵל**"

א1 "**וְהַשָּׂבָע** לֶעָשִׁיר אֵינֶנּוּ מַנִּיחַ לוֹ לִישׁוֹן".

ניכר שהשובע מרתיע את קהלת – הן בתחילה והן בסוף (א-א1) הוא מזכיר את השובע בביקורתיות ובלעג. לעומת זאת, האכילה הנזכרת בתווך (ב-ב1) מתארת את העובדים הפשוטים, האוכלים ונהנים מפרי עמלם.

עושר שהלך לאיבוד (ה', יב-יט)

גם בחטיבה הבאה ממשיך קהלת לעסוק בענייני רכוש וממון, אך מתוך התמקדות שונה. בחטיבה זו יש שני קטעים שבקריאה ראשונה נראים

14. נראה לנו שהרצברג הגזים כשהציע שהאוכל הטוב עצמו גורם לאדם אי־נוחות ומפריע את שנתו (קהלת, עמ' 131). יש לראות את השובע שבפסוק כדימוי לשפע כלכלי.

15. השוו: לוהפינק, קהלת, עמ' 81.

דומים למדי שכן שניהם עוסקים באדם שהיה לו ממון רב ואיבד אותו (ה׳, יב-יט / ו׳, א-יב), ואתגר פרשני של ממש הוא להבין מה ראה קהלת לכפול את דבריו בשני דיונים נפרדים וסמוכים זה לזה.

באמת, האתגר גדול עוד יותר, מפני שספר קהלת נחצה לשני חלקים לאחר דיון כפול זה. כלומר, בפרק ז׳ מתחיל חלקו השני של הספר, שיש לו מאפיינים ייחודיים, ובכך מתברר, שהנושא שבו בחר קהלת לחתום את חלק הדיון הראשון שבספר הוא איבוד הממון, בשתי יחידות סמוכות. לכאורה, נושא זה איננו כה דרמטי – ״הדיון כאן לא עוסק בכשל מוסרי, או בסכנות ובדאגות שהעושר מביא באמתחתו, אלא בסבל שנגרם מאובדנו״,[16] ויש להבין מה ראה קהלת לחתום חלק זה בדיון זה דווקא.

קהלת מדווח על ׳רעה חולה׳ שהוא רואה במציאות – אדם עשיר שאיבד את רכושו: ״יֵשׁ רָעָה חוֹלָה רָאִיתִי תַּחַת הַשָּׁמֶשׁ עֹשֶׁר שָׁמוּר לִבְעָלָיו לְרָעָתוֹ״ (ה׳, יב). הצירוף ׳רעה חולה׳ הוא מרתק. לרוב מבינים זאת בהיפוך סדר המילים – ״מחלה רעה, שאין לה מרפא״;[17] או ׳רוע רע׳,[18] אך בהחלט ייתכן שיש להבין צירוף זה כ׳רעה שגורמת לאדם לחלות׳. לפי קריאה זו, קהלת עומד לתאר בפסוקים הבאים חוסר סדר קיצוני שיש במציאות, שהמפגש עימו יכול לגרום לאדם להיות חולה.

׳רעה׳ זו היא עֹשֶׁר שָׁמוּר לִבְעָלָיו לְרָעָתוֹ, כלומר שהעושר ממתין ליום פקודה כדי להיות נפסד מבעליו -״וְאָבַד הָעֹשֶׁר הַהוּא בְּעִנְיַן רָע״. האדם השקיע לא נכון, או שמישהו פרץ לביתו וגנב את היקר לו מכול, או שחברת הבנייה פשטה את הרגל והותירה אותו בלי הבית העתידי שבו השקיע את כל ממונו, וכדומה. לא די בזה שאין לו מה להוריש לבנו אחריו, אלא גם חייו שלו, שהוקדשו יומם וליל לאיסוף הממון, הופכים לחסרי ערך: ״כַּאֲשֶׁר יָצָא מִבֶּטֶן אִמּוֹ עָרוֹם יָשׁוּב לָלֶכֶת כְּשֶׁבָּא וּמְאוּמָה לֹא יִשָּׂא בַעֲמָלוֹ שֶׁיֹּלֵךְ בְּיָדוֹ״.

16. הרצברג, קהלת, עמ׳ 131.
17. למשל: זר־כבוד, קהלת, עמ׳ לא.
18. למשל צימרלי, קהלת, עמ׳ 189 (שמעיר שזהו צירוף ייחודי לקהלת).

אפשר שהדברים מתייחסים לבן שנולד, אך פשוט יותר לפרש שהדברים מתייחסים לאדם שבו דובר בשני הפסוקים הקודמים בעצמו. קריאה זו מתאימה יותר, שהרי אזכור צאתו עירום מבטן אימו רלוונטי במיוחד אם במהלך חייו הספיק לשנות את מצבו הדל. בעבר היה בעל ממון, אך כעת לא נותר לו מאומה.

אולם 'רעה חולה' זו דורשת בירור נוסף: אנשים רבים מתים מן העולם בלי שהשיגו עושר יוצא דופן. מה מצא קהלת במקרה של אדם שאיבד את עושרו עד להגדרתו כרעה חולה במיוחד?

שוב מתגלה קהלת בחושו הפסיכולוגי העדין: מי שמעולם לא היה לו, מצדיק את חייו במוקדים אחרים, אך מי שהגדיר את הצלחתו לאור ממונו, חווה את איבוד הממון כמהלומה של ממש. עליו במיוחד מתאימה האמירה שהוא עוזב את העולם ממש כשם שנכנס אליו – עירום וחסר כול. הבעיה כאן חורגת מהשאלה הממונית ונוגעת בהצדקת הקיום עצמו. קהלת לא מתייחס כאן לאנשים הרבים שמעוניינים להגדיל את ממונם ונכסיהם, אלא לעשיר שמזהה את קיומו, גם אם בתת־מודע, עם עושרו. מעמדו החברתי הרי מושפע מהגדלת נכסיו, ולאט לאט הוא רואה את עושרו כחלק מהגדרתו שלו. אדם כזה שאיבד את ממונו, איבד את חייו כולם.

כפי שכבר נאמר לעיל, הדברים אינם נאמרים כאן בהקשר של בחינה חיצונית שמנסה למצוא פשר לחיי האדם, אלא כהסתכלות על חוסר הסדר שקיים במציאות, על מצבים אבסורדיים. במובן זה, מאחר שהעשיר רואה עצמו כבעל משמעות לאור עושרו, איבוד ממונו הוא קטסטרופה של ממש: "כָּל עֻמַּת שֶׁבָּא כֵּן יֵלֵךְ וּמַה יִּתְרוֹן לוֹ שֶׁיַּעֲמֹל לָרוּחַ". בדיעבד מתברר שכל עמלו, לאורך כל חייו, היה לָרוּחַ. לפיכך גם בחר קהלת בניסוח המפתיע – 'עושר שָׁמוּר לרעה', כביכול, כל זמן שהעושר היה אצל האדם הוא היה שמור אצלו רק למען עשות לו רעה לבסוף.

דברי קהלת על אדם זה – "כַּאֲשֶׁר יָצָא מִבֶּטֶן אִמּוֹ עָרוֹם יָשׁוּב לָלֶכֶת כְּשֶׁבָּא" – מזכירים במיוחד את אמירת איוב על גורלו: "עָרֹם יצתי [קרי: יָצָאתִי] מִבֶּטֶן אִמִּי וְעָרֹם אָשׁוּב שָׁמָּה ה' נָתַן וַה' לָקָח יְהִי שֵׁם

ה׳ מְבֹרָךְ״ (איוב א׳, כא). אין מתאים מאיוב כדי לשקף את מי שהיה לו והכול נלקח ממנו, ואכן איוב מבטא גם הוא את התחושה שטוב היה לולא היה נאלץ לעבור את חייו בכלל: ״וְלָמָּה מֵרֶחֶם הֹצֵאתָנִי אֶגְוַע וְעַיִן לֹא תִרְאֵנִי. כַּאֲשֶׁר לֹא הָיִיתִי אֶהְיֶה מִבֶּטֶן לַקֶּבֶר אוּבָל״ (איוב י׳, יח-יט). ייתכן שקורותיו של איוב עומדים כרקע טקסטואלי לפסוקים שלפנינו,[19] והדבר קשור בניתוח המשך הספר. נדון בדבר בהמשך, אך כבר עתה יש לומר, שהאווירה שמתלווה לקינת איוב על עצמו היא אומנם קשה, אך לצידה, איוב קושר את המאורע להשגחת ה׳, ואף מברך את שמו. דבר זה נעדר לחלוטין מדברי קהלת שרק מצביע על המצוקה מבלי לקשור אותה בהשגחת האל וביחסו אל האדם.

מאחר שקהלת משליך מסוף ימיו של העשיר שאיבד את ממונו, גם על הערכתו הכואבת את מסלול חייו, הוא ממשיך ומתאר את חייו העצובים של העשיר: ״גַּם כָּל יָמָיו בַּחֹשֶׁךְ יֹאכֵל וְכָעַס הַרְבֵּה וְחָלְיוֹ וָקָצֶף״ (ה׳, טז). שני כיוונים כלליים הוצעו בפירוש פסוק זה. אפשר לראות בחושך מטאפורה כללית למציאות חייו הטראגית של האדם, קדרותם. אפשרות אחרת היא שכוונת קהלת להוראה המילולית של דבריו – העשיר אוכל ״בחושך״. או מפני שהוא עמל כל היום כולו ומגיע לביתו לאכול רק בשעת לילה מאוחרת (ראב״ע), או מפני שלעיתים אנשים עשירים אלו הם גם קמצנים; אינם משתפים אחרים בעושרם אלא מגוננים עליו, ואוכלים אותו בצנעה ובחסכנות (זר־כבוד).

בין כך ובין כך, זו הערה קריטית לשלמות הדיון: לאחר איבוד ממונו, יכול גם העשיר בדימוס להתבונן על חייו ולהבין את גודל ההחמצה שלו; הוא לא נהנה ממה שהחיים יכלו להציע לו כי התמקד בצבירת רכוש והון; לא הייתה לו נחת רוח אלא עצבנות מתמדת היכן כדאי להשקיע ומתי, והוא הפך לאדם נרגן וכעסן. כעת, משאיבד גם את ממונו, חייו נראים כחסרי כל תכלית.[20]

19. השוו: הרצברג, קהלת, עמ׳ 131; צימרלי, קהלת, עמ׳ 190; קרוגר, איוב וקהלת, עמ׳ 98-100.

20. האופט הציע למחוק את ״חליו וקצף״, מפני שמילים אלו אינן מתאימות לקצב של הפסוק (האופט, קהלת, עמ׳ 153). אולם, גם שבירת הקצב יכולה להיות

כעת מגיע קהלת למסקנתו הקבועה שניצבת בסופן של היחידות שבספר, אלא שכאן היא מובאת בהרחבה:

הִנֵּה אֲשֶׁר רָאִיתִי אָנִי טוֹב אֲשֶׁר יָפֶה לֶאֱכוֹל וְלִשְׁתּוֹת וְלִרְאוֹת טוֹבָה בְּכָל עֲמָלוֹ שֶׁיַּעֲמֹל תַּחַת הַשֶּׁמֶשׁ מִסְפַּר יְמֵי חיו [קרי: חַיָּיו] אֲשֶׁר נָתַן לוֹ הָאֱלֹהִים כִּי הוּא חֶלְקוֹ. גַּם כָּל הָאָדָם אֲשֶׁר נָתַן לוֹ הָאֱלֹהִים עֹשֶׁר וּנְכָסִים וְהִשְׁלִיטוֹ לֶאֱכֹל מִמֶּנּוּ וְלָשֵׂאת אֶת חֶלְקוֹ וְלִשְׂמֹחַ בַּעֲמָלוֹ זֹה מַתַּת אֱלֹהִים הִיא. כִּי לֹא הַרְבֵּה יִזְכֹּר אֶת יְמֵי חַיָּיו כִּי הָאֱלֹהִים מַעֲנֶה בְּשִׂמְחַת לִבּוֹ (ה', יז–יט).

חתימה זו ערוכה כשני חלקים המקבילים זה לזה, ובכך המסקנה מעוצבת בשני שלבים:

ה', יז	ה', יח–יט
אֲשֶׁר רָאִיתִי אָנִי טוֹב אֲשֶׁר יָפֶה **לֶאֱכוֹל** וְלִשְׁתּוֹת	גַּם כָּל הָאָדָם אֲשֶׁר נָתַן לוֹ הָאֱלֹהִים עֹשֶׁר וּנְכָסִים וְהִשְׁלִיטוֹ **לֶאֱכֹל** מִמֶּנּוּ
וְלִרְאוֹת טוֹבָה בְּכָל **עֲמָלוֹ** שֶׁיַּעֲמֹל תַּחַת הַשֶּׁמֶשׁ	וְלָשֵׂאת אֶת חֶלְקוֹ וְלִשְׂמֹחַ **בַּעֲמָלוֹ**
מִסְפַּר יְמֵי **חַיָּיו** אֲשֶׁר נָתַן לוֹ **הָאֱלֹהִים** כִּי הוּא חֶלְקוֹ	זֹה מַתַּת **אֱלֹהִים** הִיא. כִּי לֹא הַרְבֵּה יִזְכֹּר אֶת יְמֵי **חַיָּיו** כִּי הָאֱלֹהִים מַעֲנֶה בְּשִׂמְחַת לִבּוֹ.

מסקנת קהלת היא שמוטב ליהנות מממונו של האדם ומנכסיו בעודו חי, כמספר הימים שאלוהים נתן לו. 'לאכול, ולשתות, ולראות טובה' הם ההנאות הפשוטות, היום־יומיות, ובהם יש להתמקד, בלי לאגור

חלק מהתכסיס הספרותי. קהלת רוצה להמחיש את נרגנותו המתמשכת והולכת של העשיר ההולך ומתכנס בתוך עולם אפלולי, פרנואידי, של מגננה דווקא בגלל עושרו. ברוח זו מתבאר "שָׁמוּר לִבְעָלָיו לְרָעָתוֹ" גם במשמעותו הפשוטה: לא רק שהאדם מאבד את עושרו ביום רעה ויוצא מהעולם חסר כול, אלא גם חיי העשיר עצמם מידרדרים אט אט מבלי משים.

עוד ועוד – ללא תכלית. עמנואל לוינס הבין זאת היטב: ״החיים הם אהבת החיים, יחסים עם תכנים שאינם הווייתי, אלא יקרים יותר מהווייתי: חשיבה, אכילה, שינה, קריאה, עבודה, התחממות בשמש. בהיותם נפרדים מעצמותי ועם זאת מכוננים אותה, תכנים אלה קובעים את השווי (או הערך) של חיי״.[21]

אלא, מוסיף קהלת, גם השגת המלצה זו איננה תלויה לגמרי בידי האדם. זה מה שמתחדש בשלב השני של הטיעון – אפילו הנאות פשוטות אלו אינן בשליטתנו וגם הן אינן דבר מובן מאליו, גם הן ׳מתת אלוהים׳; גם ׳שמחת ליבו׳ הצנועה שהוא מבקש תלויה ׳במענה אלוהים׳ – בהענקת ברכה אלוהית.[22] עלינו לשים לב לתלישות ולחוסר היציבות שחש קהלת מול התנהלות העולם. הניסוח ״גַּם כָּל הָאָדָם אֲשֶׁר נָתַן לוֹ הָאֱלֹהִים עֹשֶׁר וּנְכָסִים וְהִשְׁלִיטוֹ לֶאֱכֹל מִמֶּנּוּ וְלָשֵׂאת אֶת חֶלְקוֹ וְלִשְׂמֹחַ בַּעֲמָלוֹ זֹה מַתַּת אֱלֹהִים הִיא״ מלמד עד כמה לא מובן מאליו עבור קהלת שאדם ייהנה מרכושו. אם האדם זוכה ׳לשלוט׳ בנכסיו ולאכול מהם – זו מתנת אלוהים שאיננה מובנת מאליה; אם אדם זוכה ׳לשאת את חלקו׳ – כלומר, לקחת (או לזכות) את החלק שהוא עמל עליו – זו הכרעה אלוהית שלא באמת הייתה תלויה בו.[23]

חשיבות הקומה השנייה שמוסיף קהלת על פני זו הראשונה איננה מסתכמת בצניעות האדם השמח בחלקו, אלא בתזה הכללית

21. לוינס, כוליות, עמ׳ 85-86.
22. התלבטויות רחבות מלוות את משמעות הפועל ׳מענה׳ בהקשר פסוקנו (ראו סקירה אצל לוהפינק, קהלת ה׳). בא׳, יג ובג׳, י משמעות הפועל ׳לענות׳ הייתה ׳להתעסק׳, והיו שהתקשו כיצד זה שם ההקשר הוא שלילי ואילו כאן ההקשר חיובי (ברתולומיו, קהלת, עמ׳ 227). אך גם כאן כוונת הפסוק לומר שאלוהים הוא שמתעסק עם שמחת האדם והדבר אינו תלוי בו, בדומה למשמעות שני הפסוקים האחרים הנזכרים.
23. זר־כבוד שיער שקהלת העדיף את הפועל ׳לשאת׳ על פני הפועל השכיח יותר ׳לקחת׳, ״בגלל שוויון הצליל ולשאת – ולשמוח״ (זר־כבוד, קהלת, עמ׳ לג). לחלופין אפשר להציע שקהלת ביקש לשמור על התקבולת בין שתי הצלעות, תוך ניצול רמז דו־משמעי, שהרי ׳לשאת׳ קשור גם עם נשיא ושלטון (כך כבר בדברי ה׳ לקין: ״הֲלוֹא אִם תֵּיטִיב שְׂאֵת״ – בראשית ד׳, ז, כפירוש רמב״ן במקום), ובכך נשמרת התקבולת: ״וְהִשְׁלִיטוֹ לֶאֱכֹל מִמֶּנּוּ״ / ״וְלָשֵׂאת אֶת חֶלְקוֹ״.

של קהלת שאין סדר בעולם. גם בהנמכת הציפיות – תזה שחוזרת את הספר כולו – אי אפשר להצביע על עולם מאורגן. אין ערובה שאדם שיקבל על עצמו להסתפק במועט ולשמוח בחלקו כל ימי חייו, לא יהיה מתוסכל. פגעי המציאות עלולים לפרוץ גם לחייו, ללא סדר וללא מבואות שיבארו את המתרחש. לפיכך, כל עוד יש בכוחו לראות טובה בעמלו, שינצל זאת, ויידע שזהו חלקו שהוא יכול לאמץ את ליבו.

היו שראו בפסוק זה היגד בעל משמעות דתית עמוקה, שלפיה קהלת רואה קשר חי עם אלוהים דרך 'חלקו' ו'עמלו' של האדם.[24] יש בדבר מן האמת, ועוד ניווכח שבסופו של דבר קהלת אכן מציג מפגש אפשרי בין האדם לאלוהים דרך החיים הפשוטים והמשמחים שהוא זכה להם. אך כאן, יותר ממה שביקש קהלת להדגיש את ההשגחה שיש בעניין הטובה הפשוטה שזוכה לה האדם, הוא ביקש להדגיש שהדבר אינו נתון לבחירתו החופשית. גם מינימליות זו תלויה בחסדו של האל.

כאמור, מסקנה זו – או דומות לה – פזורות לאורך הספר, אך במיוחד מעניין להשוות את פסוקנו למה שאמר קהלת כמסקנת שיר העיתים. נעמיד את שתי המסקנות זו מול זו:

מסקנת שיר העיתים **(ג', יב–יג)**	**מסקנת יחידת איבוד הממון** **(ה', יז–יח)**
יָדַעְתִּי כִּי אֵין **טוֹב** בָּם כִּי אִם לִשְׂמוֹחַ **וְלַעֲשׂוֹת טוֹב בְּחַיָּיו**.	הִנֵּה אֲשֶׁר רָאִיתִי אָנִי **טוֹב** אֲשֶׁר יָפֶה לֶאֱכוֹל וְלִשְׁתּוֹת וְלִרְאוֹת **טוֹבָה** בְּכָל עֲמָלוֹ שֶׁיַּעֲמֹל תַּחַת הַשֶּׁמֶשׁ **מִסְפַּר** יְמֵי **חַיָּיו** אֲשֶׁר נָתַן לוֹ הָאֱלֹהִים כִּי הוּא חֶלְקוֹ.
וְגַם כָּל הָאָדָם **שֶׁיֹּאכַל** וְשָׁתָה וְרָאָה טוֹב בְּכָל **עֲמָלוֹ** **מַתַּת אֱלֹהִים הִיא.**	**גַּם כָּל הָאָדָם** אֲשֶׁר נָתַן לוֹ הָאֱלֹהִים עֹשֶׁר וּנְכָסִים וְהִשְׁלִיטוֹ **לֶאֱכֹל** מִמֶּנּוּ וְלָשֵׂאת אֶת חֶלְקוֹ **וְלִשְׂמֹחַ בַּעֲמָלוֹ** **זֶה מַתַּת אֱלֹהִים הִיא.**

24. ראו בכיוון זה אצל לוהפינק, קהלת ה', עמ' 634.

הזיקה בין שתי מסקנות אלו ברורה לעין, אך גם ניכרת ההתמקדות המיוחדת שיש בפסוקי החתימה שלנו בנושא הממוני. הרחבת הנוסח הבסיסי בשני חלקי החתימה קשורה בשילוב עבודת הפרנסה והנכסים. בחלק הראשון הוסיף קהלת: "וְלִרְאוֹת טוֹבָה בְּכָל עֲמָלוֹ שֶׁיַּעֲמֹל תַּחַת הַשֶּׁמֶשׁ", ובחלק השני נוסף: "אֲשֶׁר נָתַן לוֹ הָאֱלֹהִים עֹשֶׁר וּנְכָסִים". הדבר מובן לאור ההקשר השונה של החתימות, שהרי נושא הדיון שנחתם אצלנו הוא נכסיו של אדם שאבדו ממנו, ואין מתאים מלשלב דבר זה בנוסחת החתימה. לעניין פירוש הספר נקודה זו חשובה, מפני שמתברר שלקהלת יש נוסחת חתימה יסודית, שהוא מעבד אותה בסיום כל דיון בהתאם לנושא המסוים שנידון בו. הבנה זו תשרת אותנו בבואנו לדון במגמת הספר, וכפי שיתברר בסיכום.

מסקנת קהלת מהרהור קודר זה היא אם כן: החיים הטובים הם אלו המכוונים את האדם לעשות שימוש במה שיש לו כעת תחת ידיו. זוהי הדרך היחידה שבאמצעותה ניתן להתהלך בחיינו הקצרים מבלי להיות מתוסכלים. עם זאת, פתרון אין כאן, אלא הרמת ידיים שמודה בתבוסה, ומנסה לצלוח בשלום את המציאות חסרת הפשר וההיגיון.

אולי לכך התכוון גם ליאונרד כהן כששר:

The birds they sang
At the break of day
Start again
I heard them say
Don't dwell on what
Has passed away
Or what is yet to be.[25]

25. ובתרגום חופשי:
הציפורים שרו
עם עלות שחר:
התחל מחדש,
כך שמעתי אותן אומרות,
אל תתעכב על מה שחלף,
ועל מה שעוד עתיד להיות...

שוב איבוד ממון (ו', א-יב)

משום מה, קהלת שב ודן במי שהיה לו ממון רב אך לא זכה ליהנות ממנו:

> יֵשׁ רָעָה אֲשֶׁר רָאִיתִי תַּחַת הַשָּׁמֶשׁ וְרַבָּה הִיא עַל הָאָדָם. אִישׁ אֲשֶׁר יִתֶּן לוֹ הָאֱלֹהִים עֹשֶׁר וּנְכָסִים וְכָבוֹד וְאֵינֶנּוּ חָסֵר לְנַפְשׁוֹ מִכֹּל אֲשֶׁר יִתְאַוֶּה וְלֹא יַשְׁלִיטֶנּוּ הָאֱלֹהִים לֶאֱכֹל מִמֶּנּוּ כִּי אִישׁ נָכְרִי יֹאכְלֶנּוּ זֶה הֶבֶל וָחֳלִי רָע הוּא.
> אִם יוֹלִיד אִישׁ מֵאָה וְשָׁנִים רַבּוֹת יִחְיֶה וְרַב שֶׁיִּהְיוּ יְמֵי שָׁנָיו וְנַפְשׁוֹ לֹא תִשְׂבַּע מִן הַטּוֹבָה וְגַם קְבוּרָה לֹא הָיְתָה לּוֹ אָמַרְתִּי טוֹב מִמֶּנּוּ הַנָּפֶל. כִּי בַהֶבֶל בָּא וּבַחֹשֶׁךְ יֵלֵךְ וּבַחֹשֶׁךְ שְׁמוֹ יְכֻסֶּה. גַּם שֶׁמֶשׁ לֹא רָאָה וְלֹא יָדָע נַחַת לָזֶה מִזֶּה. וְאִלּוּ חָיָה אֶלֶף שָׁנִים פַּעֲמַיִם וְטוֹבָה לֹא רָאָה הֲלֹא אֶל מָקוֹם אֶחָד הַכֹּל הוֹלֵךְ.
> כָּל עֲמַל הָאָדָם לְפִיהוּ וְגַם הַנֶּפֶשׁ לֹא תִמָּלֵא. כִּי מַה יּוֹתֵר לֶחָכָם מִן הַכְּסִיל מַה לֶּעָנִי יוֹדֵעַ לַהֲלֹךְ נֶגֶד הַחַיִּים. טוֹב מַרְאֵה עֵינַיִם מֵהֲלָךְ נָפֶשׁ גַּם זֶה הֶבֶל וּרְעוּת רוּחַ.

ניכר שיחידה זו מטפלת בנושא קרוב למה שנידון קודם לכן: אדם עשיר ובעל נכסים וכבוד שלא זכה לֶאֱכֹל מִמֶּנּוּ – ליהנות מנכסיו, בגלל שעושרו עבר לידיים אחרות. על פניו, פסקה זו חוזרת כולה על אותם הטיעונים של החלק הקודם. היו שהציעו שהחלק הראשון שבפסוקים אלו מתאר אדם ערירי ללא בנים, ועל כן לאחר מותו עברו נכסיו לאיש נוכרי: "זר ולא מזרעו, מפני שהוא חשוך בנים".[26] זו קריאה אפשרית שמבארת גם מה מתחדש בקטע זה, אך לא ניתן להסתפק בכך. ראשית, הניסוח "וְלֹא יַשְׁלִיטֶנּוּ הָאֱלֹהִים לֶאֱכֹל מִמֶּנּוּ" עוקב אחר האיש שנתן לו אלוהים עושר ונכסים, כך שהוא עצמו מתואר כמי שלא זכה ליהנות מנכסיו, ולא יורשו. שנית, לעצם כפילות היחידות

26. זר־כבוד, קהלת, עמ' לד.

שלפנינו דבר זה לא יועיל, שהרי בפסקה השנייה שבחלק השני קהלת מתאר בפירוש אדם שיש לו בנים רבים, ולא זכה ׳לשבוע מן הטובה׳, וחלק זה בוודאי כופל את הדיון הקודם.

נפנה תחילה לביאור כתובים אלו, ולאחר מכן ננסה להבין מה בין הקטעים החופפים הללו ומדוע הם הוכפלו.

כאמור, מלבד תיאור העשיר שאיש נוכרי השתלט על נכסיו מתאר קהלת גם אדם שזכה לריבוי בנים ולאריכות ימים (״אִם יוֹלִיד אִישׁ מֵאָה וְשָׁנִים רַבּוֹת יִחְיֶה וְרַב שֶׁיִּהְיוּ יְמֵי שָׁנָיו״), וגם הוא לא זכה לשבוע מן הטובה. עושר, ריבוי בנים ואריכות ימים הם הברכות המקראיות הקלאסיות שלהן זוכה האיש ישר הדרך:

אַשְׁרֵי כָּל יְרֵא ה׳ הַהֹלֵךְ בִּדְרָכָיו.
יְגִיעַ כַּפֶּיךָ כִּי תֹאכֵל אַשְׁרֶיךָ וְטוֹב לָךְ.
אֶשְׁתְּךָ כְּגֶפֶן פֹּרִיָּה בְּיַרְכְּתֵי בֵיתֶךָ בָּנֶיךָ כִּשְׁתִלֵי זֵיתִים סָבִיב לְשֻׁלְחָנֶךָ.
הִנֵּה כִי כֵן יְבֹרַךְ גָּבֶר יְרֵא ה׳.
יְבָרֶכְךָ ה׳ מִצִּיּוֹן וּרְאֵה בְּטוּב יְרוּשָׁלָ͏ִם כֹּל יְמֵי חַיֶּיךָ.
וּרְאֵה בָנִים לְבָנֶיךָ שָׁלוֹם עַל יִשְׂרָאֵל (תהלים קכ״ח, א-ו)

אין צורך לומר שקהלת איננו רואה בברכות אלו סוף פסוק. גם מבורך זה יכול לאבד את כל רכושו לאיש זר, ואף לא לזכות לקבורה מכובדת,[27] ובמקרה זה – ״טוֹב מִמֶּנּוּ הַנָּפֶל! כִּי בַהֶבֶל בָּא / וּבַחֹשֶׁךְ יֵלֵךְ / וּבַחֹשֶׁךְ שְׁמוֹ יְכֻסֶּה״. בהקשר המקראי הרחב מדובר במהלומה של ממש: קהלת מבטל אפילו את ברכת הבנים שזכה לה אדם, וסבור שטוב לאיש זה שכלל לא היה נולד! כמה רחוקה השקפה זו מדברי החכם במשלי: ״עֲטֶרֶת זְקֵנִים בְּנֵי בָנִים וְתִפְאֶרֶת בָּנִים אֲבוֹתָם״ (י״ז, ו). להלן ננסה לבאר כיצד ייתכן שאיבוד הרכוש נתפס אצל קהלת באופן כה דרמטי.

27. הקריאה הפשוטה כאן היא שהאיש העשיר נותר הנושא התחבירי של זה שקבורה לא הייתה לו. היו שהציעו שהתיאור מתייחס לנפל שלא זכה להיוולד (קרנשאו, קהלת, עמ׳ 126–127). זו קריאה אפשרית, אך משמעותה נהירה פחות.

יש שביארו את הצירוף "וְגַם קְבוּרָה לֹא הָיְתָה לּוֹ" במובן המילולי. בעולם העתיק, בישראל ומחוצה לה, האימה הגדולה הרובצת לפתחו של אדם היא שלא יזכה לקבורה נאותה, שהעוף וחיית השדה יאכלו את בשרו (ראו ברש"י על אתר, אשר מזכיר את אחאב כדוגמה לכך). זו הקללה הגדולה מכל שניתן לדמיין.[28] ניסוח אחר של כיוון עקרוני זה אינו מתמקד בעצם חוסר הקבורה – שנדיר שאדם כלל לא יזכה לה – אלא באופי הקבורה: "קבורה מכובדת, בלבוש כבוד, ושריפת בשמים, וקבר בנוי יפה ואבל כבד בפומבי, כי הוא נקבר בקברי העם".[29]

אולם ראב"ע ואחרים, ראו זאת כחלק מתיאור נפילתו הכלכלית: "וגם קבורה – התכריכין שיקבר בהם המת" (פירושו לקהלת ו׳, ג).[30] אפילו תכריכים אותו עשיר לא יכול היה להרשות לעצמו לקנות, עד כדי כך לא עלה בידו ליהנות מנכסיו. מצד הקשר הדברים יש עדיפות לפירוש זה, שהרי בכך נשאר קהלת בדיון על זה שאיבד את ממונו. יש כמובן מן האירוניה בהבלטת חסרון התכריכים, שהרי קהלת פונה אל האדם שלא נהנה מעושרו בחייו, והנה מתברר שגם אחרי מותו אין הוא יכול להרשות לעצמו תכריכים, אך גם אם ישיגו קובריו תכריכים ראויים, יהיה קשה לראות בזה נחמה על הסבל שעבר אדם זה בחייו.

יושם לב שבניגוד למה שעלה בספר בדיונים קודמים (ראו במיוחד ד׳, ז-ח), כאן עולה שגם משפחה וזרע אינם יכולים לפתור את חוסר הסדר הקיצוני שיש בעולם. אכן, קהלת לועג למי שהעדיף להשקיע בנכסיו במקום להקים משפחה, אך כעת מתברר, שגם אם

28. ראו: ליכט, קבורה; בר־אילן, קבורה (במיוחד בעמ׳ 214). יעל שמש הוסיפה (אבלות, עמ׳ 91) שעיקרון זה עולה גם מהגדרת נחמיה את ירושלים: "עִיר קִבְרוֹת אֲבֹתַי" (נחמיה ב, ה; ראו שם גם בפסוק ג). בהזדמנות אחרת הצענו שלאור כך יש להבין גם את דברי יעקב ליוסף על אודות רחל שנקברה בדרך ולא בקבר המשפחתי, כראוי לה (גרוסמן, יוסף, עמ׳ 515-522).

29. זר־כבוד, קהלת, עמ׳ לד.

30. כך פירשו גם: סאו, קהלת, עמ׳ 211; ברתולומיו, קהלת, עמ׳ 233.

היה מקים משפחה לא הייתה בזה ערובה לחיים מאושרים, בשל איבוד הממון הרובץ לפתחו. הדברים כמובן דורשים פשר, ולהלן נדון בכך.

כאמור, דיון זה מזכיר את קודמו. דמיון שתי היחידות לא עולה רק בתכנים הדומים שבאים בהן, אלא גם במבנה שלהן ובסדר הרצאת הדברים:

ה׳, יב–יט: **וְאָבַד הָעֹשֶׁר הַהוּא**	**ו׳, א–ט:** **וְלֹא יַשְׁלִיטֶנּוּ הָאֱלֹהִים לֶאֱכֹל**
יֵשׁ רָעָה חוֹלָה רָאִיתִי תַּחַת הַשָּׁמֶשׁ	יֵשׁ רָעָה אֲשֶׁר רָאִיתִי תַּחַת הַשָּׁמֶשׁ וְרַבָּה הִיא עַל הָאָדָם.
עֹשֶׁר שָׁמוּר לִבְעָלָיו לְרָעָתוֹ. וְאָבַד הָעֹשֶׁר הַהוּא בְּעִנְיַן רָע	אִישׁ אֲשֶׁר יִתֶּן לוֹ הָאֱלֹהִים עֹשֶׁר וּנְכָסִים וְכָבוֹד וְאֵינֶנּוּ חָסֵר לְנַפְשׁוֹ מִכֹּל אֲשֶׁר יִתְאַוֶּה וְלֹא יַשְׁלִיטֶנּוּ הָאֱלֹהִים לֶאֱכֹל מִמֶּנּוּ כִּי אִישׁ נָכְרִי יֹאכְלֶנּוּ זֶה הֶבֶל וָחֳלִי רָע הוּא
וְהוֹלִיד בֵּן וְאֵין בְּיָדוֹ מְאוּמָה	אִם **יוֹלִיד** אִישׁ מֵאָה וְשָׁנִים רַבּוֹת יִחְיֶה וְרַב שֶׁיִּהְיוּ יְמֵי שָׁנָיו וְנַפְשׁוֹ לֹא תִשְׂבַּע מִן הַטּוֹבָה וְגַם קְבוּרָה לֹא הָיְתָה לּוֹ אָמַרְתִּי טוֹב מִמֶּנּוּ הַנָּפֶל
כַּאֲשֶׁר יָצָא מִבֶּטֶן אִמּוֹ עָרוֹם יָשׁוּב **לָלֶכֶת כְּשֶׁבָּא** וּמְאוּמָה לֹא יִשָּׂא בַעֲמָלוֹ שֶׁיֹּלֵךְ בְּיָדוֹ. וְגַם זֹה רָעָה חוֹלָה **כָּל עֻמַּת שֶׁבָּא כֵּן יֵלֵךְ** וּמַה יִּתְרוֹן לוֹ שֶׁיַּעֲמֹל לָרוּחַ.	כִּי בַהֶבֶל **בָּא** וּבַחֹשֶׁךְ **יֵלֵךְ** וּבַחֹשֶׁךְ שְׁמוֹ יְכֻסֶּה. **גַּם שֶׁמֶשׁ לֹא רָאָה** וְלֹא יָדָע נַחַת לָזֶה מִזֶּה.
גַּם כָּל יָמָיו בַּחֹשֶׁךְ יֹאכֵל וְכַעַס הַרְבֵּה וְחָלְיוֹ וָקָצֶף.	וְאִלּוּ חָיָה אֶלֶף שָׁנִים פַּעֲמַיִם וְטוֹבָה לֹא רָאָה הֲלֹא אֶל מָקוֹם אֶחָד הַכֹּל הוֹלֵךְ.

הִנֵּה אֲשֶׁר רָאִיתִי אָנִי טוֹב אֲשֶׁר יָפֶה לֶאֱכוֹל וְלִשְׁתּוֹת וְלִרְאוֹת טוֹבָה בְּכָל עֲמָלוֹ שֶׁיַּעֲמֹל תַּחַת הַשֶּׁמֶשׁ מִסְפַּר יְמֵי חיו [קרי: חַיָּיו] אֲשֶׁר נָתַן לוֹ הָאֱלֹהִים כִּי הוּא חֶלְקוֹ. גַּם כָּל הָאָדָם אֲשֶׁר נָתַן לוֹ הָאֱלֹהִים עֹשֶׁר וּנְכָסִים וְהִשְׁלִיטוֹ לֶאֱכֹל מִמֶּנּוּ וְלָשֵׂאת אֶת חֶלְקוֹ וְלִשְׂמֹחַ בַּעֲמָלוֹ זֹה מַתַּת אֱלֹהִים הִיא. כִּי לֹא הַרְבֵּה יִזְכֹּר אֶת יְמֵי חַיָּיו כִּי הָאֱלֹהִים מַעֲנֶה בְּשִׂמְחַת לִבּוֹ.	כָּל עֲמַל הָאָדָם לְפִיהוּ וְגַם הַנֶּפֶשׁ לֹא תִמָּלֵא. כִּי מַה יּוֹתֵר לֶחָכָם מִן הַכְּסִיל מַה לֶּעָנִי יוֹדֵעַ לַהֲלֹךְ נֶגֶד הַחַיִּים. טוֹב מַרְאֵה עֵינַיִם מֵהֲלָךְ נָפֶשׁ גַּם זֶה הֶבֶל וּרְעוּת רוּחַ.

הפתיחות העוסקות ברעה אשר תחת השמש כמעט זהות. תיאור הרעה שלאחר מכן שונה מבחינה מילולית, אך דומה מאוד מבחינת תוכן הדברים: אובדן העושר בעניין רע מקביל לתיאור "וְלֹא יַשְׁלִיטֶנּוּ הָאֱלֹהִים לֶאֱכֹל מִמֶּנּוּ". החלק הבא נפתח בשני התיאורים בהולדה ובכך שאין בכוחה להציע פתרון לבעיית איבוד העושר. הזיקה מעוגנת גם במרקם המילים הדומה: "כָּל עֻמַּת שֶׁבָּא כֵּן יֵלֵךְ", "כִּי בַהֶבֶל בָּא וּבַחֹשֶׁךְ יֵלֵךְ", הנסוב בשני המקרים על הדמיון בין הגעתו של האדם לעולם לבין פרידתו ממנו.

בשני הקטעים מנצל קהלת את דימוי החושך להבהרת המצב הטראגי של העשיר שירד מנכסיו: בחלק הראשון החושך מתאר את חייו האומללים של העשיר החסכן ("גַּם כָּל יָמָיו בַּחֹשֶׁךְ יֹאכֵל"), ובחלק השני החושך הוא דימוי לרגע לידתו ולקבורתו, כמסגרת אפלולית לכל חייו: "כִּי בַהֶבֶל בָּא וּבַחֹשֶׁךְ יֵלֵךְ וּבַחֹשֶׁךְ שְׁמוֹ יְכֻסֶּה. גַּם שֶׁמֶשׁ לֹא רָאָה".

די בזיקות אלו כדי לחוש ששני הקטעים עוסקים באותם העניינים ומשלבים סמנטיקה דומה למדי, ויש להבין מה ראה קהלת לעשות ככה, ולשלב שתי יחידות אלו זו אחר זו. אומנם לאורך הספר נידונים נושאים מסוימים שוב ושוב, ואין זה ממנהגו של קהלת למצות

עניין במקום אחד וללבנו עד תום. אולם, כאן מובאים שני קטעים דומים ברצף, והדבר זוקק פשר.

מסתבר שהמפתח להבנת כפילות הקטעים נמצא בהבדלים הקטנים שבין שניהם, אשר חושפים שהיחידה השנייה פוסעת צעד נוסף על גבי הטיעון שעלה ביחידה הראשונה. שתי הפתיחות אומנם עוסקות ברעה, אך כבר בפתיחת החלק השני ניכר שקהלת סבור שהוא עומד להציג רעה גדולה עוד יותר ממה שדן בה קודם לכן. הצירוף ״וְרַבָּה הִיא עַל הָאָדָם״, שנוסף בפתיחת הדיון השני, רומז לרעה גדולה במיוחד.

ההבדלים המלווים את שתי הפסקאות הללו קשורים במעורבות אלוהים בהתרחשות. בפסקה הראשונה האובדן בא בשל ׳עניין רע׳, ומעורבות האל אינה נזכרת כלל. ייתכן שהעשיר השקיע לא נכון, או שסמך על מי שהתל בו. ייתכן גם שפגעי טבע לא צפויים הרסו את תכנוניו הפיננסיים, אך בכל מקרה קהלת לא מזכיר את אלוהים בפירוש כפועל. לעומת זאת, בפסקה השנייה קהלת מערב את אלוהים בטרגדיה – הוא זה שהעשיר את האדם והוא שנטל ממנו את עושרו: ״אִישׁ אֲשֶׁר יִתֶּן לוֹ הָאֱלֹהִים עֹשֶׁר וּנְכָסִים וְכָבוֹד... וְלֹא יַשְׁלִיטֶנּוּ הָאֱלֹהִים לֶאֱכֹל מִמֶּנּוּ״.

זה הרמז לסיטואציה הנוקבת יותר שקהלת רואה מול עיניו. האדם העשיר בפסקה הראשונה חי באפלה, נרגן וממורמר, כי כך הכריע במו ידיו, מרוב חשש שאחרים יגזלו מממונו אין הוא יכול לממש חיים מלאים – הוא גזר זאת על עצמו. לעומת זאת בפסקה השנייה האלוהים הוא שהעניק לאדם את עושרו אולם מנע ממנו בסופו של דבר את ההנאה ממנו; הוא ששלח אותו לחיות בחושך.

המסקנה המתבקשת היא שהיחידה השנייה היא פיתוחה של **חתימת** היחידה הראשונה, וממשיכה אותה. הראשונה הסתיימה באמירה:

גַּם כָּל הָאָדָם אֲשֶׁר נָתַן לוֹ הָאֱלֹהִים עֹשֶׁר וּנְכָסִים וְהִשְׁלִיטוֹ לֶאֱכֹל מִמֶּנּוּ וְלָשֵׂאת אֶת חֶלְקוֹ וְלִשְׂמֹחַ בַּעֲמָלוֹ זֶה מַתַּת אֱלֹהִים הִיא (ה׳, יח).

כפי שכבר הערנו, אפילו את ההנאה הפשוטה שקהלת מטיף לה הוא מטיל בסימן שאלה; גם דבר זה קשור ברצונו של האל להיטיב עם האדם, ואין ערובה שכך יהיה. היחידה השנייה נשענת בדיוק על הסתייגות זו ומלמדת את האלטרנטיבה:

> אִישׁ אֲשֶׁר יִתֶּן לוֹ הָאֱלֹהִים עֹשֶׁר וּנְכָסִים וְכָבוֹד וְאֵינֶנּוּ חָסֵר לְנַפְשׁוֹ מִכֹּל אֲשֶׁר יִתְאַוֶּה **וְלֹא יַשְׁלִיטֶנּוּ הָאֱלֹהִים לֶאֱכֹל מִמֶּנּוּ** כִּי אִישׁ נָכְרִי יֹאכְלֶנּוּ זֶה הֶבֶל וָחֳלִי רָע הוּא (ו׳, ב).

בעוד היחידה הראשונה הסתיימה בהיגד המחביא באמתחתו את האימה האפשרית, אך לא מפתח אותה, אלא מציף את הסיום השמח – "וְהִשְׁלִיטוֹ לֶאֱכֹל מִמֶּנּוּ וְלָשֵׂאת אֶת חֶלְקוֹ וְלִשְׂמֹחַ בַּעֲמָלוֹ", היחידה השנייה פותחת במימוש האפשרות שכל קורא העדיף להדחיק: "וְלֹא יַשְׁלִיטֶנּוּ הָאֱלֹהִים לֶאֱכֹל מִמֶּנּוּ".[31]

הפסקה השנייה מגיבה אפוא למסקנה של הפסקה הראשונה: גם אדם שישמע לעצתו של קהלת ויבקש ליהנות מנכסיו בהווה, אולי לֹא יַשְׁלִיטֶנּוּ הָאֱלֹהִים לֶאֱכֹל מִמֶּנּוּ ויתברר שכל עמלו היה לריק. אפשר לייחל ולקוות למצב שבו אהיה שמח בעמלי, אבל אין כל ערובה שכך אכן יהיה. לפיכך גם מובן מדוע קהלת פתח את היחידה השנייה בהצהרה שהוא עומד לדווח על רעה שרַבָּה הִיא עַל הָאָדָם, שהרי כאן מתערערת אפילו השלווה המינימליסטית שאליה הטיף קהלת בסוף היחידה הקודמת. כאן מתברר שדבר אינו בשליטת האדם, גם לא הכרעתו להסתפק במועט.[32]

לא ייפלא אפוא שמסקנת היחידה השנייה איננה משאירה פתח לאופטימיות:

31. השוו: ברתולומיו, קהלת, עמ׳ 234-235.
32. לפיכך לא מוצדק להציג את הפסוקים ו׳, א-ב כסותרים את מסקנת היחידה הקודמת (ה׳, יז-יח), כניסוחו של סאו, קהלת, עמ׳ 224-225. אכן, בסוף היחידה הקודמת הטיף קהלת לאכול ולשתות בשמחה, אך כבר שם הוא הגדיר זאת כדבר לא מובן מאליו שאינו תלוי באדם אלא ברצון האל.

כָּל עֲמַל הָאָדָם לְפִיהוּ וְגַם הַנֶּפֶשׁ לֹא תִמָּלֵא.
כִּי מַה יּוֹתֵר לֶחָכָם מִן הַכְּסִיל
מַה לֶּעָנִי יוֹדֵעַ לַהֲלֹךְ נֶגֶד הַחַיִּים.
טוֹב מַרְאֵה עֵינַיִם מֵהֲלָךְ נָפֶשׁ
גַּם זֶה הֶבֶל וּרְעוּת רוּחַ (ו׳, ז-ט).

אדם משקיע את כל מרצו בפרנסתו ובכלכלת אנשי ביתו, אך תמיד ׳נפשו׳ (גרונו הרעב או אישיותו) איננה מתמלאת מכך והוא נדרש להשיג עוד ועוד. בדומה לנחלים שזורמים באינטנסיביות אין־סופית אל הים, אך הוא לעולם איננו מתמלא מכך (א׳, ז), כך גם צורך הפרנסה נותר על כנו, והאדם חוזר להיות רעב, כשהיה בראשונה.

לפיכך גם אין שום עדיפות לחכם על פני זה הכסיל, שהרי זה כמו זה זקוקים לאוכל ולקיום הגוף, ועדיין לא נמצא העני – גם אם יהיה חכם – שהצליח לגבור על צורך חיים פשוט זה:[33] ״העני תמיד ילטוש עיניו אל הלחם אשר יאכל״.[34] מאחר שעול הפרנסה והשגת ממון הוא צורך קיומי שאי אפשר לברוח מפניו, חוזר קהלת למוטו הרגיל על לשונו – ״טוֹב מַרְאֵה עֵינַיִם מֵהֲלָךְ נָפֶשׁ״, כלומר: ״טוב דבר ממשי וקרוב ממשאלות לב רחוקות״.[35]

במסקנה זו חורז קהלת שני מוטיבים שליוו אותנו ביחידה האחרונה: ׳מראה עיניים׳ חוזר לתיאור חיי העשיר שאיבד נכסיו שנולד בחשיכה ונפטר באופן דומה: ״כִּי בַהֶבֶל בָּא **וּבַחֹשֶׁךְ** יֵלֵךְ **וּבַחֹשֶׁךְ** שְׁמוֹ יְכֻסֶּה. גַּם שֶׁמֶשׁ **לֹא רָאָה**... וְאִלּוּ חָיָה אֶלֶף שָׁנִים פַּעֲמַיִם וְטוֹבָה **לֹא רָאָה**״.

33. הפסוק ״מַה לֶּעָנִי יוֹדֵעַ לַהֲלֹךְ נֶגֶד הַחַיִּים״ קשה להבנה והוצעו לו פירושים רבים (חוקרים רבים אף סבורים שלפנינו שיבוש של הפסוק המקורי. לסקירת התרגומים העתיקים ראו גורדיס, קהלת, עמ׳ 250). מתוך הקשר הדברים אנו מבקשים להציע לקרוא את הפסוק באופן הבא: ׳וכי יש איזו ידיעה נסתרת לֶעָנִי שבעזרתה הוא יוכל לַהֲלֹךְ נֶגֶד (=מול) הַחַיִּים הדורשים ממנו לקיים את גופו במזון?!׳.

34. פתגם שומרי; שפרה וקליין, בימים הרחוקים, עמ׳ 532.

35. זר־כבוד, קהלת, עמ׳ לו. גם ביחס לפסוק זה הוצעו פירושים שונים ומגוונים, ראו סקירה של חלק מהם אצל ברתולומיו, קהלת, עמ׳ 237-238.

גם פועל 'ההליכה' מהדהד מחדש את הפועל שליווה את קריאתנו ביחידות האחרונות, כמילה מנחה: "כַּאֲשֶׁר יָצָא מִבֶּטֶן אִמּוֹ עָרוֹם יָשׁוּב **לָלֶכֶת** כְּשֶׁבָּא וּמְאוּמָה לֹא יִשָּׂא בַעֲמָלוֹ **שֶׁיֹּלֵךְ** בְּיָדוֹ. וְגַם זֹה רָעָה חוֹלָה כָּל עֻמַּת שֶׁבָּא כֵּן **יֵלֵךְ**... כִּי בַהֶבֶל בָּא וּבַחֹשֶׁךְ **יֵלֵךְ**... הֲלֹא אֶל מָקוֹם אֶחָד הַכֹּל **הוֹלֵךְ**... מַה לֶּעָנִי יוֹדֵעַ **לַהֲלֹךְ** נֶגֶד הַחַיִּים".

לאור שילוב שני המוטיבים הללו לאורך היחידה כולה, המשפט החותם מקבל משמעות נוספת: טוב מראה עיניים – בניגוד לעשיר שנושל מנכסיו ההולך בחושך; מֵהֲלָךְ נָפֶשׁ – שהרי כבר אמר קהלת לאן הכול הולך, וגם שאיפותיו של האדם שחורגות ממה שתחת ידו, מובילות אותו אל המקום האחד שממנו לא ניתן להימלט.

קהלת ואיבוד ממון

לאור האמור עד כאן בוקעת מאליה השאלה, מה ראה קהלת לעסוק באופן כה אינטנסיבי בשאלת נכסיו וממונו של אדם? כאמור לעיל, שתי יחידות אלו חותמות את החלק הראשון שבספר, וקהלת מקדיש להן 'זמן סיפר' רב, ואף ביטויי הצער שלו על מצבם של אלו בולט בחריפותו. האומנם דווקא על זה שאיבד את ממונו ראוי לומר שטוב ממנו הנפל ושעדיף היה לולא היה חי? האם מי שסובל ממחלות גופניות קשות לא חווה חיים קשים עוד יותר? אכן, יש משהו טראגי ונוגע ללב באדם שחי חיי הצלחה, שהיה על פסגת העולם ובאבחה אחת איבד את הכול. אבל מה מייחד את הנסיבות הללו דווקא שמצדיק לחתום בהן את המהלך של חציו הראשון של הספר? יש להודות שגם היום אנשים רבים משקיעים את רוב מרצם וזמנם בהשגת ממון, רכוש ונכסים, ונראה שכבר בתקופת קהלת הייתה זו תופעה רווחת. לפיכך, מתבקש שקהלת יגיב לתנועת חיים מקובלת זו. אך קשה להסתפק בכך: את חוסר יכולתו של העושר להעניק משמעות לחיים כבר ביטא קהלת בחטיבה הראשונה של עיוניו, וכאן הוא חוזר לסוגיה זו מתוך נקודת מבט מסוימת למדי – העשיר שאיבד את ממונו.

אנו מבקשים לפתוח שאלה זו בשני מעגלים. ראשית, אכן קהלת נדרש במיוחד לסוגיית הנכסים כשיקוף אותנטי של אדם שמגדיר

את קיומו לאור דבר חיצוני שנלווה לחייו ואיננו עצם חייו. העשיר שמתרגל לחיי עשירות, מתרגל גם למעמד מסוים, לכבוד החברתי שנלווה לעמדה כזו, ליכולתו להשיג כל מה שליבו חפץ, וככל שאורכים הימים, כך הוא מתרגל להגדיר את עצמו על רקע עושרו; ממונו הופך להיות חלק מהגדרתו העצמית. אולם, הממון יכול ללכת לאיבוד. כלומר, הנכסים אינם באמת חלק מהגדרת קיומו של אדם אלא הם רק תנאי חיצוני שנלווה לחייו, ואין כל ערובה לקיומם המתמיד. לפי טיעון זה, בכוונה קהלת חותם את החלק הראשון של הספר בהפשטת האדם מנכסיו, ובכך הוא משאיר אותו עירום מהאשליות שיש משהו מעבר לו שיכול להעניק לו ביטחון או יציבות; אדרבה, דווקא בהפשטת האדם מנכסיו מתברר ש"כַּאֲשֶׁר יָצָא מִבֶּטֶן אִמּוֹ עָרוֹם יָשׁוּב לָלֶכֶת כְּשֶׁבָּא וּמְאוּמָה לֹא יִשָּׂא בַעֲמָלוֹ שֶׁיֹּלֵךְ בְּיָדוֹ" (ה׳, יד).

אך אפשר שיש לראות את הסיפור שקהלת חוזר ומספר כאן – על מרובה נכסים שאיבד את כל ממונו – כייצוג של החיים בכלל. חלון הצצה לקריאה כזו העניק לנו מדרש קהלת רבה (כאן הוא מובא בתרגומו לעברית):

> "כאשר יצא מבטן אמו" – גניבא אמר: משל לשועל שמצא כרם והיה מסויג (=מגודר) מכל פינותיו, והיה שם נקב אחד וביקש להיכנס בו ולא היה יכול, מה עשה? צם שלושה ימים עד שרזה ביותר ונכנס באותו נקב, ואכל בכרם ושמן. רצה לצאת ולא הצליח לעבור כלל, חזר וצם שלושה ימים אחרים עד שחזר והיה רזה כפי שהיה בתחילה, ויצא. כאשר יצא, הפנה פניו והסתכל בכרם ואמר: "כרם, כרם, כמה טוב אתה וכמה טובים הפירות שבך, וכל מה שיש בך יפה ומשובח, אבל איזו הנאה יש לי ממך?! כמו שאדם נכנס לתוכך, כך הוא גם יוצא". **כך הוא העולם הזה"** (קהלת רבה פר׳ ה׳, כ׳ יד).

מדרש זה נאמר על הפסוק "כַּאֲשֶׁר יָצָא מִבֶּטֶן אִמּוֹ עָרוֹם יָשׁוּב לָלֶכֶת כְּשֶׁבָּא", וסופו של המדרש חושף שהדרשן ראה את משל השועל והכרם

כמתאר את העולם הזה ביחס לכל החיים בו. כלומר, גם אם הפסוק עוסק במי שהיה לו ממון ואיבד אותו, אפשר להרחיב מבע זה לחיי האדם בכלל שדומים לסיפור הכרם המגודר: השועל מגיע למסקנה שהכרם יפה ומשובח, אך באמת אין כל תועלת בכרם זה. האדם כמוהו כשועל זה: הוא בא לעולם ומקבל את החיים על כל מנעמיהם – אך מאבד אותם.

דרך הקפיצה שהמדרש עושה אפשר להציע בזהירות שחז"ל נעתרו למיקום הבלתי צפוי של העיסוק באיבוד הממון. ייתכן שבתודעה של קהלת איבוד הממון מהווה שיקוף נוקב ואותנטי לטראגיות של הקיום האנושי. כשלאדם יש הרבה והוא מפסיד הכול האווירה הטראגית מוחשית ונוכחת – הרבה יותר מאשר במקרה של אדם שלא היה לו דבר מעולם. הקריסה, הזיכרונות של מה שהיה והיכן הוא עכשיו, הכבוד שאבד. הרי היו ידועי שם שאף התאבדו על רקע כזה. קהלת רומז: בעצם כל אדם ואדם הוא כזה. רובנו קיבלנו מתנות רבות עם פריצתנו לחיים: את הכוח והיכולת ליהנות ממראות, מתחושות, ממוסיקה, מקשר עם אחרים, מחוויות מרוממות – אבל האדם מאבד את זה, "וּמְאוּמָה לֹא יִשָּׂא בַעֲמָלוֹ שֶׁיֹּלֵךְ בְּיָדוֹ". ייתכן שהעמימות המורגשת במשל – על מי מדובר פה? על האדם בכלל, או על המאבד את ממונו – היא גם עמימות שקהלת מעוניין בה; תיאורו מתמקד באדם שאיבד ממונו אך בעצם מהווה שיקוף לחיי האדם בכלל. אם כך, נקל להבין מה ראה קהלת לתאר במקום זה את מסגרת חיי האדם, שסופם כתחילתם – עירומים וחסרי כול: "כִּי בַהֶבֶל בָּא וּבַחֹשֶׁךְ יֵלֵךְ וּבַחֹשֶׁךְ שְׁמוֹ יְכֻסֶּה. גַּם שֶׁמֶשׁ לֹא רָאָה וְלֹא יָדָע נַחַת לָזֶה מִזֶּה. וְאִלּוּ חָיָה אֶלֶף שָׁנִים פַּעֲמַיִם וְטוֹבָה לֹא רָאָה הֲלֹא אֶל מָקוֹם אֶחָד הַכֹּל הוֹלֵךְ" (ו', ד-ו). משפטים אלו נראים כוללים ועקרוניים יותר מאשר תיאור מצבו של אדם שיאבד את ממונו, ולפי רמיזת קהלת רבה, הם אכן רומזים לחיי כל אדם באשר הוא; יש נַחַת לָזֶה – לנפל שלא נולד כלל, מִזֶּה – שנולד והיה צריך לעבור את המסע המפרך של החיים כדי להגיע בסוף לנקודת ההתחלה.

המשל שהביא גניבא בקהלת רבה רומז גם לבשורה המנחמת שבכל זאת חבויה בדברי קהלת. מאחר שכולנו עתידים לצאת מהסדק הצר שבגדר, ונהיה כחושים וחסרי אונים כשנצא דרכו, הרי כל עוד

אנו בתוך הכרם ויש ענבים, צריך וכדאי לאכול אותם! אין כאן קריאה לתאוותנות נמוכה, מעין "אָכוֹל וְשָׁתוֹ כִּי מָחָר נָמוּת" (ישעיה כ"ב, יג), אלא קריאה לחיים שיש בהם סיפוק צנוע מתוך מה שקורה כאן ועכשיו.[36] יש בכוחם של המוות האורב לכול, ושל כחש הגוף שיקדים אותו, כדי לדרבן ולעודד את החיים הטובים הללו: "הִנֵּה אֲשֶׁר רָאִיתִי אָנִי טוֹב אֲשֶׁר יָפֶה לֶאֱכוֹל וְלִשְׁתּוֹת וְלִרְאוֹת טוֹבָה בְּכָל עֲמָלוֹ שֶׁיַּעֲמֹל תַּחַת הַשֶּׁמֶשׁ". אפשר לשער שכמה מן הקוראים נזכרים כעת בשורה הידועה משירו של רוברט הריק:

Gather ye Rosebuds while ye may,
Old Time is still a-flying;
And this same flower that smiles today
Tomorrow will be dying (Robert Herrick, 1648)

כל עוד אתה יכול – אסוף פרחי ורדים!
הזמן פורח, עף.
ופרח זה שהיום מחייך,
מחר ידעך.

36. במובנים עמוקים, גישתו של קהלת קרובה בהקשר זה ל־ carpe diem ("נצל את הרגע") של המשורר הרומי הורטיוס, כמו: "נפשך שמח בהווה ובוז נא למחר / ולו בחיוך של נחת / את המר תמתיק" (הוראטיוס, האודות, ספר ב, שיר 16; עמ׳ 257). ההשוואה בין קהלת למשורר רומי זה (65 לפנה"ס – 8 לפנה"ס) נוגעת בצדדים מגוונים ונשוב אליה בחתימת דברינו. ההטפה לעיקרון ׳חיה את הרגע׳ באה לידי ביטוי גם ביצירת החוכמה המסופוטמית ׳הבלדה על אודות גיבורים עתיקים׳. שם עולה שמאחר שגם גיבורים מפורסמים מתים, כל שנותר הוא ליהנות מחיים פשוטים שמתרחשים ברגע זה. ראו על כך עוד אצל: כהן, חוכמה, עמ׳ 128–150.

חתימת חלקו הראשון של הספר (ו', י – יב)

מַה שֶּׁהָיָה כְּבָר נִקְרָא שְׁמוֹ וְנוֹדָע אֲשֶׁר הוּא אָדָם וְלֹא יוּכַל לָדִין
עִם שהתקיף [קרי: שֶׁתַּקִּיף] מִמֶּנּוּ.
כִּי יֵשׁ דְּבָרִים הַרְבֵּה מַרְבִּים הָבֶל מַה יֹּתֵר לָאָדָם.
כִּי מִי יוֹדֵעַ מַה טּוֹב לָאָדָם בַּחַיִּים מִסְפַּר יְמֵי חַיֵּי הֶבְלוֹ וְיַעֲשֵׂם כַּצֵּל
אֲשֶׁר מִי יַגִּיד לָאָדָם מַה יִּהְיֶה אַחֲרָיו תַּחַת הַשָּׁמֶשׁ.

אכן, יש מקום להתלבט אם יש לראות בפסוקים שאנו מבקשים לדון בהם פסוקי חתימה לחטיבה שזה עתה הסתיימה (וייתכן שאף לכל החלק הראשון של ספר קהלת), או שמא יש לראות בהם פתיחה לחטיבה הבאה.[1] יש יתרונות לכל הכרעה, ואנו נקטנו כאן בעמדה שיש לראות בהם פסוקי חתימה, אך לא בלי היסוס. הסיבות להכרעה זו יובהרו להלן.

1. כפי שהציעו הרצברג, קהלת, עמ' 135 (הוא תחם את החטיבה: ו', י – ח', א, וכינה אותה "חמישה חלקים של החוכמה האמיתית"), וסאו, קהלת, עמ' 229 (הוא תחם את היחידה: ו', י – ז', יד, וכינה אותה "אף לא אחד יודע מה טוב").

"מַה שֶּׁהָיָה כְּבָר נִקְרָא שְׁמוֹ" אומר קהלת. כלומר, כל דבר שקיים, כבר ידוע בשמו, מצבו מוגמר וסופי. על המשמעויות הנלוות לקריאה בשם מעין זו אפשר ללמוד מסיפור הבריאה (בראשית א׳), שם בגמר בריאת רכיב במציאות אלוהים גם העניק לו את שמו, והעיקרון בולט לא פחות בסיפור הבריאה הבבלי אנומה אליש, הנפתח במילים "בעת אשר השמים ממעל טרם נקראו בשם / והארץ מתחת טרם הוענק לה שמה". לקרוא למשהו בשם פירושו לקיים אותו, להעניק לו הוויה וממשות. אחד הדברים שכבר התרחשו וכבר קיבלו את שמם הוא האדם.

המילה ׳אדם׳ חוזרת כאן ארבע פעמים, בכל אחד מהמשפטים, ואזכור נתינת שמו – היא בריאתו הסופית, קביעת הווייתו בעולם – מעלה בזיכרון הקורא את סיפור גן עדן, אשר בו ׳נקרא שמו אדם׳.[2] מה ראה קהלת לפתוח את דבריו ברמיזה לשמו של ׳אדם׳? במה נוֹדָע אֲשֶׁר הוּא אָדָם?

האדם נקרא כך כי הוא נוצר "עָפָר מִן הָאֲדָמָה" (בראשית ב׳, ז), ואין ספק שעניין "כִּי עָפָר אַתָּה וְאֶל עָפָר תָּשׁוּב" (בראשית ג׳, יט) חי ופועם בתודעתו של קהלת. הוא רמז לפסוק זה גם בגלוי (ג׳, כ), ומוטיב זה מלווה את הספר לכל אורכו. אולם, בתחילת הפסוק שם נאמר גם: "בְּזֵעַת אַפֶּיךָ תֹּאכַל לֶחֶם עַד שׁוּבְךָ אֶל הָאֲדָמָה כִּי מִמֶּנָּה לֻקָּחְתָּ". כלומר, קשריו של ׳האדם׳ עם ׳האדמה׳ באים לידי ביטוי הן בעבודתו הקשה ובעול הפרנסה הרובץ עליו, הן בקבורתו באדמה בסוף ימיו. מבחינה זו, מתאים במיוחד להזכיר את שמו של ׳האדם׳ בחתימה המתגלגלת מתוך דיון בעמלו של האדם. גם בסיפור גן עדן המוות ועמל העבודה מוצגים כעונש לאדם, רעיון שקהלת יכול להזדהות איתו בנקל.[3]

אך שמו של ׳האדם׳ שקשור בבריאתו מן האדמה חשוב בעיקר

2. ויילדבאור, קהלת, עמ׳ 143.
3. היחס לעבודה בסיפור גן עדן מורכב יותר, כפי שהראה פריש, יגיע כפיך, עמ׳ 27–34, אך גם הוא כתב שיש מן העונש בעבודה הקשה המושתת שם על האדם.

לשם המשך הפסוק: "וְלֹא יוּכַל לָדִין עִם שֶׁתַּקִּיף מִמֶּנּוּ". 'התקיף' שאיתו אי אפשר לדון הוא כנראה אלוהים, בורא האדם השליט בכל מאורעות האדם. באמת, תיאור האדם הנברא עפר מן האדמה מבליט את הפער היסודי בינו לבין אלוהים, פער שקהלת כבר הזכיר: "כִּי הָאֱלֹהִים בַּשָּׁמַיִם וְאַתָּה עַל הָאָרֶץ עַל כֵּן יִהְיוּ דְבָרֶיךָ מְעַטִּים" (ה', א). כאן, הפער מובא כביאור חוסר היכולת של האדם לעמוד מול אלוהיו ולהתדיין עימו; "ואם זה המקרה, יש רק גישה אפשרית אחת: כניעה ללא תנאי".[4]

התודעה שקהלת הביא אותנו אליה בסוף חלקו הראשון של הספר היא של חוסר הגינות משווע, אבל נראה שקהלת מבקש גם לומר שאין טעם לקבול על חוסר הגינות זה, כי אותו יצור חלוש, שאיננו אלא עפר מן האדמה, איננו יכול לבוא בוויכוח עם האל, התקיף ממנו. יש לשים לב גם למה שקהלת איננו אומר: אין לפנינו מבע דתי שמעשי האלוהים משקפים את הצדק והאדם המוגבל אינו יכול להבין זאת; אין לפנינו אמירה שכל מה דעביד רחמנא לטבא עביד, גם אם האדם אינו חווה זאת באופן זה.[5] כל שאומר קהלת הוא שאין טעם לבוא בדין ודברים עם האלוהים, בשל הפער שקיים בין האדם לאלוהיו. אם מעשי האל צודקים ואם לאו, אין לו לאדם אלא להרכין ראש ולחיות בעולם הלא מסודר שסביבו.

לפסוקי חתימה אלו יש מסגרת ספרותית בולטת: "**מַה שֶּׁהָיָה** כְּבָר נִקְרָא שְׁמוֹ... אֲשֶׁר מִי יַגִּיד לָאָדָם **מַה יִּהְיֶה** אַחֲרָיו". כך, בתחילה מזכיר קהלת את מה שֶׁהָיָה כְּבָר, ולבסוף – את העתיד הלוט בערפל, את מַה יִּהְיֶה.[6] דברי קהלת המצויים בתוך המסגרת הספרותית מחולקים לשניים: בשני המשפטים הראשונים שילב קהלת את המילה מַה ("מַה

4. הרצברג, קהלת, עמ' 144.
5. ויקס (משפט אלוהי) טען שגם בקהלת עולה נימה זו, על פיה גם אם האדם אינו יכול לבאר את הצדק האלוהי, הוא קיים אלא שהוא נסתר מדעתו. גם אם יש פסוקים שאפשר לפרשם בדרך זו, אין לראות בכך את עמדתו של קהלת. דומה שהוא דווקא נמנע במכוון מלומר זאת.
6. פוקס העיר (קהלת, עמ' 42) שפסוקים אלו מזכירים את שנאמר לאחר שיר

שֶׁהָיָה כְּבָר נִקְרָא שְׁמוֹ... מַה יֹּתֵר לָאָדָם"), ובשני הפסוקים האחרונים הוסיף קהלת גם את מילת השאלה מִי ("כִּי מִי יוֹדֵעַ... אֲשֶׁר מִי יַגִּיד לָאָדָם"). חלוקה זו חושפת גם את השיח המרומז שמתקיים ביניהם:

א. **מַה שֶּׁהָיָה** כְּבָר נִקְרָא שְׁמוֹ וְנוֹדָע אֲשֶׁר הוּא אָדָם וְלֹא יוּכַל לָדִין עִם שהתקיף [קרי: שֶׁתַּקִּיף] מִמֶּנּוּ.
ב. כִּי יֵשׁ דְּבָרִים הַרְבֵּה מַרְבִּים הָבֶל **מַה יֹּתֵר** לָאָדָם.

א1. כִּי **מִי יוֹדֵעַ** מַה טּוֹב לָאָדָם בַּחַיִּים מִסְפַּר יְמֵי חַיֵּי הֶבְלוֹ וְיַעֲשֵׂם כַּצֵּל
ב1. אֲשֶׁר **מִי יַגִּיד** לָאָדָם מַה יִּהְיֶה אַחֲרָיו תַּחַת הַשָּׁמֶשׁ.

כאמור לעיל, אזכור שמו של אדם בהקשר הנידון (א), מבליט את חדלונו ואת חסרונו; את העובדה שהוא עפר מן האדמה ושהוא עתיד לשוב אליה עם מותו. זמניות זו, היא המוזכרת גם בהיגד המקביל (א1), ולאורה השאלה מַה טּוֹב לָאָדָם מקבלת משנה תוקף, שהרי נראה שחיים ארעיים אלו הם חסרי מובן ותכלית.

כדי לעמוד על יחס שני ההיגדים השניים (ב-ב1), יש להכריע תחילה מה משמעות דְּבָרִים הַרְבֵּה שמרבים הבל בעולם. המונח 'דברים' הוא מונח רב-משמעי בעברית המקראית ויש שתי גישות בין הפרשנים כיצד יש להבין את 'דברים' הנזכר בפסוקנו. היו שהבינו זאת כ'עניינים' (כמו: "וַיַּעֲשׂוּ דְּבָרִים רָעִים לְהַכְעִיס אֶת ה'" – מל"ב י"ז, יא), ועל כן תרגמו את הפסוק: "Seeing there be many things that increase vanity" (King James),[7] אך מקובל יותר לפרש זאת מלשון 'דיבורים רבים' (כמו: "בְּרֹב דְּבָרִים לֹא יֶחְדַּל פָּשַׁע / וְחוֹשֵׂךְ שְׂפָתָיו מַשְׂכִּיל" – משלי י', יט), וזה התרגום המקובל, כמו: "For

העיתים: "מַה שֶּׁהָיָה כְּבָר הוּא וַאֲשֶׁר לִהְיוֹת כְּבָר הָיָה וְהָאֱלֹהִים יְבַקֵּשׁ אֶת נִרְדָּף" (ג', טו).

7. כך תורגם הפסוק כבר בשבעים.

there are many words which increase futility" (New American Standard Bible).

לפירוש השני יש יתרון הן מבחינה לשונית, הן מבחינה תוכנית. מבחינה לשונית, כבר הזכרנו שבמקומות אחרים בספר שבהם הזכיר קהלת 'דברים הרבה', המשמעות היא 'דיבורים רבים'.[8] כך: "כִּי בָּא הַחֲלוֹם בְּרֹב עִנְיָן וְקוֹל כְּסִיל בְּרֹב דְּבָרִים" (ה', ב), ובמיוחד קרוב לפסוקנו: "וְהַסָּכָל יַרְבֶּה דְבָרִים לֹא יֵדַע הָאָדָם מַה שֶּׁיִּהְיֶה וַאֲשֶׁר יִהְיֶה מֵאַחֲרָיו מִי יַגִּיד לוֹ" (י', יד). פסוק זה חשוב לדיוננו במיוחד כי גם בו מבטל קהלת את משמעות הדיבורים בגלל חוסר יכולתו של האדם לצפות את אשר יקרה בעתיד, ונדון בכך להלן.

שנית, קהלת פתח פסוקי חתימה אלו באזכור 'שמו' של אדם ובמשמעות הנגזרת מכך, והוא ממשיך וחותם את דבריו בתהייה מי הוא זה 'שיגיד' לאדם מה יהיה אחריו. מאחר שיחידה זו עמוסה בסמנטיקה של דיבור ושל לשון, מתאים שגם 'דברים הרבה' מכוון לדיבורים רבים.

לפי קריאה זו, קהלת – שגם ספרו שלו עמוס במלל ובדיבור – פונה אל הדיבורים הרבים שנשמעים בעולם, ובאופן אירוני, בז גם להם. לדעתו, דיבורי האדם 'מרבים הבל'. חדי האוזן ירגישו כאן גם בהמהום הלא־פוסק של הדיבורים הללו: "**דְּבָרִים הַרְבֵּה מַרְבִּים**".

לאור כך מתבררת הזיקה שבין שני המשפטים השניים ביחידה זו (ב–בו1): במקביל לאמירה "יֵשׁ דְּבָרִים הַרְבֵּה מַרְבִּים הָבֶל", אומר קהלת גם: "מִי יַגִּיד לָאָדָם מַה יִּהְיֶה אַחֲרָיו תַּחַת הַשָּׁמֶשׁ". בשני משפטים אלו פונה קהלת לדיבורים הרבים שיש בעולם, לנאומים הארוכים הבנויים לתלפיות, ומבטל גם אותם. אדרבה – לא די בזה שהם אינם מצליחים לחשוף את יתרון האדם, אלא הם עצמם מַרְבִּים הָבֶל. מאחר שדימוי ההבל קשור בהבל הפה היוצא מפי האדם, דימוי זה משתלב כאן בקלות: גם ההבל היוצא מפיו של אדם המרעיד את

8. ראו דיוננו לעיל, בהיגד: "כָּל הַדְּבָרִים יְגֵעִים" (א', ח).

מיתרי הקול – וכך מצליח ליצור גיבובי הברות בעלות משמעות סמנטית – נותר הבל חולף וחסר פשר של ממש.

יש להיות מודעים לאומץ של חכם בישראל לומר כדברים האלו: הלוא כוחם של אנשי החוכמה הוא בנאומיהם, ויסוד העברת מסורת החוכמה נעוץ בלמידה, בעיון, בדיבור ובהקשבה. קהלת אינו חושש לבטל גם דיבורים מרובים אלו. אולי אדרבה: נדמה שדווקא נגד הנאומים חוצבי הלהבות מבקש קהלת לצאת, באשר הדובר מניח לא פעם שהוא יודע לצפות את אשר יקרה. כולנו מכירים את הפרשנים הפוליטיים, או את הוגי הרוח, שבוחנים את המציאות ומתיימרים לנבא את העתיד לאור בחינתם, ולייעץ כיצד נכון לפעול וממה כדאי להימנע. קהלת קובל: מיהו זה שיכול באמת להגיד לָאָדָם מַה יִּהְיֶה אַחֲרָיו תַּחַת הַשָּׁמֶשׁ? התשובה היא כמובן שאין אדם יודע את העתיד הלא צפוי שמלא בתפניות לא מסודרות, ועל כן כל הנאומים הללו אינם אלא דיבורי סרק, או בלשונו של קהלת – דיבורים רבים שמרבים הבל.

אם אומנם לפנינו חתימה לחלק הראשון כולו, מתאים במיוחד כאן לשלב טיעון הנוגע לעצם הדיבור על החיים. במידת־מה, קהלת מכניס כאן גם את ספרו לפרופורציות המתאימות, ובאירוניה עצמית רואה גם את דיבוריו שלו כחלק מההבל הרב שיש בעולם. עוד נראה שתופעה דומה מתרחשת בסוף הספר כולו.

שני ביטויי לשון במשפטים אלו דורשים תשומת לב נוספת. ראשית, בצירוף "מַה יֹּתֵר לָאָדָם" שב ומהדהד קהלת את פתיחת הספר כולו, שם שאל "מַה יִּתְרוֹן לָאָדָם" (א' ג). מאחר שלפנינו חתימה לחלק הראשון של הספר, מסגרת זו מקבלת את משמעותה המבנית: החקירה פתחה בשאלה מהו היתרון שמותיר אחריו האדם, והיא מסתיימת בהיגד דומה. אולם, אין צורך לומר שיש הבדל גדול בין שאלה זו כשהיא נשאלת בראשית המסע, כשעדיין עומדת ציפייה באוויר לאיזו תשובה שתיתן פשר לקיום האנושי, לבין אותה האמירה המשולבת בסופו של המסע. כאן שאלה זו נצבעת בצבעי השאלה הרטורית, שהאכזבה נותנת בה את רישומה.

למעשה, לא רק ביטוי זה יוצר מסגרת ספרותית ורומז לחתימת החלק הראשון של הספר, אלא היחידה כולה עמוסה בצירופי לשון שמזכירים שוב ושוב את היחידה שפתחה את הספר:

קהלת א׳	קהלת ו׳
(ז) אֶל מְקוֹם שֶׁהַנְּחָלִים הֹלְכִים שָׁם הֵם שָׁבִים לָלָכֶת.	(ו) הֲלֹא אֶל מָקוֹם אֶחָד הַכֹּל הוֹלֵךְ.[9]
(ז) כָּל הַנְּחָלִים הֹלְכִים אֶל הַיָּם וְהַיָּם אֵינֶנּוּ מָלֵא.	(ז) כָּל עֲמַל הָאָדָם לְפִיהוּ וְגַם הַנֶּפֶשׁ לֹא תִמָּלֵא.[10]
(ג) מַה יִּתְרוֹן לָאָדָם בְּכָל עֲמָלוֹ שֶׁיַּעֲמֹל תַּחַת הַשָּׁמֶשׁ.	(ח) כִּי מַה יּוֹתֵר לֶחָכָם מִן הַכְּסִיל.[11]
(ט) מַה שֶּׁהָיָה הוּא שֶׁיִּהְיֶה וּמַה שֶּׁנַּעֲשָׂה הוּא שֶׁיֵּעָשֶׂה.	(י) מַה שֶּׁהָיָה כְּבָר נִקְרָא שְׁמוֹ וְנוֹדָע אֲשֶׁר הוּא אָדָם.
(י) **יֵשׁ דָּבָר** שֶׁיֹּאמַר רְאֵה זֶה חָדָשׁ הוּא כְּבָר הָיָה לְעֹלָמִים אֲשֶׁר הָיָה מִלְּפָנֵנוּ... (ח) **כָּל הַדְּבָרִים** יְגֵעִים לֹא יוּכַל אִישׁ לְדַבֵּר לֹא תִשְׂבַּע עַיִן לִרְאוֹת וְלֹא תִמָּלֵא אֹזֶן מִשְּׁמֹעַ.	(יא) כִּי **יֵשׁ דְּבָרִים הַרְבֵּה** מַרְבִּים הָבֶל מַה יֹּתֵר לָאָדָם.[12]

קשה להניח שמקרה לפנינו, ונראה יותר שלפנינו רצון מכוון לבנות מסגרת ספרותית לחלק הראשון של המגילה. כאמור, התחושה שמתקבלת היא שאין חדש תחת השמש – הנחות היסוד שאיתן קהלת יצא למסע התממשו ואכן התברר שדבר אינו מתמלא; שאין יתרון של

9. מלבד שני פסוקים אלו, יש רק עוד מקום בספר שבו קהלת מדבר על ׳מקום אחד׳ שאליו הכול הולך – ״הַכֹּל הוֹלֵךְ אֶל מָקוֹם אֶחָד הַכֹּל הָיָה מִן הֶעָפָר וְהַכֹּל שָׁב אֶל הֶעָפָר״ (ג׳, כ).
10. אלו שני הפסוקים בספר קהלת שבהם יש תיאור של דבר־מה שאינו מתמלא.
11. הצירוף ״מה יתרון״ נזכר פעמיים בפרק א׳ (פסוקים ג, ט) והצירוף המקביל ״מה יותר״ נזכר פעמיים בפרק ו׳ (פסוקים ח, יא). מלבד זאת, מטבע לשון זה אינו נזכר עוד בספר.
12. הצירוף ״יש דבר/ים״ נזכר בספר קהלת רק בשני פסוקים אלו.

ממש לאדם בחייו; ושהדיבורים הרבים המלווים את מציאות חיינו אינם מקדמים את הבנתנו, אלא רק מרבים הבל ויגיעה.

ביטוי נוסף ביחידה החותמת את החלק הראשון של הספר שדורש פשר הוא: ״וְיַעֲשֵׂם כַּצֵּל״. דימוי החיים לצל עובר קיים וידוע במקרא. כך למשל בדברי הימים: ״כִּי גֵרִים אֲנַחְנוּ לְפָנֶיךָ וְתוֹשָׁבִים כְּכָל אֲבֹתֵינוּ כַּצֵּל יָמֵינוּ עַל הָאָרֶץ״ (דה״א כ״ט, טו), ואף בתהלים – שם הצל העובר אף מקביל לַהֶבֶל: ״אָדָם לַהֶבֶל דָּמָה / יָמָיו כְּצֵל עוֹבֵר״ (קמ״ד, ד; וכן: איוב ח׳, ט; י״ד, יב). פירושו של צל זה הוא אם כן: החיים החולפים מהר, זמניותו של האדם, וכך מקובל לפרש גם את פסוקנו.[13]

אולם פירוש זה נתקל בקושי חמור. אם אומנם ״כַּצֵּל״ מגדיר את חיי האדם הזמניים הוא היה צריך להופיע בסמוך ל״חַיֵּי הֶבְלוֹ״, אך בפסוקנו, ״כַּצֵּל״ נזכר לאחר ״וְיַעֲשֵׂם״, כך שהוא מגדיר את העשייה האנושית ולא את אורך חייו הקצובים של האדם. לשון אחר, לו הצל היה מתאר את חיי ההבל, אפשר היה לצפות לפסוק מעין זה: ׳כי מי יודע מה טוב לאדם בחיים, מספר ימי חיי הבלו כצל, וְיַעֲשֵׂם׳.

לפיכך, יש לשקול את האפשרות שדימוי הצל בפסוקנו אינו בא במשמעות שלילית של זמניות חיי האדם, אלא במשמעות של הגנה ומסתור מפני פגעים רעים.[14] גם דימוי זה רווח במקרא, כמו: ״וְסֻכָּה תִּהְיֶה לְצֵל יוֹמָם מֵחֹרֶב וּלְמַחְסֶה וּלְמִסְתּוֹר מִזֶּרֶם וּמִמָּטָר״ (ישעיה ד׳, ו), או: ״ה׳ שֹׁמְרֶךָ ה׳ צִלְּךָ עַל יַד יְמִינֶךָ״ (תהלים קכ״א, ה).[15] הצל הוא ההגנה מפני השמש הקופחת, ועל כן הוא יכול לשמש כדימוי

13. בהמשך הספר בוודאי זו תהיה משמעות הצל: ״וְטוֹב לֹא יִהְיֶה לָרָשָׁע וְלֹא יַאֲרִיךְ יָמִים כַּצֵּל אֲשֶׁר אֵינֶנּוּ יָרֵא מִלִּפְנֵי אֱלֹהִים״ (ח׳, יג).

14. הרצברג מעלה אפשרות זו (בשם בנזן), אך דוחה אותה בטענה שבכל הפסוקים שבהם נזכר הצל כמגן הוא בא עם יחס של סמיכות (כמו: ׳לְצֵל־יוֹמָם׳; ׳צִלְּךָ׳), ואילו בפסוקנו הצל נזכר כשם עצם העומד לעצמו (הרצברג, קהלת, עמ׳ 138). אולם אין סיבה של ממש להניח שצורת הופעת המילה תשפיע על המטען האסוציאטיבי שלה, כשהיא באה כדימוי (כַּצֵּל = כמו צל).

15. לא רק ה׳ הוא המעניק ׳צל׳ מחסה ומגן במקרא, אלא גם האדם, כדברי לוט לאנשי סדום למשל: ״רַק לָאֲנָשִׁים הָאֵל אַל תַּעֲשׂוּ דָבָר כִּי עַל כֵּן בָּאוּ בְּצֵל קֹרָתִי״

למרחב בטוח ומוגן. לפי הצעה זו "כַּצֵּל" הנזכר בפסוקנו אכן מגדיר את הפועל וְיַעֲשֵׂם שנזכר לפניו, וסדר המילים בפסוק ברור. משמעות המשפט השלם היא: 'מי הוא זה שיכול לומר מַה טּוֹב לָאָדָם בחייו החולפים, כך שיוכל לעשות אותם והם יגנו ויסוככו עליו'.

יש לציין שגם קהלת עצמו מנצל במקום אחר את דימוי הצל כהגנה וכמעניק ביטחון למצויים תחתיו: "כִּי בְּצֵל הַחָכְמָה בְּצֵל הַכָּסֶף" (ז', יב). לפיכך, לא רחוקה ההנחה שגם כאן יש לפענח באופן זה את הצל הנזכר.

יכול החולק לטעון שדימוי הצל כהגנה מתאים במיוחד במקומות שבהם משולבת השמש שמפניה יש להתגונן. כך למשל בשני הפסוקים שהזכרנו לעיל: ישעיהו מתאר את הסוכה שעושה צל ומגינה ביום מֵחֹרֶב, ומשורר תהלים שתיאר את ה' כצילו של האדם המשיך מייד: "יוֹמָם הַשֶּׁמֶשׁ לֹא יַכֶּכָּה וְיָרֵחַ בַּלָּיְלָה" (קכ"א, ו). אך לא די בכך שאין זו קושיה על הצעתנו, אלא אדרבה, הערה זו מבארת מדוע קהלת ניצל כאן את דימוי הצל להגנה וביטחון. הלוא גם קהלת שילב בפסוק הבא את השמש, ואכן יש לראות את הצל כמנהל שיח מרומז עם שמש זו. למעשה, בכך נוצרת מעין הקבלה בין שני המשפטים הסמוכים האלו:

כִּי מִי יוֹדֵעַ מַה טּוֹב לָאָדָם... וְיַעֲשֵׂם כַּצֵּל.
אֲשֶׁר מִי יַגִּיד לָאָדָם... תַּחַת הַשָּׁמֶשׁ.

'תחת השמש' הוא העולם המאיים בספרנו, המציאות חסרת הפשר וחסרת התוחלת. קהלת מתלונן שאין מי שיכול לומר לאדם מה עליו לעשות כך 'שיוכל להתגונן מפני השמש', שמעשיו יהיו לו כצל תומך ומסוכך. בתהייה־מסקנה זו, שאווירה של הרמת ידיים מלווה אותה, מסיים קהלת את חלקו הראשון של הספר.

(בראשית י"ט, ח). שתי הוראות הצל האלו מתקיימות גם באכדית: ṣillû = צל; ṣillûlu = מגן.

על הצדק האלוהי (ז'—ח')

אחת השאלות שחוזרות בלבושים שונים בספרות החוכמה היא שאלת הצדק האלוהי, ובניסוחה המוכר 'צדיק ורע לו'. אין ספק שזה אחד מהאתגרים התיאולוגיים הגדולים הניצבים לפני אנשי אמונה המצפים שהעולם יתנהל בצדק. אין מדובר רק בציפייה אנושית אינטואיטיבית של אנשי מוסר, אלא גם בציפייה המודרכת מהתורה המציגה שוב ושוב את עולם הגמול כעולם יסודי שהחיים הדתיים מושתתים עליו. הגמול נושא גם בשורה של צדק, וגם בשורה של תקשורת אישית בין אדם לבין ה'. החלק השני בספר קהלת (לפחות חלקו הראשון והעיקרי של החלק השני), פונה גם הוא לשאלה זו, וכדרכו של קהלת, יותר ממה שהוא ינסה להעניק תשובה תיאולוגית לבעיה זו, הוא יבקש להסיק ממנה מסקנות הנוגעות לציפיותינו מהחיים ומדרכי התנהלותם. שאלת הצדק והגמול מטרידה את קהלת משני כיוונים שונים – הן מצד הגמול האלוהי הן מצד הגמול החברתי שזוכה לו האדם. גם על שאלות אלו קהלת משקיף מפרספקטיבה שונה מזו הננקטת בדרך כלל במקרא.

שבע המלצות לעשיית 'טוב' (ז', א-יב)

היחידה הראשונה נפתחת בשבעה דברים 'טובים', ובה מאמץ קהלת

לפתע את הסגנון המקובל בספרות החוכמה המוכר לקורא בעיקר מספר משלי, אולם גם כאן יש לבחון האומנם קהלת מאמץ את עמדת ספרות החוכמה, או שמא בשנינות הידועה של המחבר, גם כאן הוא בעצם חותר תחתיה:[1]

טוֹב שֵׁם מִשֶּׁמֶן טוֹב וְיוֹם הַמָּוֶת מִיּוֹם הִוָּלְדוֹ.
טוֹב לָלֶכֶת אֶל בֵּית אֵבֶל מִלֶּכֶת אֶל בֵּית מִשְׁתֶּה בַּאֲשֶׁר הוּא סוֹף
כָּל הָאָדָם וְהַחַי יִתֵּן אֶל לִבּוֹ.
טוֹב כַּעַס מִשְּׂחוֹק כִּי בְרֹעַ פָּנִים יִיטַב לֵב.
לֵב חֲכָמִים בְּבֵית אֵבֶל וְלֵב כְּסִילִים בְּבֵית שִׂמְחָה.
טוֹב לִשְׁמֹעַ גַּעֲרַת חָכָם מֵאִישׁ שֹׁמֵעַ שִׁיר כְּסִילִים. כִּי כְקוֹל הַסִּירִים
תַּחַת הַסִּיר כֵּן שְׂחֹק הַכְּסִיל **וְגַם זֶה הָבֶל.**
כִּי הָעֹשֶׁק יְהוֹלֵל חָכָם וִיאַבֵּד אֶת לֵב מַתָּנָה.
טוֹב אַחֲרִית דָּבָר מֵרֵאשִׁיתוֹ
טוֹב אֶרֶךְ רוּחַ מִגְּבַהּ רוּחַ.
אַל תְּבַהֵל בְּרוּחֲךָ לִכְעוֹס כִּי כַעַס בְּחֵיק כְּסִילִים יָנוּחַ.
אַל תֹּאמַר מֶה הָיָה שֶׁהַיָּמִים הָרִאשֹׁנִים הָיוּ טוֹבִים מֵאֵלֶּה כִּי לֹא
מֵחָכְמָה שָׁאַלְתָּ עַל זֶה.
טוֹבָה חָכְמָה עִם נַחֲלָה וְיֹתֵר לְרֹאֵי הַשָּׁמֶשׁ. כִּי בְּצֵל הַחָכְמָה בְּצֵל
הַכָּסֶף וְיִתְרוֹן דַּעַת הַחָכְמָה תְּחַיֶּה בְעָלֶיהָ.

יחידה זו מאתגרת, הן בסגנונה הזר לספר קהלת, הן בהבנת מגמתה בהקשר הרציף של הספר. כאמור, הסגנון שקהלת מאמץ כאן הוא כסגנון המקובל והרווח בספרות החוכמה הדידקטית המתיימרת להציג את שטוב לעשות, ומשפטים כמו: "טוֹב אֲרֻחַת יָרָק וְאַהֲבָה שָׁם, מִשּׁוֹר אָבוּס וְשִׂנְאָה בוֹ" (משלי ט"ו, יז) רווחים בסגנון כתיבה זה (במקרא

1. פוקס התלבט אם ההיגדים כולם הם ציטוטים ממרחב ספרות החוכמה שהייתה ידועה, או שמא התחיל קהלת כל משפט בציטוט מוכר, אבל הוסיף היגד נוסף משלו וכך יצר תפנית בפתגמי חוכמה אלו (פוקס, קהלת, עמ' 43).

ומחוצה לו). אין זה סגנונו הרגיל של קהלת, וכאן פורצים משפטים רצופים כאלו, כמו רשימה המהווה סיכום של שיעור בבית ספר לחוכמה. לצד המונח ׳טוב׳ שנזכר כאן שבע פעמים, נזכרת לצידו גם המילה ׳כִּי׳ שש פעמים, וכבר ניכר שקהלת לא אומר רק מה ׳טוב׳ אלא מנמק זאת.[2] הדבר חריג, לא רק בגלל שקהלת נמנע בדרך כלל מלקבוע בנחרצות מה ׳טוב׳, אלא גם מפני שאך לפני כמה פסוקים הרים קהלת ידיים בתבוסה כשאמר: ״כִּי מִי יוֹדֵעַ מַה טּוֹב לָאָדָם בַּחַיִּים מִסְפַּר יְמֵי חַיֵּי הֶבְלוֹ״ (ו׳, יב), והנה לפתע, פורצת רשימה של היגדים שאומרים לאדם מה טוב!

לא פחות מאתגר הוא הניסיון להבין את סיבת בחירתם של ׳משפטי טוב׳ אלו דווקא ואת הקשרם ברצף הספר. אפשר לשער שקהלת הכיר ׳משפטי טוב׳ נוספים, ושהוא בחר מתוכם את הרלוונטיים לדיונו, אך במבט ראשון קשה לראות מה מלכד משפטים אלו לכדי טיעון מרכזי אחד. לאחר רשימת היגדים אלו קהלת דן בשאלת צדיק ורע לו ורשע וטוב לו, וקשה להבין מה עניין ההמלצות המשולבות כאן לחיים טובים, לדיון בשאלת הגמול האלוהי בעולמו.[3] היו שהרימו ידיים וטענו שקשר הפסוקים זה לזה, כמו גם הבאתם דווקא כאן, נשענים על המרחב האסוציאטיבי, ונגררו לכאן

2. שילוב נימוקים רווח פחות בספרות החוכמה בכלל ולרוב יש הסתפקות בעצם האמירה מה ׳טוב׳ לעשות, אך גם בספרות החוכמה אפשר למצוא זאת, כמו: ״טוֹב מְעַט לַצַּדִּיק מֵהֲמוֹן רְשָׁעִים רַבִּים. כִּי זְרוֹעוֹת רְשָׁעִים תִּשָּׁבַרְנָה וְסוֹמֵךְ צַדִּיקִים ה׳״ (תהלים ל״ז, טז–יז). קהלת נוטה לשלב תיאורי סיבה (״כי״), גם במקומות אחרים שבהם הוא אימץ את הסגנון החוכמתי הרווח, כמו: ״טוֹבִים הַשְּׁנַיִם מִן הָאֶחָד אֲשֶׁר יֵשׁ לָהֶם שָׂכָר טוֹב בַּעֲמָלָם. כִּי אִם יִפֹּלוּ הָאֶחָד יָקִים אֶת חֲבֵרוֹ וכו׳״ (ד׳, ט–י), ועוד.

3. את משפט ׳הטוב׳ הראשון ביקש ראב״ע לקשור ליחידה הקודמת – ״גם זה הפסוק דבק בראשונים, כי העני היודע שמעשיו טובים יותר כבוד הוא לו השם משמן טוב ויותר תענוג״ (פירושו לקהלת ז׳, א). שיטה זו בולטת במיוחד בפירושו של סאו למגילה, שראה בחלק האחרון של פרק ו׳ חלק מהיחידה שלפנינו (סאו, קהלת, עמ׳ 242). אך גם לשיטה זו לא ברור עדיין הקשרם של פסוקי הטוב הבאים.

בשל אזכור הפסוק בסגנון הדומה שנזכר לעיל: "מִי יוֹדֵעַ מַה טּוֹב לָאָדָם" (ו', יב).[4]

לפני שנוכל לדון בשאלות אלו ובמגמת יחידה זו, יש להעיר כמה הערות נקודתיות על הדברים 'הטובים' שקהלת מטיף להם כאן.

המונח 'טוב' בהקשרי משפטי חוכמה אלו הוא 'עדיף', ולאו דווקא טוב אבסולוטי. כלומר "אחרית הדבר" היא לא בהכרח טובה מצד עצמה, אלא בבחינה יחסית, היא עדיפה מראשיתו של הדבר; ללכת אל בית אבל הוא לא בהכרח דבר טוב, אך הוא עדיף מאשר הליכה אל בית משתה, וכן הלאה.

שנית, ראוי להתעכב מעט על משפט הטוב הראשון: "טוֹב שֵׁם מִשֶּׁמֶן טוֹב". בהיגד זה טמון משחק מילים כפול. לצד משחק הצלילים הברור שבין 'שם' ל'שמן', יש לשים לב למשמעות הכפולה של המונח 'טוב'. אזכורו בתחילה בא במשמעות של 'עדיף' (better), כשאר הפסוקים שלפנינו, אך אזכורו השני – 'שמן טוב' – הוא חלק מהגדרת השמן האיכותי (good, כמו במל"ב כ', יג).[5] לפי משפט זה, יש עדיפות לשמו של אדם אפילו יותר מאשר שמן איכותי במיוחד.

נוהגים לפרש פסוק זה כמביע עדיפות לשמו של האדם, כלומר, לאופיו ולמידותיו, לתכונותיו ולשם שיצא לו בעולם, על פני "שמן" המסמל עשירות והנאה. גם במקומות אחרים השמן מתפקד כסמל כללי לעשירות, כמו בברכת יעקב לאשר: "מֵאָשֵׁר שְׁמֵנָה לַחְמוֹ וְהוּא יִתֵּן מַעֲדַנֵּי מֶלֶךְ" (בראשית מ"ט, כ).[6] הדבר סביר, שהרי משיחת הגוף בשמנים היא מסימני העשירות בעולם העתיק: "שֶׁמֶן וּקְטֹרֶת יְשַׂמַּח לֵב" (משלי כ"ז, ט), וכשרוצה עמוס לתאר את עשירי ישראל הדואגים להנאת גופם ולא מזדהים עם כאב אחיהם הוא אומר עליהם: "הַשֹּׁתִים

4. גינזברג, קהלת, עמ' 96; פוקס, בתוך: קליין, קהלת, עמ' 190–191.
5. בשל כך, תרגומים שביקשו לשמור על תוכן הפסוק נאלצו לוותר על משחק המילים, כמו: "A good name is better than precious ointment" (English Standard Version), או: "A good name is better than fragrant oil" (JPS).
6. אם כי היו שטענו שמאחר שבנחלת אשר צומחים זיתים לרוב, כוונת יעקב לשמן ממש שבו לחמו טבול, ואין לראות בזה סמל לעשירות כללית.

בְּמִזְרְקֵי יַיִן וְרֵאשִׁית שְׁמָנִים יִמְשָׁחוּ" (עמוס ו׳, ו). לפי זה, קהלת מעדיף כאן את 'שמו' של אדם שהשיג בחייו על פני עשירות, וכדברי החכם במשלי: "נִבְחָר שֵׁם מֵעֹשֶׁר רָב / מִכֶּסֶף וּמִזָּהָב חֵן טוֹב" (משלי כ"ב, א).[7]

אולם, לפי קריאה מקובלת זו, קשה להלום את הזיקה שבין שני חלקי הפסוק, שלאורה השם והשמן קשורים בלידה ובמוות: "טוב שֵׁם מִשֶּׁמֶן טוב / וְיוֹם הַמָּוֶת מִיּוֹם הִוָּלְדוֹ". הדבר הטריד כמה חוקרים עד כדי כך שהציעו שכנראה היגד זה נוסף לכתוב בשלב מאוחר.[8] מקובל יותר לפרש, שקהלת גוזר בחלק השני של הפסוק את המסקנה המתבקשת מחלקו הראשון: אם שמו של האדם הוא הדבר החשוב, עדיף יום הפטירה מיום הלידה, "כי ביום הולדו לא ידע איש מה יהיה אם טוב ואם רע, ובמותו נקרא שמו ונודע שהוא אדם טוב" (ראב"ע בפירושו במקום), וכרוח דברי הלל במסכת אבות: "אַל תַּאֲמֵן בְּעַצְמְךָ עַד יוֹם מוֹתְךָ" (אבות פ"ב מ"ד).[9]

אולם נראה יותר שהצדק עם הטוענים שגם כאן – כפי שמתרחש במגילה גם במקומות אחרים – מניח קהלת לפני

7. ייתכן גם שהשמן המוזכר בפסוק מכוון לסעודה חגיגית שלמה, ובפסוקים אלו קהלת "מנחם אולי עני שסובל בשעה שמבין שהסעודה היא מעבר להישג ידו, מכיוון שלא היה לו כסף אפילו עבור השמנים המבושמים המתאימים לחגיגה" (לוהפינק, קהלת, עמ׳ 93).

8. ברטון, קהלת, עמ׳ 139. הוא מביא בפירושו שכך הציעו כבר זיגפריד ומקנייל, ואף על פי שמאמץ את עמדתם הוא מוסיף בהגינות שקשה להבין מה יכולה להיות המוטיבציה של מוסיף הפסוק לעשות זאת.

9. ראו על כך גם אצל זר־כבוד, קהלת, עמ׳ לז; קליין, קהלת, עמ׳ 191. היו שביקשו לבנות זיקה הדוקה עוד יותר בין שני חלקי המשפט, והציעו פירוש אחר ל'שמן' הנידון בפסוקנו. לשיטתם, השמן הנידון כאן אינו מתפקד כסמל לעשירות, אלא הוא מייצג לידה. בעולם הקדום היו סכים את גופו של הנולד בשמן, כך שלפנינו תקבולת מלאה – טוב השם שיש לאדם במותו מהשמן שסכים בו תינוקות קטנים (כבר בחלק מנוסחי פירוש ר"י קרא לקהלת, מובאת אפשרות זו כ"דבר אחר"). מעניין הדבר, שגם ברפואה המודרנית עלתה הטענה שסיכת תינוק פג בשמן יכולה להועיל לגדילתו (ארורה, שמן). שמאי גלנדר ביקש ללכת בדרך זו אך ראה זאת כדימוי בלבד: השמן לדעתו מייצג "את היציאה לדרך, את תחילת התפקיד וראשיתו" (גלנדר, אימרות חריגות, עמ׳ 385; גלנדר, תחת השמש, עמ׳ 64-65). אך קשה להוכיח שיש לשמן משמעות סמלית זו.

הקורא משפט חוכמתי מקובל ומוכר, אך יוצא נגדו, או במקרה שלנו – מציג את המסקנה האירונית הנגזרת ממנו.[10] כאמור, ההטפה להשקיע 'בשם הטוב' – במידה הטובה, בתכונות האופי הראויות, יותר מאשר 'בשמן הטוב' – בהנאות הגוף ובעושר חומרי, היא טענה מקובלת בספרות החוכמה הקדומה. אולם, החלק השני של הפסוק, המסיק מהעדפה זו שגם יום המוות טוב מיום הלידה, הוא חידושו של קהלת. כלומר, בעוד החכם של ספר משלי ביקש לטפח תודעה של אדם שעמל על מידותיו ואורחות חייו ורואה בזה את עיקר כוונתו בחייו ולא בעושר החומרי, בא קהלת ומגיע למסקנה – לאור אותו המשפט עצמו – שעדיף יום המוות מיום הלידה! שמו של האדם מונצח על המצבה שבנו לו, ובהספדים שנאמרים עליו, אכן נוהגים להבליט את 'שמו הטוב' שהלך לפניו, את תכונותיו היפות. ומכאן ממשיך קהלת – אם אתם, אנשי החוכמה, מעדיפים את השם הטוב על פני הנאות החיים, הרי המוות עדיף על פני השמן המלווה את תקופת החיים. זו כמובן מסקנה אירונית, שקשה להניח שאנשי חוכמה אחרים היו חותמים עליה. גם הלל, שאמר בפרקי אבות שאדם לא יכול להאמין בעצמו עד יום מותו, לא התכוון כמובן לומר שעדיף למות מוקדם. קהלת מביא לאבסורד את האמירה החוכמתית.

בקריאה ראשונה נדמה שהאמירה השנייה, המטיפה לאדם ללכת לבית אבל, ממשיכה את המסקנה שזה עתה אמר קהלת – שטוב יום המוות מיום הלידה: "טוֹב לָלֶכֶת אֶל בֵּית אֵבֶל מִלֶּכֶת אֶל בֵּית מִשְׁתֶּה בַּאֲשֶׁר הוּא סוֹף כָּל הָאָדָם וְהַחַי יִתֵּן אֶל לִבּוֹ". אם הגענו למסקנה שהמוות עדיף מיום הלידה, הרי עדיף גם ללכת אל בית אבל מאשר ללכת לבית משתה. אולם למעשה, ההיגד השני לא באמת מעדיף את יום המוות, שהרי חתימתו חוזרת אל האדם החי שאמור לתת אל לבו את יום מותו ולאורו לשפר את דרכיו. זוהי השקפה חוכמתית

10. סאו, קהלת, עמ' 243–245. ראו בכיוון זה גם אצל גורדיס ופוקס בפירושיהם לפסוק.

קלאסית, ושוב נראה שקהלת נשען על תפיסות מקובלות. יושם לב שקהלת לא אומר כאן "סוף כל אדם" אלא סוֹף כָּל הָאָדָם – היינו, סוף כל רצף חיי האדם – מה שיקרה בסוף התהליך המכונה אדם. זה סוף המסע, שלאורו ראוי שהחי ייתן אל ליבו. אכן, קהלת הזכיר כבר את נטייתם של בני האדם להכחיש את מותם, ופסוק זה יכול להשתלב בעמדה זו, שהרי רק במפגש עם המוות 'החי נותן אל לבו', נזכר במותו שלו המחכה לו ומשיל מעליו, ולו לרגע, את אשליית חיי הנצח. עם זאת, בהמשך יחידה זו יתברר שקהלת איננו משלב פתגם זה כאן מתוך הזדהות, אלא גם אותו הוא עומד להאיר באור אירוני.

לאחר שני היגדים שעסקו בעדיפות המוות ובמפגש עם אבלים, פונה קהלת לנושא אחר – שאלת הכעס: "טוֹב כַּעַס מִשְּׂחוֹק כִּי בְרֹעַ פָּנִים יִיטַב לֵב". בדברים אלו משבח קהלת את הקפדנות המחמירה, זו האומרת ביקורת. אם אדם מוכיח את חברו, 'מרע לו פנים', ליבו של אותו אחר ייטב – הוא ייקח מוסר ומצבו ישתפר. לעומת זאת, אדם שהוא מפרגן תמיד לא יספק לזולתו גבולות חיצוניים בעלי נוקשות מספקת, שיסייעו לו לשפר את דרכיו. זו הרוח השלטת גם בספר משלי, שהרי: "שֵׁבֶט וְתוֹכַחַת – יִתֵּן חָכְמָה" (משלי כ״ט, טו), ואף ה׳ נוהג כך: "מוּסַר ה׳ בְּנִי אַל תִּמְאָס וְאַל תָּקֹץ בְּתוֹכַחְתּוֹ. כִּי אֶת אֲשֶׁר יֶאֱהַב ה׳ יוֹכִיחַ וּכְאָב אֶת בֵּן יִרְצֶה" (משלי ג׳, יא-יב).

משום מה, כעת שב קהלת ומשבח את בית האבל: "לֵב חֲכָמִים בְּבֵית אֵבֶל / וְלֵב כְּסִילִים בְּבֵית שִׂמְחָה" (ז׳, ד). ואם לא די בכך, בפסוק הבא חוזר קהלת שוב לחשיבות שמיעת הביקורת והמוסר: "טוֹב לִשְׁמֹעַ גַּעֲרַת חָכָם מֵאִישׁ שֹׁמֵעַ שִׁיר כְּסִילִים. כִּי כְקוֹל הַסִּירִים תַּחַת הַסִּיר כֵּן שְׂחֹק הַכְּסִיל" (ז׳, ה-ו). קפיצות מוזרות אלו בין שני הנושאים מעלות את החשד שלפנינו מבנה מתוכנן אשר חורז במכוון את שני הנושאים המרכזיים הללו, ונדון בכך להלן.

קהלת משווה כאן את שיר הכסילים לקול הסירים תחת הסיר. הביאור המקובל לסירים הנזכרים בפסוק הוא שהכוונה לצמח הסירה הקוצנית, הבוערת ומתפצפצת באש המדורה תחת הסיר; "שיר הכסילים הוא ריק וחסר משמעות, כמו שריפת קוצים,

שאינה מפיצה חום, ורק מקימה רעש".[11] השימוש במצלול כאן הוא אונומטופאי – החזרה על הצלילים ס' ור', הנעזרת גם בצלילי המילה "כְּסִיל" – מחקה את הקול הפיזי של הקוצים המתפצפצים באש. הדימוי לסירה הקוצנית חושף במיוחד את מצבם של הכסילים המרבים בדיבור: "כל העצים כשהן דולקין אין קולן הולך, אבל קוצים אלו כאשר הם דולקים, קולן הולך ואומר: אף אנו עצים!" (קהלת רבה, פר' ז, יג, בתרגום לעברית). הכסילים מבקשים להיות גם הם כיודעי דבר, אך לדיבורי ההבל שיוצאים מפיהם אין הרבה משמעות, גם אם הם יוצרים הרבה רעש.

הערנו לעיל, שיש מן החוקרים שנואשו מהבנת המכנה המשותף של ההיגדים הבאים ברשימת 'הטוב' והציעו שמדובר באסוציאציה חופשית ותו לא. אולם, הרשימה שבאה עד כאן מלוכדת במבנה סגור שמלכד אותה כיחידה העומדת בפני עצמה ומוכיח שלפנינו מעשה אומנותי מחושב. כאמור, רשימת 'טובים' זו קופצת בין שני מוקדים. בעיון נוסף מתברר שקפיצות אלו מאורגנות כשני חלקים מקבילים:

ז', ב–ג	ז', ד–ו
טוֹב לָלֶכֶת אֶל בֵּית אֵבֶל מִלֶּכֶת אֶל בֵּית מִשְׁתֶּה בַּאֲשֶׁר הוּא סוֹף כָּל הָאָדָם וְהַחַי יִתֵּן אֶל לִבּוֹ.	לֵב חֲכָמִים בְּבֵית אֵבֶל וְלֵב כְּסִילִים בְּבֵית שִׂמְחָה.
טוֹב כַּעַס מִשְּׂחוֹק כִּי בְרֹעַ פָּנִים יִיטַב לֵב.	טוֹב לִשְׁמֹעַ גַּעֲרַת חָכָם מֵאִישׁ שֹׁמֵעַ שִׁיר כְּסִילִים. כִּי כְקוֹל הַסִּירִים תַּחַת הַסִּיר כֵּן שְׂחֹק הַכְּסִיל.

בֵּית אֵבֶל ניצב כניגודו של בֵּית מִשְׁתֶּה/שִׂמְחָה בשני ההיגדים הפותחים את שני החלקים, ובשניהם מובעת עדיפות לבית האבלים על פני בית

11. קליין, קהלת, עמ' 191.

משתה השמחה. לצד זאת, בשני ההיגדים הבאים שבשני החלקים יש עדיפות לחכם רע הפנים והכועס, אשר גוער בחניכיו, על פני השחוק, שבחלק השני אף מוגדר כשחוק הכסיל.

משמעות חריזת שני המוקדים הללו זה בזה קשורה בעיצוב דמותו של 'החכם' המתואר בפסוקים אלו. בבית השמחה ובבית המשתה מצויים לרוב גם השחוק ושירי הכסילים, ומכל אלו מונע החכם רגליו (או בלשון הפסוק – מונע את ליבו). הוא מעדיף את בית האבל, והוא גם מעדיף שיגערו בו בכעס, מאשר לשמוע את מוסיקת הריקודים של הפוחזים בבית המשתה. נשוב לאפיון זה להלן כי יש בכוחו לתרום להבנת מגמתה של יחידה זו. אך ההפתעה הגדולה משולבת מייד לאחר שיר הכסילים.

להפתעתנו, מוסיף לפתע קהלת: "וְגַם זֶה הָבֶל" (ז׳, ו). למה מתייחס קהלת? לא נראה שזו הגדרה לשיר הכסילים דווקא, ובמבט ראשון, "קשה להיות בטוח בהבנת הלוגיקה של קהלת בנקודה זו. מדוע ההנחיות שבפסוקים ה-ו הן הבל?".[12] יש מן הפרשנים שהתעלמו מאמירה זו של קהלת, כנראה מתוך תחושה שבספר משולבות אמירות הבל מעין אלו שאינן מתייחסות לטיעון ספציפי אלא נאמרות כאנחה כללית של מי שאינו מוצא פשר. אך יש לשים לב שדווקא הפסוקים שלפנינו מנוסחים כמשפטי חוכמה קלאסיים המשבחים את אמירת המוסר, את הלמידה ואת עדיפות החכם על פני הכסיל. מה הבל בכך? דומה כי פסוקית זו חושפת את סודה של היחידה שלפנינו, ואכן מכאן ואילך קהלת הולך ומבטל את שאמר לפני כן. אכן, לדעתו, כל משפטי החוכמה שציטט הם הבל, ואף על פי שהדבר נהוג להיאמר בקרב חבריו החכמים, הוא מבטלם במחי יד.

כבר בפסוק הבא באה לידי ביטוי שלילת עדיפות החכם וגערותיו: "כִּי הָעֹשֶׁק יְהוֹלֵל חָכָם / וִיאַבֵּד אֶת לֵב מַתָּנָה" (ז׳, ז). גם לחוכמה יש גבול, וגם את החכם יכול הממון לסמא. מתנות יכולות

12. ברתולומיו, קהלת, עמ׳ 248.

לגרום לחכם לאבד את ליבו (את מחשבותיו וכוונותיו), ותשוקתו לממון 'יהולל' (=ישבש) גם את דעתו של החכם.[13]

מתברר, אם כן, שקהלת מבטל את דבריו הקודמים, שלא היו אלא ציטוט של דברי חוכמה שגורים ומקובלים. שוב יוצא קהלת נגד מסורות חוכמתיות, והדבר מציג כמובן באור חדש את דבריו הקודמים.

הצעה זו מקבלת אישור גם נוכח הפסוקים הבאים, שגם בהם ממשיך קהלת ויוצא נגד משפטי החוכמה שהזכיר עד כאן: "טוֹב אַחֲרִית דָּבָר מֵרֵאשִׁיתוֹ טוֹב אֶרֶךְ רוּחַ מִגְּבַהּ רוּחַ. אַל תְּבַהֵל בְּרוּחֲךָ לִכְעוֹס כִּי כַעַס בְּחֵיק כְּסִילִים יָנוּחַ" (ז', ח-ט). אף על פי שלפני כמה פסוקים היה נראה שקהלת מטיף להעדפת הכעס מהשחוק – "טוֹב כַּעַס מִשְּׂחוֹק כִּי בְרֹעַ פָּנִים יִיטַב לֵב" (ג) – כאן מתברר שקהלת טוען ההיפך, שטוב להימנע מן הכעס, ואדרבה, "כַעַס בְּחֵיק כְּסִילִים יָנוּחַ".

להבנת עמדתו של קהלת יש לזכור שבתודעתו יש קשר (פסיכולוגי, גם אם לא אימננטי) בין החוכמה לבין הכעס: "כִּי בְּרֹב חָכְמָה רָב כָּעַס וְיוֹסִיף דַּעַת יוֹסִיף מַכְאוֹב" (א', יח). אין מדובר בפסוקים אלו על חכמים שרק עושים עצמם כועסים לשם חינוך תלמידיהם (ברוח דבריהם של הסטואיקנים או של הרמב"ם ששיבח את 'כעס הפנים' – כעס מעושה שנועד למטרות דידקטיות בלבד). קהלת רואה מול עיניו את החכם כאדם כעוס וממורמר מטבעו, בשל היכרותו עם עוולות העולם. זה שאינו מודע לפגעי העולם ולחוסר ההיגיון שבו יכול להיות שמח וטוב לב, אך דווקא זה הנכנס לעובי הקורה של ארגון המציאות ופוגש כך בעוולות ובחוסר היגיון קיצוני, הופך להיות כעסן ומאבד את סבלנותו לטרדות הזוטרות שמלוות את בני האדם.

לפיכך, כשמפטיר קהלת – אַל תְּבַהֵל בְּרוּחֲךָ לִכְעוֹס – הוא יוצא במיוחד נגד החכם המלמד בכובד ראש ובקפדנות את תלמידיו; הוא יוצא נגד הטוענים שעדיפה תוכחה כעוסה על פני שחוק. לטעמו של

13. ל'יהולל' במשמעות זו השוו: "מֵפֵר אֹתוֹת בַּדִּים וְקֹסְמִים יְהוֹלֵל / מֵשִׁיב חֲכָמִים אָחוֹר וְדַעְתָּם יְסַכֵּל" (ישעיה מ"ד, כה); "מוֹלִיךְ יוֹעֲצִים שׁוֹלָל וְשֹׁפְטִים יְהוֹלֵל" (איוב י"ב, יז).

קהלת, דווקא כסילים הם הכועסים, ומי שבאמת רוצה לנהוג בחוכמה, טוב יעשה אם יתרחק מכובד ראש זה.

זאת ועוד, כעס בא לעיתים קרובות יד ביד עם מידת הגאווה, במיוחד אצל חכם מוכיח, הדורש ברבים, ועל כן, כחלק מהפולמוס הסמוי נגד ׳דמות החכם׳ המצטיירת כאן, אומר קהלת גם: ״טוֹב אֶרֶךְ רוּחַ מִגְּבַהּ רוּחַ״. על פניו, ההצבה של ״אֶרֶךְ רוּחַ״ בניגוד ל״גְּבַהּ רוּחַ״ משונה, שהרי ההיפך מאורך רוח הוא ׳קוצר רוח׳, ובין שתי התכונות הנזכרות כאן אין יחס הפוך: הן לקוחות ממישורי התייחסות שונים. אולם מגמת הדברים מובנת אם תפקידם לנגח את דמות החכם המטיף בשער. הוא כעסן וממורמר, ולצד זאת, משוכנע שהעם הפשוט אינו מודע לגודל חשיבות דבריו. בכך החוכמה נקשרת הן עם עצבנות פילוסופית, הן עם גובה רוח. לעומת שתי תכונות אלו מציב קהלת את ארך הרוח, שאיננו מתנשא על אחרים.

זוהי הדגמה בהירה לשאיפת קהלת לשחרר את עצמו מהאקסיומות של עולם החוכמה המקובל, על הכבדות הנוראה המאפיינת אותו. יהיה זה מוגזם לטעון, שלדעתו טוב עושים אלו המעלים על נס את ההליכה אֶל בֵּית מִשְׁתֶּה. גם את הדבר הזה שלל קהלת בקטעים מוקדמים בספרו. בין השיטין עולה סלידתו מכל העלאה על נס; מכל אידיאולוגיה. האדם הפשוט, אֶרֶךְ הרוּחַ, הוא המוכן לחיות את חייו בתמימות, ללא כובד הראש המוגזם של החכמים, וללא נהנתנות יתר.

מה, אם כן, מגמתה של יחידה זו? האם אפשר להצביע על קו המחבר בין ההליכה אל בית אבל לבין היחס לחכם הגוער ומוסר תוכחות? ומדוע יחידה זו משולבת דווקא כאן כפתיחה לדיון רחב העוסק בשאלת הגמול?

תורת הגמול וספר איוב

זה מכבר הוכח שישנן זיקות רחבות בין קהלת לבין ספר איוב. אומנם, צודק זר־כבוד בכותבו: ״יש בין שני הספרים כמה נקודות מגע, מבחינה לשונית ורעיונית, אבל על פי רוב השונה מרובה מן הדומה״, שהרי ״איוב, בעל היסורים מואס בחייו... ולעומתו קהלת, אומנם הוא שונא

את האנשים החיים בגלל הבליהם ותעלוליהם, אבל את החיים עצמם הוא אוהב ומחייב".[14] אך לצד הפערים בתפיסת העולם שיש בין שני ספרים אלו, ניכר שיח של ממש ביניהם, לעיתים תוכני ולעיתים אף שיח שבא לידי ביטוי במרקם המילים.[15]

בפסוקים שאנו דנים בהם יש לסוגיה זו השלכה דרמטית, מפני שהמקום המובהק ביותר שבו קהלת נשען בלשונו על ספר איוב הוא בצירוף: "טוֹב אַחֲרִית דָּבָר מֵרֵאשִׁיתוֹ" שנזכר במקרא עוד פעם אחת, בתיאור אחרית איוב: "וַה' בֵּרַךְ אֶת אַחֲרִית אִיּוֹב מֵרֵאשִׁתוֹ" (איוב מ"ב, יב).

לקריאת היחידה שלנו על רקע ספר איוב יש משמעות רבה. אם עלינו לחפש אחר רקע ספרותי אפשרי לקישור שיוצר קהלת בין חכמים כבדי ראש המתכנסים בבית אבל, ומטיפים בו מוסר, הרי שסצנת ספר איוב מתאימה ביותר. רעיו של איוב באים לנחמו ופותחים בזה אחר זה בנאומי חוכמה העוסקים בהצדקת מעשי האלוהים. אולם הספר מסתיים באהדה חד־משמעית לאיוב הסובל ולא לרעים־חכמים אלו:

> וַיֹּאמֶר ה' אֶל אֱלִיפַז הַתֵּימָנִי חָרָה אַפִּי בְךָ וּבִשְׁנֵי רֵעֶיךָ כִּי לֹא דִבַּרְתֶּם אֵלַי נְכוֹנָה כְּעַבְדִּי אִיּוֹב. וְעַתָּה קְחוּ לָכֶם שִׁבְעָה פָרִים וְשִׁבְעָה אֵילִים וּלְכוּ אֶל עַבְדִּי אִיּוֹב וְהַעֲלִיתֶם עוֹלָה בַּעַדְכֶם וְאִיּוֹב עַבְדִּי יִתְפַּלֵּל עֲלֵיכֶם כִּי אִם פָּנָיו אֶשָּׂא לְבִלְתִּי עֲשׂוֹת עִמָּכֶם נְבָלָה כִּי לֹא דִבַּרְתֶּם אֵלַי נְכוֹנָה כְּעַבְדִּי אִיּוֹב (איוב מ"ב, ז–ח).

זוהי כמובן הכרעה דרמטית בהקשר ספר איוב, שבה המחבר נוקט עמדה ומצדד דווקא בצד שטען שהאל עשה לו עוול. אכן, מסקנת הספר מורכבת יותר מהצגתה כאן, אך קהלת, כאמור, מצטט מסוף ספר

14. זר־כבוד, קהלת, עמ' 20.
15. ראו במיוחד: קרוגר, איוב וקהלת. הוא עומד על הזיקות שבין הספרים אך מעיר גם על הבדלים שיש ביניהם.

איוב כשאומר ״טוֹב אַחֲרִית דָּבָר מֵרֵאשִׁיתוֹ״, ובכך מפנה את תשומת לב הקורא להכרעה זו.

נראה שקהלת רומז לקוראיו: קראו את דבריי לאור מסקנת ספר איוב, ודעו שיש עוול בעולם, ושאנשי החוכמה הגוערים ומדברים בכובד ראש לא תמיד מדברים נכונה![16]

רקע זה מעניק גם קריאה פשוטה לדברי קהלת המוצגים כמסקנה העולה ׳מפסוקי טוב׳ אלו: ״רְאֵה אֶת מַעֲשֵׂה הָאֱלֹהִים כִּי מִי יוּכַל לְתַקֵּן אֵת אֲשֶׁר עִוְּתוֹ״ (ז׳, יג). מיהו זה שעִוֵּת בפסוק זה? קהלת כמו נמנע ברגישותו התיאולוגית מלומר את הדברים במפורש, אבל ברור שהמעַוֵּת הוא האל. והנה, מילים אלו חולקות בגלוי על דברי בלדד החושי לאיוב: ״הַאֵל יְעַוֵּת מִשְׁפָּט וְאִם שַׁדַּי יְעַוֵּת צֶדֶק״ (איוב ח׳, ג; השוו גם לדברי אליהוא באיוב ל״ד, י-יב). עמדתו של איוב עצמו הפוכה מעמדת בלדד. ככל ששיח איוב ורעיו מתלהט, מתעמת איוב עם דברי בלדד וטוען ״אֱלוֹהַּ עִוְּתָנִי״ (איוב י״ט, ו). הנה כי כן, קהלת מזדהה לחלוטין עם איוב ולא עם בלדד! אכן כדבריך – אומר קהלת לאיוב – יש עיוות במציאות שלא ניתן לתקנה.

אך קהלת אינו מסתפק בכך, והוא פוסע צעד נוסף מעבר לאיוב. קשה לומר שבפסוקים שלפנינו יש אימוץ גמור של עמדת איוב, מפני שקהלת מציג גם את גישתו של איוב כתמימות ילדותית כמעט. אחת המחלוקות העקרוניות בין איוב לרעיו היא האם יכול אדם לדון עם אלוהיו ולהתווכח עימו. בעוד הרֵעים מסתייגים מכך, איוב שם נפשו בכפו וקורא את אלוהיו לדין – ״עַל מָה אֶשָּׂא בְשָׂרִי בְשִׁנָּי וְנַפְשִׁי אָשִׂים בְּכַפִּי. הֵן יִקְטְלֵנִי לא [קרי: לו] אֲיַחֵל אַךְ דְּרָכַי אֶל פָּנָיו אוֹכִיחַ״ (איוב

16. נדמה שגם בספר איוב עולה נימה השוללת את הסמכות שהחכמים נוטלים לעצמם, כפי שעולה למשל בפסוקים הבאים: ״אֲשֶׁר בְּיָדוֹ נֶפֶשׁ כָּל חָי / וְרוּחַ כָּל בְּשַׂר אִישׁ. הֲלֹא אֹזֶן מִלִּין תִּבְחָן / וְחֵךְ אֹכֶל יִטְעַם לוֹ. בִּישִׁישִׁים חָכְמָה / וְאֹרֶךְ יָמִים תְּבוּנָה. עִמּוֹ חָכְמָה וּגְבוּרָה / לוֹ עֵצָה וּתְבוּנָה (איוב י״ב, י-יג). שלא כטענה הרווחת – אומר איוב – שבידי הזקנים מצויה החוכמה, היא באמת מצויה רק אצל ה׳ והוא המחליט למי להעניק ממנה. הכרעה במשמעות פסוקים אלו קשורה בשאלות פרשניות נוספות שאין כאן המקום להכריע בהן.

י"ג, יד-טו); "אַף עַל זֶה פָּקַחְתָּ עֵינֶךָ וְאֹתִי תָבִיא בְמִשְׁפָּט עִמָּךְ" (איוב י"ד, ג). בנקודה בסיסית זו, קהלת חולק על איוב, אך מטעם שונה מזה של הרֵעים. לטעמו של קהלת, העוולות המתרחשות במציאות הן הנחת יסוד שאין מקום לתהות עליה; כך הם פני הדברים ואדם אינו יכול לדון עם שתקיף ממנו! השאלה האמיתית לדעתו של קהלת איננה למה הדברים מתרחשים באופן כזה, אלא איך עלינו להתנהל בתוך מציאות שיש בה גם עוול.

בהקשר זה, מקבל הפסוק הבא את משמעותו המלאה: "אַל תֹּאמַר מֶה הָיָה שֶׁהַיָּמִים הָרִאשֹׁנִים הָיוּ טוֹבִים מֵאֵלֶּה כִּי לֹא מֵחָכְמָה שָׁאַלְתָּ עַל זֶה" (ז', י). זהו משפט כללי היוצא נגד כבדי הראש הרואים את הדור הצעיר ונוהגים להתעמת עם חידושיו ולהתגעגע לימים שעברו. קהלת יוצא נגד געגועים אלו לא בגלל שמעצם הגדרתו העבר לא היה טוב מההווה, אלא "כִּי לֹא מֵחָכְמָה שָׁאַלְתָּ עַל זֶה" – הקובלנה על דבר זה איננה דבר שבחוכמה.[17] היו שתלו את חוסר החוכמה שבשאלה זו בתפיסתו של קהלת שההיסטוריה חוזרת על עצמה ואין בה כל התפתחות, כך שאין באמת הבדל בין העבר להווה.[18] גם ייתכן שאין זה מן התבונה להתרפק על העבר, מפני שאין בכוח ציפייה זו לקדם את מצבו הנוכחי של האדם. אולם אם אומנם ספר איוב עומד ברקע פסוקים אלו, מקבל משפט זה משמעות מדויקת יותר.[19] איוב הוא כמובן אב־טיפוס למי שהיה רוצה להחזיר את גלגל ההיסטוריה אחורה, לתקופה שבה ישב עם בני ביתו, כשהם נהגו גם לשבת בבית המשתה ולשמוח איש עם רעהו ועם שלוש אחיותיהם. לפי קהלת, התנהלות המציאות היא כזו שאי אפשר לתהות עליה, להחזיר אותה

17. ראו גם אצל פוקס, קהלת, עמ' 46.
18. ברתולומיו, קהלת, עמ' 249.
19. להצעת קריאת פסוק זה על רקע איוב ראו בפירושו של ר' גדליה אבן יחיא: "סיפר כי יש אנשים חכמים אשר יאבדו עושרם בעניין רע ומבלי סבה בא מפאת עצמם, כאיוב וזולתו... ולפעמים יקראו תגר על הדבר לאמר מה היה הסבה שהימים הראשונים היו טובים מאלה, ודברים רבים בדומה, כדברי איוב" (פירושו לקהלת, על אתר).

אחורה או אפילו להבין אותה. אין לו לאדם אלא לקבל את המציאות, חסרת היגיון ככל שתהיה.

אם אומנם דיונו של קהלת בשאלת הגמול נפתח בנקודת הסיום של ספר איוב, היחידה הנידונה יכולה לקבל פשר נוסף. כאמור לעיל, ׳משפטי הטוב׳ המשולבים בתחילת הרשימה מתבטלים לאור המשכה, כך שבאמת קהלת יוצא נגד שבח החכם הכועס, הגוער באחרים. אך אין ב׳רשימת הטובים׳ יציאה גלויה נגד האמירה שבית האבל עדיף על בית משתה. דברים אלו נשארו על כנם גם בסוף הרשימה.

כזכור, המרחב הגיאוגרפי של ספר איוב נע מבית משתה לבית אבל, כלומר, ספר איוב מתחיל בתיאור בני איוב היושבים בבית משתה: "וְהָלְכוּ בָנָיו וְעָשׂוּ מִשְׁתֶּה בֵּית אִישׁ יוֹמוֹ וְשָׁלְחוּ וְקָרְאוּ לִשְׁלֹשֶׁת אַחְיֹתֵיהֶם לֶאֱכֹל וְלִשְׁתּוֹת עִמָּהֶם" (א׳, ד). אולם רובו ככולו של הספר מתרחש בבית אבלו של איוב, שאליו מתכנסים רעיו החכמים, הבאים לנחמו ומתוך כך גם גוערים בו במליצות חוכמה: "וַיִּשְׁמְעוּ שְׁלֹשֶׁת רֵעֵי אִיּוֹב אֵת כָּל הָרָעָה הַזֹּאת הַבָּאָה עָלָיו וַיָּבֹאוּ אִישׁ מִמְּקֹמוֹ... וַיִּוָּעֲדוּ יַחְדָּו לָבוֹא לָנוּד לוֹ וּלְנַחֲמוֹ" (ב׳, יא).

קהלת, המתייחס אף הוא לבית המשתה ולבית האבל, כמו דורש מחדש את התיאור "וַה׳ בֵּרַךְ אֶת אַחֲרִית אִיּוֹב מֵרֵאשִׁתוֹ", ומעמיד את ראשית איוב שהתרחשה בבית משתה מול אחריתו המתרחשת בבית אבל. ואכן, בבית האבל של איוב נשמעות לרוב גערות חכמים, ובית אבל זה מלא כעס וכובד ראש, אך ממנו יוצאת פנינה חוכמתית שלא הייתה באה לעולם לולא אותו צדיק שאבד בצדקו. אם קוראים כך את הפסקה, לא ניתן להסתפק עוד בהצעתנו הקודמת שקהלת מבטל את החוכמה כמו את הכסילות מפני שגם החכם יכול ליפול קורבן לתאוות ממון. המסר של קהלת מורכב יותר: קשה לסמוך על פתגמי החוכמה ולא מומלץ להתנהל בעולם כעוסים ומרירים, אך אם כבר יש לעסוק בחוכמה, טובה זו המפוכחת, שבוקעת מבית האבל; שם יש סיכוי שהחי ייתן אל ליבו, ועל חוכמה זו אפשר לומר "הַחָכְמָה תְּחַיֶּה בְעָלֶיהָ" (ז׳, יב). רק בתום המסע של איוב, שכולו ייסורים וחוויה אינטנסיבית של העוול והצרימות שבעולם, ראוי לשמוע מה בפיו.

לאור זאת גם ברור מדוע יחידה זו משולבת כאן, כמבוא לעיסוקו של קהלת בתורת הגמול. רגע לפני שהוא דן בסוגיות הללו, מסלק קהלת הצידה כל ספק באשר לנקודות המוצא של הדיון. הנחות היסוד של כתיבה הבאה אחרי ספר איוב הן שיש בעולם עוולה, ושאלו המבקשים להצדיק את מעשי האל הבאים על צדיק סובל אינם מדברים נכונה. העולם אכן צורם ומעוות, ולאור זאת יוצא קהלת למסע המנסה להתוות דרכי חיים בתוך עולם מעוות כזה.

הערה אחרונה יש לומר על הפסוק – המפתיע למדי במבט ראשון – שבו קהלת חותם פסוקי מבוא אלו:

טוֹבָה חָכְמָה עִם נַחֲלָה וְיֹתֵר לְרֹאֵי הַשָּׁמֶשׁ.
כִּי בְּצֵל הַחָכְמָה בְּצֵל הַכָּסֶף
וְיִתְרוֹן דַּעַת הַחָכְמָה תְּחַיֶּה בְעָלֶיהָ (ז', יא-יב).

האומנם לפנינו תיאור שבח לחוכמה? אם כן, מדובר באי בודד בלב הספר הסוער והפולמוסי הזה, שמבקר את החוכמה המקובלת על כל צעד ושעל. רק לפני כמה פסוקים טען קהלת שגם חכמים אינם חסינים מפני תאוות הממון ובשל כך עלולים לאבד את ליבם על נקלה (ז', ז). רבים מפרשים כאן שאכן קהלת משווה בין חוכמה לבין נחלה = נכסים, ולדעתו שניהם מעניקים לאדם יתרון בחייו, כל עוד הוא 'רואה את השמש'. ובהשוואה זו מעניק קהלת עדיפות לחוכמה, שבכוחה להחיות את האוחזים בה. אם נאמץ קריאה זו נצטרך להגיע למסקנה שלפחות כאן מזדהה קהלת עם ספרות החוכמה הקלאסית שאוהבת לבטא את עדיפות החוכמה על פני העושר, ולהביע את הבטחת החיים שהיא מביאה בכנפיה, כמו הפסוקים הקלאסיים מספר משלי:

אַשְׁרֵי אָדָם מָצָא חָכְמָה וְאָדָם יָפִיק תְּבוּנָה.
כִּי טוֹב סַחְרָהּ מִסְּחַר כָּסֶף וּמֵחָרוּץ תְּבוּאָתָהּ.
יְקָרָה הִיא מפניים [קרי: מִפְּנִינִים] וְכָל חֲפָצֶיךָ לֹא יִשְׁווּ בָהּ.
אֹרֶךְ יָמִים בִּימִינָהּ בִּשְׂמֹאולָהּ עֹשֶׁר וְכָבוֹד.

דְּרָכֶיהָ דַרְכֵי נֹעַם וְכָל נְתִיבוֹתֶיהָ שָׁלוֹם.
עֵץ חַיִּים הִיא לַמַּחֲזִיקִים בָּהּ וְתֹמְכֶיהָ מְאֻשָּׁר (משלי ג', יג-יח).

אולם, יש מקום לבחינה נוספת של דברי קהלת. יש לשים לב שקהלת אינו אומר שטובה החוכמה מנחלה – כסגנון הקבוע של פסוקים אלו – אלא דווקא "טוֹבָה חָכְמָה **עִם** נַחֲלָה". הצמדת החוכמה לנכסים ממשיכה ביתר שאת בהיגד הבא: "כִּי בְּצֵל הַחָכְמָה בְּצֵל הַכָּסֶף". מאחר שאין כל מילת זיקה בין שני הפרמטרים הנזכרים, נראה הדבר כשניים שלא ניתן לנתק ביניהם: אדם יכול לשבת בביטחון בצל החוכמה כל עוד לצידו גם נחלה,[20] ברוח דברי המשנה באבות: "יָפֶה תַלְמוּד תּוֹרָה עִם דֶּרֶךְ אֶרֶץ, שֶׁיְּגִיעַת שְׁנֵיהֶם מְשַׁכַּחַת עָוֹן. וְכָל תּוֹרָה שֶׁאֵין עִמָּהּ מְלָאכָה, סוֹפָהּ בְּטֵלָה וְגוֹרֶרֶת עָוֹן" (אבות פ"ב, מ"ב).[21] בהיגד השלישי אומנם מדבר קהלת על "יִתְרוֹן דַּעַת – הַחָכְמָה תְּחַיֶּה בְעָלֶיהָ", ומכך הסיקו רבים שקהלת רומז שעדיפה החוכמה על פני הכסף, אך קהלת לא משווה במשפט זה בין שני אלו, אלא אומר שיש 'יתרון' לחוכמה, כמשמעות המילה בכל הספר – יש 'תועלת' בחוכמה, ומתברר שהוא ממשיך להתייחס אל החוכמה במושגים של ממון – "תְּחַיֶּה **בְעָלֶיהָ**".

לפיכך, נראה שגם כאן קהלת מדבר במושגים שכיחים המצויים בספרות החוכמה אך מוסיף תפנית של ממש. הצמדת הנחלה לחוכמה מסייגת את ערכה האבסולוטי של החוכמה. קהלת אינו מביע בפסוק זה אהדה לערך החוכמה כשלעצמו, כמקובל בספרות החוכמה, אלא ליתרון הפרגמטי שלה; מי שיש בו חוכמה, כמוהו כמי שיש לו נחלה,

20. ויקס, סקפטיות, עמ' 101; פוקס העיר שפרשנות זו משתלבת עם עמדת קהלת במקומות אחרים: "וְחָכְמַת הַמִּסְכֵּן בְּזוּיָה וּדְבָרָיו אֵינָם נִשְׁמָעִים" (ט', טז; פוקס, קהלת, עמ' 47).
21. היו שהעדיפו כאן את נוסח השבעים (ועוד תרגומים עתיקים) שמהם עולה שבפסוק נאמר: 'כצל החכמה כצל הכסף', ולפי זה משמעות הפסוק היא: 'הביטחון שמעניקה החוכמה לאדם הוא כביטחון שמעניק הכסף' (ראו למשל אצל ברטון, קהלת, עמ' 141, 143). לעניין דיוננו אין הבדל של ממש בין הקריאות, כי גם כך מדמה קהלת את החוכמה לצבירת הממון, ובדבר זה, הוא יוצא נגד החכמים הבטוחים בכוחם שלהם ונוטים לזלזל בצוברי הרכוש.

יוכל לחיות, לשרוד, להתקיים בעולם. אווירה זו רחוקה מההערצה שיש לחוכמה בספרי מקרא אחרים. יפה כתב כאן ליונג סאו:

> עלינו להבין את ההערה בדבר היתרון של ידע וחוכמה במובן מצומצם זה: ׳ידע הוא יתרון, והחוכמה מאפשרת לבעליה להישאר בחיים׳. העניין הוא לא שחוכמה מבטיחה חיים, או שהיא נותנת חיים. כך רבים אחרים הבינו את מטרת החוכמה (למשל משלי ג׳). אבל קהלת לא אומר שיתרון החוכמה הוא שזהו הכוח המחולל את החיים. הוא מתכוון שחוכמה מאפשרת לחיות – כמו ההקלה שצל עשוי לספק. זה מאפשר הישרדות. זה עוזר להתמודד. החוכמה, מבחינת קהלת, איננה מעניקה לאדם קביעות, ואיננה מעניקה לו שליטה בחיים עצמם. זה, כמו כל רכוש, שאיננו אלא צל, מספק הקלה רגעית אחת בלבד.[22]

בעיית הגמול (ז׳, יג-ט׳, י)

שאלת הגמול היא מהשאלות המלוות את ספרות החוכמה והספרות הדתית בכלל מאז היווסדן. לרוב, לצד השאלות מנסה כל מחבר לתת לקוראיו גם תשובות או כיוונים לפתרון מצוקה תיאולוגית־קיומית זו. אך אצל קהלת השאלה רתומה לבעיה הגדולה יותר שהוא רואה מול עיניו – חוסר סדר עמוק המלווה את המציאות. כאוס זה בא לידי ביטוי מובהק בגמול שמקבלים אנשים על מעשיהם ועל כן קהלת מקדיש לכך דיון רחב, אך השאלה לא נשאלת מנקודת המוצא הדתית־המוסרית, אלא מנקודת המוצא של הניסיון להוכיח שהעולם מתנהל בחוסר היגיון ובהירות.

22. סאו, קהלת, עמ׳ 250. איננו בטוחים שהצדק איתו בהבנת המונח ׳צל׳ כביטוי לדבר חולף וזמני. בהחלט ייתכן שקהלת מתכוון כאן לדימוי של צל במשמעות של הגנה ותמיכה, ועם זאת, דבריו של סאו מוצדקים בכל הנוגע למגמת הפסוקים.

׳גמול׳ אלוהי (ז׳, יג-כה)

נחלק את החטיבה הגדולה הבאה לחלקי משנה, לשם נוחות הדיון. נפתח באחת האמירות הנוקבות שיוצאות מפי קהלת (ז׳, יג-כט):

> רְאֵה אֶת מַעֲשֵׂה הָאֱלֹהִים כִּי מִי יוּכַל לְתַקֵּן אֵת אֲשֶׁר עִוְּתוֹ. בְּיוֹם טוֹבָה הֱיֵה בְטוֹב וּבְיוֹם רָעָה רְאֵה גַּם אֶת זֶה לְעֻמַּת זֶה עָשָׂה הָאֱלֹהִים עַל דִּבְרַת שֶׁלֹּא יִמְצָא הָאָדָם אַחֲרָיו מְאוּמָה.
> אֶת הַכֹּל רָאִיתִי בִּימֵי הֶבְלִי יֵשׁ צַדִּיק אֹבֵד בְּצִדְקוֹ וְיֵשׁ רָשָׁע מַאֲרִיךְ בְּרָעָתוֹ. אַל תְּהִי צַדִּיק הַרְבֵּה וְאַל תִּתְחַכַּם יוֹתֵר לָמָּה תִּשּׁוֹמֵם. אַל תִּרְשַׁע הַרְבֵּה וְאַל תְּהִי סָכָל לָמָּה תָמוּת בְּלֹא עִתֶּךָ. טוֹב אֲשֶׁר תֶּאֱחֹז בָּזֶה וְגַם מִזֶּה אַל תַּנַּח אֶת יָדֶךָ כִּי יְרֵא אֱלֹהִים יֵצֵא אֶת כֻּלָּם.
> הַחָכְמָה תָּעֹז לֶחָכָם מֵעֲשָׂרָה שַׁלִּיטִים אֲשֶׁר הָיוּ בָּעִיר. כִּי אָדָם אֵין צַדִּיק בָּאָרֶץ אֲשֶׁר יַעֲשֶׂה טּוֹב וְלֹא יֶחֱטָא. גַּם לְכָל הַדְּבָרִים אֲשֶׁר יְדַבֵּרוּ אַל תִּתֵּן לִבֶּךָ אֲשֶׁר לֹא תִשְׁמַע אֶת עַבְדְּךָ מְקַלְלֶךָ. כִּי גַּם פְּעָמִים רַבּוֹת יָדַע לִבֶּךָ אֲשֶׁר גַּם את [קרי: אַתָּה] קִלַּלְתָּ אֲחֵרִים.
> כָּל זֹה נִסִּיתִי בַחָכְמָה אָמַרְתִּי אֶחְכָּמָה וְהִיא רְחוֹקָה מִמֶּנִּי. רָחוֹק מַה שֶּׁהָיָה וְעָמֹק עָמֹק מִי יִמְצָאֶנּוּ. סַבּוֹתִי אֲנִי וְלִבִּי לָדַעַת וְלָתוּר וּבַקֵּשׁ חָכְמָה וְחֶשְׁבּוֹן וְלָדַעַת רֶשַׁע כֶּסֶל וְהַסִּכְלוּת הוֹלֵלוֹת.

פתיחת הדיון בשאלת הגמול כבר אומרת את המסקנה העגומה: ״רְאֵה אֶת מַעֲשֵׂה הָאֱלֹהִים כִּי מִי יוּכַל לְתַקֵּן אֵת אֲשֶׁר עִוְּתוֹ״ (ז׳, יג). כבר הערנו לעיל, שגם אם קהלת חושף טפח ומכסה טפחיים, ברורה כוונתו: יש במעשה האלוהים עיוותים, ואין בכוחו של האדם לתקן זאת. פסוק זה מהדהד את מה שכבר אמר קהלת: ״מְעֻוָּת לֹא יוּכַל לִתְקֹן״ (א׳, טו), אולם שם דיבר קהלת על ׳מעשים שנעשים׳ (״רָאִיתִי אֶת כָּל הַמַּעֲשִׂים שֶׁנַּעֲשׂוּ תַּחַת הַשָּׁמֶשׁ״ – א׳, יד), ללא נושא שאחראי על מעשים אלו. כאן, מזהה קהלת את האל עם המעשים הללו,[23] ובכך נכנסים אותם

23. רשב״ם בפירושו על אתר; פוקס, קהלת, עמ׳ 47, ועוד. אולם ראו את פירושיהם של ראב״ע ושל ר״י כספי לפסוק, שניכר מהם הקושי שעמד בפניהם לפרש כך.

הנתונים שכבר נידונו קודם, למגרש סמנטי אחד – מגרש תיאולוגי שמציף את שאלת הצדק בעולם. לא־פעם, תכונת היושר מוסבת במקרא על אלוהים: "אֵל אֱמוּנָה וְאֵין עָוֶל צַדִּיק וְיָשָׁר הוּא" (דברים ל"ב, ד), ובמיוחד בספרות החכמה – ואף בהקשר שאלת הגמול בעולם – כמו: "לְהַגִּיד כִּי יָשָׁר ה' צוּרִי וְלֹא עלתה [קרי: עַוְלָתָה] בּוֹ" (תהלים צ"ב, טז), והנה קהלת טוען שהתבוננות במאורעות בני האדם בעולם מובילה למסקנה שהאל עושה גם עיוותים שלא ניתן לתקן.[24]

מאחר שיש עוותים במציאות שלא ניתן לתקנם, מתבקשת המסקנה הבאה: "בְּיוֹם טוֹבָה הֱיֵה בְטוֹב וּבְיוֹם רָעָה רְאֵה גַּם אֶת זֶה לְעֻמַּת זֶה עָשָׂה הָאֱלֹהִים עַל דִּבְרַת שֶׁלֹּא יִמְצָא הָאָדָם אַחֲרָיו מְאוּמָה" (ז', יד). על דרך הגוזמה אפשר היה להציע שאת הפסוק הזה מפנה קהלת ישירות לאיוב ומבקש לנחמו. כשהיה לך טוב – שמחת בטוב; כעת כשרע לך – תקבל גם את זה. זה כמו זה הם תוצאות ידה של ההשגחה.

שלא כדרכו, בפסוק יד חושף קהלת פשר אפשרי לעיוות הדין שיש במציאות. שלא כדרכו, מפני שבדרך כלל קהלת מציע דרכי התמודדות, ולא הצעות ליישוב פילוסופי של הקושי, וגם כאן, מדובר בהצצה קלה לתחום התיאולוגי כשלעצמו. מפסוקנו עולה שתכלית המבנה השבור של המציאות היא למנוע מהאדם הבנה: "עַל דִּבְרַת שֶׁלֹּא יִמְצָא הָאָדָם אַחֲרָיו מְאוּמָה". אלוהים מנהיג את עולמו בחוסר מובנות כדי שהאדם לא יוכל להסביר לעצמו את העולם. שילוב המונח 'אחריו' רומז שקהלת רואה כאן מול עיניו את ציר הזמן – לא רק שאדם לא יכול לבאר את עצם פעולת האל, אלא שהוא לא יוכל לדעת מה טומן העתיד, מה עומד לקרות 'אחריו'. פוקס כתב דברים דומים בניסוח חריף עוד יותר: "האל שומר את גלגל המזל מסתובב, כביכול, כדי למנוע מבני האדם לדעת את העתיד. באופן דומה, קנאה אלוהית בידע האנושי הוא מוטיב מרכזי בסיפור גן עדן".[25]

לאחר הצהרה דתית רבת רושם זו, פונה סוף סוף קהלת לבעיה

24. השוו: פרי, קהלת, עמ' 212.
25. פוקס, קהלת, עמ' 48.

המרכזית שבה הוא מבקש לדון: ״אֶת הַכֹּל רָאִיתִי בִּימֵי הֶבְלִי יֵשׁ צַדִּיק אֹבֵד בְּצִדְקוֹ וְיֵשׁ רָשָׁע מַאֲרִיךְ בְּרָעָתוֹ. אַל תְּהִי צַדִּיק הַרְבֵּה וְאַל תִּתְחַכַּם יוֹתֵר לָמָּה תִּשּׁוֹמֵם. אַל תִּרְשַׁע הַרְבֵּה וְאַל תְּהִי סָכָל לָמָּה תָמוּת בְּלֹא עִתֶּךָ. טוֹב אֲשֶׁר תֶּאֱחֹז בָּזֶה וְגַם מִזֶּה אַל תַּנַּח אֶת יָדֶךָ כִּי יְרֵא אֱלֹהִים יֵצֵא אֶת כֻּלָּם״ (ז׳, טו–יח).

מאחר שיש צדיק האובד בצדקו, ויש רשע שחי לאורך ימים למרות רשעותו, מתברר שאין יחס ישיר בין מעשיו של האדם לבין קורותיו הבאים עליו; ומאחר שלא בשאלת צדיקותו/רשעותו של האדם תלויות נסיבות חייו, המסקנה היא שאין להגזים באחד משני כיוונים אלו:

״אַל תְּהִי צַדִּיק הַרְבֵּה וְאַל תִּתְחַכַּם יוֹתֵר – לָמָּה תִּשּׁוֹמֵם״.
״אַל תִּרְשַׁע הַרְבֵּה וְאַל תְּהִי סָכָל – לָמָּה תָמוּת בְּלֹא עִתֶּךָ״.

כמקובל בספרות החכמה קהלת מזהה את ׳הצדיק׳ עם ׳החכם׳, והוא ממליץ לא להגזים בשניהם כדי לא ׳להישומם׳.[26] במקביל הוא מזהה גם את הרשע עם הכסיל, ולא כדאי לאמץ גם צד זה בהגזמה, כדי לא למות טרם עת.

הקריאה הפשוטה של פסוקים אלו היא שקהלת ממליץ לאחוז גם בצדקות וגם ברשעות, כלומר להלך בבינוניות דתית: לא לפשוע, שהרי ה׳ מעניש את החוטאים; אך גם לא להדר ולהחמיר, שהרי עמדה זו תוביל את האדם לאכזבה ולדיכאון.[27]

26. אף על פי ש׳תִּתְחַכַּם׳ – בבניין התפעל – יכול להורות על ׳עושה עצמו חכם׳, מתוך הקבלת שני האיברים בפסוק עולה שכאן הכוונה למי שמתאמץ בחוכמה – ״וְאַל תִּתְחַכַּם יוֹתֵר״ מקביל בהקבלה כיאסטית לצירוף ״אַל תִּרְשַׁע הַרְבֵּה״ (ראו למשל אצל פוקס, קהלת, עמ׳ 49; סאו, קהלת, עמ׳ 253).

27. משתומם הוא בדרך כלל מי שנבהל או נדהם (ראו: ירמיה ד׳, ט; ישעיה נ״ט, טז; דניאל ח׳, כז). אולם יש גם השתוממות שמביעה דיכאון נפשי, כמו: ״כִּי רָדַף אוֹיֵב נַפְשִׁי דִּכָּא לָאָרֶץ חַיָּתִי הוֹשִׁיבַנִי בְמַחֲשַׁכִּים כְּמֵתֵי עוֹלָם. וַתִּתְעַטֵּף עָלַי רוּחִי בְּתוֹכִי יִשְׁתּוֹמֵם לִבִּי״ (תהלים קמ״ג, ג–ד). קדרי במילונו פירש את פסוקנו

היו שהציעו לקרוא את המסקנה: "תֶּאֱחֹז בָּזֶה וְגַם מִזֶּה אַל תַּנַּח אֶת יָדֶךָ" כמוסבים על פסוק טז: "אַל תְּהִי צַדִּיק הַרְבֵּה וְאַל תִּתְחַכַּם יוֹתֵר", לאמור: האדם צריך להיות גם צדיק וגם חכם.[28] יותר משפרשנות זו נשענת על ניתוח הטקסט, היא מנסה לעקוף את הבעיה העולה מהקריאה הפשוטה של הפסוק, וכפי שמסגיר זר־כבוד בהערותיו לפירושו: "אין זה מסתבר שקהלת התכוון לומר שיחזיק גם בצדק וגם ברשע, גם בחכמה וגם בסכלות".[29] אולם הצעה זו מאולצת במקצת. מהי באמת אותה 'צדיקות' שקהלת מטיף כאן לקורא שלא לנהוג בה בקיצוניות? אפשר לראות זאת כיציאה נגד קפדנות דתית טכנית, אך מכל ההצעות שהוצעו נראית במיוחד הפרשנות שרואה בפסוק זה יציאה נגד השאיפה הלא מתפשרת לצדק מוסרי ולחוכמה.[30]

מסקנתו של קהלת מרחיקת לכת אפוא: הוא טוען שצריך לאחוז הן בצדקות הן ברשעות. בהקשר המקראי צדיק ורשע הם מונחים מוסריים בראש ובראשונה. נראה אם כן שהצדיק שאת נטיותיו מבקש קהלת למתן הוא הנוקט תמיד בשורת הדין. מדי פעם צריך לעגל פינות, ואדרבה, דווקא התנהלות זו עוזרת להזרים את החיים ביתר אלגנטיות ונינוחות, עד כדי כך שיכול קהלת לומר ש'ירא אלוהים' הוא זה שמבין שלא תמיד אמת המידה של הצדק היא זו שעל פיה חייב אדם לכלכל את מעשיו. דומה עמדה זו לדברי חז"ל הטוענים שבית המקדש נחרב על שהעמידו דבריהם על דין תורה (בבא מציעא פח ע"א). דהיינו, לעיתים יש משהו נוקשה מדי בעמדה של צדק ויושר עד הסוף, שאינם מותאמים למציאות. זאת, לפי קהלת – דווקא כי יש בעולם חסרונות או עיוותים. אם היה העולם ישר, מידת הדין הייתה

במשמעות של 'גרם לעצמו הרס' (קדרי, מילון, עמ' 1114), וגם זו קריאה אפשרית.

28. כך כבר ר' יוסף קרא ור' משה אלשיך בפירושיהם במקום, וכן: זר־כבוד, קהלת, עמ' מד; שניידר, החכם הצדיק.

29. זר־כבוד, קהלת, עמ' מד, הערה 46.

30. על אפשרויות הקריאה הנזכרות ראו אצל סטריינג', מתינות.

הולמת, אך משאין כך, ובעולם יש מהמורות – אם אדם יפלס את כל דרכיו בפלס הצדק בלבד, הוא ייפול באותן מהמורות.

המשך הדיון בצדיקים וברשעים ממשיך בפסוק כ: "כִּי אָדָם אֵין צַדִּיק בָּאָרֶץ אֲשֶׁר יַעֲשֶׂה טּוֹב וְלֹא יֶחֱטָא", אך משום מה לפני כן משולב פסוק יט שנראה לא קשור כלל לנושא הנידון: "הַחָכְמָה תָּעֹז לֶחָכָם מֵעֲשָׂרָה שַׁלִּיטִים אֲשֶׁר הָיוּ בָּעִיר". גאלינג, ובעקבותיו נוספים, הציעו שהפסוק הוזז ממקומו המקורי, ומלכתחילה הוא היה אחרי פסוק יב, באופן הבא:

(יב) כִּי בְּצֵל הַחָכְמָה בְּצֵל הַכָּסֶף וְיִתְרוֹן דַּעַת הַחָכְמָה תְּחַיֶּה בְעָלֶיהָ.
(יט) הַחָכְמָה תָּעֹז לֶחָכָם מֵעֲשָׂרָה שַׁלִּיטִים אֲשֶׁר הָיוּ בָּעִיר.

לשם הלכידות המלאה של הפסוקים, הם אף הציעו לגרוס "עושר" תחת "עֲשָׂרָה" שבפסוק יט.[31] לאחר שינויים כה רבים, אכן יש לפנינו הצעת קריאה יפה ורציפה, אך אין לפנינו עוד את הטקסט של מגילת קהלת.

ייתכן שגם כאן, הדיאלוג המרומז שנוהג קהלת לנהל עם פתגמי חוכמה מקובלים עשוי לסייע בפתרון הבעיה. גם כאן נראה שקהלת מצטט תפיסה רווחת, כדי לחלוק עליה. כשקהלת הזכיר את הצדיק, הוא הזכיר לצידו גם את החכם ("אַל תְּהִי צַדִּיק הַרְבֵּה וְאַל תִּתְחַכַּם יוֹתֵר"), וכשדיבר על הרשע, היה זה רשע כסיל ("אַל תִּרְשַׁע הַרְבֵּה וְאַל תְּהִי סָכָל"). ובכן, עתה המליץ קהלת לאדם שלא להרבות בצדקות ובחוכמה יתר על המידה, כי אם מי שיאחז במידה זו לא יבין את הגמול שיבוא עליו, הרי בכל מקרה עלולים לבוא עליו כמאורעות הרשעים. גם הוא עלול לעת זקנה לחלות ולקרוס, ואז לא יועילו לו כל חוכמתו וצדקתו.

בהקשר הזה מביא קהלת פתגם חוכמתי מקובל וידוע, ושם אותו בפיו של בר פלוגתא אפשרי: הרי ידוע שהחוכמה 'תעוז' (=תיתן כוח

31. גינזברג, קהלת, עמ׳ 98; פוקס, קהלת, עמ׳ 49.

ותחזק) את החכם מעשרה שליטים שהיו בעיר![32] איך תאמר לנו, אם כן, לא להתחכם הרבה?! סגנון הפסוק מתאים לרוח החוכמתית, וגם תוכנו נשמע כמו לקוח מספר משלי: החכם עדיף על פני שליטי העיר, והוא זה שיכול להציל אותה בחוכמתו (עוד נפגוש עיקרון זה גם בהמשך הספר, וגם שם יהיה ניכר שמדובר בציטוט – קהלת ט', יג-יח).

תשובתו של קהלת לטיעון זה פורצת בפסוק הבא: "אָדָם אֵין צַדִּיק בָּאָרֶץ אֲשֶׁר יַעֲשֶׂה טּוֹב וְלֹא יֶחֱטָא" (כ)! כאמור, בפסוקים אלו הצדיק מזוהה עם החכם, כך שמשמעות היגד זה הוא שאין באמת צדיק־חכם שלא טועה לפעמים; אין צדיק־חכם שלא חוטא לעולם. ממילא, כמה אפשר לסמוך על החוכמה שתעוז לו לאדם? בסופו של דבר גם החכם מגיע למגבלותיו. הפסוק, אם כן, לא הוזז בטעות ממקום אחר, אלא מהווה חלק מההקשר הרחב של המלצת קהלת שלא להיות צדיק הרבה ולא להיות רשע הרבה. קהלת מוסיף, שהדבר גם לא נתון לבחירתנו המלאה, בכל מקרה לא נהיה צדיקים הרבה כי כל צדיק גם חוטא; החטא טבוע בעולם בדיוק כשם שהעוול טבוע בעולם.

להבנה שאיננו מושלמים יש גם השלכה מרגיעה, הנוגעת ביכולתנו להתגבר על היעלבויות:

גַּם לְכָל הַדְּבָרִים אֲשֶׁר יְדַבֵּרוּ אַל תִּתֵּן לִבֶּךָ אֲשֶׁר לֹא תִשְׁמַע אֶת עַבְדְּךָ מְקַלְלֶךָ.
כִּי גַּם פְּעָמִים רַבּוֹת יָדַע לִבֶּךָ אֲשֶׁר גַּם את [קרי: אַתָּה] קִלַּלְתָּ אֲחֵרִים (ז', כא-כב).

32. היו שהתקשו: מדוע לתאר את החוכמה כמעניקה 'כוח', הרי סגולותיה אינן באות לידי ביטוי בעולם הפיסי (ראו דיון רחב בעניין, והצעות מגוונות, אצל סאו, קהלת, עמ' 256). אולם מאחר שהפתגם משווה בין החכמים לבין שליטי העיר, במכוון נבחר פועל שמתאים לניהול העיר ולשמירה על ביטחונה. סאו עצמו (בהמשך פירושו שם, עמ' 257) ביאר את 'שליטים' בהקשר עושרם (הוא מציע לחלק את המילים במשפט באופן אחר מהנוסח שלפנינו ולגרוס: 'עֹשֶׁר השליטים'), ועל כן התקשה בהבנת משמעות הכוח הפיסי בתיאור החכמים.

מוטב לאדם שלא לנסות לברר מה אומרים עליו מאחורי גבו, כי הוא צפוי להתאכזב. אולם, אל לאדם להיעלב אם ישמע קללות הנאמרות עליו (אפילו מפי עבדו המצוי תחת מרותו), שהרי הוא יודע בינו לבין עצמו שגם הוא מקלל אחרים. מאחר שפסוקים אלו באים על רקע האמירה שאין צדיק בארץ שאינו חוטא, נראה שכאן מציג קהלת תפיסה זו כתודעה שיש בכוחה גם לשחרר את האדם ממתח קיומי שהוא מצוי בו. מי שמודע לכך שהוא חוטא בלשון הרע, או שאיננו מפרגן תמיד לאחרים, לא יכול לכעוס כל כך כשהוא לָמֵד שגם אחרים נוהגים בו באותו אופן. הם בסך הכול אוחזים בדרך התנהגות שגם הוא עצמו מצוי בה. בפני הצדיק השלם אפשרות פרשנית מקילה זו איננה פתוחה – הוא מצוי בעמדה תובענית כלפי עצמו ועל כן גם כלפי אחרים. בדין הוא דורש מן האחרים לנהוג בו כפי שהוא עצמו נוהג בכול, ואינו יכול ללמד עליהם זכות. לפיכך הוא עתיד ׳להשתמם׳ – כל דבר יכעיס אותו וידכא אותו.[33]

דיון זה מסתכם באמירה רחבה, שיש מקום להתלבט האומנם היא באה לחתום רק את הדיון במעשה הרשעים והצדיקים, או שמא היא חותמת את דיוני הספר עד לכאן:

> כָּל זֹה נִסִּיתִי בַחָכְמָה אָמַרְתִּי אֶחְכָּמָה וְהִיא רְחוֹקָה מִמֶּנִּי. רָחוֹק מַה שֶּׁהָיָה וְעָמֹק עָמֹק מִי יִמְצָאֶנּוּ. סַבּוֹתִי אֲנִי וְלִבִּי לָדַעַת וְלָתוּר וּבַקֵּשׁ חָכְמָה וְחֶשְׁבּוֹן וְלָדַעַת רֶשַׁע כֶּסֶל וְהַסִּכְלוּת הוֹלֵלוֹת (ז׳, כג-כה).

האופי הכולל של אמירה זו מעלה אומנם את הסבירות שלפנינו חתימה רחבה,[34] אולם מאחר שגם ביחידות הבאות שב קהלת לעסוק בשאלת גמולו של הצדיק-החכם וגמולו של הרשע-הסכל, נראה שבכל זאת, אמירה זו נוגעת רק לדיון המקומי שנחתם כאן. כנראה, אין זה מקרה,

33. אנו מבארים את ״למה תשומם״ במשמעות של תוצאה שעתידה לבוא (׳לא כדאי לעשות כך וכך, כי זו ההשלכה של הדבר׳), ולא כטענת כמה חוקרים, שמשמעות ׳למה׳ בהיגד זה היא אפשרות בלבד (צימרלי, קהלת, עמ׳ 205).
34. כך: פוקס, קהלת, עמ׳ 50.

שדווקא בהקשר של בעיית הגמול האלוהי ויחס ה׳ אל הצדיקים ואל הרשעים אומר קהלת ״אָמַרְתִּי אֶחְכָּמָה וְהִיא רְחוֹקָה מִמֶּנִּי״. אכן, אחת מאבני הגבול הבולטות של החוכמה האנושית היא הניסיון לבאר את דרכי הנהגת ה׳ את עולמו. העיניים רואות צדיקים סובלים ורשעים עולצים, והמתבונן נותר בתהייה עמוקה.

׳גמול׳ חברתי (ז׳, כו – ח׳, טו)

כפתיחה לשלב הבא בדיון, יש להצביע על שני ענפי דיון שונים שיוצאים משאלת אי הצדק בעולם, שקהלת מטפל בשניהם – גמול אלוהי וגמול חברתי. בדרך כלל השאלה נשאלת במרחב התיאולוגי שלה והיא מתמקדת ברכיב הראשון – כיצד זה גומל האל לצדיקים רעה. אך נושקת לבעיה זו הבעיה המוסרית־החברתית: כיצד זה החברה גומלת לצדיקים רעה ומעלה על נס דווקא את הרשעים? מבחינת קהלת שני אלו הם שני צדדים של אותה שאלה, כי תמיהתו על אודות אי־מימוש הצדק בעולם אינה נאמרת כחלק משיח תיאולוגי דווקא, אלא זו תמיהה על חוסר הפשר שמקננת בלב נוכח אי־הצדק שיש בעולם; תמיהה על חוסר סדר מוסרי שמוביל לתחושת תלישות ולחוסר ביטחון, ומבחינה זו, אין זה משנה מי הוא האחראי על חוסר הצדק הנידון. בסופו של דבר העולם איננו מתנהל על פי אמות מידה של סדר מוסרי.

ייתכן גם שאצל קהלת יחסו של אלוהים לאדם ויחס החברה אליו קשורים זה בזה, מפני שהחיצים המושלכים על האדם מאת ה׳ מובילים אותו גם לבדידות: ״כִּי בַהֶבֶל בָּא וּבַחֹשֶׁךְ יֵלֵךְ וּבַחֹשֶׁךְ שְׁמוֹ יְכֻסֶּה״ (ו׳, ד). מבחינה זו מזכיר קהלת את איוב, אשר מלין על כך שחבריו זנחו אותו: ״חָדְלוּ קְרוֹבָי וּמְיֻדָּעַי שְׁכֵחוּנִי גָּרֵי בֵיתִי וְאַמְהֹתַי לְזָר תַּחְשְׁבֻנִי נָכְרִי הָיִיתִי בְעֵינֵיהֶם״ (איוב י״ט, יד-טו).

לא ייפלא אפוא שמתוך הדיון בחוסר הסדר שמשתקף בבחינת הגמול שמקבל אדם ו(אי) התאמתו למעשיו, עובר קהלת לבחון מעגלים חברתיים – אם בהם יש גמול הגיוני. הוא בוחן תחילה את המעגל החברתי הקרוב ביותר שיש לאדם – אשתו; עובר למעגל

השלטוני ולעמידה של האדם מול המלכות, וחותם ביחס החברה לאדם (לאחר מכן הוא חוזר ודן שוב בכל שלושת האלמנטים האלו). כדרכו של קהלת, בכל אלו הוא ימצא חוסר היגיון, ובכך שאלת הגמול שמקבל אדם בחייו תמשיך ותתעורר: אין יחס ישיר בין מעשיו של אדם לבין הגמול שבא עליו.

(אי) מציאת אישה (ז׳, כו-כט)

הדיון בחברה האנושית נפתח אצל קהלת בדיון בזוגיות, וביתר דיוק: בנשים. כאמור לעיל, ייתכן שיחידת הגמול בספר קהלת נשענת על סיפורו של איוב ומנהלת איתו דיאלוג מרומז. לאור זאת יש לתת את הדעת על כך שגם באיוב ישנה דמות נשית, שתפקידה הספרותי הוא לדרבן את איוב להרים ידיים: ״וַתֹּאמֶר לוֹ אִשְׁתּוֹ עֹדְךָ מַחֲזִיק בְּתֻמָּתֶךָ בָּרֵךְ אֱלֹהִים וָמֻת״ (ב׳, ט). אשתו של איוב מביעה עמדה שכבר עדיף ׳לברך׳ את אלוהים ולמות, וגם עבור קהלת יש מקום להשוות בין ׳האישה׳ ובין המוות: ״וּמוֹצֶא אֲנִי מַר מִמָּוֶת אֶת הָאִשָּׁה״ (ז׳, כו).

עבור קהלת הגדרת דבר־מה כחמור אף מן המוות היא כמובן הגדרה קיצונית, שהרי אין כקהלת הסבור שבשל המוות החיים כולם מאבדים ממשמעותם, והנה מצא קהלת דבר־מה החמור אפילו מן המוות.[35] קהלת, המאמץ את הנחות היסוד של איוב שאכן יש עיוות דין במציאות, מאמץ גם את עמדת איוב שניצב כנגד אשתו: אין מקום לקללת אלוהים, באשר אין כלל מקום לדון עימו. ייתכן שאיוב עצמו מגלה פנים מורכבות יותר לאורך ספרו,[36] אך קהלת ממשיך ואוחז בעמדה ראשונית זו. בכל מקרה, גם אם אשת איוב ניצבת כרקע ספרותי רמוז לדברי קהלת, ברור שלא רק כלפיה מכוון קהלת את דבריו על אודות נשים. אולם, בקריאה נוספת של פסוקים אלו

35. בהנחה ש״מר״ בפסוקנו משמעותו היפך המתוק והנעים. לאפשרות שהכוונה ל׳חוזק׳, ראו: לוהפינק, שנאת נשים.

36. כדוגמה לדיון ברוח זו אפשר להזכיר את פוהל, איוב. לאורך ספרו הוא טוען שאיוב עומד בפני שני אתגרים: עליו להתמודד עם סבלו, והוא גם נאלץ להגן בפני רעיו על הדרך שבה הוא מדבר אל אלוהים, שיש בה גם מחאות וקובלנות.

מתברר שקהלת אינו יוצא כאן נגד נשים אלא מקונן על מצבו הקיומי של המאוהב באישה.

וּמוֹצֶא אֲנִי מַר מִמָּוֶת אֶת הָאִשָּׁה אֲשֶׁר הִיא מְצוֹדִים וַחֲרָמִים לִבָּהּ אֲסוּרִים יָדֶיהָ טוֹב לִפְנֵי הָאֱלֹהִים יִמָּלֵט מִמֶּנָּה וְחוֹטֵא יִלָּכֶד בָּהּ. רְאֵה זֶה מָצָאתִי אָמְרָה קֹהֶלֶת אַחַת לְאַחַת לִמְצֹא חֶשְׁבּוֹן. אֲשֶׁר עוֹד בִּקְשָׁה נַפְשִׁי וְלֹא מָצָאתִי אָדָם אֶחָד מֵאֶלֶף מָצָאתִי וְאִשָּׁה בְכָל אֵלֶּה לֹא מָצָאתִי. לְבַד רְאֵה זֶה מָצָאתִי אֲשֶׁר עָשָׂה הָאֱלֹהִים אֶת הָאָדָם יָשָׁר וְהֵמָּה בִקְשׁוּ חִשְּׁבֹנוֹת רַבִּים (ז׳ כו-כט).

כמה הערות נקודתיות בפתח דיוננו. ראשית, בפסוק כז מוצג לפתע קהלת בלשון נקבה: "אָמְרָה קֹהֶלֶת". בפרשנות המודרנית מקובל להעדיף כאן את נוסח השבעים שגורס כאן "אמר הַקֹּהֶלֶת", וכפי שנאמר בסוף הספר: "הֲבֵל הֲבָלִים אָמַר הַקּוֹהֶלֶת הַכֹּל הָבֶל" (י״ב, ח).[37] אחרים הציעו שלפנינו לשון קצרה שמשמעותה ׳אמרה נפשי׳.[38] אך קשה להתעלם מהאפשרות שבאירוניה מושחזת מתייחס כאן קהלת לעצמו בלשון נקבה. דווקא במקום שבו הוא יוצא נגד הנפילה ברשתן של נשים, הוא מציג עצמו לרגע כאישה בפני הקורא. הנה, גם הוא צד אותנו ברשתו, ויכול הקורא לתהות אם לא עדיף היה שלא היה נכנס לקשר כה עמוק עם הספר ומחברו.

שנית, הצירוף "אַחַת לְאַחַת לִמְצֹא חֶשְׁבּוֹן" מתאר כנראה את תהליך החיפוש שעשה קהלת: צעד אחר צעד בחנתי באופן רציונלי את הסוגיה, כדי להבין את מחשבת הדבר, את החוכמה העומדת בעדו – ולא מצאתי (השוו לנאמר בפתח היחידה: "לָדַעַת וְלָתוּר

37. למשל: ווייבראיי, קהלת, עמ׳ 169; פוקס, קהלת, עמ׳ 86, הערה 33; סאו, קהלת, עמ׳ 264. יש גם לציין, שעבור חוקרים שניסו לעקוב אחר רובדי העריכה של הספר, עצם אזכור קהלת בגוף שלישי מהווה אינדיקציה לכך שלפנינו פסוקים שנוספו בידי העורך (למשל פישר, ספקנות, עמ׳ 19).
38. זר־כבוד, קהלת, עמ׳ מו.

וּבַקֵּשׁ חָכְמָה וְחֶשְׁבּוֹן״ – ז׳, כה).[39] אולם, פסוק זה יכול להתפרש גם באופן מילולי למדי לאור ייחוסה של המגילה לשלמה המלך, האיש שהיו לו אלף נשים.[40]

שלישית, פעמיים חוזר קהלת על המונח ׳אדם׳ אך כנראה בשתי הוראות שונות. משמעות ׳אדם׳ בפסוק ״אָדָם אֶחָד מֵאֶלֶף מָצָאתִי וְאִשָּׁה בְכָל אֵלֶּה לֹא מָצָאתִי״ היא כנראה ׳גבר׳, שהרי קהלת מנגיד בין מציאת גבר לאי־מציאת אישה ראויה,[41] אך בפסוק: ״לְבַד רְאֵה זֶה מָצָאתִי אֲשֶׁר עָשָׂה הָאֱלֹהִים אֶת הָאָדָם יָשָׁר וְהֵמָּה בִקְשׁוּ חִשְּׁבֹנוֹת רַבִּים״, משמעות ׳אדם׳ היא כנראה בן־אדם, יהא זה גבר או תהיה זו אישה. לפיכך, תרגום שייעתר לתוכן הפסוק ייראה כך:

> One man out of a thousand have I found, but a woman among them all I have not found. But this alone I have found: God made humankind honest, but they have pursued many designs (New American Bible).

הדבר אומנם איננו הכרחי, וייתכן שבתודעת מחבר המגילה הקורא הנמען של ספרו הוא גבר, ועל כן גם האזכור השני של ׳אדם׳ בפסוקנו (כמו גם לאורך המגילה עצמה) הוא גבר דווקא. אם אומנם כך, הדבר מסגיר הרבה מיחסו של קהלת לנשים, שאינן קהל היעד של ספרו כלל. אולם גם ייתכן, שקהלת במכוון השתמש דווקא כאן בלשון ׳אדם׳ בהוראת ׳גבר׳ (ואילו לאורך כל המגילה ׳אדם׳ הוא המין האנושי כולו),[42] כדי לעורר בקורא אסוציאציות לסיפור בריאת האדם והאישה

39. או בניסוח אחר: ״לשון קצר: על ידי שחיברתי אחת לאחת״ (גינזבורג, קהלת, עמ׳ 103).
40. זר־כבוד, קהלת, עמ׳ מו.
41. שלא כתרגום JPS לפסוקנו: "I found only one human being in a thousand, and the one I found among so many was never a woman" (דווקא בתרגום הישן שלהם משנת 1917, הם דייקו יותר: "one man among a thousand have I found").
42. סאו טען שמאחר שבכל שאר ספר קהלת ׳אדם׳ בא במשמעות ׳בני אדם׳, ולא ׳גברים׳, יש לראות בפסוק זה תוספת מאוחרת (סאו, קהלת, עמ׳ 264).

המתואר בבראשית ב׳. גם שם ׳האדם׳ הוא הגבר שממנו נוצרה האישה, והרי זה הנושא הנידון כאן.[43]

פסוקים אלו מהווים את החוליה הראשונה במעבר של קהלת מסוגיית העמידה מול האל, נוכח אי־הצדק ששורר במציאות, אל העמידה מול החברה, וכאמור, מסע זה מתחיל בהיגד הנוגע לאיש ואישה. בנקודה זו אנו נוגעים בבעיה הכללית הידועה בקהלת – וזוהי אחת הדוגמאות הבולטות – שדבריו כאן סותרים את דבריו במקום אחר. בעוד בפסוקים אלו הוא אומר "טוֹב לִפְנֵי הָאֱלֹהִים יִמָּלֵט מִמֶּנָּה" (ז׳, כו), דהיינו שמוטב לאדם להישאר רווק מאשר לחיות בזוגיות, בשעה שהוא יתאר את החיים הראויים בהמשך הספר הוא יאמר: "רְאֵה חַיִּים עִם אִשָּׁה אֲשֶׁר אָהַבְתָּ" (ט׳, ח), ומכאן עולה שזוגיות אוהבת היא חלק מהחיים הראויים שמציע קהלת לשומעי לקחו. כיצד אפשר אם כן לכלכל את שני הפסוקים? מהי עמדתו של קהלת ביחס לנשים וביחס לזוגיות?

רש"י הציע לקרוא את הפסוקים שלפנינו במשמעות מטאפורית: "את האשה – זו מינות" (פירושו לקהלת ז׳, כו, וראו גם בבבלי, עבודה זרה יז ע"א). דבר זה עשוי להישמע רחוק מפשט הכתוב, אך יש לציין שהוא מעוגן בדימוי האישה הזרה, הזונה, הרווח בספרות החוכמה: "נָכְרִיָּה אֲמָרֶיהָ הֶחֱלִיקָה" (משלי ב׳, טז). אשת החיל במשלי היא מטאפורה לחוכמה, ואילו האישה הזונה היא מטאפורה לפיתויי העולם, לתאוות, לעבודה זרה, להשקפה אלילית או שקרית. לפיכך, לפחות מבחינה עקרונית הצעתו של רש"י אפשרית. גם בפרשנות המודרנית היו שאימצו עמדה זו, בטענה שהקשר הדיון הוא היחס לחוכמה ומפתיע שקהלת יעבור פתאום לדון בנשים.[44]

עם זאת, בהמשך הפסוקים מנגיד קהלת בין ׳אדם׳ (=איש), לבין ׳אישה׳, ולו היה מדובר במטאפורה לחוכמה נגד כסלות או מינות

43. ראו עוד בכיוון זה אצל פוקס ופורטן, תגליות, עמ׳ 33.
44. סאו, קהלת, עמ׳ 271–272; שלנברג, ידיעה כבעיה, עמ׳ 157–158; צ׳ורס, קהלת, עמ׳ 566–573.

אפשר היה לצפות להנגדת אשת החיל מול אשת זנונים, כפי שקורה בספר משלי. על כן נראה שקהלת עוסק כאן בבני אדם של ממש ולא במטאפורות לחוכמה הראויה.

בפרשנות המודרנית זכו פסוקים אלו להתייחסות ענפה סביב השאלה אם קהלת שונא נשים היה. פוקס ולונגמן קבעו שבפסוקים אלו יש בהחלט שנאת נשים, פשוטו כמשמעו – ולא ניתן לעדן זאת.[45] יעל שמש הקדישה ליחס המקרא לנשים מחקר מקיף ורחב. היא ניתחה בו דוגמה אחר דוגמה שהובאה ונידונה על ידי חוקרים שטענו שיש במקרא שנאת נשים, והראתה באופן משכנע מדוע אין בכל אלו ממש.[46] אולם גם היא נאלצה להודות שבפסוקי קהלת אלו יש בהחלט עמדה אנטי־נשית.[47] גם צימר, שבחן אפשרויות מגוונות שהוצעו ביחס לפסוקים אלו, חותם את סקירתו: "קטע זה נותר, באופן חסר תקנה, מיזוגיני".[48]

עם זאת, דעות אחרות ביקשו להלום את עמדתו של קהלת עם המרחב המקראי החף משנאת נשים. רבים טוענים שמעצם העובדה שבמקום אחר קהלת משבח את החיים עם אִשָּׁה אֲשֶׁר אָהַבְתָּ, כבר

45. לונגמן, קהלת, עמ׳ 204; פוקס, קהלת, עמ׳ 51.

46. בדיונים מעין אלו חשוב להבין את הרקע ההיסטורי־התרבותי שבתוכו פעלו מחברי הספרים הנידונים. לשם הבהרת הפער בין יחס המקרא לנשים לבין היחס המקובל בעולם העתיק, הרי טקסט שכתב המשורר סימונידס, איש אמורגוס – מהמאה השביעית לפנה"ס – המתאר כמה טיפוסי נשים: "האל יצר את הנשים מלכתחילה למיניהן. אחת מחזירה זיפית, אצלה הכל בבית מטונף בבוץ ומתגלגל בערמות על הרצפה... שניה יצר משועלה נבזית, אישה דעתנית – ממנה שום ענין, נאה או מגונה, לא נעלם... שלישית נוצרה על פי אמה – כלבה רעה, זו כל דבר רוצה לשמוע ולדעת, בכל מקום היא מציצה ומשוטטת... אישה טיפשה עיצבו יושבי אולימפוס בשביל הגבר – מעפר. אישה כזאת איננה מבחינה בין טוב לרע... אחרת מאתון כהה ומצולקת... ועם כל מי שמזדמן היא מזדווגת. אחרת הוא יצר מן החולדה... היא משתגעת למשגל אך לבסוף הגבר ששכב איתה כמעט מקיא" (סימונידס, מדיאה, עמ׳ 148–151). אין צורך לומר שאווירה כזו נעדרת לחלוטין מהמקרא, כמו גם מספר קהלת.

47. שמש, שנאת נשים.

48. צימר, בין מוות לאושר, עמ׳ 124.

ברור שבפסוקים שלפנינו הוא איננו מתאר את כל הנשים באשר הן, אלא נשים מסוימות, בעלות תכונות שליליות, שאינן אלא 'מצודים וחרמים'. אין זו אמירה שכל הנשים מרושעות, אלא אמירה כנגד תת־הקבוצה "נשים מרשעות", הכלולה בקבוצה הרחבה יותר של נשים בכלל. כך למשל כתב זר־כבוד בפירושו: "דימה את האישה הרעה לכלי ציד הפרושים לרגלי האדם", ובהערותיו חזר והבליט:

> אהבת אשה, יש שהיא 'עזה כמוות', ויש שהיא גורמת מוות, כמו האשה הנכריה אשר 'אמריה החליקה... שחה אל מות ביתה' (משלי ב', טו-יח)... באשה מסוג זה מדובר כאן, ולא באשה בכלל, ואין כאן סתירה אל 'ראה חיים עם אשה וגו'.'[49]

גם רודמן הציע, שהפסוקים מתארים אישה שנשלחה על ידי האלוהים לחוטא כעונש, כפי שעולה מפסוק כו: "טוֹב לִפְנֵי הָאֱלֹהִים יִמָּלֵט מִמֶּנָּה וְחוֹטֵא יִלָּכֶד בָּהּ". אחת הדרכים הפתוחות בפני האל להענשת החוטא היא לשלוח לו אישה שתמרר את חייו, אך אין זה אומר שכל הנשים ממררות את חיי בעליהן.[50]

49. זר־כבוד, קהלת, עמ' מו. כך גם ברטון, קהלת, עמ' 147; הרצברג, קהלת, עמ' 157; מורפי, קהלת, עמ' 76 (על שיטתו ראו עוד בהערה הבאה), ונוספים. כיוון זה עולה כבר בפירוש רשב"ם. מעניין לציין שאף שגישתו הכללית של ר"י כספי לנשים איננה מן האוהדות (גרוסמן, ימשול בך, עמ' 413-438), גם הוא פירש את פסוקנו כמתאר נשים מסוימות ולא את כלל הנשים: "אף המופלג בה (=בחוכמה), אפשר שיפול לחלקו אשה רעה או כעורה או בעלת מום רע, ומה הועילה לו הפלגת חכמתו?" (פירושו לקהלת ז', כו; מהד' הכתר, קהלת, עמ' 177; על הערכת יופייה של האישה אצל כספי ראו אצל גרוסמן שם, עמ' 434-435).

50. רודמן, אישה. גם מורפי צעד בדרך דומה, ואף הדגיש שאין לראות את 'הטוב לפני האלוהים' כבעל איכות מוסרית דווקא, אלא את זה שהאל החליט להיטיב עימו – יהיו מניעיו אשר יהיו (השוו קהלת ב', כו), כלומר, יש מי שזוכה באישה ראויה ויש מי שלא, והדבר תלוי ברצונו של האל (מורפי, קהלת, עמ' 76. השוו בהקשר זה גם לדברי צ'ורס, טוב, עמ' 700, שגם טען שבפסוק זה הטוב הוא זה שמוצא חן בעיני אלוהים, בלי קשר למעשיו.

אולם נדמה שהדיון סביב פסוקים אלו צריך להתקיים במרחב אחר לגמרי, ואין לכלול את הפסוקים שלפנינו בדיון ביחסו של קהלת לנשים. קהלת מתאר כאן את האישה כמי שצדה איש בליבה, ושידיה אוסרות אותו באזיקים: ״אֲשֶׁר הִיא מְצוֹדִים וַחֲרָמִים לִבָּהּ אֲסוּרִים יָדֶיהָ״ (ז׳, כו). מתי אישה ׳אוסרת׳ גבר? כיצד היא עושה זאת? אין זאת כי אם תיאור של גבר מאוהב. עבורו ידיה של האישה הן כאזיקים על ידיו, ליבה הוא רשתות ומלכודות שבהן הסתבך ונלכד – ״וְחוֹטֵא יִלָּכֶד בָּהּ״. הבחור המאוהב חש שאינו יכול להימלט ממושא אהבתו, וכל אשר יחפוץ הוא להיות בקרבתה. הוא מאבד את כל ׳חוכמתו׳ ושיקול דעתו.[51] לפיכך נדמה שהצדק עם פרי, גם אם רק בעמדה העקרונית של פירושו, שכתב על פסוקנו: ״הטענה כאן לא נובעת ממיזוגיניה, אלא מחוסר הבנה הגובל במסתורין – שניים מהנושאים החביבים על קהלת״.[52]

ניטשה כתב: ״ימים רבים מדי היה חבוי באישה עבד ורודן. על כן עדיין אין האישה מוכשרת לידידות: רק את האהבה היא יודעת״.[53] גם אם לא נאמץ את יחסו הכללי של ניטשה כלפי נשים בכלל (שהוא מן הגרועים שיש בקרב פילוסופים מודרניים), ניסוחו כאן יכול לתרום להבנת פסוקנו. לטענת ניטשה מערכת היחסים בין גברים לנשים איננה שוויונית, ונשים מתייחסות לגברים מנקודת נחיתות – כעבד המקבל על עצמו את ממשלת האיש, או מרגשי עליונות – כאדון שיש לסור למשמעתו. לפיכך, לטעמו, לא ניתן לרקום מערכת יחסים של ׳ידידות׳, אלא של – וכאן חבויה ההפתעה שבדבריו – ׳אהבה׳. לדידו של ניטשה, שחווה בעצמו אהבה נכזבת ומפותלת, אין באהבה שוויוניות אלא האחד נכנע – גם אם מרצונו ומבחירתו – בפני מושא אהבתו.[54]

51. ייתכן שזה הרקע לדברי אקהת האוגריתי: ״קשתות [הן כלי] חיילים / התצודנה בהן נשים?״ (נזכר אצל גרינשטיין, אוגריתית, עמ׳ 78), אך הדבר אינו ברור דיו.
52. פרי, קהלת, עמ׳ 215.
53. ניטשה, זרתוסטרה, עמ׳ 117.
54. על יחסו של ניטשה לאהבה, ועל הביקורת שיש לו בהקשר זה על החינוך

זו גם רוח דבריו של קהלת בפסוק זה: גבר מאוהב 'נלכד' ברשת ומאבד את חירותו; הוא נגרר אחר האישה ומבקש לקיים את רצונותיה שלה, גם אם הם סותרים את הדבר הראוי והנכון. מי לנו גדול משלמה להדגמת דבר זה:

> וְהַמֶּלֶךְ שְׁלֹמֹה אָהַב נָשִׁים נָכְרִיּוֹת רַבּוֹת וְאֶת בַּת פַּרְעֹה מוֹאֲבִיּוֹת עַמֳּנִיּוֹת אֲדֹמִיֹּת צֵדְנִיֹּת חִתִּיֹּת... וַיְהִי לוֹ נָשִׁים שָׂרוֹת שְׁבַע מֵאוֹת וּפִלַגְשִׁים שְׁלֹשׁ מֵאוֹת וַיַּטּוּ נָשָׁיו אֶת לִבּוֹ. וַיְהִי לְעֵת זִקְנַת שְׁלֹמֹה נָשָׁיו הִטּוּ אֶת לְבָבוֹ אַחֲרֵי אֱלֹהִים אֲחֵרִים וְלֹא הָיָה לְבָבוֹ שָׁלֵם עִם ה' אֱלֹהָיו כִּלְבַב דָּוִיד אָבִיו (מל"א י"א, א-ד).

מאחר שבפסוקים שלפנינו גם קהלת מזכיר 'אלף' בני אדם שאותם בחן, ולא הצליח להבין אפילו אישה אחת: "אָדָם אֶחָד מֵאֶלֶף מָצָאתִי וְאִשָּׁה בְכָל אֵלֶּה לֹא מָצָאתִי" (ז', כח), ייתכן שהפסוק ממלכים המתאר את אלף נשיו של שלמה (נָשִׁים שָׂרוֹת – שְׁבַע מֵאוֹת; וּפִלַגְשִׁים – שְׁלֹשׁ מֵאוֹת) עומד כרקע אחורי לתיאור זה, ובכך, גם קורות שלמה נוכח אלף נשים אלו עולים בתודעת הקורא.

קריאה כזו מעניקה גם להשוואה שמעלה קהלת, בין האישה למוות, את משמעותה: "וּמוֹצֶא אֲנִי מַר מִמָּוֶת אֶת הָאִשָּׁה". דימוי האהבה למוות נזכר גם בשיר השירים: "עַזָּה כַמָּוֶת אַהֲבָה" (שיר השירים ח', ו). כשם שבשיר השירים אין מדובר על שנאת נשים, אלא יש בכך ביטוי אירוני של מאוהב – העלם המסכן אינו מצליח להתרכז בשום דבר אחר מלבדה, כך גם אצלנו, לפחות בפסוק זה, אין ביטוי למיזוגיניות אלא להתבוננות בתופעת ההתאהבות שדומה עד מאוד למי שפוסע אל הכלא החם אשר שמו אהבה כשהוא אזוק באזיקים, "וסוהרת יפה בתנועה רחבה נעלה את השער", בלשונו של ג'ורג' מוסטקי (ובתרגומו הנהדר של יורם טהר-לב). כלומר, המוות אצל קהלת הוא אובדנו של אדם, סוף כל פעולותיו, ובפסוקים אלו

הנוצרי, ראו: מיי, ניטשה על אהבה.

מבקש קהלת להציג את המאוהב באופן דומה: הוא מאבד את חירותו, את חייו שלו, את תודעתו העצמית והחופשית. בהקשר זה יש לקרוא את הפסוק הבא עם שמץ חיוך אירוני: "טוֹב לִפְנֵי הָאֱלֹהִים יִמָּלֵט מִמֶּנָּה וְחוֹטֵא יִלָּכֶד בָּהּ" (ז׳, כו). מי שנמצא ראוי לפני האלוהים, לא ייפול ברשת ההתאהבות שתוציא אותו משיווי משקלו.

אומנם, בקריאה ראשונה נדמה שהפסוקים הבאים אינם משתלבים בהצעת הקריאה שהעלינו:

> רְאֵה זֶה מָצָאתִי אָמְרָה קֹהֶלֶת אַחַת לְאַחַת לִמְצֹא חֶשְׁבּוֹן.
> אֲשֶׁר עוֹד בִּקְשָׁה נַפְשִׁי וְלֹא מָצָאתִי אָדָם אֶחָד מֵאֶלֶף מָצָאתִי וְאִשָּׁה בְכָל אֵלֶּה לֹא מָצָאתִי.
> לְבַד רְאֵה זֶה מָצָאתִי אֲשֶׁר עָשָׂה הָאֱלֹהִים אֶת הָאָדָם יָשָׁר וְהֵמָּה בִקְשׁוּ חִשְּׁבֹנוֹת רַבִּים (ז׳, כז-כט).

ההבנה המקובלת של פסוקים אלו היא שקהלת חיפש אדם כלבבו – בעל מידות ראויות. אם מפרשים כך, בהחלט יש לפנינו עמדה ביקורתית נגד נשים, שהרי קהלת מצהיר שאפילו אישה אחת מאלף לא נמצאה ראויה:

> דברי קהלת 'אדם אחד מאלף מצאתי ואשה בכל אלה לא מצאתי' מביעים אכזבה מן המין האנושי בכללותו ובעיקר מנשים. תהא אשר תהא המשמעות המדויקת של הדברים, ברור שקהלת התכוון לתכונה חיובית, שכמעט אינה נמצאת במין האנושי, ואינה נמצאת כלל בנשים. פסוק זה, המגנה את כל הנשים, ולא נשים מסוג מסוים, מחזק את ההשערה שגם בפסוק כו גינה קהלת את כלל הנשים.[55]

אכן, גם כלפי גברים טמונה כאן עמדה ביקורתית – רק אחד מאלף נמצא על ידו ראוי, אך נשים אפילו בשיעור זה לא. אולם כלל לא ברור שזו

55. שמש, שנאת נשים, עמ׳ 92-93.

כוונת פסוקנו. המפתח לקטע כולו נעוץ בהבנת הביטוי לִמְצֹא חֶשְׁבּוֹן. חרף הבולטות של השדה הסמנטי של אריתמטיקה (המילים 'אחד', 'אלף'), לא נראה שמדובר בחישוב סתם. המונח 'חשבון' בספר קהלת נגזר 'ממחשבה' במשמעות 'עיון', 'הבנה', וכמו שנאמר בפתח היחידה שלנו: "סַבּוֹתִי אֲנִי וְלִבִּי לָדַעַת וְלָתוּר וּבַקֵּשׁ חָכְמָה וְחֶשְׁבּוֹן" (ז', כה). זו הוראת המונח גם בהמשך הספר: "כִּי אֵין מַעֲשֶׂה וְחֶשְׁבּוֹן וְדַעַת וְחָכְמָה בִּשְׁאוֹל אֲשֶׁר אַתָּה הֹלֵךְ שָׁמָּה" (ט', י). כלומר "למצוא חשבון = להבין".[56] ייתכן שצודק הרטלי, שהמונח חֶשְׁבּוֹן "עוסק יותר בידע מוחשי מאשר בידע תיאורטי",[57] אך גם אם כך הוא אינו חורג מתחום חיפוש ההבנה השכלי.

משמעות דברי קהלת היא, אם כן: ראה את תוצאות חקירתי ואת מסקנות הבנתי: המין האנושי בכללו קשה להבנה, מעטים האנשים שפועלים באופן לוגי, אבל מדי פעם – אחד מאלף – אפשר להבין את מורכבות נפשו של האדם, אך נשים אינני מצליח להבין כלל.

באופן יוצא דופן קהלת משלב בפסקה זו שוב ושוב את הפועל 'למצוא':[58]

> **וּמוֹצֶא** אֲנִי מַר מִמָּוֶת אֶת הָאִשָּׁה אֲשֶׁר הִיא מְצוֹדִים וַחֲרָמִים לִבָּהּ אֲסוּרִים יָדֶיהָ טוֹב לִפְנֵי הָאֱלֹהִים יִמָּלֵט מִמֶּנָּה וְחוֹטֵא יִלָּכֶד בָּהּ. רְאֵה זֶה **מָצָאתִי** אָמְרָה קֹהֶלֶת אַחַת לְאַחַת **לִמְצֹא** חֶשְׁבּוֹן. אֲשֶׁר עוֹד בִּקְשָׁה נַפְשִׁי וְלֹא **מָצָאתִי** אָדָם אֶחָד מֵאֶלֶף **מָצָאתִי** וְאִשָּׁה בְכָל אֵלֶּה לֹא **מָצָאתִי**. לְבַד רְאֵה זֶה **מָצָאתִי** אֲשֶׁר עָשָׂה הָאֱלֹהִים אֶת הָאָדָם יָשָׁר וְהֵמָּה בִקְשׁוּ חִשְּׁבֹנוֹת רַבִּים (ז', כו–כט).

בארבעה פסוקים חוזר קהלת על הפועל 'למצוא' שבע פעמים, וגם אם יש לקהלת חיבה מיוחדת לפועל 'למצוא' (נוסף על הפסוקים שלנו

56. קדרי, מילון, עמ' 361.
57. הרטלי, חשב, עמ' 309.
58. בין הבודדים שהתייחסו לכך הוא הרצברג, קהלת, עמ' 159. אך, כאמור לעיל, הוא לא ראה בפסוקים תיאור של כל הנשים אלא רק של נשים המפילות גברים ברשת הפיתוי ומנצלות אותם, ועל כן ביאר את החזרה על הפועל בדרך אחרת.

הפועל נזכר בספר עוד עשר פעמים), הוא משולב ביחידה זו באופן יוצא דופן. מאחר שקהלת מתואר בתחילה כמי שהלך ׳לבקש׳ – ״אֲשֶׁר עוֹד בִּקְשָׁה נַפְשִׁי״ – מתאים לשלב גם את הפועל ׳למצוא׳, שהרי האדם המבקש מחפש דבר־מה ורוצה למצוא אותו.[59]

כלומר, קהלת מתאר את נקודת המוצא לבחינה זו בחיפושו שלו אחר אישה ראויה או מתאימה. כבר הערנו, שסיפור בריאת האדם וחטא האכילה מעץ הדעת טוב ורע – כפי שמתואר בבראשית ב׳-ג׳ – עומד בדיאלוג עם קטעים שונים בספר קהלת. אין זה מפתיע, שהרי סיפור גן עדן חריג בהתקפה שיש בו (לפחות לפי קריאה אחת של הסיפור) על היומרה של האדם לחוכמה,[60] ובסיפור זה נברא האדם עפר מן האדמה, ושם גם נגזר עליו לשוב אליה לאחר מותו. כל המוטיבים הללו מבססים את משנתו של קהלת, ומתאים שסיפור זה יהווה רקע לדיוניו. אך דבר נוסף מתרחש בסיפור בריאת האדם ובחטאו – האישה נבראה גם היא לצידו של ׳אדם׳.

כאמור לעיל, רק בפסוקים שאנו דנים בהם עשה קהלת שימוש במונח ׳אדם׳ בהוראת ׳גבר׳ (ולא בני אדם בכלל) – כפי שגם קורה בסיפור בריאת האדם והנחתו בגן שבעדן. שם יש סצנה שלמה של חיפוש עזר כנגדו של האדם, ובתחילה ברא ה׳ חיות כדי לבחון אם הן יכולות להיות עזר מתאים לאדם, אך המסקנה היא שה׳ לא ׳מצא׳ בתוכן דמות מתאימה לכך: ״וַיִּקְרָא הָאָדָם שֵׁמוֹת לְכָל הַבְּהֵמָה וּלְעוֹף הַשָּׁמַיִם וּלְכֹל חַיַּת הַשָּׂדֶה וּלְאָדָם לֹא מָצָא עֵזֶר כְּנֶגְדּוֹ״ (בראשית ב׳, כ). מאחר שבת הזוג הראויה לא ׳נמצאה׳ בין בעלי החיים, יצר ה׳ את האישה מאחד מצדדיו של ׳האדם׳, ובאותה עת פרצו לעולם גם

59. לאור זאת הציע פרי להבין את הפועל ״למצוא״ ביחידה זו, בהוראת ׳הבנה׳: ״הכפילות הזו מבוססת על דו־המשמעות של ׳מצא׳, שמשמעותו הן ׳למצוא׳ והן ׳להבין׳. הנקודה של קהלת היא שהוא ניסה להבין נשים כל חייו ועדיין לא הצליח ולו פעם אחת, למרות הרמון הנשים העומד לרשותו – או אולי דווקא בגללו״ (פרי, קהלת, עמ׳ 215).

60. כפי שהזכרנו לעיל, היו גם שטענו שעיקר מגמת סיפור גן עדן לצאת נגד יומרת החכמים וספרות החוכמה. ראו: פורטי, יראת אלוהים; קאר, גן עדן.

הרומנטיקה והאהבה ("וַיֹּאמֶר הָאָדָם זֹאת הַפַּעַם עֶצֶם מֵעֲצָמַי וּבָשָׂר מִבְּשָׂרִי" – בראשית ב', כג).

תיאורו של קהלת, המחפש ואינו מוצא, מתאים להפליא לסצנת החיפוש האנושי החובק־כול של חיפוש בן ובת זוג והתסכול המתמשך מחוסר המציאה. כלומר, לא רחוק להניח שקהלת מתאר בפסוקים אלו תסכול של הבחור שחוזר לביתו לאחר דייט נוסף שלא היה מוצלח, ובמר לבו הוא מטיח "אִשָּׁה בְכָל אֵלֶּה לֹא מָצָאתִי". זוהי אומנם כתיבה גברית עזת מבע ומנקודת מבט גברית ברורה, שיש בה תסכול, אך אין בה שנאה. לשון אחר, קהלת עוצר את תיאורו בשלב החיפוש שאינו מגיע לידי מציאה טובה, ואדרבה, מה שמחליף אצלו את המבע הרומנטי הרמוז בבראשית הוא תיאור של מצודים וחרמים שנלכד בהם הגבר המאוהב, ובכך טמונה עקיצה לכל המאוהבים.[61]

אם אומנם פסוקים אלו מנהלים דיאלוג עם טקסטים מקראיים אחרים, יש מקום להתלבט אם הצירוף: "אֲשֶׁר עוֹד בִּקְשָׁה נַפְשִׁי וְלֹא מָצָאתִי" (ז', כח) אינו מבקש לעורר אסוציאציות לבקשת האהבה של הרעיה בשיר השירים:

> עַל מִשְׁכָּבִי בַּלֵּילוֹת **בִּקַּשְׁתִּי אֵת שֶׁאָהֲבָה נַפְשִׁי** בִּקַּשְׁתִּיו **וְלֹא מְצָאתִיו**.
>
> אָקוּמָה נָּא וַאֲסוֹבְבָה בָעִיר... **אֲבַקְשָׁה אֵת שֶׁאָהֲבָה נַפְשִׁי** בִּקַּשְׁתִּיו **וְלֹא מְצָאתִיו** (שה"ש ג', א-ב).

61. לאור זאת אפשר גם להתגבר על בעיה נוספת בפסוקים אלו שהטרידה רבים. אף על פי שקהלת מזכיר שהוא 'מצא' אדם אחד מאלף, ו'לא מצא' אישה בכל אלה, הוא אינו משלב שום תכונה של האדם שאותה הוא מחפש! הקורא נדרש להשלים תכונה כלשהי מדעתו – 'אָדָם אֶחָד – שראוי במידותיו – מֵאֶלֶף מָצָאתִי; וְאִשָּׁה – ראויה במידותיה – בְּכָל אֵלֶּה לֹא מָצָאתִי'. אך אם זה עיקר מוקד החיפוש של קהלת, כיצד ייתכן שדווקא דבר זה מושמט מהפסוק? אולם אם אומנם קהלת מתאר כאן חיפוש אחר בת־זוג מתאימה, אין מדובר בתכונה כזו או אחרת, אלא בהתאמה. כלומר, 'המציאה' היא מושא החיפוש, ולא חסר מאומה בפסוק זה.

המונח ׳נפש׳ במקרא בכלל הוא רב־משמעי, וגם בהבנת משמעותו בספר קהלת נחלקו פרשנים (רצון, אישיות, נשמה, גרון ועוד).[62] אך מסקירת האזכורים השונים של המונח מתברר שלרוב קהלת קושר את הנפש עם העונג והשמחה שיש (או שאין) לאדם, כדוגמת: ״אֵין טוֹב בָּאָדָם שֶׁיֹּאכַל וְשָׁתָה וְהֶרְאָה אֶת נַפְשׁוֹ טוֹב בַּעֲמָלוֹ״ (ב׳, כד); ״אִישׁ אֲשֶׁר יִתֶּן לוֹ הָאֱלֹהִים עֹשֶׁר וּנְכָסִים וְכָבוֹד וְאֵינֶנּוּ חָסֵר לְנַפְשׁוֹ מִכֹּל אֲשֶׁר יִתְאַוֶּה״ (ו׳, ב). לפיכך, גם בפסוקנו נוח לפרש שנפשו של קהלת ביקשה דבר־מה הקשור לשמחה ולנחת, ויש להודות שזוגיות ואהבה הן מועמדות מתאימות לספק בקשה זו. אם יש לקרוא את הפסוק על רקע שיר השירים, הסיפור הרמוז שעליו מושתת קהלת נחשף: בשיר השירים אחרי אי־המציאה יוצאת הרעיה לחיפוש אינטנסיבי ולבסוף מוצאת את שאהבה נפשה – ״כִּמְעַט שֶׁעָבַרְתִּי מֵהֶם עַד שֶׁמָּצָאתִי אֵת שֶׁאָהֲבָה נַפְשִׁי״ (שה״ש ג׳, ד), אולם קהלת עוצר את ׳סיפורו׳ באי־מציאה, שהרי ״וְאִשָּׁה בְכָל אֵלֶּה לֹא מָצָאתִי״.

לפי הצעת קריאה זו לפנינו שתי נימות בפסוקים אלו המשלימות האחת את רעותה: תחילה ביקר קהלת את ההתאהבות הפתטית שהופכת אנשים לחסרי שיקול דעת, כאסירים בידי אהובותיהם. בשלב השני טען קהלת שבכלל אין אישה מתאימה, וזאת מסקנתו גם אחרי אלף ניסיונות.

אך לבסוף משלב קהלת פסוק נוסף שטמונה בו אמירה בעלת משמעות רבה. לפתע קהלת שופך אור אחר על מה שהוצג עד כה כעיוות מעשי ידי האל. הרושם שהתקבל עד כאן, בעיקר לנוכח קריאת הפסוק שפתח את היחידה שלפנינו, הוא שהאל אחראי על הכאוס החברתי: ״רְאֵה אֶת מַעֲשֵׂה הָאֱלֹהִים כִּי מִי יוּכַל לְתַקֵּן אֵת אֲשֶׁר עִוְּתוֹ״ (ז׳, יג). אך בסוף הדיון מבאר קהלת את חוסר ההיגיון שבחיים האנושיים באופן אחר: ״לְבַד רְאֵה זֶה מָצָאתִי אֲשֶׁר עָשָׂה הָאֱלֹהִים אֶת הָאָדָם יָשָׁר וְהֵמָּה בִקְשׁוּ חִשְּׁבֹנוֹת רַבִּים״ (ז׳, כט).

62. ראו סקירה של עמדות שונות ודיון רחב אצל צימר, בין מוות לאושר, עמ׳ 9–13.

בפסוק זה, קהלת טוען שהאדם מעצם בריאתו הוא 'ישר', והעיוותים וחוסר הפשר הם תוצאה של מעשי האדם ובחירותיו.[63] המונח 'ישר' הוא מונח רווח בספרות החוכמה והוא מלווה לרוב את ספרי תהלים ואיוב, אולם לא במקרה בספר קהלת הוא נזכר רק פעמיים. מלבד בפסוקנו, הוא נזכר בספר רק בחתימת הספר, הנראית כנספח לספר עצמו (י"ב, י).

מבחינה תיאולוגית ומוסרית יש באמירה זו פרספקטיבה חדשה שלא מצאנוה עד כה בספר. הדבר אינו נוגע רק לשאלת האחריות על עוולות המציאות, אלא לשאלה עד כמה יש לראות עוולות אלו כאימננטיות למציאות. אם הן נובעות ממעשי האדם שמבקש 'חשבונות רבים', אפשר אולי לשנות זאת? אולי יקום דור שיהיה תמים ופשוט והעוולות המתוארות בספר תתבטלנה? זוהי כמובן שאלה תיאורטית בלבד, וקהלת היה עונה באופן חד־משמעי שמה שהיה הוא שיהיה, וגם הטבע האנושי אינו בר שינוי. אך מבחינה פילוסופית לפנינו תפיסה המאפשרת לחשוב על תיקון ועל התנהלות שונה. מאחר שיחידה זו מנהלת דו־שיח עם סיפור גן עדן, מתאים להיזכר בסיפור זה גם בהקשר פסוקנו: ה' יצר את האדם ואשתו ישרים, והסכסוך הפנימי שיש במציאות נובע מחטאם שלהם; מרצונם לדעת טוב ורע, מרצונם 'להיות כאלוהים' כהבטחת הנחש. לולא כן, אולי היו חיים עד היום, לצד העצים שנטע ה' בגן, מתהלכים זה לצד זו ללא קנאה וללא מתח.

למעשה, תפיסה זו משתלבת בפזמון החוזר של קהלת אשר מטיף לאדם לחיות בצניעות, ללא ציפיות רבות, כלומר ללא חִשְּׁבֹנוֹת רַבִּים. אדם כזה אכן יחזור לאינטואיציה בריאה וטבעית שכנראה מצויה בו, ויוכל (לפעמים) לגבור על עוולות העולם. במידת־מה קהלת עוקץ כאן גם את עצמו, ושמא אפשר לומר – עוקץ בראש ובראשונה את עצמו. הדוגמה המקראית הטובה ביותר למי שחיפש חִשְּׁבֹנוֹת

63. אנו מבארים את הפסוק, כמקובל, כמביע ניגוד: האל ברא את האדם ישר, אך הוא זה שמסתבך במחשבותיו ובהכרעותיו. פרי טען שאפשר לקרוא את הווי"ו הפותחת את 'והמה' כהמשך רציף ללא ניגוד (פרי, קהלת, עמ' 211), אך הצעה זו נראית לנו קשה.

רַבִּים – מלבד האיש והאישה בגן שבעדן – הוא קהלת עצמו, שהעיד על עצמו רק לפני כמה פסוקים: "סַבּוֹתִי אֲנִי וְלִבִּי לָדַעַת וְלָתוּר וּבַקֵּשׁ חָכְמָה וְחֶשְׁבּוֹן וְלָדַעַת רֶשַׁע כֶּסֶל וְהַסִּכְלוּת הוֹלֵלוֹת" (ז׳, כה). אירוניה עצמית זו אינה זרה לקהלת, וכבר פגשנו בה (ו׳, יא) ועוד נפגוש בה ביתר שאת בחתימת הספר כולו.

אבל מעבר לכך, אין זה מקרי שההצהרה המטילה את האחריות על כתפי האדם נזכרת דווקא כאן. בדיון הנפתח כאן עומד קהלת לבחון את הגמול החברתי ואת חוסר הסדר שמתגלה כשמחפש האדם צדק חברתי. כרקע לדברים אלו מתאים להעביר את האחריות על חוסר זה אל האדם עצמו ואל בחירותיו.

האדם מול המלכות (ח׳, א–ד)

מעיסוק בחדרי החדרים של האדם, חדרי ליבו וחדרי ביתו, עובר קהלת לדון בעמידה מול השליט, ובחדרי ארמונו. זה אכן מעבר חד מדיון ברגש עדין לדיון בסדרי חוק וממשל, אך אצל קהלת זה כמו זה חלק מהאבסורד החברתי שאדם מתנהל בתוכו, וזה כמו זה עוסק בשאלת יציאתו של האדם מחוץ לעצמו אל עבר זולתו. לפיכך, הם גם קשורים בכל הקשור לשאלת הצדקת החיים החברתיים.

באמת, הזיקה בין שני הנושאים הדוקה עוד יותר: כפי שראינו, מוקד הדיון ביחס לנשים נוגע לאיבוד החופש, בהתמסרות לליבה ולידיה האוסרות של האהובה. אובדן החירות, או לפחות הגבלתה, הוא גם נושא העומק המלווה את הדיון בעמידת האדם מול המלכות, כפי שיתברר מייד. כלומר, יש בחיים החברתיים הגבלה לחופש האנושי של כל פרט, ובלשונו החריפה של סארטר: הגיהינום הוא הזולת.

מִי כְּהֶחָכָם וּמִי יוֹדֵעַ פֵּשֶׁר דָּבָר חָכְמַת אָדָם תָּאִיר פָּנָיו וְעֹז פָּנָיו יְשֻׁנֶּא.
אֲנִי פִּי מֶלֶךְ שְׁמוֹר וְעַל דִּבְרַת שְׁבוּעַת אֱלֹהִים.
אַל תִּבָּהֵל מִפָּנָיו תֵּלֵךְ אַל תַּעֲמֹד בְּדָבָר רָע כִּי כָּל אֲשֶׁר יַחְפֹּץ יַעֲשֶׂה.
בַּאֲשֶׁר דְּבַר מֶלֶךְ שִׁלְטוֹן וּמִי יֹאמַר לוֹ מַה תַּעֲשֶׂה (ח׳, א–ד).

הנה שב קהלת ומזכיר משפטי חוכמה נפוצים. נראה הדבר שפסוקים אלו הולמים תת־סוגה ספרותית של ייעוץ לחצרני מלכות. בעולם הקדום מקובלים פתגמי חוכמה שנותנים עצות לבעלי מקצוע שונים,[64] ואין סיבה שחצרני מלכות ייעדרו מפתגמי המלצות אלו (השוו: משלי י״ד, לה; ט״ז, יד-טו; כ׳, ב). בין יתר הדרכותיהם, מתאים שחכמים ייתנו עצות לאנשי חצר כיצד עליהם להתמודד עם הסכנות הכרוכות בשהייה במחיצת מלכים רבי עוצמה ולעתים אף גחמנים ומסוכנים. קהלת הוא אומנם לא יועץ חצר (אלא מלך בעצמו! – ״הָיִיתִי מֶלֶךְ עַל יִשְׂרָאֵל בִּירוּשָׁלָם״ – א׳, יב), אך הוא משלב כאן כמה עצות שכולן למעשה מניחות את אותה עמדה בסיסית – העומד מול המלך מצוי בסכנה מתמדת. מאחר שהכוח ניתן בידיו של המלך – כָּל אֲשֶׁר יַחְפֹּץ יַעֲשֶׂה.

נבחן את הפסוקים ונדון בתרומתם לטיעוניו של קהלת. בתחילה משבח קהלת את החכם, הן על הבנתו בפשרם של הדברים: ״מִי כְּהֶחָכָם וּמִי יוֹדֵעַ פֵּשֶׁר דָּבָר״, הן על הארת הפנים הנלווית לחוכמתו: ״חָכְמַת אָדָם תָּאִיר פָּנָיו וְעֹז פָּנָיו יְשֻׁנֶּא״. זו פתיחה קלאסית לפתגמי חוכמה המבקשת להעניק לדובר סמכות והקשבה. הבחירה במונח ׳פֵּשֶׁר דָּבָר׳ מעניינת במיוחד. בארמית המקראית משמעות המונח היא פתרון חלומות או חידות (דניאל ב׳, מה; ד׳, ו; ה׳, טו), ובדומה גם באכדית (*piršu*).[65] באימוץ מונח זה כאן נותן קהלת תחושה שיש בכוחו של החכם לעמוד על התעלומה שאופפת את המציאות, כחידה הדורשת פתרון.

אפשר לשער שכמה מן הקוראים זזים בחוסר נוחות נוכח פאר החוכמה שקהלת נוקט בו כאן: ״חָכְמַת אָדָם תָּאִיר פָּנָיו״. בדרך כלל במקרא זה המאיר את פניו הוא ה׳, בשעה שהוא מעניק בנדיבות ברכה לאדם (במדבר ו׳, כה; תהלים ל״א, טז; ס״ז, ב; פ׳, ג, ז, יט; קי״ט, קלה). כאן, האדם החכם הוא מאיר הפנים, שזכה בכך בזכות

64. ראו למשל: סיביל, הוראות האיכר.
65. המילה שכיחה במגילות קומראן. לאפשרויות דומות אחרות ראו: קדרי, מילון, עמ׳ 889.

חוכמתו, והוא יכול להאיר גם את דרכם של אחרים בעצותיו. ייתכן שדווקא באימוץ צירוף שבדרך כלל נקשר עם ברכת ה׳ לתיאור החכם, יוצר קהלת קשר בין השניים – גם לחכם יש תבונה לתת הדרכות ישרות, בדומה לאלוהים, ועל כן גם פניו שלו מאירות; מי שישמע לעצות החכם כאילו שומע בדבר האל, וכתיאור אחיתופל, חכם חצר המלכות: ״וַעֲצַת אֲחִיתֹפֶל אֲשֶׁר יָעַץ בַּיָּמִים הָהֵם כַּאֲשֶׁר יִשְׁאַל [קרי: אִישׁ] בִּדְבַר הָאֱלֹהִים כֵּן כָּל עֲצַת אֲחִיתֹפֶל גַּם לְדָוִד גַּם לְאַבְשָׁלֹם״ (שמ״ב ט״ז, כג).[66] בכל מקרה, לא לחינם תיאר כאן קהלת את פניו המאירות – המזמינות והטובות – של החכם, כי מייד יפתח קהלת בתיאור המלך, וכפי שיתברר פניו שלו נראים אחרת לגמרי.

לעניין הקטע שאנו עומדים בפתחו, חשוב במיוחד המשך הפסוק והניגוד שיוצר כאן קהלת בין שני טיפוסים: ״חָכְמַת אָדָם תָּאִיר פָּנָיו / וְעֹז פָּנָיו יְשֻׁנֶּא״. יש שרואים בהיגד ״וְעֹז פָּנָיו יְשֻׁנֶּא״ תוצאה של ההיגד הראשון, כלומר החכם מצליח בפניו המאירות, לשנות את קשיות הפנים של בן שיחו.[67] אולם לפי קריאה זו, הנושא התחבירי של המשפט משתנה ללא כל רמז – ׳פניו׳ של החכם מאירות, ו׳פניו׳ של בן השיח שלו ישתנו לטובה. אם נבקש לאמץ עמדה זו, עדיף לראות גם את ההיגד הראשון כמתאר את בן השיח – נוכח חוכמתו של אדם מאירות פניו של שומע לקחו, וקשיות הפנים של השומע משתנה לטובה. לאידך גיסא, אפשר לראות את פני החכם כנושא של הפסוק כולו, כפירוש המקובל בקרב פרשני ימי הביניים: החוכמה מאירה את פניו של אדם ומשנה את עוז פניו לפנים יפות, מרוב חוכמתו (רשב״ם, ראב״ע, ר״י קרא ור׳ ישעיה מטראני בפירושיהם במקום).

אך אפשר לקרוא כאן באופן שונה לחלוטין. מבנה הפסוק יוצר

66. ההבדל בין נוסח הקרי בפסוק (״כאשר ישאל איש״) לנוסח הכתיב (״כאשר ישאל״) חשוב כאן להקשר דיוננו. האם כוונת הפסוק לדמות את אחיתופל כאילו הוא שואל את אלוהים ועל כן עצותיו מעולות, או לתאר את האדם העומד מול אחיתופל, שהוא כעומד מול אלוהים. ראו עוד על המשחק הלשוני הזה: גרוסמן, מרד אבשלום.

67. למשל: ברתולומיו, קהלת, עמ׳ 280.

תחושה של תקבולת ניגודית – בעוד פניו של החכם מאירות, פניו של העז 'יְשֻׁנֶּא' – הם מתחלפים ומשתנים.[68] קריאה כזו הציע למשל ברוס הייטלר: "חוכמה עשויה להביא אור בפניו של החכם או בפניו של אחר; אך יהירות חצופה הופכת את פניו, מכיוון שהיא עשויה להפוך את פניו של האחר למלאי שנאה".[69] כלומר, לפנינו שני טיפוסים בעלי פנים מנוגדות: בעוד פניו של החכם מאירות, פניו של הגיבור העז מתחלפות, כלומר צבען משתנה לפי רוגזו, וברגע אחד הם יכולים להפוך מרגועים ושלווים למאיימים וקודרים.[70] בכיוון זה צעדה גם רות פז וכתבה יפה:

> בדברים כ"ח, נ נאמר: "גּוֹי עַז פָּנִים אֲשֶׁר לֹא יִשָּׂא פָנִים", מכאן ש'עזות פנים' נוגדת את 'נשיאת הפנים'. ההקבלה שבין 'נשיאת פנים' ו'הארת פנים' בברכת הכוהנים מלמדת, ש'עזות הפנים' נוגדת את 'הארת הפנים' בפסוק א. על כן, שלא כמו מאור פניו של החכם המקרב אליו את הבריות, מראה פניו של העז מרתיע אותן ומרחיק אותן ממנו.[71]

יתרונו של פירוש זה הוא בהקשר הפסוק. כפי שנראה להלן, באופן זה מתאר קהלת את המלך השולט, ואת החשש שראוי שילווה כל מי שעומד מולו, באשר לא כל מלך הוא 'חכם' שמאיר את פניו. אדרבה,

68. לחילוף 'יְשֻׁנֶּא' ו'ישונה' ראו את תיאור יהויכין בירמיה: "וְשִׁנָּה אֵת בִּגְדֵי כִלְאוֹ" (נ"ב, לג) ומקבילתו במלכים: "וְשִׁנָּא אֵת בִּגְדֵי כִלְאוֹ" (מל"ב כ"ה, כט). יש מילים נוספות המתחלפות באופן דומה (כמו להחבה / להחבא), כפי שהראה וייטלי, קהלת, עמ' 71.
69. הייטלר, הערות, על קהלת ח', א.
70. לפי הצעה זו נוח לראות בכינוי 'עז' רמיזה לאדם הכועס, כפי שטען גינזברג, קהלת, עמ' 104–105. ראו שם את הוכחותיו, וראו במיוחד בדיונו של יוחנן מופס בעוז העברי ובמונח האכדי המקביל לו – *ezzu* (=כעס): מופס, אהבה ושמחה, עמ' 94–97.
71. פז, קהלת, עמ' 97 (בעקבות דברי גורדיס על הפסוק).

מייד ימליץ קהלת – ״מִפָּנָיו תֵּלֵךְ״, שהרי הם עלולים להשתנות ללא הודעה מוקדמת.

לאחר פתיחה זו משלב קהלת רשימת המלצות שכדאי לשמוע מפי חכם, שכולן, כאמור, נובעות מההנחה שיש להקפיד שלא להכעיס את המלך:

אֲנִי פִּי מֶלֶךְ שְׁמוֹר וְעַל דִּבְרַת שְׁבוּעַת אֱלֹהִים.
אַל תִּבָּהֵל מִפָּנָיו תֵּלֵךְ אַל תַּעֲמֹד בְּדָבָר רָע כִּי כָּל אֲשֶׁר יַחְפֹּץ יַעֲשֶׂה.
בַּאֲשֶׁר דְּבַר מֶלֶךְ שִׁלְטוֹן וּמִי יֹאמַר לוֹ מַה תַּעֲשֶׂה.

קשה להכריע בהתלבטות אם ׳אֲנִי׳ שפותח משפטים אלו הוא נושא המשפט, כלומר קהלת מתאר את מעשיו – אני שומר את פקודות המלך, או שמא זו פתיחה של הדובר וכוונת הפסוק היא ׳אני [אומר]: שמרו על פקודות המלך׳.

בין כך ובין כך, ההוראה של קהלת היא לשמור על חוקי הממלכה. אך יושם לב היטב שקהלת אינו מדבר על ׳החוק׳ אלא על הפקודה היוצאת מפי המלך. לא נראה שבהמשך המשפט – ״וְעַל דִּבְרַת שְׁבוּעַת אֱלֹהִים״ – ביקש קהלת לסייג את הנאמנות למלך, ולרמוז שלצד שמירת פקודותיו יש להמשיך ולשמור על הנאמנות לאלוהים (כפירוש רש״י ור״י קרא במקום).[72] בצדק כתב הרצברג, שקריאה כזו אינה מתאימה להקשר. גם אין הכרח לאמץ את דעתו שלו, שהמלך מכונה כאן בשם ׳אלוהים׳ וזו שבועת נאמנות למלך.[73] אכן לפנינו אזכור שבועת הנאמנות למלך, מפני שכל העומדים לפניו כבולים תחת שבועה שהם יהיו נאמנים למילתו, ׳לפיו׳ (כל שבועה בעלת תוקף נעשתה כשבועה לאלוהים). כלומר, גם אם לא מדובר בחוק ממלכתי וכללי אלא בקפריזה רגעית של המלך על העומד מולו לקיימה; כל היוצא מפיו – יש לקיים. בהקשר זה יש להבין גם את

72. ראו בכיוון זה גם אצל רודמן, דטרמיניזם, עמ׳ 135.
73. הרצברג, קהלת, עמ׳ 164.

שתי ההוראות העוקבות: "אַל תִּבָּהֵל מִפָּנָיו תֵּלֵךְ" / "אַל תַּעֲמֹד בְּדָבָר רָע". כשאתה עוזב את המלך אל תלך במהירות, כי הדבר עלול לעורר חשד. עליך ללכת במתינות וברוגע. כך גם טוב להימנע מלהתייצב לפני המלך 'בדבר רע' – כשיש בשורה רעה שבאה אליו, או בשעה שהמלך כבר כועס ומפיו יוצאים 'דיבורים' תקיפים.

מה משמעות המלצות אלו כאן? כפי שכבר רמזנו, נראה שמדובר בהנחיות רווחות שאפשר למצוא דומות להן בספרות החוכמה החצרנית, אך הן משרתות את מגמת קהלת בנקודה אחת: הנחת היסוד שלהן היא שהמלך קפריזי. אין זה משנה מה תוכן דבריו, יש להישמר כשעומדים מולו מפני כוחו הבלתי מוגבל. שני המשפטים האחרונים מסתיימים בדבר זה עצמו, והמילה החותמת אותם כאפיפורה ('יַעֲשֶׂה') מדגישה את החופש שהמלך מצוי בו לעשות כראות עיניו:

כִּי כָּל אֲשֶׁר יַחְפֹּץ יַעֲשֶׂה.
וּמִי יֹאמַר לוֹ מַה תַּעֲשֶׂה.

בשלב זה קהלת אינו אומר מאומה על שאלת הצדק שהשלטון משיג, ועל הצדקת מוסד המלוכה. עניינו בעצם הכוח הלא מוגבל שיש למלך ובנגזר מכך – האדם עומד מולו בחשש מתמיד, וכך גם היועצים הקרובים לו. במובן זה, חולק כאן קהלת על פתגמי חוכמה אחרים המצויים בספר משלי, כדוגמת "בְּאֹרֶךְ אַפַּיִם יְפֻתֶּה קָצִין / וְלָשׁוֹן רַכָּה תִּשְׁבָּר גָּרֶם" (משלי כ"ה, טו). גם פתגם זה הוא המלצה לחכמי־חצרני המלך, אך הוא טוען שאפשר בכוח המילים הנאמרות בנחת להשפיע על דעתו של המושל. קהלת טוען שגם החכם מגיע לקצה גבול יכולתו בעומדו לפני מלך שהסמכות כולה בידו.[74]

74. בדבר זה, בן סירא קרוב יותר לקהלת מאשר לספר משלי, באשר גם בן סירא מטיף להתרחקות מהשליט, וגם הוא רומז לקפריזיות המלווה את השליט, המהווה סכנה מתמדת לעומדים לפניו (בן סירא, ט', יז–יט).

להבנת מגמת שילוב פסקה זו נעמיד אותה בהקבלה לפסקה דומה שנאמרה לעיל על עמידת האדם מול אלוהים:

ד׳, יז – ה׳, ה	ח׳, ב–ד
שְׁמֹר רַגְלְךָ כַּאֲשֶׁר תֵּלֵךְ אֶל בֵּית הָאֱלֹהִים	אֲנִי פִּי מֶלֶךְ **שְׁמוֹר** וְעַל דִּבְרַת שְׁבוּעַת אֱלֹהִים
אַל תְּבַהֵל עַל פִּיךָ וְלִבְּךָ אַל יְמַהֵר לְהוֹצִיא דָבָר לִפְנֵי הָאֱלֹהִים כִּי הָאֱלֹהִים בַּשָּׁמַיִם וְאַתָּה עַל הָאָרֶץ	**אַל תִּבָּהֵל** מִפָּנָיו תֵּלֵךְ אַל תַּעֲמֹד בְּדָבָר רָע
עַל כֵּן יִהְיוּ דְבָרֶיךָ מְעַטִּים. **וְאַל תֹּאמַר** לִפְנֵי הַמַּלְאָךְ כִּי שְׁגָגָה הִיא	כִּי כָּל אֲשֶׁר יַחְפֹּץ יַעֲשֶׂה. בַּאֲשֶׁר דְּבַר מֶלֶךְ שִׁלְטוֹן **וּמִי יֹאמַר** לוֹ מַה תַּעֲשֶׂה.

הזיקה בין שתי יחידות אלו ברורה מעצם ההמלצה הדומה בשתיהן: טוב לאדם העומד מול סמכות בכירה ממנו שלא יתבלט, שלא יעורר שום תשומת לב מיוחדת שאין בה צורך. חשובה במיוחד המתינות, ויש לזכור כל העת שבעל הסמכות יכול לעשות ככל שירצה, ועל כן יש להישמר במיוחד כאשר באים לביתו. מאחר שקהלת הזכיר בתחילה שהעומדים לפני המלך התחייבו לו בשבועת אלוהים, הקשר ליחידה העוסקת בשבועת נדר לאלוהים מתחזק עוד.

אם נאמץ את דעתו של רודמן, יתברר שעמידת האדם מול המלך גם קשורה בטבורה לעצם עמידת האדם מול אלוהים. לטענתו, בהשקפה הדטרמיניסטית של קהלת מפתיע לקרוא לפתע על המלך שכָּל אֲשֶׁר יַחְפֹּץ יַעֲשֶׂה. האומנם למלך יש חופש לנהוג כרצונו? אין זאת אלא שהמלך ״נהנה מיחסים מיוחדים עם אלוהים, והוא משמש מעין משנה של האלוהות״.[75] לדעתנו דבר זה מסופק, אך אם הצדק

75. רודמן, דטרמיניזם, עמ׳ 136.

איתו, קהלת רואה את עמידת האדם מול המלך כסעיף נוסף של עמידתו מול האל.

זיקה זו תורמת להבנת המגמה של שילוב קטע זה כאן. גם היחידה שעסקה בעמידת האדם מול אלוהיו ובביתו, פתחה את הדיון בחוסר היגיון שמלווה את התחום החברתי־כלכלי בעולם. כביכול פותח קהלת את מסעו ברמיזה למי שיכול היה לתקן עוולות אלו, אך מאחר שאלוהים בשמיים ואתה על הארץ, אין לך לחקור ולשאול מדוע אלוהים אינו מתערב. בדומה גם אצלנו, בפתח העיון בעוולות החברתיות חושף קהלת את העומד בראש הפירמידה החברתית, בקפריזיות המלכות, שאין לאדם הפשוט אלא לשמור את ההוראות היוצאות מפיה, גם אם אין בהן תיקון החברה. האדם הכפוף לשלטון – כמו זה הכפוף לאלוהים – ויתר בעל כורחו על חופשיותו, ואין לו אלא לצפות במתרחש, לעיתים קרובות בהרמת ידיים בתסכול. זהו ביטוי לחוויה עמוקה של איבוד החירות האישית, שלא מתוך בחירה: "החברה, בכל צורותיה, היא ברכה; אך שלטון, גם בצורתו הטובה ביותר, אינו אלא רע הכרחי, ובצורתו הגרועה ביותר – רע שאין לסבול אותו... ארמונות המלכים בנויים על חורבות גן עדן".[76]

צַדִּיקִים אֲשֶׁר מַגִּיעַ אֲלֵהֶם כְּמַעֲשֵׂה הָרְשָׁעִים (ח', ד–יז)

כדרכו, פותח קהלת באוסף פתגמים נפוצים שמביעים תפיסה הרואה סדר בעולם, אך בהמשך דבריו הוא ישלול את תקפותם:

שׁוֹמֵר מִצְוָה לֹא יֵדַע דָּבָר רָע וְעֵת וּמִשְׁפָּט יֵדַע לֵב חָכָם.
כִּי לְכָל חֵפֶץ יֵשׁ עֵת וּמִשְׁפָּט כִּי רָעַת הָאָדָם רַבָּה עָלָיו.
כִּי אֵינֶנּוּ יֹדֵעַ מַה שֶּׁיִּהְיֶה כִּי כַּאֲשֶׁר יִהְיֶה מִי יַגִּיד לוֹ.

76. פיין, שכל ישר, עמ' 6–7. בהמשך ספרו הוא כותב: "זכר ונקבה הם הבחנות של הטבע, טוב ורע הבחנות משמים; אך כיצד זה בא אל העולם גזע אדם הנעלה עד כדי כך על האחרים, ומובחן מהם כמו היה איזה מין חדש... את שלטון המלכים הציגו לראשונה לעולם עובדי האלילים, ומהם העתיקו בני ישראל את הנוהג" (עמ' 14).

> אֵין אָדָם שַׁלִּיט בָּרוּחַ לִכְלוֹא אֶת הָרוּחַ וְאֵין שִׁלְטוֹן בְּיוֹם הַמָּוֶת וְאֵין מִשְׁלַחַת בַּמִּלְחָמָה וְלֹא יְמַלֵּט רֶשַׁע אֶת בְּעָלָיו (ח׳, ה-ח).

פתגמים אלו טוענים שכדאי לו לאדם לשמור את המצווה – בין מצוות האלוהים ובין צו המלך – מפני שכל עוד הוא שומר חוק, הוא לֹא יֵדַע דָּבָר רָע.[77] יותר מזה, הפתגם גם נותן פשר לדין שצריך לתת כל עבריין, שלאורו האיש החכם יודע להימנע מעשיית פגעים רעים – "וְעֵת וּמִשְׁפָּט יֵדַע לֵב חָכָם. כִּי לְכָל חֵפֶץ יֵשׁ עֵת וּמִשְׁפָּט כִּי רָעַת הָאָדָם רַבָּה עָלָיו". אכן, תפיסה רחבה מציגה כך את מטרת המשפט: הענשת החוטאים לא באה רק לממש צדק, אלא לאיים על האזרח שאם יסטה מדרך הישר הוא עתיד ליתן על כך את הדין. מאחר שאדם "אֵינֶנּוּ יֹדֵעַ מַה שֶּׁיִּהְיֶה", הוא אמור לכלכל את ההווה מתוך חשש העתיד, ואם למשוואה זו נכנס גם איום המשפט, אדם זה יימנע מעשיית עוול לחברו.

אוסף פתגמים זה נחתם בפתגם שאפשר להניח שמדבר אל ליבו של קהלת במיוחד:

> אֵין אָדָם שַׁלִּיט בָּרוּחַ לִכְלוֹא אֶת הָרוּחַ
> וְאֵין שִׁלְטוֹן בְּיוֹם הַמָּוֶת
> וְאֵין מִשְׁלַחַת בַּמִּלְחָמָה
> וְלֹא יְמַלֵּט רֶשַׁע אֶת בְּעָלָיו

פתגם זה, הערוך במבנה של שלושה דימויים והיגד רביעי שמשמש כנמשל וכעיקר כוונת הפתגם, מצוי כבר בספרות החוכמה (ראו במיוחד

77. למעלה הכרענו שמשמעות ׳דבר רע׳ היא ׳התרחשות רעה׳, ורבים מבארים כך. אולם, יש לשים לב שבפסוקים הקודמים הזכיר קהלת ׳דבר רע׳ שיוצא מפי המלך, ושם אפשר לבאר שכוונתו לדיבור רע ותקיף: "אַל תִּבָּהֵל מִפָּנָיו תֵּלֵךְ אַל תַּעֲמֹד בְּדָבָר רָע כִּי כָּל אֲשֶׁר יַחְפֹּץ יַעֲשֶׂה. בַּאֲשֶׁר דְּבַר מֶלֶךְ שִׁלְטוֹן וּמִי יֹאמַר לוֹ מַה תַּעֲשֶׂה". אם אומנם זו גם ההוראה בפסוקנו, יש לראות פסוק זה כחותם את היחידה הקודמת ולא כפותח את היחידה שלנו.

משלי ל׳, טו-לג), והוא כשלעצמו כבר מסגיר שלפנינו ציטוט מקובל, בין אם היה קיים בצורה זו בדיוק ובין אם קהלת עורך אותו בתבנית המקובלת. מאחר שהמשפט הרביעי הוא המסקנה החשובה לכותב, האנפורה נשברת, ולאחר שלושה משפטים שנפתחים ב׳אֵין׳, פורץ המשפט הרביעי שפותח ב׳לֹא׳.

כתבנו שסביר שקהלת אוהב פתגם זה מפני שהוא מבוסס על הנחת הכרחיות המוות. רבים מבארים גם את המשפט הפותח כקשור במוות – אדם אינו שולט על רוחו שלא תצא מגופו כשמגיע זמנו. יתרון פירוש זה בקישור הפשוט למשפט הבא, שעושה אף הוא שימוש במילה ׳שלטון׳ ובכך קושר ביניהם – ״וְאֵין שִׁלְטוֹן בְּיוֹם הַמָּוֶת״.[78]

ברוח זו נוהגים לבאר גם את המשפט השלישי – ״וְאֵין מִשְׁלַחַת בַּמִּלְחָמָה״ – שכוונתו, שאדם לא יוכל להחליף עצמו באדם אחר שיילחם במקומו, גם אם המוות האורב לפתחו מפחיד אותו. זהו הפירוש המקובל אך יש להעיר עליו, שזהו דימוי קצת מוזר שהרי דווקא במקרא אנו מכירים החלפות מעין אלו, כנאמר בחוק השבים מהמלחמה: ״וְיָסְפוּ הַשֹּׁטְרִים לְדַבֵּר אֶל הָעָם וְאָמְרוּ מִי הָאִישׁ הַיָּרֵא וְרַךְ הַלֵּבָב יֵלֵךְ וְיָשֹׁב לְבֵיתוֹ״ (דברים כ׳, ח), ובספר מקבים א יש עדות שכך גם נהגו בפועל (מקבים א, ג׳, 56).[79] זאת ועוד, המובן הפשוט של ׳משלחת׳ הוא ׳קבוצת שליחים׳ (תהלים ע״ח, מט),[80] וגם אם אפשר לבאר את פסוקנו כאומר שאין ׳שליחים׳ שיבואו להחליף את הלוחם בקרב, זוהי קריאה דחוקה. היה מתאים יותר לשלב לשון יחיד, ובקושי רב אפשר להציג מחליף זה כשליח. לפיכך נראה שכוונת הפתגם למשלחת דיפלומטית שנשלחת ערב הקרב בניסיון לפתור את הסכסוך בדרכים פוליטיות, אך לאחר שפרץ הקרב, אין כבר מקום למשלחת

78. עם זאת, ייתכן שהצדק עם סאו שלפנינו משחק דו־משמעי מכוון (בדומה לקהלת י״א, ד-ה), וקהלת רומז הן למשב הרוח שאדם אינו יכול לשלוט בו, והן לרוח חייו שבקרבו (סאו, קהלת, עמ׳ 282).

79. על האפשרות שהתיעוד אכן משקף את המציאות ההיסטורית ראו: בר־כוכבא, יוספוס; רפפורט, מקבים, עמ׳ 152.

80. קדרי, מילון, עמ׳ 676.

זו.[81] זוהי חוויה קשה של דבר שלאחר זמנו כבר אינו בתוקף, ונוכח הגופות הנערמות אין אלא להצטער על כך שהמשלחת לא נשלחה כשעוד אפשר היה לעשות דבר־מה.

בדומה למוות הבטוח שאין טעם לצאת כנגדו, מעמיד פתגם זה את הצדק – "וְלֹא יְמַלֵּט רֶשַׁע אֶת בְּעָלָיו". הענשת הרשע ודאית במציאות ממש כמו המוות, ממש כמו מלחמה שכבר פרצה.

אולם, לאחר משפטי חוכמה אלו, שמציגים את הצדק כדבר ודאי, שעוד יבוא גם אם יתעכב, מציג קהלת את השקפתו האישית על המציאות, שאיננה מאמצת הנחה זו: "אֶת כָּל זֶה רָאִיתִי וְנָתוֹן אֶת לִבִּי לְכָל מַעֲשֶׂה אֲשֶׁר נַעֲשָׂה תַּחַת הַשָּׁמֶשׁ עֵת אֲשֶׁר שָׁלַט הָאָדָם בְּאָדָם לְרַע לוֹ" (ח׳, ט).

ייתכן כדבריכם, אנשי פתגמי החוכמה, שבעתיד הרחוק עת המשפט תגיע, אבל בעולם הזה המוכר לנו, עכשיו – "עֵת אֲשֶׁר שָׁלַט הָאָדָם בְּאָדָם" – יש כאוס, חוסר צדק, עוול בלתי מרוסן; שלטון האדם ברעהו הוא ׳לְרַע לוֹ׳. בפסוקים הבאים יפרט קהלת את הרוע שנוכח בחיינו, אך יש לשים לב היטב למרחב הדיון שפורץ כאן: שלטון האדם באדם. כאן קהלת אינו קובל על הצדק האלוהי שאיננו מתממש במציאות (כפי שעשה לעיל), אלא על חוסר הצדק החברתי.

81. וייטלי כתב בהגינות, שעדיף לפרש את ׳משלחת׳ בפסוקנו במובן של ׳קבוצת שליחים׳, אך מאחר שהוא אינו מוצא לזה פשר, הוא מאמץ את הקריאה המקובלת של ׳מחליף׳ (קהלת, עמ׳ 72). כאמור למעלה, לדעתנו אפשר למצוא משמעות גם לקבוצת שליחים. ראו גם את דיונו של וייטלי בהצעתו המעניינת של צימרמן, שמשמעות ׳משלחת׳ כאן היא ׳להפשיט׳ או ׳לסלק׳, לאור ׳שלח׳ הארמי, ובהצעתו של דהוד שהמשלחת היא באמת ׳קבוצת שליחים׳ אך במקום ׳במלחמה׳ יש לקרוא ׳במלחם׳, בהוראת ׳חד׳ ובמשמעות של שנינות (וייטלי, קהלת, עמ׳ 73). גורדיס הציע לפרש את משלחת מלשון ׳פיקוח׳ (לאור ישעיה י״א, יד; גורדיס, קהלת, עמ׳ 291). לעצם הנוהג לשלוח קבוצת שליחים במשלחת דיפלומטית או שליח יחיד, ראו את דיונו של אלגביש, שירות דיפלומטי, עמ׳ 140–141. הוא מראה שבמזרח הקדום נוהגים לשלוח שליח מרכזי אחד בלבד, אך הוא נוטה לומר ש"משלחות דיפלומטיות שנזכרו במקרא, כללו על פי רוב יותר משליח אחד".

וּבְכֵן רָאִיתִי רְשָׁעִים קְבֻרִים וָבָאוּ וּמִמְּקוֹם קָדוֹשׁ יְהַלֵּכוּ וְיִשְׁתַּכְּחוּ בָעִיר אֲשֶׁר כֵּן עָשׂוּ גַּם זֶה הָבֶל. אֲשֶׁר אֵין נַעֲשָׂה פִתְגָם מַעֲשֵׂה הָרָעָה מְהֵרָה עַל כֵּן מָלֵא לֵב בְּנֵי הָאָדָם בָּהֶם לַעֲשׂוֹת רָע. אֲשֶׁר חֹטֶא עֹשֶׂה רָע מְאַת וּמַאֲרִיךְ לוֹ כִּי גַּם יוֹדֵעַ אָנִי אֲשֶׁר יִהְיֶה טּוֹב לְיִרְאֵי הָאֱלֹהִים אֲשֶׁר יִירְאוּ מִלְּפָנָיו. וְטוֹב לֹא יִהְיֶה לָרָשָׁע וְלֹא יַאֲרִיךְ יָמִים כַּצֵּל אֲשֶׁר אֵינֶנּוּ יָרֵא מִלִּפְנֵי אֱלֹהִים. יֶשׁ הֶבֶל אֲשֶׁר נַעֲשָׂה עַל הָאָרֶץ אֲשֶׁר יֵשׁ צַדִּיקִים אֲשֶׁר מַגִּיעַ אֲלֵהֶם כְּמַעֲשֵׂה הָרְשָׁעִים וְיֵשׁ רְשָׁעִים שֶׁמַּגִּיעַ אֲלֵהֶם כְּמַעֲשֵׂה הַצַּדִּיקִים אָמַרְתִּי שֶׁגַּם זֶה הָבֶל (ח׳, י–יד).

כזכור, מסקנת פתגמי החוכמה הייתה שלֹא יְמַלֵּט רֶשַׁע אֶת בְּעָלָיו, אך קהלת בוחן מה מצבם של רְשָׁעִים – בעלי הרשע, ומגיע למסקנה אחרת. בפתח דבריו הוא מתאר תהלוכת קבורה של רשעים היוצאת מהמקום המקודש ביותר, ׳ונשכח׳ מה שעשו בעיר. רבים התקשו בתיאור זה, שהרי, על פניו, יש מן הצדק בכך ששוכחים את הרשעים ולא ברור על מה קהלת מתלונן. הגיעו הדברים לידי כך שבשל בעיה זו היה אף מי שהגדיר פסוק זה כפסוק הקשה ביותר בספר, והציע לתקן את נוסח הפסוק.[82] אך דומה שהפתרון לפסוקנו פשוט: הדבר הנשכח איננו הרשעים עצמם – אדרבה, הם הלוא זוכים להספדים במקום קדוש – אלא מעשי הרשעה שלהם. הכול מפארים אותם ומעשי העוולה כלא היו. ייתכן שיש כאן גם משחק מילים מכוון, ברמיזה לפועל שכ״ח בבניין התפעל בארמית, שמשמעו דווקא ׳להימצא׳ (השוו ראב״ע). קהלת מרמז שתוך כדי שקוברים את הרשע וגומרים עליו את ההלל, בינתיים נותרות בעיר כל העוולות שעשה, כל העניים שרמס, כל הבגדים שחבל – ולכן גַּם זֶה הָבֶל.[83] קהלת

82. לונגמן, קהלת, עמ׳ 218–219. הוא הציע לאמץ את נוסח השבעים והוולגטא ולגרוס ׳וישתבחו׳ תחת ׳וישתכחו׳. קריאה זו עולה כבר בתלמוד הבבלי: ״אל תיקרי ׳קבורים׳ אלא ׳קבוצים׳; אל תיקרי ׳וישתכחו׳ אלא ׳וישתבחו׳״ (גיטין נו ע״ב). ראו גם ברש״י בפירושו לפסוק.

83. ברוח זו פירש כאן ראב״ע: ״תמה: איך נכרת זכר הצדיק ונשכח כל טוב שעשה, והרשע מת בשלום והניח בנים במקומו?! גם זה הבל!״ (פירושו על אתר).

אינו רואה בעיניו את הבטחת החכם במשלי: "זֵכֶר צַדִּיק לִבְרָכָה וְשֵׁם רְשָׁעִים יִרְקָב" (משלי י', ז).

כבר הזכרנו לעיל, שקהלת הזכיר את הטיעון המפורסם שידיעת 'עת ומשפט' מונעת מן החכם לטעות ולחטוא (ח', ה-ו). כאן קהלת מגיב לטיעון זה בפירוש, וחולק עליו: "אֲשֶׁר אֵין נַעֲשָׂה פִתְגָם מַעֲשֵׂה הָרָעָה מְהֵרָה עַל כֵּן מָלֵא לֵב בְּנֵי הָאָדָם בָּהֶם לַעֲשׂוֹת רָע. אֲשֶׁר חֹטֶא עֹשֶׂה רָע מְאַת וּמַאֲרִיךְ לוֹ" (ח', יא-יב). הדיאלוג שבין הפסוקים בולט גם במרקם המילים. מול מה שנאמר לעיל "כִּי לְכָל חֵפֶץ יֵשׁ עֵת וּמִשְׁפָּט **כִּי רָעַת הָאָדָם רַבָּה עָלָיו**" (ח', ו), מציב כאן קהלת את הטענה: "אֲשֶׁר אֵין נַעֲשָׂה פִתְגָם מַעֲשֵׂה הָרָעָה מְהֵרָה **עַל כֵּן מָלֵא לֵב בְּנֵי הָאָדָם בָּהֶם לַעֲשׂוֹת רָע**" (ח', יא). אולם בעוד הפסוק הראשון טען שבגלל שיש רעות רבות שעושה האדם צריך לאחוז במידת הדין והענישה וכך לפתור בעיה זו, בא קהלת במשפט השני וטוען שאין בדבר פתרון מפני שהענישה נדחית וברגע העוולה מרגיש האדם את עצמו חופשי לפעול כראות עיניו, ועל כן ליבם של בני האדם ממשיך לזמום מזימות. לא במקרה מעלים שני פסוקים אלו גם יחד אסוציאציות של ערב מבול: "וַיַּרְא ה' כִּי **רַבָּה רָעַת הָאָדָם** בָּאָרֶץ וְכָל יֵצֶר מַחְשְׁבֹת **לִבּוֹ רַק רַע** כָּל הַיּוֹם" (בראשית ו', ה). בכך, מציב עצמו קהלת בהקבלה לאלוהים, הרואה את העוול ואת רעת האדם הרבה ("וּבְכֵן רָאִיתִי"), וחש בכאוס חברתי עמוק, ובקושי להצדיק את הקיום האנושי־החברתי.

יש באמירה זו תגובה עקרונית לטענת המאעת' החוכמתי שהוזכרה במבוא. יש מן החכמים הטוענים שכשם שאדם שייגע בגחלים לוהטות ייכווה – כך העושה פשע ישלם על כך. העולם הטבעי והעולם המוסרי חבוקים זה בזה ושניהם גם יחד נוטלים חלק בסדר המופתי של העולם. כשאומר קהלת שהדין על מעשה הרעה לא נעשה במהרה, ועל כן הוא מאפשר לבני האדם לפשוע מבלי לחשוב על הדין שיצטרכו לתת על כך, הוא חולק על הזיקה שבין הטבעי למוסרי. אדרבה, אומר קהלת – לו באמת עושה הרשעה היה בא על עונשו מייד לאחר חטאו, כמו זה הנכווה מהגחלים הלוהטות שנגע

בהן, אכן היה עולמנו מסודר והיו נמנעים מעשי רשעה. אך לא כך הדבר: "חֹטֶא עֹשֶׂה רָע מְאַת (=מאה; הרבה) וּמַאֲרִיךְ לוֹ".

למרות תסכולו העמוק משלב קהלת משפט המסייג במשהו את תחושת הכאוס (ומוסיף משפט נוסף שמסייג את ההסתייגות), ומבחינת דיוננו יש בהסתייגויות אלו חשיבות מיוחדת:[84]

> כִּי גַּם יוֹדֵעַ אָנִי אֲשֶׁר יִהְיֶה טּוֹב לְיִרְאֵי הָאֱלֹהִים אֲשֶׁר יִירְאוּ מִלְּפָנָיו. וְטוֹב לֹא יִהְיֶה לָרָשָׁע וְלֹא יַאֲרִיךְ יָמִים כַּצֵּל אֲשֶׁר אֵינֶנּוּ יָרֵא מִלִּפְנֵי אֱלֹהִים.
> יֶשׁ הֶבֶל אֲשֶׁר נַעֲשָׂה עַל הָאָרֶץ אֲשֶׁר יֵשׁ צַדִּיקִים אֲשֶׁר מַגִּיעַ אֲלֵהֶם כְּמַעֲשֵׂה הָרְשָׁעִים וְיֵשׁ רְשָׁעִים שֶׁמַּגִּיעַ אֲלֵהֶם כְּמַעֲשֵׂה הַצַּדִּיקִים אָמַרְתִּי שֶׁגַּם זֶה הָבֶל (ח׳, יב-יד).

אף על פי שלעיל דחה קהלת את אפשרות השכר והעונש מידי האלוהים, כאן, האמונה שיבוא היום ואלוהים ייתן שכר טוב לראויים לכך וייפרע מן הרשעים משתלבת בנקל. ההבדל קשור בפרספקטיבות המשתנות של הדיון. כל עוד התמקד הדיון בשאלת הצדק האלוהי, טען קהלת שאי אפשר לבנות את התיאוריה כולה על ההנחה שאלוהים יגמול בצדק, שהרי העין האנושית־המוסרית אינה חווה זאת באופן זה. אולם כעת, כשהדיון מתמקד בחוסר הצדק האנושי, יכול קהלת לומר – גם אם נאמץ את ההנחה שטוב לא יהיה לרשע, וכי הוא לא יאריך ימים, אין בדבר פתרון לחוסר ההיגיון שבמעשה האנושי. ההבל – כלומר חוסר הסדר של המציאות – בא לידי ביטוי גם בהתנהלות החברתית המדברת גבוהה גבוהה על צדק ומוסר, אך בפועל מעניקה יתרון לבעלי הזרוע. עינינו רואות את אֲשֶׁר נַעֲשָׂה עַל הָאָרֶץ – לא את העתיד לבוא ולא את המתרחש בשמיים – וכאן,

84. על דחיית הטענה שלפנינו תוספת של העורך שביקש לעדן את דברי קהלת, ראו: גורדיס, עמ׳ 163-164.

היום, על הארץ: ״יֵשׁ צַדִּיקִים אֲשֶׁר מַגִּיעַ אֲלֵהֶם כְּמַעֲשֵׂה הָרְשָׁעִים וְיֵשׁ רְשָׁעִים שֶׁמַּגִּיעַ אֲלֵהֶם כְּמַעֲשֵׂה הַצַּדִּיקִים״.

ההתייחסות לרשעים המקבלים כמעשה הצדיקים ולהיפך אינה נוגעת דווקא למחלות, צרות ושאר מרעין בישין שהאל עשוי להביא על החוטא: שם שמיים אינו נזכר כאן. מתוך ההקשר נראה שהכוונה להיבט החברתי של כיבוד הרשעים וביזוי הצדיקים, כפי שנאמר לפני כמה פסוקים: ״וּבְכֵן רָאִיתִי רְשָׁעִים קְבֻרִים וָבָאוּ וּמִמְּקוֹם קָדוֹשׁ יְהַלֵּכוּ וְיִשְׁתַּכְּחוּ בָעִיר אֲשֶׁר כֵּן עָשׂוּ״ (ח׳, י). אנשים מושחתים ובעלי הון זוכים לכבוד רב מן הבריות, ואילו הענווים, הישרים והצדיקים סובלים לעג, בדידות וכישלונות.

לאור זאת מגיע קהלת שוב למסקנתו הקבועה, אך הפעם הוא גם מוסיף הסתייגות מנחרצות קביעתו, מוודאות המסקנה שאדם יכול להגיע אליה:

> וְשִׁבַּחְתִּי אֲנִי אֶת הַשִּׂמְחָה אֲשֶׁר אֵין טוֹב לָאָדָם תַּחַת הַשֶּׁמֶשׁ כִּי אִם לֶאֱכֹל וְלִשְׁתּוֹת וְלִשְׂמוֹחַ וְהוּא יִלְוֶנּוּ בַעֲמָלוֹ יְמֵי חַיָּיו אֲשֶׁר נָתַן לוֹ הָאֱלֹהִים תַּחַת הַשָּׁמֶשׁ.

אין לו לאדם אלא להיות שמח במה שיש לו, וקהלת אף מפרט את רכיביה של שמחה פשוטה זו: לֶאֱכֹל וְלִשְׁתּוֹת וְלִשְׂמוֹחַ. אלו הם הדברים שילוו את האדם (=וְהוּא יִלְוֶנּוּ) לצד עבודתו ועמלו. החיים חולפים וזמניים, והכול יכול להתרחש בהם ללא סדר ובלי ידיעה מוקדמת, והציפייה לארגון מופתי של המציאות סופה להיכזב.

הפירוש המקובל להיגד ״וְהוּא יִלְוֶנּוּ בַעֲמָלוֹ״ הוא, כאמור לעיל, שהשמחה, המאכל והמשתה ילוו את האדם לצד עבודתו הקשה, וכך יזכה לחיות בנחת ובטוב.[85] לאור זאת, לא מספיק ברור המשך הפסוק – ״יְמֵי חַיָּיו אֲשֶׁר נָתַן לוֹ הָאֱלֹהִים תַּחַת הַשָּׁמֶשׁ״. צריך היה

85. בהגינות מעיר זר־כבוד על פירוש זה: ״ילונו בהוראה של ליווי, (נזכר) רק כאן״ (זר־כבוד, קהלת, עמ׳ נב, הערה 54).

להיות כתוב 'בימי חייו', ורבים מהמפרשים מבארים את הפסוק כאילו כך כתוב,[86] אולם צורת הפסוק מלמדת ש'ימי חייו' מתפקד כמושא ישיר – זהו הדבר שהשמחה 'תלווה' לאדם – את ימי חייו (מלשון הלוואה, כמו "אִם כֶּסֶף תַּלְוֶה אֶת עַמִּי" – שמות כ"ב, כד). הדבר אומנם מפתיע, אך ר' שמואל אבן תיבון נעתר לדבר זה, והציע, גם אם בהיסוס: "או אפשר שיהיה מתעבר, כלומר כי שמחתו בעמלו תוסיף ימי חייו, כאשר קיבוץ הממון ואהבתו יגרום מוות ורע לבעליו, כמו שנזכר כל זה בפרט למעלה בפרשה שלפני זו".[87] לדבריו, אכן אפשר לקרוא את הפסוק שימי חייו הם הדבר שהשמחה מביאה לאדם בכנפיה. קשה להכריע אם פשטי המקראות עימו, אך עומק רפואי־פסיכולוגי בוודאי יש בדבריו. האדם שחי מתוך שלווה ושמחה, זוכה לשנים נוספות של חיים, ואילו זה שחי בחששות מתמידים וברוגז, מקצר ימי שנותיו.

חוסר הצדק מול המוות (ח', טז – ט', י)

כַּאֲשֶׁר נָתַתִּי אֶת לִבִּי לָדַעַת חָכְמָה וְלִרְאוֹת אֶת הָעִנְיָן אֲשֶׁר נַעֲשָׂה עַל הָאָרֶץ כִּי גַם בַּיּוֹם וּבַלַּיְלָה שֵׁנָה בְּעֵינָיו אֵינֶנּוּ רֹאֶה. וְרָאִיתִי אֶת כָּל מַעֲשֵׂה הָאֱלֹהִים כִּי לֹא יוּכַל הָאָדָם לִמְצוֹא אֶת הַמַּעֲשֶׂה אֲשֶׁר נַעֲשָׂה תַחַת הַשֶּׁמֶשׁ בְּשֶׁל אֲשֶׁר יַעֲמֹל הָאָדָם לְבַקֵּשׁ וְלֹא יִמְצָא וְגַם אִם יֹאמַר הֶחָכָם לָדַעַת לֹא יוּכַל לִמְצֹא (ח', טז-יז).

86. ראו למשל את התרגומים הבאים לפסוק: "That much can accompany him, in exchange for his wealth through the days of life that God has granted him under the sun" (JPS); "Then joy will accompany them in their toil all the days of the life God has given them under the sun" (NIV); "and this will stand by him in his toils *throughout* the days of his life which God has given him under the sun" (NAU). לשבחו של התרגום האחרון ייאמר שהוא כתב את throughout בהטיה ובכך רמז לקורא שמדובר בתוספת של המתרגם שאיננה כתובה בפסוק.
87. אבן תיבון, קהלת, עמ' 350.

בכמה מקומות לאורך הספר, קהלת משלב משפטים אוטוביוגרפיים המתארים את מחקרו המקיף והאינטנסיבי מצד אחד, אבל גם את הבנתו שלא ניתן להגיע למסקנות חד־משמעיות, מצד שני. קהלת לקח על כתפיו את האתגר הגדול להבין את הנעשה במציאות, והשקיע ימים ולילות כדי להבין את פשר החיים. הוא מספר כי זו משימה תובענית ביותר, המדירה שינה מעיני בעליה. אך גם מי שישקיע עמל כה רב בניסיון לתת פשר למציאות ולפתור את חידתה – ״לֹא יוּכַל הָאָדָם לִמְצוֹא אֶת הַמַּעֲשֶׂה אֲשֶׁר נַעֲשָׂה תַחַת הַשֶּׁמֶשׁ בְּשֶׁל אֲשֶׁר יַעֲמֹל הָאָדָם לְבַקֵּשׁ וְלֹא יִמְצָא וְגַם אִם יֹאמַר הֶחָכָם לָדַעַת לֹא יוּכַל לִמְצֹא״. טענתו שהאדם לא יכול ״לִמְצוֹא אֶת הַמַּעֲשֶׂה אֲשֶׁר נַעֲשָׂה תַחַת הַשֶּׁמֶשׁ״ היא טענה יסודית המתווה את דרכו של קהלת. חוסר ההבנה של המעשה שנעשה תחת השמש מוביל את האדם לפעול מתוך אי־ודאות בנוגע לקורה סביבו, וגם מתוך אי־ודאות באשר לעומד לקרות.

גם המעבר מהדיון בחוסר הפשר של הגמול האלוהי לדיון בחוסר הפשר של הגמול החברתי, שנידון לעיל, נעשה מתוך הצהרה דומה על מוגבלות החקירה ובהרמת ידיים: ״כָּל זֹה נִסִּיתִי בַחָכְמָה אָמַרְתִּי אֶחְכָּמָה וְהִיא רְחוֹקָה מִמֶּנִּי. רָחוֹק מַה שֶּׁהָיָה וְעָמֹק עָמֹק **מִי יִמְצָאֶנּוּ**. סַבּוֹתִי אֲנִי וְלִבִּי **לָדַעַת וְלָתוּר וּבַקֵּשׁ חָכְמָה** וְחֶשְׁבּוֹן וְלָדַעַת רֶשַׁע כֶּסֶל וְהַסִּכְלוּת הוֹלֵלוֹת״ (ז׳, כג-כה). קהלת התחיל את המסע על סף ייאוש. למרות מאמציו הגדולים ׳להחכים׳, הפתרון נותר ׳רחוק ממנו׳. רחוק ועמוק, ובלתי ניתן ׳למציאה׳. כעת, עם המעבר לדיון בחוסר הצדק נוכח המוות האורב לכל אדם, הוא חוזר על עמדה זו: ״כַּאֲשֶׁר **נָתַתִּי אֶת לִבִּי לָדַעַת חָכְמָה**... וְרָאִיתִי אֶת כָּל מַעֲשֵׂה הָאֱלֹהִים כִּי **לֹא יוּכַל הָאָדָם לִמְצוֹא** אֶת הַמַּעֲשֶׂה אֲשֶׁר נַעֲשָׂה תַחַת הַשֶּׁמֶשׁ בְּשֶׁל אֲשֶׁר יַעֲמֹל הָאָדָם לְבַקֵּשׁ **וְלֹא יִמְצָא** וְגַם אִם יֹאמַר הֶחָכָם לָדַעַת **לֹא יוּכַל לִמְצֹא**״.

מתוך ההסתכלות בחברה ובעוולות הכרוכות בהתנהלותה חש קהלת ביתר שאת שהחוכמה מגיעה לגבולה: יש אי־סדר כללי בעולם, אבל חוסר הסדר שבחברה האנושית חורג מכל מידה. כאן קהלת מרים ידיים. הוא רואה אינסוף אינטרסים אנושיים הנאבקים לגבור ולכופף

זה את זה, הנובעים מבחירה אנושית ולא מאיזה צו אלוהי קוסמי: ״לְבַד רְאֵה זֶה מָצָאתִי אֲשֶׁר עָשָׂה הָאֱלֹהִים אֶת הָאָדָם יָשָׁר וְהֵמָּה בִקְשׁוּ חִשְּׁבֹנוֹת רַבִּים״ (ז׳, כט). האדם נברא באופן ישר, הוא נברא נכון וטוב. העקמימות היא תולדה של הכרעותיו האישיות, והיא שהביאה לעיוותים החברתיים הרבים: ״עֵת אֲשֶׁר שָׁלַט הָאָדָם בְּאָדָם לְרַע לוֹ״ (ח׳, יט).

הדבר המקביל לכאוס זה הוא העובדה שגם הצדיק וגם הרשע ניצבים מול המוות באופן דומה. כפי שכבר ראינו, סיום החיים, שנתפס אצל רבים כהנחת יסוד של החיים עצמם, הופך אצל קהלת לאחד מרכיבי המציאות המבליטים במיוחד את חוסר ההיגיון שיש בחיים.

קשה לקבוע מסמרות בדבר, אך החזרה המאסיבית על הפועל ׳למצוא׳ בהקשר הנידון (שכזכור ליווה במיוחד גם את דיונו בנשים), מסגירה שקהלת חש שייתכן שיש ביאור למציאות, אלא שהוא חומק ממנו; אולי יש פשר אך האדם אינו יכול ׳למצוא׳ אותו, לא יכול להשיג אותו בדעתו. הדבר אינו מוכרח כי יכול האדם לחפש גם דבר־מה שאינו קיים ולכן לא ימצא אותו, אך בדרך כלל, המחפש מבקש לחשוף דבר שאכן מסתתר מתחת לפני השטח, והוא ׳מוצא׳ את מה שהוצפן תחת ההסתרה (כמו ״וָאֶמְצָא סֵפֶר הַיַּחַשׂ הָעוֹלִים בָּרִאשׁוֹנָה וָאֶמְצָא כָּתוּב בּוֹ״ – נחמיה ז׳, ה). בהקשר פסוקנו יש להבין את ׳המציאה׳ במובן מופשט של ׳לגלות׳, ׳להבין׳,[88] אך הנחת היסוד נותרת בעינה – הדבר אולי קיים אך אי אפשר להשיגו בדעתנו. גם אם כך, תסכולו של קהלת נותר גדול ונוגע ללב. שינה הוא לא נתן לעיניו, והוא מעיד שלמרות השתדלותו לא הצליח למצוא את פשר הַמַּעֲשֶׂה אֲשֶׁר נַעֲשָׂה תַּחַת הַשָּׁמֶשׁ.

אך לא רק אמירה אישית על קהלת עצמו יש כאן, אלא גם פולמוס עם עמדת החכמים שבידם הפתרון לתעלומות החיים. קהלת

88. השוו: קדרי, מילון, עמ׳ 651.

הרי קובע כאן ש״גַּם אִם יֹאמַר הֶחָכָם לָדַעַת – לֹא יוּכַל לִמְצֹא״. בדברים אלו יוצא קהלת נגד יומרת החוכמה ׳לדעת׳: אין זה נכון שרק מי שלא למד אינו יכול לברר את פשר העולם – גם החכם המשכיל לא יצלח לזאת. דבר זה מתפרט עוד יותר בפסוקים הבאים.

תיחום היחידות שלפנינו מורכב וקשה להכריע בו באופן חד־משמעי.[89] היו שראו בפסוקים שלפנינו את פתיחתה של היחידה הבאה, וחלקם אף הציעו שמכאן ועד סוף הספר מדובר בחטיבה אחת ארוכה.[90] אך בעיקר בשל תוכן הדברים נראה שעשרת הפסוקים הבאים מהווים חתימה לדיון בבעיית הגמול בעולם.[91] קהלת שב בפסוקים אלו לבעיה הגדולה מכולן, למוות האורב לכל אדם באשר הוא. כאמור, אנו מורגלים בעובדה הפשוטה והנוראה שכל אדם מת בסופו של דבר, והדבר נראה לנו חלק אימננטי מסיפור חיינו. זהו סיפור שיש לו סוף. אולם קהלת מצליח לחתור לרגע מתחת להנחה ברורה מאליה זו, ולתהות עליה. האם מוצדק הדבר, שלא משנה מה עשה אדם בחייו, הוא ימות? המוות פרץ לספר כבר בתחילתו, אך שם הוא הוזכר כמאיין את משמעותם של פרמטרים שונים במציאות. כאן מטריד את קהלת דבר־מה שונה: אין זה צודק שגם הצדיק וגם הרשע ימותו בסופו של דבר, ובאופן כה דומה.

החלק הראשון ערוך במבנה כיאסטי שמקל על הדיון בו (ט׳, א–ו):[92]

89. ״עיון באפשרויות השונות מלמד עד כמה התקשה המחקר בשאלת התיחום והאחדות של יחידה זו״ (פישר, ספקנות, עמ׳ 117).

90. כך למשל קייזר שנתן לחטיבה זו את הכותרת: ״מה נותר לאנשים״ (קהלת, עמ׳ 23).

91. כך גם: הרצברג, קהלת, עמ׳ 176–180; פז, קהלת, עמ׳ 102–104. להצעות תיחום מגוונות ראו: ברתולומיו, קהלת, עמ׳ 299, הערה 26.

92. המבנה מוכיח שיש להתייחס אל כל הפסוקים האלו כיחידה אחת, בניגוד לטענתו של גורדיס, שהציע שבפסוק ד נפתחת יחידה חדשה (גורדיס, קהלת, עמ׳ 292).

א. כִּי אֶת כָּל זֶה נָתַתִּי אֶל לִבִּי וְלָבוּר אֶת כָּל זֶה אֲשֶׁר הַצַּדִּיקִים וְהַחֲכָמִים וַעֲבָדֵיהֶם בְּיַד הָאֱלֹהִים **גַּם אַהֲבָה גַּם שִׂנְאָה** אֵין יוֹדֵעַ הָאָדָם הַכֹּל **לִפְנֵיהֶם**.[93]

ב. **הַכֹּל כַּאֲשֶׁר לַכֹּל מִקְרֶה אֶחָד**

ג1. לַצַּדִּיק וְלָרָשָׁע לַטּוֹב וְלַטָּהוֹר וְלַטָּמֵא וְלַזֹּבֵחַ וְלַאֲשֶׁר אֵינֶנּוּ זֹבֵחַ

ג1. כַּטּוֹב כַּחֹטֶא הַנִּשְׁבָּע כַּאֲשֶׁר שְׁבוּעָה יָרֵא.

ב1. זֶה רָע בְּכֹל אֲשֶׁר נַעֲשָׂה תַּחַת הַשֶּׁמֶשׁ כִּי **מִקְרֶה אֶחָד לַכֹּל**

א1. וְגַם לֵב בְּנֵי הָאָדָם מָלֵא רָע וְהוֹלֵלוֹת בִּלְבָבָם בְּחַיֵּיהֶם **וְאַחֲרָיו** אֶל הַמֵּתִים. כִּי מִי אֲשֶׁר יבחר [קרי: יְחֻבַּר] אֶל כָּל הַחַיִּים יֵשׁ בִּטָּחוֹן כִּי לְכֶלֶב חַי הוּא טוֹב מִן הָאַרְיֵה הַמֵּת. כִּי הַחַיִּים יוֹדְעִים שֶׁיָּמֻתוּ וְהַמֵּתִים אֵינָם יוֹדְעִים מְאוּמָה וְאֵין עוֹד לָהֶם שָׂכָר כִּי נִשְׁכַּח זִכְרָם. **גַּם אַהֲבָתָם גַּם שִׂנְאָתָם** גַּם קִנְאָתָם כְּבָר אָבָדָה וְחֵלֶק אֵין לָהֶם עוֹד לְעוֹלָם בְּכֹל אֲשֶׁר נַעֲשָׂה תַּחַת הַשָּׁמֶשׁ (ט׳, א-ו).

נטיית קהלת למבנה הכיאסטי בולטת בקטע זה כבר בפסוק הפותח: "כִּי אֶת כָּל זֶה / נָתַתִּי אֶל לִבִּי // וְלָבוּר / אֶת כָּל זֶה". מאחר שלבור הוא 'לברר', 'לבדוק',[94] הרי הוא מקבילו של 'נתתי אל לבי', וכמובן הצירוף 'את כל זה' שנזכר באותו האופן יוצר מסגרת ספרותית למשפט הפתיחה. מעבר לכך, נדמה שהיחידה כולה ערוכה במבנה כיאסטי.

קהלת פותח וחותם את תיאורו (א-א1) בתיאור הרגשות

93. חילקנו את המשפטים למעלה בהתאמה לנוסח המסורה וחלוקת הפסוקים שבידינו. מול רשב"ם עמד ככל הנראה נוסח אחר, ובו "הכל לפניהם" פותח את הפסוק הבא, באופן זה: "גַּם אַהֲבָה גַּם שִׂנְאָה אֵין יוֹדֵעַ הָאָדָם. הַכֹּל לִפְנֵיהֶם הַכֹּל כַּאֲשֶׁר לַכֹּל מִקְרֶה אֶחָד לַצַּדִּיק וְלָרָשָׁע" (ראו אצל יפת, רשב"ם לקהלת, עמ' 78). זהו פיסוק אפשרי וקשה להכריע בין האפשרויות.

94. דרייבר טען למקבילה ערבית לפועל זה, והציע לאור זאת לפענח גם את "אָמַרְתִּי אֲנִי בְּלִבִּי עַל דִּבְרַת בְּנֵי הָאָדָם לְבָרָם הָאֱלֹהִים" (ג', יח; דרייבר, ערביזם, עמ' 108). היו שהתקשו בפועל זה והציעו לגרוס כאן 'לתור' תחת 'לבור'. ראו על אפשרות זו ואחרות אצל פישר, ספקנות, עמ' 115.

האנושיים החזקים ביותר – אהבה, שנאה וקנאה – שכולם חומקים מן האדם והוא אינו יכול לשלוט בהם ובחייו.[95] בחלק הראשון נזכר גם ״וַעֲבָדֵיהֶם״ וחלק מהפרשנים ביארו את המונח כאילו כתוב עֲבָדיהם, או עֲבָדיהם בפתח (למשל רש״י וראב״ע, גם אם בניסוחים שונים), אבל נראה שהצדק עם הפרשנים הטוענים שעֲבָדֵיהֶם כאן פירושו ׳מעשיהם׳ או ׳תוצרת פעולתם׳, כמו בארמית.[96]

יוצא אפוא שכל בני האדם – ובכלל זה החכמים והצדיקים וכל מעשיהם ורגשותיהם – אינם אלא ׳ביד האלוהים׳.[97] אין הם יכולים לקוות לשלוט בעתידם באמצעות מעשיהם הטובים, מתוך הסתמכות על איזו חוקיות עקרונית הטבועה בעולם. יש שפירשו את האהבה והשנאה הנזכרות בפסוק כיחס האלוהים אל האדם, וכהמשך המשפט שהכול בידו. כלומר, האדם אינו יכול לדעת אם אלוהים אוהבו או שונאו ומתוך כך הוא שרוי בעלטה בנוגע לעתידו.[98] אך בהשקפת קהלת, לא מתאים לשלב את הפעלים הרגשיים של ׳אהבה׳ ו׳שנאה׳ ביחס לאלוהים, מה גם שאזכורן החוזר של האהבה והשנאה בסוף הקטע מלמד שכוונת קהלת לרגשות האהבה והשנאה שבליבו של אדם.[99] נראה שאזכורן של האהבה ושל השנאה בתיאור האדם מעלה

95. יש מקום לבחון אם גם בדברים אלו נעוץ פולמוס מרומז נגד הטפת ספרות החוכמה הקלאסית להעדיף את האהבה ולהימנע מהשנאה: ״שִׂנְאָה תְּעוֹרֵר מְדָנִים וְעַל כָּל פְּשָׁעִים תְּכַסֶּה אַהֲבָה״ (משלי י׳, יב). מאחר שלפי קהלת אדם אינו יכול לשלוט ברגשותיו, אין כל טעם בהטפה לדבוק ברגש אחד ולהתרחק מאחר.

96. לדיון מורפולוגי ראו אצל צ׳ורס, מילים נעימות, עמ׳ 60–61. הטוענים שקהלת נכתב תחילה בארמית ולפנינו תרגום לעברית של הספר (ראו על טענה זו בהרחבה במבוא של גינזברג, קהלת), מצאו בפסוק זה אילן גדול להיתלות בו, עד לכדי הטענה שכאן השאיר המתרגם את המילה כפי שמצא לפניו (צימרמן, עולם פנימי, עמ׳ 60–61).

97. כפי שכבר ראינו כמה פעמים, אצל קהלת ״להיות צדיק זה להיות חכם, ולהיות חכם זה להיות צדיק״ (ברתולומיו, קהלת, עמ׳ 299).

98. כך עולה כבר מפירוש רש״י על אתר, וכן ברתולומיו, קהלת, עמ׳ 299–300. ראו דיון בפרשנות זו גם אצל סאו, קהלת, עמ׳ 298, הנוטה לדחות אותה.

99. מלבד סאו הנזכר בהערה הקודמת, יש נוספים שראו את האהבה והשנאה

על נס את החיים הסוערים, שרבים מהמשוררים קושרים להם כתרים. גם אלו, מדגיש קהלת, אינם בשליטת האדם.

דבר זה נובע לא רק מתוך תפיסת קהלת שבכל רגע יכולים החיים להתהפך ואין דבר יציב, אלא מכך ש"הַכֹּל לִפְנֵיהֶם". מונח זה כשלעצמו סובל שני פירושים. אפשר לראות אותו במושגי המרחב, כלומר – כל הדברים מונחים לפני האדם ודווקא משום כך הוא אינו יודע באיזו דרך ללכת; הכול פתוח והכול אפשרי.[100] לפי קריאה זו, דווקא ריבוי האפשרויות הניצבות בכל רגע לפני כל אדם, הוא הגורם למבוכה, והוא המקשה על צעידה בדרך סלולה ובטוחה. אך נראה יותר שכוונת קהלת בפסוק לתיאור זמן: כל הדברים עוד עתידים להתרחש, הם מצויים תחת מעטה העתיד ומסורים להחלטת אלוהים, ועל כן אין האדם יודע מה עומד לקרות לו.[101]

זהו אחד מן הפסוקים שלכאורה מהווים ראיה טובה לאלו הטוענים שהשקפת קהלת היא ביסודה דטרמיניסטית: הכול כבר נקבע לפני שהדברים הוטלו לפתחם של בני האדם, ועל כן מאומה לא תלוי בהם.[102] כפי שכבר הערנו, איננו משוכנעים שלקהלת תפיסה דטרמיניסטית כה נוקשה, וגם כאן, נראה שהפירוש הפשוט יותר הוא שהכול עומד לקרות לבני האדם בעתיד, והאל הוא השולט במאורעות האדם ואף ברגשותיו, ועל כן הוא שיכול להכריע לכאן או לכאן ובחירות האדם מושפעות במישרין מהכרעות אלוהיות אלו. אין זה בהכרח אומר שהכול כבר נקבע מראש אלא רק ששליטת האל חובקת

כמתארות את האדם, בהם למשל ראב"ע ומצודות בפירושיהם על אתר, וכן: הרצברג, קהלת, עמ' 176; לאוהה, קהלת, עמ' 166.

100. לאוהה, קהלת, עמ' 166.

101. ראב"ע מעלה גם את האפשרות שיש אומנם להבין את "לפניהם" כתיאור זמן אך באופן הפוך, כמכוון אל העבר – "קודם שיהיו כבר נגזר עליהם" (בפירושו על אתר). קריאה זו קשורה גם בשאלה אם הפסוקים שלפנינו מביעים עמדה דטרמיניסטית, כפי שיבואר להלן.

102. דליטש הביא את פסוקנו כאחת ההוכחות לכך שקהלת היה דטרמיניסטי (דליטש, קהלת, עמ' 254–255; 365–367). בדרך זו אחז גם רודמן, דטרמיניזם, עמ' 177.

כול, והאדם אינו מוזמן להיות שותף בשיקוליו ובהכרעותיו; הדברים מתרחשים בקפיצות לא מתוכננות, לא מודעות, ולפיכך הם חומקים משליטת האדם. יכולים בני האדם ביום אחד לאהוב, וכבר למוחרת, באופן פתאומי וברגש עז באותה המידה, הם יכולים לשנוא. חוכמתם או צדיקותם אינן מעלות ואינן מורידות לעניין זה, שמפעיל את האדם באופנים כה עמוקים. זהו ביטוי נוקב לעולם הרגש המניע את האדם אך אינו מסור לשליטתו. האומנם יכול אדם להסביר מדוע התאהב באחד ושונא אחר? האומנם יש לעמדות נפשיות אלו הסברים לוגיים מדויקים? כלומר, דבריו של קהלת שגם רגשות אלו מסורים בידי האלוהים מבקשים בעיקר לומר, שאדם איננו יכול לתכנן את הלכי הנפש העתידים לבוא עליו, ורק כשהם יתרגשו עליו בפתע פתאום, הם ייהפכו להיות חלק מהותי מחייו ויעוררו אותו לפעולות מגוונות, ולעיתים קיצוניות.

בחתימת יחידה זו (או) חוזר קהלת על חוסר הרלוונטיות של רגשות אלו, אך הפעם הוא טוען כך מתוך הפרספקטיבה של המוות: לאחר מותם של בני האדם גם הסערות הרגשיות העזות ביותר מתפוגגות: ״גַּם אַהֲבָתָם גַּם שִׂנְאָתָם גַּם קִנְאָתָם כְּבָר אָבָדָה וְחֵלֶק אֵין לָהֶם עוֹד לְעוֹלָם בְּכֹל אֲשֶׁר נַעֲשָׂה תַּחַת הַשָּׁמֶשׁ״. לעולם לא יהיה לאלו שמתו עוד חלק בהתנהלות האנושית. פה תופש שוב קהלת את החיות הסוערת שבאהבה, בשנאה ובקנאה: אנשים יפרפרו ויהרגו וימותו בתוקף הרגשות הללו – אבל רגע אחד מותם כבר תשרור דממה גמורה. הרגשות הסוערים ביותר חלפו ואינם, ׳ונשכח זכרם׳.[103]

103. ייתכן שדבר המשנה ״כל ישראל יש להם חלק לעולם הבא״ (משנה סנהדרין, פ״י מ״א) מנוסח כתגובה למילים ״וְחֵלֶק אֵין לָהֶם עוֹד לְעוֹלָם״, ואם אומנם כך, לפנינו פולמוס סמוי בין המשנה באבות – החוזרת לחשיבה החוכמתית הרגילה – כנגד קהלת המתריס שעם מותו של אדם סיפורו מסתיים (עם זאת, ׳לעולם׳ בדברי קהלת מכוון לתיאור זמן – ׳לנצח׳, שלא כמו משמעות המונח במשנה). יצחק גוטליב הציע שפסוקנו מנהל דיאלוג עם משנה אחרת באבות (פ״ד מכ״א): ״הַקִּנְאָה וְהַתַּאֲוָה וְהַכָּבוֹד מוֹצִיאִין אֶת הָאָדָם מִן הָעוֹלָם״ (גוטליב, אבות וקהלת, עמ׳ 48, 51).

שני האיברים המקבילים הבאים (ב-ב1) נוגעים בעיקר מגמתה של יחידה זו: "מִקְרֶה אֶחָד לַכֹּל"! גם כאן ניכרת נטיית קהלת אל הכיאזם: בתחילה (ב) נאמר: "הַכֹּל כַּאֲשֶׁר לַכֹּל / מִקְרֶה אֶחָד", ולבסוף חוזר קהלת על העניין בחילוף סדר המילים: "כִּי מִקְרֶה אֶחָד / לַכֹּל". קהלת אינו מפרט כאן את תוכן 'המקרה' שקורה לכולם, אך סביר שהוא רואה במיוחד את המוות כמקרה הגדול האורב לפתח כולם.[104] מאחר שבסיומה של היחידה (א1) קהלת מזכיר את עדיפות החי על פני המת, סביר שגם 'המקרה' שעליו מדובר בפסוקים שלפנינו הוא במיוחד המוות. לצד זאת, אין זה מקרה שקהלת נמנע מלהזכיר בפירוש את המוות. המקרים כולם רובצים לפתחו של כל אדם, ואין זה משנה אם הוא צדיק או רשע; אותו המאורע עשוי לפקוד גם את הטהור וגם את הטמא, גם את מי שמקפיד לזבוח וגם את מי שנמנע מלזבוח. מחלות מגוונות, ושאר פגעים, תוקפים את הצדיקים כמו את הרשעים, וכל אדם באשר הוא ניצב באופן שווה מול מאורעות העולם. כלומר, אין כל התאמה בין מעשיו והתנהגותו לבין הקורות אותו.

במיוחד חשוב להזכיר כאן את 'החכמים', אלו המשתדלים לכלכל את דרכיהם בתבונה – ואף מטיפים לאחרים לעשות כן – גם הם עלולים להיקלע לתאונת דרכים, לחלות באיזו מחלה, או להפסיד את כל ממונם כי הבורסה בהונג קונג השפיעה על ערך המניות בוול סטריט. בדבר זה נוגע קהלת בנקודה הרגישה ביותר לספרות החוכמה; הלוא תורף טענתם הוא שאין מקרה אחד לכול, שמי שינהג בתבונה ובזהירות יימנע ממשברים! כאן קהלת יוצא גלויות נגד הנחה זו: "מִקְרֶה אֶחָד לַכֹּל"!

104. דיון רחב באפשרויות השונות להבנת 'מקרה' בספר קהלת בכלל ובפסוקנו בפרט, ימצא המעיין בספרו של רודמן, דטרמיניזם, עמ' 27–36. הוא סוקר שם את התרגומים הקדומים למונח זה, את העמדות בקרב פרשני ימה"ב ואת ממצאי המחקר המודרני. לאחר סקירה רחבה זו, גם הוא הגיע למסקנה: "במקומות אחרים בתנ"ך, ל'מקרה' יש משמעות של 'אירוע מקרי'. אולם בקהלת, הוא משמש כמעט אך ורק למוות: לאירוע היחיד שבוודאי יגיע לכולם" (עמ' 35).

אפשר לשמוע בקטע זה את תסכולו של קהלת על כך שמודל המציאות שעולם החוכמה מציג איננו מתקיים במציאות חיינו. אכן, מאחר שאין התאמה בין פעולות האדם למה שבא עליו, מאחר שכולם עתידים לאבד את חייהם – ״גַם לֵב בְּנֵי הָאָדָם מָלֵא רָע וְהוֹלֵלוֹת בִּלְבָבָם״. לו באמת הצדיק והחכם היו יכולים להינצל מהמוות, היה בזה דרבון של ממש לנהוג ביושר ובצדקות. מאחר שלא זה המצב, לב בני האדם מלא רע, ושוב אנו מוזמנים להיזכר במצב העולם ערב המבול: ״וְכָל יֵצֶר מַחְשְׁבֹת לִבּוֹ רַק רַע כָּל הַיּוֹם״ (בראשית ו׳, ה).[105] אכן, העולם שלפני המבול הוא ייצוג מובהק לכאוס שהיה פעם במציאות, וקהלת חש שהבל־כאוס זה ממשיך ומלווה את הקיום האנושי גם אחרי המבול.

בלב היחידה (ג-ג1) מפרט קהלת את סוגי האנשים שהמקרה הזהה יקרה להם:

לַצַּדִּיק וְלָרָשָׁע לַטּוֹב וְלַטָּהוֹר וְלַטָּמֵא וְלַזֹּבֵחַ וְלַאֲשֶׁר אֵינֶנּוּ זֹבֵחַ
כַּטּוֹב כַּחֹטֶא הַנִּשְׁבָּע כַּאֲשֶׁר שְׁבוּעָה יָרֵא.

חלוקת שש הדמויות הנזכרות כאן לשתי קבוצות עולה מתוך השימוש באות היחס למד מול אות היחס כף. בתחילה אומר קהלת שאותו המקרה יקרה לַצַּדִּיק וְלָרָשָׁע / לַטּוֹב / וְלַטָּהוֹר וְלַטָּמֵא / וְלַזֹּבֵחַ וְלַאֲשֶׁר אֵינֶנּוּ זֹבֵחַ.[106] במשפט השני אומר קהלת שמצבן של הדמויות כולן דומה: כַּטּוֹב כַּחֹטֶא / הַנִּשְׁבָּע כַּאֲשֶׁר שְׁבוּעָה יָרֵא.

105. קתרין דל הקדישה מאמר רחב לזיקות שקיימות בין ספר קהלת לבראשית א׳-י״א (דל, קשרים). אפשר להוסיף את הפסוקים המתארים את ערב המבול לדוגמאות הרבות שהיא הביאה במאמרה.

106. משום מה, אין ׳לטוב׳ הנזכר כאן בן זוג. חריגה זו משתלבת בחריגה נוספת – ש׳הטוב׳ נזכר פעמיים, הן במשפט הראשון, הן במשפט השני (והפעם עם בן זוג – החוטא). תיקוני נוסח שונים הוצעו בעניין זה, ורבים מאמצים כאן את נוסח השבעים שהוסיף במשפט הראשון ׳לטוב ולרע׳ (למשל סאו, קהלת, עמ׳ 299). הבסיס להצעה זו הוא אזכור ׳הטוב׳ הכפול בפסוק שמעלה את החשד ששילובו הראשון הוא טעות מעתיק (גינזברג, קהלת, עמ׳

שינוי קל זה יוצר קריאה הולכת ומתעצמת. המשפט הראשון מתאר את מה שיקרה לדמויות הנזכרות, ומתברר שלדעת קהלת אותו העתיד מחכה לכולן. כשלב נוסף, המשפט השני מזהה את הדמויות זו לזו לא רק במה שיקרה להן, אלא טוען – מהבחינה הלשונית של המשפט – שהן כולן אותו הדבר. אין כל הבדל בין הטוב לחוטא; בין זה הנשבע (לשווא ולשקר) לבין זה שנמנע מלהישבע מתוך יראת האלוהים שבקרבו. בשל תוכן הפסוקים ברור שקהלת מתכוון לומר שהמוות (ושאר פגעים רעים) עלולים לקרות לזה כמו לזה, אך הבחינה הלשונית מסגירה את האימה של כותב משפטים אלו. לנוכח המוות המתקרב ובא לכל אדם ואדם, אין משמעות של ממש להבחנה בין הצדיקים לרשעים.

כך אם כן רואה קהלת את המוות המתרגש ובא על כל בני האדם כחוסר צדק – או אולי עדיף לומר חוסר סדר מהותי, הלועג להבחנות מוסריות ודתיות כאחת. לשם העצמת טענתו חותם קהלת את דבריו בשבח החיים: "כִּי מִי אֲשֶׁר יְחֻבַּר אֶל כָּל הַחַיִּים יֵשׁ בִּטָּחוֹן / כִּי לְכֶלֶב חַי הוּא טוֹב מִן הָאַרְיֵה הַמֵּת" (ט׳, ד). מהו ה׳ביטחון׳ שיש לאלו המחוברים לחיים? יש שראו את הביטחון כאן במשמעות של ׳תקווה׳,[107] ומבחינת תוכן הפסוק הדבר אכן מסתדר, אך מבחינה לשונית נוח יותר לראות את משמעות הביטחון כמו ׳בטח׳, בהוראת ׳חוסר פחד׳, ׳שלווה׳ או ׳יציבות׳ (השוו: מל״ב י״ח, יט; ישעיה ל״ו, ד).[108] משמעות הדבר היא שרק אם יכול היה אדם להיות בטוח בחייו, יכול היה להיות רגוע ושליו, אך מאחר שכל אדם עומד למות, השלווה המובטחת הזו תיאורטית בלבד.

113). ראב״ע טען שלפנינו דו־משמעות מכוונת, ויש לראות את ׳הטמא׳ כבן זוגם הניגודי של שני אפיונים – של הטוב ושל הטהור (פירושו במקום). הצדק איתו שיש סגנון כתיבה כזה במקרא (למשל שמות ד׳, יא), אך כאן קשה לראות בכינוי ׳טמא׳ את ניגודו של ׳הטוב׳.

107. כך למשל ברתולומיו, קהלת, עמ׳ 297.

108. קדרי, מילון, עמ׳ 96, וכן סאו, קהלת, עמ׳ 300; זר־כבוד, קהלת, עמ׳ נו, ועוד רבים.

ייתכן שסופו של הפסוק הוא ציטוט של פתגם רווח (׳כלב חי טוב מאריה מת׳) שבדרך כלל אומרים נהנתנים שאוכלים ושותים כי הרי מחר נמות, וקהלת מנצל אותו כאן לצורכי טיעונו. הכלב הוא חיה בזויה במקרא (דברים כ״ג, יט; שמ״א י״ז, מג; כ״ד, טו; שמ״ב ג׳, ח) ואילו האריה הוא חיה נערצת, מפוארת ומרשימה (בראשית מ״ט, ט; שמ״ב א׳, כג; עמוס ג׳, ח), והנה אומר קהלת, שאפילו חיה בזויה ככלב עדיפה על גופת האריה הכביר, שכבר איננו יכול לעשות מאומה.

מאחר שפסוקים אלו מציבים את המוות המחכה לכול כמאפיל על ההבדלים המוסריים והדתיים שבין האנשים, עולה מהם נימה של הערצת החיים. המוות הוא הדבר הנורא שמאיין את הכול, אך החיים נראים כאן כדבר המבורך, ולו אפשר היה לחבור אליהם תמיד – ״יֵשׁ בִּטָּחוֹן״.

נימה זו שונה מהרוח שליוותה כמה דיונים אחרים לאורך הספר, בהם נאמר בין השאר: ״טוֹב מִמֶּנּוּ הַנָּפֶל. כִּי בַהֶבֶל בָּא וּבַחֹשֶׁךְ יֵלֵךְ וּבַחֹשֶׁךְ שְׁמוֹ יְכֻסֶּה״ (ו׳, ג–ד). אין מדובר כמובן בסתירה לוגית: כדרכו של קהלת הוא מתמקד בפרספקטיבת הדיון הנוכחי, וכשהוא מבקש לומר שמול המוות שאלת צדיקותו או רשעותו של אדם הופכת לזניחה, הוא אינו בא לומר בזה שהחיים תמיד עדיפים על המוות. דבר זה יידון במקומות אחרים. עם זאת, גם אם אין בדבר זה סתירה של ממש, קהלת מוסיף משפט אחד שמגדיר ביתר דיוק במה יתרונם של החיים על המתים, ותוספת זו מכניסה את הטיעון לתיבת התהודה הקהלתית הידועה: ״כִּי הַחַיִּים יוֹדְעִים שֶׁיָּמֻתוּ וְהַמֵּתִים אֵינָם יוֹדְעִים מְאוּמָה וְאֵין עוֹד לָהֶם שָׂכָר כִּי נִשְׁכַּח זִכְרָם״ (ט׳, ה).

בפסוק זה באה לידי ביטוי הציניות המושחזת של קהלת במיטבה. עדיף לחיות! הרי בחיים יש משהו, ואילו אחרי המוות אין אדם יודע מאומה. אבל מהו הדבר שקורה בחיים אשר נותן להם עדיפות על פני המוות? כמעט אי אפשר להאמין שהיתרון שמצא קהלת בחיים הוא הידיעה שהאדם עתיד למות! האירוניה הבועטת של קהלת מזכירה את פתיחת ספרו של פרנץ רוזנצוויג, כוכב הגאולה: ״כל בן־תמותה חי בפחד זה של המוות, כל לידה חדשה

מוסיפה לפחד סיבה חדשה, כי מרבה היא בני־תמותה... כל ילוד מחכה בחיל וברעדה ליום מסעו אל האופל".[109] כל רגע ורגע נולדים עוד בני תמותה; ההמולה של חדר הלידה נוצרת בידי בני תמותה, ולדעתו של רוזנצווייג, מאימת המוות מתחילה כל הכרת המציאות של האדם, זוהי החוויה המכוננת כל מסע.

מכל מקום, קהלת טוען שמאחר שמקרה אחד יקרה לכל בני האדם אין מקום להטפה הבלתי נלאית של אסכולת החוכמה להתנהלות נבונה ומושכלת לפי "כללי מציאות", האמורה להניב לאדם פירות טובים. קהלת שולל זיקה הכרחית בין המעשים לתוצאותיהם (להלן ירחיב קהלת עוד בפולמוס זה). מה יעשה אפוא אדם? כרגיל, מסקנתו של קהלת היא לשמוח בפשטות ובצניעות במה שאלוהים העניק לאדם:

> לֵךְ אֱכֹל בְּשִׂמְחָה לַחְמֶךָ וּשְׁתֵה בְלֶב טוֹב יֵינֶךָ כִּי כְבָר רָצָה הָאֱלֹהִים אֶת מַעֲשֶׂיךָ.
> בְּכָל עֵת יִהְיוּ בְגָדֶיךָ לְבָנִים וְשֶׁמֶן עַל רֹאשְׁךָ אַל יֶחְסָר.
> רְאֵה חַיִּים עִם אִשָּׁה אֲשֶׁר אָהַבְתָּ כָּל יְמֵי חַיֵּי הֶבְלֶךָ אֲשֶׁר נָתַן לְךָ תַּחַת הַשֶּׁמֶשׁ כֹּל יְמֵי הֶבְלֶךָ כִּי הוּא חֶלְקְךָ בַּחַיִּים וּבַעֲמָלְךָ אֲשֶׁר אַתָּה עָמֵל תַּחַת הַשָּׁמֶשׁ.
> כֹּל אֲשֶׁר תִּמְצָא יָדְךָ לַעֲשׂוֹת בְּכֹחֲךָ עֲשֵׂה כִּי אֵין מַעֲשֶׂה וְחֶשְׁבּוֹן וְדַעַת וְחָכְמָה בִּשְׁאוֹל אֲשֶׁר אַתָּה הֹלֵךְ שָׁמָּה (ט', ז–י).

מבנה פסוקים אלו חוזר שוב לתבנית שכבר מצאנוה אצל קהלת – שלושה ועוד רביעי מסכם וכולל. בשלושה תחומים מטיף קהלת לאדם ליהנות מחייו, כל עוד הוא יכול: אכילה ושתייה, מלבוש ושמן, וחיי זוגיות. אין מדובר רק בסיפוק צורכי החיים אלא בהנאה ממותרות החיים. קהלת אינו מדבר על שתיית מים אלא על שתיית יין; לא רק מלבוש מחמם ומגן אלא 'מלבושים לבנים', ואף את סיכת

109. רוזנצווייג, כוכב, עמ' 45.

הראש בשמן מעודד קהלת. במיוחד אמורים הדברים ביחס לחיי הזוגיות שקהלת מתאר כאן: התוספת שמוסיף קהלת ביחס לאישה "אֲשֶׁר אָהַבְתָּ" מלמד שהוא רואה מול עיניו חיים רומנטיים שיש בהם אהבה, ולא רק קיום משפחתי במובנו המצומצם.[110]

יש לציין שההטפה לחיות עם אִשָּׁה אֲשֶׁר אָהַבְתָּ חורגת ממסורת פילוסופית רחבה. כפי שכתב ניטשה:

> וכך סולד גם הפילוסוף מהנישואין ומכל מה שעלול לשדל אליהם – נישואין כמכשול ושטן בדרכו אל האופטימום. וכי איזה פילוסוף גדול נשוי היה? היראקליטוס, אפלטון, דיקארט, שפינוזה, לייבניץ, קאנט, שופנהאואר – לא היו נשואים; יתר-על-כן, אפילו אינך יכול להעלותם בדמיונך כנשואים. קביעתי היא: פילוסוף נשוי הוא עניין לקומדיה.[111]

110. נראית מוזרה טענתו של ווייבראיי, שקהלת אינו מדבר כאן על נישואין דווקא. לדעתו, לו קהלת היה מתכוון דווקא לזוגיות רשמית, הוא לא היה מתנסח "עִם אִשָּׁה", אלא 'עם האישה' או 'אשתך' שמורה על קשרי זוגיות (ווייבראיי, קהלת, עמ' 144). אכן, קהלת אינו מזכיר כאן (או במקום אחר בספר) בפירוש נישואין, אך הניסוח 'רְאֵה חַיִּים עִם' מורה על חיים קבועים, וכפי שהעיר ברתולומיו, יש מקומות נוספים במקרא שלשון 'אישה' מכוון ל'אשתך הנשואה לך' (בראשית ל׳, ד-ט; דברים כ״ב, כב; שמ״א כ״ה, מג; ברתולומיו, קהלת, עמ' 304). בכלל לא סביר שבישראל הקדומה יטיף קהלת לחיות עם אישה אהובה שלא במסגרת נישואין (כטענת דה-פונזו, קהלת, עמ' 269). ראו על סוגיה זו בהרחבה אצל פאהק, אישה. אנו מזדהים עם מסקנתו שקהלת ראה מול עיניו זוג נשוי, אך ביקש להתמקד באהבה כשלעצמה ועל כן הסתפק בכינוי 'אישה'.
111. ניטשה, גניאולוגיה, עמ' 313. ד"ר אורן גלבלום העיר לנו שההבדל בנקודה זו בין קהלת לבין גדולי הפילוסופיה המערבית אינו מקרי, והוא חושף, שלמרות מזגו הפילוסופי, קהלת משתייך למסורת היהודית של פילוסופים נשואים. אין מדובר בהבדל שבמקרה, אלא בתפיסה שונה של חיי המשפחה. בשונה מהצעה זו, וכפי שכבר הוזכר לעיל, היו שטענו שנישואיו של קהלת לא עלו יפה וזה הבסיס הביוגרפי לכמה מן המקראות (גרדון, קהלת, עמ' iv), אך זוהי השערה התלויה על בלימה.

אכן, אין מקום להפתעה בהקשר זה, שהרי בקטע זה קהלת יוצא גלויות נגד החכמים, וגם על חכמי הפילוסופיה המערבית, שבאו שנים הרבה אחרי קהלת, הוא היה חולק בשמחה.

המשפט האחרון מסכם את ההנחיה באופן כללי – "כֹּל אֲשֶׁר תִּמְצָא יָדְךָ לַעֲשׂוֹת בְּכֹחֲךָ עֲשֵׂה". החיים מתנהלים על פי קהלת כאן ועכשיו, ודווקא בגלל שהחיים מסתיימים, יש לנצלם כראוי, אך אין מדובר בניצול מוסרי־אידיאולוגי, אלא בחיי הנאה, ולא במקרה מתמקד קהלת בהנאות גופניות גרידא. קשה להאמין שהרבה מחבריו של קהלת לבית המדרש ללימוד חוכמה היו חותמים על אמירה זו, ומתוך הקשר הדברים נראה שקהלת מודע לפולמוס שיש בדבריו. אחרי שהצהיר שעתידו של הצדיק איננו מובטח יותר מעתידו של הרשע, והמוות אורב לפתח שניהם, ברור שיש בהטפה לאכול ולשתות, להתלבש יפה ולחיות עם אישה אהובה, יציאה נגד מסורת החוכמה המקובלת, המבקשת מאדם לכלכל בתבונה את צעדיו, ולא להיגרר אחר תענוגות הגוף. הצירוף הלשוני לעשות דבר־מה 'בְּכֹחֲךָ' הוא כנראה מטבע לשון מוכרת אשר מביעה את יכולתו של בעל הכוח לפעול, כפי שעולה למשל מהחשש "וְאָמַרְתָּ בִּלְבָבֶךָ כֹּחִי וְעֹצֶם יָדִי עָשָׂה לִי אֶת הַחַיִל הַזֶּה. וְזָכַרְתָּ אֶת ה' אֱלֹהֶיךָ כִּי הוּא הַנֹּתֵן לְךָ כֹּחַ לַעֲשׂוֹת חָיִל" (דברים ח', יז-יח); מנבואת ירמיהו: "עֹשֵׂה אֶרֶץ בְּכֹחוֹ / מֵכִין תֵּבֵל בְּחָכְמָתוֹ" (ירמיה י', יב); או מדברי המלאך לגדעון: "לֵךְ בְּכֹחֲךָ זֶה וְהוֹשַׁעְתָּ אֶת יִשְׂרָאֵל מִכַּף מִדְיָן" (שופטים ו', יד). אולם כמה רחוקה הטפתו של קהלת להפעיל את הכוח כדי ליהנות מהחיים הפשוטים, מהאווירה שמלווה את דברי המלאך השולח את גדעון להושיע את ישראל מיד מדין.

כפי שהוזכר לעיל ביחס קהלת לחיים מול המוות, כך גם כאן, אין בפסוקים אלו סתירה של ממש למה שאמר קהלת בשלבים מוקדמים בספר. אכן, הוא יצא נגד ההוללים השותים יין במסבאות ("אָמַרְתִּי אֲנִי בְּלִבִּי לְכָה נָּא אֲנַסְּכָה בְשִׂמְחָה וּרְאֵה בְטוֹב וְהִנֵּה גַם הוּא הָבֶל. לִשְׂחוֹק אָמַרְתִּי מְהוֹלָל וּלְשִׂמְחָה מַה זֹּה עֹשָׂה" – ב', א-ב). אך שם שאל קהלת אם אפשר למצוא בהוללות זו את משמעות חיי האדם,

אם אפשר להצדיק צורת חיים זו מבחינה אידיאולוגית, ותשובתו שלילית. חיים שמסתכמים ביין ובצחוק הם חיי הבל. לעומת זאת, הקשר הדברים כאן שונה לגמרי: השאלה איננה אם משמעות האדם מסתכמת בשתיית יין ובהנאת הגוף, אלא מה נותר לאדם לעשות בחייו אחרי שהתברר שיש אי־סדר קיצוני במציאות, אחרי שהתברר שגם אם ינהג בצדיקות הוא ייפגע כמו זה הנוהג בסכלות. כאן אין מדובר בפסטיבל יין מתמשך ובניהיליזם, אלא באדם שנהנה מהברכה שאלוהים נתן לו, ללא יומרות.[112] לפיכך, טון הדברים כאן הוא הרמת ידיים מהפאתוס האידיאולוגי, והסתפקות בהנאות שהחיים יכולים להעניק לאדם.

מתוך רכיבי ההנאה שקהלת מזכיר, הבגדים הלבנים והשמן על הראש דורשים תשומת לב מיוחדת: ״בְּכָל עֵת יִהְיוּ בְגָדֶיךָ לְבָנִים / וְשֶׁמֶן עַל רֹאשְׁךָ אַל יֶחְסָר״. מה המיוחד בבגדים לבנים ומה הם מייצגים? עתליה ברנר הציעה שאין לראות בלבן הנזכר כאן צבע ספציפי אלא ׳בגד בהיר׳, ובמקרא בכלל הבגדים הבהירים מסמלים טוהר, חגיגיות או מעמד חברתי גבוה.[113] יש להוסיף לכך את הערתו של פרנץ דליטש, שבעוד הצבע השחור מסמל מוות ואבלות, הצבע הלבן מנוגד לו ומייצג שמחה וחגיגיות.[114] כיוון זה נראה מתאים להקשר, בגלל אזכור השמן.

מה משמעות מריחת השמן על הראש? יש לשים לב שקהלת אינו מדבר על משיחת הגוף בשמן, שזהו נוהג ידוע ורחב בעולם העתיק ובמקרא (למשל עמוס ו׳, ו; יחזקאל ט״ז, ט), אלא על הנחת שמן על הראש. אנו רגילים במשיחת ראש כוהנים ומלכים בשמן

112. למסקנה זו הגיע גם פאהק במחקרו המשווה בין קטע זה בקהלת לעלילת גלגמש (פאהק, שמחה באל). על השוואה זו נעמוד להלן.

113. ברנר, צבעים, עמ׳ 90-91.

114. דליטש, קהלת, עמ׳ 263. ראו עוד אצל לונגמן, קהלת, עמ׳ 230; ברתולומיו, קהלת, עמ׳ 304. מעניין לעקוב אחר האסוציאציות התרבותיות שנלוות לצבע הלבן, כי בתורה נדמה שהלבן מייצג דווקא את המוות, את חידלון החיים, כפי שעולה במיוחד מדיני המצורע.

(למשל שמ"א י', א; מל"ב ט', ג),[115] ואפילו על ראשה של אבן בעת הקדשתה (בראשית כ"ח, יח), אך ברור שקהלת אינו מתכוון לרמוז כאן שראוי לאדם להתמנות לתפקיד גבוה שכזה, מה גם שהוא מטיף להנחה רצופה של שמן על הראש, ולא רק כמעשה חד־פעמי.

סביר יותר שקהלת נסמך על הזיקה הקיימת בין שימת שמן על הראש לבין שמחה וחגיגיות. גם משורר תהלים שילב את שתיית היין עם דישון הראש בשמן: "דִּשַּׁנְתָּ בַשֶּׁמֶן רֹאשִׁי כּוֹסִי רְוָיָה" (תהלים כ"ג, ה). בהקשר שלנו רלוונטית במיוחד הנבואה שמנגידה את השמן לאבלות: "לָשׂוּם לַאֲבֵלֵי צִיּוֹן לָתֵת לָהֶם פְּאֵר תַּחַת אֵפֶר / שֶׁמֶן שָׂשׂוֹן תַּחַת אֵבֶל / מַעֲטֵה תְהִלָּה תַּחַת רוּחַ כֵּהָה" (ישעיה ס"א, ג). כזכור, אחד הסימנים שעזרו לאישה התקועית לשכנע את דוד שהיא אישה אבלה היה העובדה שהיא לא סכה את גופה בשמן זה ימים רבים (שמ"ב י"ד, ב). לא ייפלא שגם על ראשו של המצורע, אשר זוכה לחזור מן המוות אל החיים, יש לתת שמן (ויקרא י"ד, כט).

ייתכן שדווקא לאור זאת מקבלים דברי אקהת האוגריתי את משמעותם המלאה:

בן תמותה – מה אחרית ייקח? / איזה עתיד ייקח בן תמותה?
גלזורה תינסך על ראשי / סיד על קדקדי
[אנכי?] מות כולם אמות / ואני כבן תמותה אמות.[116]

ייתכן שהגלזורה (זיגוג) והסיד שניתנים על ראש האדם מסמלים את שיער השיבה הלבן שנזרק בו, וגם ייתכן שהדבר רומז לקבר ולמצבה

115. יש מקום להתלבט אם משורר תהלים שתיאר את השמן הטוב הנוטף מן הראש אל הזקן ("כַּשֶּׁמֶן הַטּוֹב עַל הָרֹאשׁ יֹרֵד עַל הַזָּקָן זְקַן אַהֲרֹן שֶׁיֹּרֵד עַל פִּי מִדּוֹתָיו" – קל"ג, ב), כיוון דווקא לשמן משיחת הכוהן הגדול – כפי שעולה מהצלע השנייה של הפסוק – או שמא כוונתו לסיכת ראש המייצגת הנאה פשוטה.

116. מתוך עלילות אקהת. הציטוט לקוח מתוך גרינשטיין, אוגריתית, עמ' 77.

שמניחים על ראש המת. אך השימוש בפועל ׳לסוך׳ (spsg *ysk* Iriš) רומז לסיד שראש המת מוטל תחתיו, אשר מחליף את השמן שבדרך כלל מנסכים על ראשו של האדם החי.[117]

לפיכך נראה, שהן הבגד הלבן, הן השמן על הראש, הם מסימני החוגג השמח, ובמיוחד אמורים הדברים כניגוד לאבל היושב בצערו, כלומר, יש בהם ייצוג של חיים מלאי הנאה.

קהלת וסיפורי גלגמש

האם יש סיבה שבעטיה בחר קהלת דווקא אלמנטים אלו להבעת ההנאה הפשוטה מהחיים? מתברר שלפנינו מסורת ספרותית רחבה וקהלת משתלב בתוכה. כבר הזכרנו לעיל, שייתכן שיש דיאלוג בין ספר קהלת לבין עלילות גילגמש האכדי, ולפנינו הדוגמה המובהקת ביותר לשיח שכזה.[118] לאחר שאנכידו – חברו הקרוב של גילגמש – מת, נפשו של גילגמש מתערערת. המפגש עם מוות של אדם כה קרוב מניע את גילגמש לצאת למסע בחיפוש אחר חיי נצח.

בדרכו לאותנפישתים – גיבור סיפור המבול הבבלי המספר לו כיצד הוא זכה לחיי נצח – פוגש גילגמש בבעלת פונדק, ׳סודרי המוזגת׳, ומספר לה בצערו הרב:

אנכידו, חברי אשר אהבתי, היה לעפר.
האם לא כמוהו אנכי אשכב, לא אקום לדור ודור?![119]

המוזגת משיבה לו כך:

117. הפועל ׳לסוך׳ בשפות שמיות, ובכללן גם האוגריתית, נזכר הן בהקשרים דתיים-פולחניים והן בהקשרים חילוניים. ראו אצל דוהמן, נסך, עמ׳ 456.

118. על הזיקות שבין קהלת לגלגמש עמד כבר גריים בשנת 1905 (גריים, בבל וקהלת). ראו גם: בראון, קהלת, עמ׳ 1-15; אנדרסון, אינטרטקסטואליות; סוריאנו, קרפה דיים.

119. לוח עשירי, שורות 72-73; שפרה וקליין, בימים הרחוקים, עמ׳ 264-265.

גילגמש, אנה תנודי?!
החיים אשר תחפש לא תמצא.
כאשר בראו האלים את האדם,
מוות שתו על האדם,
ואת החיים שמרו בידם.
גילגמש אתה – לו תהי כרסך מלאה,
אתה יום ולילה תשמח,
יום יום עשה שמחה.
יום ולילה רקוד ושחק.
לו יהיו בגדיך נקיים,[120]
ראשך לו יהי רחוץ, במים לו תטבול,
הבט בילד האוחז בכפך,
רעיה לו תשמח בחיקך -
כזו וכזה משפט האדם!

הדמיון המובהק בין הטקסטים יוצא דופן. המוטיבים המשותפים בולטים, ואפילו בסדר הופעתם: אכילה דשנה ובשמחה, בגדים נאים, רחיצה או סיכה של הראש, ורעיה השמחה בחיק האדם.[121] גם המוזגת מדגישה שיש להיות בשמחה תמיד – "יום ולילה תשמח / יום יום עשה שמחה", כדרישת קהלת: "בְּכָל עֵת..."; וגם המוזגת חותמת את דבריה באמירה שזו מנת חלקו של האדם: "כזו וכזה משפט האדם", בדומה לחתימת דברי קהלת: "כִּי הוּא חֶלְקְךָ בַּחַיִּים וּבַעֲמָלְךָ אֲשֶׁר אַתָּה עָמֵל תַּחַת הַשָּׁמֶשׁ".

120. בתרגום של שפרה וקליין נאמר כאן: 'לו יהיו בגדיך לבנים', בהשראת קהלת. אך התרגום המדויק יותר הוא 'נקיים'.

121. המודעות לקשר שבין שני הטקסטים מתחילה כבר מראשית המאה העשרים, ראו: גריים, בבל וקהלת (הוא הציע שיש לזהות את קהלת עם יהויכין, עמדה שלא התקבלה אצל אחרים). ראו עוד אצל החוקרים שהוזכרו לעיל, וכן: שפר, רקע, עמ' 246-247; אקרמן, גיבורים אוהבים, עמ' 130-131; גינזברג, תמצית; דיי, השפעה, עמ' 60; ג'ונס, מגלגמש לקהלת; סמט, קהלת וגלגמש.

בעיקר יש לשים לב להקשר הדברים הדומה למדי: מוזגת השיכר מנחמת את גלגמש שאומנם אי אפשר לחמוק מהמוות המחכה לכל אדם, אך הוא יכול ליהנות מחייו הטובים שיש תחת ידו. זה בדיוק ההקשר של קהלת, ואף מגמתו בהבאת משפטים אלו.[122] נראה, אם כן, שגם אם לא מדובר בשאילה ישירה, יש בוודאי קשר עקיף או זיקה תרבותית אחרת בין הטקסטים, הנשענים על אותו המבנה של אמירות מקובלות.[123]

אולם דומה שלצד הצעת המוזגת לגלגמש, יש קטע בבלי אחר, הלקוח מסיפור אחר על גלגמש, וגם הוא עומד ברקע הדברים, ודווקא צירוף השניים חושף את הפשר המדויק של עצות קהלת. חוקרים שעמדו על הקבלת קהלת לדברי המוזגת לגלגמש נטו להשוות בין דבריה: ״ראשך לו יהי רחוץ, במים לו תטבול״, לדברי קהלת: ״וְשֶׁמֶן עַל רֹאשְׁךָ אַל יֶחְסָר״. אכן, שני המשפטים עוסקים בהרטבת הראש, אך יש להודות שמדובר בטבילה שונה לגמרי. הראש הרחוץ מביע נקיות ובכך הוא נקשר עם הבגדים הנקיים הנזכרים בשני הטקסטים, אך סיכת הראש בשמן איננה מביעה נקיות אלא עשירות או שמחה. כמובן, זכותו של קהלת לעבד את הפתגמים הנפוצים באופן ייחודי לו – וכפי שנראה להלן, בהקשר אחר אכן יש תפנית של ממש בדברי קהלת – אך דומה שאזכור השמן מסגיר את הטקסט הבבלי הנוסף שגם עליו נשען קהלת.

שילוב הבגדים הנקיים עם סיכה בשמן, לצד האישה האהובה, נזכר גם ביצירה בבלית אחרת הקשורה בגלגמש – ׳גלגמש, אנכידו

122. רופא טען שיש הבדל בין ההקשר של המובאות הללו. ראו: רופא, מבוא, עמ׳ 409.

123. היו שערערו על זיקה היסטורית בין הטקסטים (למשל: קלי, מקור הוויכוח), אך נוכח סדר האלמנטים הזהה, נראה שאכן מתקיימת כאן שיחה מודעת. נילי סמט טענה שאף אפשר לשחזר את טקסט עלילות גלגמש שעמד נוכח מחבר קהלת – שאיננו זהה לטקסט שבידינו היום (סמט, קהלת וגלגמש, במיוחד עמ׳ 376–379). סוריאנו טען שבבסיס הזיקה שבין הטקסטים עומד היחס למלכות (סוריאנו, קרפה דיים), אך נדמה שהקשר המיידי יותר הוא היחס להנאות החיים לאור המוות.

והשאול'. שם מתואר כיצד אנכידו מחליט לרדת אל השאול, וגלגמש חברו מזהיר אותו, שאם אכן ירד אל השאול עליו להיזהר שלא להסגיר את עובדת היותו יצור חי:[124]

אל תלבש את בגדיך הנקיים,
פן יכירו כי נוכרי אתה.
אל תסוך בשמן טוב מן הצפחת,
פן לריח ניחוחו יקיפוך...
אל תנשק את אשתך האהובה,
אל תכה את אשתך השנואה,
אל תנשק את בנך האהוב,
אל תכה את בנך השנוא,
פן זעקת השאול תתפוש אותך.[125]

קטע זה מנהל דיאלוג ברור עם דברי המוזגת שבעלילות גלגמש. כשאומרת המוזגת לגלגמש שעליו ללבוש בגדים נקיים, לשמוח במאכליו, לרחוץ ראשו ולשמוח עם ילדו ורעייתו, היא משלבת את הרכיבים המגדירים אדם חי. כאן אומר גלגמש לאנכידו, שאם הוא רוצה לרדת אל השאול ושלא ישימו לב שהוא נוכרי במקום, עליו להיפטר מרכיבים אלו בדיוק כי הם שיסגירו למלכת השאול שהוא יצור חי.

דומה שמול קהלת לא עמדו רק דברי המוזגת לגלגמש אלא גם דברים אלו של גלגמש עצמו לאנכידו. דבר זה עולה בשל שתי סיבות מרכזיות: ראשית, כאמור לעיל, נוסף על הרכיבים שהזכירה המוזגת, קהלת שילב גם "וְשֶׁמֶן עַל רֹאשְׁךָ אַל יֶחְסָר". רכיב זה נזכר בדברי גלגמש לאנכידו – "אל תסוך בשמן טוב מן הצפחת".

124. לפרשנות זו של דברי גלגמש, ראו כץ, טקסי לוויה, עמ' 170. לדיון נוסף בביאור זה, ראו אצל גדותי, גלגמש ואנכידו, עמ' 273.

125. שפרה וקליין, בימים הרחוקים, עמ' 316. את השורה הראשונה הם תרגמו, לשם יפי המליצה – 'בגדיך הצחים', אך הכוונה לבגדים נקיים (כתרגומה של גדותי, גלגמש ואנכידו, עמ' 157).

שנית, והוא שיקול שלדעתנו מכריע את הכף: קהלת מעודד את הנאות החיים, "כִּי אֵין מַעֲשֶׂה וְחֶשְׁבּוֹן וְדַעַת וְחָכְמָה **בִּשְׁאוֹל** אֲשֶׁר אַתָּה הֹלֵךְ שָׁמָּה" (ט׳, י). 'השאול' רווחת למדי בספרות החוכמה המקראית ונזכרת לרוב בתהלים, איוב ומשלי. אולם בספר קהלת אין היא נזכרת (מלבד בפסוקנו). הסתייגות קהלת משילוב 'השאול' קשורה כנראה בהצגת המוות בספר כסיום, כסוף פסוק, כנקודה סופית שאין אחריה המשך. גם אם השאול מעוררת פלצות בקרב השומעים, היא נושאת בחובה גם קונוטציות של חיים שאחרי המוות, ונדמה שקהלת אינו מעוניין בהצפת קונוטציות מעין אלו.

ג'ונסון גם טען שאין זה נכון לראות את השאול במקרא כמילה נרדפת למוות ותו לא. לטענתו, לרוב, השאול אינה מתארת את המקום שכל האנושות מגיעה אליו לאחר מיתה, אלא הדבר נתון להכרעתו של אלוהים. במקומות שבהם משולבת 'השאול' במקרא היא קשורה בתחושת סבל מיוחדת של הדובר. לפיכך הוא ראה באזכור השאול בפסוק זה, המוסב באופן חריג על האדם באשר הוא, השקפה ייחודית של קהלת המשתלבת במחשבותיו על האבסורד של החיים; לדעתו אכן החיים הם סבל מתמשך, כך שמתאים לומר שבסופם יורד האדם לשאול.[126] אך גם אם הצדק איתו בהצבעה על משמעות 'שאול' במקרא, קשה לאמץ את הצעתו. כאמור, קהלת נמנע מלהזכיר את השאול לאורך הספר, וגם כאן הוא מדגיש את הפסיביות הגמורה המאפיינת את השהות בשאול: "כִּי אֵין מַעֲשֶׂה וְחֶשְׁבּוֹן וְדַעַת וְחָכְמָה בִּשְׁאוֹל אֲשֶׁר אַתָּה הֹלֵךְ שָׁמָּה". כלומר, דווקא בפסוקנו נראה שהשאול היא נרדפת לגמרי אל המוות, שאין בו מאומה, אין בו פעילות אנושית כלשהי, לא פעילות מעשית ולא פעילות קוגניטיבית. מה ראה, אם כן, קהלת לחרוג ממנהגו ולשלב דווקא כאן את השאול?

אם ניקח בחשבון את דברי גלגמש לאנכידו כרקע לפסוקינו הדברים יתבהרו: דברי גלגמש לאנכידו נאמרים ערב ירידתו של

126. ג'ונסטון, שאול, עמ' 83.

אנכידו לשאול, והם מבקשים להביע את הניגוד בין אופן הקיום בשאול לאופן הקיום של האדם החי.

שני 'קטעי גלגמש' גם יחד חושפים את פשר הרכיבים שקהלת משלב בדבריו – אלו הם המאפיינים של האדם החי, ובמילים אחרות, האדם החי אינו מוגדר על פי חוכמתו, אלא במיוחד על פי הנאותיו הפשוטות. מאכליו, בגדיו, אהבתו ומעט מותרות גופניות נוספות. נוכח חוסר ההגינות שבמוות שעוצר חייו של כל אדם, בין ישר דרך ובין מנוול, מציג קהלת את החיים שישנם ומציע להתמקד בהם. לאור המוות מקבלים גם החיים הפשוטים את יתרונם, שהרי גם כלב חי טוב מהאריה המת.

אם אכן דברי גלגמש לאנכידו עומדים ברקע דברי קהלת, אפשר להציע ביאור נוסף לשמן שיש לשים על הראש כל העת. בדברי גלגמש השמן שעל הראש קשור לריח הטוב שהוא מפיק, ואכן, גם במקרא יש שמן בשמים שנקשר לריח טוב, כמו: "לְרֵיחַ שְׁמָנֶיךָ טוֹבִים שֶׁמֶן תּוּרַק שְׁמֶךָ" (שה"ש א', ג); "מַה טֹּבוּ דֹדַיִךְ מִיַּיִן וְרֵיחַ שְׁמָנַיִךְ מִכָּל בְּשָׂמִים" (שה"ש ד', י).[127] ייתכן שלכך מכוון גם קהלת בדבריו על השמן שיש לשים על הראש. לא מדובר בסיכת הגוף בשמן תענוגות, אלא בבשמים ששמים על הראש.

אולם, יש בכוחה של חשיפת הרקע הספרותי לדברי קהלת גם להאיר את 'החידוש' של קהלת. יש שני הבדלים מרכזיים בין סיפורי גלגמש לקהלת: ילדים ואלוהים.

בשני הקטעים המצוטטים מסיפורי גלגמש מוזכרים גם הילדים כחלק מהווי החיים הנורמטיביים. המוזגת אמרה לגלגמש: "הבט בילד האוחז בכפך"; וגלגמש הזהיר את אנכידו: "אל תנשק את בנך האהוב / אל תכה את בנך השנוא". אכן, יש להודות שאחד מביטויי החיים העזים ביותר והיסודיים בחייו של אדם, הוא ההבטה בילד האוחז

127. ככל הנראה זה תפקיד השמן גם בנבואת עמוס ו' ויחזקאל כ"ג שהוזכרו לעיל, כטענת רינגרן, שמן, עמ' 251. ייתכן שגם בן סירא שילב בספרו את השמן כמקור לריח הטוב, אך הדבר נתון בהתלבטות החוקרים מהו הנוסח המדויק של דבריו (בן סירא, כ"ד, יח; מ"ט, מט).

בכף ידם של הוריו. מבחינה זו, מחבר עלילות גלגמש מגלה רגישות גדולה, ומשום־מה קהלת משמיט זאת! בשל השמטה זו (ומסיבות נוספות) הגיע איתמר כסלו למסקנה שמחבר קהלת היה חשוך ילדים, ועל כן התעלם מהנחיה זו המצויה בעלילות גלגמש.[128] לשם אימוץ עמדה זו יש לקבל את ההנחה שנתון ביוגרפי נקודתי השפיע השפעה מודעת ודרמטית על מחבר ספרנו. יש מקום להסתפק בדבר, שהרי קהלת לא נמנע מלשלב בספרו חוויות מגוונות שברור שהוא עצמו לא חווה את כולן.

נדמה ששילוב ילדים ביחידה זו אינו נוח למגמת קהלת מפני שילדיו של אדם נקשרים אסוציאטיבית עם המשכיות ונצחיות. כבר היו דיונים שבהם הבהיר קהלת מדוע לדעתו אי־אפשר לראות בילדיו של אדם נגיעה בנצח, אולם כאן קהלת מבקש להטיף לחיים רגועים ושלווים, ולו היה משלב גם את הבן או הבת האוחזים בכף היד של אביהם או של אימם, הדבר היה מעלה את התחושה שקהלת סבור שיש בכך גם פתרון החורג מגבולות חייו של אדם. ילדיו ימשיכו אחריו ויזכירו את שמו. השקפה זו אינה מתאימה לקהלת, גם לא בקטע זה. הרי גם כאן הוא מדגיש, שהמלצותיו נוגעות לחייו הזמניים וחסרי המשמעות של האדם: ״כָּל יְמֵי חַיֵּי הֶבְלֶךָ אֲשֶׁר נָתַן לְךָ תַּחַת הַשֶּׁמֶשׁ״.

הפער השני חשוב הרבה יותר, גם אם בולט פחות. בדברי המוזגת לגלגמש ובדברי גלגמש לאנכידו, האל לא נזכר כלל, ואילו קהלת אומר: ״לֵךְ אֱכֹל בְּשִׂמְחָה לַחְמֶךָ וּשְׁתֵה בְלֶב טוֹב יֵינֶךָ כִּי כְבָר רָצָה הָאֱלֹהִים אֶת מַעֲשֶׂיךָ״ (ט׳, ז). אם אומנם קהלת נשען באופן מודע על הפתגמים הנפוצים, תוספת זו איננה יכולה להיות מקרית. בכך מבליט קהלת שהוא אינו מטיף להדוניזם גרידא, אלא יש לראות בהנאה זו חלק ממרחב השיח המתקיים בין האדם לאלוהיו.

בהקשר המקראי, הפועל ׳רצה׳ משמש כלשון חיבה ולבביות. כך למשל כשאדם מקריב קורבן לקונו, הוא רוצה שהקורבן ׳יֵרָצֶה׳, כלומר, שיתקבל ברצון ובפיוס, כמו: ״וְזִבְחֵיהֶם לְרָצוֹן עַל מִזְבְּחִי״

128. כסלו, קהלת, עמ׳ 43–44.

(ישעיה נ"ו, ז).[129] קהלת טוען שבשעה שאדם רואה חיים עם אישה שאותה הוא אוהב, כשהוא אוכל ושותה בשמחה ובגדיו נקיים, הוא עושה זאת כחלק מהעובדה שאלוהים נתן לו את כל אלה, כלומר, האל שמח בו. גישה זו מזכירה את דברי החכם במשלי: "מָצָא אִשָּׁה מָצָא טוֹב וַיָּפֶק רָצוֹן מֵה'" (י"ח, כב), ובצדק כתבה על פסוק זה נילי שצ'ופק: "לא מדובר כאן בהכרח בגמול לצדיק, אלא התפיסה המשתקפת כאן אומרת שהאדם שזכה לחיי משפחה טובים ונעימים, משמע שהוא נושא חן וחסד מלפני האל".[130]

אך גם אם תפיסה דומה עולה בספר משלי, הקשר הדברים בקהלת מעניק להם משמעות ייחודית. לפי קהלת, הנאות החיים הפשוטות הן התחליף האפשרי היחיד ליומרת החכמים לכלכל את מעשיהם בתבונה. הצלחת החיים אינה תלויה בחוכמת האדם, ואפילו לא בצדיקותו, אלא במציאת החן של האדם בעיני אלוהים. אי אפשר לקבוע באופן ברור מה הם השיקולים שמניעים את אלוהים להעניק לאחד חיים עם אישה שאותה הוא אוהב ובגדים לבנים ולשני לא. אך זה שזכה בברכה זו מוזמן ליהנות מהדבר, כל עוד הוא חי. אחרי הכול, מדובר בתקופה זמנית ביותר.

129. המושג 'רצון' בעולם הקורבנות מורכב למדי. אפשר שהוא מכוון לפיוס ולהארת פנים (ראו למשל: מילגרום, ויקרא, עמ' 149) ואפשר שהוא מתאר מוטיבציה (ראו למשל: גרוסמן, תורת הקורבנות, עמ' 44-45).

130. שצ'ופק, משלי, עמ' 129. אולם יש להסתייג מטענתה בהמשך שם, שהדבר דומה לדברי השבח שיש בספרות החוכמה המצרית לחיי משפחה תקינים. בציטוטים שהיא הביאה שם להוכחת הדבר, אין כל אזכור של האל, וזהו נתון תיאולוגי דרמטי שמציב את היחס אל המשפחה באור אחר.

התרת הקשר בין מעשה לתוצאה (ט', יא – י', כ)

כפי שעלה כבר פעמים מספר, ספרות החוכמה נשענת על הנחת הסדר הטוב שקיים בעולם. סדר זה לא מתמצה בהתבוננות באירועי העולם, אלא גם בהתנהלות האדם הפרטי: "מושג סדר העולם מהווה את ההנחה היסודית של החכמה במצרים... בספירת הפרט אותו סדר עולם מתגלה כמוסר וכגמול. בתפיסה המצרית ובתפיסה החכמתית בכללותה הסדר הקוסמי והסדר הפרטי – דהיינו המוסר – אינן אלא שתי בחינות של עיקרון אחד".[1]

משמעות הדבר היא שאותו העיקרון שמכתיב את כווייתו של ההולך יחף על גחלים, הוא זה שמכתיב גם את פגיעתו של העושה עוולה מוסרית. זהו חלק מסדר העולם, ולכן "אין הבחנה בין הטוב המוסרי לבין הטוב התועלתני. מעשים שהם בהתאם למאעת (לסדר העולם) הינם לכתחילה מוסריים וצודקים, ויביאו את עושיהם לידי שכר כסיבה את המסובב כמו חוק טבע".[2]

1. פוקס, ספרות החוכמה, עמ' 162-163; דבריו נידונו כבר במבוא.
2. המשך דברי פוקס, שם.

נגד תפיסה זו יצא קהלת כבר בקטע הקודם, וביחידה שלפנינו ממשיך קהלת ומרחיב את טענתו, ומצביע על ניתוק בין מעשה שנעשה בתבונה לבין ההצלחה שאמורה להתלוות אליו. מבחינה זו, יש מקום לראות ביחידה שלפנינו המשך ליחידה הקודמת, ולא ברור שאכן יש להתחיל כאן חטיבה חדשה של ממש. יש מן הצדק בדבריו של קרייג ברתולומיו שחלק על פתיחת החטיבה החדשה בפסוקים אלו:

> פרשנים רבים רואים את פסוקים יא-יב כקטע נפרד, וכרגיל עם ספר קהלת, קשה לדעת מתי יחידה אחת מסתיימת ואחרת מתחילה. אכן, 'שַׁבְתִּי וְרָאֹה' מעיד על שינוי במוקד הדברים, אולם התמה של הרוע הפוקד את האדם, כה קרוב לפסוק א, שכללתי את פסוקים יא-יב ביחידה זו. בפסוק א קהלת טען שאדם אינו יודע האם אהבה או שנאה מחכות לו. בפסוקים אלו, הוא מבאר את האפשרות המטרידה עוד יותר, כיצד אותה שנאה – הוא מניח שהשנאה באה מאת האלוהים – יכולה להתקיף את האדם ללא הכנה מוקדמת.[3]

אולם גם אם היחידות קשורות ומתגלגלות זו מזו, קהלת תוקף כאן באופן ייחודי את שאלת 'הסדר העולמי', וכפי שנראה להלן, דיון זה ממשיך ומתרחב למחוזות חדשים בהמשך דבריו.

עֵת וָפֶגַע יִקְרֶה אֶת כֻּלָּם (ט', יא-יב)

שַׁבְתִּי וְרָאֹה תַחַת הַשֶּׁמֶשׁ
כִּי לֹא לַקַּלִּים הַמֵּרוֹץ
וְלֹא לַגִּבּוֹרִים הַמִּלְחָמָה
וְגַם לֹא לַחֲכָמִים לֶחֶם
וְגַם לֹא לַנְּבֹנִים עֹשֶׁר

3. ברתולומיו, קהלת, עמ' 306.

וְגַם לֹא לַיֹּדְעִים חֵן
כִּי עֵת וָפֶגַע יִקְרֶה אֶת כֻּלָּם.
כִּי גַּם לֹא יֵדַע הָאָדָם אֶת עִתּוֹ כַּדָּגִים שֶׁנֶּאֱחָזִים בִּמְצוֹדָה רָעָה
וְכַצִּפֳּרִים הָאֲחֻזוֹת בַּפָּח כָּהֵם יוּקָשִׁים בְּנֵי הָאָדָם לְעֵת רָעָה כְּשֶׁתִּפּוֹל
עֲלֵיהֶם פִּתְאֹם (ט׳, יא-יב).

רשימת התכונות שקהלת מזכיר כאן מתייחסת אל האיש המושלם בתקופות קדם. אנו מכירים זאת במיוחד מתרבות יוון, שם האדם האידיאלי, בעל השם הטוב והמוערך, זה שנתפס כבעל הסגולה הטובה, הוא זה המצליח באחד מן התחומים הללו: הוא מנצח במרוצים, גיבור הקרב, המפרנס את משפחתו ואף מתעשה, וכולם מקשיבים לדבריו בשל ידיעותיו המופלגות שמעניקות לו ׳חן׳ מיוחד.[4] והנה, קהלת טוען שמניסיונו ומנקודת הסתכלותו (״שַׁבְתִּי וְרָאֹה תַחַת הַשֶּׁמֶשׁ״),[5] איננו יכולים לצפות מראש מי הוא זה שיזכה בהצלחות אלו; מי הוא שינצח במרוץ או בקרב, מי הוא שיפרנס בכבוד את בני ביתו ויתעשר, ונוגע ללב במיוחד – אין כל ערובה שהחכם יזכה ל׳חן׳ שהוא ראוי לו. קהלת מבטל אחת לאחת את כל ציפיותינו.

אין צורך לומר שבתפיסת העולם המסודר – על פי המאעת׳ – דווקא לקלים המרוץ, לגיבורים המלחמה ובוודאי החכמים שיודעים שאין להתעצל יזכו ללחם! לתפיסה זו שותף גם ספר משלי: ״אַל תֶּאֱהַב שֵׁנָה פֶּן תִּוָּרֵשׁ / פְּקַח עֵינֶיךָ שְׂבַע לָחֶם״ (כ׳, יג), או: ״עֹבֵד אַדְמָתוֹ יִשְׂבַּע לָחֶם / וּמְרַדֵּף רֵקִים יִשְׂבַּע רִישׁ״ (כ״ח, יט). אך הפולמוס בולט במיוחד בנוגע לאחריתם של החכמים, ושל שומעי המוסר. המונח ׳חן׳ הוא המונח שספרות החוכמה מרבה להשתמש בו בתיאור השומע לדברי החכמים, כמו בפתיחת ספר משלי: ״שְׁמַע בְּנִי מוּסַר אָבִיךָ וְאַל תִּטֹּשׁ תּוֹרַת אִמֶּךָ. כִּי לִוְיַת חֵן הֵם לְרֹאשֶׁךָ וַעֲנָקִים לְגַרְגְּרֹתֶךָ״

4. השוו במיוחד לדברי לוהפינק, קהלת, עמ׳ 122.
5. קשה להכריע אם יש מגמה מיוחדת בשילוב צורת הפועל החריגה ׳שַׁבְתִּי וְרָאֹה׳, ולא כצורת הפועל המקובלת בספר ׳וְרָאִיתִי׳.

(א׳, ח-ט), או: ״תּוֹרַת חָכָם מְקוֹר חַיִּים לָסוּר מִמֹּקְשֵׁי מָוֶת. שֵׂכֶל טוֹב יִתֶּן חֵן וְדֶרֶךְ בֹּגְדִים אֵיתָן״ (י״ג, יד-טו), ועוד דוגמאות רבות. לפיכך, כשאומר קהלת ״וְגַם לֹא לַיֹּדְעִים חֵן״, הוא מבקש להציב אלטרנטיבה עקרונית לכל הלך הרוח של חבריו החכמים.

בדבריו דוחה קהלת את ציפייתנו לעולם מסודר, בגלוי וברייש גלי. היפוך הדברים כאן מעורר השתאות – מדוע בעצם לא לקלי הרגליים המרוץ? הרי מי שמתאמן שנים לרוץ מרתונים ארוכים, בוודאי יגיע לקו הגמר לפני זה שרגליו כבדות; ומי שהוא גיבור ולא חושש מסכנה, יצליח במלחמה יותר ממי שירא ורך לבבו! אולם קהלת רואה שאין בכוחנו באמת לנבא את העתיד, במיוחד בגלל הרעות המזדמנות לכל אדם – יהא קל רגליים, גיבור, עשיר או חכם – ״כִּי עֵת וָפֶגַע יִקְרֶה אֶת כֻּלָּם״. גם כאן, לא במקרה נמנע קהלת מלהזכיר דווקא את המוות. הפגעים הרעים מגוונים, וגם אם בראש כולם ניצב המוות המאיים, גם אדם חכם יכול לאבד את עושרו, ולא תמיד הוא האשם בכך.

את הפגע הרע שמתקיף לפתע את האדם ללא כל הכנה מוקדמת מדמה קהלת לדג שנתפס ברשת הציידים: ״כִּי גַּם לֹא יֵדַע הָאָדָם אֶת עִתּוֹ כַּדָּגִים שֶׁנֶּאֱחָזִים בִּמְצוֹדָה רָעָה וְכַצִּפֳּרִים הָאֲחֻזוֹת בַּפָּח כָּהֵם יוּקָשִׁים בְּנֵי הָאָדָם לְעֵת רָעָה כְּשֶׁתִּפּוֹל עֲלֵיהֶם פִּתְאֹם״. זהו דימוי נוגע ללב. קהלת ממשיל את גורל האדם לגורלו של בעל החיים נטול הבינה, שאינו יודע מתי וכיצד הוא עשוי להיות ניצוד ומומת, לפתע פתאום, בשעה שמעייניו נתונים לדבר־מה אחר.[6] כוחו של המשל מתבטא בפער בין שלוותו של הדג רגע לפני שהוא ניצוד, רגע לפני שעלה ברשת, לבין פרפורי האימה בשנייה שלאחר מכן; הוא יכול להמשיך ולשחות בשלווה ובנחת אף שהרשת כבר מתוחה תחתיו ומתחילה לעלות, אך הוא אינו מודע לה. הרשת הפרושה־הרפויה מתרוממת אט אט, ולדג אין כל יכולת לדעת מה צופנים הרגעים הבאים. כמו ששר פעם אביתר בנאי: ״שביר, הכול ברגע נשטף״.

6. השימוש של ׳נאחז׳ בהקשר בעלי חיים שנתפסו אומנם נדיר, אך נזכר עוד במקרא: ״וְהִנֵּה אַיִל אַחַר נֶאֱחַז בַּסְּבַךְ בְּקַרְנָיו״ (בראשית כ״ב, יג).

משל העיר הקטנה (ט׳, יג – י׳, ג)

את הטענה העקרונית שהעלה קהלת שלא די בחוכמה, הוא מדגים דרך משל. משלים מעין אלו רווחו בעולמם של החכמים הקדומים, וגם בימינו אפשר לשמוע דומים להם.[7] אלא, שהאתגר הפרשני העומד לפתחנו הוא להבין מהו סיפור הבסיס של המשל, המוכר, ומה הוסיף עליו קהלת.[8]

גַּם זֹה רָאִיתִי חָכְמָה תַּחַת הַשָּׁמֶשׁ וּגְדוֹלָה הִיא אֵלָי. עִיר קְטַנָּה וַאֲנָשִׁים בָּהּ מְעָט וּבָא אֵלֶיהָ מֶלֶךְ גָּדוֹל וְסָבַב אֹתָהּ וּבָנָה עָלֶיהָ מְצוֹדִים גְּדֹלִים. וּמָצָא בָהּ אִישׁ מִסְכֵּן חָכָם וּמִלַּט הוּא אֶת הָעִיר בְּחָכְמָתוֹ וְאָדָם לֹא זָכַר אֶת הָאִישׁ הַמִּסְכֵּן הַהוּא. וְאָמַרְתִּי אָנִי טוֹבָה חָכְמָה מִגְּבוּרָה וְחָכְמַת הַמִּסְכֵּן בְּזוּיָה וּדְבָרָיו אֵינָם נִשְׁמָעִים. זְבוּבֵי מָוֶת יַבְאִישׁ יַבִּיעַ שֶׁמֶן רוֹקֵחַ / יָקָר מֵחָכְמָה מִכָּבוֹד סִכְלוּת מְעָט.
לֵב חָכָם לִימִינוֹ / וְלֵב כְּסִיל לִשְׂמֹאלוֹ. וְגַם בַּדֶּרֶךְ כשהסכל [קרי: כְּשֶׁסָּכָל] הֹלֵךְ לִבּוֹ חָסֵר וְאָמַר לַכֹּל סָכָל הוּא.
דִּבְרֵי חֲכָמִים בְּנַחַת נִשְׁמָעִים מִזַּעֲקַת מוֹשֵׁל בַּכְּסִילִים. טוֹבָה חָכְמָה מִכְּלֵי קְרָב וְחוֹטֶא אֶחָד יְאַבֵּד טוֹבָה הַרְבֵּה.

קהלת פותח בהצהרה מיוחדת שהוא עומד להציג בפנינו דבר־מה חכם שהוא ראה שמתרחש במציאות, אשר עשה עליו רושם גדול ("וּגְדוֹלָה הִיא אֵלָי").[9] כבר בכך אפשר לחוש שקהלת נותן משקל מיוחד למצב

7. אלכסנדר רופא התפלא כיצד למרות תפוצתם הרחבה של המשלים (מסוג הסיפור הדמיוני) במזרח הקדום, ונוכחותם במקרא, הם נעדרים בספרות החוכמה המקראית (רופא, מבוא, עמ׳ 429). הדוגמה שלמעלה מלמדת שגם בספרות החוכמה המקראית יש שילוב של משלים קטנים, גם אם הדבר אינו רווח.
8. השוו לדיונו של ספנגנברג, ציטוטים, עמ׳ 28–30.
9. רשב"ם פירש "ותמיהא גדולה היא אלי" (פירושו לקהלת ט׳, יג). גם אם כך, קהלת ממקד בפתיחה זו את תשומת לב הקורא למקרה שהוא עומד לדון בו.

שהוא עומד לתאר. לצד זאת, שילוב הצירוף "וּגְדוֹלָה הִיא אֵלָי" משחק עם מרקם המילים של סיפור המשל – "עִיר קְטַנָּה" / "מֶלֶךְ גָּדוֹל" / "מְצוֹדִים גְּדֹלִים".

בסיפורו, יש עיר קטנה שגרים בה מעט אנשים, וכנגדה הגיע מלך גדול שצר עליה ובנה סביבה מצודים גדולים. שילוב המְצוֹדִים הגְּדֹלִים טווה חוט מקשר לתיאור הדגים שבפסוק יב: "כַּדָּגִים שֶׁנֶּאֱחָזִים בִּמְצוֹדָה רָעָה". לפנינו אם כן מצודה נוספת, וגם ממנה יהיה קשה להימלט. הניגוד בין מעט האנשים בעיר הקטנה לגודלו של המלך שצר עליה בתקיפות, מעניק כמובן יתרון למלך הגדול. אך הסיפור ממשיך ויוצר תפנית דרמטית: בעיר הקטנה נמצא איש אחד שלא היה נחשב לכלום בעיני סביבתו (אִישׁ מִסְכֵּן), אך הוא היה חכם, ובתבונתו הוא הצליח למלט את העיר מן הסכנה.[10] עדיפות החכם על פני גיבורי הקרב היא רעיון חוכמתי ידוע, ודי להיזכר בחכם הכובש את עיר הגיבורים בספר משלי: "עִיר גִּבֹּרִים עָלָה חָכָם וַיֹּרֶד עֹז מִבְטֶחָה" (משלי כ"א, כב), או בפסוקים הבאים:

בְּחָכְמָה יִבָּנֶה בָּיִת / וּבִתְבוּנָה יִתְכּוֹנָן.
וּבְדַעַת חֲדָרִים יִמָּלְאוּ / כָּל הוֹן יָקָר וְנָעִים.
גֶּבֶר חָכָם בַּעוֹז / וְאִישׁ דַּעַת מְאַמֶּץ כֹּחַ.
כִּי בְתַחְבֻּלוֹת תַּעֲשֶׂה לְּךָ מִלְחָמָה / וּתְשׁוּעָה בְּרֹב יוֹעֵץ.
רָאמוֹת לֶאֱוִיל חָכְמוֹת / בַּשַּׁעַר לֹא יִפְתַּח פִּיהוּ (משלי כ"ד, ג-ז).

בפסוקים שבמשלי יש שבח לחוכמה בשני היבטים: ראשית, "ההולכים בדרכיה מייסדים את חייהם (=ביתם) על יסודות איתנים, ובידם למלא את משכנם בכל טוב". שנית, "החכמה ותחבולותיה כוחן יפה מכוח הגבורה שאין עמה חכמה ועצה".[11] החוכמה מוצגת בפסוקים אלו כדבר

10. יש שטענו שבסופו של דבר הוא לא הצליח למלט את העיר. ראו את ההתלבטות להלן.
11. שצ'ופק, משלי, עמ' 161.

הקשה להשגה (׳רָאמוֹת׳ = רם וגבוה), והיא לא בהישג ידו של האוויל. לפיכך, גם ביתו לא יתכונן והוא שיפסיד במלחמה. כאמור, דברי קהלת נראים מותאמים לגמרי לתפיסה זו.

לשם הדגמת המשל שמביא קהלת, אפשר להיזכר באישה החכמה מאָבֵלָה (שמ״ב כ׳). שבע בן בכרי המורד בדוד הגיע לאָבֵלָה, כשרודפים אחריו יואב ולוחמיו. ממש כמו תיאור קהלת, גם על יואב ולוחמיו נאמר: ״וַיָּבֹאוּ וַיָּצֻרוּ עָלָיו בְּאָבֵלָה בֵּית הַמַּעֲכָה וַיִּשְׁפְּכוּ סֹלְלָה אֶל הָעִיר וַתַּעֲמֹד בַּחֵל וְכָל הָעָם אֲשֶׁר אֶת יוֹאָב מַשְׁחִיתִם לְהַפִּיל הַחוֹמָה״ (שמ״ב כ׳, טו). יחסי הכוחות אינם מותירים לעיר המותקפת כל סיכוי, אך לפתע נכנסת לסיפור ׳אישה חכמה׳ שמצילה את העיר: ״וַתִּקְרָא אִשָּׁה **חֲכָמָה** מִן הָעִיר... וַתָּבוֹא הָאִשָּׁה אֶל כָּל הָעָם **בְּחָכְמָתָהּ** וַיִּכְרְתוּ אֶת רֹאשׁ שֶׁבַע בֶּן בִּכְרִי וַיַּשְׁלִכוּ אֶל יוֹאָב וַיִּתְקַע בַּשֹּׁפָר וַיָּפֻצוּ מֵעַל הָעִיר אִישׁ לְאֹהָלָיו וְיוֹאָב שָׁב יְרוּשָׁלַם אֶל הַמֶּלֶךְ״ (שמ״ב כ׳, טז-כב). אין סיבה להניח שדווקא סיפור זה עמד מול עיניו של קהלת כשתיאר את החכם המציל את העיר הנצורה, אך סיפורים מעין אלו סופרו מאז ומעולם.

אולם, כדרכו של קהלת, הוא מוסיף משפט אחד קצר, שהופך את מגמת הסיפור על פניה. אף על פי שבזכות החכם המסכן העיר כולה ניצלה, הדבר לא הועיל לו, והוא נותר במעמדו הקודם: ״וְאָדָם לֹא זָכַר אֶת הָאִישׁ הַמִּסְכֵּן הַהוּא״.

נחלקו פרשנים אם האיש החכם והמסכן – בן המעמד הנמוך – באמת הצליח למלט את העיר מהסכנה שארבה לה, אלא שאחר כך הוא נשכח מלב,[12] או שמא היה בכוחו למלט את העיר אך הדבר לא התרחש, מפני שאיש לא נתן דעתו עליו ועל עצותיו (״וְאָדָם לֹא זָכַר אֶת הָאִישׁ הַמִּסְכֵּן הַהוּא״).[13] יתרונו של הפירוש השני הוא במסקנה המובאת בסוף המשל: ״וְחָכְמַת הַמִּסְכֵּן בְּזוּיָה וּדְבָרָיו אֵינָם נִשְׁמָעִים״

12. כך רש״י ורשב״ם למשל.
13. כך ראב״ע, וזו עמדה רווחת בין החוקרים, כמו למשל: לאודר, מבנים, עמ׳ 59; מיצ׳ל, קהלת, עמ׳ 160; קרנשאו, קהלת, עמ׳ 166; ווייבראיי, קהלת, עמ׳ 148; ברתולומיו, קהלת, עמ׳ 313-314.

(טז), אך הדבר אינו מכריע את הכף.[14] אדרבה, גם אם קשה להכריע בכך, נראה לנו שהקריאה הראשונה מתאימה יותר ללשון הכתובים, מפני שפועל ההצלה ('למלט') נזכר בעבר פשוט, כאירוע שהתרחש: "וּמִלַּט הוּא אֶת הָעִיר בְּחָכְמָתוֹ". ההבדל בין שתי הקריאות המוצעות נראה אולי קטן אך הוא מציב את המשל של קהלת במרחב דיון שונה. אם העיר לא ניצלה בגלל שלא הקשיבו לחוכמתו של המסכן, לפנינו טרגדיה של העיר כולה וביקורת חברתית על המבנה ההירכי שאינו מאפשר למסכנים להשמיע את דבריהם. אם העיר ניצלה בזכותו של העני החכם, אין מדובר כלל בטרגדיה של העיר. אדרבה, היא ניצלה בזכות החכם שהיה בה. לפי קריאה זו הביקורת נוגעת בגמול החברתי־האישי שאינו מוענק לאלו הראויים לכך. הביקורת החברתית בהקשר זה איננה נוגעת בעצם ההירכיה (אף על פי שגם זו מובלעת במשל), אלא נוגעת בגמול החברתי הלא מוצדק שקיים בעולמנו.

אפשר להבין את המצוקה הפרשנית שהובילה את ראב"ע והפרשנים הנוספים לטעון שכלל לא הקשיבו לחכם המסכן, שהרי אם קוראים את הפסוק כפשוטו עולה שחוכמת החכם לא הועילה לו (אף על פי שהועילה להצלת העיר כולה); וכי קהלת יוצא נגד השכר הטוב שמגיע לידי החכמים?! אך התשובה הפשוטה היא שאכן כך הוא. החכם במשלי אומנם סבור: "אִם לַלֵּצִים הוּא יָלִיץ / ולעניים [קרי: וְלַעֲנָוִים] יִתֶּן חֵן. כָּבוֹד חֲכָמִים יִנְחָלוּ / וּכְסִילִים מֵרִים קָלוֹן" (ג', לד-לה), אך קהלת הלוא טען כבר קודם "לֹא לַיֹּדְעִים חֵן" (ט', יא), כך שאיננו מופתעים לשמוע שגם הכבוד אינו מגיע לחכמים. גם אם העיר כולה נהנית מחוכמת החכם, הוא יישכח במהרה.

בכל מקרה, הנחת היסוד המובלעת בפסוקים אלו היא שאכן יש עדיפות לחכמים על פני גיבורי הקרב, אך עדיפות זו אינה מיושמת בהלך הרוח החברתי. דבר זה נאמר ביתר בהירות בפסוקים הבאים:[15]

14. ראו את טיעונו של פוקס נגד ראיה זאת (פוקס, קהלת, עמ' 66).
15. אוגדן טען שבפסוק יז נפתחת חטיבה חדשה, שנחתמת בי', כ (אוגדן, קהלת ט). למעלה אימצנו את עמדת הרוב שרואים בפסוקים אלו טענה אחת יסודית.

וְאָמַרְתִּי אָנִי טוֹבָה חָכְמָה מִגְּבוּרָה וְחָכְמַת הַמִּסְכֵּן בְּזוּיָה וּדְבָרָיו אֵינָם נִשְׁמָעִים.
דִּבְרֵי חֲכָמִים בְּנַחַת נִשְׁמָעִים מִזַּעֲקַת מוֹשֵׁל בַּכְּסִילִים.
טוֹבָה חָכְמָה מִכְּלֵי קְרָב וְחוֹטֶא אֶחָד יְאַבֵּד טוֹבָה הַרְבֵּה (ט׳, טז–יח).

במשפטים אלו מזכיר קהלת הנחות מקובלות בשבח החוכמה ובעדיפותה על בעלי השרירים, אך מוסיף 'אבל' מרומז שמסייג אמירות אלו בשני אופנים: אכן, יש עדיפות ברורה לחוכמה, וכשהיא נאמרת בנחת היא נשמעת ומועילה יותר מזעקות המושלים – אבל! – זאת בתנאי שמעמדו החברתי (או הכלכלי) של החכם איתן דיו כך שמקשיבים לו. לולא כן, חָכְמַת הַמִּסְכֵּן בְּזוּיָה וּדְבָרָיו אֵינָם נִשְׁמָעִים. ומוסיף קהלת הסתייגות נוספת: טובה החוכמה מגבורת הלוחמים ומכלי הקרב – אבל! – די בשוטה אחד (= "חוֹטֶא אֶחָד") כדי לאבד את כל הטובה שהביאה עימה בכנפיה החכמה.[16] בסופו של דבר, אם אין לחכם מעמד איתן בחברה שבה הוא גר, דבריו לא יישמעו, ודי בכסיל אחד שיפיל את עצותיו הטובות.

גם בקטע הבא ממשיך קהלת ומבאר את התסכול נוכח העובדה שדי במעט סכלות כדי להפיל את דברי החכם ולבטל את תרומתם:

זְבוּבֵי מָוֶת יַבְאִישׁ יַבִּיעַ שֶׁמֶן רוֹקֵחַ / יָקָר מֵחָכְמָה מִכָּבוֹד סִכְלוּת מְעָט.
לֵב חָכָם לִימִינוֹ / וְלֵב כְּסִיל לִשְׂמֹאלוֹ.
וְגַם בַּדֶּרֶךְ כשהסכל [קרי: כְּשֶׁסָּכָל] הֹלֵךְ לִבּוֹ חָסֵר וְאָמַר לַכֹּל סָכָל הוּא (י׳, א–ג).

די בזבוב מת אחד שנפל לתוך חבית של שמן איכותי כדי להתסיס ולהבאיש את השמן כולו,[17] או כלשון אחד מהפרסומים הידועים של

16. בתרגומים שונים הקלו עם הקורא והוסיפו את מילת הניגוד בפירוש: "Wisdom is more valuable than weapons of war, but a single error destroys much of value" (JPS).
17. היו שרצו לאמץ כאן את נוסח השבעים ולגרוס "גביע" תחת "יביע" (פוקס,

הקרן הקיימת לישראל: "מספיק טיפש אחד בשביל לשרוף יער שלם". אך משל הזבוב אינו נכון רק מבחינה חברתית, אלא גם ביחס לחכם עצמו. גם אם הוא חכם מחוכם בתחומים רבים – נקודה של סכלות רגעית עלולה להוריד לטמיון את כל עמלו. אדם יכול להקליד ספר עב כרס ופורץ דרך, ומתוך פיזור דעת ללחוץ פעם אחת על "מחק" במקום על "שמור קובץ". החוכמה מתיימרת לבנות ולשם כך יש צורך במלאכת מחשבת, ואילו ההרס מטבעו הוא תנועה עיוורת, שבקלות רבה יכולה לערער את הבניין היציב שבנתה החוכמה. לפיכך, הסכלות אכן חזקה (='יקרה' בלשון הפסוק) מהחוכמה.[18]

הדבר מתסכל את קהלת דווקא בגלל שהוא מודע היטב למעלותיה של החוכמה, אולם בחוסר הסדר ששולט בעולם, החוכמה אינה מצליחה להתממש כראוי לה. קהלת ממשיך ומטפח את חשיבות החוכמה גם במשפט הבא: "לֵב חָכָם לִימִינוֹ וְלֵב כְּסִיל לִשְׂמֹאלוֹ". בתפיסה המקראית, צד ימין הוא הצד החזק, כך שחוכמתו של החכם מובילה אותו בדרך נכונה ויציבה, בעוד מחשבותיו של הכסיל גורמות לו ללכת שמאלה, בדרך מלאת מהמורות.[19] דבר זה ניכר לעין כול, שהרי "גַם בַּדֶּרֶךְ כְּשֶׁסָּכָל הֹלֵךְ לִבּוֹ חָסֵר וְאָמַר לַכֹּל סָכָל הוּא". מכל צעד שהוא עושה ניכר שהוא סכל, החכמים רואים זאת ללא קושי, אך

קהלת, עמ' 265; סאו, קהלת, עמ' 306), גם לפי נוסח זה משמעות הדימוי נותרת אותו הדבר.

18. בדרך כלל 'יקר' אינו מביע עוצמה כשלעצמה אלא כבוד, ואף הערכה שיש בה עמדה נפשית של הערכה. אולם, ל'יקר' יש גם משמעות של 'כבד' (קדרי, מילון, עמ' 456), והוא אף בא בהקבלה לעוצמה, כמו: "וְלִי מַה יָּקְרוּ רֵעֶיךָ אֵל / מֶה עָצְמוּ רָאשֵׁיהֶם" (תהלים קל"ט, יז), ומכך מתגלגל קהלת לשימוש במונח זה בהוראת 'חוזק'. מונטגומרי העיר שקהלת כנראה מושפע כאן מהארמית, שם יקר = כבד (מונטגומרי, הערות, עמ' 242).

19. ברתולומיו הציע שהדבר החשוב כאן הוא עצם הפיצול. עוד לפני הקונוטציות של ימין ושמאל, קהלת ביקש להבהיר ששני טיפוסים אלו צועדים בדרכים הפוכות (ברתולומיו, קהלת, עמ' 321). גם אם הוא צודק, אין זה מקרי שתבונת האדם מובילה אותו לימין ומחשבות הכסיל אל השמאל.

למרות כל זאת, יָקָר מֵחָכְמָה מִכָּבוֹד – סִכְלוּת מְעָט; יש למעט סכלות כוח להפיל תובנות חשובות של החכם, ולהוליך אנשים רבים שולל.

קהלת מעדיף אם כן את החכמה ובז לסכלות, אך העדפה זו, למרבה התסכול, איננה באה לידי ביטוי במציאות. זבוב מת אחד מצליח להבאיש כד עמוס בשמן מעולה. כך בחברה וכך גם בחייו של האדם היחיד. אם נשוב לעיקר דיונו של קהלת ביחידה זו, מגמת הדברים תתבאר: חוסר ההתאמה המצופה שבין החוכמה לתוצאות שהיא אמורה להביא בכנפיה, נובע מכך שהכול יכול לקרות באופן לא צפוי, אך גם מכך שכוחה של הסכלות בעולמנו גדול פי כמה מכוחה של החכמה. לא רק בגלל ריבוי השוטים בעולם,[20] אלא בגלל שכאשר טיפש זורק אבן לבאר, גם אלף חכמים לא יוכלו להוציא אותה.

על מלכים ועל חופרי בורות (י׳, ד-כ)

אִם רוּחַ הַמּוֹשֵׁל תַּעֲלֶה עָלֶיךָ מְקוֹמְךָ אַל תַּנַּח כִּי מַרְפֵּא יַנִּיחַ חֲטָאִים גְּדוֹלִים. יֵשׁ רָעָה רָאִיתִי תַּחַת הַשָּׁמֶשׁ כִּשְׁגָגָה שֶׁיֹּצָא מִלִּפְנֵי הַשַּׁלִּיט. נִתַּן הַסֶּכֶל בַּמְּרוֹמִים רַבִּים וַעֲשִׁירִים בַּשֵּׁפֶל יֵשֵׁבוּ. רָאִיתִי עֲבָדִים עַל סוּסִים וְשָׂרִים הֹלְכִים כַּעֲבָדִים עַל הָאָרֶץ.

חֹפֵר גּוּמָּץ בּוֹ יִפּוֹל וּפֹרֵץ גָּדֵר יִשְּׁכֶנּוּ נָחָשׁ. מַסִּיעַ אֲבָנִים יֵעָצֵב בָּהֶם בּוֹקֵעַ עֵצִים יִסָּכֶן בָּם. אִם קֵהָה הַבַּרְזֶל וְהוּא לֹא פָנִים קִלְקַל וַחֲיָלִים יְגַבֵּר וְיִתְרוֹן הַכְשֵׁיר חָכְמָה. אִם יִשֹּׁךְ הַנָּחָשׁ בְּלוֹא לָחַשׁ וְאֵין יִתְרוֹן לְבַעַל הַלָּשׁוֹן. דִּבְרֵי פִי חָכָם חֵן וְשִׂפְתוֹת כְּסִיל תְּבַלְּעֶנּוּ. תְּחִלַּת דִּבְרֵי פִיהוּ סִכְלוּת וְאַחֲרִית פִּיהוּ הוֹלֵלוּת רָעָה. וְהַסָּכָל יַרְבֶּה דְבָרִים לֹא יֵדַע הָאָדָם מַה שֶּׁיִּהְיֶה וַאֲשֶׁר יִהְיֶה מֵאַחֲרָיו מִי יַגִּיד לוֹ. עֲמַל הַכְּסִילִים תְּיַגְּעֶנּוּ אֲשֶׁר לֹא יָדַע לָלֶכֶת אֶל עִיר.

20. ציטוט מפורסם בשם אלברט איינשטיין אומר: ״יש רק שני דברים אינסופיים: היקום והטיפשות האנושית. לגבי הראשון אני מסופק״. איננו יודעים אם אכן איינשטיין אמר זאת, אך סביר להניח שיש מאנשי החוכמה הקדומה שהיו מזדהים עם העיקרון.

אִי לָךְ אֶרֶץ שֶׁמַּלְכֵּךְ נָעַר וְשָׂרַיִךְ בַּבֹּקֶר יֹאכֵלוּ. אַשְׁרֵיךְ אֶרֶץ שֶׁמַּלְכֵּךְ בֶּן חוֹרִים וְשָׂרַיִךְ בָּעֵת יֹאכֵלוּ בִּגְבוּרָה וְלֹא בַשְּׁתִי. בַּעֲצַלְתַּיִם יִמַּךְ הַמְּקָרֶה וּבְשִׁפְלוּת יָדַיִם יִדְלֹף הַבָּיִת. לִשְׂחוֹק עֹשִׂים לֶחֶם וְיַיִן יְשַׂמַּח חַיִּים וְהַכֶּסֶף יַעֲנֶה אֶת הַכֹּל. גַּם בְּמַדָּעֲךָ מֶלֶךְ אַל תְּקַלֵּל וּבְחַדְרֵי מִשְׁכָּבְךָ אַל תְּקַלֵּל עָשִׁיר כִּי עוֹף הַשָּׁמַיִם יוֹלִיךְ אֶת הַקּוֹל וּבַעַל הכנפים [קרי: כְּנָפַיִם] יַגֵּיד דָּבָר.

לפנינו נושאים שונים שיש מקום להתלבט אם הם קשורים זה בזה.[21] נדון תחילה בכל טענה בפני עצמה, ובסוף דברינו ניתן את הדעת על שילוב האלמנטים השונים יחדו.

נִתַּן הַסֶּכֶל בַּמְּרוֹמִים רַבִּים (י׳, ד-ז)

פתיחת יחידה זו חוזרת לתת עצות למי שעומד לפני ׳המושל׳. בדומה למה שכבר ראינו לעיל, גם כאן המושל מוצג ככעסן, אולם בעוד בעצות הקודמות קהלת הטיף לעזוב את הארמון בנחת ולדבר פחות ככל האפשר כאן הוא מייעץ לאדם לנסות ולדבר על ליבו של השליט: ״אִם רוּחַ הַמּוֹשֵׁל תַּעֲלֶה עָלֶיךָ – מְקוֹמְךָ אַל תַּנַּח, כִּי מַרְפֵּא יַנִּיחַ חֲטָאִים גְּדוֹלִים״. אפשר לפייס (׳יַנִּיחַ׳) גם מושל בעל חמה, ועל כן אל תעזוב (׳תַּנַּח׳) את מקומך לפני שריצית אותו. מרפא הלשון יכול לעורר אהדה וסליחה, גם נוכח חטאים גדולים. במשפט זה קרוב קהלת לרוחה של ספרות החוכמה: ״חֲמַת מֶלֶךְ מַלְאֲכֵי מָוֶת / וְאִישׁ חָכָם יְכַפְּרֶנָּה״ (משלי ט״ז, יד), וגם כאן אפשר להיזכר בסיפורים רבים על חכמים שהפיגו את כעס המושלים, כמו אביגיל – ׳טובת השכל׳ – שבמרפא לשונה הניחה את דעת דוד ומנעה אותו מבוא בדמים (שמ״א כ״ה). אך כדרכו, קהלת עומד לקחת את התובנה הזו למחוזות חדשים. הפעם הוא לא

21. רבים ראו בפסוקים טז-כ (הדיון על אודות המלך הנער) את פתיחתה של היחידה החדשה (ראו למשל את דיונו של מורפי, ספרות החוכמה, עמ׳ 147). הדבר אפשרי, במיוחד נוכח העובדה שגם היחידה הבאה שוזרת יחדיו היגדים בנושאים שונים. להלן יתבאר מדוע העדפנו את החלוקה המוצעת למעלה.

חולק על ההנחה המובלעת ביכולת החכם להרגיע את השליט מכעסו, אך לאור ההנחה שכדאי להרגיע את השליט יכול קהלת לצאת למסע, שיבהיר שעולמנו איננו מסודר כפי שראוי היה שיהיה.

יֵשׁ רָעָה רָאִיתִי תַּחַת הַשָּׁמֶשׁ כִּשְׁגָגָה שֶׁיֹּצָא מִלִּפְנֵי הַשַּׁלִּיט.
נִתַּן הַסֶּכֶל בַּמְּרוֹמִים רַבִּים
וַעֲשִׁירִים בַּשֵּׁפֶל יֵשֵׁבוּ.
רָאִיתִי עֲבָדִים עַל סוּסִים וְשָׂרִים הֹלְכִים כַּעֲבָדִים עַל הָאָרֶץ.

כנראה ה׳שגגה׳ שבה מואשם השליט כאן, איננה דווקא פעולה שנעשתה בטעות (כמו בויקרא ד׳), אלא גם מעשה שנובע מסכלות (כמו בשמ״א כ״ו, כא). אם במרומי השלטון נעשית טעות או מעשה סכלות, הדבר משפיע על כל שדרות החברה, ומצבם של בני האדם משתנה ומתהפך: עשירים הופכים לעניים; עבדים רוכבים לפתע על סוסים בעוד השרים הולכים על הארץ.[22] לעיתים, התהפכויות מעין אלו מוצגות כפעילות אלוהית חיובית, שמראה את כוחו ואת חסדו:

אַל תַּרְבּוּ תְדַבְּרוּ גְּבֹהָה גְבֹהָה יֵצֵא עָתָק מִפִּיכֶם כִּי אֵל דֵּעוֹת ה׳ ולא [קרי: וְלוֹ] נִתְכְּנוּ עֲלִלוֹת. קֶשֶׁת גִּבֹּרִים חַתִּים וְנִכְשָׁלִים אָזְרוּ חָיִל. שְׂבֵעִים בַּלֶּחֶם נִשְׂכָּרוּ וּרְעֵבִים חָדֵלּוּ עַד עֲקָרָה יָלְדָה שִׁבְעָה וְרַבַּת בָּנִים אֻמְלָלָה. ה׳ מֵמִית וּמְחַיֶּה מוֹרִיד שְׁאוֹל וַיָּעַל. ה׳ מוֹרִישׁ וּמַעֲשִׁיר מַשְׁפִּיל אַף מְרוֹמֵם. מֵקִים מֵעָפָר דָּל מֵאַשְׁפֹּת יָרִים אֶבְיוֹן

22. ג׳ניפר ברבור טענה שיש בקהלת דיאלוג עם סיפור שאול המתואר בספר שמואל (ברבור, שגגה). בין שאר טענותיה, היא הזכירה את שילוב המונח ׳שגגה׳ בקהלת בהקשר הנדר שלא משולם: ״וְאַל תֹּאמַר לִפְנֵי הַמַּלְאָךְ כִּי שְׁגָגָה הִיא״ (ה׳, ה). לטענתה יש לקרוא זאת על רקע סיפור שבועת שאול והפרתה על ידי יונתן בנו (היא מסתמכת על נוסח השבעים לסיפור שבו נאמר: ״ושאול שגג שגגה גדולה ביום ההוא״). קשה להשתכנע מטענה זו, אך יש להודות שאם הצדק איתה, גם שילוב המונח ׳שגגה׳ ביחידה שאנו אוחזים בה משתלב היטב, שהרי כאן מתייחס קהלת בפירוש לשגגה שיוצאת מפי השליט.

לְהוֹשִׁיב עִם נְדִיבִים וְכִסֵּא כָבוֹד יַנְחִלֵם כִּי לַה' מְצֻקֵי אֶרֶץ וַיָּשֶׁת עֲלֵיהֶם תֵּבֵל (שמ"א ב', ג-ח).

אולם, קהלת אינו מציג זאת כפעילות אלוהית, אלא כתוצאה של טעויות היוצאות מפי השליט ומשפיעות על החברה כולה. לפיכך, את תחושת "אֵל דֵּעוֹת ה'" מחליפה אצל קהלת תחושה של סכלות השליט האנושי. בעולם הקדום ההירככיה החברתית היא מימוש נוסף של הסדר הנכון, שבו כל אדם יודע את מקומו. מתברר שקהלת מזדהה עם הנחות אלו, ודווקא משום כך הוא מבטא חרדה מפני שיבוש הסדר החברתי, המהווה ייצוג נוסף לחוסר הסדר השולט בעולמנו.[23]

חֹפֵר גּוּמָּץ בּוֹ יִפּוֹל (י', ח-טו)

לאחר שדן קהלת בקריסת הסדר החברתי, הוא עובר לדון בזיקת המעשה האנושי לתוצאתו, ובמילים אחרות, בחוסר ידיעתו של הפועל מה עתיד המעשה שהוא עושה להביא בכנפיו.

1. חֹפֵר גּוּמָּץ – בּוֹ יִפּוֹל
2. וּפֹרֵץ גָּדֵר – יִשְּׁכֶנּוּ נָחָשׁ
3. מַסִּיעַ אֲבָנִים – יֵעָצֵב בָּהֶם
4. בּוֹקֵעַ עֵצִים – יִסָּכֶן בָּם.

קהלת פונה לתחום העבודה הפיזית, ומוצא בכולם פגיעה בעובד: חופר הבור, פורץ הגדר, חוצב האבנים וחוטב העצים – כולם ניזוקים ממעשיהם. הבנת פסוקים אלו תלויה בשאלת היסוד – האם לפנינו אדם שביקש להזיק לאחרים בפעולותיו?

23. ייתכן שהצדק עם סאו, שבפסוקים אלו יש גם ביאור בדיעבד כיצד "נִתַּן הַסֶּכֶל בַּמְּרוֹמִים רַבִּים", ומדוע השליט עושה שגגות. מאחר שיש עבדים שטיפסו ללא הצדקה בסולם החברתי והפכו לשליטים, הסכלות הגיעה גם לשם (סאו, קהלת, עמ' 324-325).

התרת הקשר בין מעשה לתוצאה (ט׳, יא – י׳, כ)

הגישה הרווחת מזהה את הפסוקים הללו עם הרוח העולה ממשלי, שלפיה המבקש לטמון פח מקבל כגמולו: ״בוֹ יִפּוֹל – פעמים שהוא נופל בו, כלומר יש לך חורש רעה וסופו לשוב עליו״ (רש״י לקהלת י׳, ח).[24] קריאה זו משתלבת היטב בספרות החוכמה, כדבריהם של קליין ופוקס:

> פסקה זו מכילה ארבעה פתגמים, המלמדים כנראה את העיקרון, כי קיים קשר טבעי בין מעשה האדם או מחדליו ובין תוצאותיהם, בין סיבה למסובב. שני הפתגמים הראשונים קשורים זה בזה הן בעניינם והן במבנה התחבירי שלהם, וכוונתם כנראה לומר, שהעושה מעשה רע כדי להזיק לחברו – סופו שהוא עצמו יינזק ממעשהו זה. רעיון זה שכיח בפתגמי ספרות החכמה. השווה למשל משלי כ״ו, כז: ״כֹּרֶה שַׁחַת בָּהּ יִפֹּל וְגֹלֵל אֶבֶן אֵלָיו תָּשׁוּב״; תהלים ז׳, טז: ״בּוֹר כָּרָה וַיַּחְפְּרֵהוּ וַיִּפֹּל בְּשַׁחַת יִפְעָל״.[25]

בניסוח עדין יותר אחז ראב״ע. גם לדעתו פסוקים אלו אינם מתארים אדם נורמטיבי, או בגלל שמדובר בשליט הכסיל שנזכר בפסוקים שלמעלה, או שמדובר כאן בכל כסיל שאינו יודע להיזהר:

> ויתכן שזה הענין ישוב על השליט שיעשה הפך האמת, ופרץ גדר כנוהו חכמים קדמונים. או יהי עניינו על הכסיל, והענין, אף על פי שימצאו דברים בעולם הפך האמת הוא במעט, אך ברוב – ״חופר גומץ בו יפול״, והחכם, הרואה את הנולד לא יפול (ראב״ע לקהלת י׳, ח).

24. בדפוסים מופיע ״וסופו לשוב עליו בסוף״, אולם בדיקת כתבי היד הטובים מובילה למסקנה שהמילה ׳סוף׳ פותחת את המשפט הבא: ״וסופו לשוב עליו. סוף שכלה זרעו וכו׳״. ראו אצל רוזן, פירוש רש״י, עמ׳ 186.

25. קליין, קהלת, עמ׳ 203. ראו גם: פוקס, קהלת, עמ׳ 69; מורפי, קהלת, עמ׳ 102-101. על הפסוקים שהביאו קליין ופוקס אפשר להוסיף גם את תהלים ט׳, טז-יז; ל״ה, ז-ח; נ״ז, ז.

המוטיבציה לקריאות כאלו מובנת מאליה – בתפיסה המקראית הרחבה הנופל בבור הוא זה שמגיע לו ליפול בבור, ואם נחש נשכו – יש לראות זאת כעונש על מעשיו, בין עונש אלוהי ובין 'עונש טבעי' של העולם המתנהל כהלכה. אולם, למרות סבירות קריאה זו, יש לשים לב שבפסוקים עצמם אין כל רמז לכסיל, או לרשע מוסרי. אנשים רבים חופרים בורות ופורצים גדרות, חוצבים אבנים וכורתים עצים לצורכי בנייה, ואין כל סיבה להאשים אותם בכסילות או ברשעות. אכן, יש מן הפרשנים שהציעו שהצירופים "מַסִּיעַ אֲבָנִים" ו"בּוֹקֵעַ עֵצִים" מתייחסים לאדם המבקש להגדיל את נחלתו על חשבון נחלת רעהו, אך דבר זה אינו כתוב. בקריאה פשוטה לפנינו תיאור של אדם שבונה בניינים, שיוצר בעולם. גם 'פריצת הגדר' כשלעצמה איננה מביעה משהו שלילי דווקא. אכן, יש פורצי גדרות שעושים זאת שלא ברשות בעליהן, אך לו היה רוצה קהלת לרמוז לטיפוס כזה, היה מוסיף כינוי מתאים, כמו 'רשע' או 'כסיל', וכפי שנוהג לאורך הספר כולו.

ברתולומיו, שאחז גם הוא בפרשנות זו, כתב בהגינות את התלבטותו:

> אם נתרגם את הפועל כ"שמא" (= ולא כהכרח שכך יקרה), אז דאגת קהלת היא רק מפני תאונות שמתרחשות בחיים. אולם, התמונה שבפסוק ח מופיעה גם במשלי ובתהלים... המוטיב המשותף מטה אותי לכיוון ההשקפה שבפסוק ח קהלת נעזר בתמונה רווחת כדי להביע את מבנה האופי־תוצאה של המסורת החוכמתית. כמו במקומות האחרים שבהם משתמשים במוטיב זה, חפירת הבור היא מטאפורה להתעללות מכוונת בבני אדם אחרים.[26]

הנקודה שהטרידה אותו במיוחד היא העובדה שקהלת לא אומר שבהכרח מי שכורה בור – ייפול בו, אלא נראה יותר מדבריו שהוא

26. ברתולומיו, קהלת, עמ' 323.

מתאר שיש מציאות כזו שמתרחשת לעיתים. לפיכך, מלשון הפסוק עצמו לא נראה שקהלת מבטא כאן גמול שסופו להגיע לראשי הרשעים. בסופו של דבר מאמץ ברתולומיו את הקריאה המוסרית של פסוקים אלו, מאחר שלפנינו תמונה רווחת בספרות החוכמה, וכך היא מתפרשת תמיד. בשל כך הוא מפצל בין פסוק ח לפסוק ט, וטוען שבעוד בפסוק ח יש תיאור של עוול מוסרי שבא על ראשו של הרשע, בפסוק ט (העוסק בְּמַסִּיעַ אֲבָנִים, ובמי שבּוֹקֵעַ עֵצִים), יש באמת תיאור של אסון שעלול להתרחש לכל אדם באשר הוא.[27]

הערה הגונה זו של ברתולומיו פותחת את הפתח לקריאה חלופית של שני הפסוקים גם יחד. הלוא ראינו כבר כמה פעמים שקהלת חולק על כמה מהנחות היסוד הבסיסיות של ספרות החוכמה, ואולי כך מתרחש גם במקרה שלפנינו?

נראה שקהלת יוצר פרפראזות אירוניות על פתגמים חוכמתיים קלאסיים, תוך הוצאת ה"עוקץ" החוכמתי המקשר את התוצאה הרעה למעשה הרע. בפרפראזות של קהלת, מעשים ניטרליים, מעמל יומו של אדם פשוט, שאיננו חורש כל מזימה, עשויים להסתיים באסון; "לא משנה מה תעשה – זה תמיד עלול להשתבש. לא מחשבה ולא מיומנות אנושית יכולים להעניק ודאות".[28] האדם חופר לתומו בור, ולפתע נופל בו; הוא פורץ גדר לשם הרחבת היישוב שבו הוא גר או לשם שיפור תוואי השטח של האדמה שאותה הוא מעבד, ולפתע נחש יוצא מבין חורי גדר הסלעים ומכיש אותו; הוא חוצב אבנים ומסיען לאתר הבנייה שברשותו, והן נופלות עליו ופוגעות בו; הוא כורת עצים ולפתע הגרזן עף ופוגע בו או בזולתו (ראו דברים י"ט, ה), או ששבב מהעץ עף לתוך עינו וכדומה. לשון אחר, יש חוסר התאמה קיצוני בין המעשה לתוצאה: "אי־ודאות מאפיינת כל אחת מהדוגמאות הללו, ואפשר רק לקוות להימלט מפגיעה באמצעות

27. כך גם פוקס, קהלת, עמ׳ 69, ונוספים.
28. הרצברג, קהלת, עמ׳ 190. גם הוא מדגיש (בהמשך דבריו שם), שקהלת איננו מתייחס כאן למי שיש לו כוונה עוינת בפעולותיו כלפי אחרים. בדרך זו נקטו נוספים, כמו פורטי, לחש, עמ׳ 44-45.

מיומנות טכנית, מעוגנת בחוכמה. העובדה שאין ערובה שהדבר יצליח מקבלת חיזוק קל כמה פסוקים מאוחר יותר – עם התחדשות התמה הקודמת, שעד עכשיו היא אולי המרכזית בספר – בורות האנושות ביחס למה שיקרה".[29]

ברוח זו אנו מבקשים בזהירות לפרש גם את הפסוק הבא: "אִם קֵהָה הַבַּרְזֶל וְהוּא לֹא פָנִים קִלְקַל וַחֲיָלִים יְגַבֵּר וְיִתְרוֹן הַכְשֵׁיר חָכְמָה" (י', יא). באופן חריג, בתרגום התנ"ך של JPS הוסיפו המתרגמים הערה על פסוק זה: "משמעות הפסוק לא בטוחה", וגינזברג אף כתב: "פסוק קרוב לייאוש... הקשה שבמקראות שבקשה שבפרשיות".[30] הצעות רבות ומגוונות הוצעו כאן – ורבות מהן אכן משקפות תחושות ייאוש נוכח הפסוק – ואנו מבקשים להציע אפשרות נוספת. מקובל לפרש את הפסוק שלפנינו כך: מתואר בו אדם שעובד עם ברזל – כנראה עם הגרזן שהוזכר לעיל – אך התער שלו איננו חד, והוא לא השחיז את 'פניו', כלומר את הלהב שלו, ועל כן עליו כעת להגביר 'חילים' – להגביר את כוחו.[31] הבעיה בסוג עבודה מאומצת כזה, שהיא מרבה את הסכנה לכורת העצים. הוא מתאמץ יותר מן הרגיל ואיננו עובד בעדינות הנדרשת, וכך שבבי עץ רבים עפים באופן לא מבוקר, ואף הוא עצמו לא נשמר כראוי מפני סכנת הענפים הנופלים. כלומר, לפי קריאה זו, תיאור זה הוא המשך הדוגמה "בּוֹקֵעַ עֵצִים יִסָּכֶן בָּם", ומדגיש את הסכנה הטמונה במעשה זה.[32]

להלן נציע קריאה אלטרנטיבית, אך תחילה נעיין גם במסקנת קהלת מדוגמה זו: "וְיִתְרוֹן הַכְשֵׁיר חָכְמָה". הבעיה כאן כפולה – הן מבחינה תחבירית קשה להכריע אם לפנינו שני רכיבים שקהלת

29. קריסטיאנסון, קהלת, עמ' 217.
30. גינזברג, קהלת, עמ' 121. ניסוח דומה גם אצל הרצברג, קהלת, עמ' 191 (ראו אצלו דיון באפשרויות פירוש מגוונות).
31. על 'חיל' במשמעות 'כוח' ראו: קדרי, מילון, עמ' 295.
32. "ובוקע עצים ייסכן בם אם קהה הברזל ולא קלקלו פניו, כלומר, מי שבוקע עצים בברזל קהוי יסכן בהם" (אבן תיבון, קהלת, עמ' 369). ראו על פסוק זה גם את דברי הרמב"ם, מורה הנבוכים, חלק א, פרק לד.

משווה את יתרון האחד על משנהו (הַכְשֵׁיר מול חָכְמָה), הן מבחינה סמנטית – לא ברור מהו הַכְשֵׁיר זה שמדבר עליו קהלת. בפרשנות מקובל לראות בפסוק שלפנינו השוואה בין שני רכיבים, ולראות את 'הכשיר' מלשון 'כישרון' ובמשמעות של 'מיומנות', כך שקהלת מעמת כאן בין הכישרון לבין החוכמה, ונותן עדיפות לחוכמה.[33] המשמעות של 'כשרון' בספר קהלת היא 'יעילות', או 'זריזות',[34] והדברים אכן קרובים למיומנות, כך שאפשר לאמץ הרחבה זו מבחינה סמנטית. אם כן, בהקשר הפסוק קהלת אומר שטוב היה לו אותו חוטב עצים היה מכלכל צעדיו בתבונה ומשחיז את גרזנו לפני יציאתו לעבודה, ואז לא היה זקוק להפעלת כוחו.

אולם, במקרה של השוואה בין שני רכיבים נוהג קהלת להוסיף את אות היחס מ"ם, כמו: "טוֹב מְלֹא כַף נָחַת מִמְּלֹא חָפְנַיִם עָמָל וּרְעוּת רוּחַ" (ד׳, ו), ובמקומות אחרים בספר שקהלת הזכיר "ויתרון...", לא היה זה חלק מטענת עדיפות של דבר־מה אחד על דבר־מה אחר, אלא חיוב של דבר העומד לעצמו (ה׳, ח; ז׳, יב).[35] לפיכך, גם כאן נוח יותר לראות בצירוף כולו מבע המשבח תכונה אחת, ללא כל השוואה.

אפשר לקרוא את הפסוק כולו באור אחד, במיוחד נוכח סמיכותו לפסוק (קשה נוסף) שבא אחריו. ניכר ששני פסוקים אלו ערוכים בתבנית זהה:[36]

אִם קֵהָה הַבַּרְזֶל / וְהוּא לֹא פָנִים קִלְקַל וַחֲיָלִים יְגַבֵּר / **וְיִתְרוֹן** הַכְשֵׁיר חָכְמָה (י)

אִם יִשֹּׁךְ הַנָּחָשׁ / בְּלוֹא לָחַשׁ / וְאֵין **יִתְרוֹן** לְבַעַל הַלָּשׁוֹן (יא)

33. ראו למשל אצל פוקס, קהלת, עמ׳ 69.
34. קדרי, מילון, עמ׳ 538.
35. הדוגמה השנייה המובאת למעלה – "וְיִתְרוֹן דַּעַת הַחָכְמָה תְּחַיֶּה בְעָלֶיהָ" (ז׳, יב), תלויה במחלוקת הפרשנים כיצד לבאר פסוק זה.
36. בשל דמיון זה טוענה פורטי שיש לפצל את ארבעת ההיגדים שלפנינו לשני חלקים: חופר גומץ ומסיע אבנים מצד אחד; אם קהה הברזל ואם ישוך הנחש מצד שני (פורטי, לחש).

להלן נדון במשמעות פסוק יא ביתר פירוט, אך לצורך דיוננו כאן חשובה התבנית הדומה של שני הפסוקים. בפסוק השני אומר קהלת: וכי יכול נחש לנשוך מבלי 'ללחוש' – מבלי שהוא מפיק רעשים מפיו לפני נשיכתו? כך אין יתרון לבעל הלשון, שמסגיר את כוונותיו ומאפשר לאנשים להתגונן מפני מזימותיו ורצונותיו.

באופן מקביל יש לקרוא גם את פסוק י על אודות הברזל, גם אם יש מקום להתלבט בין שתי אפשרויות, אשר קשורות בהבנת משמעות "חֲיָלִים" שבפסוק. אפשר לקרוא את הפסוק כאומר כך: 'האם ייתכן שתער הגרזן איננו חד, מבלי שלפני כן (= 'פָּנִים' כמו 'לְפָנִים') אותו ברזל עבד שעות מרובות והרבה את עושרו של העובד בו? אם הברזל קהה – סימן הוא שעבדו בו רבות ועל כן התקהה! לפי הצעה זו, אין להבין את 'חילים' בהוראת 'כוח' אלא בהוראת 'רכוש', 'עושר', 'ממון', כמו: "יִשְׂאוּ עַל כֶּתֶף עוּרים [קרי: עֲיָרִים] חֵילֵהֶם / וְעַל דַּבֶּשֶׁת גְּמַלִּים אוֹצְרֹתָם" (ישעיה ל', ו), או: "כֹּחִי וְעֹצֶם יָדִי עָשָׂה לִי אֶת הַחַיִל הַזֶּה" (דברים ח', יז), ועוד רבים.[37] לשון אחר, אותו גרזן הפך לקהה בגלל שהאדם האוחז בו נהנה רבות ממנו.

לחלופין, אפשר להבין את 'חילים' בהוראה הרגילה של מונח זה במקרא – קבוצת לוחמים. קריאה זו משפיעה על התחום הסמנטי שבו מתנהל הפסוק כולו, ולפי הצעה זו, מבנה פסוקנו יישאר מקביל לפסוק יא, אך בהקשר שונה: 'אם הברזל של הלוחם קהה (חרבו או כידונו), אין זה אלא בגלל שחרב זו כבר פעלה הרבה בשדה הקרב – פנים קלקל והתגבר על לוחמים רבים'.

ומה המסקנה העולה ממשל זה? "וְיִתְרוֹן הַכְשֵׁיר חָכְמָה" – הרי לנו הוכחה, חותם קהלת, שיש יתרון לחוכמה מעשית, לחוכמה תועלתית, לפעילות של אדם חכם שחפציו הקהים מעידים על השימוש הרב והנבון שעשה בהם.[38]

37. קדרי, מילון, עמ' 296.

38. הרצברג הציע לשנות את הפסוק ולגרוס: 'הכישרון ויתרון חוכמה?!', ובכך משתלב פסוק זה בנקל עם האמירות הקודמות, שעל פיהן אין ערך בחוכמה שהרי דברים רבים יכולים להתרחש באופן לא צפוי (קהלת, עמ' 192). הבעיה

במבט ראשון נדמה שקהלת סותר את עצמו, שהרי בפסוקים הקודמים הוא התפלמס עם שיטת החוכמה היוצרת זיקה בין המעשה לתוצאה הרצויה, והנה כאן הוא דווקא מחזק קשר זה – אין ברזל הופך לקהה אלא אם משתמשים בו. אולם, לשם הבנת הטיעון השלם של קהלת יש לשים לב לפער שבין פסוק זה לקודמיו. בתחילה תיאר קהלת את האדם העושה פעולה מסוימת ומצפה לעתיד טוב, אך בפועל נפגע מפעולתו שלו. כאן התיאור הוא הפוך – קהלת מתאר את מצבו של הברזל, ולאורו הוא מסיק מה קרה לו בעבר. זו החוכמה שקהלת מוכן לאמץ: מבט לשעבר, אחורה, יכול להעניק ודאות בנוגע למצבם של הדברים, אך כל מבט קדימה נועד לכישלון בשל חוסר יכולתו של האדם לצפות את שיתרחש.

הפולמוס נגד החכמים ממשיך גם בפסוק הבא, באופן דומה למה שנאמר זה עתה: ״אִם יִשֹּׁךְ הַנָּחָשׁ בְּלוֹא לָחַשׁ – וְאֵין יִתְרוֹן לְבַעַל הַלָּשׁוֹן״ (י׳, יא).

גם לפסוק זה הוצעו פירושים מגוונים, אך יש בעיקר שתי עמדות מרכזיות שעלינו להכריע ביניהן. רבים מבארים את הלחש הנידון בפסוק כלחשו של קוסם או של מאלף נחשים. בעולם הקדום היו קוסמים משביעים נחשים, ועל כן אומר קהלת, שאם נחש בא להכיש – כנראה איזה קוסם גרם לו לעשות כן בניחושיו, או בניסוח אחר: אם המנחש המאגי – ״בעל הלשון״ – לא ניצל את כוחו לרסן את הנחש מבעוד מועד, כבר אין מה לעשות נגד נשיכת הנחש.[39] כלומר, יש פתרונות מאגיים־מנטיים להשתלטות על נחשים, אך לשם כך יש להקדים וללחוש את הלחשים המתאימים לנחשים. אם הדבר לא נעשה בזמן, גם בעלי לשון מקצועיים יעמדו חדלי אונים. רעיון זה עשוי להשתלב עם ההקשר הכללי, המבקש להציג את

היא שאין כל תיעוד לנוסח אלטרנטיבי זה, מה גם שהמשל שלפנינו דווקא מצביע על זיקה ברורה בין פעולה מסוימת לתוצאה הנגזרת ממנה.

39. מורפי, קהלת, עמ׳ 102; פורטי, לחש, עמ׳ 46. בהמשך דבריה פורטי מציעה שיש להבין את הלחש הנזכר בפסוק גם כמתאר את הנחש עצמו, אם כי באופן אחר מהמוצע למעלה.

מגבלות החוכמה. ראיה טובה לקריאה זו היא אזכור לחשי הנחש בנבואת ירמיהו: "כִּי הִנְנִי מְשַׁלֵּחַ בָּכֶם נְחָשִׁים צִפְעֹנִים אֲשֶׁר אֵין לָהֶם לָחַשׁ וְנִשְּׁכוּ אֶתְכֶם נְאֻם ה'" (ירמיה ח', יז). גם כאן מדמה הנביא את האויב לנחשים "אשר אין להם לחש" – כלומר, שאי אפשר להתגונן מפניהם.

אולם בגלל המשך הפסוקים נראה יותר שעדיף לאחוז באלטרנטיבה, שעל פיה אין מדובר כאן בלחש של קוסמים, אלא בלחש שמפיק הנחש עצמו בפיו. בשל האליטרציה על העיצור שי"ן – "אִם יִשֹּׁךְ הַנָּחָשׁ בְּלוֹא לָחַשׁ וְאֵין יִתְרוֹן לְבַעַל הַלָּשׁוֹן" – אפשר גם לשמוע ברקע הפסוק את לחשושיו של הנחש. לטעמנו, גם הפסוק בירמיה מתפרש ביתר קלות על פי קריאה זו, כי בכך הנחשים מוצגים כבני־זוגם הניגודי של הסוסים שהוזכרו לפני כן (ירמיה ח', טז-יז):

> מִדָּן נִשְׁמַע נַחְרַת סוּסָיו מִקּוֹל מִצְהֲלוֹת אַבִּירָיו רָעֲשָׁה כָּל הָאָרֶץ
> וַיָּבוֹאוּ וַיֹּאכְלוּ אֶרֶץ וּמְלוֹאָהּ עִיר וְיֹשְׁבֵי בָהּ.
> כִּי הִנְנִי מְשַׁלֵּחַ בָּכֶם נְחָשִׁים צִפְעֹנִים אֲשֶׁר אֵין לָהֶם לָחַשׁ וְנִשְּׁכוּ
> אֶתְכֶם נְאֻם ה'.

ירמיהו מציג את סוסי האויב אשר יבואו בסערה רעשנית במיוחד, ונחרת סוסיו תישמע כבר מדן, ועל כן תרעש כל הארץ. ומייד מוסיף – ואי אפשר יהיה להתגונן מפני אויב זה, כמו שאי אפשר להתגונן מפני נחשים צפעונים שאין להם לחש, ועל כן הננשך אינו מודע לכך שהם קרבים אליו. שנינות הנבואה קשורה במשחק העדין שמתקיים כאן בין הרעש המפחיד לבין השתיקה המאיימת עוד יותר.

לפי זה, משמעות הפסוק בקהלת היא: כמו שלפני שהנחש מכיש, הוא מפיק קולות ולחישות, וכך אפשר לברוח ולהתגונן מפניו (שלא כמו המקרה הייחודי שירמיהו הזכיר) – כך תמיד אין יתרון לבעל הלשון. במילים אחרות: "אמור מעט ועשה הרבה" – המדברים רבות מכשילים עצמם בכך, כפי שהנחש הלוחש קודם הכשה מזהיר

בכך את טרפו.[40] גם כאן, הפולמוס עם החכמים עדיין אך לא נעלם מן העין. החכמים אוהבים את הדיבור, והרי גם קהלת כבר אמר בשעה שביקר את יחס החברה לחכמים שבתוכה: "דִּבְרֵי חֲכָמִים בְּנַחַת נִשְׁמָעִים מִזַּעֲקַת מוֹשֵׁל בַּכְּסִילִים" (ט׳, יז), והרי אפילו קהלת הטיף לפייס את השליט בדברים בשעה שחמתו עולה (י׳, ד). כאן חושף קהלת שגם בנאומים הבנויים היטב אין מה להתגאות, ומרבה דברים עלול להביא רעה על עצמו, או לפחות להסגיר את כוונותיו ולאפשר לאחרים להתגונן מפני רצונותיו.

דיבוריהם של החכם ושל הסכל מלווים אותנו גם כאן, אך הם מוארים מתוך פרספקטיבה אחרת:[41]

דִּבְרֵי פִי חָכָם חֵן וְשִׂפְתוֹת כְּסִיל תְּבַלְּעֶנּוּ.
תְּחִלַּת דִּבְרֵי פִיהוּ סִכְלוּת וְאַחֲרִית פִּיהוּ הוֹלֵלוּת רָעָה.
וְהַסָּכָל יַרְבֶּה דְבָרִים לֹא יֵדַע הָאָדָם מַה שֶּׁיִּהְיֶה וַאֲשֶׁר יִהְיֶה מֵאַחֲרָיו מִי יַגִּיד לוֹ.
עֲמַל הַכְּסִילִים תְּיַגְּעֶנּוּ אֲשֶׁר לֹא יָדַע לָלֶכֶת אֶל עִיר (י׳, יב-טו).

כפי שכבר עלה לאורך דיונינו, קהלת אומנם יוצא נגד השקפות עולם החכמה, אך אחרי הכול, גם הוא מעריץ את החוכמה ומעדיף אותה על הסכלות, ובשל כך ליבו כואב בראותו עד כמה חזקה הסכלות, וכיצד אין בכוח החוכמה להועיל לחכם מבחינה חברתית. בפסוקים שלפנינו נזכר אומנם בתחילה החכם מתוך פרגון, אך ניכר שעיקר מגמתה של פסקה זו להאיר את דיבוריו של הכסיל – העומדים בניגוד לדיבורי החכם.

הפסוק הראשון מזכיר הן בסגנונו הן בתכניו את ספרות

40. בלשונו המושחזת של טוקו רמירז, שאמר לצייד הראשים שבא לתפוס אותו במערבון ׳הטוב, הרע והמכוער׳: "when you have to shoot shoot, don't talk".

41. יש שפתחו כאן יחידה חדשה, הממשיכה עד פסוק כ (למשל הרצברג, קהלת, עמ׳ 192). לטעמנו, יחידה זו חותמת את הדיון שהתנהל עד כה, בעיקר מהבחינה התמאטית.

החוכמה הקלאסית: ״דִּבְרֵי פִי חָכָם חֵן / וְשִׂפְתוֹת כְּסִיל תְּבַלְּעֶנּוּ״. בעוד דיבוריו של החכם ׳נאים׳, ומושכים את העין ואת הלב, דיבורי הכסיל מבולבלים וגורמים להרס, בדומה לנאמר במשלי: ״אוֹצָר נֶחְמָד וָשֶׁמֶן בִּנְוֵה חָכָם וּכְסִיל אָדָם יְבַלְּעֶנּוּ (= ישחיתנו)״ (כ״א, כ). מכאן ואילך הפסוקים כולם מתארים את הכסיל ואת דיבוריו. בתחילה הוא רק מדבר דברי שטות, אך אם לא יעצרו אותו בזמן, דיבוריו ידרדרו וייהפכו להוֹלֵלוּת רָעָה. גם בהמשך נזכר הכסיל בפירוש ומכאן שקהלת ממשיך ומתאר את דיבוריו המתיימרים לדעת את מה שיהיה, אך באמת דבר זה אינו נתון לידיעתו של האדם – אחת התמות היסודיות שבספר כולו. קהלת חותם את ביקורתו על הכסיל, שלמרות דיבוריו הגבוהים, הוא אף אינו יודע כיצד ללכת אל העיר, כך שבוודאי לא מומלץ לסמוך על הסבריו גם בנושאים חשובים יותר.

אולם, ברגע שמתברר מה טעותו של הכסיל בדיבוריו הרבים, שהרי ״לֹא יֵדַע הָאָדָם מַה שֶּׁיִּהְיֶה וַאֲשֶׁר יִהְיֶה מֵאַחֲרָיו מִי יַגִּיד לוֹ״, מתפענחת באחת גם האירוניה הדקה הפרושה על פני פסוק זה. הרי בניית היכולת לחזות את העתיד היא הפרויקט העיקרי שאליו נושאת את עיניה ספרות החוכמה, שסיסמתה: כלכל מעשיך בתבונה ואז תצליח! לאור מעשיך כעת נוכל לומר לך מה צופן לך העתיד, אם יהיה לך מה לאכול בחורף, ואם תצליח לגבור על אויבי העיר. והנה, קהלת מעצב את דמותו של הכסיל הפטפטן באור זה בדיוק! לא במקרה קהלת איננו אומר ׳לא יֵדַע הכסיל/הסכל מה שיהיה׳ אלא: ״לֹא יֵדַע **הָאָדָם** מַה שֶּׁיִּהְיֶה״. על פי קהלת, בורותו של האדם ביחס לעתידו היא תכונת אופי מהותית לכל אדם באשר הוא, ובהקשר זה נפגשים הכסילים המדברים גבוהה על מה וכיצד כדאי לנהוג, עם החכמים, המצטרפים אף הם לתודעת חיזוי זו. ״האדם״ – יהא כסיל או חכם – לא יודע מה שיהיה, ואף לא אחד גילה את אוזנו במה שעתיד להתרחש ׳אחריו׳ – בעתיד העומד לבוא.

כך, אם כן, גם בקטע שבו מצטרף קהלת לעולם החכמה ומשבח את דיבורי החכם על פני דיבוריו חסרי הערך של הכסיל, גם כאן

אפשר לחוש בעקיצה דקה, שאינה נוטשת את העמדה הפולמוסית אף לא לרגע.

אֶרֶץ שֶׁמַּלְכֵּךְ נָעַר (י׳, טז-כ)

אחת התמות השוזרות את הספר מתחת לפני השטח היא המלכות ויחס האזרחים (המסתייג) אליה. היו שהרחיבו בדבר וטענו שזו אחת ממגמותיו העיקריות של הספר,[42] אך נראה שקהלת שב לפרמטר זה לא בגלל חשיבותו הערכית אלא בגלל חשיבותו הפוליטית. הווה אומר, שמאחר שקהלת טוען לאי־סדר יסודי שיש בעולם, ניהול המדינה הופך להיות נושא שקהלת נדרש אליו. הרי השלטון מופקד על הסדר החברתי (והמוסרי?), ואם קהלת טוען לאי־סדר, עליו לתת את הדעת גם על אלו המתיימרים לכונן אותו.

פתיחת הדיון מציבה שני סוגים של שליטים, על הראשון קהלת מקונן ואת השני משבח:

> אִי לָךְ אֶרֶץ שֶׁמַּלְכֵּךְ נָעַר וְשָׂרַיִךְ בַּבֹּקֶר יֹאכֵלוּ.
> אַשְׁרֵיךְ אֶרֶץ שֶׁמַּלְכֵּךְ בֶּן חוֹרִים וְשָׂרַיִךְ בָּעֵת יֹאכֵלוּ בִּגְבוּרָה וְלֹא בַשְּׁתִי (י׳, טז-יז).

בשני רכיבים מנגיד קהלת את השלטון שעליו ראוי לקונן (״אִי לָךְ״) לשלטון הראוי. הרכיב השני מובן: אוי ואבוי לארץ ששרי הממלכה שלה סועדים בַּבֹּקֶר, במקום לעבוד במסירות מתוך דאגה לבני עמם. במקום לעסוק בצרכי המדינה הם יושבים וסועדים. מולם מציב קהלת את השרים האוכלים בעת הנכונה – כנראה בערב, בסופו של יום העבודה, ועוד: ״בִּגְבוּרָה וְלֹא בַשְּׁתִי״ – הם ראויים לסעודתם על גבורת ליבם ומעשיהם, ואין סעודתם משתה שכרות (היזכרו נא במשתה שערך אחשוורוש לשריו ולעבדיו במשך חצי שנה – ״שמונים ומאת יום״!).

42. סוריאנו, קרפה דיים.

צורת חיי השרים שמתאר קהלת מזכירה במידה רבה את נבואת הזעם של ישעיהו: "הוֹי מַשְׁכִּימֵי בַבֹּקֶר שֵׁכָר יִרְדֹּפוּ מְאַחֲרֵי בַנֶּשֶׁף יַיִן יַדְלִיקֵם. וְהָיָה כִנּוֹר וָנֶבֶל תֹּף וְחָלִיל וָיַיִן מִשְׁתֵּיהֶם וְאֵת פֹּעַל ה' לֹא יַבִּיטוּ וּמַעֲשֵׂה יָדָיו לֹא רָאוּ. לָכֵן גָּלָה עַמִּי מִבְּלִי דָעַת וּכְבוֹדוֹ מְתֵי רָעָב וַהֲמוֹנוֹ צִחֵה צָמָא" (ה', יא–יג). אך בעוד ישעיהו מבקר את אזרחי המדינה, קהלת מאתר התנהלות דומה בקרב מושלי העם,[43] וממילא כבר ברור שבמדינה זו אין דין ואין דיין, ואין מי שישליט סדר; "אַל לַמְלָכִים לְמוֹאֵל אַל לַמְלָכִים שְׁתוֹ יָיִן וּלְרוֹזְנִים או [קרי: אֵי] שֵׁכָר. פֶּן יִשְׁתֶּה וְיִשְׁכַּח מְחֻקָּק וִישַׁנֶּה דִּין כָּל בְּנֵי עֹנִי" (משלי ל"א, ד–ה).

אך מה פשר הניגוד הראשון המשולב בפסוקים אלו בנוגע למלך עצמו? מדוע מלך נַעַר מנוגד למלך שהוא "בֶּן חוֹרִים"? לשם שמירה על מבנה ניגודי אפשר לפרש מחדש את "בן חורים" כך שיהיה בן זוגו הניגודי של הנער, או לפרש מחדש את "נער" כך שיביע ניגוד ל"בן חורים". ר' שמואל אבן תיבון נקט בדרך הראשונה, ופירש את "בן חורים" כרומז לזקן, בשל צבע שערו הלבן: "כמו שנקראו ימי הנערות 'ימי שחרות', ונקראו כן לשחרות שער הבחור, כן ייקרא הזקן 'בן חורים' ללובן שערו".[44] כנראה אבן תיבון – שהיה מתרגם ובקיא גדול בעברית – התכוון ללשון "חור" כשהאות וי"ו עיצורית, במשמעות לבן, חיוור, כמו: "לֹא עַתָּה יֵבוֹשׁ יַעֲקֹב וְלֹא עַתָּה פָּנָיו יֶחֱוָרוּ" (ישעיה כ"ט, כב).[45] לפיכך, בן החורים – בעל השיער הלבן, ניצב בהנגדה לנער הצעיר.

לאידך גיסא, אחרים פענחו מחדש את לשון "נער" שבפסוקנו,

43. ריצ'רד שולץ הציע קריאה אינטרטקסטואלית של קהלת על רקע ספר ישעיה, ובין השאר הוא טען שבהקבלה לפסוקים אלו בקהלת אפשר להיזכר בביקורתו של ישעיהו על המנהיגים שבפרק ג': "וְנָתַתִּי נְעָרִים שָׂרֵיהֶם וְתַעֲלוּלִים יִמְשְׁלוּ בָם (ג', ד; שולץ, קהלת וישעיה, עמ' 58).

44. אבן תיבון, קהלת, עמ' 373.

45. זו כנראה משמעות 'בגדי חור' הנזכרים באסתר (א', ו; ח', טו), שאינם אלא בגדים לבנים. יש המבארים כך גם את שלושת סלי החורי שראה שר האופים בחלומו (בראשית מ', טז) – סלים שיש בהם לחם לבן. ראו עוד אצל ברנר, צבעים, עמ' 133. על האפשרות שגם "וּבֹשׁוּ עֹבְדֵי פִשְׁתִּים שְׂרִיקוֹת וְאֹרְגִים

והציעו שיש להבין את "נער" לא בהוראת 'אדם צעיר', אלא בהוראת 'משרת', או אפילו 'עבד' (כמו: "וַיֹּאמֶר נַעַר מִצְרִי אָנֹכִי עֶבֶד לְאִישׁ עֲמָלֵקִי" – שמ"א ל׳, יג).[46] כך אכן מוצב ניגוד ברור בין מלך, הכנוע לאדם אחר או לממלכה אחרת, לעומת מלך בן חורין, היכול לשלוט כרצונו. יותר מזה, כבר ראינו את הסתייגותו של קהלת מהתרופפות המסגרת ההיררכית, וייתכן שגם כאן מכוון קהלת לנער – משרת פשוט, שהפך להיות מלך. אך נדמה כי גם אם נפרש את "נער" כמגדיר את גילו של השליט, פסוק זה יקבל את משמעותו: הנער איננו בן חורין בגלל שהוא צריך לרצות אחרים; בגלל שלצידו ניצבים מבוגרים היכולים להסיט את דעתו כרצונם. כלומר, הוא איננו בן־חורין מבחינה נפשית ואינטלקטואלית.[47] די להיזכר בדברי דוד לאחר מות אבנר – כשגילה שיואב פעל בניגוד לרצונו, אך גם הבין שאין בידו לעשות מאומה – כדי שנבין עד כמה חששו של קהלת ריאלי: "וְאָנֹכִי הַיּוֹם רַךְ (= צעיר) וּמָשׁוּחַ מֶלֶךְ וְהָאֲנָשִׁים הָאֵלֶּה בְּנֵי צְרוּיָה קָשִׁים מִמֶּנִּי" (שמ"ב ג׳, לט).

כדרכו של קהלת, הוא איננו מבקש להתוות בדברים אלו התנהלות הכרחית. הרי קהלת עצמו אמר בהקשר אחר: "טוֹב יֶלֶד מִסְכֵּן וְחָכָם מִמֶּלֶךְ זָקֵן וּכְסִיל אֲשֶׁר לֹא יָדַע לְהִזָּהֵר עוֹד" (ד׳, יג), כלומר, לעיתים יש עדיפות למלך צעיר על פני המלך הזקן, אולם זה במקרה שהצעיר הוא 'חכם', שלא כמו הזקן הכסיל שכבר אינו נזהר. במקרים אחרים – כמו זה המתואר בפסוקנו – הצעירות היא מכשול בפני ממשל ראוי.

היחידות הבאות עוסקות בנושאים שונים, וחוקרים רבים ויתרו

חוֹרָי" (ישעיה י"ט, ט) מכוון לבגדים לבנים שארוגים במצרים, ראו: אוסוולט, ישעיה, עמ׳ 365.

46. כך למשל פוקס, קהלת, עמ׳ 70. ראו סקירה ודיון רחב באפשרות זו אצל הרצברג, קהלת, עמ׳ 196–197. הוא גם עומד על הקרבה של לשון 'בן חורים' ללשון 'בחורים', שגם קהלת עושה בה שימוש (קהלת י"א, ט; י"ב, א).

47. גם ברתולומיו טען שאפשר לבאר את הנער בהקשר גילו הצעיר, והפנה לדברי שלמה: "וְעַתָּה ה׳ אֱלֹהָי אַתָּה הִמְלַכְתָּ אֶת עַבְדְּךָ תַּחַת דָּוִד אָבִי וְאָנֹכִי נַעַר קָטֹן לֹא אֵדַע צֵאת וָבֹא" (מל"א ג׳, ז; ברתולומיו, קהלת, עמ׳ 325). אולם גם על רקע פסוק זה, יש לבאר מדוע הדבר מנוגד לבן חורין.

על הניסיון למצוא מכנה משותף ברור ששוזר אותן יחדיו.[48] אכן, מדובר בהיגדים המלבנים נושאים שונים, אך דומה שבמבט־על אפשר לראות את החוט ששוזר אותם לכדי טיעון רחב אחד.

על עצלות ותוצאותיה (י', יח-יט)

בַּעֲצַלְתַּיִם יִמַּךְ הַמְּקָרֶה / וּבְשִׁפְלוּת יָדַיִם יִדְלֹף הַבָּיִת.
לִשְׂחוֹק עֹשִׂים לֶחֶם / וְיַיִן יְשַׂמַּח חַיִּים / וְהַכֶּסֶף יַעֲנֶה אֶת הַכֹּל.

שני הפתגמים הבאים מוקדשים לסוגיית העצלות – אחת הסוגיות המרכזיות בספרות החוכמה. בהתאמה לדרך הכתיבה הרווחת בספרנו, גם כאן יצטט תחילה קהלת את המקובל לומר, אך ישלב פתגם נוסף משל עצמו שיהפוך את הקערה על פיה.

משמעות ההיגד "בַּעֲצַלְתַּיִם יִמַּךְ הַמְּקָרֶה" היא שהגג (=הַמְּקָרֶה) יקרוס אם הוא נעשה בעצלנות. או בגלל שהוא נבנה מלכתחילה ברשלנות – ואז העצלנות היא של הבנאי בונה הבית; או בגלל התחזוקה הרשלנית של בעל הבית את ביתו. גם אם הבית לא יקרוס לגמרי, הוא לא יגן כראוי מפני הגשמים, ויִדְלֹף הַבָּיִת.[49] גם היום אנשים רבים מנסים להתמודד עם בעיות רטיבות חוזרות שנגרמות מסיבות עלומות, אך ביניהן, כנראה, גם עצלות קלה של הבנאים. מכל מקום זהו פתגם קלאסי נוסח ספר משלי,[50] המדבר בגנות

48. מורפי כינה חטיבה זו (ביחד עם סוף היחידה הקודמת): "קובץ מעורב", אולם גם הציע שיש מכנה משותף לחלק מהיחידות הבאות בה – "הקו הלוגי שניתן לכנותו 'מגבלות החוכמה' עובר בכמה יחידות" (מורפי, ספרות החוכמה, עמ' 147). עוד נשוב להצעה זו, גם אם בניסוח אחר.
49. בעולם הקדום היו הלבנים מטויחות בבוץ מבפנים ומבחוץ, ועל כן התחזוקה השוטפת של הגג ושל קירות הבית הייתה הכרחית; הבית "הצריך חידוש שנתי לפחות, כדי להתגבר על השחיקה של לבני הבוץ במהלך חודשי החורף" (הולדיי, בית, עמ' 309). רקע ריאלי זה ניצב בבסיס הדימוי של יחזקאל י"ג, י–טז.
50. זהו אחד העקרונות המובלטים שוב ושוב לאורך משלי. ראו: משלי ו', ו–יא; י', כו; י"ג, ד; ט"ו, יט; י"ט, כד; כ', ד; כ"א, כה; כ"ב, יג; כ"ד, ל–לד; כ"ו, יג–טז.

העצלות – שתוצאותיה הרסניות: בעטיה יקרוס הבית, ומי גשמים יחדרו וינקבו את קירותיו.

אך לפתע קהלת מוסיף משפט שמצד מבנהו נראה דומה למה שנאמר זה עתה, אך המשמעות העולה ממנו שונה לחלוטין: "לִשְׂחוֹק עֹשִׂים לֶחֶם / וְיַיִן יְשַׂמַּח חַיִּים / וְהַכֶּסֶף יַעֲנֶה אֶת הַכֹּל" (י׳, יט). היו ניסיונות לקרוא פסוק זה כהמשך רציף לפסוקים הקודמים, ושגם בהם ממשיך קהלת להעביר ביקורת על השרים והמלכים שהוזכרו קודם לכן,[51] אך נראה שבשלושה היגדים קצרים אלו מעלה קהלת אלטרנטיבה לרוח הדברים שליוותה את הפסוקים הסמוכים הקודמים.[52] הבעיה הפרשנית הגדולה שמלווה פסוק זה היא מה המשמעות של האמירה שהכסף יַעֲנֶה את הכול. ייתכן שיש להבין את הצירוף יַעֲנֶה אֶת הַכֹּל בהוראת 'מעסיק את כולם' בדומה לדברי קהלת: "כִּי הָאֱלֹהִים מַעֲנֶה בְּשִׂמְחַת לִבּוֹ" (ה׳, יט), כלומר, אף על פי שתכלית העמל הקשה צריכה להיות הלחם והיין – הנאות העולם – אנשים מתעסקים רק בצבירת ממון ומשקיעים את העמל באמצעי ושוכחים לממש את תכליתו.[53] עמדה זו מתאימה בהחלט להשקפת קהלת העולה בספר לכל אורכו, אולם מעבר לאתגר הלשוני שניצב בפני גישה זו (שמניח פרשנות מסוימת ולא הכרחית גם לקהלת ה׳, יט), הרעיון אינו משתלב בנקל עם הקשר הדברים. כאן לא העלה קהלת את שאלת רדיפת הממון, אלא את זיקת הפעילות האנושית (או אי־הפעילות) ותוצאותיה.

לפיכך נראה לאמץ את עמדת רוב הפרשנים, שביארו את "וְהַכֶּסֶף יַעֲנֶה אֶת הַכֹּל" בהוראת 'הכסף ימציא את הכול', יעניק (כמו: "אֱלֹהִים יַעֲנֶה אֶת שְׁלוֹם פַּרְעֹה" – בראשית מ"א, טז),[54] כלומר: על ידי כסף אפשר להשיג את הכול. אם כך, מקריאת הפסוק השלם מתברר לפתע שתכלית עשיית הלחם בזיעת אפיים היא לשם שחוק, לשם

51. סאו, קהלת, עמ׳ 332.
52. ברתולמיו, קהלת, עמ׳ 326.
53. סאו, קהלת, עמ׳ 332. ראו בניסוח אחר אצל פוקס, קהלת, עמ׳ 71.
54. כך עולה גם מתרגום השבעים, אולם מתרגום הפשיטתא עולה שהוא הבין את הפועל במשמעות 'מייסר'.

הנאת הסועדים היושבים יחדיו; לפתע מתברר שאין זה נורא כל כך לשתות יין, ויש בכוחו 'לשמח חיים',[55] ובמיוחד – ואולי זה ההיגד המטריד ביותר שלא לחינם פורץ רק בסופו של המשפט – באמצעות כסף אפשר להשיג אֶת הַכֹּל, ובמילים אחרות – אין זה משנה כל כך אם אתה חרוץ או עצלן, כל עוד יש לך כסף שיוכל להשיג עבורך את הדברים הנצרכים. אכן, עצלות העצל תגרום לגג לשקוע, ולבית לדלוף. אולם מה בכך, אם אותו עצל הוא גם אדם עשיר ויש לו אפשרות להזמין מי שיתקן עבורו את הנזילה, בעוד הוא עצמו ממשיך לסעוד את ליבו בשלווה ובעצלות מופלגת.

חלק מהפרשנים, שלא אהבו את הרוח האנרכיסטית העולה מדברי קהלת, העירו שמאחר שהכסף יַעֲנֶה אֶת הַכֹּל, הרי לפנינו הטפה להיות חרוץ כדי להשיג ממון זה שבעזרתו אפשר יהיה לעשות את הכול (רש"י ורשב"ם). אבל אצל קהלת אין התאמה בין מאמץ לבין השגת רכוש; כזכור – "לַחוֹטֶא נָתַן עִנְיָן לֶאֱסֹף וְלִכְנוֹס לָתֵת לְטוֹב לִפְנֵי הָאֱלֹהִים" (ב', כו). נראה יותר שקהלת ממשיך גם כאן, תחת האצטלה של פתגמי חכמה מובהקים, להפר את המוסכמה הרווחת: מוטב להיות עשיר, ואז אין צורך של ממש להיות חרוץ.

על קללה הנאמרת בהיחבא (י', כ-כא)

חתימת יחידה זו חוזרת אל הנכבדים שבעם ואל יחס האזרחים אליהם:

> גַּם בְּמַדָּעֲךָ מֶלֶךְ אַל תְּקַלֵּל / וּבְחַדְרֵי מִשְׁכָּבְךָ אַל תְּקַלֵּל עָשִׁיר
> כִּי עוֹף הַשָּׁמַיִם יוֹלִיךְ אֶת הַקּוֹל / וּבַעַל הכנפים [קרי: כְּנָפַיִם]
> יַגִּיד דָּבָר.

הפירוש המקובל של "בְּמַדָּעֲךָ" הוא 'במצעך', כלומר 'על מיטתך' ובהתאמה מלאה לתקבולת – "וּבְחַדְרֵי מִשְׁכָּבְךָ". היו אף שהציעו שיש

55. לדיון בהצעה של ראב"ע ש"חיים" משמש כאן כתואר השם וכמושא – 'היין משמח את החיים על פני האדמה' – ראו: סאו, קהלת, עמ' 332.

לראות את ״במדעך״ בהקשר מיני, כמו ״וְהָאָדָם יָדַע אֶת חַוָּה אִשְׁתּוֹ״ (בראשית ד׳, א).[56]

יש גם מקום להתלבט אם אין להבין את ״בְּמַדָּעֲךָ״ לאור השורש יד״ע – כלומר, גם במחשבותיך הפנימיות אל תקלל את המלך.[57] מחיר מסוים של פרשנות זו הוא בוויתור על תקבולת הדוקה (התודעה הפנימית אינה מקבילה בדיוק למיטתו של אדם),[58] אך אנו מכירים לרוב תקבולות המרחיבות את הרעיון העולה בצלע המקבילה.[59]

אולם נראה לנו שיש לקחת כאן בחשבון הוראה אחרת של ׳מודע׳ – קרוב משפחה. כמו: ״אֱמֹר לַחָכְמָה אֲחֹתִי אָתְּ / וּמֹדָע לַבִּינָה תִקְרָא״ (משלי ו׳, ד), או: ״וּלְנָעֳמִי מוֹדַע לְאִישָׁהּ אִישׁ גִּבּוֹר חַיִל מִמִּשְׁפַּחַת אֱלִימֶלֶךְ וּשְׁמוֹ בֹּעַז״ (רות ב׳, א כנוסח הקרי); ״וְעַתָּה הֲלֹא בֹעַז מֹדַעְתָּנוּ אֲשֶׁר הָיִית אֶת נַעֲרוֹתָיו״ (רות ג׳, ב). לפי זה משמעות המשפט היא ׳גם בקרב בני משפחתך אל תקלל את המלך׳, והתקבולת לְחַדְרֵי מִשְׁכָּבְךָ נשמרת היטב.

הוראה זו של קהלת תובן היטב על ידי הקוראים שחיו במדינות דיקטטוריות על גווניהן השונים, שבהן עצם היציאה נגד השליט נחשבה לעבירה, ולא־פעם היו הלשנות גם בקרב בני המשפחה הגרעינית. קהלת, אם כן, אינו סבור שהמלך או העשיר אינם ראויים לקללה, אלא שהוא ממליץ לשמור את הדברים בלב, כי ״עוֹף הַשָּׁמַיִם יוֹלִיךְ אֶת הַקּוֹל״,[60] או בשפת המדרש על הפסוק: יש אוזניים לכותל (ויקרא רבה, פר׳ לב).

56. ראו דיון בכך והפניות רלוונטיות אצל וייטלי, קהלת, עמ׳ 90. ראו שם גם את הצעותיהם של תומאס (לקרוא את ״במדעך״ מלשון ׳מנוחה׳), ושל דהוד (לפרש את המונח לאור האוגריתית ובמשמעות ׳שליח׳).

57. (שם העצם ׳מדע׳ בהוראת ׳חוכמה׳ או ׳הבנה׳ נזכר בספרים המאוחרים במקרא – דה״ב א׳, י-יב; דניאל א׳, ד, יז). ראו דיון בקריאה זו אצל ברטון, קהלת, עמ׳ 179; גורדיס, קהלת, עמ׳ 319; הרצברג, קהלת, עמ׳ 197-198.

58. בשל כך דחה וייטלי אפשרות זו (קהלת, עמ׳ 90).

59. סוגים שונים של הרחבות כאלו הראה קוגל, שירה מקראית.

60. השוו: מיכה ז׳, ה. על האפשרות שעוף השמיים ובעל הכנפיים בפסוק זה קשורים לעולם הניחוש (כהצעת רמב״ן בפירושו לדברים י״ח, ט), ראו להלן את דיוננו ביחידה הבאה.

משמעות היחידה כולה

אף שבמבט ראשון נראה שכל אחד מהפתגמים שדנו בהם עומד לעצמו, מבט נוסף מגלה שיש קשר פנימי ביניהם. הדבר בולט במיוחד ביחס לשלטון שמשולב ביחידה זו שלוש פעמים – במסגרת היחידה ובליבה. נדמה שהיחידה כולה ערוכה במבנה קונצנטרי מחושב:

א. על השלטון: "אִם רוּחַ הַמּוֹשֵׁל תַּעֲלֶה עָלֶיךָ מְקוֹמְךָ אַל תַּנַּח כִּי מַרְפֵּא יַנִּיחַ חֲטָאִים גְּדוֹלִים. יֵשׁ רָעָה רָאִיתִי תַּחַת הַשָּׁמֶשׁ כִּשְׁגָגָה שֶׁיֹּצָא מִלִּפְנֵי הַשַּׁלִּיט. נִתַּן הַסֶּכֶל בַּמְּרוֹמִים רַבִּים וַעֲשִׁירִים בַּשֵּׁפֶל יֵשֵׁבוּ. רָאִיתִי עֲבָדִים עַל סוּסִים וְשָׂרִים הֹלְכִים כַּעֲבָדִים עַל הָאָרֶץ".

ב. פתגמי חכמה על מעשה ותוצאתו: "חֹפֵר גּוּמָּץ בּוֹ יִפּוֹל וּפֹרֵץ גָּדֵר יִשְּׁכֶנּוּ נָחָשׁ. מַסִּיעַ אֲבָנִים יֵעָצֵב בָּהֶם בּוֹקֵעַ עֵצִים יִסָּכֶן בָּם. אִם קֵהָה הַבַּרְזֶל וְהוּא לֹא פָנִים קִלְקַל וַחֲיָלִים יְגַבֵּר וְיִתְרוֹן הַכְשֵׁיר חָכְמָה. אִם יִשֹּׁךְ הַנָּחָשׁ בְּלוֹא לָחַשׁ וְאֵין יִתְרוֹן לְבַעַל הַלָּשׁוֹן. דִּבְרֵי פִי חָכָם חֵן וְשִׂפְתוֹת כְּסִיל תְּבַלְּעֶנּוּ. תְּחִלַּת דִּבְרֵי פִיהוּ סִכְלוּת וְאַחֲרִית פִּיהוּ הוֹלֵלוּת רָעָה. וְהַסָּכָל יַרְבֶּה דְבָרִים לֹא יֵדַע הָאָדָם מַה שֶּׁיִּהְיֶה וַאֲשֶׁר יִהְיֶה מֵאַחֲרָיו מִי יַגִּיד לוֹ. עֲמַל הַכְּסִילִים תְּיַגְּעֶנּוּ אֲשֶׁר לֹא יָדַע לָלֶכֶת אֶל עִיר".

ג. על השלטון: "אִי לָךְ אֶרֶץ שֶׁמַּלְכֵּךְ נָעַר וְשָׂרַיִךְ בַּבֹּקֶר יֹאכֵלוּ. אַשְׁרֵיךְ אֶרֶץ שֶׁמַּלְכֵּךְ בֶּן חוֹרִים וְשָׂרַיִךְ בָּעֵת יֹאכֵלוּ בִּגְבוּרָה וְלֹא בַשְּׁתִי".

ב1. פתגמי חכמה על מעשה ותוצאתו: "בַּעֲצַלְתַּיִם יִמַּךְ הַמְּקָרֶה וּבְשִׁפְלוּת יָדַיִם יִדְלֹף הַבָּיִת. לִשְׂחוֹק עֹשִׂים לֶחֶם וְיַיִן יְשַׂמַּח חַיִּים וְהַכֶּסֶף יַעֲנֶה אֶת הַכֹּל".

א1. יחס לשלטון: "גַּם בְּמַדָּעֲךָ מֶלֶךְ אַל תְּקַלֵּל וּבְחַדְרֵי מִשְׁכָּבְךָ אַל תְּקַלֵּל עָשִׁיר כִּי עוֹף הַשָּׁמַיִם יוֹלִיךְ אֶת הַקּוֹל וּבַעַל הכנפים [קרי: כְּנָפַיִם] יַגִּיד דָּבָר".

במסגרת היחידה מציג קהלת את האדם העומד מול השלטון המתסכל. בתחילה (א) הוא מציע לנסות ולדבר על ליבו של המושל כדי להרגיע את כעסו, ולבסוף (א1) הוא מציע שלא לומר את הביקורת בקול, כדי שהדברים לא יגיעו לאוזנו של המלך או של העשיר שיש בכוחו לפגוע באלו המדברים בו סרה.[61] לשון אחר, בתחילה קהלת מציע לדבר, ולבסוף הוא מציע לשתוק.

אל השלטון חוזר קהלת גם בציר המרכזי, ובו הוא קובל על כך שיש ממשלות שבמקום לעסוק במשילות עוסקות בצורכי עצמן ועורכות משתאות פאר. ובמילים אחרות, אכן, לעיתים המלך ושריו ראויים לקללה, אך לאור מסגרת היחידה ברור שגם אם קללה זו מוצדקת, טוב להסתיר אותה עמוק בלב.

בשני האיברים המקבילים הפנימיים (ב-ב1) קהלת מנצל את סגנון פתגמי החוכמה, אך כפי שראינו הוא משלב פתגמים אלו באופן חתרני, ולמעשה רומז שעמדת החכמים, שעל פיה יש זיקה הדוקה בין המעשה לתוצאתו, איננה תקפה, ולעתים גם הפועל בתמימות עלול להיפגע (ב), ולאידך גיסא – גם העצל עשוי לזכות בבית יציב, כל עוד הוא עשיר (ב1). בין כך ובין כך מתברר שאי אפשר להטיף לאדם לפעול במציאות בעמל וביזע, כי אין כל ערובה לכך שמאמציו יישאו את הפרי שהוא התכוון אליו.

מהו, אם כן, הקשר בין שני הרכיבים שקהלת שילב כאן יחדיו – בין השלטון הבעייתי, לבין שלילת הקשר בין המעשה לתוצאה? דבר זה קשור בהנחה של קהלת שכבר נידונה לעיל, שהשלטון הוא שאמור לנהל את סדרי המדינה. קהלת קושר בין חוסר הסדר שהוא רואה ביחס לפעולות שעושה כל יחיד, לבין חוסר הסדר המדיני־החברתי. ממש כשם שאם נִתַּן הַסֶּכֶל בַּמְּרוֹמִים רַבִּים – אצל המלך ושריו – החברה כולה מתפרקת, ועבדים מוצאים עצמם על

61. יושם לב שהעשירים נזכרים בשני חלקים מקבילים אלו (ומלבדם רק עוד בה׳, יא), אך בהקשרים אחרים: בחלק הראשון העשיר הוא המאבד את מקומו והדבר מעיד על חוסר הסדר שבמציאות, ובחלק החותם העשיר הוא זה שיש להיזהר מלקלל אותו.

סוסים בעוד שרים הולכים כעבדים על הארץ, כך גם בעולמו הפרטי של כל אדם – הוא יכול להסיע אבנים כדי לבנות את ביתו בחריצות גדולה, אולם פעילות זו עצמה תפגע בו. חוסר סדר עולמי זה קשור אצל קהלת בחוסר ודאות עמוק באשר לעתיד לבוא, ורק בפרק הבא הוא גם ירמוז כיצד בכל זאת אפשר להתנהל בעולם כאוטי שכזה.

נגד המאגיה ובעד הצעירות
(י"א, א – י"ב, ז)

יחידה זו חותמת את הספר כולו, ובה, סוף סוף, מעניק קהלת לקוראיו קצה חבל שאפשר יהיה לאחוז בו ולחיות בעולם שנדמה כלא מסודר וכלא צפוי. גם כאן יאמץ קהלת את תפיסתו שהחיים חולפים מהר ועל כן יש לנצלם וליהנות מהם כל עוד אפשר, וגם כאן ישמור קהלת על חוט המחשבה שהאדם אינו יכול לדעת מה טומן העתיד בחובו. אך למרות הנחות נוגות אלו, יוציא קהלת את האדם הספון בביתו ויעודד אותו לפעול.

לֹא תֵדַע אֶת מַעֲשֵׂה הָאֱלֹהִים (י"א, א-ו)

עמדת קהלת המובהקת היא שאדם חי בחוסר ודאות לגבי העתיד, ובניגוד למה שעולה בדרך כלל מספרות החוכמה, קהלת סבור שקורות האדם בעתיד אינם מושפעים בהכרח ממעשיו. אך לשם הצגה שלמה של עמדה זו עליו לצאת נגד אלטרנטיבה נוספת, מקובלת ורווחת בעולם הקדום, שגם אם אין בידי החוכמה לנבא את העתיד, יש כוח

בידי קוסמים מאגיים ומנחשים מסוגים שונים לדעת מה צופן העתיד, ולכלכל את העשייה של האדם לאור ידיעה זו.

עולם הניחוש נראה במבט ראשון רחוק מעולמו של קהלת – וכפי שניווכח מייד, הוא אכן אינו מייחס לדברים מעין אלו משקל רב – אך במידה מסוימת, דווקא המנחשים המאגיים מהווים אתגר מיוחד עבור קהלת. כפי שכבר הזכרנו, ברור שקהלת סבור שהקובע את הדברים שמתרחשים בעולם הוא רק האלוהים. אך יש מן החוקרים שעשו צעד נוסף וטענו שקהלת אוחז בהשקפה דטרמיניסטית. איננו משוכנעים שהצדק עם עמדה זו, אך אם אכן הכול כבר נקבע מראש אולי יש בכוחם של המנחשים לחשוף את העומד לקרות. בעולם שמעניק משקל רב לבחירת האדם, כוחם של המנחשים פוחת, אך בעולם שבו כוחו של האדם להשפיע על המציאות מצטמצם, עולה כוחם של הטוענים שהם יכולים לנבא את העומד לקרות, שהרי הדבר כבר קיים וכבר נגזר.[1]

אנו נוטים לאמץ את חלוקת הפרקים ולראות בפרק יא התחלת יחידה חדשה. עם זאת יש לציין את קריאתו המעניינת של רמב"ן לפסוק החותם את היחידה הקודמת, שעל פיה כבר שם התקרב קהלת לעולם המאגיה. כזכור, קהלת הטיף לא לקלל את בעלי השררה "כִּי עוֹף הַשָּׁמַיִם יוֹלִיךְ אֶת הַקּוֹל וּבַעַל הכנפים [קרי: כְּנָפַיִם] יַגִּיד דָּבָר" (י׳, כ). הקריאה המקובלת היא לראות את העוף ובעל הכנפיים שבפסוק כדימוי לכך שתמיד יש שומעים מעבר לדלת, ולשמועות כידוע יש נטייה לעשות כנפיים.[2] אולם, בפירושו לרשימת אנשי המאגיה הכתובה באיסור שבספר דברים, הציע רמב"ן לקרוא את פסוקנו על רקע טכניקות עולם הניחוש שרווחו בעולם הקדום:

1. מגילת אסתר מנהלת ככל הנראה דיאלוג עמוק עם רעיון זה. המן המפיל את הפור בא בשם תפיסה מאגית־דטרמיניסטית, בעוד עלילת המגילה מבקשת להטמיע את הרעיון של ׳ונהפוך הוא׳, על פיו, גם אם דבר־מה נקבע, הוא יכול להשתנות. ראו עוד על כך: גרוסמן, אסתר, עמ׳ 97–108, 289–290.
2. ראו למשל בפירוש ראב"ע על אתר. פוקס הגדיר זאת כ׳פתגם חוכמתי׳ (פוקס, קהלת, עמ׳ 72). סאו הציע שכוונת קהלת למרגלים של השלטון ושיש לקרוא את האזהרה של קהלת על רקע חשש פוליטי (סאו, קהלת, עמ׳ 341).

והזכיר בפרט "מעונן" – והוא היודע בעננים; "ומנחש" – הוא המביט בעופות בכנפיהם או בצפצוף, כענין שכתוב "כי עוף השמים יוליך את הקול ובעל כנפים יגיד דבר" (פירושו לדברים י"ח, ט).

לפי דבריו, קהלת מטיף לאדם שלא יקלל את בעלי השררה, כי בכוח המנחשים לדעת זאת, גם אם הוא עושה זאת בחדרי ביתו ובקרב קרובי משפחתו. לצד המנחש, מזכיר האיסור בדברים את המעונן – "היודע בעננים" כפירושו של רמב"ן, וכפי שנראה להלן, אכן קהלת עומד לדון במנחשים המבקשים לגזור מאופן תנועת העננים את התנהלותם. אם הצדק עם רמב"ן, כבר בפסוקנו קהלת נדרש לטכניקת קוסמות זו. גם אם נאמץ את הצעת רמב"ן, לא יהיה נכון לומר שקהלת באמת סבור שיש ממש בניחוש המתבסס על תנועת הציפורים. כפי שיובהר להלן, קהלת בז לעולם הניחוש, והוא מזהיר את שומעי לקחו לבל יסמכו על הבטחות קוסמים ומנחשים. אולם, אפשר לראות זאת כהסתמכות על פתגמים רווחים או על אמונה עממית רחבה, שדרכה ביקש קהלת לומר שאי אפשר לשמור על סודות בהיחבא.

לעצם הטענה של קהלת, אין זה חשוב כיצד יש להבין את בעל הכנפיים שנזכר בפסוק, אך אם צודק רמב"ן, לפנינו שרשור שנון בין שתי היחידות, שהראשונה נחתמת באזכור עולם הניחוש כבדרך אגב (י', כ), והשנייה עומדת לדון בה באופן רחב (י"א, א).

ששת הפסוקים הראשונים ביחידה שלנו עוסקים בהתנהלות כלכלית ראויה, תוך שלילת האפשרות המאגית שתהיה סעד של ממש למבקש להצליח במעשיו (י"א, א-ו):

שַׁלַּח לַחְמְךָ עַל פְּנֵי הַמָּיִם כִּי בְרֹב הַיָּמִים תִּמְצָאֶנּוּ. תֶּן חֵלֶק לְשִׁבְעָה וְגַם לִשְׁמוֹנָה כִּי לֹא תֵדַע מַה יִּהְיֶה רָעָה עַל הָאָרֶץ. אִם יִמָּלְאוּ הֶעָבִים גֶּשֶׁם עַל הָאָרֶץ יָרִיקוּ וְאִם יִפּוֹל עֵץ בַּדָּרוֹם וְאִם בַּצָּפוֹן מְקוֹם שֶׁיִּפּוֹל הָעֵץ שָׁם יְהוּא. שֹׁמֵר רוּחַ לֹא יִזְרָע וְרֹאֶה בֶעָבִים לֹא יִקְצוֹר. כַּאֲשֶׁר אֵינְךָ יוֹדֵעַ מַה דֶּרֶךְ הָרוּחַ כַּעֲצָמִים בְּבֶטֶן הַמְּלֵאָה

כָּכָה לֹא תֵדַע אֶת מַעֲשֵׂה הָאֱלֹהִים אֲשֶׁר יַעֲשֶׂה אֶת הַכֹּל. בַּבֹּקֶר זְרַע אֶת זַרְעֶךָ וְלָעֶרֶב אַל תַּנַּח יָדֶךָ כִּי אֵינְךָ יוֹדֵעַ אֵי זֶה יִכְשַׁר הֲזֶה אוֹ זֶה וְאִם שְׁנֵיהֶם כְּאֶחָד טוֹבִים.

משמעותה של יחידה זו בוקעת ועולה מתוך שימת לב למונח החוזר ונשנה כאן – "לא תדע", או "אינך יודע": "כִּי לֹא תֵדַע מַה יִּהְיֶה רָעָה עַל הָאָרֶץ... כַּאֲשֶׁר אֵינְךָ יוֹדֵעַ... כָּכָה לֹא תֵדַע אֶת מַעֲשֵׂה הָאֱלֹהִים... כִּי אֵינְךָ יוֹדֵעַ אֵי זֶה יִכְשַׁר". זוהי עמדתו של קהלת, וכאמור, גם כאן הוא נוקט בה, אך הפעם הוא מתווה דרך לאדם הנבוך.

התלבטות גדולה מלווה את הפרשנים ביחס לשני הפסוקים הראשונים של יחידה זו. רוב הפרשנים נוטים להבין את המלצתו הראשונה של קהלת כקשורה בהשקעת המאמץ הכלכלי במגוון תחומים ("לשבעה וגם לשמונה"), גם כאלו שפירותיהם אינם ניכרים במהירות – "שַׁלַּח לַחְמְךָ עַל פְּנֵי הַמָּיִם" – כלומר, פרוץ מהגבולות המצומצמים, ותתפרנס גם ממסחר ימי שמגיע לארצות רחוקות. המלצה זו מזכירה את שבחה של אשת החיל במשלי: "הָיְתָה כָּאֳנִיּוֹת סוֹחֵר מִמֶּרְחָק תָּבִיא לַחְמָהּ" (משלי ל"א, יד). המסחר על גבי אוניות דורש אומץ מסוים, כי יש להפליג למרחקים, אל מחוזות לא מוכרים, אבל מצד שני, האדם שמסוגל לפרוץ מגבולות מקומו יגיע לקונים פוטנציאליים רבים וכך פרנסתו תתבסס, ובלשון הפסוק: במשך ימים רבים הוא ימצא שם את לחמו. לפי קריאה זו גם ייתכן שהצדק עם הטוענים שיש לראות המלצה זו באופן רחב יותר מאשר המלצה להשקעה כלכלית מגוונת גרידא, ושיש בה גם עידוד לעשות טוב בעולם באופנים שונים, גם אם לא רואים את פירותיהם בו ברגע (למשל רש"י).

ברוח זו אפשר לבאר גם את המלצתו השנייה של קהלת, אשר נובעת מחשדנותו הידועה כלפי קורות העתיד הלא ידוע: חלק את השקעותיך החקלאיות במגוון מקומות ובמגוון תחומים – כי לא תדע את אשר יתרחש. הפסימיות שמלווה את קהלת ניכרת כאן: יכול היה לומר שאין לדעת איזו ברכה תהיה בארץ, ולכן כדאי

להשקיע גם בפירות הדר וגם באפרסמונים, אך הניסוח שלו הוא: "כִּי לֹא תֵדַע מַה יִּהְיֶה רָעָה עַל הָאָרֶץ". הרעה תבוא – בזה כמעט אין ספק – השאלה היא רק אם זו תהיה בצורת או שריפת שדות; חגבים או מגפות אחרות.

לשם קריאה זו יש לאמץ כמה הנחות: ה'לחם' המוזכר בפסוקנו מכוון לפרנסה באופן כללי; משמעות "תמצאנו" אינה חוזרת ללחם הנזכר בתחילת הפסוק, אלא למציאת רווח באופן כללי; "תן חלק" משמעותו 'לחלק'. שלוש הנחות לשוניות אלו אפשריות אך היו שתמהו עליהן,[3] והוצעו גם קריאות אחרות לפסוקים אלו.

זר־כבוד ראה את הפסוק כולו כעידוד לעסוק בחקלאות, אף על פי שהדבר דורש מהחקלאי אורך רוח וסבלנות: "'שלח לחמך' – השלך זרעך, 'על פני המים' – כלומר, לאחר שירדו גשמים והאדמה רטובה. 'כי ברוב הימים' – בימי הקציר, 'תמצאנו' – אחרי שחששת שמא תאבדנו".[4] אחרים טענו שיש לראות בשליחת הלחם על פני המים מטאפורה שמשמעה שיש לקחת סיכונים בעת עשיית מעשה טוב, באופן ספונטני ולא מחושב. ברוח זו ביקשו לבאר גם את המשך הדברים הנוגעים לנתינת חלק לשבעה וגם לשמונה: "אותו רעיון מובא גם בפסוק ב, שגם הוא, שוב, עוסק בנדיבות. צריך להעניק לאחרים לעיתים קרובות – לא רק למעטים, אלא גם לרבים – גם אם אדם אינו יכול לדעת אילו אסונות עלולים להתרחש בעתיד".[5] לפי קריאה זו קהלת מטיף לנדיבות לב, גם אם לא מובטח שהיא תתוגמל. בהחלט ייתכן שנדיבות לב זו תביא ברכה, אך גם אם לא, על האדם לפעול כך, בלי חתירה לרווח שהוא אמור להפיק מכך.

לפנינו שתי קריאות כמעט הפוכות: לפי הראשונה והשנייה, קהלת מציע לאדם לפעול בתבונה כלכלית כדי שיראה ברכה במעשי ידיו, ואילו לפי הקריאה השלישית, קהלת בז לחוששים מפני העתיד,

3. ראו במיוחד אצל סאו, קהלת, עמ' 341–342.
4. זר־כבוד, קהלת, עמ' סז. כך גם אצל טוביה בן אליעזר, מדרש לקח טוב, קהלת י"א, א.
5. סאו, קהלת, עמ' 343.

שבשל כך נמנעים מלעשות טוב עם זולתם. צריך להודות שבהקשר אי־הוודאות הרחב שקהלת נשען עליו שוב ושוב, הקריאה האחרונה משתלבת היטב, אולם קשה לראות בפסוקים אלו הטפה לטוב לב. ההנחה שהצירוף "שלח לחמך על פני המים" מכוון לפעילות שיש בה עזרה לזולת היא הנחה שקשה להוכיח אותה. אם נאמץ את הקריאה הראשונה – שגם מקובלת יותר בפרשנות – אנו מגיעים כאן לצידה השני של השקפת קהלת על אודות אי־הוודאות של האדם בעולמו. עד עתה פגשנו בעיקר בהשלכות פסימיות של תפיסה זו, אך כאן מתברר שיש לה גם השלכה אופטימית, המעודדת את האדם לפעול. אדרבה, לפעול במרץ בתחומים שונים, שהרי הוא איננו יכול לנוח על זרי הדפנה מתוך ביטחון שהדבר האחד שהוא עושה יצלח בידו. עם זאת, בניסוח ההמלצה השנייה ניווכח שגם כאן נותר קהלת פסימיסט.

הנימוק לצורך להשקיע במגוון תחומים חקלאיים נובע מהתנהלות טבעית: "אִם יִמָּלְאוּ הֶעָבִים גֶּשֶׁם – עַל הָאָרֶץ יָרִיקוּ" (י"א, ג). כלומר, ברכת הגשם יכולה להגיע לפרדס התפוז או לשדה החיטה, ואי אפשר לדעת זאת מראש, הדבר תלוי ברגע שבו העננים מתמלאים במי גשם. ברגע הזה הם יָרִיקוּ – ירוקנו את עצמם מהמים שהם מלאים בהם.

לכל מי שאמון על התפיסה המקראית הרחבה, פסוקים אלו צורמים לאוזן. הרי הגשם נתפס כביטוי הבולט ביותר להשגחת ה', והוא המימוש הנזכר שוב ושוב לגמול של שכר ועונש: "אִם בְּחֻקֹּתַי תֵּלֵכוּ וְאֶת מִצְוֹתַי תִּשְׁמְרוּ וַעֲשִׂיתֶם אֹתָם – וְנָתַתִּי גִשְׁמֵיכֶם בְּעִתָּם וְנָתְנָה הָאָרֶץ יְבוּלָהּ וְעֵץ הַשָּׂדֶה יִתֵּן פִּרְיוֹ" (ויקרא כ"ו, ג–ד). קהלת מציג עולם שמתנהל בטבעיות, כמעט שאפשר לומר, באדישות. העננים יריקו את המים שבתוכם על פי חוקים פיזיקליים של מילוי וריקון, 'ובמקרה' השדה שינוח תחתיהם יקבל שפע של ברכה.

אולם דומה, שלא כנגד תורת הגמול הפרטית יוצא כאן קהלת, אלא נגד טענות של מנחשים ומעוננים ושאר קוסמים, הטוענים שבאפשרותם לחזות את העתיד. פולמוס זה בולט יותר בחלק השני

של הפסוק: "וְאִם יִפּוֹל עֵץ בַּדָּרוֹם וְאִם בַּצָּפוֹן מְקוֹם שֶׁיִּפּוֹל הָעֵץ שָׁם יְהוּא" (י"א, ג).[6]

היגד זה מוזר למדי. אכן, במקום שבו העץ נופל – שם הוא יהיה; אם נפל בדרום – יהיה בדרום, ואם נפל בצפון – יהיה בצפון. מה מבקש קהלת לומר כאן? זה מסוג המקרים שניכר שקהלת מתווכח עם מישהו, אך הרקע לפולמוס לא נמסר בגלוי ועל כן קשה להבין נגד מה ונגד מי יוצא קהלת. היו שקראו פסוק זה באופן מינימליסטי, שכל רצונו להדגים את אחד האסונות המתרחשים בעולמנו, ושאין לאדם יכולת להתגונן מפניהם:

> פסוק ג משתמש בתמונות של עננים מלאי מים ושל עץ נופל, כדי לתת את התחושה של דבר בלתי נמנע מול דברים רעים שמתרחשים, ואת האקראיות שלהם. אם עננים מלאים – זה בלתי נמנע שגם יבוא הגשם; אם עץ נופל – בין אם הוא נופל בצפון ובין אם בדרום (מריזמוס שמסמן 'בכל מקום') – שם הוא, ואין לנו שום שליטה עליו, שיגיע למקום אחר.[7]

זו קריאה אפשרית, אך ניסוח הפסוק עדיין מוזר. קהלת אינו מציג בפסוק זה אירוע קשה שאי אפשר להימלט מפניו, אלא אירוע 'טבעי' של עננים המריקים גשם ושל עצים נופלים. לא נאמר שישב מישהו מתחת לעץ נופל זה, אלא רק שבמקום שבו העץ נופל – שם הוא נמצא.

נראה שביאורו של פסוק זה קשור בטכניקות מאגיות שרווחו בעולם הקדום, שעל ידן ביקשו מנחשים לדעת את העומד להתרחש. אחת הטכניקות האלו היא 'שאילה בעץ' – הן בעץ הנטוע שעליו נעים ברוח, הן בענף עץ, או במטה, שלפי דרך נפילתו – ובמיוחד

6. על צורת 'יהוא', במשמעות של 'שם יהיה', ראו גורדיס, קהלת, עמ' 320; במשמעות של 'שם הוא הווה', ראו: וייטלי, קהלת, עמ' 93.
7. ברתולומיו, קהלת, עמ' 337.

כיוון נפילתו – ידעו לנחש מה צופן העתיד.[8] שיקוף לטכניקות אלו אפשר למצוא למשל בנבואת התוכחה של הושע: "עַמִּי בְּעֵצוֹ יִשְׁאָל וּמַקְלוֹ יַגִּיד לוֹ כִּי רוּחַ זְנוּנִים הִתְעָה וַיִּזְנוּ מִתַּחַת אֱלֹהֵיהֶם" (הושע ד', יב),[9] ובכך קשור כנראה גם המקום 'אֵלוֹן מְעוֹנְנִים' (שופטים ט', לז) הנמצא ליד העיר שכם.

הרעיון הכללי הוא שלפי כיוון נפילתו של העץ יודע המנחש־הקוסם לצפות אם כדאי לזרוע כעת, אם כדאי לצאת למלחמה, אם עומד להיוולד בן זכר ועוד כהנה וכהנה משאלות המטרידות את האדם – או את השלטון – בעולם הקדום.[10]

בדבריו נוקט קהלת ציניות מופגנת ואומר שמשמעות הנתון שהעץ נפל בצפון היא שהוא כעת בצפון; והמשמעות 'העמוקה' לעובדת נפילתו דרומה, היא שהוא מצוי כעת בדרום; "מְקוֹם שֶׁיִּפּוֹל הָעֵץ שָׁם יְהוּא", ותו לא.

לאור כך אפשר לחזור גם לתחילת הפסוק ולהבין את פשרו: "אִם יִמָּלְאוּ הֶעָבִים גֶּשֶׁם עַל הָאָרֶץ יָרִיקוּ". מתברר שגם הניחוש בעננים – בצורתם ובאופן תנועתם בשמיים – רווח בעולם הקדום, ויש הטוענים שמכך גם נגזר שמם של המנחשים־המעוננים: "לֹא יִמָּצֵא בְךָ מַעֲבִיר בְּנוֹ וּבִתּוֹ בָּאֵשׁ קֹסֵם קְסָמִים מְעוֹנֵן וּמְנַחֵשׁ וּמְכַשֵּׁף" (דברים י"ח, י); "וְעוֹנֵן וְנִחֵשׁ וְעָשָׂה אוֹב וְיִדְּעֹנִים" (מל"ב כ"א, י).

8. לגבי חלק מהטקסטים המסופוטמיים יש מחלוקת בין החוקרים אם מדובר בעץ שלם של ממש או רק במטה. לדיון כזה (ותמיכה בעמדה הראשונה) ראו: וילסון, ארינו.

9. בפסוק זה נזכרת גם 'רוח הזנונים' לצד העץ, כמו בקהלת שבפסוק הבא מוסיף: "שֹׁמֵר רוּחַ לֹא יִזְרָע" (ד). על 'רוח זנונים' זו שמטעה את השואלים והמנחשים ראו: חמורי, רוח שקר. אך ראו גם את הטיעון של גורדיס נגד הרלוונטיות של הפסוק בהושע לדיוננו (גורדיס, קהלת, עמ' 321).

10. גם בימינו יש הסבורים שמתוך הקשבה לעצים ולתנועתם ברוח אפשר לנבא את העתיד. כך לדוגמה כתבה מולר בגב ספרה Voice of the Trees: A Celtic Divination Oracle: "עם רשרוש ענפים, הלחישות על הרוח, העצים הישנים והחכמים של העולם הקלטי חולקים את סודותיהם עם אלה המבקשים ייעוץ" (מולר, קול העצים).

הסמכת העננים לנפילת העצים בפסוקנו, מטה את הדעת למסקנה שכבר בתיאור העבים ביקש קהלת להתפלמס עם הטוענים שהדבר מלמד דבר־מה על העתיד להתרחש. גם בהקשר העננים טוען קהלת שאין בעבים אלא תופעת טבע בנאלית ותו לא.

קריאה זו מקבלת חיזוק נוסף נוכח הפסוק הבא: ״שֹׁמֵר רוּחַ לֹא יִזְרָע וְרֹאֶה בֶעָבִים לֹא יִקְצוֹר״ (ד). במבט ראשון נדמה שהפסוק יוצא נגד חזאים המנסים לתאר את מסלול העננים על פי הרוח, ולכוון את זריעתם וקצירתם על פי זה. כיוון הרוח יכול הרי להשתנות באופן לא צפוי.[11] קריאה זו בהחלט אפשרית, אך הצירוף ״רֹאֶה בֶעָבִים״ מחזק את ההשערה שקהלת מנהל עדיין דיאלוג פולמוסי עם המנחשים והמעוננים – הרואים בעננים (השוו לתיאור הניחוש ביחזקאל: ״שָׁאַל בַּתְּרָפִים רָאָה בַּכָּבֵד״ – כ״א, כו). קהלת מזהיר את הסומכים על ניחושים אלו שסופם שלא יזכו לזרוע ולקצור. כלומר, אין כל תוחלת בשאיפה לפעול מתוך ביטחון במה שעתיד לקרות; אדם צריך להעז לפעול מתוך ספק וחוסר ודאות.

אם הניחוש בעצים היה קשור בצורת נפילתם ברוח, נוצרת זיקה בין נפילת העץ לבין ״שומר רוח״, ובכך נוצרת זיקה רחבה יותר בין שני החלקים שבפסוקים אלו (ג-ד), באופן הבא:[12]

א. אִם יִמָּלְאוּ **הֶעָבִים** גֶּשֶׁם עַל הָאָרֶץ יָרִיקוּ.

ב. וְאִם יִפּוֹל עֵץ בַּדָּרוֹם וְאִם בַּצָּפוֹן מְקוֹם שֶׁיִּפּוֹל הָעֵץ שָׁם יְהוּא.

ב1. שֹׁמֵר רוּחַ לֹא יִזְרָע.

א1. וְרֹאֶה **בֶעָבִים** לֹא יִקְצוֹר.

בחלק הראשון (א-ב) מזכיר קהלת את שני האלמנטים – העבים ונפילת העצים, ובחלק השני (ב1-א1) הוא חוזר לשניהם ומזהיר שמי שיתלה

11. כך פירש למשל הרצברג, קהלת, עמ׳ 202.

12. כך הציע גורדיס, קהלת, עמ׳ 321–322.

את עתידו בנתונים שיקבל מעבים ועצים אלו סופו שלא יזכה לפירות, הוא לא יזרע ולא יקצור.

לחיזוק עמדתו מדמה קהלת את אי־הוודאות שאדם ניצב בפניה, עם חוסר ידיעתו בנוגע לדרך הרוח כַּעֲצָמִים בְּבֶטֶן הַמְּלֵאָה: "כַּאֲשֶׁר אֵינְךָ יוֹדֵעַ מַה דֶּרֶךְ הָרוּחַ כַּעֲצָמִים בְּבֶטֶן הַמְּלֵאָה כָּכָה לֹא תֵדַע אֶת מַעֲשֵׂה הָאֱלֹהִים אֲשֶׁר יַעֲשֶׂה אֶת הַכֹּל" (ה). מהם 'עצמים' אלו המצויים 'בבטן מלאה' שמהווים אב טיפוס לדבר־מה שמעבר להשגה האנושית?

הביאור המקובל (והסביר) לפסוקים אלו הוא שקהלת מתייחס להיריון. 'הבטן המלאה' היא בטן הריונית, שיש בתוכה עצמות שהולכות וגדלות ומתחברות זו לזו, ועומדות להיות אדם של ממש. יש לזכור שקהלת כותב את דבריו לפני היות אולטרסאונד בעולם, ומבחינתו זהו מופת לדבר־מה פלאי שנעלם מעיני האדם. הוא יודע על קיומו, הוא יכול להרגיש בבעיטות שמעבר למעטה הבטן, אך הוא מנוע מלהבין כיצד הרוח נכנסת לגוף ההולך ומתעצב בתוך אותה בטן. מהיכן מגיעה אותה רוח? וכיצד היא מצליחה לפרוץ את מחסום הבטן? אכן, דימוי העובר הגדל ומקבל לפתע חיות, הוא מופת למעשה האלוהים שהאדם אינו יכול לעמוד על טיבו, וגם היום אנו עומדים נפעמים מול הרגע הנעלם מן העין שבו חיים חדשים מתחילים לפתע מתוך מה שנראה בעינינו כחיבור חומרים גרידא.

צ'ארלס וייטלי העיר שאין עוד בעברית המקראית דימוי של היריון לבטן 'מלאה', אך למרות הסתייגות זו הוא אימץ פירוש זה, והפנה את תשומת הלב ללשון חז"ל שמשתמשים בה (יומא טז ע"א).[13] ייתכן שנעמי בקינתה על עצמה ביקשה לרמוז לקונוטציות אלו: "אֲנִי מְלֵאָה הָלַכְתִּי וְרֵיקָם הֱשִׁיבַנִי ה'" (רות א', כא). אחרי הכול נעמי מתייחסת לפרי בטנה, לילדיה, שהם 'המלאות' שהייתה מנת חלקה בצאתה מבית לחם.[14] אך גם אם כך, נעמי לא מתייחס להריונה אלא לפרי בטנה.

13. וייטלי, קהלת, עמ' 93.

14. ראו עוד: גורדיס, קהלת, עמ' 322; הרצברג, קהלת, עמ' 200. לפי הצעה זו יש

מאחר שיש במגילת קהלת צירופי לשון יחידאיים רבים, בהחלט יתכן שזה אחד מהם.[15] לצידו מונחת גם התיבה ״כַּעֲצָמִים״ שגם היא ייחודית להבעת ׳גוף׳, או ׳עצם׳ ברבים (עצמות). קהלת מבקש לטעת בקורא את התחושה של חיבור עצמות זו לזו כשלפתע פורצת גם ׳הרוח׳ (כאן במשמעות של spirit ולא של wind), ודרכה לתוך הגוף הזעיר נותרת מופלאה ונעלמת מעין האדם.

עם זאת, קשה להתאפק ולא להצביע על כיוון אפשרי נוסף.[16] סוף כל סוף, גם אחרי הביאור המוצע לעיל, יש מן ההפתעה בהתייחסות קהלת ל׳עצמות העובר׳ ולא לעובר עצמו. כאמור, גם ׳הבטן המלאה׳ לא רומזת בוודאות לבטן הירון, ועל כן יש מקום להציע שמשמעות הצירוף ׳בטן מלאה׳ איננה אלא בטן מלאה באוכל. זהו צירוף מקובל בעולם החוכמה הקדום לבטן שבעה, כמו שמופיע למשל בדיאלוג שזכה במחקר לשם ״דיאלוג הפסימיות״ – שהיו שהצביעו על זיקות תוכניות בינו לספר קהלת.[17] בשיר זה עבד מעודד את אדונו לעשות כל אשר הוא מציע, גם דבר והיפוכו. כשמציע האדון למשל שהוא רוצה לצאת למסע רכיבה בשדה, מעודד אותו העבד לעשות כן:

משמעות רבה בדברי רות לנעמי בהמשך העלילה: ״וַתֹּאמֶר שֵׁשׁ הַשְּׂעֹרִים הָאֵלֶּה נָתַן לִי כִּי אָמַר [קרי: אֵלַי] אַל תָּבוֹאִי רֵיקָם אֶל חֲמוֹתֵךְ״ (רות ג׳, יז). להצעות שונות לפשר זיקה זו, ראו: ששון, רות, עמ׳ 101-102; אבנרי, עומדות, עמ׳ 33; גרוסמן, רות, עמ׳ 263-268. בכל מקרה, גם אם רות רומזת בדבריה להירון, אין זו אלא אסוציאציה נלווית ולא יותר.

15. מעניין לציין שצירוף ׳רוח׳ עם ׳עצמים׳ לצד ׳מלאה׳ נזכר בנבואת יחזקאל על הבקעה מלאת העצמות: ״וַיְנִיחֵנִי בְּתוֹךְ הַבִּקְעָה וְהִיא מְלֵאָה עֲצָמוֹת... כֹּה אָמַר אֲדֹנָי ה׳ לָעֲצָמוֹת הָאֵלֶּה הִנֵּה אֲנִי מֵבִיא בָכֶם רוּחַ וִחְיִיתֶם. וְנָתַתִּי עֲלֵיכֶם גִּדִים וְהַעֲלֵתִי עֲלֵיכֶם בָּשָׂר וְקָרַמְתִּי עֲלֵיכֶם עוֹר וְנָתַתִּי בָכֶם רוּחַ וִחְיִיתֶם״ (יחזקאל ל״ז, א-ו). אם הבטן שאותה מזכיר קהלת איננה אלא ׳בקעה׳, הרי לנו מימוש נבואי מדויק של הפסוק שלפנינו.

16. תודתנו לד״ר אורן גלבלום שהסב את תשומת ליבנו לביאור זה.

17. גרינשטיין, חכמים. כלל לא ברור שדיאלוג זה משקף פסימיות, והיו שראו בו טקסט ציני והומוריסטי, כמו גרינשטיין הנזכר לעיל. ראו על התלבטות זו גם אצל סמט, דיאלוג.

"איש מרחיק נדוד – מלאה כרסו" ("mali karassu"; שורה 19).[18] בהמשך, אומר האדון לעבדו שהוא מתכוון לעשות 'עוולות'. העבד מבקש לעודד אותו לעשות כן ואומר לו: "אכן, עשה אדני, עשה! אם עוולה לא תעשה – מה תלבש? מי יתנך (לחם) ותמלא כרסך?" (שורות 40-42).[19] משמעות הצירוף 'מילוי הבטן' בשיר זה הוא, אם כן, לאכול עד שביעה. למעשה, כבר פגשנו בצירוף זה, בדיוננו לעיל, בדברי המוזגת לגלגמש ההולך לחפש חיי נצח: "גילגמש אתה – לו תהי כרסך מלאה, אתה יום ולילה תשמח".[20] גם כאן, משמעות הצירוף היא אכילה טובה.[21]

אם נאמץ פרשנות זו לבטן המלאה, אזי קהלת מדגים שני דברים מופלאים שהאדם אינו מבין אותם. הראשון הוא – "כַּאֲשֶׁר אֵינְךָ יוֹדֵעַ מַה דֶּרֶךְ הָרוּחַ", והשני הוא – "כַּעֲצָמִים בְּבֶטֶן הַמְּלֵאָה", שמשמעותו היעלמות האוכל הנאכל בבטן. אפילו דברים יום־יומיים שכאלו האדם אינו יכול לבאר, ובוודאי אין בכוחו לעמוד על מעשה האלוהים "אֲשֶׁר יַעֲשֶׂה אֶת הַכֹּל".

בין כך ובין כך, קהלת מצהיר כאן על הנחת היסוד שניצבת בבסיס החיבור כולו: האדם אינו יכול לדעת את אשר צופן העתיד, ולמעשה אין בכוחו גם להבין עד תום את ההווה. לפיכך מגיע קהלת להמלצה הבאה: "בַּבֹּקֶר זְרַע אֶת זַרְעֶךָ וְלָעֶרֶב אַל תַּנַּח יָדֶךָ כִּי אֵינְךָ יוֹדֵעַ אֵי זֶה יִכְשַׁר הֲזֶה אוֹ זֶה וְאִם שְׁנֵיהֶם כְּאֶחָד טוֹבִים" (י"א, ו).

נחלקו פרשנים אם כוונת הפסוק היא לעודד את האדם לעבוד קשה – מבוקר עד ערב – ובפעולות חקלאיות מגוונות, מפני שהוא

18. שפרה וקליין, בימים הרחוקים, עמ' 577. על ההתלבטות אם המשפט עוסק כולו בנדודים או בציד ראו אצל סמט, דיאלוג, עמ' 102.
19. שפרה וקליין, בימים הרחוקים, עמ' 578.
20. שפרה וקליין, בימים הרחוקים, עמ' 265.
21. ראוי לציין שגם המשמעות המודרנית של 'בטן מלאה', במובן של רגשות עזים שחבויים בתוך האדם – בעיקר בהקשרי כעס על מישהו – מתועדת בספרות החוכמה המסופוטמית. כך נאמר ב'הוראות אנני': "בטנו של אדם רחבה יותר ממחסן והיא מלאה בתגובות (שונים). עליך לבחור את הטוב ולומר אותו, אך את הרעים נצור בבטנך" (ANET, עמ' 420).

אינו יודע איזו מעבודתו 'תכשר'.[22] או שמא רומז הפסוק לשתי 'זריעות' שונות שקהלת ממליץ לאחוז בשתיהן – בבוקר לזרוע את השדה ובערב לעסוק בהולדה; פריון אדמה ופריון אדם.[23] המשך הפסוק מתאים יותר לעיסוק בעבודות חקלאיות, ולפי זה, קהלת שוב מדרבן את האדם לפעולה דווקא בשל מצב אי־הידיעה העומד בתשתית של פעילות אנושית. חוסר ודאות זה אינו מוביל את קהלת לחידלון, אלא לפעילות מגוונת ואף מאומצת.

שְׂמַח בָּחוּר בְּיַלְדוּתֶיךָ (י"א, ז – י"א, י)

וּמָתוֹק הָאוֹר וְטוֹב לַעֵינַיִם לִרְאוֹת אֶת הַשָּׁמֶשׁ.
כִּי אִם שָׁנִים הַרְבֵּה יִחְיֶה הָאָדָם בְּכֻלָּם יִשְׂמָח וְיִזְכֹּר אֶת יְמֵי הַחֹשֶׁךְ
כִּי הַרְבֵּה יִהְיוּ כָּל שֶׁבָּא הָבֶל.
שְׂמַח בָּחוּר בְּיַלְדוּתֶךָ וִיטִיבְךָ לִבְּךָ בִּימֵי בְחוּרוֹתֶךָ וְהַלֵּךְ בְּדַרְכֵי
לִבְּךָ וּבְמַרְאֵי עֵינֶיךָ
וְדָע כִּי עַל כָּל אֵלֶּה יְבִיאֲךָ הָאֱלֹהִים בַּמִּשְׁפָּט.
וְהָסֵר כַּעַס מִלִּבֶּךָ וְהַעֲבֵר רָעָה מִבְּשָׂרֶךָ כִּי הַיַּלְדוּת וְהַשַּׁחֲרוּת הָבֶל.

יחידה זו פותחת בהכרזה שיש דבר־מה 'מתוק', ודבר־מה 'טוב', ואסור שדבר זה יהיה קל בעינינו בספר קהלת: "וּמָתוֹק הָאוֹר וְטוֹב לַעֵינַיִם לִרְאוֹת אֶת הַשָּׁמֶשׁ" (י"א, ז). האור והשמש הם סמל קבוע אצל קהלת לחיים עצמם, כך שיש בפתיחה זו הצהרה המשבחת את

22. למשל: ברתולומיו, קהלת, עמ' 338. פחות נראית לנו דעתו של דלמן שהכוונה לזריעה מוקדמת ("בקר") וזריעה מאוחרת ("ערב") מצד עונות השנה (דלמן, חקלאות, עמ' 177). יש לציין שהתלבטות דומה קיימת ביחס לברכת יעקב לבנימין: "בִּנְיָמִין זְאֵב יִטְרָף בַּבֹּקֶר יֹאכַל עַד וְלָעֶרֶב יְחַלֵּק שָׁלָל" (בראשית מ"ט, כז).

23. מהגמרא עולה שהיו שפירשו את הפסוק כולו בהקשר הולדה: "רבי יהושע אומר: נשא אדם אשה בילדותו ישא אשה בזקנותו; היו לו בנים בילדותו יהיו לו בנים בזקנותו; שנאמר 'בבקר זרע את זרעך ולערב אל תנח ידך כי אינך יודע אי זה יכשר הזה או זה ואם שניהם כאחד טובים'" (בבלי, יבמות סב ע"ב).

החיים. אומנם חיים בצל אי־ודאות, אומנם חיים שאי אפשר לפעול בהם בביטחון, אבל אפשר גם אפשר ליהנות בהם: "כִּי אִם שָׁנִים הַרְבֵּה יִחְיֶה הָאָדָם בְּכֻלָּם יִשְׂמָח וְיִזְכֹּר אֶת יְמֵי הַחֹשֶׁךְ כִּי הַרְבֵּה יִהְיוּ כָּל שֶׁבָּא הָבֶל" (י"א, ח).

לשון אחר, המודעות העמוקה של קהלת למוות לא מובילה אותו בפסוקים אלו לחידלון ועצבות, אלא דווקא מובילה אותו לתחושה שיש לנצל את הימים שבהם האדם חי. שלא כאווירה ששלטה בתחילת הספר, שבה המוות איפס כל חדוות יצירה וחיים, כאן מטיף קהלת לשמוח. מתוך זיכרון החושך המחכה לאדם, הוא מוזמן להתענג על האור שברגע זה יש מולו. אם גם בימי האור יהיה האדם עצוב ונדכא, הוא יחמיץ את המעט שישנו; עוד יהיה לו זמן להתעצב בימים עצובים באמת.

אין בהטפה זו סתירה של ממש לתחילת הספר, אלא פרספקטיבה שונה, וכבר פגשנו בה שוב ושוב לאורך הספר. כעת כבר ברור שקהלת מטיף לשמחה ללא אצטלה של הצדקה אידיאולוגית, אלא כשמחה והנאה בחיים הפשוטים, "שמותר בם לנגוע", כדבריה של לאה גולדברג. קהלת יבטל את דברי כל מי שירים דגל ויטען 'זהו הערך שבשבילו בא אדם לעולם'; אולם קהלת יתמוך במי שיאמר שיש לשמוח בחיים מתוך מודעות לכך שאין כל ביטחון בשום דגל שמורם. הדברים מפורשים עוד יותר בהיגד הבא:

> שְׂמַח בָּחוּר בְּיַלְדוּתֶיךָ וִיטִיבְךָ לִבְּךָ בִּימֵי בְחוּרוֹתֶךָ וְהַלֵּךְ בְּדַרְכֵי לִבְּךָ וּבְמַרְאֵי עֵינֶיךָ וְדָע כִּי עַל כָּל אֵלֶּה יְבִיאֲךָ הָאֱלֹהִים בַּמִּשְׁפָּט. וְהָסֵר כַּעַס מִלִּבֶּךָ וְהַעֲבֵר רָעָה מִבְּשָׂרֶךָ כִּי הַיַּלְדוּת וְהַשַּׁחֲרוּת הָבֶל (י"א, ט–י).

סגנון פסוקים אלו קרוב לסגנון הטפת החכם של ספר משלי, הפונה בדברים לתלמיד או לבן העומדים מולו ואותם הוא מבקש לחנך, כמו: "שְׁמַע בְּנִי מוּסַר אָבִיךָ וְאַל תִּטֹּשׁ תּוֹרַת אִמֶּךָ" (משלי א', ח). אך דווקא משום כך בולט ההבדל בין תוכן ההטפה של קהלת לתוכני הטפת ספר

משלי. לא לכובד ראש מעודד קהלת את שומעי לקחו אלא לשמחה ולטוב לב.

פנייתו של קהלת אל הבחור לא באה רק לשם התאמה לסגנון החוכמתי הרגיל, אלא מפני שקהלת נושא עיניו אל חדוות החיים, אל האפשרויות הפתוחות בפני האדם ליהנות ולשמוח, ואלו נכונים במיוחד ביחס לצעירים שכוחם עוד במותנם. קהלת עתיד בהמשך דבריו לתאר את הזקנה ושם יהיה ברור שלדעתו הזמן המתאים לשמוח בחיים הוא בגיל הצעיר דווקא, כשכוחות הגוף עוד בשיאם.

לצד ההטפה לבחור הצעיר לשמוח ולהיטיב ליבו מוסיף קהלת גם "וְהַלֵּךְ בְּדַרְכֵי לִבְּךָ וּבְמַרְאֵי עֵינֶיךָ". רבים שמו לב לתקשורת הרמוזה כאן לפרשת ציצית: "וְלֹא תָתוּרוּ אַחֲרֵי לְבַבְכֶם וְאַחֲרֵי עֵינֵיכֶם" (במדבר ט"ו, לט), ונראה הדבר כפולמוס כמעט גלוי נגד מצוות התורה שלא ללכת בדרכי הלב ובדרכי העיניים! אומנם קהלת ממשיך מייד ואומר: "וְדָע כִּי עַל כָּל אֵלֶּה יְבִיאֲךָ הָאֱלֹהִים בַּמִּשְׁפָּט", דבר שמלמד שגם בפסוק זה יש אימוץ של הנחת היסוד המקראית שהאדם עתיד לתת את הדין על מעשיו, אולם במחקר המודרני רבים פקפקו בכך שקהלת הוא שכתב פסוקית זו. לטענת רבים, תוספת זו יצאה מקולמוסו של עורך הספר שביקש להכשיר את הספר לבוא בקהל. כפי שכבר עלה במבוא, אילוסטרציה יפה לכך אפשר למצוא במדרשי חז"ל המציגים התלבטות אם לא ראוי לגנוז את ספר קהלת בגלל שיש בו דברים הנוטים לכפירה או למינות, אך בשל הפסוק "וְדָע כִּי עַל כָּל אֵלֶּה יְבִיאֲךָ הָאֱלֹהִים בַּמִּשְׁפָּט", כללו אותו בכתבי הקודש.[24]

טענה זו עוררה חוסר נוחות אצל חוקרים אחרים. בראש כולם

24. "א"ר שמואל בר רב יצחק: בקשו חכמים לגנוז ספר קהלת שמצאו בו דברים שנוטין לצד מינות. אמרו: הא כל חכמתו של שלמה שבא לומר 'שמח בחור בילדותך ויטיבך לבך בימי בחורותיך והלך בדרכי לבך ובמראה עינך', משה אמר: 'ולא תתורו אחרי לבבכם ואחרי עיניכם', והוא אמר 'והלך בדרכי לבך ובמראה עיניך', לא דין ולא דיין! הותרה הרצועה! כיון שאמר 'ודע כי על כל אלה יביאך האלהים במשפט' אמרו יפה אמר שלמה" (ויקרא רבה, פר' כח, א; מהד' מרגליות, חלק ג, עמ' תרמח-תרמט).

יש להזכיר את טענתו של הרצברג, שכתב שבשום מקום אחר בספר לא הטיף קהלת לאדם לעשות ככל העולה על רוחו – ללכת ללא גבול בדרכי עיניו וליבו. לפיכך, לטענתו, לפנינו היגד חריג, ואין לראות בהסתייגות הכתובה לצידו – שאדם עתיד לתת את הדין על מעשיו – סתירה להלך הרוח הכללי של הספר. אדרבה, מאחר שקהלת מגיע כאן לקצה חריג, הוא גם מבקש להזכיר את הדין המצפה לכל אדם.[25]

היו אחרים שהציעו שכוונת הפסוק היא לדין שעתיד אדם לתת על מה שלא נהנה מהעולם, ברוח דברי חז״ל: ״רבי חזקיה ר׳ כהן בשם רב: עתיד אדם ליתן דין וחשבון על כל שראת עינו ולא אכל״ (ירושלמי, קידושין, פר׳ ד׳, הל׳ יב). לפי תפיסה זו, גם האלוהים מצפה מהאדם שייהנה בחייו, כל עוד הוא יכול. גישה זו נותנת את אותותיה במקומות נוספים אצל חז״ל ונסתפק בעוד דוגמה אחת:

> אמר ליה שמואל לרב יהודה: שיננא, חטוף ואכול, חטוף ואישתי, דעלמא דאזלינן מיניה כהלולא דמי (= חטוף ואכול, חטוף ושתה, שהעולם שאנו הולכים ממנו כמשתה חתונה הוא). אמר ליה רב לרב המנונא: בני אם יש לך – היטב לך, שאין בשאול תענוג ואין למות התמהמה, ואם תאמר אניח לבני – חוק בשאול מי יגיד לך?! בני האדם דומים לעשבי השדה: הללו נוצצין והללו נובלין (בבלי, עירובין נד ע״א).

דברי רב לרב המנונא הם דרשה לפתגם מבן־סירא, האומר: ״בְּנִי אִם יֵשׁ לְךָ שָׁרֵית נַפְשֶׁךָ, וְאִם יֵשׁ לְךָ הֵיטִיב לָךְ. וּלְאֵל יָדְךָ הַדְּשֵׁן. זְכוֹר כִּי לֹא בִשְׁאוֹל תַּעֲנוּג, וְלֹא מָוֶת יִתְמַהְמָהּ, וְחֹק לִשְׁאוֹל לֹא הֻגַּד לָךְ״ (בן־סירא, י״ד, יג). רב המנונא מבין פתגם זה כאומר שעל האדם ליהנות

25. הרצברג, קהלת, עמ׳ 208. בסיכום דברינו נעקוב אחר היגדים הפזורים לאורך הספר המטיפים לאדם ליהנות ולשמוח בחייו, וניווכח שבדרך כלל קהלת קושר שמחה זו באלוהים. היכולת ליהנות ולשמוח היא עבורו ׳מתת אלוהים׳, ועל כן, אין זה מפתיע שגם כאן ישלב קהלת את אלוהים ואת תודעת העמידה מולו.

במה שתחת ידו כל עוד הוא יכול, לפני שיגיע יום מותו. בן־סירא אף חולק על האומר שיחסוך ממון לבנו, שהרי אדם אינו יודע את חוקי השאול, ולא יוכל לדעת מי ימות לפני מי. דברי בן־סירא אלו קרובים מאוד ברוחם להטפת קהלת לבחור הצעיר, וכאמור, היו שביקשו לאור השקפות אלו לבאר גם את המשפט הנידון בסוף הפסוק.[26] לפי קריאה זו, אין הסתייגות בסוף הפסוק, אלא אדרבה – עידוד נוסף ליהנות מכל מה שברא ה' בעולמו.

זוהי טענה מרתקת שנותנת פשר לפסוק שמתאים להקשרו, אך קשה להניח שלכך מכוון קהלת. תפיסה כזו מתאימה לחז"ל אך איננו מכירים כמותה במקרא. נראה יותר שאכן יש בדברי קהלת הסתייגות־מה מהמלצתו הגורפת ליהנות ממראה העיניים וחשק הלב. הבחור מוזמן להפיק את המרב מחייו, אך עליו לזכור שיבוא יום והוא ייתן על כך את הדין.

כאמור לעיל, קהלת פונה כאן לבחור צעיר דווקא, שבאפשרותו עדיין ליהנות מחייו. לא ייפלא אפוא שדווקא כאן קהלת מדבר הן על התודעה הפנימית הן על הגוף עצמו – "וְהָסֵר כַּעַס מִלִּבֶּךָ וְהַעֲבֵר רָעָה מִבְּשָׂרֶךָ". העברת ימי הנערות בכעס מתמיד וברגזנות משמעה להפסיד את החיים עצמם. הזמן חולף ואיתו יחלפו גם ימי הנערות שבהם אפשר למצות את החיים – "כִּי הַיַּלְדוּת וְהַשַּׁחֲרוּת הָבֶל".

ראוי לציין, שאף על פי שקהלת נדמה על קוראים רבים כפסימיסט זועף, הוא חוזר שוב ושוב על רתיעתו מהכעס (= רוגז וצער), שנלווה לעיתים קרובות לכובד ראש מוגזם. כך כבר בפרק הראשון נאמר: "כִּי בְּרֹב חָכְמָה רָב כָּעַס וְיוֹסִיף דַּעַת יוֹסִיף מַכְאוֹב" (א', יח), ומכאן, שהכעס = מכאוב, ודי בדבר זה כדי להוכיח שלא ניתן לראות בחוכמה המובילה לכעס את מטרת חייו של אדם. גם כשתיאר קהלת את חיי האדם המקדיש כל ימיו להשגת ממון, אמר קהלת: "כִּי כָל יָמָיו מַכְאֹבִים וָכַעַס עִנְיָנוֹ" (ב', כג, ובדומה: ה', טז). כזכור, גם

26. ראו דיון בכך אצל גורדיס, קהלת, עמ' 326; גינזברג, קהלת, עמ' 128 (שדוחה זאת).

את הפתגם "טוֹב כַּעַס מִשְּׂחוֹק כִּי בְרֹעַ פָּנִים יִיטַב לֵב" (ז׳, ג) ביטל קהלת בהמשך דבריו, ואדרבה, יצא נגד החכמים הנוטים אל הכעס המתמיד, וטען שהכועס הוא דווקא כסיל: "אַל תְּבַהֵל בְּרוּחֲךָ לִכְעוֹס כִּי כַעַס בְּחֵיק כְּסִילִים יָנוּחַ" (שם, ט). לפיכך, פנייתו כאן אל שומע לקחו – "וְהָסֵר כַּעַס מִלִּבֶּךָ וְהַעֲבֵר רָעָה מִבְּשָׂרֶךָ" (י״א, י) משתלבת בהרצאת הדברים לאורך הספר כולו, ואפשר כבר למקד את תשומת הלב ביחס קהלת אל הכעס כאל אחד מהדברים המכוננים את משנתו.

כל עוד אדם צעיר, הוא יכול לשמוח בחייו, ועל כן עליו להסיר כל רגזנות, ולהעביר מעל בשרו כל רָעָה. קשה להכריע בוודאות מהי אותה 'רעה' שאנשים עושים על בשרם ושממנה מבקש קהלת למנוע את האדם. לאור התקבולת לכעס המונח בלב, יש מקום להתלבט אם קהלת התכוון לייסורי גוף שאנשים מטילים על עצמם במכוון, לשם סיגוף ופרישה מענייני העולם הזה.

ההצדקה להטפה זו היא: "כִּי הַיַּלְדוּת וְהַשַּׁחֲרוּת הָבֶל" (י״א, י). מקובל לבאר את 'הבל' בפסוק זה במשמעות 'חולף', 'זמני', ואכן קריאה זו משתלבת היטב במשפט השלם. עם זאת, היו שביקשו לראות גם את ההבל הנזכר כאן בהוראה הרחבה של המילה לאורך קהלת, ובמובן של 'חסר משמעות', או 'תעלומה'.[27] אם נאמץ עמדה זו, קהלת – כדרכו – מוסיף מייד משפט מסתייג מעמדתו שלו. לצד הערצת גיל הנעורים על האפשרויות שגיל זה נושא בקרבו, מוסיף קהלת שבאמת גיל זה נדמה עליו גם כחסר משמעות, התרוצצות ללא תכלית. אולם, כאמור, הקריאה הפשוטה יותר היא שקהלת מודע בפסוקים אלו היטב לזמן המתקדם כל העת, ודווקא משום זמניותו של גיל הנערות הוא מעודד את המצויים בו לנצלו עד תום.

הפסוק הבא (י״ב, א) פותח את אחד מתיאורי המוות הנוגעים ללב שנכתבו בספרות אי פעם, ונדון בהם להלן, אך לפני שנפנה לתיאור עצמו, יש להעיר על פתיחתו, הקשורה עדיין לתיאור הבחור הצעיר: "וּזְכֹר אֶת בּוֹרְאֶיךָ בִּימֵי בְּחוּרֹתֶיךָ". גם כאן, היו שהופתעו

27. ברתולומיו, קהלת, עמ׳ 345.

משילוב הטפה דתית כזו בספר קהלת, אך כבר הערנו שהצגתו של קהלת בקרב כמה חוקרים לוקה לעיתים בחד־ממדיות, ובאמת, לצד עידוד קהלת את שומעי לקחו ליהנות מהחיים הוא גם מתייחס ברצינות רבה להיבטים הדתיים שיש בחיים.

המונח המנחה בפרק י״א הוא ׳לא תדע׳ או ׳אינך יודע׳, וקהלת מטיף לאדם לפעול מתוך אי־ידיעה זו, חיים בתוך עלטה וחוסר ודאות. והנה, בסוף יחידת ׳לא־תדע׳ זו, נאמר: ״**וְדָע** כִּי עַל כָּל אֵלֶּה יְבִיאֲךָ הָאֱלֹהִים בַּמִּשְׁפָּט״ (י״א, ט). לשון אחר, הידיעה נותרה ״בתחום אחד בלבד: הוודאות הגמורה, שיום יבוא והאדם יעמוד למשפט לפני בוראו, וייתן לפניו דין וחשבון על כל מעשיו ומחדליו, יקבל את שכרם וישלם את מחירם״.[28]

אולם, הפתעה אחרת אכן מצויה בפסוק זה – כינויו של אלוהים: ״בּוֹרְאֶיךָ״. הפתעה כפולה לפנינו. עד עתה לא שמענו על אלוהים ׳הבורא׳. אין מדובר בהיעדר מקרי, וכפי שהערנו בדיון בפסוקי המצג לספר, קהלת מתבונן בעולם הקיים, ואיננו לוקח בחשבון דיוניו את היותו ברוא על ידי רצון אלוהי. זה אחד מההבדלים הבולטים בין תיאוריו את הטבע המחזורי לתיאורים פיוטיים אחרים שראו בטבע עדות לגדולת האל הבורא. והנה, לפתע, בשלהי ספרו, מתייחס גם קהלת לאלוהים כבורא האדם.

הפתעה נוספת מצויה במישור הלשוני – מאחר שמדובר בבורא יחיד צריך היה להיכתב ׳בֹּרַאֲךָ׳ (השוו: ישעיה מ״ג, א). מה פשר צורת המילה ברבים – ״בּוֹרְאֶיךָ״?

עצם הצגת האל כבורא קשור כנראה להקשר יחידה זו שעומדת לתאר את מותו של האדם שלב אחר שלב. סיומו של תיאור זה הוא: ״וְהָרוּחַ תָּשׁוּב אֶל הָאֱלֹהִים אֲשֶׁר נְתָנָהּ״ (י״ב, ז), כך שמתאים להתחיל את המסע מאזכור האל שברא את האדם, שאליו הרוח שבה אחרי מותו.

הצורה החריגה ״בּוֹרְאֶיךָ״ מושכת תשומת לב מיוחדת, כי במקרים רבים לשון חריגה טומנת בחובה קריאה רב־משמעית. כלומר, הקורא

28. מרן, הקהל וקהלת, עמ׳ 362.

נדרש להיעתר להוראה נוספת של התיבה הלשונית, המתאפשרת עקב צורת כתיבתה המיוחדת.[29] במקרה שלנו, כבר בחז"ל הועלתה ההצעה לראות בתיבה "בּוֹרְאֶיךָ" מילה רב־משמעית:

> תנן עקביה בן מהללאל אומר: הסתכל בשלשה דברים ואין אתה בא לידי עבירה: דע מאין באתה – מליחה סרוחה. ולאן אתה הולך – לרימה ותולעה. ולפני מי אתה עתיד ליתן דין וחשבון – לפני מלך מלכי המלכים הק׳. ר׳ אבא בר כהנא אמר בשם רב פפי ור׳ יהושע דסכנין בשם ר׳ לוי: שלשתן דרש עקביה מתוך תיבה אחת: וזכור את באירך, את בורך ואת בוראך. ׳וזכור את באירך׳ – זו ליחה סרוחה; ׳את בורך׳ – זו רימה ותולעה; ׳את בוראך׳ – זה מלך מלכי המלכים הק׳ שעתיד ליתן לפניו דין וחשבון (ויקרא רבה, פר׳ יח, א).[30]

הדרשן דורש את המילה "בּוֹרְאֶיךָ" בשלוש הוראות: מלשון באר, במשמעות מוצאו של האדם – טיפת שכבת זרע; מלשון בור, במשמעות הקבר; מלשון בורא, כמכוון לאלוהים יוצר האדם.[31]

צורת הכתיבה החריגה באמת מעלה את האפשרות שקהלת ביקש לרמוז במילה זו משמעות נוספת מלבד ׳הבורא׳, ובמיוחד רלוונטית בפסוקנו הוראת ׳בור׳ – קבר, כמו בצירוף ׳יורדי בור׳, וכפי שקהלת עצמו עתיד לומר עוד כמה פסוקים: "וְנָרֹץ הַגַּלְגַּל אֶל הַבּוֹר" (י"ב, ו, והשוו גם: ישעיה י"ד, טו). לפי זה, קהלת מטיף לבחור לזכור את יום מותו בימים שבהם הוא צעיר, ובכך לנצל כל רגע.

אפשר לנסח את המשחק הלשוני שבפסוק גם מתוך התמקדות בתהליך הקריאה: "נראה שבמילה אחת (׳בוראיך׳) אפשר לזהות שתי

29. כבר פרשני ימה"ב היו מודעים לכך. ראו למשל יעקבס, רש"י; גרוסמן, אברבנאל.
30. נוסח המדרש המובא למעלה, על פי מהד׳ מרגליות, כרך ב, עמ׳ שפט-שצ.
31. ראו דיון נוסף בכך אצל גורדיס, קהלת, עמ׳ 331; הרצברג, קהלת, עמ׳ 209–210; וייטלי, קהלת, עמ׳ 95, הערה 1.

מילים בו־זמנית: קורא הפסוק מצפה ל'מוות', אבל שומע בהתחלה 'בור', ואז מבין, שבעצם מה שנאמר כאן זה 'בורא'".[32]

כאמור, המוטיבציה הפרשנית העיקרית לטיעון שגם להוראה זו של 'בור' התכוון המחבר, קשורה בכך שבהמשך היחידה משלב קהלת בפירוש את 'הבור' במשמעות של קבר: "וְנָרֹץ הַגַּלְגַּל אֶל הַבּוֹר" (י"ב, ו), זאת לצד אזכור האל הבורא את האדם שהרוח שבה אליו – "וְהָרוּחַ תָּשׁוּב אֶל הָאֱלֹהִים אֲשֶׁר נְתָנָהּ" (ז). אם מאמצים משמע נלווה זה, נוצרת מסגרת ספרותית של ממש ליחידה כולה, הבנויה על כפל המשמעות הנרמז במונח בּוֹרְאֶיךָ:

א. "וּזְכֹר אֶת בּוֹרְאֶיךָ בִּימֵי בְּחוּרֹתֶיךָ" (י"ב, א)

ב. "עַד אֲשֶׁר לֹא יָבֹאוּ יְמֵי הָרָעָה וְהִגִּיעוּ שָׁנִים אֲשֶׁר תֹּאמַר אֵין לִי בָהֶם חֵפֶץ" (י"ב, ב)

ב1. פירוט 'ימי הרעה' של הזקנה (י"ב, ג–ה)

א1. שיבה אל הבור ואל הבורא: "וְנָרֹץ הַגֻּלְגַּל אֶל הַבּוֹר... וְהָרוּחַ תָּשׁוּב אֶל הָאֱלֹהִים אֲשֶׁר נְתָנָהּ" (י"ב, ו–ז)

קשה להכריע האומנם הכתיבה החריגה רומזת לדו־משמעות זה, ודאי ספק לא יצאנו, אך בספר קהלת היומרה לצאת ידי ספק היא יומרה שאין לה מקום.

זקנה ומוות (י"ב, א–ז)

סיום הספר הוא גם סיום חיי האדם. פרק י"ב פורש לפני הקורא את אחד מתיאורי המוות הנוקבים אך גם העדינים והפיוטיים ביותר בספרות העולם. על רקע המגמה הכללית של ספר קהלת, נראה שחשוב שתיאור המוות ישרה תחושה של סופיות מוחלטת, ולכן קהלת איננו מקל על הקורא בתיאור חוויית ההתפוקקות והבְּטילה של הגוף. מול המוות, אין בדברי קהלת נחמה.

32. לוהפינק, קהלת, עמ' 139.

לפנינו שני שירים היוצרים רצף כרונולוגי: האחד מתאר את ימי הזקנה עד למותו של האדם והאחר את קבורתו. שני השירים פותחים בפתיחה זהה – "עַד אֲשֶׁר" – דבר שמקל על שימת הלב לשני השלבים המתוארים כאן. נדון תחילה בשיר הראשון, אשר נשען על האמירה הפותחת שזה עתה נידונה: "וּזְכֹר אֶת בּוֹרְאֶיךָ בִּימֵי בְּחוּרֹתֶיךָ" (א-ה):

> עַד אֲשֶׁר לֹא יָבֹאוּ יְמֵי הָרָעָה וְהִגִּיעוּ שָׁנִים אֲשֶׁר תֹּאמַר אֵין לִי בָהֶם חֵפֶץ. עַד אֲשֶׁר לֹא תֶחְשַׁךְ הַשֶּׁמֶשׁ וְהָאוֹר וְהַיָּרֵחַ וְהַכּוֹכָבִים וְשָׁבוּ הֶעָבִים אַחַר הַגָּשֶׁם.
>
> בַּיּוֹם שֶׁיָּזֻעוּ שֹׁמְרֵי הַבַּיִת וְהִתְעַוְּתוּ אַנְשֵׁי הֶחָיִל וּבָטְלוּ הַטֹּחֲנוֹת כִּי מִעֵטוּ וְחָשְׁכוּ הָרֹאוֹת בָּאֲרֻבּוֹת. וְסֻגְּרוּ דְלָתַיִם בַּשּׁוּק בִּשְׁפַל קוֹל הַטַּחֲנָה.
>
> וְיָקוּם לְקוֹל הַצִּפּוֹר וְיִשַּׁחוּ כָּל בְּנוֹת הַשִּׁיר. גַּם מִגָּבֹהַּ יִרָאוּ וְחַתְחַתִּים בַּדֶּרֶךְ וְיָנֵאץ הַשָּׁקֵד וְיִסְתַּבֵּל הֶחָגָב וְתָפֵר הָאֲבִיּוֹנָה כִּי הֹלֵךְ הָאָדָם אֶל בֵּית עוֹלָמוֹ וְסָבְבוּ בַשּׁוּק הַסֹּפְדִים.

ברגישות נוגעת ללב מתאר קהלת את ימי הזקנה כימים שהאדם אומר שאין לו בהם חפץ. עוד לפני התיאור האובייקטיבי של מצבו של הזקן, פותח קהלת במצבו הפסיכולוגי, ומדובב אותו כמי שנכנע. לצד הגוף ההולך ומתנוון, גם הנפש הולכת ונפרדת מן העולם, והאדם מואס בחייו.

מכאן עובר קהלת לתיאור מטאפורי משולש. תחילה הוא מתאר את קורות השמיים; לאחר מכן הוא מתאר קריסה של אחוזה גדולה; ולבסוף חותם את דבריו בדימויים מעולם הצומח. כל אלו אינם אלא דימויים לחיי הזקנה.

מאחר שאת החיים הסוערים דימה קהלת לאור, ובמיוחד לאור השמש (י"א, ז), איננו מופתעים לשמוע שחידלון החיים מדומה לכיבוי אור השמש: "עַד אֲשֶׁר לֹא תֶחְשַׁךְ הַשֶּׁמֶשׁ וְהָאוֹר וְהַיָּרֵחַ וְהַכּוֹכָבִים וְשָׁבוּ הֶעָבִים אַחַר הַגָּשֶׁם". חשכת השמיים משולבת לעיתים קרובות במקרא (ומחוצה לו) בתיאורי יום ה' הגדול והנורא. באווירה האפוקליפטית

המאפיינת תיאורים אלו, השמש מפסיקה את אורה, ואף הירח מצטרף לכך. כך לדוגמה: ״הִנֵּה יוֹם ה׳ בָּא... כִּי כוֹכְבֵי הַשָּׁמַיִם וּכְסִילֵיהֶם לֹא יָהֵלּוּ אוֹרָם חָשַׁךְ הַשֶּׁמֶשׁ בְּצֵאתוֹ וְיָרֵחַ לֹא יַגִּיהַ אוֹרוֹ״ (ישעיה י״ג, ט-י). אולם אצל קהלת תיאור זה אינו מוקדש לקטסטרופה עולמית, אלא למותו של האדם הפרטי. בעצם המרה זו כבר מציף קהלת את אחת מהתמות היסודיות של ספרו: מותו של האדם הפרטי הוא נקודת ההתייחסות לכל מפגשו של האדם עם המציאות. לא דיבורים על מהלך העולם ועל יום ה׳ עומדים בתשתית משנתו, אלא קורותיו של האדם היחיד, המתקדם כל העת אל עבר מותו. שמשו שלו עומדת להחשיך, וירחו שלו מפסיק את אורו.

לצד האורות הכבים, מזכיר קהלת גם תנועת עננים – ״וְשָׁבוּ הֶעָבִים אַחַר הַגָּשֶׁם״.[33] על רקע הקשר הפסוק נראה שגם כאן ממשיך

33. דניאל פרדריקס הציע לתחום את היחידה הקודמת באופן אחר מהמקובל ולראות בכל יחידת י״א, ז – י״ב, ב יחידה אחת המשלבת את הדימויים והתמות המרכזיות במבנה קונצנטרי. מסגרת המבנה היא באזכור החוזר של ׳העבים׳ (פרדריקס, סערות החיים, עמ׳ 101-105):

א. עננים וגשם (י״א, ג)
ב. אור ושמש (י״א, ז)
ג. ״וזכר את ימי החשך״ (י״א, ח)
ד. ״כל שבא הבל״ (י״א, ח)
ה. תהנה מתקופת הבחרות: ״שמח בחור בילדותך״ (י״א, ט)
ו. ״ודע כי על כל אלה יביאך האלהים במשפט״ (י״א, ט)
ה1. תהנה מתקופת הבחרות: ״והסר כעס מלבך״ (י״א, י)
ד1. ״הילדות והשחרות הבל״ (י״א, י)
ג1. ״וזכר את בוראיך״ לפני בוא ימי הרעה (י״ב, א)
ב1. שמש ואור (י״ב, ב)
א1. עננים וגשם (י״ב, ב).

זוהי הצעה מרתקת, אך יש לשים לב למשמעויות השונות של העננים הנזכרים בתחילה ובסוף. הקושי המרכזי בהצעה זו הוא תיחום היחידה. קשה להפריד בין י״ב, ב לבין המשך המשל המתאר את זקנת האיש (על אחדות י״ב, א-ז, ראו למשל: פישר, ספקנות, עמ׳ 154). יש מקום לבחון את הצעת מורפי (ספרות החוכמה, עמ׳ 148), שיש לראות ביחידת י״א, ז – י״ב, ז יחידה אחת המהללת את תקופת הבחרות שכנגדה מתוארת הזקנה.

קהלת בדימוי החשכה. העננים המסתירים את השמש ואת הירח מונעים את אורם, ודווקא בדימוי זה מגיע קהלת לעיקרון היסודי של דבריו: העננים הם מקור ברכה ושפע, ופריון האדמה תלוי בהם, אך באותה מידה הם גם מסתירים את האור. בתחילה הם מריקים את המים שבתוכם ותורמים לצמיחה, אולם אַחַר הַגָּשֶׁם הם שבים להתנועע ברוח ולהסתיר את אור השמש. במילים אחרות: "הַיַּלְדוּת וְהַשַּׁחֲרוּת הָבֶל" – הם סוערים ומלאי חיות, אך מוגבלים בזמן.

הדימוי השני של קהלת מפותח עוד יותר. לאחר החשכה הגדולה שנפלה על העולם, יש איזו אחוזה שהולכת ומתפרקת נוכח עינינו: "בַּיּוֹם שֶׁיָּזֻעוּ שֹׁמְרֵי הַבַּיִת / וְהִתְעַוְּתוּ אַנְשֵׁי הֶחָיִל / וּבָטְלוּ הַטֹּחֲנוֹת כִּי מִעֵטוּ / וְחָשְׁכוּ הָרֹאוֹת בָּאֲרֻבּוֹת / וְסֻגְּרוּ דְלָתַיִם בַּשּׁוּק בִּשְׁפַל קוֹל הַטַּחֲנָה". התיאור הכללי מובן – שומרי הבית והגיבורים המגינים בדרך כלל על הבית רועדים ונופלים; הנשים הטוחנות קמח הפסיקו את פעולתן כי מעטות נותרו; החלונות (= אֲרֻבּוֹת) מוסתרים והאור אינו חודר בעדם; ונדמו שוקי העיר. במובן מסוים אפשר לשמוע גם בפסוק זה את המשך ההד האפוקליפטי שליווה אותנו גם מול מאורות השמיים, שהרי הבית כולו מפסיק את פעולתו ונראה הדבר כשממה שנחתה על בית שהיה הומה ופעיל.

מעבר לדימוי הכללי של האדם לבית שחדל לפעול, נראה שלפנינו הקבלות ישירות יותר בין תיאור הבית המתפרק לגופו (המתפרק) של האדם. שומרי הבית הם הידיים, המתחילות לזוע ולרעוד; אנשי החיל הם הרגליים, שכבר אינן מחזיקות מעמד כפי שהיו בצעירותו של אדם, והטוחנות – הן השיניים – מהן נושרות ואובדות, עד שהפה מתרוקן כליל, ואף "חשכו הרואות בארובות" – העיניים, שכוחן נחלש (ומכאן הצירוף בעברית מודרנית – 'ארובת העין').[34]

34. על דימויים אלו ראו בבבלי, שבת קנב ע"א. שם עולה גם ההצעה שהמאורות הכבים הם דימוי לגופו של הזקן: השמש והאור הם הפדחת והחוטם; הירח הוא הנשמה; והכוכבים אלו הלסתות.

לאור זאת, ״סֻגְּרוּ דְלָתַיִם בַּשּׁוּק״ אינן אלא השפתיים ההולכות ונסגרות כי קולו של האדם נחלש ודיבורו קשה עליו.[35]

יושם לב לשני המוקדים שבתיאור הזקן: גופו אינו יציב כשהיה, והתקשורת האפשרית עם העולם מסביב הולכת ופוחתת. הדלתות שבשוק הן מרחב הקשר של בעל החנות עם הלקוחות שברחוב הבאים לקנות ממנו סחורה. בתיאור הדלתות הנסגרות, יש לדמיין את המוכר שנשאר לבדו בתוך החנות פנימה. אפשרות הקשר עם הסובבים הולכת ונעלמת ואותו זקן הולך ומסתגר בתוך עצמו.

מלבד תיאורי גופו של הזקן, מתאר קהלת גם את חייו העצובים: ״וְיָקוּם לְקוֹל הַצִּפּוֹר / וְיִשַּׁחוּ כָּל בְּנוֹת הַשִּׁיר״ (י״ב, ד). מאחר שדלתות השוק נסגרו, והאדם נותר עם עצמו, הוא מתחיל לשמוע קולות שבדרך כלל נבלעים בהמולה הסואנת של השוק שוקק החיים; אם קול הַטַּחֲנָה בשפל, קול הַצִּפּוֹר גובר.

אך הפסוק חותר לסצנה ספציפית יותר בחיי הזקן, הקשורה בקימתו המוקדמת בבקרים: מן העבר האחד, שנתו איננה עמוקה כשהייתה וכל קול ציפור מוקדם בבוקר מעיר אותו משנתו. אך מן העבר השני, ״וְיִשַּׁחוּ כָּל בְּנוֹת הַשִּׁיר״ – כאשר הוא כבר רוצה לשמוע דבר־מה, כמו את שירת נשות המקהלה, מתברר ששמיעתו אינה כשהייתה, וקולן חלש ונמוך (= יִשַּׁחוּ) עבורו: ״׳ויקום לקול הצפור׳ – שאפילו צפור מנערתו משנתו; ׳וישחו כל בנות השיר׳ – שאפילו קול שרים ושרות דומות עליו כשוחה (= כשיחה בלבד ולא כשירה)״ (בבלי, שבת קנב ע״א).

צמד הפעלים ׳לקום׳ ו׳לשוח׳ הוא צמד פעלים הפוכים – זה שקם עובר ממצב שכיבה או ישיבה לזקיפות קומה, בעוד זה ששַׁח – משפיל עצמו לכיוון מטה (כמו: ״עֵינֵי גַּבְהוּת אָדָם שָׁפֵל

35. בגמרא עולה ההצעה שהדלתות הנסגרות מייצגות את ״נקביו של אדם״ (בבלי, שבת קנב ע״א). יש יתרון מסוים בביאור זה, שהרי הקשר הפסוק עוסק גם באכילה המתמעטת – ״וּבָטְלוּ הַטֹּחֲנוֹת כִּי מִעֵטוּ״. מצד שני, לצד הדלתות נזכרו העיניים, ועל כן יש עדיפות לפירוש שנשאר באיברי פניו של האדם.

/ וְשַׁח רום אֲנָשִׁים" – ישעיה ב', יא). אולם לפי הצעת הקריאה שהוזכרה לעיל, קהלת הסב כל פועל על גורם אחר בתקבולת. זה שקם בצלע הראשונה הוא האיש הזקן; אך לא הוא זה ששח בצלע המקבילה, אלא אלו בנות השיר שאותן רוצה הזקן לשמוע, אך קולן מונמך. לפיכך, יש מקום להתלבט בקריאה אלטרנטיבית, שעל פיה גם וְיִשַּׁחוּ כָּל בְּנוֹת הַשִּׁיר ממשיך ומתאר את הזקן – שמיתרי קולו אינם חזקים כשהיו, בדומה למה שכבר נאמר לעיל ביחס לדלתי השוק הנסגרות.

יש פרשנים שהציעו לפסוק זה פרשנות שונה לחלוטין. כך כתב על פסוק זה סאו:

> המחבר כנראה לא חושב על ציפורים ששרות בשמחה, כפי שמקובל להניח, אלא על ציפורים מצפצפות בצווחות מבשרות רעה, או על עופות דורסים רוחשים כאשר הם חשים במוות כאשר הם עוברים במקום מאוכלס. כמו הצליל הדועך של הטחנה, כך צליל העופות העולה הוא סימן למוות.[36]

לאור זאת הוא הציע להבין גם את "בנות השיר" הנזכרות בצלע השנייה של הפסוק, כתיאור נוסף של הציפורים המצייצות, של העופות הצווחים בקול מאיים. והנה, עופות טורפים אלו מתחילים לרדת – "לשוח" – אל הארץ ומתקרבים אל הזקן שעוד רגע עומד למות.[37]

זהו פירוש מרתק, אך הקושי באימוצו נובע מההתפתחות הכרונולוגית הרמוזה בשיר. ניכר שקהלת מלווה את הזקן בדעיכתו, עד שלבסוף הוא יתאר את מותו וקבורתו. לאחר אזכור קול הציפור ובנות השיר (י"ב, ד) מתאר קהלת את הליכתו האיטית והזהירה של הזקן (י"ב, ה), ולא סביר שלאחר שקהלת כבר תיאר את עופות

36. סאו, קהלת, עמ' 358.
37. סאו, קהלת, עמ' 360.

הטרף המחכים לגופת הזקן, הוא ישוב ויתאר את הליכתו ואת שערו המלבין.

נעבור אם כן לשלב הבא בתיאור האדם הזקן: "גַּם מִגָּבֹהַּ יִרָאוּ וְחַתְחַתִּים בַּדֶּרֶךְ" (ה). היגד זה עוקב אחר הליכתו המהוססת של הזקן החושש ממאמץ ומנפילות. כל עלייה קטנה מאיימת עליו, וכל מהמורה בדרך מאתגרת, ועל כן הוא ממעיט ככל האפשר בהליכה: "'גם מגבה ייראו' – שאפילו גבשושית קטנה דומה עליו כהרי הרים; 'וחתחתים בדרך' – בשעה שמהלך בדרך נעשו לו תוהים" (בבלי, שבת קנב ע"א).

אחרי שמאורות השמיים כבו והבית הפסיק את פעולתו, פונה קהלת למרחב דימויים חדש – אל העצים. פעמים הרבה הטבע המלבלב מהווה כר נוח לדימויים נוחים לפריחה ולצמיחה, אבל קהלת נוטל גם עולם זה כדי לבטא את ניוונו המתמשך של האדם המזדקן: "וְיָנֵאץ הַשָּׁקֵד וְיִסְתַּבֵּל הֶחָגָב וְתָפֵר הָאֲבִיּוֹנָה כִּי הֹלֵךְ הָאָדָם אֶל בֵּית עוֹלָמוֹ וְסָבְבוּ בַשּׁוּק הַסֹּפְדִים" (ו).[38]

פריחת השקד מפתיעה במיוחד בהקשר זה, שהרי השקד הממהר לפרוח מייצג דווקא את הפריחה החוזרת של הטבע כולו. ברתולומיו התלבט אם ייתכן שקהלת רומז לנבואת ירמיה: "רְאֵה הִפְקַדְתִּיךָ הַיּוֹם הַזֶּה עַל הַגּוֹיִם וְעַל הַמַּמְלָכוֹת לִנְתוֹשׁ וְלִנְתוֹץ וּלְהַאֲבִיד וְלַהֲרוֹס לִבְנוֹת וְלִנְטוֹעַ... מָה אַתָּה רֹאֶה יִרְמְיָהוּ וָאֹמַר מַקֵּל שָׁקֵד אֲנִי רֹאֶה. וַיֹּאמֶר ה' אֵלַי הֵיטַבְתָּ לִרְאוֹת כִּי שֹׁקֵד אֲנִי עַל דְּבָרִי לַעֲשֹׂתוֹ" (ירמיה א', י-יב). לדבריו, בנבואת ירמיהו מקל השקד מסמל את המשפט האלוהי העומד לבוא, ודבר זה רלוונטי לכל אדם העומד ללכת לבית

38. אנו נוקטים בגישה המקובלת שהשקד הוא תיאור של עץ השקד. מרתקת עמדת ראב"ע שטען שיש לראות באלף שבמילה "וינאץ" אות שורשית ובמובן של 'שונא' או 'מואס', והשקד הוא 'השומר', 'השוקד על דרכיו', כלומר הזקן מתואר כמי שמואס בשמירה על גופו (ראב"ע לקהלת י"ב, ה). פסוק זה קשה לפירוש, עד שהיה מי שכתב: "שילוב של אלגוריה מעורפלת, וחוסר ודאות טקסטואלית, הופך שורה זו, לאחת מהקשות ביותר בספר קהלת" (וייטלי, קהלת, עמ' 97-98).

עולמו.[39] אולם, קהלת מדבר דווקא על עץ שקד שמנץ פרחים חדשים, כלומר הוא מתאר במיוחד את פריחתו, ולא זה המוקד במה שהראה ה׳ לירמיהו. נראה יותר שפרחי השקדייה הלבנים מסמלים כאן את שערו המלבין של הזקן; הוא נראה כשקדייה מהלכת ומלבלבת.[40] כאמור, התחבולה הספרותית כאן שנונה, כי בדרך כלל השקדייה היא סמל אביבי של התחדשות ורעננות, וקהלת נעזר באותה התרחשות טבעית כדי לסמל את התקרבותו המטרידה של המוות.[41]

לצד השקדייה מזכיר קהלת את החגב – שבדרך כלל מסמל קטנות (למשל במדבר י״ג, לג; ישעיה מ׳, כב). אך כאן החגב מובא כבעל חיים שקורה בגופו דבר־מה: וְיִסְתַּבֵּל הֶחָגָב.[42] היו שראו זאת סמל להליכתו הצולעת של הזקן, שהולך כמו חגב או חרגול לכאן ולכאן; מתחיל ללכת ונעצר כמי ששכח דבר־מה.[43] אולם, אם כך מתאים היה לכתוב ׳ויסתבל כחגב׳. נראה יותר שיש חלק בגופו של אדם המיוצג על ידי חגב, והוא ׳מסתבל׳. הבעיה הפרשנית הגדולה היא שלא ברור מה משמעותו של פועל זה. מכמה תרגומים עתיקים עולה שהם הבינו את הפועל כמורה על התנפחות או השמנה: יונתן תירגם ״ויתנפחון״, והפשיטתא תרגם ״גדל״. לפי זה, הכוונה אולי לכרס שהולכת וגדלה אצל גברים מבוגרים רבים.

רש״י מביא פועל זה בכמה מקומות בפירושו לתנ״ך כדוגמה

39. ברתולומיו, קהלת, עמ׳ 350.
40. ראו את דיונו של וייטלי, קהלת, עמ 97-98.
41. כבר הזכרנו את דברי אקהת האוגריתי: ״בן תמותה – מה אחרית ייקח? / איזה עתיד ייקח בן תמותה? גלזורה תינסך על ראשי / סיד על קדקדי. [אנכי?] מות כולם אמות / ואני כבן תמותה אמות״. כמה חוקרים שיערו שהסיד הנסוך על ראשו של הזקן רומז לשיער השיבה המלבין (ראו הפניות אצל גרינשטיין, אוגריתית, עמ׳ 77), ואם כך, קרובים דברי קהלת לדברים אלו.
42. יש כתבי יד של המקרא שבהם כתוב ׳ויסתכל׳, והכוונה כנראה לבלבול האוחז את הזקן. אנו נוקטים בעמדה המקובלת הרואה בחגב בעל חיים. מור הציע שמאחר שהחגב נזכר בין השקד לבין האביונה, אולי יש לראות גם בו שם של עץ (מור, צלף, עמ׳ 64). הפיתוי לאמץ כיוון זה ברור, אך עד שלא יימצא עץ ששמו חגב, יהיה קשה לאמץ זאת.
43. ראו למשל אצל ברתולומיו, קהלת, עמ׳ 350.

לבניין התפעל, שבו התי"ו נכנסת באמצע אותיות השורש: "כגון: 'ויסתבל החגב' – מגזרת סבל" (פירושו לבראשית מ"ד, טז, ועוד). גם בפירושו לפסוקנו כתב רש"י: "... כסובל משא כבד". לפי עמדה זו, לפנינו משל לעקמומיות הגב ההולך ונכפף, כאילו שמו עליו משא כבד שעליו לסבול.[44] דמיון המילים חגב־גב, יכול לתמוך גם הוא בהצעה זו, ולו כמשחק מילים.

את הָאֲבִיּוֹנָה המתפוררת מבארים רבים בהקשרי התאווה: תאוות האכילה והמין.[45] אבל הגיוני יותר שקהלת נשאר באותו הקשר סמנטי, ואם כן האביונה הוא עץ, בלשון חז"ל הצלף, שטבעו להתקלף והוא משול לקמטים הנוצרים על העור ('תָּפֵר' משורש פר"ר, ובהוראת לשבור, לפורר).[46]

באופן כזה כל התיאורים כולם מתייחסים להיבטים פיזיים חיצוניים של הזקנה. הזקן נראה כשקדייה המלבינה, כחגב המסובל וכאביונה המתפוררת. תיאור זה נחתם באיום המפורש: "כִּי הֹלֵךְ הָאָדָם אֶל בֵּית עוֹלָמוֹ וְסָבְבוּ בַשּׁוּק הַסּוֹפְדִים". המגילה כולה התחילה בסיבוב הטבע הלא פוסק: "הוֹלֵךְ אֶל דָּרוֹם וְסוֹבֵב אֶל צָפוֹן סוֹבֵב סֹבֵב הוֹלֵךְ הָרוּחַ וְעַל סְבִיבֹתָיו שָׁב הָרוּחַ" (א', ו). כעת הגיע תורם של הסופדים להסתובב בשוק, בעוד האדם הפרטי, החד־פעמי, הולך לבית עולמו.

הסופדים המתחילים להיאסף מובילים את קהלת לשיר הבא – תיאור המוות וקבורת האדם. גם שיר זה נפתח בהיגד "עַד

44. כך למשל: זר־כבוד, קהלת, עמ' עג.
45. זו דרך המלך אצל חז"ל ופרשני ימה"ב, ואף פרשנים חדשים אחזו בה, כדוגמת וייטלי, קהלת, עמ' 100. ראו גם את ההתלבטות של הרצברג (קהלת, עמ' 213) בעניין. קרובר העיר שיש סבירות בפרשנות זו כסגירה לתחילת הספר. שם, תיאור הנאות קהלת שהשיג נחתם בתענוגות בני אדם (ב', ח), ומתאים שבמקביל כאן, בתיאור מותו של אדם, יתייחס קהלת גם להיבט זה (קרובר, קהלת, עמ' 150). לדיון רחב באפשרות זו ראו מור, צלף.
46. יש ששילבו בין שתי הקריאות: הכוונה היא אומנם לעץ הצלף, אבל קהלת מכוון במיוחד לפריו הנחשב כסגולה לאונות מינית. ראו על כך אצל סאו, אסכטולוגי, עמ' 222–223.

אֲשֶׁר", ועל כן גם הוא נסוב על כותרת הדברים המעודדת את הבחור הצעיר ליהנות בחייו, לפני שיגיע יום מותו:

> עַד אֲשֶׁר לֹא יֵרָחֵק [קרי: יֵרָתֵק] חֶבֶל הַכֶּסֶף וְתָרֻץ גֻּלַּת הַזָּהָב וְתִשָּׁבֶר כַּד עַל הַמַּבּוּעַ וְנָרֹץ הַגַּלְגַּל אֶל הַבּוֹר. וְיָשֹׁב הֶעָפָר עַל הָאָרֶץ כְּשֶׁהָיָה וְהָרוּחַ תָּשׁוּב אֶל הָאֱלֹהִים אֲשֶׁר נְתָנָהּ (י"ב, ו–ז).

המשל שלפנינו מתאר מנורה ביתית שנשברת ומתנפצת. עצם בחירת האור כמשל לקבורה מחזיר אותנו לתחילת הדימוי הקודם שגם בו דיבר קהלת על החשכה המכסה את העולם. שם היו אלו השמש, הירח והכוכבים, המאירים את העולם כולו, כאן זוהי מנורה ביתית הקשורה בחבל ומאירה את חדרו הפרטי של האדם.

מתוך הקשר הדברים נראה שיֵרָתֵק פירושו 'ייקרע', ובדומה לפעלים האחרים המשולבים בפסוק – 'להישבר', 'לרוצץ'. הבעיה היא שבעברית מקראית 'לרתק' משמעו דווקא 'לחבר', 'לקשור' ("וְעַל נִכְבַּדֶּיהָ יַדּוּ גוֹרָל וְכָל גְּדוֹלֶיהָ רֻתְּקוּ בַזִּקִּים" – נחום ג', י).[47] נוסח הכתיב קרוב יותר להקשרו של הפסוק – 'ירחק' מלשון מרחק, אך גם הוא אינו מתאים עד תום. יש סבירות בהצעה שיש לאמץ כאן את הנוסח העולה מכמה תרגומים עתיקים – 'ינתק'.[48] גם מבלי לאמץ את הנוסח האלטרנטיבי, רבים מהמפרשים ביארו כאן: "עד אשר לא ירתק – יינתק".[49] אחרי הכול, אנו מכירים חילופי רי"ש ונו"ן, כמו נְבוּכַדְנֶצַּר שהוא גם נְבוּכַדְרֶאצַּר.[50]

גֻּלָּה היא המקום שבו יוצקים שמן במנורה. כלומר, קהלת מתאר

47. ומכך נגזר כנראה גם "וּרְתֻקוֹת כֶּסֶף צוֹרֵף" (ישעיה מ', יט) במשמעות 'שלשלת'.
48. כך עולה מתרגום השבעים, סומכוס, ועוד (BH, עמ' 1227). ראו במיוחד: ברטון, קהלת, עמ' 196; וייטלי, קהלת, עמ' 100. ראו על כך גם אצל קורפל, הלחמה, עמ' 221.
49. זר־כבוד, קהלת, עמ' עד; שטיינזלץ, מגילות, עמ' 159.
50. זר־כבוד (קהלת, עמ' עד, הערה 46) מזכיר גם את רחום (עזרא ב', ב) שהפך לנחום (נחמיה ז', ז).

כאן מנורת זהב התלויה על חבל כסף, ובשלב כלשהו חבל הכסף נקרע והמנורה נופלת ומתנפצת (תָרוּץ מלשון רצ"ץ, תישבר).[51] בעצם, די היה לקהלת לומר שהמנורה נכבית, וכבר היה בזה משל טוב לחיי האדם המסתיימים, שהרי "נֵר ה' נִשְׁמַת אָדָם חֹפֵשׂ כָּל חַדְרֵי בָטֶן" (משלי כ', כז), אולם קהלת אינו מסתפק בכך. המשל מתאר התנפצות אלימה, שאי אפשר להישאר אדישים כלפיה. ולא רק התנפצות רעשנית לפנינו, אלא תחושת סופיות שאי אפשר להימלט ממנה. ברגע שהתנתק חבל הכסף, אין שום סיכוי לגולת הזהב מלאת השמן לשרוד. קהלת מזכיר לבחור הצעיר שהוא כל העת תלוי על חוט כסף שעומד יום אחד להיפרם; שהוא תלוי על בלימה.

ומייד ממשיך קהלת למשל נוסף: "וְתִשָּׁבֶר כַּד עַל הַמַּבּוּעַ וְנָרֹץ הַגַּלְגַּל אֶל הַבּוֹר" (י"ב, ו). כד מחובר בדרך כלל לגלגל, שבאמצעותו אפשר להורידו אל הבור ולדלות מים. לפיכך, הקריאה המקובלת כאן היא שקהלת מתאר כד שהתנפץ לתוך הבאר, וגורר אחריו את הגלגל – הכול קורס פנימה ואי אפשר עוד לשאוב מים. זוהי קריאה אפשרית אך לא מספיק ברור מה משמעות דימוי זה. בתחילת הפסוק, במשל המנורה, היה חבל שקשר את המנורה וברגע ניתוקו גם המנורה נפלה והתנפצה, אך כאן הדימוי נראה הפוך ולא כל כך הגיוני – הכד המחובר לגלגל הוא המתנפץ ראשונה, ובעקבותיו הגלגל כולו קורס.

קריאה אחרת מעניינת העלה דהוד. לדעתו, יש לקרוא את הגלגל שבפסוקנו לאור gl באוגריתית ולאור gulgullu באכדית, שמשמעותם (כנראה) 'קערה', 'ספל'. לפיכך הוא הציע לראות בפסוק תקבולת מלאה – הגלגל הוא הכד שתואר בפתיחת הפסוק, ולפנינו תיאור של כד שאיבה שנשבר והתנפץ אל המבוע־הבור.[52]

51. סאו התקשה בכך, מפני שחפצי מתכת אינם עשויים להתנפץ מנפילה על הקרקע. הוא מביא ראיות ארכיאולוגיות לכך שמדובר כאן על חצובה עדינה לעששיות, מסוג שנהגו לעצבו כסמל לעץ החיים (סאו, אסכטולוגי, עמ' 227–229).

52. דהוד, השפעה, עמ' 216–217. יש לציין שההוראה המרכזית של gulgullu באכדית היא 'גולגולת', ולא בדיוק כד, ועל כן היו שפקפקו בהצעתו.

מההצעות כולן נראית במיוחד הצעתו של רשב"ם (פירושו לקהלת י"ב, ו), שעל פיה שתי צלעות התקבולת מתארות את אותה הסצנה אך בשני עצמים שונים. עיקר המשל בצלע הראשון מתאר כד שעיקר תכליתו לשאוב מים ולהביא חיים לצמאים הזקוקים למים, אך במקום לשאוב מים מתוך מקור המים הנובעים, הכד עצמו נשבר שם על המבוע. בדומה מתאר קהלת את הגלגל העומד לצד הבור וגם תפקידו לעזור בשאיבת מים, ובמקום לגלגל את כלי המים החוצה, הוא מתנפץ לתוך הבור. אין צורך לראות בשתי הצלעות את המשך אותו המשל, ועל כן אין הכרח לראות בגלגל המתנפץ תוצאה של שבירת הכד שתוארה קודם לכן, אלא לפנינו שני תיאורים מקבילים של היפוך היוצרות: במקום לשאוב מים, כלי השאיבה נשברים ואין כל דרך לדלות עוד מים מן הבור.[53]

מה בין שני הדימויים שבפסוקנו – המנורה הנשברת, או כלי השאיבה הנשברים? ראשית יש לציין את השדה הסמנטי המשותף לשני המשלים: בשניהם יש 'שאיבה' של מקור חיים. למנורה יש גֻּלַּת זָהָב – כלומר, כלי המכיל שמן שממנו הפתיל שואב שמן ובוער (השוו: זכריה ד', ב); לבאר יש כד וגלגל שבעזרתם שואבים מים מן הבור. ניפוצם אינו מאפשר לאור להמשיך ולהאיר, ולמים להרוות את צימאונם של הזקוקים להם.

הזיקה בין שני המשלים בולטת במיוחד בשימוש הכפול בפועל 'רצץ': "וְתָרֻץ גֻּלַּת הַזָּהָב" / "וְנָרֹץ הַגַּלְגַּל אֶל הַבּוֹר". שילוב פועל זה נותן במיוחד את תחושת הסופיות שקהלת מעוניין להשרות על הקורא. גם גולה עשויה זהב חייבת להתנפץ אם חבל הכסף נקרע; גם גלגל פעיל שדולה מים בחוזקה, נשבר בסופו של דבר; מתנפץ לרסיסים. כמו כל אדם. לצד הזיקה שבין שני המשלים יש ביניהם גם הבדל: המנורה התלויה בחבל כסף מאירה מהתקרה, או מהחלק העליון של הקיר, ואילו המבוע ומי הבור מצויים בתהומות. שני

53. בדומה גם זר־כבוד, קהלת, עמ' עד.

כיוונים אלו מכינים את הקרקע לנמשל הפורץ בפסוק הבא: "וְיָשֹׁב הֶעָפָר עַל הָאָרֶץ כְּשֶׁהָיָה וְהָרוּחַ תָּשׁוּב אֶל הָאֱלֹהִים אֲשֶׁר נְתָנָהּ" (י״ב, ז).

לפנינו דוגמה נוספת לפיצול הדיונים אצל קהלת ולזהירות שיש לנקוט כשבאים להציג את 'השקפתו' על העולם. בפרק ג פקפק קהלת בהנחה שרוח האדם עולה למעלה: "מִי יוֹדֵעַ רוּחַ בְּנֵי הָאָדָם הָעֹלָה הִיא לְמָעְלָה וְרוּחַ הַבְּהֵמָה הַיֹּרֶדֶת הִיא לְמַטָּה לָאָרֶץ" (ג', כא), והנה כאן, בתיאור מות האדם, מניח קהלת בפשטות שאכן "הָרוּחַ תָּשׁוּב אֶל הָאֱלֹהִים אֲשֶׁר נְתָנָהּ". אך אין לראות זאת כסתירה לוגית אלא הצגה שונה המושפעת מההקשר השונה של הדיון ובמשמעות אחרת של שיבת הרוח. לא ניתן לדעתו של קהלת לפתור את אי־הסדר ואי־הצדק שבעולם בטיעון שלאחר המוות הצדק יתממש ושם יחזור הסדר המוסרי על כנו. מאחר שאיננו יודעים בהכרח שרוחו של האדם כאינדיבידואל עולה למעלה, אי אפשר לנצל הנחה זו לשם פתרון בעיית העוולות שיש בעולם. לעומת זאת, בפרקנו שיבת הרוח אל האלוהים אינה מוצגת כפתרון למצוקה קיומית, אלא כתיאור מותו של האדם החדל להתקיים. בהקשר פיוטי זה מבקש קהלת להורות על העזיבה המוחלטת של העולם, על המוות החותם את המסע. לשם כך הוא מפורר את האדם עצמו – גופו שב אל העפר ורוחו שבה אל האלוהים, והוא עצמו חדל מלהתקיים. לשון אחר, שיבת הרוח אל האלוהים מקבילה לגמרי לשיבת הגוף אל העפר – האדם הפרטי אינו מצוי לא בזה ולא בזה; עבורו זהו סוף פסוק.

אם יש לראות בפסוק זה ביאור לדימויים הקודמים ברור מה ראה קהלת לשלב שני משלים שונים: גולת הזהב הנשברת מותירה את חבל הכסף למעלה ובכך מדמה משל זה את הרוח שתשוב אל האלוהים; הכד והגלגל הנשברים מותירים את המים למטה, ובכך יש בכוחם לייצג את הגוף, שאיננו אלא עָפָר, החוזר אל האדמה שממנה לוקח.

הֲבֵל הֲבָלִים ומסגרת הספר (י"ב, ח)

חתימת היחידה סוגרת מעגל עם פתיחת הספר כולו: "הֲבֵל הֲבָלִים אָמַר הַקּוֹהֶלֶת הַכֹּל הָבֶל" (י"ב, ח). משפט זה חוזר (כמעט) מילה במילה על פתיחתו (א', ב), ואין ספק שלפנינו מסגרת מתוכננת היטב.[54] דבר זה מעודד שימת לב לסגירה מהותית יותר המתרחשת בין פסוקי האקספוזיציה לפסוקי מותו של האדם שקראנו זה עתה.[55] בשניהם יש אזכורים מרומזים של ארבעת היסודות:

פסוקי האקספוזיציה (א')	פסוקי החתימה (י"ב)
"וְהָאָרֶץ לְעוֹלָם עֹמָדֶת" (ד)	"וְיָשֹׁב הֶעָפָר עַל הָאָרֶץ כְּשֶׁהָיָה" (ז)
"וְזָרַח הַשֶּׁמֶשׁ וּבָא הַשָּׁמֶשׁ" (ה)	"עַד אֲשֶׁר לֹא תֶחְשַׁךְ הַשֶּׁמֶשׁ" (ב)
"סוֹבֵב סֹבֵב הוֹלֵךְ הָרוּחַ וְעַל סְבִיבֹתָיו שָׁב הָרוּחַ" (ו)	"וְהָרוּחַ תָּשׁוּב אֶל הָאֱלֹהִים אֲשֶׁר נְתָנָהּ" (ז)
"כָּל הַנְּחָלִים הֹלְכִים אֶל הַיָּם וְהַיָּם אֵינֶנּוּ מָלֵא" (ז)	"וְתִשָּׁבֶר כַּד עַל הַמַּבּוּעַ וְנָרֹץ הַגַּלְגַּל אֶל הַבּוֹר" (ו)
"הֲבֵל הֲבָלִים אָמַר קֹהֶלֶת הֲבֵל הֲבָלִים הַכֹּל הָבֶל" (ב)	"הֲבֵל הֲבָלִים אָמַר הַקּוֹהֶלֶת הַכֹּל הָבֶל" (ח)

כאמור לעיל, גם הפועל המתאר את הסופדים המתחילים להכין את קינתם לקראת מותו של האדם – "וְסָבְבוּ בַשּׁוּק הַסֹּפְדִים", מהדהד גם הוא את הפועל הזה שתיאר את הרוח בפרק א': "סוֹבֵב סֹבֵב הוֹלֵךְ הָרוּחַ".

54. וייט חישב ומצא שערכו הגימטרי של הפזמון החוזר "הבל הבלים הכל הבלים" הוא 216, וזה בדיוק מספר הפסוקים בין הפזמון הפותח לפזמון החותם (וייט, חידה, עמ' 43–44). מורפי כתב על כך שממצא זה, לצד טענות דומות אחרות שהעלה וייט, מוכיח שהמגילה נכתבה באומנות ובקפידה (מורפי, קהלת, עמ' 128).

55. ראו גם אצל סאו, אסכטולוגי. למעלה פירשנו את הזיקה באופן שונה מהצעתו.

כל מסגרת ספרותית משמשת כבית קיבול, או כתיבת תהודה, לכל מה שנאמר בתווך, וכידוע – יש בכוח תיבת התהודה להדהד ולהעצים את הקולות שנשמעים לאורך היצירה עצמה. דימוי יפה הציע קריסטאנסון למעטפת ספרותית: ״אפשר להשוות את המסגרת לשתי דלתות זהות בשני קצות אותו חדר, אשר משמשות ככניסה וכיציאה יחידות״.[56]

קריאת פסוקי חתימת הספר על רקע פתיחתו חושפת את אמירתו הנוקבת של קהלת בפסוקי הסיום. בכל האלמנטים המוזכרים למעלה חלה אותה התפנית בין אזכורם בתחילת הספר לאזכורם בסוף. בתחילה היה זה חלק מטענת העולם המונוטוני שאיננו משתנה, וחוזר במעגליות אין־סופית לנקודת המוצא שלו. גם הארץ אינה משתנה, גם השמש והרוח נעים כל העת אך שבים לנקודת המוצא שלהם, וגם המים אינם מצליחים לשנות את גובה מפלס פני הים. התנועה היא מעגלית ומתוך כך גם אין־סופית וחסרת שינוי.

לעומת זאת, בחתימת הספר כל האלמנטים הללו מייצגים סיום טוטלי, ממש היפך המעגליות. השמש מחשיכה, ועבור האדם שמת היא לא תאיר עוד לעולם; הכד נשבר והגלגל מתנפץ, ולא ניתן לתקנם. גם העפר והרוח ׳ששבים׳ למקורם, אינם עושים זאת ברוח דברי קהלת של פרק א׳, כלומר הם לא עומדים להיוולד מחדש. אין לפנינו תיאור כמו זה הנמצא בתהלים: ״תֹּסֵף רוּחָם יִגְוָעוּן וְאֶל עֲפָרָם יְשׁוּבוּן. תְּשַׁלַּח רוּחֲךָ יִבָּרֵאוּן וּתְחַדֵּשׁ פְּנֵי אֲדָמָה״ (תהלים ק״ד, כט-ל). קהלת מפריד את מרכיבי האדם דווקא כדי להורות על כך שהם לא ישובו עוד לעולם. הגוף שב אל העפר, הרוח אל האלוהים, והאדם עצמו הסתיים.

הפער בין המחזוריות הטבעית המתוארת בתחילה לסופיות המאיימת המתוארת בסוף קשור כמובן בנושאים השונים שקהלת מעלה על נס בשני קטעים אלו. פסוקי האקספוזיציה הוקדשו למציאות כולה, לטבע, ובהקשר זה, גם האנושות נבחנה כבלתי־

56. קריסטיאנסון, סיפור, עמ׳ 98.

סופית המתנועעת ללא תכלית. כאן, בפסוקי הסיום מתאר קהלת את מותו של היחיד. מבחינתו, אין כל מעגליות ואין כל מחזוריות; הוא הולך לבית עולמו, הנצח המחכה לו הוא איניותו. הוא יכול להמשיך ולהתקיים כחלק מן העפר וכחלק מן האלוהים, אך הוא עצמו חי חיים לינאריים שיש להם התחלה, ולמרבה הצער, יש להם גם סוף.

מבחינה זו, אפשר לראות בקהלת הוגה אקזיסטנציאליסט. כמו סרן קירקגור או ז'אן־פול סארטר, וכמו אלבר קאמי, או פרנץ רוזנצווייג, גם קהלת העמיד את הקיום של האדם הפרטי לפני 'מהותו', ובמיוחד ביקש להעמיד את מותו של האדם הפרטי כנקודת מוצא לעיון הפילוסופי.

אפילוג (י"ב, ט–יד)

ספר קהלת עצמו נחתם בפסוק ח: "הֲבֵל הֲבָלִים אָמַר הַקּוֹהֶלֶת הַכֹּל הָבֶל".[1] הפסוקים הבאים המשולבים אחריו מהווים מעין אפילוג, או מעין כריכה אחורית של ספרים מודרניים, ויש בהם דברים על המחבר, המלצה להאזין לו, כמו גם ניסיון להפיק מסקנה סופית מחיבור סוער ומורכב זה.

וְיֹתֵר שֶׁהָיָה קֹהֶלֶת חָכָם עוֹד לִמַּד דַּעַת אֶת הָעָם וְאִזֵּן וְחִקֵּר תִּקֵּן מְשָׁלִים הַרְבֵּה. בִּקֵּשׁ קֹהֶלֶת לִמְצֹא דִּבְרֵי חֵפֶץ וְכָתוּב יֹשֶׁר דִּבְרֵי אֱמֶת.
דִּבְרֵי חֲכָמִים כַּדָּרְבֹנוֹת וּכְמַשְׂמְרוֹת נְטוּעִים בַּעֲלֵי אֲסֻפּוֹת נִתְּנוּ מֵרֹעֶה אֶחָד. וְיֹתֵר מֵהֵמָּה בְּנִי הִזָּהֵר עֲשׂוֹת סְפָרִים הַרְבֵּה אֵין קֵץ וְלַהַג הַרְבֵּה יְגִעַת בָּשָׂר.
סוֹף דָּבָר הַכֹּל נִשְׁמָע אֶת הָאֱלֹהִים יְרָא וְאֶת מִצְוֹתָיו שְׁמוֹר כִּי זֶה כָּל הָאָדָם. כִּי אֶת כָּל מַעֲשֶׂה הָאֱלֹהִים יָבִא בְמִשְׁפָּט עַל כָּל נֶעְלָם אִם טוֹב וְאִם רָע.

1. ברתולומיו ראה בפסוק זה את פתיחת היחידה שכולה בעיניו חתימה אחת (ברתולומיו, קהלת, עמ' 360-361). משמעות דבריו היא שלא רק י"ב, ח חותם את פתיחת הספר, אלא גם המשך הפסוקים – י"ב, ט-יד.

בין אם נאמץ את עמדת רשב"ם שהוזכרה לעיל (ועימו רבים בפרשנות המודרנית), שלפיה פסוקים אלו אינם פרי עטו של מחבר הספר, אלא הערכה של עורך הספר על מחברו,[2] ובין אם נקרא פסוקים אלו כמבע שנון של המחבר עצמו, שכתב על עצמו מנקודת מבט חיצונית, בכל מקרה ברור שפסוקים אלו – אשר מדווחים על המחבר ועל פועלו – כתובים מנקודת מבט אחרת וחיצונית לספר גופו. אולם יש הבדל חשוב בין שני הניסוחים הללו בהקשר אחר: מאחר שטמונה בהם מעין מסקנה ("סוֹף דָּבָר"), ההתלבטות אם הדברים יצאו מאת המחבר עצמו, שרק בחר בסגנון ספרותי שנון, או שמא הם יצאו מתחת יד עורך – כטענת רשב"ם – היא בעלת משמעות רבה. אם נאמץ את העמדה האחרונה, כלל לא ברור שקהלת עצמו מחויב למסקנה זו. יותר מכך, אם מדובר בהערכת הספר על ידי עורך שכתב פסוקים אלו, יש לבחון אותם בדקדקנות, שמא מסתתרת בהם גם ביקורת רמוזה על הספר.[3]

נדון בפסוקים לפי סדרם, ולבסוף ננסה להכריע בשאלה זו.

על המחבר (י"ב, ט-י)

השבח הראשון שנאמר על קהלת מבליט את 'האזרחות הטובה' שהוא הקרין ביחס לחברה כולה: "וְיֹתֵר שֶׁהָיָה קֹהֶלֶת חָכָם עוֹד לִמַּד דַּעַת אֶת הָעָם וְאִזֵּן וְחִקֵּר תִּקֵּן מְשָׁלִים הַרְבֵּה". לא רק שקהלת היה חכם, הוא חלק מחוכמתו לבני אדם; הוא לִמַּד דַּעַת אֶת הָעָם. סגולה זו זכתה להערכה רבה בקרב עם ישראל לדורותיו כבר מזמנים קדומים. מי

2. בין החוקרים יש גם מחלוקת האומנם מדובר בעורך אחד של הספר שהוסיף פסוקים אלו (כך עמדת גורדיס ולורץ למשל), או שמא יש בפסוקים אלו טביעות ידיים של שני 'עורכים' (ט-יא / יב-יד: כך למשל גאלינג, צימרלי, בראון וקרובר), ואולי לפנינו שלושה מחברים שונים (פסוקים ט-יא / יב / יג-יד, כדעתו של הרצברג).
3. קריאה כזו ימצא המעיין אצל פוקס, קהלת, עמ' 82-83; לונגמן, קהלת, עמ' 284.

שכתב את הפסוק הזה כנראה הכיר היטב את היצר הקיים בקרב אנשי דעת, לשקוע ספונים בספרייתם ובמחשבותיהם, ולוותר על הוראה ועל לימוד אחרים. לפיכך יש מן השבח לקהלת, שלא רק שהוא עצמו היה חכם, אלא הקדיש את שעותיו להוראה.[4] ייתכן שגם צודק ז'ואן, ששבחו של קהלת הרמוז כאן נובע במיוחד מכך שהוא לא צמצם עצמו להוראת האליטה, אלא לימד "אֶת הָעָם" – את כל מי שחפץ ללמוד.[5]

לצד זאת, קהלת גם השקיע רבות בדיוק מחשבותיו ולימודו – הוא "אִזֵּן", והוא גם "חִקֵּר", ונוסף על כך הוא גם "תִּקֵּן מְשָׁלִים הַרְבֵּה". "איזן" יכול להיות קשור במאזניים, כלומר – נהג בשיקול דעת ואמר רעיונות שקולים ואחראיים.[6] אך גם ייתכן שיש לגזור את הפועל מאוזניים – ואז לפנינו שבח על יכולת ההאזנה וההקשבה של קהלת.[7] אם אומנם כך, לפנינו הצהרה גלויה שקהלת שאב פתגמי חוכמה מאחרים, בחן אותם ושילב אותם בדברי חוכמתו. קהלת לא רק האזין בשום שכל ובשיקול דעת, אלא גם "חקר" – העמיק לבדוק ולברר את הדברים ולקבוע את מידתם, וקהלת אף "תיקן", כלומר ייסד דברי חוכמה ופתגמים משל עצמו.

שבחו של קהלת ממשיך בהיגד נוסף, מפתיע במידת־מה: "בִּקֵּשׁ קֹהֶלֶת לִמְצֹא דִּבְרֵי חֵפֶץ וְכָתוּב יֹשֶׁר דִּבְרֵי אֱמֶת" (י"ב, י). על פניו לפנינו שבח תמים לאחד מן החכמים שביקש למצוא חוכמה ודעת. אולם, השימוש בפעלים 'לבקש', לצד 'למצוא', מעלה בזיכרוננו את שימושו של קהלת עצמו לאורך הספר בפעלים אלו, והאווירה המלווה אותם היא בדרך כלל, כמו זה: "בְּשֶׁל אֲשֶׁר יַעֲמֹל הָאָדָם **לְבַקֵּשׁ וְלֹא יִמְצָא** וְגַם אִם יֹאמַר הֶחָכָם לָדַעַת **לֹא יוּכַל לִמְצֹא**" (ח', יז). לשון אחר,

4. קריאה דומה הציע גורדיס, קהלת, עמ' 342. לעומתו, סאו התלבט אם באמת היו בישראל חכמי אליטה שכאלה, שנמנעו מללמד את הרובד העממי, כך שאפשר להציג את קהלת כחכם יוצא דופן בדבר זה (סאו, קהלת, עמ' 383).
5. ז'ואן, קהלת. ברוח דומה כתב גם לוהפינק, קהלת, עמ' 142.
6. למשל: גרץ, קהלת, עמ' 141; הרצברג, קהלת, עמ' 218; מורפי, קהלת, עמ' 8.
7. למשל: פוקס, קהלת, עמ' 83; זר־כבוד, קהלת, עמ' עו. זו הקריאה שגם משתקפת בתרגומים הקדומים, ראו על כך אצל: יורינגר, מסורה, עמ' 131–132.

לאורך הספר קהלת העיד על עצמו שהוא אינו חש כחכם שמצא תשובות. אדרבה – "כָּל זֹה נִסִּיתִי בַחָכְמָה אָמַרְתִּי אֶחְכָּמָה וְהִיא רְחוֹקָה מִמֶּנִּי" (ז׳, כג). אין מדובר בצניעות גרידא של קהלת אלא בעמדה עקרונית שאין בכוח החכמים להבין אֶת מַעֲשֵׂה הָאֱלֹהִים אֲשֶׁר יַעֲשֶׂה אֶת הַכֹּל. והנה, כחלק משבחו של קהלת נאמר כאן שהוא "בִּקֵּשׁ לִמְצֹא דִּבְרֵי חֵפֶץ". ייתכן כמובן שלפנינו שבח מוגבל – קהלת ביקש למצוא, אך לא הצליח, ובכל זאת שבחו הוא שהוא ניסה ברצינות תהומית. אך למרות זאת, התחושה שעולה היא שתיאור קהלת בפסוקים אלו אינו מותאם לחלוטין לדמותו של קהלת כפי שהשתקפה לאורך החיבור עצמו.

על החכמים (י"ב, יא)

תחושה זו מקבלת משנה תוקף בפסוק הבא, המתאר את מעלתם של דברי החכמים: "דִּבְרֵי חֲכָמִים כַּדָּרְבֹנוֹת וּכְמַשְׂמְרוֹת נְטוּעִים בַּעֲלֵי אֲסֻפּוֹת נִתְּנוּ מֵרֹעֶה אֶחָד" (י"ב, יא). פה ניכרת האירוניה הדקה המשבחת את קהלת החכם בחצי חיוך. דורבן הוא מלמד הבקר, שעימו מכים בבהמה כדי להחיש את קצב הליכתה. משפט כזה מתאים במיוחד לומר על קהלת שדבריו הם כַּדָּרְבֹנוֹת – אין זה ספר מלטף, אלא דוקר. גם הדימוי השני – "וּכְמַשְׂמְרוֹת נְטוּעִים" – היינו מסמרות, מדגיש את יסוד הנזיפה, את ההכאה על קודקודו של התלמיד.

אולם, בשני מוקדים קל לאתר את הרוח האחרת הנושבת בפסוק זה. ראשית, עצם שבח מוסר החכמים, שדבריהם מיישרים את שומעי לקחם – כמו מלמדי הבקר שנהגי הבהמות מיישרים בעזרתם את הליכת בהמותיהם, וממריצים אותן ללכת ישר – נשמע זר לרוח שעלתה לאורך הספר. זו עמדה המתאימה לספרות החוכמה הקלאסית ובספר משלי אפשר לשמוע פתגמים רבים המותאמים לה, אך דווקא קהלת הציג עמדה המסתייגת מעמדת החכמים הטוענים שבידם התשובות. אדרבה, החכמים מיוסרים ורגזנים, שהרי "בְּרֹב חָכְמָה רָב כָּעַס וְיוֹסִיף דַּעַת יוֹסִיף מַכְאוֹב" (א׳, יח). גם מציאות חייו של החכם

אינה שונה ממציאות חייו של הכסיל, ואותו הפגע עלול לפגוע בשניהם באותה מידה (ב', טו), כך שקהלת יכול להוציא מפיו משפט המבטל את עדיפות החכם: "כִּי מַה יּוֹתֵר לֶחָכָם מִן הַכְּסִיל" (ו', ח). אכן, התמונה מורכבת יותר – כפי שראינו לאורך הספר – אך גם אם כך, העמדה המובאת כאן כפסוקי חתימה לספר כולו נשמעת זרה לרוח הספר.

זאת ועוד, חלק משבח החוכמה בפסוקים אלו נשען על עמדה שמרנית, כלומר עמדה הרואה בדורות הקודמים את מפיצי החוכמה, ועל הדורות הבאים לאחוז בדבריהם, גם אם הם מוזמנים להוסיף נדבך נוסף. החוכמה הולכת ומצטברת, וכל שמרן חושש תמיד משינויים מפליגים וקיצוניים, ודי להיזכר בחששותיו (שהתבררו כמוצדקים) של אדמונד ברק מתוצאות המהפכה הצרפתית, כדוגמה מייצגת לכך. הפסוק שלפנינו אומר זאת בפירוש על דברי החכמים: "נִתְּנוּ מֵרֹעֶה אֶחָד". אין זה משנה לענייננו מיהו אותו 'רועה' (אלוהים? משה?), הדבר המרתק בפסוק זה הוא דווקא התוספת אֶחָד.[8] לשון אחר, החוכמה מוצגת כאן כמסורת עתיקה העוברת מדור לדור, מאב לבנו, מהחכמים לתלמידיהם, והרוצה ליישר את דרכו, צריך להאזין היטב לאותם חכמים, וגם אם ביקורתם תהיה לו קשה, אין זה אלא כמסמרות של בהמות, וסופו של התלמיד ליישר את דרכו.[9]

8. בפרשנות המודרנית רבים אוחזים בעמדה שהרועה הנידון כאן הוא אלוהים. לפי זה, מובעת כאן התפיסה שמקור דברי החוכמה הוא באלוהים ובכך מקבלת מסורת זו משנה תוקף. פוקס טען שגם אם יש ביטויים במקרא לכך שאלוהים הוא מקור החוכמה, אנו לא מכירים תפיסה שהוא גם מקור פתגמי החוכמה, תוכני החוכמה, וגם כינויו כרועה אינו מתאים להקשר מעניק החוכמה אלא למנהיג. לפיכך הוא הציע שאין הכוונה לאדם ספציפי בעל החוכמה, אלא לביטוי מטאפורי של קבלת החוכמה מידי רועה (פוקס, קהלת, עמ' 84). על שאלת ייחוס החוכמה לאלוהים ראו גם אצל רופא, מבוא, עמ' 438-449.

9. תפיסת עם ישראל את המסורת כערובה לקיומו המתמיד, מהווה סמל של עמנו גם בקרב פילוסופים שהתבוננו בו מבחוץ. כך למשל עקב ניטשה אחר ארבע אומות – היוונים, הפרסים, היהודים, ולבסוף בני עמו הגרמנים – והגדיר את הייחודיות שלהן בפתגם קצר . הפתגם שבו הציג את היהודים הוא: "'הֱיֵה מכבד את אביך ואת אמך ועשה את רצונם בכל נפשך ובכל מאודך': את לוח ההתגברות

כפי שראינו לאורך הספר שוב ושוב, קהלת עצמו אינו שותף לעמדה זו. במבוא עמדנו על כך שריבוי הפעלים בגוף ראשון המשולבים בספר, איננו מקובל בספרות החוכמה הקלאסית, והוא קשור בהנחה שקהלת מרשה לעצמו לחדש דבר לאור ניסיונו הפרטי. הוא אינו שותף לאלו המסתכלים על הדורות הקודמים בהערצה הכרחית – "אַל תֹּאמַר מֶה הָיָה שֶׁהַיָּמִים הָרִאשֹׁנִים הָיוּ טוֹבִים מֵאֵלֶּה כִּי לֹא מֵחָכְמָה שָׁאַלְתָּ עַל זֶה" (קהלת ז', י). נשוב לדבר זה להלן, בדיוננו בשאלת זהות מחבר פסוקים אלו.

על עשיית ספרים (י"ב, יב)

מאחר שלפנינו אפילוג הכתוב בסופו של ספר, מתאים למצוא בו גם הערכה לעצם כתיבת ספרים שגלומה בהם חוכמה רבה. אלא שההערכה המשולבת כאן מפתיעה למדי: "וְיֹתֵר מֵהֵמָּה בְּנִי הִזָּהֵר עֲשׂוֹת סְפָרִים הַרְבֵּה אֵין קֵץ וְלַהַג הַרְבֵּה יְגִעַת בָּשָׂר" (יג). על פניו, פסוק זה חותר תחת הצדקת קיומו של הספר שהוא חותם אותו. החכם מטיף לשומע לקחו (על הפנייה 'בני' ראו להלן), שיותר מכל מה שכתוב בספר זה, עליו להישמר מפני כתיבת ספרים. הוא מכנה את הכתוב בספרים אלו "לַהַג הַרְבֵּה" שמביא ל"יְגִעַת בָּשָׂר". אם קהלת עצמו כתב פסוקים אלו ואם מחבר אחר, טמונה בהם אירוניה חדה.[10] יש להודות שיש בספר קהלת לַהַג הַרְבֵּה, ובכל זאת, מפתיע למצוא הערכה כזו בסוף הספר.

הדבר כנראה הטריד כל כך את הנצי"ב, עד שהוא פירש את הפסוק להיפך בדיוק מקריאתו הפשוטה, וכעידוד לכתוב ספרים רבים:

הזה תלה מעליו עם אחר, וככה התעצם ונהיה נצחי" (ניטשה, זרתוסטרה, עמ' 120). מתוך כיבוד המסורת והדורות הקודמים זכה עם ישראל להיות נצחי.

10. יחס אירוני בין חתימת הספר בכללה לבין גופו של הספר הוצע בידי אהרן הראל־פיש, שכתב: "הדחייה הספקנית הזו של הספקנות היא התפנית החדה האחרונה במסכת האירוניה העילאית של קהלת" (פיש, שירה, עמ' 175).

אפילוג (י"ב, ט–יד)

ועצה עמוקה זו פירש שלמה המלך בסוף קהלת, אחר שאמר 'דברי חכמים כדרבנות וגו'', אמר עוד 'ויותר מהמה בני הזהר – עשות ספרים הרבה אין קץ ולהג הרבה יגיעת בשר'. הביאור, שמזהיר לתלמיד חכם... אם רוצה לחדש ולהגדיל תורה – הזהר בשני דברים: אחד, עשיית ספרים הרבה אין קץ. היינו, שתכתוב לעצמך כל רעיון וכל חידוש... שני – 'ולהג הרבה יגיעת בשר', שיהא מדבר הרבה ביגיעת בשר היינו עם תלמידים (העמק דבר לדברים ל', יד).

קשה להניח שהנצי"ב לא היה מודע לקריאה הפשוטה יותר של הפסוק, שמזהירה מפני עשיית ספרים, ובכל זאת הוא אימץ קריאה אלטרנטיבית זו.

על פי הקריאה הפשוטה של הפסוק, קהלת מהביל כאן אפילו את טענתו שלו שהכול הבל – גם מזה צריך להיזהר! כל מי שבא בשם אידיאולוגיה חשוד בעיני קהלת, גם אם האידיאולוגיה שלו היא שאין להרים שום דגל אידיאולוגי.

זֶה כָּל הָאָדָם (י"ב, יג-יד)

הפתגם האחרון בספר פותח בהכרזה – "סוֹף דָּבָר" – ומאפשר קריאה כפולה. מצד אחד במשמעות 'מסקנת הדברים', ומצד שני, במשמעות 'המשפט הסופי של הספר'. זהו סימון לקורא שהנה הוא הגיע לסופו של המסע, ופתיחה שכזו מעוררת תשומת לב מיוחדת. דווקא בספר מורכב כמו קהלת, שיש בו קפיצות בין נושאים שונים, ואמירות המותאמות להקשר הדיון – ולכן גם משתנות ללא הרף – שאלת 'השורה התחתונה' של הספר היא שאלה מאתגרת, והנה פסוקים מפורשים שעומדים לפתור את התעלומה. מאחר שלאורך הספר הוראת 'דבר' הייתה בדרך כלל 'דיבור', נראה שגם כאן המשפט עצמו מבקש לומר – הגיע הסוף לדיבורים הרבים, הכול כבר נשמע ונאמר, וכעת אפשר לסכם.

סוֹף דָּבָר הַכֹּל נִשְׁמָע
אֶת הָאֱלֹהִים יְרָא וְאֶת מִצְוֹתָיו שְׁמוֹר
כִּי זֶה כָּל הָאָדָם.
כִּי אֶת כָּל מַעֲשֶׂה הָאֱלֹהִים יָבִא בְמִשְׁפָּט
עַל כָּל נֶעְלָם אִם טוֹב וְאִם רָע (י״ב, יג-יד).

לפני שנדון במשמעות העולה מחתימה זו, יש לתת את הדעת לעיצוב הפסוקים. על שני דברים נאמר כאן "כָּל". הדרישה ליראת אלוהים היא 'כָּל הָאָדָם'; ואלוהים יביא למשפט עם האדם כָּל מַעֲשֶׂה שעשה – גם אלו הנעלמים והנסתרים ("כָּל נֶעְלָם"), אִם טוֹב וְאִם רָע.[11] בכך מבליטה חתימה זו שיראת האלוהים הנזכרת בתחילה נמדדת על פי מעשיו של האדם ולא רק לאור מה שמתחולל בליבו פנימה. במובן מסוים, מעשה האדם מאפיל כאן על כל רובד אחר של הקיום האנושי. גם יראת האלוהים מתפרשת מייד בהקשר מעשי – "וְאֶת מִצְוֹתָיו שְׁמוֹר", וגם המשפט המחכה לכל אדם מתמקד במעשיו; בכל מעשיו, הן הנעלמים והן הרעים. נשוב לנקודה זו בסוף דברינו.

יש להודות שכבר בקריאה ראשונה של מסקנת הספר, אפשר לחוש בהפתעה שטמונה כאן. אפשר לשער שאין קוראים רבים שהיו מנסחים כך את מסקנת הספר. הספקנות שמלווה את הספר לכל אורכו אינה מותאמת לאווירה ההחלטית של פסוקים אלו. אך מטריד עוד יותר ההיבט הדתי שחודר לפתע לפסוקים אלו. אכן, לאורך הספר כולו קהלת מדבר על אלוהים, והוא משוכנע בהשגחתו. אדרבה, דווקא משום כך הוא נוטה לסייג את השתדלות האדם, וגם אם הוא מעודד אותו לפעולה, הוא עושה זאת כל העת מתוך מודעות ברורה לכך שאין כל ערובה שמעשיו יצליחו בידו. בסופו של דבר, אלוהים הוא הקובע מִי יֵעָנִי וּמִי יֵעָשֵׁר, מִי יִשָּׁפֵל וּמִי יָרוּם. אולם, יראת אלוהים

11. רשב"ם פירש שהלשון "אם טוב ואם רע" מוסבת על האדם הפועל – "בין שהאדם רע בין שהוא טוב יביאהו לדין" (פירושו לקהלת י"ב, יד). למעלה נקטנו בפירוש שרואה את הטוב והרע שבפסוק כמגדירים את 'כל מעשה' שעליו יביא אלוהים את האדם למשפט.

במובן של שמירת מצוות לא הוזכרה כלל לאורך הספר, ונדמה היה שעולם זה נעוץ מעבר לאופק של דיוני הספר שנוגעים במה שתחת השמש, ולא במה שמעליה.

אולם, בהחלט ייתכן שזו בדיוק תרומתה של היחידה החותמת שלפנינו: מחבר פסוקים אלו ביקש להציג את מסקנת הספר מנקודת מבט חיצונית למסע המתואר בספר. לא כחלק מדיוניו הבוחנים של קהלת ומחיפושו אחר משמעות לקיום האנושי, אלא כמשקיף מבחוץ על התהליך שעבר קהלת, ודווקא זה המתבונן מבחוץ יגיע למסקנה, שאין לו לאדם אלא יראת אלוהים שבקרבו ושמירת מצוותיו – זֶה כָּל הָאָדָם. כלומר, אין זו מסקנת הספר אלא מסקנת הקורא לאור הספר; או אולי אפשר לומר שאין זו מסקנת הספר אלא סוֹף דָּבָר.

משמעות האפילוג

מה אם כן תפקיד האפילוג של הספר, ומה יחסו לספר עצמו? אפשר להבין את טענת רשב״ם, ורבים אחרים בפרשנות המודרנית, שטענו שמחבר פסוקים אלו איננו הכותב של הספר עצמו, ״ואותן אשר סדרוהו״ – כלשון רשב״ם – כתבו אותם (פירושו לקהלת י״ב, ח). עמדה מגובשת יותר הציע ר׳ שמואל אבן תיבון (המתרגם הנודע של מורה הנבוכים לרמב״ם, אשר נולד בשנת 1165 בלונל שבצרפת). בפירושו לפסוק ח – ״הֲבֵל הֲבָלִים אָמַר הַקּוֹהֶלֶת הַכֹּל הָבֶל״ – הוא כותב כך:

> נראה לי שהוא סוף הספר הזה, כאשר התחיל כן סיים... וכל הפסוקים האחרים נראה לי שהם דברי מחבר הספר תחילה, רוצה לומר חזקיה וסיעתו, שאמרו חכמים ז״ל שהם כתבוהו תחילה, והם כשמונת פסוקים שבסוף התורה שכתב יהושע. וחיבר חזקיה אלו הפסוקים אל הספר הזה, קצתם להודיע בהם שקהלת אמר דברים אחרים ולימד דעות אחרות מלבד מה שחיבר זה הספר מהם, וכל זה עד שיודע מדבריו האחרים שאין כל דברי הספר

הזה כפי אמונתו בהם אך כפי מחקר החכמה, וקצתם דברים שהוסיפו הם להיישיר בני אדם שלא תימוט רגלם מדעות התורה ומאמונותיה הטובות מפני מה שיראו בזה הספר מדברים סותרים עניינים מענייני האמונה הטובה והקבלה התמימה.[12]

כפי שעלה לעיל, באמת הנחות המוצא של פסוקי מסקנת הספר שונות מהנחות היסוד שליוו את ספר קהלת לכל אורכו. תחושה זו באה לידי ביטוי גם מבחינה סמנטית. בפסוק יב נאמר: "וְיֹתֵר מֵהֵמָּה בְּנִי הִזָּהֵר". הפנייה אל הבן רווחת בספר משלי, אולם נעדרת לחלוטין בספר קהלת. זהו סימן מובהק של כתיבה חוכמתית קלאסית, ולא במקרה קהלת אינו משתמש בה לאורך הספר. הנחת היסוד המובלעת בה היא שהחוכמה נתונה בידי הבוגר, והוא המעביר אותה לצעיר אשר בא ללמוד מוסר ולקח טוב. קהלת מתייצב במרחב אחר של שיח, שיש בו ספק, ושאין בו תשובות, גם לא בידי החכם הבוגר. לפיכך, גם סגנון קטע זה, שמשולבת בו פנייה אל הבן, מחזק את הטענה שהוא לא יצא מתחת ידיו של קהלת עצמו.

אולם, דווקא הבחינה הלשונית מעוררת כאן את השאלה מחדש. לקהלת יש אוצר מילים ייחודי, ומילים נדירות רבות משולבות בספרו. והנה מתברר, שחלק מאוצר מילים ייחודי זה נותן את אותותיו גם בפסוקי האפילוג. בחינה זו צריכה להיעשות בזהירות, מפני שסביר שיש מטבעות לשון שגורים בפי חכמים, ולא כל זיקה לשונית בין פסוקי האפילוג לפסוקי הספר מחייבת להגיע למסקנה שמדובר באותו המחבר.[13] אולם יש מאפיינים לשוניים ייחודיים לקהלת, ומעקב אחריהם יכול ללמד הרבה. ברצוננו להצביע במיוחד על שלושה ביטויי לשון:

12. אבן תיבון, קהלת, עמ' 389.
13. כך למשל תיאור המת השב אל העפר שנזכר באפילוג – "וְיָשֹׁב הֶעָפָר עַל הָאָרֶץ כְּשֶׁהָיָה" (י"ב, ז) – מנהל דיאלוג ברור עם שנאמר בגוף הספר: "הַכֹּל הָיָה מִן הֶעָפָר וְהַכֹּל שָׁב אֶל הֶעָפָר" (ג', כ). אולם, הצירוף 'לשוב אל העפר' נזכר כבר בסיפור גן עדן (בראשית ג', יט), והוא נזכר גם בתהלים ובאיוב.

1. השורש תק"ן הוא המצאה של קהלת, והוא בא "בלשון קהלת בלבד".[14] הוא נזכר פעמיים בספר עצמו: "מְעֻוָּת לֹא יוּכַל לִתְקֹן" (א', טו); "כִּי מִי יוּכַל לְתַקֵּן אֵת אֲשֶׁר עִוְּתוֹ" (ז', יג), והוא משולב גם בפסוקי האפילוג – "וְאִזֵּן וְחִקֵּר תִּקֵּן מְשָׁלִים הַרְבֵּה" (י"ב, ט).
2. הצורה "שֶׁהָיָה" היא מאפיין מובהק של ספר קהלת. צורה לשונית זו נזכרת תשע פעמים במקרא, ומלבד שילובה (הכפול) בתהלים קכ"ד, כל שאר אזכוריה באים בספר קהלת בלבד. הפעם האחרונה שצורה זו משולבת בספר היא באפילוג: "וְיֹתֵר שֶׁהָיָה קֹהֶלֶת חָכָם" (י"ב, ט).
3. גם המונח "אֵין קֵץ" בהוראת אין־גבול, מאפיין במיוחד את ספר קהלת. הוא נזכר בכל המקרא חמש פעמים – פעם אחת בישעיה, פעם אחת באיוב, ושלוש פעמים בקהלת. אחת מהן בפסוקי האפילוג: "עֲשׂוֹת סְפָרִים הַרְבֵּה אֵין קֵץ" (י"ב, יב).

לבחינה לשונית זו יש להוסיף את הערתו של מיכאל פוקס, שבכתיבה חוכמתית־מצרית קדומה, היה מקובל שהמחבר עצמו מוסיף בסוף חיבורו הערכה על החיבור, שבה הוא מתייחס לעצמו בגוף שלישי.[15] הנתונים העומדים לפנינו הם אם כן מורכבים ומקשים על מסקנה חד־משמעית. מן העבר האחד ניכר שפסוקים אלו נטועים במרחב חשיבה שונה משל קהלת, ומן העבר האחר, בבחינת אוצר המילים וצורות הלשון, נראים גם פסוקים אלו כמי שיצאו מתחת אותה היד שכתבה את הספר כולו. בסופו של דבר, גם אם הצדק עם הטוענים שלפנינו פסוקים של עורכי הספר, וגם אם צודקים הטוענים שלפנינו שנינות ספרותית ואירוניה עצמית של קהלת עצמו, יש בפסוקים אלו כדי להציע את מסקנת הקורא בספר, שגם אם אינה מותאמת לטיעונים שעלו בספר עצמו, יכולה לפתוח צוהר בפני תודעה שמתעצבת לאור הספר.

14. קדרי, מילון, עמ' 1182.
15. פוקס, מסגרת ספרותית.

בהקשר זה ברצוננו לחזור למה שכבר עלה לעיל, בניתוח פסוקים אלו. אף שחוקרים רבים רואים בהטפה ליראת האלוהים המצויה כאן את הפער המרכזי שבין הפסוקים האלו לספר עצמו, נראה שדווקא בנקודה זו, הספר עצמו שותף למסקנת יראת האלוהים המשולבת בסופו.[16] הטענה שנשמעת לעיתים, כאילו קהלת סטה מחובת יראת האלוהים המקראית, רחוקה מן האמת. כפי שנבהיר בדברי הסיכום לספרנו להלן, יש מעין פזמון חוזר החותם כל חטיבה בספר, ומשולבת בו שוב ושוב התפיסה שקורותיו של האדם נגזרים מהשגחת האלוהים, וכי הוא נדרש ליראתו. במובן מסוים אפשר להפוך את הקערה על פיה – אחת הסיבות לקשור את האפילוג לספר עצמו היא הדרישה שיש בו ליראת אלוהים. לא יראת **ה'** או אהבתו נזכרים בו, אלא יראת **אלוהים**, ולדבר זה הטיף קהלת גם בגוף הספר, כמו: "כִּי אֶת הָאֱלֹהִים יְרָא" (ה', ו). יותר מכך, יראת האלוהים היא מהדברים היחידים שקהלת הצביע עליהם כעל דבר ראוי ונצרך, ויראה זו עצמה היא פרי מחשבה אלוהית: "וְהָאֱלֹהִים עָשָׂה שֶׁיִּרְאוּ מִלְּפָנָיו" (ג', יד).

במיוחד ראוי בהקשר זה להיזכר בדברי קהלת על ההולך לבית האלוהים: "**שְׁמֹר** רַגְלְךָ כַּאֲשֶׁר תֵּלֵךְ אֶל בֵּית הָאֱלֹהִים וְקָרוֹב **לִשְׁמֹעַ** מִתֵּת הַכְּסִילִים זָבַח כִּי אֵינָם יוֹדְעִים **לַעֲשׂוֹת רָע**... כִּי בְרֹב חֲלֹמוֹת וַהֲבָלִים וּדְבָרִים הַרְבֵּה כִּי **אֶת הָאֱלֹהִים יְרָא**" (ד', יז-ה', ו). הן בתוכן הדברים הן במרקם המילים, ניכר הקשר בין פסוקים אלו לחתימת הספר: "סוֹף דָּבָר הַכֹּל **נִשְׁמָע אֶת הָאֱלֹהִים יְרָא** וְאֶת מִצְוֹתָיו **שְׁמוֹר** כִּי זֶה כָּל הָאָדָם. כִּי אֶת כָּל **מַעֲשֶׂה** הָאֱלֹהִים יָבִא בְמִשְׁפָּט עַל כָּל נֶעְלָם אִם טוֹב **וְאִם רָע**" (י"ב, יג-יד). האזהרה שנזכרת בשני מקראות אלו – "אֶת הָאֱלֹהִים יְרָא" – איננה מופיעה בצורה זו בעוד מקום בתנ"ך, אך הקשר בין היחידות עולה במיוחד בעמדה העקרונית המובעת בהם: יש לשמוע בקול אלוהים.

אכן, אין מדובר בהיפעלות רוחנית־רגשית. רחוק קהלת, גם בפסוקי אפילוג אלו, מהאווירה הדתית של הבעל שם־טוב וחסידיו,

16. כטענתו המוצדקת של גורדיס, קהלת, עמ' 341.

אך מימושה של יראת האלוהים, גם בפסוקי האפילוג, באה לידי ביטוי ברובד המעשי של חיי האדם. כפי שראינו בניתוח פסוקים אלו, יראת האלוהים מוגדרת בהם על פי שמירת צווי האל – "אֶת הָאֱלֹהִים יְרָא וְאֶת מִצְוֺתָיו שְׁמוֹר כִּי זֶה כָּל הָאָדָם" (י"ב, יג). לפיכך יש בהם גם התמקדות במשפט המחכה לכל אדם על **כָּל מַעֲשֶׂה**: "כִּי אֶת כָּל מַעֲשֶׂה הָאֱלֹהִים יָבִא בְמִשְׁפָּט עַל כָּל נֶעְלָם אִם טוֹב וְאִם רָע" (י"ב, יד). לא ייפלא שפרופ' ישעיהו לייבוביץ' אהב את ספר קהלת במיוחד,[17] ומבחינה זו, פסוקי האפילוג אכן חושפים קו חשיבה שנרמז לאורך הספר כולו.

אך גם אם עמדה זו משתלבת בסופו של דבר עם הספר כולו, לא ניתן להסתפק בכך. שמירת מצוות לא הוזכרה כלל לאורך הספר, ומפתיע שדווקא דבר זה מוצג כמסקנת הספר.[18] מאחר שפסוקי האפילוג ניצבים כמסקנת הקורא המתבונן על הספר ועל מחברו

17. לייבוביץ' ראה בספר קהלת את אחד מחמשת הספרים הנדרשים לבניית אישיותו של האדם. לצידו הוא מנה גם את הספרים בראשית, איוב, שמונה פרקים של הרמב"ם ומסילת ישרים של רמח"ל. על הפסוקים שלפנינו אמר לייבוביץ' בתוכנית רדיו שהוקדשה למגילת קהלת: "אין זה מקרה, ולפי דעתי הוא הדבר המרכזי וגם המפתח להבנת משמעות ספר קוהלת, שלאחר הפעמים הרבות בהן מועלית השאלה 'מה־טוב לאדם', בכל אותה קשת בחינות החל מן הטוב החומרי, עד להישגי הרוח האינטלקטואליים הנעלים, לא נמצא בכל אלה שום דבר טוב. לפתע בא הפסוק שלפני האחרון, שאיננו אומר מאומה מה טוב לאדם, וזוהי גם הפעם האחת והיחידה בה מופיע ניסוח שונה לחלוטין, בו נאמר מהו 'כל האדם', ואנו קוראים בו: 'סוף דבר הכל נשמע, את האלהים ירא ואת מצותיו שמר כי זה כל האדם'. האמונה הדתית העמוקה הטמונה וצפונה בפסוק מפתיע זה שאיננו משיב כלל מה טוב לאדם, אלא משיב על שאלה שלכאורה לא נשאלה כלל, הוי אומר מהו האדם, תכליתו, והתוכן הערכי שבקיומו, ופסוק זה כאילו משיב גם על כל השאלות המוצגות לאורך פרקי המגילה. זוהי גם העדות הנאמנה כי פסוק זה הוא תוכנה המרכזי, וכולה אינה אלא חותרת לקראתו. לשון הכתוב איננה אומרת כי זה טוב לאדם, אלא אומרת 'כי זה כל האדם'". (לייבוביץ', שיחות, עמ' 199).
18. "גם אם יראת אלוהים הוזכרה לאורך הספר, שמירת מצוות לא" (סאו, קהלת, עמ' 394).

מבחוץ, נדמה שאפשר להפוך את התמיהה הזו לתשובה ולעמידה על פשר אפילוג זה כולו.

מסגרת הספר עצמה מעידה על עיקר מגמתו – "הכול הבל". אכן, קהלת מעביר את הקורא מסע מפותל שמצביע על חוסר הסדר היסודי שמתרחש במציאות נוכח עינינו, בהקשרים שונים, הן מול אלוהים, הן מול הפוליטיקה והחברה האנושית והן מול הציפייה למוסר וצדק. דווקא משום כך שואל עצמו הקורא בסוף הקריאה – אז מה עלינו לעשות? כיצד אפשר להתנהל בעולם כאוטי שכזה? הפרולוג מאתר את הפעילות האנושית שאליה קהלת כמעט שלא התייחס – עולם העשייה הדתי. גם במקומות שהעולם הדתי הוזכר בספר, הוא הובא בשירות נושא אחר. הדבר בולט במיוחד בפסוקים שהובאו לעיל (ד', יז – ה', ו), שעיקר עניינם להסתייג מריבוי נדרים וקורבנות, וכבדרך אגב אמר שם קהלת שטוב לשמוע בקול אלוהים מלתת לו זבחים. לפיכך, מסקנה אפשרית מקריאת ספר זה היא שאין כל ערך ברדיפה אחר כבוד, עושר וחכמה, ואכן יש כאוס יסודי המלווה את חיי האדם וחיי החברה, ועל כן, כל שנותר הוא להתמקד בדבר היחיד שקהלת לא שלל – "אֶת הָאֱלֹהִים יְרָא וְאֶת מִצְוֹתָיו שְׁמוֹר כִּי זֶה כָּל הָאָדָם".

יש להדגיש, אין מדובר במסקנת הספר. אדרבה, מסקנתו של הספר נותרה שהכול הֲבֵל הֲבָלִים. מדובר במסקנה אפשרית של קורא בספר; שמעריך את קהלת ואת חוכמתו, ומנסה לנתב לו דרך, לאור חוסר התכלית שקהלת הצביע עליו. ברוח דומה חתם סאו את פירושו לספר קהלת:

> אם כן, מבלי לסתור את קהלת, העורך מפנה את תשומת הלב לממד חשוב שיש לקחת בחשבון אחרי שהכול כבר נאמר: אפשר להחזיק בפרספקטיבה של חכמים כמו קהלת יחד עם העקרונות המרכזיים של אמונת ישראל. בסופו של דבר, גם חוכמה קיצונית לא צריכה להיתפס כנוגדת את הקריאה לצייתנות דתית. ואכן,

האפשרות של מהלך הרמנויטי זה, היא שהבטיחה את קבלת קהלת לקאנון המקראי.[19]

הדברים קשורים גם למגמת הספר בכלל, ובזה נדון להלן, בפרק הסיכום.

19. סאו, קהלת, עמ' 396.

סוֹף דָּבָר

"האיש נוהג בשיגעון, אך לא בלי שיטה"
(שייקספיר, המלט, מערכה שנייה).

יש שני עקרונות יסוד המנחים את קהלת, ולאורם הוא מגיע למסקנתו הקבועה שהכול הבל. שני העקרונות קשורים זה בזה אך הם מזמינים מיקוד שונה.

העיקרון הראשון הוא שהיכן שאדם אינו מסתכל הוא רואה מולו חוסר סדר, הוא פוגש בכאוס. למציאות חייו של האדם הפרטי ולהתנהלות החברה אין ביאור לוגי המתיישב על הלב. כלומר, אין התאמה בין מעשה האדם לבין תוצאות מעשיו. חוסר סדר זה בא לידי ביטוי הן בהקשר המעשי, ובציפייה שמי שפועל נכון יצליח, הן בהקשר המוסרי ובציפייה שעושה הרעה ישלם על כך בעוד עושה הטובה יקבל את שכרו. גולת הכותרת של חוסר־סדר זה באה לידי ביטוי במוות האורב לפתחו של כל אדם. אנו מורגלים בכך שכל אדם ימות, אך קהלת חותר תחת הנחה מוסכמת זו ותוהה גם עליה. המוות, שקהלת מדגיש את החידלון המוחלט שבא בעקבותיו, מקרין גם על החיים והופך פעולות רבות לחסרות משמעות. העובדה שכל אדם ימות, ולא משנה כלל מה יעשה בחייו וכיצד ינהג, היא יסוד

מערער, שלאורו קשה להצביע על פעילות מסוימת כבעלת ערך נצחי יותר מפעילות אחרת.

העיקרון השני הוא עיקרון חוסר הוודאות. אדם אֵינֶנּוּ יֹדֵעַ מַה שֶּׁיִּהְיֶה, וגם לא יכול להיערך לכך. כפי שראינו לאורך הספר, עיקרון זה נותן את אותותיו אצל קהלת במגוון תחומים, אך במיוחד הוא מערער את יסודות תפיסת החוכמה, שאפשר להתכונן כראוי לקראת העתיד. לפי קהלת, הרעה יכולה לבוא אל האדם פתע פתאום, ללא סימנים מוקדמים, ובלי קשר למעשיו – "כִּי גַּם לֹא יֵדַע הָאָדָם אֶת עִתּוֹ כַּדָּגִים שֶׁנֶּאֱחָזִים בִּמְצוֹדָה רָעָה וְכַצִּפֳּרִים הָאֲחֻזוֹת בַּפָּח כָּהֵם יוּקָשִׁים בְּנֵי הָאָדָם לְעֵת רָעָה כְּשֶׁתִּפּוֹל עֲלֵיהֶם פִּתְאֹם" (ט', יב). גם לאור עיקרון זה, מתפלמס קהלת נגד הנחת היסוד של ספרות החוכמה הקלאסית שמטיפה לאדם לעמול קשה ולהגיע לתוצאות. מאחר שהכול יכול להתרחש בכל רגע נתון, ומאחר שהאדם לא באמת שולט בכך, אין עדיפות לקלים במרוץ, ואין עדיפות לגיבורים בשדה הקרב.

לאור שני עקרונות אלו, נדמה העולם על קהלת כהֲבֵל הֲבָלִים – כחסר פשר, וכמי שאינו מאפשר לאדם להתכונן לקראת הבאות. אין מדובר רק במרכיב כזה או אחר במציאות, אלא "הַכֹּל הָבֶל".

אולם, קהלת לא באמת משאיר את האדם בעלטה ובפסיביות. אדרבה, מאחר שחוסר הסדר שולט במציאות, ומאחר שאדם לא יכול להתכונן לקראת הבאות, כדאי לו לגוון את פעולותיו, וכך, גם כשתקרה הרעה על הארץ, הוא ייפגע באופן חלקי בלבד. אך חשוב מכך, דווקא לאור התובנה של קהלת שאין משמעות לאידיאולוגיה כזו או אחרת, הוא סולל דרך של חיים שיש בהם שמחה והנאה מתוך פשטות וצניעות. בהשלת היומרה להבין מה יתרון האדם בעולמו מוצא עצמו האדם משתחרר מכובד הראש המאפיין את החכמים, והדבר מאפשר לו לגעת בחיים עצמם, לאכול ולשתות, לאהוב ולעבוד, ולנצל את הזמן (הקצר) שיש לו על פני האדמה.

הטפת קהלת לחיים שיש בהם שמחה הופכת להיות מגמת־העל של הספר, כפי שעולה מתוך הקצב הפנימי שלו וממבנהו. כדי לבחון

דבר זה יש להכריע תחילה באתגר פרשני גדול: חלוקת הספר ליחידות משנה. המבנה והקצב הפנימי של הספר מושפעים כמובן באופן ישיר מהשאלה היכן מתחילה יחידה והיכן היא מסתיימת, ומתוך כך, מהם הנושאים שאותם הספר מלבן. זהו אתגר יוצא דופן, וכמספר הפרשנים של הספר, כך גם מספר הצעות תיחום יחידות המשנה שלו.[1]

אנו מבקשים להציג את החלוקה שנראית לנו כנתמכת בפרמטרים שונים שיש בספר (לשוניים ותוכניים), ואם נאמץ חלוקה זו יתברר שבסוף כל יחידה קהלת חוזר על פזמון קבוע, ומטיף לחיים שמחים ופשוטים, ובכך מתברר שקהלת לא מסתפק בהרמת ידיו בכניעה, אלא גם סולל דרך לחיים מאושרים.[2]

1. **א, יב – ב', כו:** היחידה הראשונה בוחנת את החוכמה ואת העמל, בשני שלבים. מסקנתה מוצעת בפסוקים החותמים יחידה זו: "אֵין טוֹב בָּאָדָם שֶׁיֹּאכַל וְשָׁתָה וְהֶרְאָה אֶת נַפְשׁוֹ טוֹב בַּעֲמָלוֹ גַּם זֹה רָאִיתִי אָנִי כִּי מִיַּד הָאֱלֹהִים הִיא... כִּי לְאָדָם שֶׁטּוֹב לְפָנָיו נָתַן חָכְמָה וְדַעַת וְשִׂמְחָה" (ב', כד-כו).
2. **ג', א – ג', טו:** היחידה השנייה – שיר העיתים – בוחנת את המחזוריות שיש בחיי האדם ובפעולותיו, ועל כן מגיעה למסקנה שאין תכלית בכל פעילות בפני עצמה, שהרי היא עתידה להתבטל יום אחד. בשלהי יחידה זו נאמר: "יָדַעְתִּי כִּי אֵין טוֹב בָּם כִּי אִם לִשְׂמוֹחַ וְלַעֲשׂוֹת טוֹב בְּחַיָּיו. וְגַם כָּל הָאָדָם שֶׁיֹּאכַל וְשָׁתָה וְרָאָה טוֹב בְּכָל עֲמָלוֹ מַתַּת אֱלֹהִים הִיא" (ג', יב-יג).

1. ראו דיון רחב בעניין אצל סאו, קהלת, עמ' 43-47; קרוגר, קהלת, עמ' 5-8; כהן, מגילות, עמ' 244-252, והצעות מגוונות בסקירתו של וייט, חידה, עמ' 320-314. להצעת מבנה קונצנטרי לספר כולו, ראו: יורה, שמחה (סביב ה', יז-יט); לוהפינק, קהלת, עמ' 8 (סביב ד', יז-ה', ו).
2. בהצעת החלוקה הבאה אנו מתעלמים מפסוקי האקספוזיציה ומפסוקי הפרולוג המהווים מסגרת כללית לספר עצמו. בניתוחנו את ספר קהלת חילקנו את הספר ליחידות משנה באופן שיקל על הדיון בו. בכמה מקומות הצעת החלוקה הבאה להלן שונה מהחלוקה שאימצנו לאורך הספר.

3. **ג׳, טז – ג׳, כב:** היחידה השלישית עוסקת בעוולות חברתיות, ובמיוחד בעוולות שנעשות במסגרת דין ומשפט. גם יחידה זו נחתמת בהטפה דומה: ״וְרָאִיתִי כִּי אֵין טוֹב מֵאֲשֶׁר יִשְׂמַח הָאָדָם בְּמַעֲשָׂיו כִּי הוּא חֶלְקוֹ כִּי מִי יְבִיאֶנּוּ לִרְאוֹת בְּמֶה שֶׁיִּהְיֶה אַחֲרָיו״ (ג׳, כב).

4. **ד׳, א – ה׳, יט:** במהלך ניתוח הספר, חילקנו פסוקים אלו באופן שונה לשם נוחות הדיון, אך היו שטענו לחלוקה המוצעת כאן, ושאפשר לראות בסוף פרק ה׳ את חתימת היחידה הרביעית.[3] יחידה זו ממשיכה ומלבנת את אי־הצדק שקיים בעולם, בעיקר בהקשר ממוני, וגם היא נחתמת: ״הִנֵּה אֲשֶׁר רָאִיתִי אָנִי טוֹב אֲשֶׁר יָפֶה לֶאֱכוֹל וְלִשְׁתּוֹת וְלִרְאוֹת טוֹבָה בְּכָל עֲמָלוֹ שֶׁיַּעֲמֹל תַּחַת הַשֶּׁמֶשׁ מִסְפַּר יְמֵי חַיָּו אֲשֶׁר נָתַן לוֹ הָאֱלֹהִים כִּי הוּא חֶלְקוֹ. גַּם כָּל הָאָדָם אֲשֶׁר נָתַן לוֹ הָאֱלֹהִים עֹשֶׁר וּנְכָסִים וְהִשְׁלִיטוֹ לֶאֱכֹל מִמֶּנּוּ וְלָשֵׂאת אֶת חֶלְקוֹ וְלִשְׂמֹחַ בַּעֲמָלוֹ זֹה מַתַּת אֱלֹהִים הִיא״ (ה׳, יז־יח).

5. **ו׳, א – ו׳, יב:** היחידה החמישית בוחנת שוב את חוסר הסדר שמתבטא דרך שאלות של רכוש ושל ממון (ולכן בניתוח הספר צירפנו אותה ליחידה הקודמת). כאן נדמה שאיבוד הרכוש מסמל גם את איבוד החיים עצמם, כלומר את חוסר היציבות וחוסר הקביעות שמלווים את האדם בכל אשר יפנה. יחידה זו חותמת את חלקו הראשון של הספר, ובמידת־מה אפשר לראות בכולה מעין חתימה ארוכה למסע שעשה קהלת עד כאן.

6. **ז׳, א – ח׳, טו:** בעוד בחלקו הראשון של הספר עסק קהלת בהיעדר הפשר לחיי האדם, ובאי־סדר שקשור בדרך התנהלות העולם, חלקו השני הנפתח כאן עוסק במיוחד בשאלת חוסר הסדר שמתבטא בחוסר צדק – הן צדק אלוהי, הן צדק חברתי־אנושי. היחידה השישית נפתחת בהישענות על סיפורו של איוב ועל דברי שלושת החכמים שביקשו לנחמו ולמצוא סדר בחיי

3. כך וולף (קהלת, עמ׳ 63), שכינתה יחידה זו: ״מהבל לקארפה דיים״.

הכאוס שהתרגשו ובאו על איוב. בהמשכה היא שואלת בגלוי את שאלת חוסר הצדק בגמול הצדיקים והרשעים, הן מצידו של אלוהים (ז׳, טו ואילך), הן מצידו של האדם (ח׳, ט ואילך). בסיומה של יחידה זו נאמר: ״וְשִׁבַּחְתִּי אֲנִי אֶת הַשִּׂמְחָה אֲשֶׁר אֵין טוֹב לָאָדָם תַּחַת הַשֶּׁמֶשׁ כִּי אִם לֶאֱכֹל וְלִשְׁתּוֹת וְלִשְׂמוֹחַ וְהוּא יִלְוֶנּוּ בַעֲמָלוֹ יְמֵי חַיָּיו אֲשֶׁר נָתַן לוֹ הָאֱלֹהִים תַּחַת הַשָּׁמֶשׁ״ (ח׳, טו).

7. **ח׳, טז – ט׳, י:**[4] בדיוננו בפסוקים אלו התייחסנו אליהם כחתימת הדיון של היחידה הקודמת. אך יחידה שביעית זו עומדת גם בפני עצמה ומבליטה שאלה ייחודית בהקשרי חוסר הצדק שבעולם – עובדת המוות האורב לכול, הן לצדיקים הן לרשעים. גם יחידה זו נחתמת באופן דומה למה שראינו עד כאן, וכאן הדברים מנוסחים אף כעידוד לפעול לאורם: ״לֵךְ אֱכֹל בְּשִׂמְחָה לַחְמֶךָ וּשְׁתֵה בְלֶב טוֹב יֵינֶךָ כִּי כְבָר רָצָה הָאֱלֹהִים אֶת מַעֲשֶׂיךָ. בְּכָל עֵת יִהְיוּ בְגָדֶיךָ לְבָנִים וְשֶׁמֶן עַל רֹאשְׁךָ אַל יֶחְסָר. רְאֵה חַיִּים עִם אִשָּׁה אֲשֶׁר אָהַבְתָּ כָּל יְמֵי חַיֵּי הֶבְלֶךָ אֲשֶׁר נָתַן לְךָ תַּחַת הַשֶּׁמֶשׁ כֹּל יְמֵי הֶבְלֶךָ כִּי הוּא חֶלְקְךָ בַּחַיִּים וּבַעֲמָלְךָ אֲשֶׁר אַתָּה עָמֵל תַּחַת הַשָּׁמֶשׁ״ (ט׳, ז-ט).

8. **ט׳, יא – י״ב, ח:** היחידה השמינית, והאחרונה שבספר (בניתוח הספר עצמו פיצלנו אותה לשני דיונים),[5] מוקדשת במיוחד לחוסר הוודאות שמלווה את האדם, שלאורו יוצא קהלת נגד תפיסת המאעת׳ החוכמתית. בדבריו מקעקע קהלת את ההנחה שיש זיקה בין חוכמת האדם ופעולותיו לבין התוצאות העתידיות הצפויות. התרת זיקה זו באה לידי ביטוי הן בפעולות אנושיות אישיות (כמו מרוץ, מלחמה ופרנסה), הן בכבוד שראוי היה

4. סימוכין לכך שיש לראות בפסוקים אלו יחידה נפרדת העומדת בפני עצמה, ראו: פאוטרל, קהלת, ובמיוחד אצל פאהק, שהקדיש ספר שלם ליחידה זו, תוך בחינת יחסה לעלילות גלגמש (פאהק, שמחה באל).

5. להצעה שיש לראות בחטיבה זו יחידה אחת רציפה, ראו בספרו של גלאסה, משפט האושר.

שייפול בידי החכמים אך הם אינם זוכים לכך, הן כתוצאה של שלטון לא אחראי, והן כהתוויית דרך כיצד בכל זאת לפעול בעולם חסר ודאות זה. בדומה לפניית קהלת לשומע לקחו בסוף היחידה הקודמת, גם בשלהי חטיבה זו משלב קהלת הפצרות בקורא הצעיר של דבריו שייהנה וישמח בחייו: "שְׂמַח בָּחוּר בְּיַלְדוּתֶיךָ וִיטִיבְךָ לִבְּךָ בִּימֵי בְחוּרוֹתֶךָ וְהַלֵּךְ בְּדַרְכֵי לִבְּךָ וּבְמַרְאֵי עֵינֶיךָ וְדָע כִּי עַל כָּל אֵלֶּה יְבִיאֲךָ הָאֱלֹהִים בַּמִּשְׁפָּט. וְהָסֵר כַּעַס מִלִּבֶּךָ וְהַעֲבֵר רָעָה מִבְּשָׂרֶךָ כִּי הַיַּלְדוּת וְהַשַּׁחֲרוּת הָבֶל. וּזְכֹר אֶת בּוֹרְאֶיךָ בִּימֵי בְּחוּרֹתֶיךָ עַד אֲשֶׁר..." (י"א, ט – י"ב, א).

מלבד החטיבה החמישית, החותמת את החלק הראשון, בכל שאר חתימות היחידות שילב קהלת פזמון חוזר, שמטיף שוב ושוב ליהנות ולשמוח בחיים שניתנו לנו. קהלת גם מדגיש בפזמון זה, שגם שמחות פשוטות אלו אינן דבר מובן מאליו, גם הן מתת שהאדם מקבל מאת האלוהים.

מאחר שמדובר בפזמון חוזר, שנשען גם על מרקם מילים דומה, יש מקום לבחון גם את ההבדלים הקלים שבין החתימות השונות, והיו שניסו לעשות זאת.[6] אכן, החתימה מותאמת לרוב לנושא המרכזי שנידון ביחידה שאותה היא חותמת. הדבר כבר הוזכר בדיוננו בחתימה המשולבת בה', יז-יח, ונסתפק כאן רק בהצבעה על התופעה.

א. היחידה הראשונה בחנה את החוכמה והשמחה מצד אחד, ואת עמל המעשה מצד שני. בחתימתה שילב קהלת שני תחומים אלו: "אֵין טוֹב בָּאָדָם שֶׁיֹּאכַל וְשָׁתָה וְהֶרְאָה אֶת נַפְשׁוֹ טוֹב בַּעֲמָלוֹ... כִּי לְאָדָם שֶׁטּוֹב לְפָנָיו נָתַן חָכְמָה וְדַעַת וְשִׂמְחָה" (ב', כד-כו).

ב. היחידה השנייה – שיר העיתים – מתמקדת בפעולות האדם ובשאלה אם יש משמעות לעמל הרב שמשקיעים אנשים, עד לכדי האמירה: "מַה יִּתְרוֹן הָעוֹשֶׂה בַּאֲשֶׁר הוּא עָמֵל" (ג', ט).

6. ראו במיוחד אצל יורה, שמחה.

בחתימת יחידה זו אומר קהלת: "יָדַעְתִּי כִּי אֵין טוֹב בָּם כִּי אִם לִשְׂמוֹחַ **וְלַעֲשׂוֹת טוֹב בְּחַיָּיו**. וְגַם כָּל הָאָדָם שֶׁיֹּאכַל וְשָׁתָה **וְרָאָה טוֹב בְּכָל עֲמָלוֹ** מַתַּת אֱלֹהִים הִיא" (ג', יב-יג). מאחר שהעמל והעשייה האנושית הם שנידונו כאן, גם החתימה מבליטה את עשיית הטוב ואת השמחה האפשרית לאדם בעמלו.

ג. השמחה בעמל האנושי נזכרת גם בחתימת היחידה הרביעית, אך מאחר שהיא התמקדה בשאלת הצדק בעולם על רקע העוולות הממוניות השכיחות, ועל רקע איבוד ממונו של אדם 'בדבר רע', מבליט קהלת בחתימה עניין זה דווקא: "גַּם כָּל הָאָדָם אֲשֶׁר נָתַן לוֹ הָאֱלֹהִים עֹשֶׁר וּנְכָסִים **וְהִשְׁלִיטוֹ לֶאֱכֹל מִמֶּנּוּ וְלָשֵׂאת אֶת חֶלְקוֹ** וְלִשְׂמֹחַ בַּעֲמָלוֹ זֹה מַתַּת אֱלֹהִים הִיא" (ה', יח).

גם ביחידות אחרות ניכר שהחתימה מותאמת לנושא שנידון ביחידה, והדבר מלמד עד כמה חתימות אלו כתובות בתשומת לב ובדייקנות. יש לראות בפזמון חוזר זה את חוט השדרה של הספר המוביל את הקורא מיחידה ליחידה, וחוזר שוב ושוב, על רקע הפרספקטיבות המשתנות, למסקנה האחת היחידה: אין לו לאדם אלא לשמוח במה שהאלוהים נתן לו, לאכול ולשתות כל עוד הוא יכול, בצניעות וללא יומרות.

תמה יסודית זו חומקת לעיתים מן העין. מאחר שספר קהלת נדמה כספר פסימי שמניח שהמציאות כולה היא הבל מתמשך, נטו פרשנים שונים לראות בהטפות אלו לשמחה, דבר שולי שנבלע בסופו של דבר באווירה הקודרת של הספר בכללו.[7] דוגמה מובהקת לכך היא האופן שבו ניטשה התייחס לרוח קהלת:

"לשם מה לחיות? הכל הבל! לחיות – משמע לדוש תבן; לחיות – משמע לשרוף את עצמך בלי שייחם לך. פטפוט מיושן זה עדיין נחשב ל"חכמה"; אומנם ישן הוא וריחו מעופש, אבל מפני זה דווקא כבודו גדֵל. גם העובש מקנה אצילות... אלה

7. כך למשל ראה זאת אנדרסון, תיאולוגיה פסימית, עמ' 74.

"יושבים אל השולחן ואינם מביאים עמם דבר, אפילו לא את הרעב הטוב, והנה הם מלעיזים "הכל הבל!". אבל אכילה ושתיה כדת, הו אחַי, הן לא אמונת־הבל היא! שַׁברו, שַׁברו נא את הלוחות של מי שאינם שמחים לעולם![8]

ניטשה סבור שהעולה מספר קהלת הוא שהכול הבל, ושהספר מוביל לשנאת החיים. כאלטרנטיבה לרוח קהלתית זו מציע ניטשה לאכול, לשתות ולשמוח, והוא מטעים שאין לראות בחיים אלו הבל כלל וכלל. לפיכך, כשהוא משבח את האהבה העצמית הבריאה הוא מדובב אותה באופן הבא: "היא בזה גם לכל חכמה עגומה: כי אכן יש גם חכמה שפורחת באפלה, חוכמה של צללי־לילה, זו הנאנחת תמיד – 'הכל הבל'".[9]

אולם קשה לראות בהטפה לשמחה אצל קהלת דבר־מה שולי, מפני שתמה זו נמצאת באופן מתמיד לאורך כל הספר:

ציון שבח ההנאה – בין אם הוא בא לידי ביטוי מפורש במונחים המוכרים ('שמחה'), ובין אם באמצעות מטאפורות וביטויים מקבילים – מופיע כמעט בכל יחידה ספרותית בספר, לעיתים קרובות עם אלמנטים מפוכחים, אחרים אך בכל זאת הם קיימים בכל מקום. כל המטאפורות ומטבעות הלשון הללו מצביעים על כך שהנושא בולט הרבה יותר ממה שנדמה במבט ראשון, ואי אפשר להתעלם ממנו או לבטלו כהרהורים אקראיים או כאמירות שנאמרו בדרך אגב.[10]

כפי שעולה מהחלוקה המוצעת למעלה, קהלת חתם את הדיונים השונים שבספר במסקנה זו, כך שקשה לומר שיש לראות זאת כדבר

8. ניטשה, זרתוסטרה, עמ' 295.
9. ניטשה, זרתוסטרה, עמ' 279.
10. לי, הנאה, עמ' 33.

שולי או צדדי בספר; אדרבה, נראה שזוהי אחת מהמגמות המרכזיות שבספר.[11] כלומר, האלטרנטיבה שניטשה ביקש להציג, היא בעצם התזה של קהלת עצמו, ולצד העמדה הפסימית המלווה את הספר, קהלת מטיף שוב ושוב גם לשמחה ולחיים שיש בהם שלווה והנאה. מצד שני, אין לבטל את השקפת קהלת שהכול הבל בשל הטפתו לשמחה. טענתו של ווייבראיי – שפסוקי הפתיחה והחתימה של המגילה המצהירים שהכול הבל הבלים הם כתיבתו של העורך שלא הבין את מסריו של קהלת עצמו[12] – אינם עושים צדק עם המורכבות של הספר.

במידה רבה הצדק עם איתן דור־שב שכתב:

> כל פרשנות שאינה מתחשבת באמירות המפורשות של קהלת בזכות העשייה, השמחה והחכמה, מחטיאה את המסר המרכזי של הטקסט. שכן, קהלת אינו דטרמיניסט ואינו ניהיליסט; הוא הומניסט בכל נפשו ובכל מאודו, והוא מייחס חשיבות מכרעת הן לחיים עצמם והן לתהליך הלימוד שעושה אותם ראויים לכל מאמץ.[13]

מכשול אחד בולט יש בפני הרוצה לטעון שקהלת מטיף לשמחה ולהנאה. כבר בראשית מסעו נראה שקהלת שלל דבר זה: "אָמַרְתִּי אֲנִי בְּלִבִּי לְכָה נָּא אֲנַסְּכָה בְשִׂמְחָה וּרְאֵה בְטוֹב וְהִנֵּה גַם הוּא הָבֶל. לִשְׂחוֹק אָמַרְתִּי מְהוֹלָל וּלְשִׂמְחָה מַה זֹּה עֹשָׂה" (ב׳, א–ב). על פניו, מפסוקים אלו עולה שקהלת מסתייג גם מן השמחה שנראית לו כהוללות שאין מאחוריה שום עומק ומשמעות. היו שראו בכך סתירה להטפות החוזרות של קהלת הפזורות לאורך הספר הקורא לאדם

11. ראו עוד בכיוון זה, גם אם בניסוחים שונים: גורדיס, קהלת, עמ׳ 13; ווייבראיי, הנאה; אוגדן, קהלת, עמ׳ 13–15; צ׳יה, מחשבת קהלת; לי, הנאה; יורה, שמחה; יאגלי, שבע סיבות.
12. ווייבראיי, קהלת, עמ׳ 35. ראו גם את ביקורתו של לונגמן על עמדה זו (קהלת, עמ׳ 62).
13. דור־שב, קהלת, עמ׳ 93–94.

לשמוח, ועל כן טענו שיש לראות את ההערכה השלילית לשמחה שבפרק ב׳ כאפשרות שנדחית בהמשך הספר, כלומר, יש לראות זאת כהשקפותיו המוטעות של שלמה הצעיר, לעומת נקודת המבט הבוגרת של המחבר בהמשך הספר.[14] בניסוח דומה, הציעו אחרים שקהלת מציב בתחילת הספר ׳מחשבות זמניות׳ שאותן הוא עומד לבחון לאורך הספר, ובאמת בהמשך מתקן קהלת את הסתייגותו מהשמחה.[15]

אולם דומה שהצדק עם אוני לי, שפענחה באופן שונה את שני אזכורי השמחה הללו. היא כתבה שהשמחה שמטיף אליה קהלת איננה שמחת גוף שטחית, אלא:

> תפיסת ההנאה של קהלת גוררת חוויה אותנטית של העולם, שמכירה הן במגבלותיו הטרגיות והן באפשרויות המשמחות שלו לטוב. לאפיין את שבחי ההנאה כהשתקפות של אידיאל נהנתני או אפיקוריאני, הוא לפרש את תפיסת הספר על אודות ההנאה באופן שגוי. קהלת אינו תומך ב״עקרון הנאה״ שמטרתו להימנע מכאב ולמקסם את ההנאה. בשום מקום הוא לא מעודד רדיפה אחר הנאה. לא, ההנאה עבור קהלת היא הרבה יותר עמוקה. זה קשור ליכולת לחיות את החיים במלואם – עם הכרה מלאה במצוקות החיים – ולהפיק את המיטב מכל הזדמנות שניתנה מאת האלוהים.[16]

באופן קצת אחר אפשר לנסח זאת כהתמקדות בפרספקטיבות שונות. בפרק ב׳ בוחן קהלת אם ייתכן שהשמחה והנאות הגוף מעניקות יתרון לאדם ואפשר להצביע עליהן כעל תכלית האדם בעולמו; אם זהו הסוד הכמוס שאליו יש לשאוף, ומי שיגיע לכך הגיע לתכלית קיומו. על ניסוח שאלה כזו עונה קהלת בלאו רבתי, וכפי שכבר הערנו לעיל,

14. ווייבראיי, הנאה, עמ׳ 88-89.
15. אוגדן, קהלת, עמ׳ 48.
16. לי, הנאה, עמ׳ 34.

בדיוננו במקום, הוא אפילו לא צריך לנמק את הסתייגותו, ודי לו שיאמר "לִשְׂחוֹק אָמַרְתִּי מְהוֹלָל וּלְשִׂמְחָה מַה זֹּה עֹשָׂה", וכל קורא נבון מזדהה עם דבריו. לעומת זאת, בהטפות החוזרות לאורך הספר לשמוח וליהנות בחיים הפשוטים שנתן אלוהים לאדם, קהלת אינו מתיימר להציג את תכלית האדם בעולמו, והוא אינו רואה זאת כפתרון חידת המציאות. השמחה איננה משיבה את הסדר על כנו, היא רק האופציה הטובה ביותר לחיות בעולם מלא הבלים שאנו מתהלכים בתוכו.

מתברר, שעצה זו היא הדבר העיקרי שנותר כאמירה פוזיטיבית לאחר מסעו של קהלת, ההולך ושולֵל; כל השאר נפסל או נשאר בסימן שאלה. משל השועל והכרם של חז"ל לוכד את הנקודה במדויק, למעט המשפט האחרון בו. במשל, השועל אומר בסוף לכרם – מה הועלת לי? כשם שנכנסתי כחוש, כך יצאתי! ואילו קהלת אומר, הועיל גם הועיל; בזמן שהיית בתוך הכרם, הענבים היו מתוקים: חיית עם אישה אשר אהבת, שמת שמן על ראשך, בגדיך היו נאים, ואכלת מאכלים ערבים – שמחת ברגעי הנחת הקטנים, כי החיים אכן חד־פעמיים ולא ניתן לתכנן יותר מכך. מתוך שלילת האידיאולוגיות המקדשות ערך אחד מרכזי בחיים, מוביל קהלת בסופו של יום את הקורא לא למסקנה פסימית, אלא למסקנה שראוי לחיות חיי שמחה ושלווה. קהלת משיל מעלינו את אותו כובד תהומי שעלול ללוות כל אדם שחווה את חייו כמו הענף האקזיסטנציאליסטי בפילוסופיה, המנכיח ומביט רגע־רגע אל תוך עיניו של המוות, אל האבסורד וחוסר הסדר המשתוללים בחיי האדם. קהלת מטיף לאדם שלא ליפול מתוך כך לדיכאון, לקדרות ולחוסר מעש, אלא להיפך – להשלים עם כך שהחיים תלויים על בלימה, אבל בתוך החיים הללו הוא מוזמן לאכול ענבים מתוקים. לכן יחזור קהלת ויאמר: "אֵין טוֹב בָּאָדָם שֶׁיֹּאכַל וְשָׁתָה וְהֶרְאָה אֶת נַפְשׁוֹ טוֹב בַּעֲמָלוֹ" – החיים מתרחשים כאן ועכשיו, ויש לנצל את מתת אלוהים זו. כדי למצות מתנה זו עד תום, אדם צריך לשמוח בחלקו. לא בקנאה ותאווה, המונעות מהאדם ליהנות ממה שיש לו כי לאחר יש יותר. זו – סבור קהלת – שטות גדולה.

אין מדובר במסקנה התלושה מדרך החקירה של קהלת, אלא

במסקנה העולה מיניה וביה מתחושת חוסר הסדר שיש במציאות. כפי שכתב הרב יוסף צבי קרליבך הי"ד: "קהלת איננו ספר של האופטימיות המסולפת, הוא אינו סם חיים אשר בעקבותיו בא הלם היקיצה, הוא אינו ספר של הטעייה ושכחה עצמית, אלא הוא ספרו של חכם אשר בעיניו בראשו".[17]

אפשר לאתר לאורך הספר כמה גורמים שמדרבנים את קהלת למצוא עדיפות בהנאה של כאן ועכשיו. ביניהם אפשר להזכיר את הרכיבים הבאים:[18] אין לדעתו תבונה בחסכנות יתירה שהרי הדורות הבאים עלולים לבזבז את נכסיו של האדם בחוסר אחריות; ממונו של אדם עלול לרדת לטמיון בהמשך חייו ועל כן עדיף שימַמש את הנאותיו כל עוד הוא יכול; מאחר שרשעים משגשגים וצדיקים סובלים – אין כל ערובה שבהמשך הוא יזכה ליהנות ממה שכבש תחת ידו; הזקנה המנוונת מחכה לאדם ואז כבר יבואו ימים שלא יהיה לו בהם חפץ; ובעיקר – המוות עצמו אורב לפתחו של כל אדם וטוב לו שינצל את חייו הקצרים. לשון אחר, נוכחות המוות בהגותו של קהלת מביאה אותו גם להערכת החיים ולהערכתם. יפה כתבה רוני מגידוב, שיש לשים לב שתיאור המוות בסוף הספר מופנה אל הצעיר תוך הטפה ליהנות מהחיים.[19] כלומר, המוות והפגעים אומנם אחראים על הרבה מחוסר הסדר שיש בעולמנו, אך מן הצד השני, דווקא הארעיות מדרבנת את האדם לממש את החיים ואת ההנאות שיש בהם, כל עוד הוא יכול.

כאמור, בפזמון החוזר מוסיף קהלת שהחיים הפשוטים והרגועים הם מתנה מאת האלוהים. קהלת חוזר על כך שוב ושוב, גם במקום שאין זה הכרחי: "לֵךְ אֱכֹל בְּשִׂמְחָה לַחְמֶךָ וּשְׁתֵה בְלֶב טוֹב יֵינֶךָ כִּי כְבָר רָצָה הָאֱלֹהִים אֶת מַעֲשֶׂיךָ" (ט׳, ז) – אם יש לאדם לחם ויין ואישה

17. מובא אצל כהן, מגילות, עמ׳ 279.
18. ראו עוד אצל יאגלי, שבע סיבות.
19. מגידוב, שירה מקראית, עמ׳ 92–93. היא מוסיפה בצדק שהצד השני הוא שיש לסופיות החיים גם כוח מרסן, ולא במקרה מוסיף קהלת שעל הבחור לזכור שעל כל מעשיו יביאו האלוהים במשפט.

אותה הוא אוהב, כבר יידע שאלוהים שמח בו. לשון אחר, קהלת רואה את הארעיות של חיי האדם כמרחב המפגש של האדם עם אלוהיו. מפגש זה מתרחש במקומות היום־יומיים של החיים. כזכור, דווקא מהליכה אל בית האלוהים הסתייג קהלת, או לפחות לא עודד זאת (ד׳, יז). מתנות אלוהים מחכות לאדם בחיים הפשוטים שבתוך ביתו.

קהלת יוצא אם כן נגד האידיאולוגיות הגדולות. הוא מעלה על נס את השמחה בחיים היום־יומיים, ומטיף להסתפקות במועט גם מן הבחינה האידיאולוגית: משמעות הקיום נעוצה בחוויות המתרחשות נוכח עינינו. חוויות אלו עצמן הן חלק מעמידתו מול אלוהים.

בעקבות הערה של אלקסיס דה־טוקוויל, יש מקום לתהות אם יש קשר בין עמדת קהלת המחפשת את המשמעות בכאן ועכשיו, לבין חוסר קבלתו (שלא לומר זלזולו) את מסורת החוכמה המקובלת. דה־טוקוויל הצביע על כך שיש הבדל יסודי בין חברות אריסטוקרטיות שבהן יש לשליטים ולאנשי הרוח מעמד מרומם וייחודי, לבין חברות דמוקרטיות – בראשן, החברה האמריקאית של המאה ה־19 שהוא ראה מול עיניו. לטענתו, בחברות האריסטוקרטיות יש נטייה לעיון מופשט טהור בשאלות פילוסופיות, ובכלל זה יש הערצה של מסורות חוכמה שנבנות דור אחר דור. לעומת זאת, בחברות דמוקרטיות, העיון הפילוסופי מוצדק בדרך כלל אם יש לו יישום ממשי בחיי המעשה, אם הוא יכול להוביל לחיים טובים יותר, ואדרבה: ״אין הם ממהרים להתרשם משמו של איש מאחיהם בני האדם, לעולם אין הם נוטים להישען על סמכותו של המומחה; נהפוך הוא: אין הם חדלים ממאמציהם למצוא את נקודות התורפה במשנתו של זה״.[20] אנו מודעים להבדלים שקיימים בין הגותו של קהלת, כפי שהיא משתקפת בספרו, לבין הנחות היסוד של דה־טוקוויל, ועם זאת, יש בזיקה שהוא הצביע עליה מימוש מפתיע בספר קהלת. גם קהלת מבקש להחזיר את האדם לעולם המעשי ולחפש את אושרו בניהול חייו הספציפיים

20. דה־טוקוויל, הדמוקרטיה באמריקה, עמ׳ 477. על תזה זו כולה ראו שם בעמ׳ 477–483.

והחד־פעמיים, ולצד זאת הוא יוצא שוב ושוב – בגלוי או ברמז – נגד מסורות החוכמה הגדולות שנשענות מטבען על הדורות הקודמים, וטוענות לדעת מהי הדרך הישרה שיבור לו האדם.

כפי שעלה לאורך הספר, המודעות העמוקה והמטלטלת של קהלת למוות שאורב לכולנו, מביאה אותו לשתי תנועות שנראות במבט ראשון מנוגדות, אך באמת הן שני צדדים של אותו המטבע. מן העבר האחד, נוכח המוות מאמצים אנושיים רבים מתגלים כחסרי פשר, כמיותרים. הם לא מביאים בכנפיהם 'יתרון' של ממש, והם תולדה של אשליה של אדם שמכחיש את מותו הקרב אליו בכל רגע. מן העבר השני, דווקא המודעות אל המוות הופכת גם את הדברים הפשוטים לחד־פעמיים, וככאלה הם מתגלים כמיוחדים וכמהנים, ואין לו לאדם אלא מה שקורה בכל רגע ורגע. הבה נדמיין שהיינו מתבשרים שחלינו במחלה מוזרה, ונגזר עלינו לשכוח כל ספר שאנחנו קוראים מייד בתום קריאתו. לא נזכור את לקחיו, את העיצוב האומנותי שלו, את הדרמה שחוו הדמויות ושחווינו אנחנו. הספר יישכח מזיכרוננו לגמרי. נוכל לקרוא אותו בשנית ובשלישית ובכל פעם הוא יהיה לנו חדש לגמרי. האם היינו מפסיקים לקרוא? דומה שהיינו בוחרים לקרוא את הספרים שמעניקים לנו הנאה בזמן קריאתם. לא בגלל התובנות החשובות שהספר ילמד אותנו כצידה למסע החיים נקרא אותו, אלא בגלל ההתפעמות שהספר יעניק לנו בזמן הקריאה עצמה. עבור קהלת כך הם החיים. הם מסתיימים ואחריהם "אין זיכרון" (קהלת ב', טז), אין דבר־מה שנותר ומשאיר רושם של ממש. אבל יש את רגעי ההנאה בחיים עצמם, ובהם חבוי סוד הקיום האנושי.

בהנחה שכך יש לקרוא את הספר, גם אם חתימת הספר איננה מעשי ידי קהלת עצמו – העולה מן החתימה מתאים לרוח הסובבת בספר עצמו. משמעות האדם איננה נטועה בעולמות הגדולים והרחבים של הכיסוף הדתי, המדרבן את האדם לצבור חוכמה עצומה כדי להיעשות נביא או לקרב את הגאולה; היא מתרחשת בחוויה הדתית של שמירת מצוות, ובלגימה מכוס תה עם נענע או לואיזה. זו מתת אלוהים.

קיצורי הפניות

אבי־יונה, מטבע	מ׳ אבי־יונה וי׳ ליוור, ״מטבע״, אנציקלופדיה מקראית, כרך ד, עמ׳ 816–825.
אבישור, כתובות	י׳ אבישור, כתובות פיניקיות והמקרא, ירושלים תשל״ט.
אבן תיבון, קהלת	ר׳ שמואל אבן תיבון, ספר נפש האדם: פירוש קהלת (ההדיר י׳ רובינסון), ירושלים תשע״ו.
אבנרי, עומדות	א׳ אבנרי, עומדות על הסף: שייכות וזרות במגילות רות ואסתר, ירושלים תשע״ה.
אוגדן, קהלת	G. S. Ogden, *Qoheleth*, Sheffield 1987.
אוגדן, קהלת ט	G. S. Ogden, "Qoheleth IX 17 - X 20: Variations on the Theme of Wisdom's Strength and Vulnerability", *VT* 30 (1980), pp. 27–37.
אוסוולט, ישעיה	J. N. Oswalt, *Isaiah 1–39*, NICOT, Grand Rapids 1986.
אורבך, אמונות ודעות	א״א אורבך, חז״ל: פרקי אמונות ודעות, ירושלים תשס״ו.
אייספלדט, מבוא	O. Eissfeldt, *The Old Testament: An Introduction* (translated by P. R. Ackroyd), Oxford 1965.

אלגביש, שירות דיפלומטי	ד׳ אלגביש, **השירות הדיפלומטי במקרא ובתעודות מן המזרח הקדום**, ירושלים תשנ״ח.
אליוט, עין הרע	J. H. Elliott, *Beware the Evil Eye: The Evil Eye in the Bible and the Ancient World, Vol. 3: The Bible and Related Sources*, Eugene 2016.
אלתרמן, שמחת עניים	נ׳ אלתרמן, **שמחת עניים: מסכת** (בעריכת י׳ בן־אהרן וע׳ אלון), תל אביב תשס״ב (מהד׳ שנייה).
אנדרסון, אינטרטקסטואליות	W. H. U. Anderson, "Ecclesiastes in the Intertextual Matrix of Ancient Near Eastern Literature", in: K. Dell and W. Kynes (eds.), *Reading Ecclesiastes Intertextually*, London 2014, pp. 157–175.
אנדרסון, תיאולוגיה פסימית	W. H. U. Anderson, *Qoheleth and Its Pessimistic Theology: Hermeneutical Struggles in Wisdom Literature*, Lewiston 1997.
אנתיק, קין והבל	R. Antic, "Cain, Abel, Seth, and the Meaning of Human Life as Portrayed in the Books of Genesis and Ecclesiastes", *Andrews University Seminary Studies* 44 (2006), pp. 203–211.
אקרמן, גיבורים אוהבים	S. Ackerman, *When Heroes Love: The Ambiguity of Eros in the Stories of Gilgamesh and David*, Columbia 2005.
ארורה, שמן	J. Arora, et. al., "Effect of Oil Massage on Growth and Neurobehavior in Very Low Birth Weight Preterm Neonates", *Indian Pediatrics* 42 (2005), pp. 1092–1100.
אריאל, ארבע סתומות	ח׳ אריאל, ״על ארבע סתומות במגילות מדבר יהודה״, **לשוננו** עו (תשע״ד), עמ׳ 9–25.
אריסטו, אתיקה	אריסטו, **אתיקה: מהדורת ניקומאכוס** (תרגם י״ג ליבס), ירושלים ותל אביב תשמ״ה.
אריסטו, הפוליטיקה	אריסטו, **הפוליטיקה: ספרים א–ב** (תרגם ח״י רות), ירושלים תש״י.

ארליך, שיר על רעות	צ' ארליך, "לכבוד המאתיים של אלתרמן: שיר על רעות בָּרוח", אתר מידה, 10/01/2016.
בודיק, השמש	E. M. Budick, "'The Sun Also Rises': Hemingway and the Art of Repetition", *University of Toronto Quarterly* 56 (1986), pp. 319–337.
בטליון, מטבע	J. W. Betlyon, "Coinage", *ABD*, vol. 1, pp. 1076–1089.
בלנקינסופ, קהלת ג	J. Blenkinsopp, "Ecclesiastes 3.1–15: Another Interpretation", *JSOT* 66 (1995), pp. 55–64.
בן־נון, קהלת	הרב י' בן־נון והרב י' מדן, **אני קהלת, מקהלת קולות**, אלון שבות תשע"ב.
בנדויד, לשון מקרא	א' בנדויד, **לשון מקרא ולשון חכמים**, תל אביב תשל"א.
בקון, אליהו	S. Bakon, "The Enigma of Elihu", *Dor le Dor* 12 (1984), pp. 217–228.
בקט, מחכים לגודו	ס' בקט, **מחכים לגודו** (תרגם מ' מלצר), בן־שמן 2003.
בר־אילן, קבורה	מ' בר־אילן, "הקבורה ב'נחלת אבות' בין היהודים בעת העתיקה", בתוך: א' זינגר (עורך), **קברים ונוהגי קבורה בארץ־ישראל בעת העתיקה**, ירושלים תשנ"ד, עמ' 229-212.
בר־יוסף, גולדברג	ח' בר־יוסף, **לאה גולדברג** (גדולי הרוח והיצירה בעם היהודי), ירושלים תשע"ג.
בר־כוכבא, יוספוס	ב' בר־כוכבא, "על יוספוס וספר מקבים: פילולוגיה והיסטוריוגרפיה", **תרביץ** סב (תשנ"ג), עמ' 132-115.
בראון, חוש קודש	W. P. Brown, *Sacred Sense: Discovering the Wonder of God's Word and World*, Grand Rapids 2015.
בראון, קהלת	W. P. Brown, *Ecclesiastes*, Louisville 2000

ברבור, סיפור ישראלי — J. Barbour, *The Story of Israel in the Book of Qohelet: Ecclesiastes as Cultural Memory*, Oxford 2012.

ברבור, שגגה — J. Barbour, "'Like an Error which Proceeds from the Ruler': The Shadow of Saul in Qoheleth 4:17–5:6", in: M. Augustin and H. M. Niemann (eds.), *Thinking Towards New Horizons*, Bern 2008, pp. 121–128.

ברזל, פרשנות חדשה — ה' ברזל, **דרכים בפרשנות החדשה: מתיאוריה למתודה**, רמת גן 1990.

ברט, חג השבועות — י' ברט, "חג השבועות ומגילת רות", בתוך: הרב י' מדן (עורך), **שבועות**, באר מרים, תל אביב תשע"ב.

ברטון, קהלת — G. A. Barton, *The Book of Ecclesiastes*, ICC, Edinburg 1908.

ברטלר, כיצד לקרוא — M. Z. Brettler, *How to Read the Bible*, Philadelphia 2005.

ברנר, צבעים — A. Brenner, *Colour Terms in the Old Testament*, Sheffield 1982.

ברתולומיו, קהלת — C. G. Bartholomew, *Ecclesiastes*, BCOT, Grand Rapids 2009.

גאלינג, קהלת — K. Galling, *Der Prediger* (in: Die fünf Megilloth), HAT, Tübingen, 1940, pp. 47–90.

ג'אריק, מבנה רטורי — J. Jarrick, "The Rhetorical Structure of Ecclesiastes", in: J. Jarrick (ed.), *Perspectives on Israelite Wisdom: Proceedings of the Oxford Old Testament Seminar*, London 2016, pp. 208–231.

גדותי, גלגמש ואנכידו — A. Gadotti, *'Gilgamesh, Enkidu, and the Netherworld' and the Sumerian Gilgamesh Cycle*, Boston and Berlin 2014.

גוטליב, אבות וקהלת — י' גוטליב, "קהלת, פרקי אבות וחכמה של תורה", **שנתון לחקר המקרא והמזרח הקדום** יא (תשנ"ז), עמ' 46-55.

גולדברג, שירים	לאה גולדברג, **שירים**, כרך שני, ספריית פועלים, תשע"א.
ג'ונס, חוכמת חצר	S. C. Jones, "Qohelet's Courtly Wisdom: Ecclesiastes 8: 1–9", *CBQ* 68 (2006), pp. 211–228.
ג'ונס, מגלגמש לקהלת	B. W. Jones, "From Gilgamesh to Qoheleth", in: W.W. Hallo et al. (eds.), *The Bible in Light of Cuneiform Literature, Scripture in Context III*, New York 1990, pp. 349–379.
ג'ונסטון, שאול	P. Johnston, *Shades of Sheol: Death and Afterlife in the Old Testament*, Downers Grove 2002.
גורביץ', חשבונו	ז' גורביץ', **חשבונו של קהלת**, תל אביב תשס"ח.
גורדיס, מבוא	ר' גורדיס, "מבוא לספרות החכמה", **ספר השנה ליהודי אמריקה** ו (תש"ב), עמ' 117-148.
גורדיס, ציטוטים	R. Gordis, "Quotations as a Literary Usage in Biblical, Oriental and Rabbinic Literature", *HUCA* 22 (1949), pp. 157–219.
גורדיס, קהלת	R. Gordis, *Koheleth – The Man and His World*, New York 1951.
גורדיס, תיאוריית התרגום	R. Gordis, "The Translation-Theory of Qoheleth Re-examined", *JQR* 40 (1949), pp. 103–116.
גורי, שיחה	ח' גורי, "שיחה בעין חרוד", **שדמות** נז (תשל"ה), עמ' 46-55.
ג'יאנטו, גורל אנושי	A. Gianto, "Human Destiny in Emar and Qohelet", in: A. Schoors (ed.), *Qohelet in the Context of Wisdom*, Leuven 1998, pp. 473–479.
גינזברג, קהלת	ח"א גינזברג, **קהלת**, ירושלים ותל אביב תשכ"א.

גינזברג, תמצית — H.L. Ginsberg, "The Quintessence of Koheleth", in: A. Altmann (ed.), *Biblical and Other Studies*, Cambridge, MA 1963, pp. 47–59.

גלאסה, משפט האושר — E. Glasser, *Le procès du bonheur par Qohelet*, Paris 1970.

גלנדר, אימרות חריגות — ש' גלנדר, "על ספר קהלת: אוסף המכיל אימרות 'חריגות' או תפישת עולם אחידה ועקבית", **בית מקרא** כו (תשמ"א), עמ' 387-378.

גלנדר, תחת השמש — ש' גלנדר, **תחת השמש: תפיסת החיים וההווה אצל קהלת**, חולון 2016.

גרדון, קהלת — ש"ל גרדון, קהלת, בתוך: **חמש מגילות עם ביאור חדש**, תל אביב תרצ"ה.

גרוסמן, אברבנאל — י' גרוסמן, "יחסו של אברבנאל לקיום מבע רב משמעי במקרא פרספקטיבה ספרותית", **בית מקרא** נב (תשס"ז), עמ' 126-138.

גרוסמן, אסתר — י' גרוסמן, **אסתר: מגילת סתרים**, ירושלים 2013.

גרוסמן, גלוי ומוצפן — י' גרוסמן, **גלוי ומוצפן: על כמה מדרכי העיצוב של הסיפור המקראי** (ספריית הילל בן חיים למדעי היהדות), תל־אביב ואלון שבות 2015.

גרוסמן, התחלות — י' גרוסמן, **בראשית: סיפורן של התחלות**, ראשון לציון ואלון שבות תשע"ז.

גרוסמן, יוסף — י' גרוסמן, **יוסף: סיפורם של חלומות**, ראשון לציון ואלון שבות תשפ"ב.

גרוסמן, ימשול בך — א' גרוסמן, **והוא ימשול בך? האישה במשנתם של חכמי ישראל בימי הביניים**, ירושלים תשע"א.

גרוסמן, מרד אבשלום — J. Grossman, "The Design of the 'Dual Causality' Principle in the Narrative of Absalom's Rebellion", *Biblica* 88 (2007), pp. 558–566.

גרוסמן, רות	י' גרוסמן, **רות: גשרים וגבולות**, אלון שבות תשע"ו.
גרוסמן, תורת הקורבנות	י' גרוסמן, **תורת הקורבנות: מחוות של בשר ורוח**, ירושלים תשפ"א.
גריים, בבל וקהלת	H. Grimme, "Babel und Kohelet-Jojakhin", *Orientalistische Literaturzeitung* 8 (1905), pp. 432–438.
גרינשטיין, אוגריתית	א' גרינשטיין, "החכמה בשפה האוגריתית", **בית מקרא** נז (תשע"ב), עמ' 72-91.
גרינשטיין, חכמים	א' גרינשטיין, "חכמים גם בלילה: הדו־שיח הבבלי בין האדון לעבדו וספר קהלת", **בית מקרא** מד (תשנ"ט), עמ' 97-106.
גרץ, קהלת	H. Graetz, *Kohelet,* Leipzig and Heidelberg 1871.
דאלי, מסופוטמיה	S. Dalley, *Myths from Mesopotamia: Creation, the Flood, Gilgamesh, and Others,* Oxford 2000 (Revised edition).
דה־טוקוויל, הדמוקרטיה באמריקה	א' דה־טוקוויל, **הדמוקרטיה באמריקה** (תרגם א' אמיר), ירושלים תשס"ח.
דה־פונזו, קהלת	L. Di Fonzo, *Ecclesiaste,* La Sacra Bibbia, Turin and Rome 1967.
דהוד, אוגריתית	M. Dahood, "Hebrew-Ugaritic Lexicography III", *Biblica* 46 (1965), pp. 311–332.
דהוד, השפעה	M. Dahood, "Canaanite–Phoenician Influence in Qoheleth", *Biblica* 33 (1952), pp. 30–52, 191–221.
דהוד, קהלת	M. Dahood, "Qoheleth and Northwest Semitic Philology", *Biblica* 43 (1962), pp. 349–365.
דוהמן, נסך	C. Dohmen, "נסך", *TDOT,* vol. 9, pp. 455–460.
דור־שב, קהלת	א' דור־שב, "קהלת, החולף והנצחי", **תכלת** 18 (תשס"ה), עמ' 92-109.

די, השפעה	J. Day, "Foreign Semitic Influence on the Wisdom of Israel and its Appropriation in the Book of Proverbs", in: J. Day, R. Gordon and H. Williamson (eds.), *Wisdom in Ancient Israel,* Cambridge 1995, pp. 55–70.
דל ופורטי, אמצעי קישור	K. Dell and T. Forti, "Janus Sayings: A Linking Device in Qoheleth's Discourse", *ZAW* 128 (2016), pp. 115–128.
דל, אינטרטקסטואליות	K. Dell and W. Kynes (eds.), *Reading Ecclesiastes Intertextually,* Bloomsbury, London and New York 2014.
דל, קהלת	K. Dell, "Ecclesiastes as Mainstream Wisdom (without Job)", in: G. J. Brooke and P. Van Hecke (eds.), *Goochem in Mokum, Wisdom in Amsterdam,* Leiden 2016, pp. 43–52.
דל, קשרים	K. Dell, "Exploring Intertextual Links between Ecclesiastes and Genesis 1–11", in: K. Dell and W. Kynes (eds.), *Reading Ecclesiastes Intertextually,* Bloomsbury, London and New York 2014, pp. 3–14.
דליטש, קהלת	F. Delitzsch, *Ecclesiastes and Song of Solomon* (trans. M. G. Easton), Grand Rapids 1975.
דלמן, חקלאות	G. Dalman, *Arbeit und Sitte in Palästina – Bd. 2: Der Ackerbau,* Bertelsmann 1932.
דמסקי, ידיעת ספר	א' דמסקי, **ידיעת ספר בישראל בעת העתיקה**, ירושלים תשע"ב.
דרייבר, ערביזם	G. R. Driver, "Supposed Arabisms in the Old Testament", *JBL* 55 (1936), pp. 101–120.
האופט, קהלת	P. Haupt, "Ecclesiastes", *American Journal of Philology* 26 (1905), pp. 126–157.
הולדיי, בית	J. S. Holladay Jr., "House, Israelite", *ABD*, vol. 3, pp. 308–318.

הולמסטדט, אשר — R. Holmstedt, “The Grammar of ש and אשר in Qohelet”, in: M. J. Boda, T. Longman III and C. G. Rata (eds.), *The Words of the Wise are Like Goads: Engaging Qohelet in the 21st Century*, Winona Lake 2013, pp. 283–307.

הולנד, עין הסערה — מ׳ הולנד, ״לעמוד בעין הסערה: הרהור במוות האישי כמקור לצמיחה רוחנית ומקצועית״, **פסיכולוגיה עברית**: https://www.hebpsy.net/articles.asp?id=3969

הומרוס, אליאדה — הומרוס, **אליאדה** (תרגם ש׳ טשרניחובסקי), תל אביב תשמ״ז.

הוספלד, קהל — F. L. Hossfeld and E. M. Kindl, “קהל: Basic Technical Meaning”, *TDOT*, vol. 12, pp. 551–559.

הופמן, ספרות החוכמה — י׳ הופמן, ״ספרות החכמה: משלי, איוב וקהלת״, בתוך: צ׳ טלשיר (עורכת), **ספרות המקרא: מבואות ומחקרים**, ירושלים תשע״א, כרך א, עמ׳ 325-354.

הוראטיוס, האודות — קווינטוס הוראטיוס פלקוס, **השירים [האודות]** (תרגמה ר׳ בירנבאום), ירושלים תשנ״ח.

הורביץ, לשונו — א׳ הורביץ, ״לשונו של ספר קהלת״, בתוך: **קהלת**, עולם התנ״ך, עמ׳ 167.

הורביץ, שקיעי חוכמה — א׳ הורביץ, **שקיעי חכמה בספר תהלים: עיוני לשון וסגנון**, ירושלים תשנ״א.

הורוביץ, ללא אשמים — ר׳ הורוביץ, **עולם ללא אשמים: יעקב שבתאי בעקבות ספר הספרים**, ירושלים תשפ״א.

הורוויץ, משלי — א״ו הורוויץ, **משלי**, מקרא לישראל, תל אביב תשע״ג.

הורטון, קהלת — E. Horton, “Koheleth's Concept of Opposites as Compared to Samples of Greek Philosophy and Near and Far Eastern Wisdom Classics”, *Numen* 19 (1972), pp. 1–21.

הייטלר, הערות — B. Heitler, *Footnotes to Kohelet by Bruce Heitler*, Denver 1987 (from sefaria.com)

הרטלי, חשב	J. E. Hartley, "חשב", *NIDOTTE*, vol. 2, pp. 303–310.
הרצברג, קהלת	H. W. Hertberg, *Der Prediger*, KAT, Gütersloh 1963.
ואגנר, תמותה טבעית	T. Wagner, "Von der Sehnsucht des Menschen nach Göttlichkeit: Natürliche Sterblichkeit als Thema der alttestamentlichen Weisheit", in: J. van Oorschot and A. Wagner (eds.), *Anthropologie(n) des Alten Testaments*, Leipzig 2015, pp. 203–219.
ואזנה, עין הרע	N. Wazana, "A Case of the Evil Eye : Qoheleth 4:4–8", *JBL* 126 (2007), pp. 685–702.
ווייבראיי, הנאה	R. N. Whybray, "Qoheleth, Preacher of Joy", *JSOT* 23 (1982), pp. 87–98.
ווייבראיי, קהלת	R. N. Whybray, *Ecclesiastes*, NCBC, Grand Rapids 1989.
וולף, קהלת	L. M. Wolfe, *Qoheleth (Ecclesiastes)*, Wisdom Commentary, Collegeville 2020.
ויזל, דעתם	ע' ויזל, "דעתם של פרשני המקרא בימי הביניים בשאלת חיבור ספרי המקרא: היבטים מחקריים ומתודולוגיים", **תרביץ** פד (תשע"ו), עמ' 103-158.
וייגל, אחיקר	M. Weigl, "Compositional Strategies in the Aramaic Sayings of Ahikar: Column 6–8", in: P. M. Daviau et al. (eds.), *The World of the Aramaeans III: Studies in language and literature in honour of Paul-Eugène Dion*, Sheffield 2001, pp. 22–82.
וייט, חידה	A. D. Wright, "The Riddle of the Sphinx Revisited: Numerical Patterns in the Book of Qoheleth", *CBQ* 42 (1980), pp. 38–51.
וייטלי, קהלת	C. F. Whitley, *Koheleth: His Language and Thought*, Berlin 1979.
ויילדבאור, קהלת	D. G. Wildeboer, *Der Prediger* (in: Die fünf Megilloth), KHAT, Leipzig 1898, pp. 122–168.

ויינברג, מחברות	י׳ ויינברג, "תופעת ה׳מחברות׳ בספרות המזרח הקדום ובמקרא", בתוך: צ׳ טלשיר, ש׳ יונה וד׳ סיון, **תשורה לשמואל: מחקרים בעולם המקרא**, באר שבע וירושלים תשס"א, עמ׳ 177-167.
וילסון, ארינו	E. J. Wilson, "A Note on the Use of erinnu in barû-Rituals", *JANES* 23 (1995), pp. 95–98.
וינסטון, פילוסופיה הלניסטית	David D. Winston, "Hellenistic Jewish Philosophy", in D. H. Frank and O. Leaman (eds.), *History of Jewish Philosophy*, London 1997, pp. 38–61.
ויקס, משפט אלוהי	S. Weeks, "Divine Judgment and Reward in Ecclesiastes", in: G. J. Brooke and P. Van Hecke (eds.), *Goochem in Mokum, Wisdom in Amsterdam*, Leiden 2016, pp. 155–166.
ויקס, סקפטיות	S. Weeks, *Ecclesiastes and Scepticism*, New York 2012.
ורהיי, גן עדן	A. Verheij, "Paradise Retried: On Qohelet 2.4–6", *JSOT* 50 (1991), pp. 113–115.
ז׳ואון, הערות	P. Joüon, "Notes Philologiques sur le Texte Hébreu d'Ecclésiaste", *Biblica* 11 (1930), pp. 419–425.
ז׳ואון, קהלת	P. Joüon , "Sur le nom de Qohélet", *Biblica* 2 (1921), pp. 53–54.
זיגפריד, קהלת	C. Siegfried, *Prediger und Hoheslied*, HAT, Göttingen 1898.
זקוביץ, שיר השירים	י׳ זקוביץ, **שיר השירים**, מקרא לישראל, ירושלים ותל־אביב תשנ"ב.
זר־כבוד, משמעות	מ׳ זר־כבוד, "משמעות המילה ׳קהלת׳", **בית מקרא** יח (תשל"ג), עמ׳ 456-449.
זר־כבוד, קהלת	מ׳ זר־כבוד, קהלת, בתוך: **חמש מגילות**, דעת מקרא, ירושלים תשל"ד.
חכם, שיר השירים	ע׳ חכם, שיר השירים, בתוך: **חמש מגילות**, דעת מקרא, ירושלים תשל"ג.

חמורי, רוח שקר	E. J. Hamori, "The Spirit of Falsehood", *CBQ* 72 (2010), pp. 15–30.
טולסטוי, וידוי	לב נ' טולסטוי, "וידוי", בתוך: **כתבי הגות** (תרגמה ד' מרקון), ירושלים תשע"ו, עמ' 57-54.
טור־סיני, חוכמה	נ"ה טור־סיני, "חכם, חכמה", **אנציקלופדיה מקראית**, כרך ג, עמ' 133-127.
טשרניחובסקי, כתבים	כתבי שאול טשרניחובסקי, **מחזות**, תל אביב 2003.
יאגלי, שבע סיבות	J. R. Jaeggli, "Seven Reasons in Ecclesiastes for Enjoying Life", *Biblical Viewpoint* 31 (1997), pp. 25–33.
יאלום, להביט בשמש	א"ד יאלום, **להביט בשמש**, תל אביב 2009.
יאסטרוב, ציניקן עדין	M. Jastrow, *A Gentle Cynic – Being a Translation of the Book of Koheleth*, Philadelphia 1919.
יולינגר, קהלת וספרות החוכמה	C. Uehlinger, "Qohelet im Horizont mesopotamischer, levantinischer und ägyptischer Weisheitsliteratur der persischen und hellenistischen Zeit", in: L. Schwienhorst-Schönberger (ed.), *Das Buch Qohelet: Studien zur Struktur, Geschichte, Rezeption und Theologie* (BZAW 254), Berlin and New York 1997, pp. 155–247.
יורה, שמחה	צ' יורה, "ולשמחה מה זה עושה (קהלת ב,2)", **בית מקרא** מו (תשס"א), עמ' 3370-35.
יורינגר, מסורה	S. Euringer, *Der Masorahtext des Koheleth*, Leipzig 1890.
יעקבס, רש"י	י' יעקבס וי' גרוסמן, "רב־משמעות ברובד הפשט בפירושי רש"י למקרא", **מדעי היהדות** (בדפוס).
יפת, רשב"ם לקהלת	ש' יפת, "פירוש הרשב"ם על מגילת קהלת", **תרביץ** מד (תשל"ה), עמ' 94-72.

כהן, חוכמה	Y. Cohen, *Wisdom from the Late Bronze Age*, Atlanta 2013.
כהן, יצירת חוכמה	י' כהן, "יצירת החכמה האכדית 'שמע את העצה' – בין חכמה מסורתית לחדשנות מרדנית", **שנתון למקרא ולחקר המזרח הקדום** כג (תשע"ד), עמ' 222-203.
כהן, מבנה ומשמעות	נ' כהן, "'ונתתי אל ליבי...' (א 12): מבנה ומשמעות ברצף פסקות ההתבוננות הראשון בספר קהלת (א 12 – ב 26)", **בית מקרא** נח (תשע"ג), עמ' 82-47.
כהן, מגילות	ג"ח כהן, **עיונים בחמש המגילות**, ירושלים 2006.
כסלו, קהלת	א' כסלו, "קהלת והתמודדותו עם המוות לאור התפישות במקרא ובספרות המזרח הקדום", **בית מקרא** נז (תשע"ב), עמ' 51-28.
כץ, טקסי לוויה	D. Katz, "Sumerian Funerary Rituals in Context", in: N. Laneri (ed.), *Performing Death. Social Analyses of Funerary Traditions in the Ancient Near East and Mediterranean*, Chicago 2007, pp. 167–188.
לאודר, מבנים	J. A. Loader, *Polar Structures in the Book of Qohelet*, Berlin 1979.
לאוהה, קהלת	A. Lauha, *Kohelet*, BKAT, Neukirchen-Vluyn 1978.
לוהפינק, קהלת	N. Lohfink, *Koheleth*, A Continental Commentary (trans. by S. McEvenue), Minneapolis 2003.
לוהפינק, קהלת ה	N. Lohfink, "Qoheleth 5:17–19 – Revelation by Joy", *CBQ* 52 (1990), pp. 625–635.
לוהפינק, שנאת נשים	N. Lohfink, "War Kohelet ein Frauenfeind? Ein Versuch, die Logik und den Gegenstand von Koh., 7,23–8, 1a herauszufinden", in: M. Gilbert (ed.), *La sagesse de l'Ancien Testament*, Leuven 1990 (second edition), pp. 259–287.

לוונסון, אופק אוניברסלי	J. D. Levenson, "The Universal Horizon of Biblical Particularism", in: M. G. Brett (ed.), *Ethnicity and the Bible*, Leiden 1996, pp. 143-169.
לוי, קהלת	L. Levy, *Das buch Quoheleth. Ein beitrag zur geschichte des Sadduzäismus*, Leipzig 1912.
לוינס, כוליות	ע' לוינס, **כוליות ואינסוף: מסה על החיצוניות** (תרגמה ר' איילון), ירושלים תש"ע.
לונג, אדם אחד	V. P. Long, "One Man Among a Thousand, But Not a Woman Among Them All: A Note on the Use of *mäsä'* in Ecclesiastes vii 28", in: K.-D. Schunk and M. Augustin (eds.), *'Lasset uns Brücken bauen... Collected Communications to the XVth Congress of the International Organization for the Study of the Old Testament*, Frankfurt 1998, pp. 101–109.
לונגמן, יראת האל	T. Longman III, "The 'Fear of God' in the Book of Ecclesiastes", *Bulletin for Biblical Research* 25 (2015), pp. 13–21.
לונגמן, קהלת	T. Longman, *Ecclesiastes*, NICOT, Grand Rapids 1998.
לי, הנאה	E. P. Lee, *The Vitality of Enjoyment in Qohelet's Theological Rhetoric*, Berlin 2005.
ליונשטם, ביקורת	ש"א ליונשטם, "סקירת הספר: Les institutions de l'Ancien Testament", **קרית ספר לד** (תשי"ט), עמ' 45-49.
ליונשטם, חרם	ש"א ליונשטם, "חרם", **אנציקלופדיה מקראית**, כרך ג, עמ' 290-292.
לייבוביץ', שיחות	י' לייבוביץ', **שיחות על חגי ישראל ומועדיו**, ירושלים תש"ס.
ליכט, סוכות	י"ש ליכט, "סכות, חג הסכות", **אנציקלופדיה מקראית**, כרך ה, עמ' 1038-1043.
ליכט, קבורה	י"ש ליכט, "קבר, קבורה", **אנציקלופדיה מקראית**, כרך ז, עמ' 3-5.

לימברג, תהלים	J. Limburg, "Psalms, Book of", *ABD*, vol. 5, pp. 522–536.
מאייברגר, שאף	P. Maiberger, "שאף", *TDOT*, vol. 14, pp. 268–270.
מגידוב, שירה מקראית	ר' מגידוב, **השירה המקראית בראי ההוראה**, ירושלים תש"ע.
מדן, הקהל וקהלת	הרב י' מדן, "הקהל וקהלת בחג הסוכות", בתוך: א' בזק (עורך), **ובחג הסוכות**, אלון שבות תשע"א, עמ' 335-363.
מולר, קול העצים	M. Mueller, *Voice of the Trees: A Celtic Divination Oracle Cards*, Woodbury 2011.
מונטגומרי, הערות	J. A. Montgomery, "Notes on Ecclesiastes", *JBL* 43 (1924), pp. 241–244.
מופס, אהבה ושמחה	י' מופס, **אהבה ושמחה: חוק, לשון ודת במקרא ובספרות חז"ל** (תרגם א' מלצר), ירושלים תשס"ב.
מור, צלף	G. F. Moore, "The Caper-Plant and Its Edible Products With Reference to Eccles. XII. 5", *JBL* 10 (1891), pp. 55–64.
מורפי, ספרות החוכמה	R. E. Murphy, *Wisdom Literature: Job, Proverbs, Ruth, Canticles, Ecclesiastes, and Esther*, FOTL, Grand Rapids 1981.
מורפי, קהלת	R. E. Murphy, *Ecclesiastes*, WBC, Dallas 1992.
מזר, היסטוריוגרפיה	ב' מזר, "היסטוריוגרפיה ישראלית קדומה", **הכינוס העולמי למדעי היהדות תש"ז**, ירושלים תשי"ב, עמ' 357-361.
מיי, ניטשה על אהבה	S. May, "Nietzsche on Love and the Affirmation of Life", *Iyyun* 64 (2015), pp. 264–276.
מילגרום, ויקרא	J. Milgrom, *Leviticus 1–16*, AB, New York 1991.
מילר, הבל	D. B. Miller, "Qohelet's Symbolic Use of הבל", *JBL* 117 (1998), pp. 437–454.

מיצ'ל, קהלת	D. Michel, *Qohelet* (Ertrage der Forschung 258), Darmstadt 1988.
מלוויל, מובי דיק	ה' מלוויל, **מובי דיק** (תרגם א' אמיר), ירושלים 1982.
מלול, תהלים ל	מ' מלול, "תהלים ל", בתוך: **תהלים**, עולם התנ"ך, תל אביב 1995.
מלמד, סוכות	הרב א' מלמד, **פניני הלכה – סוכות**, הר ברכה תשע"ג.
מלצר, רות	פ' מלצר, **רות**, דעת מקרא, ירושלים תשל"ג.
מק, המלט	מ' מק, "עולמו של המלט", בתוך: מ' ברינקר ור' ליטוין (עורכים), **המלט ושייקספיר**, ירושלים 1983.
מקדונלד, הערות	D. B. MacDonald, "Old Testament Notes", *JBL* 18 (1899), pp. 212–215.
מרגלית, קהלת	ש' מרגלית, "קהלת", **בית מקרא** לד (תשמ"ט), עמ' 176-181.
מרזל, עץ הדעת	י' מרזל, "עץ־הדעת טוב ורע – הכרת חיים ומוות (בראשית ב'-ג')", **בית מקרא** כט (תשמ"ד), עמ' 352-360.
נאבוקוב, דבר, זיכרון	ו' נאבוקוב, **דַבֵּר, זיכרון** (תרגמה מאנגלית: ל' דובב), תל אביב 1981.
ניטשה, גניאולוגיה	פ' ניטשה, **מעבר לטוב ולרע / לגניאולוגיה של המוסר** (תרגם י' אלדד), ירושלים ותל אביב 1967.
ניטשה, זרתוסטרה	פ' ניטשה, **כה אמר זרתוסטרה: ספר לכל אחד ולאף אחד** (תרגמה א' המרמן), תל אביב תש"ע.
סאו, אסכטולוגי	C. L. Seow, "Qohelet's Eschatological Poem", *JBL* 118 (1999), pp. 209–234.
סאו, מעבר למוות	C. L. Seow, "Beyond Mortal Grasp: The Usage of hebel in Ecclesiastes Periodical", *ABR* 48 (2000), pp. 1–16.

סאו, נתונים לשוניים	C. L. Seow, "Lingustic Evidence and Dating and the Dating of Qohelet", *JBL* 115 (1996), pp. 643–666.
סאו, קהלת	C. L. Seow, *Ecclesiastes*, AB, New Haven and London 2008.
סאטרווייט, עושר ועוני	P. E. Satterwaite, "Wealth and Poverty in Proverbs and Ecclesiastes", *Jian Dao* 41 (2014), pp. 145–182.
סגל, בן סירא	מ"צ סגל, **ספר בן סירא השלם**, ירושלים תשי"ט (מהדורה שנייה).
סגל, מבוא	מ"צ סגל, **מבוא המקרא, ספר שלישי – כתובים**, ירושלים תשי"ב.
סוריאנו, קרפה דיים	M. J. Suriano, "Kingship and 'Carpe Diem,' Between Gilgamesh and Qoheleth", *VT* 67 (2017), pp. 285–306.
סזל, הלל	H. C'azelles, "הלל III", *TDOT*, vol. 3, pp. 411–413.
סטפלס, חפץ	W. E. Staples, "The Meaning of *Ḥēp̱eṣ* in Ecclesiastes", *JNES* 24 (1965), pp. 110–112.
סטריינג', מתינות	M. Strange, *The Question of Moderation in Ecclesiastes 7:15–18* (Ph.D. diss.), Catholic University of America, 1969.
סיביל, הוראות האיכר	M. Civil, *The Farmer's Instructions: A Sumerian Agricultural Manual*, Barcelon 1994.
סימונידס, מדיאה	סימונידס, **מדיאה** (תרגם: א' שבתאי), ירושלים 1983.
סמט, דטרמיניסטי	N. Samet, "How Deterministic Is Qohelet? A New Reading of the Appendix to the Catalogue of Times", *ZAW* 131 (2019), pp. 577–591.
סמט, דיאלוג	נ' סמט, "הדיאלוג בין אדון לעבדו – עיון ספרותי ורעיוני חדש", **שנתון לחקר המקרא והמזרח הקדום** יח (תשס"ח), עמ' 99-130.

סמט, פרולוג	N. Samet, "Qohelet 1,4 and the Structure of the Book's Prologue", *ZAW* 126 (2014), pp. 92–100.
סמט, קהלת וגלגמש	N. Samet, "The Gilgamesh Epic and the Book of Qohelet: A New Look", *Biblica* 96 (2015), pp. 375–390.
סמט, תיארוך	N. Samet, "Linguistic Dating of the Book of Qohelet: A New Angle", *VT* 71 (2021), pp. 430–447.
סנקה, קוצר החיים	לוקיוס אנאיוס סנקה, **על קוצר החיים** (תרגמה מרומית נ' כהן), בנימינה תש"ע.
ספנגנברג, ציטוטים	I. J. J. Spangenberg, "Quotations in Ecclesiastes: An Appraisal", *OTE* 4 (1991), pp. 19–35.
סקוט, מחקר החוכמה	R. B. Y. Scott, "The Study of the Wisdom Literature", *Interpretation* 24 (1970), pp. 20–45.
סקוט, קהלת	R. B. Y. Scott, *Proverbs, Ecclesiastes*, AB, Garden City 1965.
עזיזה, קהלת	J. Azize, "Considering the Book of Qohelet Afresh", *ANES* 37 (2000), pp. 183–214.
עמיחי, שירים	**שירי יהודה עמיחי**, שישה כרכים, ירושלים תשס"ד.
עסיס, אהבת עולם	א' עסיס, **אהבת עולם אהבתיך: קריאה חדשה בשיר השירים**, תל אביב 2009.
פאהק, אישה	J. Y. S. Pahk, "A Syntactical and Contextual Consideration of ʾšh in Qoh ix 9v", *VT* 51 (2001), pp. 370–380.
פאהק, שמחה באל	J. Y. S. Pahk, *Il Canto della Gioia in Dio: L'itinerario sapienziale espresso dall'unita letteraria in Qohelet 8,16–9,10 e il parallelo di Gilgameš Me. iii*, Napoli 1996.
פאוטרל, קהלת	R. Pautrel, *L'Ecclesiaste*, BJ, Paris 1948.
פברי, קהל	H. J. Fabry, "קהל", *TDOT*, vol. 12, pp. 546–551.

פודצ׳ארד, קהלת	E. Podechard, *L'Ecclesiaste*, Paris 1912.
פוהל, איוב	W. C. Pohl, *Ethical God-Talk in the Book of Job: Speaking to the Almighty*, New York 2020.
פון ראד, חוכמה בישראל	G. von Rad, *Wisdom in Israel*, London 1972.
פוקס ופורטן, תגליות	M. V. Fox and B. Porten, "Unsought Discoveries: Qohelet 7:23–8:1a", *Hebrew Studies* 19 (1978), pp. 26–38.
פוקס, החוכמה במשלי	מ׳ פוקס, ״תפיסות החכמה בספר משלי״, **באר שבע** כ (תשע״א), עמ׳ 13-24.
פוקס, לכל זמן	מ׳ פוקס, ״לכל זמן ועת לכל חפץ״, בתוך: **מגילות**, עולם התנ״ך, תל אביב 1994.
פוקס, מסגרת ספרותית	M. V. Fox, "Frame-Narrative and Composition in the Book of Qohelet", *HUCA* 48 (1977), pp. 83–106.
פוקס, ספר קהלת	מ׳ פוקס, ״קהלת, ספר קהלת״, **אנציקלופדיה מקראית**, כרך ז, עמ׳ 70-83.
פוקס, ספרות החוכמה	מ׳ פוקס, ״תפיסת האלוהות בספרות החכמה הדידקטית״, **באר שבע** א (תשל״ג), עמ׳ 162-170.
פוקס, סתירות בקהלת	M. V. Fox, *Qohelet and His Contradictions*, Sheffield 1989.
פוקס, קהלת	M. Fox, *Ecclesiastes*, JPS, Philadelphia 2004.
פורטי, יראת אלוהים	T. Forti, "The Polarity of Wisdom and Fear of God in the Eden Narrative and in the Book of Proverbs", *Biblische Notizen* 149 (2011), pp. 45–57.
פורטי, לחש	ט׳ פורטי, ״על הלחש, על הלוחש לנחש ועל הנחש אשר אין לו לחש: למשמעות הצירוף ׳בעל הלשון׳ בקהלת י, יא״, **שנתון לחקר המקרא והמזרח הקדום** יח (תשס״ח), עמ׳ 43-56.

פורטי, סידור ועריכה	ט' פורטי, "לשאלת הסידור והעריכה בקהלת: הפתגם כחוליה מגשרת", **בית מקרא נז** (תשע"ב), עמ' 52-71.
פז, קהלת	ר' פז, **קהלת: במסע מן המלכות אל החכמה**, תל-אביב, תשנ"ט.
פיין, שכל ישר	ת' פיין, **שכל ישר** (תרגמה ל' נירגד), ירושלים תשס"ז.
פייסלר, קהלת הפילוסוף	M. Faessler, *Qohélet philosophe: L'éphémère et la joie – Un commentaire herméneutique de l'Ecclésiaste*, Geneva 2013.
פיש, שירה	H. Fisch, *Poetry with a Purpose: Biblical Poetics and Interpretation*, Indiana 1988.
פישר, ספקנות	A. A. Fischer, *Skepsis oder Furcht Gottes? Studien zur Komposition und Theologie des Buches Kohelet*, Berlin and New York 1997.
פלק, שירי אהבה	M. Falk, *Love Lyrics from the Bible: A Translation and Literary Study of the Song of Songs*, Sheffield 1982.
פרדריקס ופרמר, קהלת	C. Fredericks and K. A. Farmer, *Who Knows What is Good? Proverbs and Ecclesiastes*, Grand Rapids 1991.
פרדריקס, סערות החיים	D. C. Fredericks, "Life's Storms and Structural Unity in Qoheleth 11.1–12.8", *JSOT* 52 (1991), pp. 95–114.
פרי, קהלת	T. A. Perry, *The Book of Ecclesiastes (Qohelet) and the Path to Joyous Living*, New York 2015.
פרידריך, תחת השמש	T. Frydrych, *Living Under the Sun: Examination of Proverbs and Qoheleth*, Boston 2002.
פריש, יגיע כפיך	ע' פריש, **יגיע כפיך: יחס המקרא אל העבודה**, תל אביב 1999.
פרלמן, כללי הטעמים	מ' פרלמן, **כללי הטעמים של ספרי אמ"ת: איוב, משלי, תהילים: פרשנות ומסורה** (ארבעה כרכים), תל אביב תשמ"ה-תשמ"ט.

צור, גזת זה"ב	**ר' צור, גזת זה"ב: סונטים, תל אביב תשמ"ח.**
צ'ורס, טוב	A. Schoors, "The Word *twb* in the Book of Qoheleth", in: M. Dietrich and O. Loretz (eds.), *"Und M ose schrieb dieses Lied auf": Studien zum Alten Testament und zum Alten Orient,* Münster 1998, pp. 685–700.
צ'ורס, מילים נעימות	A. Schoors, *The Preacher Sought to Find Pleasing Words: A Study of the Language of Qoheleth, Part 2: Vocabulary,* Leuven 2004.
צ'ורס, קהלת	A. Schoors, *Ecclesiastes,* Leuven 2013.
צ'יה, מחשבת קהלת	P. P. Y. Chia, *The Thought of Qoheleth: Its Structure, Its Sequential Unfolding, and Its Position in Israel's Theology* (Ph.D. diss.), Sheffield University, 1988.
צימר, בין מוות לאושר	T. Zimmer, *Zwischen Tod und Lebensglück* (HOK 286), Berlin 1999.
צימרלי, קהלת	W. Zimmerli, *Das Buch des Predigers Salomo,* ATD, Göttingen 1980.
צימרמן, ארמית	F. Zimmermann, "The Aramic Provenance of Qohelet", *JQR* 36 (1945–6), pp. 17–45.
צימרמן, עולם פנימי	F. Zimmermann, *The Inner World of Qohelet,* New York 1973.
צפור, טללי ורדים	**מ' צפור, טללי ורדים: עיונים במקרא, בתפילה ובמנהג,** גבעת ושינגטון תשע"ז.
קאנט, הנחת יסוד	**ע' קאנט, הנחת יסוד למטפיזיקה של המידות** (תרגם מ' שפי), ירושלים תשס"ג.
קאסוטו, ספרות מקראית	**ש"ד קאסוטו, ספרות מקראית וספרות כנענית** (שני כרכים), ירושלים תשל"ב.
קאר, גן עדן	D. Carr, "The Politics of Textual Subversion: A Diachronic Perspective on the Garden of Eden Story", *JBL* 112 (1993), pp. 577–595.
קדרי, מילון	**מ"צ קדרי, מילון העברית המקראית,** רמת גן תשס"ו.

קוגל, קהלת וכסף	J. Kugel, "Qohelet and Money", *CBQ* 51 (1989), pp. 32–49.
קוגל, שירה מקראית	J. Kugel, *The Idea of Biblical Poetry: Parallelism and Its History*, New Haven 1981.
קויפמן, תולדות האמונה	י' קויפמן, **תולדות האמונה הישראלית** (שמונה כרכים), ירושלים – תל אביב תשי"ד.
קופף, אטימולוגיות	L. Kopf, "Arabische Etymologien und Parallelen zum Bibelwörterbuch", *VT* 8 (1958), pp. 161–215.
קוק, הפועל בקהלת	J. A. Cook, "The Verb in Qohelet", in: M. J. Boda, T. Longman III and C. G. Rata (eds.), *The Words of the Wise are Like Goads: Engaging Qohelet in the 21st Century*, Winona Lake 2013, pp. 309–342.
קורפל, הלחמה	M. C. A. Korpel, "Soldering in Isaiah 40:19–20 and 1 Kings 6:21", *Ugarit-Forschungen* 23 (1991), pp. 219–222.
קייזר, קהלת	O. Kaiser, *Kohelet: Das Buch des Prediger Salomo übersetzt und eingeleitet*, Stuttgart 2007.
קיינס, הספד	W. Kynes, *An Obituary for "Wisdom Literature": The Birth, Death, and Intertextual Reintegration of a Biblical Corpus*, Oxford 2019.
קיינס, חוכמה ומקרא	W. Kynes (ed.), *The Oxford Handbook of Wisdom and the Bible*, Oxford 2021.
קלאוס, קריעת הבגד	נ' קלאוס, "קריעת הבגד כמנהג אבל עיקרי במקרא", **בית מקרא** נו (תשע"א), עמ' 71–99.
קלאוס, תהלים קד	נ' קלאוס, "תהלים קד – המבנה הקדקודי", **בית מקרא** מח (תשס"ג), עמ' 238–259.
קלוזנר, היסטוריה	י' קלוזנר, **היסטוריה של הבית השני**, חלק ב, ירושלים תשי"ב.
קלוזנר, מחבר	י' קלוזנר, "מחברו של ספר קהלת", בתוך ספרו: **הבית השני בגדולתו**, ירושלים תר"ץ, עמ' 160–175.

קלי, מקור הוויכוח	J. R. Kelly, "Source of Contention and the Emerging Reality Concerning Qohelet's Carpe Diem Advice", *Antiguo Oriente* 8 (2010), pp. 117–134.
קליין, קהלת	י' קליין ומ' פוקס (עורכים), **קהלת, עולם התנ"ך**, תל אביב 1994.
קרובר, קהלת	R. Kroeber, *Der Prediger*, Berlin 1963.
קרוגר, איוב וקהלת	T. Krüger, "And They Have No Comforter: Job and Ecclesiastes in Dialogue", in: K. Dell and W. Kynes (eds.), *Reading Ecclesiastes Intertextually*, London 2014, pp. 94–105.
קרוגר, קהלת	T. Krüger, *Qoheleth*, Interpretation (trans. by O. C. Dean Jr.), Minneapolis 2004.
קריסטיאנסון, סיפור	E. S. Christianson, *A Time to Tell: Narrative Strategies in Ecclesiastes*, Sheffield 1998.
קריסטיאנסון, קהלת	E. S. Christianson, *Ecclesiastes through the Centuries*, Oxford 2007.
קרנשאו, פרולגומנון	J. L. Crenshaw, "Prolegomenon", in: J. L. Crenshaw (ed.), *Studies in Ancient Israelite Wisdom*, New York 1976, pp. 1–60.
קרנשאו, קהלת	J. L. Crenshaw, *Ecclesiastes*, OTL, Philadelphia 1987.
רבינוביץ, המשל והחידה	ר"ח רבינוביץ, "המשל, החידה והמופת במקרא", **בית מקרא** יח (תשל"ג), עמ' 70-73.
רודמן, אישה	D. Rudman, "Woman as Divine Agent in Ecclesiastes", *JBL* 116 (1997), pp. 411–427.
רודמן, דטרמיניזם	D. Rudman, *Determinism in the Book of Ecclesiastes* (JSOTSup 316), Sheffield 2001.
רודמן, הבל	D. Rudman, "The Use of HBL as an Indicator of Chaos in Ecclesiastes", in: A. Berlejung and P. van Hecke (eds.), *The Language of Qohelet in its Context*, Leuven 2007, pp. 121–141.

רוזן, פירוש רש"י | ג' רוזן, **פירוש רש"י לקהלת: מהדורה ביקורתית על פי כתב יד נ"י בהמ"ל** *L778/1*, עבודת מוסמך, אוניברסיטת בר אילן תשנ"ו.

רוזנסון, מגילות | י' רוזנסון, **מסכת מגילות**, ירושלים תשס"ב.

רוזנצווייג, כוכב | פ' רוזנצווייג, **כוכב הגאולה** (תרגם י' עמיר), ירושלים תשנ"ג (מהד' שנייה).

רופא, מבוא | א' רופא, **מבוא לספרות המקרא**, ירושלים תשס"ו.

ריבולוב, קהלת | מ' ריבולוב, "קוהלת בחג האסיף", בתוך: י' לוינסקי (עורך), **ספר המועדים – כרך ד: סוכות**, תל אביב תשי"א, עמ' 229–232.

ריבלין, שמחת עניים | ח' ריבלין, **הסטרוקטורות והמשמעות של "שמחת עניים" לנתן אלתרמן מבחינת המורשות הלשוניות**, עבודת מוסמך, אוניברסיטת בר אילן תשמ"א.

ריינולדס, ניתוח ראשוני | M. S. Reynolds, "False Dawn: A Preliminary Analysis of 'The Sun Also Rises' Manuscript", in: D. R. Noble (ed.), *Hemingway: A Revaluation*, Troy, New York 1983, pp. 115–134.

רינגרן, שמן | H. Ringgren, "שמן", *TDOT*, vol. 15, pp. 249–253.

רנאן, אני קהלת | א' רנאן, **אני קהלת** (תרגם מצרפתית ש' סנדיק), בנימינה תשע"א.

רנדסבורג, כיצד | G. A. Rendsburg, *How the Bible Is Written*, Peabody 2019.

רפפורט, מקבים | א' רפפורט, **ספר מקבים א: מבוא, תרגום ופירוש**, ירושלים תשס"ד.

שארפ, אירוניה | C. J. Sharp, "Ironic Representation, Authorial Voice and Meaning in Qohelet", *Biblical Interpretation* 12 (2004), pp. 37–68.

שביד, חוכמתה | א' שביד, **חכמתה של מלכות ישראל: פירוש פילוסופי לספרי הכתובים**, תל אביב 2007.

שביט, לא הכל הבל | ע' שביט, **לא הכל הבלים והבל: החיים על קו הקץ על פי אלתרמן**, תל אביב תשס"ח.

שבתאי, זיכרון דברים	י' שבתאי, **זיכרון דברים**, תל אביב תשנ"ד.
שולץ, קהלת וישעיה	R. L. Schultz, "Qoheleth and Isaiah in Dialogue", in: K. Dell and W. Kynes (eds.), *Reading Ecclesiastes Intertextually*, Bloomsbury, London and New York 2014, pp. 57–70.
שטאדה, גן עדן	B. Stade, "Der Mythus vom Paradies Gn 2.3 und die Zeit seiner Einwanderung in Israel", *ZAW* 23 (1903), pp. 172–179.
שטיינזלץ, מגילות	הרב ע' אבן־ישראל (שטיינזלץ), **חמש מגילות**, ירושלים 2017.
שטנדבך, ענה	F. J. Stendebach, "ענה", *TDOT*, vol. 11, pp. 215–230.
שייקספיר, המלט	ו' שייקספיר, **המלט – נסיך דנמרק** (תרגם לעברית אברהם שלונסקי), תל אביב 2021.
שלנברג, ידיעה כבעיה	A. Schellenberg, *Erkenntnis als Problem: Qohelet und die alttestamentliche Diskussion um das menschliche Erkennen*, Freiburg 2002.
שמש, אבלות	י' שמש, **אבלות במקרא: דרכי התמודדות עם אבדן בספרות המקראית**, תל אביב תשע"ה.
שמש, שנאת נשים	י' שמש, "'ומוצא אני מר ממות את האשה' (קהלת ז, כו) – האומנם מצויה שנאת נשים במקרא?", **שנתון לחקר המקרא והמזרח הקדום** יט (תשס"ט), עמ' 77-101.
שניידר, החכם הצדיק	S. Shnider and L. Zalcman, "The Righteous Sage: Pleonasm or Oxymoron? (Kohelet 7,16–18)", *ZAW* 115 (2003), pp. 435–439.
שפר, רקע	א' שפר, "הרקע המיסופוטאמי של קהלת ד, ט-יב", **ארץ ישראל: מחקרים בידיעת הארץ ועתיקותיה** ח (תשכ"ז), עמ' 246-250.
שפרה וקליין, בימים הרחוקים	ש' שפרה וי' קליין, **בימים הרחוקים ההם: אנתולוגיה משירת המזרח הקדום**, תל אביב תשנ"ז.
שצ'ופק, משלי	נ' שצ'ופק, **משלי**, עולם התנ"ך, תל אביב 1996.

ששון, רות J. M. Sasson, *Ruth: A New Translation with A Philological Commentary and A Formalist-Folklorist Interpretation* (second Edition), Sheffield 1989.

תקרי, יריד ההבלים ו"מ תקרי, **יריד ההבלים** (תרגמה א' כספי), ירושלים תשמ"ז.